AF277638

Ley de enjuiciamiento criminal

Biblioteca de Textos Legales

CONSEJO ASESOR

Ignacio Arroyo Martínez
Rodrigo Bercovitz Rodríguez-Cano
Enrique Gimbernat Ordeig
Juan Martín Queralt

Ley de enjuiciamiento criminal

Edición preparada por
JOSÉ ANTONIO COLMENERO GUERRA
Profesor Titular de Derecho Procesal
de la Universidad Pablo de Olavide de Sevilla

Bajo la dirección de
VÍCTOR MORENO CATENA
Catedrático de Derecho Procesal
de la Universidad Carlos III de Madrid

NOVENA EDICIÓN

1.ª edición, 2017
9.ª edición, septiembre 2025
(edición cerrada en junio 2025)

Diseño de cubierta: J. M. Domínguez y J. Sánchez Cuenca

© del prólogo, notas e índices, Víctor Moreno Catena
y José Antonio Colmenero Guerra, 2025
© de la edición, EDITORIAL TECNOS (GRUPO ANAYA, S. A.), 2025
Valentín Beato, 21 - 28037 Madrid

PAPEL DE FIBRA
CERTIFICADA

ISBN: 978-84-309-9318-5
Depósito Legal: M. 14244-2025

Printed in Spain

ÍNDICE SISTEMÁTICO

LEY DE ENJUICIAMIENTO CRIMINAL

LIBRO PRIMERO
Disposiciones generales

LIBRO II
Del sumario

LIBRO III
Del juicio oral

LIBRO IV
De los procedimientos especiales

LIBRO V
De los recursos de apelación, casación y revisión

LIBRO VI
Del procedimiento para el juicio sobre delitos leves

LIBRO VII
De la ejecución de las sentencias

APÉNDICE

PRÓLOGO

Lo que inicialmente presentamos hace ya más de treinta años como un texto legislativo eminentemente universitario, con el paso del tiempo y tras muchas ediciones, hemos ido acomodándolo a las numerosas modificaciones que la Ley de Enjuiciamiento Criminal ha recibido, y al propio tiempo se ha enriquecido la obra con disposiciones complementarias, de modo que el resultado final es un libro que resulta muy útil para los profesionales, porque se les ofrece reunida y actualizada toda la normativa procesal penal que en la práctica deben manejar.

Esa gran cantidad de información ordenada en un solo libro ha convertido a la edición de nuestra *Ley de Enjuiciamiento Criminal y legislación complementaria* en una obra apta para obtener una visión completa y detallada del panorama normativo de nuestro proceso penal; sin embargo, los contenidos de la materia de Derecho procesal penal en los planes de estudio de Derecho de nuestras Universidades lo han convertido en un libro de una extensión tal vez excesiva para los estudiantes universitarios, cuya exigencia en el conocimiento de las leyes que regulan el procedimiento penal no alcanza a todos los rincones.

Por eso hemos querido preparar este libro que vuelve a sus orígenes y contiene, debidamente actualizado, concordado y anotado, el texto de la Ley de Enjuiciamiento Criminal, que es la norma básica en el funcionamiento de la justicia penal española, junto a unas pocas disposiciones básicas. Hemos despojado el texto de numerosas normas que, sin duda, son importantes, pero que no lo son para un estudiante universitario.

El funcionamiento de la justicia penal, que termina con la decisión judicial sobre las conductas delictivas, resulta en nuestro país claramente deficiente. Ésta es una queja recurrente entre los juristas, que denuncian sus graves carencias, sus retrasos y la injusticia del propio sistema.

Las carencias se pueden achacar a las normas procesales, que datan de 1882 y que muy trabajosamente se han ido acomodando a las exigencias de los tratados sobre derechos humanos y a la propia Constitución Española de 1978, con una labor continuada tanto del Tribunal Constitucional como del Tribunal Supremo, marcando los límites y las garantías constitucionales que deberían atender los preceptos legales.

Pero también esas carencias se deben a la inadecuación de las estructuras procesales y a la deficiente organización de la justicia, sobre todo de la justicia penal. Porque la estructura básica del sistema de justicia española se diseñó por la Ley Orgánica del Poder Judicial de 1985; a partir de entonces se han modificado las disposiciones sobre el funcionamiento de los tribunales: la justicia contencioso-administrativa se reformó de manera radical en 1998; la justicia civil se rige por una ley enteramente nueva desde 2000, y la jurisdicción social se rige por una ley de 2011; en definitiva, tanto la estructura como el funcionamiento de nuestra justicia han sufrido una reforma después de la Constitución de 1978 para adecuarla a lo que se espera de ella a partir de un correcto entendimiento de la norma constitucional.

Sin embargo, la justicia penal vive en el pasado; la Ley de Enjuiciamiento Criminal es de 1882; las figuras públicas que intervienen en el procedimiento, especialmente durante la investigación de los delitos, asumen papeles desfasados, antiguos y, lo que es peor, poco respetuosos de los derechos de los ciudadanos.

El fiscal está llamado a interesarse en la investigación para ejercer luego el papel de acusador, pero al propio tiempo debe promover la acción de la justicia en defensa de los derechos de los ciudadanos, aunque se rige por el principio de jerarquía, y recibe órdenes de sus superiores; por lo tanto, ejerce funciones que son incompatibles, y eso no se puede entender.

También en la instrucción interviene activamente la policía, que va adquiriendo un protagonismo cada vez mayor en el caso de delitos complejos, pero con un sesgo nítidamente acusatorio, que encuentra amparo en los fiscales y en los jueces aunque no siempre responde su actuación al mejor esclarecimiento de los hechos ni a la mayor garantía para los investigados: realiza detenciones cuando lo considera oportuno, en ocasiones de manera innecesaria y contraviniendo el mandato de la ley de practicar la detención del modo que menos perjudique al ciudadano; aunque esa actuación puede ser corregida con el *habeas corpus*.

Por encima de ellos reina el juez de instrucción (el hombre más poderoso de Francia en palabras de Napoleón, que creó la figura), que debe ser investigador y acusador, reúne en su persona dos funciones incompatibles, porque formula una imputación y al propio tiempo tiene que defender los derechos del investigado, resultando así inhábil para este cometido.

En cuanto juez, es independiente, de modo que en su función investigadora no puede recibir instrucciones de nadie, lo que convierte al Juzgado de Instrucción en un reino de taifa, que se guía por los designios, acertados o erróneos, de su titular; con el problema añadido de que sus decisiones no se pueden corregir de modo inmediato, porque cuando el recurso de apelación lo resuelve la Audiencia seguramente se ha dañado irremisiblemente el derecho del ciudadano.

Esa libertad de criterio, dentro de la ley, no viene siempre modulada por el papel «inspector» del fiscal, cumpliendo el papel que le atribuye la vieja Ley procesal penal, por lo que asistimos a instrucciones totalmente dispares para hechos similares, a medidas desiguales en situaciones idénticas o a vuelcos espectaculares de la instrucción cuando hay un cambio de juez.

En resumen, hemos querido fijar la atención del lector en la disposición general del proceso penal y en unas muy pocas disposiciones complementarias. Esta decisión se ha tomado sin desatender las referencias a todas las normas procesales; por eso la obra dispone en las notas a pie de página de numerosas referencias a otras disposiciones, permitiéndole conocer otras normas con las que se debe contar para entender o completar un precepto de la ley procesal. Al propio tiempo, el libro cuenta con un completo índice analítico con el que se pretende guiar al lector por las diferentes normas, remitiéndole a los concretos artículos donde se regula la llamada del índice.

VÍCTOR MORENO CATENA
Catedrático de Derecho Procesal
Universidad Carlos III de Madrid

Julio de 2017

EXPOSICIÓN DE MOTIVOS DE LA LEY DE ENJUICIAMIENTO CRIMINAL DE 14 DE SEPTIEMBRE DE 1882

(*Gaceta de Madrid* de 17 de septiembre a 10 de octubre de 1882)

Señor: La ejecución de las dos Leyes promulgadas en virtud de Reales Decretos de 22 de junio de este año, presupone un nuevo Código de Enjuiciamiento penal, una modificación profunda en la Ley Orgánica del Poder Judicial de 15 de septiembre de 1870, la determinación del número y residencia de los Tribunales colegiados que han de conocer en única instancia y en juicio oral y público de los delitos que se cometan dentro de su respectivo territorio y, por último, la formación de los cuadros de personal de esos mismos Tribunales, cuyos Presidentes deben estar adornados de condiciones especiales de capacidad para la dirección y resumen de los debates.

Basta la mera enumeración de estos trabajos preparatorios para comprender que, ni por su índole y naturaleza, ni por su extensión y excepcional importancia, podían terminarse en breve plazo. Cábele, sin embargo, al infrascrito la satisfacción de anunciar hoy a V. M. que todos ellos pueden darse por ultimados, gracias al patriótico concurso que han prestado al Gobierno hombres eminentes, no sólo en la ciencia del Derecho, sino también en el conocimiento especial de la topografía, censo de población, vías de comunicación y estadística criminal del territorio de la Península e islas adyacentes.

El Gobierno de V. M. no se propone publicar todos estos trabajos a la vez; antes al contrario cree conveniente anticipar la promulgación del Código de Enjuiciamiento para que, mientras se instalan las Audiencias de lo criminal, puedan estudiarle y conocerle los Magistrados, Jueces, Fiscales, Letrados y demás personas que por modo más o menos directo y eficaz han de concurrir a su planteamiento y aplicación.

No será su estudio muy difícil ni prolijo, porque al cabo el proyecto que el Ministro que suscribe somete hoy a la aprobación de V. M. está basado en la Compilación general de 16 de octubre de 1879, de conformidad con lo preceptuado en la autorización votada por las Cortes; pero así y todo son tan radicales las reformas en él introducidas, que bien podían pasar por un Código completamente nuevo y de carácter tan liberal y progresivo como el más adelantado de los Códigos de procedimiento criminal del continente europeo.

Entre esas reformas son sin duda las menos importantes aquellas que, sugeridas por la experiencia, tienen por objeto, ya aclarar varios preceptos más o menos oscuros y dudosos de la Compilación vigente, ya uniformar la jurisprudencia, o ya, en fin, facilitar la sustanciación de algunos recursos, y muy especialmente el de casación, acerca del cual ha hecho observaciones muy oportunas y discretas el Tribunal Supremo, que, naturalmente, han sido acogidas con el respeto que merece una Corporación que está a la cabeza de la Magistratura española y que es por la ley intérprete y guardián de la doctrina jurídica.

Las de verdadera importancia y trascendencia son aquellas otras que se encaminan a suplir, como en las cuestiones prejudiciales, algún vacío sustancial por donde era frecuente el arbitrio un tanto desmedido y, más

que desmedido, contradictorio de la jurisprudencia, a corregir los vicios crónicos de nuestro sistema de enjuiciar tradicional y a rodear al ciudadano de las garantías necesarias para que en ningún caso sean sacrificados los derechos individuales al interés mal entendido del Estado.

Sin desconocer que la Constitución de 1812, el Reglamento provisional para la Administración de Justicia de 1835 y otras disposiciones posteriores, mejoraron considerablemente el procedimiento criminal, sería temerario negar que aun bajo la legislación vigente no es raro que un sumario dure ocho o más años, y es frecuente que no dure menos de dos, prolongándose en ocasiones por todo este tiempo la prisión preventiva de los acusados; y aún podría añadirse, para completar el cuadro, que tan escandalosos procesos solían no ha mucho terminar por una *absolución de la instancia*, sin que nadie indemnizara en este caso a los procesados de las vejaciones sufridas en tan dilatado período, y lo que es más, dejándoles por todo el resto de su vida en situación incómoda y deshonrosa, bajo la amenaza perenne de abrir de nuevo el procedimiento el día en que por malquerencia se prestaba a declarar contra ellos cualquier vecino rencoroso y vengativo. Esta práctica abusiva y atentadora a los derechos del individuo pugna todavía por mantenerse, con este o el otro disfraz, en nuestras costumbres judiciales; y es menester que cese para siempre, porque el ciudadano de un pueblo libre no debe expiar faltas que no son suyas, ni ser víctima de la impotencia o del egoísmo del Estado.

Con ser estos dos vicios tan capitales, no son, sin embargo, los únicos, ni acaso los más graves de nuestro procedimiento. Lo peor de todo es que en él no se da intervención alguna al inculpado en el sumario; que el Juez que instruye éste es el mismo que pronuncia la sentencia con todas las preocupaciones y prejuicios que ha hecho nacer en su ánimo la instrucción, que, confundido lo civil con lo criminal y abrumados los Jueces de primera instancia por el cúmulo de sus múltiples y variadas atenciones, delegan frecuentemente la práctica de muchas diligencias en el Escribano, quien, a solas con el procesado y los testigos, no siempre interpreta bien el pensamiento, ni retrata con perfecta fidelidad las impresiones de cada uno por grande que sea su celo y recta su voluntad; que, por la naturaleza misma de las cosas y la lógica del sistema, nuestros Jueces y Magistrados han adquirido el hábito de dar escasa importancia a las pruebas del plenario, formando su juicio por el resultado de las diligencias sumariales y no parando mientes en la ratificación de los testigos, convertida en vana formalidad; que, en ausencia del inculpado y su defensor, los funcionarios que intervienen en la instrucción del sumario, animados de un espíritu receloso y hostil que se engendra en su mismo patriótico celo por la causa de la sociedad que representan, recogen con preferencia los datos adversos al procesado, descuidando a las veces consignar los que pueden favorecerle; y que, en fin, de este conjunto de errores, anejos a nuestro sistema de enjuiciar, y no imputable, por tanto, a los funcionarios del orden judicial y fiscal, resultan dos cosas a cual más funestas al ciudadano: una, que al compás que adelanta el sumario se va fabricando inadvertidamente una verdad de artificio que más tarde se convierte en verdad legal, pero que es contraria a la realidad de los hechos y subleva la conciencia del procesado; y otra, que cuando éste, llegado al plenario, quiere defenderse, no hace más que forcejear inútilmente, porque entra en el palenque ya vencido o por lo menos desarmado. Hay, pues, que restablecer la igualdad de condiciones en esta contienda jurídica, hasta donde lo consientan los fines esenciales de la sociedad humana.

Quizá se tache de exagerada e injusta esta crítica de la organización de nuestra justicia criminal. ¡Ojalá que lo fuera! Pero el Ministro que suscribe no manda en su razón y está obligado a decir a V. M. la verdad tal como la siente, que las llagas sociales no se curan ocultándolas, sino al revés, midiendo su extensión y profundidad y estudiando su origen y naturaleza para aplicar el oportuno remedio. En sentir del que suscribe, sólo por la costumbre se puede explicar que el pueblo español, tan civilizado y culto y que tantos progresos ha hecho en lo que va de siglo, en la ciencia, en el arte, en la industria y en su educación política, se resigne a un sistema semejante, mostrándose indiferente o desconociendo sus vicios y peligros, como no los aprecia ni mide el que, habituado a respirar en atmósfera malsana, llega hasta la asfixia sin sentirla. El extranjero que estudia la organización de nuestra justicia criminal, al vernos apegados a un sistema ya caduco y desacreditado en Europa y en América, tiene por necesidad que formar una idea injusta y falsa de la civilización y cultura españolas.

Lo que hay que examinar, por tanto, es si el adjunto proyecto de Código remedia, si no todos, al menos los más capitales defectos de que adolece la vigente organización de la justicia criminal. Es preciso en primer término sustituir la marcha perezosa y lenta del actual procedimiento por un sistema que, dando amplitud a la defensa y garantía de acierto al fallo, asegure, sin embargo, la celeridad del juicio para la realización de dos fines a cual más importantes: uno, que la suerte del ciudadano no esté indefinidamente en lo incierto, ni se le causen más vejaciones que las absolutamente indispensables para la averiguación del delito y el descubrimiento del verdadero delincuente; y otro, que la pena siga de cerca a la culpa para su debida eficacia y ejemplaridad.

Pues bien, Señor, he aquí el conjunto de medios que el nuevo sistema ofrece para el logro de resultado tan trascendental: la sustitución de los dos grados de jurisdicción por la instancia única; la oralidad del juicio; la separación de lo civil y lo criminal en cuanto al Tribunal sentenciador; igual separación en cuanto a los Jueces instructores en ciertas ciudades populosas en donde hay más de un Juez de primera instancia y es mucha la criminalidad, un alivio considerable de trabajo en cuanto a los demás Jueces, a quienes se descarga del plenario y del pronunciamiento y motivación de la sentencia, ya que razones indeclinables de economía no permiten extender a ellos dicha separación; multitud de reglas de detalle, esparcidas aquí y allá en el adjunto Código y singularmente en sus dos primeros libros, para que los Jueces instructores en el examen de los testigos y en la práctica de los demás medios de investigación se ciñan a sólo lo que sea útil y pertinente; y, por último, la intervención del procesado en todas las diligencias del sumario tan pronto como el Juez estime que la publicidad de las actuaciones no compromete la causa pública, ni estorba el descubrimiento de la verdad. Por regla general nadie tiene más interés que el procesado en activar el procedimiento; y si alguna vez su propósito fuera prolongarlo se lo impediría el Juez y sobre todo el Fiscal, a quien se da el derecho de pedir la terminación del sumario y la apertura del juicio oral ante el Tribunal colegiado. Concurrirán también al propio fin la inspección, continua y sistemáticamente organizada en la Ley, de la Audiencia de lo criminal y del Ministerio público sobre la marcha de los procesos en el período de la instrucción y la conducta de los Jueces instructores. No es, finalmente, para echarlo en olvido, cuando de la brevedad del juicio se trata, el Libro 4.º donde se establecen procedimientos especiales y sumarios para los delitos *in fraganti*, para los de injuria y calumnia y para los cometidos por medio de la imprenta.

Podrá ser que ni la Comisión de Códigos ni el Gobierno hayan acertado en la elección de los medios en este punto tan interesante de la ciencia procesal; pero la verdad es que no han encontrado otros, ni se los ha sugerido el examen de los Códigos modernos atentamente estudiados con tal fin.

La Ley de 11 de febrero, en la base referente a la prisión preventiva, permite, por la flexibilidad de sus términos, mejorar considerablemente esta parte de nuestra legislación sin necesidad de pedir su reforma a las Cortes. El texto legal bien analizado resulta tan elástico, que lo mismo se presta al desenvolvimiento de la base en un sentido tirante y restrictivo, que en otro más amplio, expansivo y liberal.

Ocioso parece añadir que el Gobierno de V. M. se ha decidido por lo último, toda vez que podía hacerlo sin cometer una transgresión de la Ley; como en la materia de fianzas, tan íntimamente ligada con todo lo referente a la prisión preventiva, ha procurado armonizar los fines de la justicia con los derechos del procesado, poniendo coto a la posible arbitrariedad judicial y estableciendo reglas equitativas y prudentes que permitan mayor amplitud que hasta ahora, así en los medios y formas de las fianzas como en la entidad de ellas.

Es igualmente inútil decir que la absolución de la instancia, esta corruptela que hacía del ciudadano a quien el Estado no había podido convencer de culpable una especie de *liberto* de por vida, verdadero *siervo* de la curia marcado con el estigma del deshonor, está proscrita y expresamente prohibida por el nuevo Código, como había sido antes condenada por la ciencia, por la Ley de 1872 y por la Compilación vigente. De esperar es que las disposiciones de la nueva Ley sean bastante eficaces para impedir que semejante práctica vuelva de nuevo a injerirse en forma más o menos disimulada en nuestras costumbres judiciales.

Los demás vicios del Enjuiciamiento vigente quedarán sin duda corregidos con el planteamiento del juicio oral y público y la introducción del sistema acusatorio en la Ley procesal.

El Reglamento provisional de 26 de septiembre de 1835, y las disposiciones posteriores publicadas durante el reinado de la Augusta Madre de V. M., introdujeron, como ya se ha dicho, evidentes mejoras en el procedimiento criminal, pero no alteraron su índole esencialmente *inquisitiva*. Las Leyes de 15 de septiembre de 1870 y 22 de diciembre de 1872, inspirándose en las ideas de libertad proclamadas por la revolución de 1868, realizaron una reforma radical en nuestro sistema de enjuiciar con el establecimiento del juicio oral y público; pero mantuvieron el principio *inquisitivo* y el carácter *secreto* del procedimiento en el período de instrucción, siguiendo el ejemplo de Francia, Bélgica y otras naciones del continente europeo.

El Ministro que suscribe, de acuerdo con sus colegas, no ha vacilado en aconsejar a V. M. que dé un paso más en el camino del progreso, llevando en cierta medida el sistema *acusatorio* al sumario mismo, que es, después de todo, la piedra angular del juicio y la sentencia. En adelante, el Juez instructor, por su propia iniciativa y de oficio, podrá, o mejor dicho, deberá acordar que se comuniquen los autos al procesado desde el momento en que la publicidad y la contradicción no sean un peligro para la sociedad interesada en el descubrimiento de los delitos y en el castigo de los culpables. Si no se hace espontáneamente en el plazo de dos meses, contados desde que se incoó la causa, la Ley da al acusado el derecho de solicitarlo, ya para preparar los elementos de su defensa, ya también para impedir con su vigilante intervención y el empleo de los recursos legales la prolongación indefinida del sumario. En todo caso, antes y después de los dos meses, el que tenga la inmensa desgracia de verse sometido a un procedimiento criminal gozará en absoluto de dos derechos preciosos, que no pueden menos de ser grandemente estimados dondequiera que se rinda culto a la personalidad humana: uno, el de nombrar defensor que le asista con sus consejos y su inteligente dirección desde el instante en que se dicte el auto de procesamiento; y otro, el de concurrir, por sí o debidamente representado, a todo reconocimiento judicial, a toda inspección ocular, a las autopsias, a los análisis químicos y, en suma, a la práctica de todas las diligencias periciales que se decreten y puedan influir así sobre la determinación de la índole y gravedad del delito como sobre los indicios de su presunta culpabilidad.

Subsiste, pues, el secreto del sumario; pero sólo en cuanto es necesario para impedir que desaparezcan las huellas del delito, para recoger e inventariar los datos que basten a comprobar su existencia y reunir los elementos que más tarde han de utilizarse y depurarse en el crisol de la contradicción durante los solemnes debates del juicio oral y público. Y a tal punto lleva la nueva Ley su espíritu favorable a los fueros sagrados de la defensa, que proscribe y condena una preocupación hasta ahora muy extendida, que, si pudo ser excusable cuando el procedimiento inquisitivo estaba en su auge, implicaría hoy el desconocimiento de la índole y naturaleza del sistema acusatorio con el cual es incompatible. Alude el infrascrito a la costumbre, tan arraigada de nuestros Jueces y Tribunales, de dar escaso o ningún valor a las pruebas del plenario, buscando principal o casi exclusivamente la verdad en las diligencias sumariales practicadas a espaldas del acusado. No; de hoy más las investigaciones del Juez instructor no serán sino una simple preparación del juicio. El juicio verdadero no comienza sino con la calificación provisional y la apertura de los debates delante del Tribunal que, extraño a la instrucción, va a juzgar imparcialmente y a dar el triunfo a aquel de los contendientes que tenga la razón y la justicia de su parte. La calificación jurídica provisional del hecho justiciable y de la persona del delincuente, hecha por el acusador y el acusado una vez concluso el sumario, es en el procedimiento criminal lo que en el civil la demanda y su contestación, la acción y las excepciones. Al formularlas empieza realmente la contienda jurídica, y ya entonces sería indisculpable que la Ley no estableciera la perfecta igualdad de condiciones entre el acusador y el acusado. Están enfrente uno de otro, el ciudadano y el Estado. Sagrada, es sin duda, la causa de la sociedad; pero no lo son menos los derechos individuales. En los pueblos verdaderamente libres el ciudadano debe tener en su mano medios eficaces de defender y conservar su vida, su libertad, su fortuna, su dignidad, su honor; y si el interés de los habitantes del territorio es ayudar al Estado para que ejerza libérrimamente una de sus funciones más esenciales, cual es la de castigar la infracción de la ley penal para restablecer, allí donde se turbe la armonía del derecho, no por esto deben sacrificarse jamás los fueros de la inocencia porque al cabo el orden social bien entendido no es más que el mantenimiento de la libertad de todos y el respeto recíproco de los derechos individuales.

Mirando las cosas por este prisma y aceptada la idea fundamental de que en el juicio oral y público es donde ha de desarrollarse con amplitud la prueba, donde las partes deben hacer valer en igualdad de condiciones los elementos de cargo y descargo, y donde los Magistrados han de formar su convicción para pronunciar su veredic-

to con abstracción de la parte del sumario susceptible de ser reproducida en el juicio, surgía, natural y lógicamente, una cuestión por todo extremo grave y delicada; es, a saber: la de si la contradicción de un testigo entre su declaración en el juicio oral y las dadas ante el Juez instructor en el sumario sería por sí sola fundamento suficiente para someterle a un procedimiento criminal por el delito de falso testimonio. El Gobierno, después de madura deliberación, ha optado por la negativa. Al adoptar esta resolución ha cedido en primer término a las exigencias de la lógica, que no permite atribuir a los datos recogidos en el sumario, para la preparación del juicio, una validez y eficacia incompatibles con la índole y naturaleza del sistema acusatorio. No es esto, ciertamente, autorizar, ni menos santificar, el engaño y la mentira en el período de instrucción; esa misma contradicción en las declaraciones testificales podrá ser libremente apreciada por los Jueces y penetrar en el santuario de su conciencia como un elemento de convicción, si llega el caso de juzgar el perjurio del testigo; lo que únicamente quiere la Ley es que éste no sea procesado como autor de falso testimonio por la sola razón de aparecer en contradicción con sus declaraciones sumariales, debiendo serlo no más cuando haya motivos para presumir que faltó a la verdad en el acto del juicio; porque, siendo éste el arsenal donde el acusador y el acusado deben tomar sus armas de combate y de defensa y el Tribunal los fundamentos de su veredicto, claro es que, en definitiva, sólo en este trámite puede el testigo favorecer o perjudicar injustamente al procesado y ser leal o traidor a la sociedad y a sus deberes de ciudadano. A esta razón puramente lógica agrégase otra de mayor trascendencia, cual es la de facilitar la investigación de la verdad y asegurar el acierto de los fallos.

Inútil sería rendir culto a los progresos de la ciencia, rompiendo con el procedimiento escrito, inquisitivo y secreto, para sustituirle con los principios tutelares de libertad, de contradicción, igualdad de condiciones entre las partes contendientes, publicidad y oralidad, si el testigo, cuyas primeras impresiones ha recogido calladamente el Juez instructor trasladándolas a los autos con más o menos fidelidad, se presentara en el acto del juicio delante del Tribunal sentenciador y del público que asiste a los debates cohibido y maniatado por el recuerdo o la lectura de sus declaraciones sumariales. Medroso de la responsabilidad criminal que podría exigírsele a la menor contradic-

ción, en vez de contestar con soltura y perfecta tranquilidad a las preguntas del Presidente, del Ministerio público y de los defensores, limitaríase a ratificar pura y simplemente sus declaraciones, convirtiéndose entonces su examen en el acto solemne del juicio en vana formalidad. Si no han faltado escritores distinguidos y jurisconsultos eminentes que al analizar las condiciones del procedimiento inquisitivo han censurado acerbamente que se obligara a los testigos del sumario a ratificarse en el plenario con la seguridad de ser castigados como perjuros en caso de apartarse en la diligencia de ratificación de lo que antes habían declarado; si esta fundadísima crítica iba dirigida a un sistema en el que el sumario era el alma de todo el organismo procesal, por no decir el proceso entero, tratándose en la hora presente de un método de enjuiciar en el cual el sumario es una mera preparación del juicio, siendo en éste donde deben esclarecerse todos los hechos y discutirse todas las cuestiones que jueguen en la causa, no es posible sostener aquella antigua legislación, tan inflexible y rigurosa, que, sobre anular la libertad y espontaneidad de los testigos, expuestos a una persecución originada en una traducción infiel de su pensamiento, pugnaría hoy abiertamente con la índole del sistema acusatorio y con la esencia y los altos fines del juicio público y oral.

Todas estas concesiones al principio de libertad, que a una parte de nuestros Jueces y Magistrados parecerán sin duda exorbitantes, no contentarán aún probablemente a ciertas escuelas radicales que intentan extender al sumario, desde el momento mismo en que se inicia, las reglas de publicidad, contradicción e igualdad que el proyecto de Código establece desde que se abre el juicio hasta que se dicta la sentencia firme. No niega el infrascrito que insignes escritores mantienen esta tesis con ardor y con fe, pero hasta ahora no puede considerársela más que como un *ideal* de la ciencia, al cual tiende a acercarse progresivamente la legislación positiva de los pueblos modernos. ¿Se realizará algún día por completo? El Ministro que suscribe lo duda mucho. Es difícil establecer la igualdad absoluta de condiciones jurídicas entre el individuo y el Estado en el comienzo mismo del procedimiento, por la desigualdad real que en momento tan crítico existe entre uno y otro; desigualdad calculadamente introducida por el criminal y de que éste sólo es responsable. Desde que surge en su mente la idea del delito, o por lo menos desde que, pervertida su conciencia, forma el propósito deliberado de cometerle, estudia cauteloso un conjunto de precauciones para sustraerse a la acción de la justicia y coloca al Poder público en una posición análoga a la de la víctima, la cual sufre el golpe por sorpresa, indefensa y desprevenida. Para restablecer, pues, la igualdad en las condiciones de la lucha, ya que se pretende por los aludidos escritores que el procedimiento criminal no debe ser más que un duelo noblemente sostenido por ambos combatientes, menester es que el Estado tenga alguna ventaja en los primeros momentos, siquiera para recoger los vestigios del crimen y los indicios de la culpabilidad de su autor. Pero sea de esto lo que quiera, la verdad es que sólo el porvenir puede resolver el problema de si llegará o no a realizarse aquel ideal. Entretanto, los que tienen la honra de dirigir los destinos de un pueblo están obligados a ser prudentes y a no dar carta de naturaleza en los Códigos a ideas que están todavía en el período de propaganda, que no han madurado en la opinión ni menos encarnado en las costumbres, ni se han probado en la piedra de toque de la experiencia.

El Gobierno de V. M. cree ser consecuente con el espíritu liberal que informa su política introduciendo, dentro de ciertos límites racionales, el sistema acusatorio en el sumario, lo cual constituye un gran progreso sobre la Ley de 22 de diciembre de 1872. No hay tampoco una sola nación en el continente europeo que vaya en esto más allá que al adjunto proyecto de Código, ni siquiera la Alemania en cuyas leyes procesales quedó impreso como en roca de granito el sello característico del individualismo germánico, sin que hayan alcanzado a borrarle ni la autoridad prepotente de sus Monarcas, ni sus grandes glorias militares, ni su reciente y portentoso engrandecimiento territorial.

Con idéntico criterio resuelve el nuevo Código las demás cuestiones fundamentales del Enjuiciamiento. En materia penal hay siempre dos intereses rivales y contrapuestos: el de la sociedad, que tiene el derecho de castigar, y el del acusado, que tiene el derecho de defenderse. El carácter individualista del derecho se ostenta en el sistema acusatorio, en el cual se encarna el respeto a la personalidad del hombre y a la libertad de la conciencia, mientras que el procedimiento de oficio e inquisitivo representa el principio social y se encamina preferentemente a la restauración del orden jurídico perturbado por el delito, apaciguando al propio tiempo la alarma popular. Por lo tanto, el problema de la organización de la justicia criminal no se resuelve sino definiendo claramente los derechos de la acusación y de la defensa, sin sacrificar ninguno de los dos, ni subordinar el uno al otro, antes bien, armonizándolos en una síntesis superior.

Formado de oficio o a instancia de parte el sumario por un funcionario independiente del Tribunal que ha de sentenciar; obligado por la Ley este instructor a recoger así los datos adversos como los favorables al procesado bajo la inspección inmediata del Fiscal, del acusador particular y, hasta donde es posible, del acusado o su Letrado defensor; otorgada una acción pública y popular para acusar, en vez de limitarla al ofendido y sus herederos; reconocida y sancionada la existencia del Ministerio Fiscal, a quien se encomienda la misión de promover la averiguación de los delitos y el castigo de los culpables, sin dejar por esto de defender a la vez al inculpado inocente, resulta que puede, sin peligro de los intereses públicos y particulares, ceñirse el Tribunal al ejercicio de una sola atribución, la de fallar como Juez imparcial del campo sin sujetarse a una prueba tasada de antemano por la Ley; antes bien, siguiendo libremente las inspiraciones de su conciencia, exento de las pasiones que enciende siempre la lucha en el ánimo de los contendientes y sin el aguijón del amor propio excitado en el Juez instructor por las estratagemas que en ocasiones emplean el acusado y el acusador privado para burlar sus investigaciones y, aun sin esto, por las mismas dificultades inherentes de ordinario a la instrucción.

Para mantener al Tribunal en esta serena y elevada esfera y no desvirtuar el principio acusatorio que informa el nuevo Código, ha creído el que suscribe que únicamente al Ministerio Fiscal o al acusador particular, si le hubiere, corresponde formular el acta de acusación comprensiva de los puntos sobre que en adelante deben girar los debates, siguiendo en esto al Código de instrucción criminal austríaco, que es acaso, de los actualmente vigentes en la Europa continental, el que ha desarrollado con más lógica y extensión el sistema acusatorio. Así es como se logra que la cuestión criminal que en el proceso se agita o discute vaya intacta al Tribunal a quien corresponde decidirla; así es como las partes pueden preparar con perfecto conocimiento de causa los respectivos elementos de cargo y descargo y hacer sus acusaciones o defensas con fe y libertad completa, sin la coacción, siquiera sea moral, que no puede menos de existir cuando el que ha de fallar prejuzga en cierto modo el fallo, formulando de oficio el acta de acusación, lo cual lleva, naturalmente, el desaliento al ánimo de aquel de los contendientes a quien perjudica la calificación jurídica hecha prematuramente, aunque con carácter provisorio, por el Tribunal. Ni son éstos los únicos inconvenientes que acarrea la admisión del acta de acusación de oficio, pues una vez formulada ésta, o se obliga al Ministerio Fiscal a sostenerla contra sus convicciones, poniendo en tortura su conciencia, o se le deja en libertad para combatirla, en cuyo caso ya no son las partes quienes contienden entre sí, sino que se discute únicamente el pensamiento, la opinión, el juicio formulado por el Tribunal, que de este modo desciende a la arena del combate para convertirse en acusador, con el riesgo inminente de que la excitación del amor propio de los Jueces ofusque o perturbe su inteligencia. No; los Magistrados deben permanecer durante la discusión pasivos, retraídos, neutrales, a semejanza de los Jueces de los antiguos torneos, limitándose a dirigir con ánimo sereno los debates. Por esto, entre las obligaciones impuestas al Ministerio Fiscal en Francia y Alemania de formular un acta de acusación cuando así lo ha acordado el respectivo Tribunal, y la libertad que a dicho Ministerio otorga la Ley austríaca, ha optado el que suscribe por la última solución, que respeta más los fueros de la conciencia, los derechos individuales, y está más en consonancia con el principio fundamental en que descansa el sistema acusatorio.

Este principio aplicado en absoluto adolece, sin embargo, de un vicio, que han puesto en relieve insignes Magistrados encanecidos en la Administración de Justicia. Proscrita para siempre la *absolución de la instancia* y rigiendo sin excepción la máxima *non bis in idem*, evidente es que el error del Fiscal en la calificación jurídica del hecho justiciable produce la impunidad del delincuente. Está bien que en los procesos civiles el Tribunal tenga la obligación de absolver o condenar, así como también la de ajustar estrictamente su fallo a los términos en que las partes hayan planteado el problema litigioso, o sea, la acción ejercitada por el demandante y a las excepciones formuladas por el demandado; porque las cuestiones que en esos procesos se ventilan son de mero interés privado, y porque, además, no es raro que pueda subsanarse total o parcialmente en un nuevo proceso el error padecido al entablar la acción, para lo cual suelen hacerse reservas de derecho en la sentencia en favor del condenado; pero en los procesos criminales, que pueden incoarse de oficio, están siempre en litigio el interés social y la paz pública; y teniendo el Tribunal la obligación de condenar o absolver libremente, sin reserva alguna y sin que le sea lícito abrir un nuevo procedimiento sobre el mismo hecho ya juzgado, es violento torturar la conciencia de los Magistrados que le forman hasta el punto de colocarles en la dura alternativa de condenar al acusado a sabiendas de que faltan a la Ley o cometen una nulidad, o absolverle con la convicción de que es criminal, dejando que insulte con su presencia y aire de triunfo a la víctima y su familia tan sólo porque el Ministerio público no ha sabido o no ha querido calificar el delito con arreglo a su naturaleza y a las prescripciones del Código penal. De todas suertes, es innegable que, llevados a tal exageración el sistema acusatorio y la pasividad de los Tribunales, éstos abdican en el Fiscal, en cuyas manos queda toda entera la justicia. De su buena o mala fe, que no sólo de su pericia, dependería exclusivamente en lo futuro la suerte de los acusados.

Y suponiendo que algún día el legislador, echándose en brazos de la lógica, llegase hasta este último límite del sistema acusatorio, el Gobierno de V. M. ha creído que la transición era demasiado brusca para este país, en que los Jueces han sido hasta ahora omnipotentes, persiguiendo los delitos por su propia y espontánea iniciativa, instruyendo las causas los mismos que habían de fallarlas, ejerciendo la facultad omnímoda de separarse de los dictámenes fiscales, así durante la sustanciación como en la sentencia definitiva, calificando según su propio juicio el delito y designando la pena, sin consideración a las conclusiones de la acusación y la defensa y empleando, por último la fórmula de la *absolución de la instancia*, o, lo que es lo mismo, dejando indefinidamente abierto el procedimiento cuando, faltos de prueba para condenar, infundían en su mente las diligencias sumariales livianas sospechas contra el acusado. La sociedad debe marchar como la naturaleza, gradualmente y no a saltos: los progresos jurídicos deben irse eslabonando, si han de encarnar en las costumbres del país. Por esto, el Gobierno propone a V. M. la solución contenida en el artículo 733, que no altera en rigor la virtualidad del principio acusatorio. Según la estructura de la adjunta Ley, concluso el sumario, las partes hacen la calificación provisional del hecho justiciable. Sobre sus conclusiones versan las pruebas que se practican durante todo el juicio; y al término de éste, cuando ya no faltan más que los informes del Fiscal y del defensor del acusado, autorizase a una y otro para confirmar, rectificar o variar, en vista de las pruebas, su primera calificación. Al llegar a este trámite, todo, en rigor, está acabado; los Jueces han oído al reo y los testigos; han examinado las demás piezas de convicción y están en condiciones de apreciar con amplitud y acierto la naturaleza del hecho que es materia del juicio. Si en tal momento les asalta una duda grave sobre su verdadera calificación jurídica, ¿qué dificultad puede haber en que, hipotéticamente, sin prejuzgar el fallo definitivo y sólo por vía de ilustración, invite el Presidente del Tribunal al Ministerio público y defensor del procesado para que en sus informes discutan una tesis más? El principio acusatorio quedaría quebrantado si ésta no hubiera de discutirse y resolverse con arreglo a las pruebas ya practicadas, dando lugar a que se abriese de nuevo o se prorrogase el juicio; pero, como éste está ya terminado y no es permitido volver sobre él, todo lo que puede suceder es que el Fiscal o el Letrado necesiten veinticuatro horas para razonar sobre la hipótesis del Tribunal con la conveniente preparación.

Con ser tan modesta y estar tan ceñida esta facultad declara, sin embargo, la Ley que no se extiende a los delitos privados o que sólo pueden perseguirse a instancia de parte, ni a la calificación de las circunstancias atenuantes o agravantes, ni a la de la participación respectiva de los procesados en la ejecución del crimen, quedando reducida a la satisfacción de una necesidad apremiante originada en un interés público y de orden social. Aun encerrada en tan estrechos límites, el Ministro que suscribe hubiera renunciado a ella y manteniéndose en el rigorismo del principio acusatorio, si los Códigos más progresivos y liberales de la Europa continental le hubieran alentado con su ejemplo; pero no hay ninguno que no dé mayor amplitud a la intervención del Tribunal en el juicio. En Francia y Alemania ya se ha visto que el Ministerio Fiscal tiene la obligación de formular el acta de acusación cuando así lo acuerda el Tribunal respectivo, y, además, la misma ley alemana y la austríaca dejan a éste en libertad de apreciar el hecho justiciable sin sujetarse a la calificación que de él hubieren hecho las partes y sin tomar la precaución de someter a éstas la nueva faz de la cuestión, a fin de que la discutan ampliamente antes de que recaiga el veredicto. Precedien-

do este solemne debate, no ampliándose ni reformándose en ningún caso las piezas de convicción, no puede, en rigor, acusarse de incongruencia al fallo, puesto que la Ley, en suma, se limita a establecer un medio de suplir la omisión del Fiscal, cuyo deber es hacerse cargo de todas las calificaciones probables que autorice la prueba practicada y que pueda aceptar el Tribunal, redactando al efecto, cuando fuere necesario, la pretensión alternativa de que habla el artículo 732. El Tribunal propone, hipotéticamente y sobre la base de una prueba inalterable, un tema de discusión momentos antes de pronunciar su veredicto, cuando cada Magistrado tiene ya formado su juicio definitivo sobre el voto que se va a dar. Mejor es, por tanto, que lo emita después de un debate que puede iluminar su mente y rectificar su juicio, que no autorizarle para que en el fallo se separe de las condiciones debatidas por las partes y siga sus propias inspiraciones, no contrastadas en el crisol de la contradicción, como le autorizan los Códigos austríaco y alemán, a pesar de ser los más adelantados de la Europa continental.

Tales son, Señor, prescindiendo de otras muchas reformas de menor importancia, aunque sustanciales y de evidentes mejoras de detalle en el método y la redacción, las novedades de más bulto que el proyecto adjunto introduce en nuestro procedimiento criminal.

No desconoce el Ministro que suscribe que la aplicación y cumplimiento de la nueva Ley, singularmente en los primeros años, tropezará con graves dificultades, siendo la mayor de todas ellas la falta de costumbres adecuadas al sistema acusatorio y al juicio oral y público. Educados los españoles durante siglos en el procedimiento escrito, secreto e inquisitorial, lejos de haber adquirido confianza en la Justicia y de coadyuvar activamente a su recta administración, haciendo, como el ciudadano inglés, inútil la institución del Ministerio público para el descubrimiento y castigo de los delitos, han formado ideas falsas sobre la política judicial y se han desviado cada vez más de los Tribunales, mirando con lamentable recelo a Magistrados, Jueces, Escribanos y Alguaciles, y repugnando figurar como testigos en los procesos. Pero este mal será mayor cuanto más tiempo pase; y como lo cual no puede seguir, sin desdoro de la Nación y de los Poderes que la gobiernan, lo mejor es decidirse, que alguna vez se ha de empe-

zar, si la España no ha de ser una excepción entre los pueblos cultos de Europa y América.

El Gobierno de V. M. tiene tal confianza en la aptitud especial y las condiciones privilegiadas de nuestra raza, que espera será breve el aprendizaje, no tan sólo en la aplicación de esta Ley, sino en la obra aún más delicada de compartir con los Jueces la misión augusta de administrar justicia como Jurado; y que muy pronto el ciudadano español demostrará que es digno de gozar de las mismas ventajas que poseen los extranjeros.

Al logro de fin tan importante y trascendental coadyuvarán, sin duda, el celo e ilustración de la Magistratura y del Ministerio público; que no es posible, Señor, montar una máquina delicada y hacerla funcionar con éxito, sino contando con el asentimiento, el entusiasmo, la fe y el patriotismo de los que han de manejarla.

En vista de las razones expuestas, el Ministro que suscribe tiene la honra de someter a la aprobación de V. M. el adjunto proyecto de Decreto.

San Ildefonso, 14 de septiembre de 1882.—SEÑOR.—A. L. R. P. de V. M., MANUEL ALONSO MARTÍNEZ.

LEY DE ENJUICIAMIENTO CRIMINAL

LEY DE ENJUICIAMIENTO CRIMINAL PROMULGADA POR REAL DECRETO DE 14 DE SEPTIEMBRE DE 1882

LIBRO PRIMERO*

Disposiciones generales

TÍTULO PRIMERO

Preliminares

CAPÍTULO PRIMERO

REGLAS GENERALES

Artículo 1.º No se impondrá pena alguna por consecuencia de actos punibles, cuya represión incumba a la jurisdicción ordinaria, sino de conformidad con las disposiciones del presente Código o de Leyes especiales y

---

* Las referencias que aparecen en esta Ley y en las disposiciones complementarias relativas a Jueces de instrucción, Jueces municipales, Jueces comarcales o Jueces de distrito, han de entenderse acomodadas a la nueva ordenación de la LO 6/1985, de 1 de julio, del Poder Judicial (*BOE* del 2). Las referencias contenidas en esta Ley a las «faltas» se entenderá hechas a los «delitos leves», conforme a la Disp. Adic. 2.ª de la LO 1/2015, de 30 de marzo (*BOE* del 31). La Disp. Adic. 1.ª de la LO 7/2015, de 21 de julio (*BOE* del 22), por la que se modifica la LOPJ, establece que, a partir del 1 de octubre, todas las referencias a Secretarios judiciales, Secretarios sustitutos profesionales, Instituto de Medicina Legal e Instituto Nacional de Toxicología, deberán entenderse hechas, respectivamente, a Letrados de la Administración de Justicia, Letrados de la Administración de Justicia suplentes, Instituto de Medicina Legal y Ciencias Forenses e Instituto Nacional de Toxicología y Ciencias Forenses. Conforme a la Disp. Adic. 9.ª LEC, añadida por el RD-ley 6/2023, de 19 de diciembre (*BOE* del 20), «Las referencias que la presente Ley u otras hagan a la sede de la Oficina judicial, o del Juzgado o Tribunal, se entenderán efectuadas también a la sede judicial electrónica y a la Carpeta Justicia, cuando ésta o aquélla dispongan de los servicios o aplicaciones que permitan realizar el trámite, presentación o actuación telemáticamente». Conforme a la Disp. Adic. 1.ª de la LO 1/2025, de 2 de enero (*BOE* del 3), de medidas en materia de eficiencia del Servicio Público de Justicia (LOMESPJ), una vez constituidos e implantados, de forma efectiva, los Tribunales de Instancia (TI), las referencias a los Juzgados, en sus diferentes variantes, del Orden Penal, se entenderán referidas a las Secciones, en que se transforman, de los Tribunales de Instancia. La misma consideración tendrán las referencias a los Juzgados Centrales respecto de las Secciones (del Orden Penal) del Tribunal Central de Instancia (TCI). Los jueces, juezas,

magistrados y magistradas de dichos juzgados pasarán a ocupar la plaza en la Sección respectiva con la misma numeración cardinal del juzgado de procedencia y seguirán conociendo de todas las materias que tuvieran atribuidas en el mismo y de aquellos asuntos que en ellos estuvieren en trámite o no hubieren concluido mediante resolución que implique su archivo definitivo (Disp. Trans. 1.ª LOMESPJ).

La constitución de los TI y TCI (Disps. Trans. 1.ª y 2.ª LOMESPJ) se realizará de manera escalonada conforme al siguiente orden: i) el día 1 de julio de 2025 los Juzgados de Primera Instancia e Instrucción y los Juzgados de Violencia sobre la Mujer, en aquellos partidos judiciales donde no exista otro tipo de Juzgados, se transformarán, respectivamente, en Secciones Civiles y de Instrucción Únicas y Secciones de Violencia sobre la Mujer; ii) el día 1 de octubre de 2025, los Juzgados de Primera Instancia, los Juzgados de Instrucción y los Juzgados de Violencia sobre la Mujer, en los partidos judiciales donde no exista otro tipo de Juzgados, se transformarán, respectivamente, en Secciones Civiles, Secciones de Instrucción y Secciones de Violencia sobre la Mujer; iii) el día 31 de diciembre de 2025, los restantes Juzgados, no comprendidos en los supuestos anteriores, se transformarán en las respectivas Secciones, y iv) el 31 de diciembre de 2025, el TCI se constituirá a través de la transformación de los actuales Juzgados Centrales en las Secciones del TCI que se correspondan con las materias de las que aquellos estén conociendo.

Una vez constituidos los Tribunales de Instancia y el Tribunal Central de Instancia, se integran en el orden jurisdiccional penal la Sala de lo Penal del Tribunal Supremo, la Sala de Apelación de la Audiencia Nacional, la Sala de lo Penal de la Audiencia Nacional, la Sala de lo Civil y Penal de los Tribunales Superiores de Justicia, las Audiencias Provinciales, y, en el Tribunal de Instancia, las Secciones de Instrucción, de Violencia sobre la Mujer, de Violencia contra la Infancia y la Adolescencia, de lo Penal, de Menores y de Vigilancia Penitenciaria. Junto a los anteriores, también forman parte del orden jurisdiccional penal los Tribunales de jueces y juezas de paz, y, en el Tribunal Central de Instancia, las Secciones de Instrucción, de lo Penal, de Menores y de Vigilancia Penitenciaria. Vid. art. 14 de esta Ley.

Art. 1.º: El art. 3.º de la LEC dispone: «Con las solas excepciones que puedan prever los Tratados y Convenios internacionales, los procesos civiles que se sigan en el territorio nacional se regirán únicamente por las normas procesales españolas.» Dicho precepto es de aplicación al proceso penal dado el carácter supletorio de la LEC (art. 4.º LEC). Vid. arts. 9.º3 y 23 LOPJ.

Por su parte, el art. 3.º1 del Código Penal dispone que «no podrá ejecutarse pena ni medida de seguridad sino en virtud de sentencia firme dictada por el Juez o Tribunal competente, de acuerdo con las leyes procesales».

Además de lo previsto en el precepto, y como complemento del mismo, en esta legislación aparecen anotados, y concordados, los Acuerdos de Pleno no jurisdiccional de la Sala II del TS (art. 264.1 LOPJ). Ahora habrá que tener en cuenta el Acuerdo de Pleno no jurisdiccional de 18 de julio de 2006, que establece que «los acuerdos de sala general (pleno no jurisdiccional) son vinculantes». El Acuerdo de Pleno no jurisdiccional de la Sala II del TS (art. 264.1 LOPJ) de 20 de julio de 2010, sobre «Aplicación retroactiva del acuerdo de 20 de enero pasado sobre competencia del Jurado», establece que:

«Los acuerdos adoptados en los Plenos no jurisdiccionales de la Sala que tengan como objeto cuestiones de índole procesal no se aplicarán a los actos procesales ya tramitados en la fecha del acuerdo.

»Se exceptúan aquellos actos que hubieran incurrido en vulneración de un derecho fundamental que fuera determinante de su nulidad.»

Sobre el principio de legalidad penal, vid. art. 25.1 de la Constitución y art. 2.º1 del Código Penal.

El art. 4.º (*Reconocimiento general*) de la Ley 20/2022, de 19 de octubre (*BOE* del 20), de Memoria Democrática, establece que:

en virtud de sentencia dictada por Juez competente.

Art. 2.º Todas las Autoridades y funcionarios que intervengan en el procedimiento penal cuidarán, dentro de los límites de su respectiva competencia, de consignar y apreciar las circunstancias así adversas como

---

«1. Como expresión del derecho de la ciudadanía a la reparación moral y a la recuperación de su memoria personal, familiar y colectiva, se reconoce y declara el carácter ilegal y radicalmente nulo de todas las condenas y sanciones producidas por razones políticas, ideológicas, de conciencia o creencia religiosa durante la Guerra, así como las sufridas por las mismas causas durante la Dictadura, independientemente de la calificación jurídica utilizada para establecer dichas condenas y sanciones.

»2. Las razones a que se refiere el apartado anterior incluyen la pertenencia, colaboración o relación con partidos políticos, sindicatos, organizaciones religiosas o militares, minorías étnicas, movimiento feminista, sociedades secretas, logias masónicas, sociedades teosóficas y similares, y grupos de resistencia guerrillera, así como el ejercicio de conductas vinculadas con opciones culturales, lingüísticas, de género, de orientación o identidad sexual.

»3. Se reconoce y declara la injusticia que supuso el exilio de muchos españoles y españolas durante la Guerra y la Dictadura, así como de cualesquiera otras formas de violencia personal.

»4. Se reconoce la política de persecución y represión contra las lenguas y culturas catalana, gallega, vasca, aragonesa, occitana y asturiana perpetradas por el régimen dictatorial franquista durante el período de guerra, así como en las décadas posteriores de dictadura.»

Asimismo, su art. 5.º (*Declaración de ilegalidad e ilegitimidad de órganos y nulidad de sus resoluciones*) señala que:

«1. Se declara la ilegalidad e ilegitimidad de los tribunales, jurados y cualesquiera otros órganos penales o administrativos que, a partir del Golpe de Estado de 1936, se hubieran constituido para imponer, por motivos políticos, ideológicos, de conciencia o creencia religiosa, condenas o sanciones de carácter personal, así como la ilegitimidad y nulidad de sus resoluciones.

»2. Por ser contrarios a Derecho y vulnerar las más elementales exigencias del derecho a un juicio justo, así como la concurrencia en estos procesos de intimidación e indefensión, se declara en todo caso la nulidad de las condenas y sanciones y la ilegalidad e ilegitimidad del Tribunal Especial para la Represión de la Masonería y el Comunismo, el Tribunal de Orden Público, así como los Tribunales de Responsabilidades Políticas y Consejos de Guerra constituidos por motivos políticos, ideológicos, de conciencia o creencia religiosa, de acuerdo con lo dispuesto en el artículo 4 de la presente ley.

»3. Igualmente, se declaran ilegítimas y nulas, por vicios de forma y fondo, las condenas y sanciones dictadas por motivos políticos, ideológicos o de creencia por cualesquiera tribunales u órganos penales o administrativos durante la Dictadura contra quienes defendieron la legalidad institucional anterior, pretendieron el restablecimiento de un régimen democrático en España o intentaron vivir conforme a opciones amparadas por derechos y libertades hoy reconocidos por la Constitución, independientemente de la calificación jurídica utilizada para establecer dichas condenas y sanciones.

»4. La declaración de nulidad que se contiene en los apartados anteriores dará lugar al derecho a obtener una declaración de reconocimiento y reparación personal. En todo caso, esta declaración de nulidad será compatible con cualquier otra fórmula de reparació n prevista en el ordenamiento jurídico sin que pueda producir efectos,

favorables al presunto reo; y estarán obligados, a falta de disposición expresa, a instruir a éste de sus derechos y de los recursos que pueda ejercitar, mientras no se hallare asistido de defensor.

CAPÍTULO II

CUESTIONES PREJUDICIALES

Art. 3.º Por regla general, la competencia de los Tribunales encargados de la justicia penal se extiende a resolver, para sólo el efecto de la represión, las cuestiones civiles y administrativas prejudiciales propuestas con motivo de los hechos perseguidos cuando tales cuestiones aparezcan tan íntimamente ligadas al hecho punible que sea racionalmente imposible su separación.

Art. 4.º Sin embargo, si la cuestión prejudicial fuese determinante de la culpabilidad o de

---

para el reconocimiento de responsabilidad patrimonial del Estado, de cualquier administración pública o de particulares, ni dar lugar a efecto, reparación o indemnización de índole económica o profesional. Dicha declaración de nulidad deberá hacerse constar en el expediente judicial de la causa anulada.»

Lo que debe apostillarse con el art. 29 (*Derecho a la investigación*), que señala que:

«1. El Estado garantizará el derecho a la investigación de las violaciones de los derechos humanos y el Derecho Internacional Humanitario ocurridas con ocasión de la Guerra y la Dictadura, así como el período que va desde la muerte del dictador hasta la entrada en vigor de la Constitución Española. El Fiscal de Sala de Derechos Humanos y Memoria Democrática intervendrá en su caso en defensa de la legalidad y los derechos humanos.

»2. Se garantizará la tutela judicial en los procedimientos encaminados a la obtención de una declaración judicial sobre la realidad y las circunstancias de hechos pasados determinados relacionados con las víctimas a que se refiere el artículo 3.1.

»3. El Fiscal de Sala de Derechos Humanos y Memoria Democrática, en el ejercicio de sus funciones, promoverá las inscripciones en el Registro Civil de las defunciones de las personas desaparecidas como consecuencia de la Guerra y la represión ejercida en la Dictadura posterior.»

Art. 2.º: Vid. arts. 17.3 y 24.1 y 2 de la Constitución. Sobre el derecho de defensa reconocido como derecho fundamental en la Constitución, vid. arts. 118 y 520 de esta Ley.

El art. 15 de la Ley 35/1995, de 11 de diciembre (*BOE* del 12), de ayudas y asistencia de las víctimas de delitos violentos y contra la libertad sexual, impone a los Jueces y Magistrados, miembros de la Carrera Fiscal, autoridades y funcionarios públicos que intervengan en la investigación penal, que informen a las presuntas víctimas de la posibilidad y procedimiento para solicitar ayudas públicas.

Ahora habrá que tener en cuenta, también, los arts. 3.º y 5.º de la Ley 4/2015, de 27 de abril (*BOE* del 28), del Estatuto de la víctima del delito (*infra*, Apéndice, § 3), así como el art. 7.º del RD 1.109/2015, de 11 de diciembre (*BOE* del 30; corrección de errores en *BOE* de 16 de enero 2016), por el que se desarrolla la Ley 4/2015, de 27 de abril, del Estatuto de la víctima del delito, y se regulan las Oficinas de Asistencia a las Víctimas del Delito.

Art. 4.º: Vid. arts. 11 y 114. El párrafo segundo ha sido redactado conforme a la Ley 13/2009, de 3 de noviembre (*BOE* del 4), de reforma de la legislación procesal para la implantación de la nueva Oficina judicial.

la inocencia, el Tribunal de lo criminal suspenderá el procedimiento hasta la resolución de aquélla por quien corresponda; pero puede fijar un plazo, que no exceda de dos meses, para que las partes acudan al Juez o Tribunal civil o contencioso-administrativo competente.

Pasado el plazo sin que el interesado acredite haberlo utilizado, el Secretario judicial, mediante diligencia, alzará la suspensión y continuará el procedimiento.

En estos juicios será parte el Ministerio Fiscal.

Art. 5.º No obstante lo dispuesto en los dos artículos anteriores, las cuestiones civiles prejudiciales, referentes a la validez de un matrimonio o a la supresión de estado civil se deferirán siempre al Juez o Tribunal que deba entender de las mismas, y su decisión servirá de base a la del Tribunal de lo criminal.

Art. 6.º Si la cuestión civil prejudicial se refiere al derecho de propiedad sobre un inmueble o a otro derecho real, el Tribunal de lo criminal podrá resolver acerca de ella cuando tales derechos aparezcan fundados en un título auténtico o en actos indubitados de posesión.

Art. 7.º El Tribunal de lo criminal se atemperará, respectivamente, a las reglas del Derecho civil o administrativo, en las cuestiones prejudiciales que, con arreglo a los artículos anteriores, deba resolver.

TÍTULO II

De la competencia de los Jueces y Tribunales en lo criminal

CAPÍTULO PRIMERO

De las reglas por donde
se determina
la competencia

Art. 8.º La jurisdicción criminal es siempre improrrogable.

Art. 9.º Los Jueces y Tribunales que tengan competencia para conocer de una causa determinada, la tendrán también para todas sus incidencias, para llevar a efecto las providencias de tramitación y para la ejecución de las sentencias, sin per-

---

Art. 9.º: Redactado conforme a la Ley 38/2002, de 24 de octubre (*BOE* del 28).

juicio de lo dispuesto en el artículo 801.

Art. 10. Corresponderá a la jurisdicción ordinaria el conocimiento de las causas y juicios criminales con excepción de los casos reservados por las leyes al Senado, a los Tribunales de Guerra y Marina y a las Autoridades administrativas o de policía.

Art. 11. El conocimiento de las causas por delitos en que aparezcan a la vez culpables personas sujetas a la jurisdicción ordinaria y otras aforadas corresponderá a la ordinaria, salvo las excepciones consignadas expresamente en las Leyes,

respecto a la competencia de otra jurisdicción.

Art. 12. Sin embargo de lo dispuesto en el artículo anterior, la jurisdicción ordinaria será siempre competente para prevenir las causas por delitos que cometan los aforados.

Esta competencia se limitará a instruir las primeras diligencias, concluidas las cuales la jurisdicción ordinaria remitirá las actuaciones al Juez o Tribunal que deba conocer de la causa con arreglo a las Leyes, y pondrá a su disposición a los detenidos y los efectos ocupados.

La jurisdicción ordinaria cesará en las primeras diligen-

Art. 10: Vid. arts. 151 y 152 de la LO 5/1985, de 19 de junio, de Régimen electoral general (*BOE* de 20 de junio; corrección de errores en el de 20 de enero de 1986).

Con relación a la jurisdicción militar vid. el art. 117.5 de la Constitución; la LO 2/1987, de 18 de mayo (*BOE* del 20), de conflictos jurisdiccionales; la LO 4/1987, de 15 de julio (*BOE* del 18), de competencia y organización de la jurisdicción militar y la LO 2/1989, de 13 de abril (*BOE* del 18), procesal militar, cuyo art. 7.º dispone que «los conflictos de jurisdicción entre los órganos judiciales militares [...] y los Jueces y Tribunales de la jurisdicción ordinaria, serán resueltos por los órganos y mediante el procedimiento a los que se refiere la Ley Orgánica de la Competencia y Organización de la jurisdicción militar y la Ley orgánica de conflictos jurisdiccionales». Vid., asimismo, el art. 14 de la LO 5/2005, de 17 de noviembre (*BOE* del 18), de la Defensa Nacional.

Vid. también el Convenio de Ginebra de 12 de agosto de 1949, sobre prisioneros de guerra, ratificado el 4 de julio de 1952, especialmente su art. 84.

Vid., además, el art. 8 de la LO 2/1986, de 13 de marzo (*BOE* del 14), de Fuerzas y Cuerpos de Seguridad.

Art. 11: Vid. arts. 12 y 13 de la LO 4/1987, de 15 de julio (*BOE* del 18), de competencia y organización de la jurisdicción militar; asimismo, el art. 14 de dicha Ley dispone que «la jurisdicción a que esté atribuido el conocimiento del delito que tenga señalada legalmente pena más grave conocerá de los delitos conexos. Si sobreseyese el procedimiento en relación con el delito de pena más grave dejará de conocer de los conexos de los que no sea competente».

Vid. también el art. 30 de la LO 2/1987, de 18 de mayo (*BOE* del 20), de conflictos jurisdiccionales, y el art. 7.º de la LO 2/1989, de 13 de abril, procesal militar (*BOE* del 18). Para la instrucción de las primeras diligencias, vid. art. 12.

cias tan luego como conste que la especial competente instruye causa sobre el mismo delito.

Los autos de inhibición de esta clase que pronuncien los Jueces instructores de la jurisdicción ordinaria son apelables ante la respectiva Audiencia.

Entre tanto que se sustancia y decide el recurso de apelación, se cumplirá lo dispuesto en el artículo 22, párrafo segundo, a cuyo efecto y para la sustanciación del recurso se remitirá el correspondiente testimonio.

Art. 13. Se consideran como primeras diligencias la de consignar las pruebas del delito que puedan desaparecer, la de recoger y poner en custodia cuanto conduzca a su comprobación y a la identificación del delincuente, la de detener, en su caso, a los presuntos responsables del delito, y la de proteger a los ofendidos o perjudicados por el mismo, a sus familiares o a otras personas, pudiendo acordarse a tal efecto las medidas cautelares a las que se refiere el artículo 544 bis o la orden de protección prevista en el artículo 544 ter de esta Ley.

En la instrucción de delitos cometidos a través de internet, del teléfono o de cualquier otra tecnología de la información o de la comunicación, el juzgado podrá acordar, como primeras diligencias, de oficio o a instancia de parte, las medidas cautelares consistentes en la retirada provisional de contenidos ilícitos, en la interrupción provisional de los servicios que ofrezcan dichos contenidos o en el bloqueo provisional de unos y otros cuando radiquen en el extranjero.

Art. 14. Fuera de los casos que expresa y limitadamente atribuyen la Constitución y las

---

Art. 13: Redactado por la Ley 27/2003, de 31 de julio (*BOE* de 1 de agosto), reguladora de la Orden de protección de las víctimas de la violencia doméstica.

Art. 13, párr. 2.º: Párrafo añadido por la Disp. Final 1.ª1 de la LO 10/2022, de 6 de septiembre (*BOE* del 7), de garantía integral de la libertad sexual.

Art. 14: Modificado por el art. 20.Uno de la LO 1/2025, de 2 de enero (*BOE* del 3), de medidas en materia de eficiencia del Servicio Público de Justicia. Las modificaciones de este artículo entran en vigor el 3 de octubre de 2025 (Disp. Final 38.ª3 LOMESPJ). La Disp. Trans. 9.ª LOMESP, en su apartado primero indica que las reformas serán aplicables exclusivamente a los procedimientos incoados con posterioridad a su entrada en vigor.

El TS, por Acuerdo del Pleno no jurisdiccional —art. 264.1 LOPJ— de 3 de febrero de 2005, ha interpretado, en relación con el «principio de ubicuidad» aplicable a la determinación del lugar de comisión del delito, que: «El delito se comete en todas las jurisdicciones en las que se haya realizado algún elemento del tipo. En consecuencia, el Juez de cualquiera de ellas que primero haya iniciado las actuaciones procesales, será en principio competente para la instrucción de la causa».

leyes a Jueces y Tribunales determinados, serán competentes:

1. Para el conocimiento y fallo de los juicios por delito leve, la Sección de Instrucción de los Tribunales de Instancia, salvo que corresponda a las secciones con competencia en materia de violencia sobre la mujer o de violencia contra la infancia y la adolescencia de conformidad con los números 5 y 6 de este artículo.

2. Para la instrucción de las causas, la Sección de Instrucción del Tribunal de Instancia del partido en que el delito se hubiere cometido, o las Secciones del Tribunal de Instancia con competencia en materia de violencia sobre la mujer o de violencia contra la infancia y la adolescencia, o el Juez Central de Instrucción respecto de los delitos que la Ley determine.

3. Para el conocimiento y fallo de las causas por delitos a los que la ley señale pena privativa de libertad de duración no superior a cinco años o pena de multa cualquiera que sea su cuantía, o cualesquiera otras de distinta naturaleza, bien sean únicas, conjuntas o alternativas, siempre

En relación con las faltas cometidas por los miembros de las Fuerzas y Cuerpos de Seguridad, el art. 8.°1 de la LO 2/1986, de 13 de marzo (*BOE* del 14) —*infra*, § 8—, establece que «cuando el hecho fuese constitutivo de falta, los Jueces de Instrucción serán competentes para la instrucción y el fallo, de conformidad con las normas de la Ley de Enjuiciamiento Criminal. Se exceptúa de lo dispuesto en los párrafos anteriores los supuestos en que sea competente la jurisdicción militar». A este propósito, el Tribunal Constitucional ha declarado inconstitucional la competencia que este artículo encomendaba a la Audiencia Provincial para la instrucción, procesamiento y fallo de los miembros de las Fuerzas y Cuerpos de Seguridad (STC 55/1990, de 28 de marzo).

Vid. también la Ley de 9 de febrero de 1912 (*Gaceta* del 10), de enjuiciamiento de senadores y diputados: *infra*, § 2. Vid. la Instrucción 3/2003, de 9 de abril (*BOE* del 15), del Pleno del CGPJ, sobre normas de reparto penales y registro informático de violencia doméstica.

Art. 14.3.° y 4.°: El TS, por Acuerdo del Pleno no jurisdiccional —art. 264.1 LOPJ— de 2 de octubre de 1992, ha interpretado, en relación con el criterio a seguir para la determinación de la pena a los efectos de fijar órgano jurisdiccional competente —Juez de lo Penal y Audiencia Provincial—, que ha de estarse a la pena abstracta fijada en el tipo, y no a la que resulte del juego de las reglas de aplicación de la pena, sea por imperfección delictiva, sea por el grado de participación, sea por la naturaleza de las circunstancias concurrentes (vid. STS de 12 de junio de 1993).

El TS, por Acuerdo del Pleno no jurisdiccional (art. 264.1 LOPJ), de 24 de mayo de 2017, relativo a la «Nueva redacción del artículo 77.3 CP y determinación de la competencia», ha establecido que:

«En caso de concurso medial, cuando las penas de prisión señaladas en abstracto en cada uno de los delitos que integran el concurso no superen los cinco años de duración, aunque la suma de las previstas en una y otras infracciones excedan de esa cifra, la competencia para su enjuiciamiento corresponde al Juez de lo Penal.»

Vid. *infra*, Apéndice, § 1.

que la duración de estas no exceda de diez años, así como por delitos leves, sean o no incidentales, imputables a los autores de estos delitos o a otras personas, cuando la comisión del delito leve o su prueba estuviesen relacionadas con aquellos, la Sección de lo Penal del Tribunal de Instancia de la circunscripción donde el delito fue cometido, o las secciones con competencia para el enjuiciamiento en materia de violencia sobre la mujer o de violencia contra la infancia y la adolescencia, en su caso, o el Juez Central de lo Penal en el ámbito que le es propio, sin perjuicio de la competencia de la Sección de Instrucción del Tribunal de Instancia con competencia en materia de guardia del lugar de comisión del delito para dictar sentencia de conformidad, o de las secciones con competencia en la instrucción en materia de violencia sobre la mujer o de violencia contra la infancia y la adolescencia competentes, en su caso, en los términos establecidos en el artículo 801, así como de las Secciones de Instrucción de los Tribunales de Instancia competentes para dictar sentencia.

No obstante, en los delitos comprendidos en el Título VIII del Libro II del Código Penal, a los solos efectos de determinar la competencia para el enjuiciamiento, se tendrán en cuenta únicamente las penas de prisión o de multa, correspondiendo a la Sección de lo Penal del Tribunal de Instancia de la circunscripción donde el delito fue cometido, o a las Secciones de los Tribunales de Instancia con competencia en materia de violencia sobre la mujer o de violencia contra la infancia y la adolescencia correspondiente a la circunscripción de las Secciones de Instrucción de los Tribunales de Instancia con competencia en estos delitos, en su caso, el conocimiento y fallo de los delitos para los que la ley señale pena privativa de libertad de duración no superior a cinco años o pena de multa cualquiera que sea su cuantía.

4. Para el conocimiento y fallo de las causas en los demás casos la Audiencia Provincial de la circunscripción donde el delito se haya cometido, o la Audiencia Provincial correspondiente a la circunscripción del Juzgado de Violencia sobre la Mujer en su caso, o la Sala de lo Penal de la Audiencia Nacional.

No obstante, en los supuestos de competencia de la Audiencia Provincial, si el delito fuere de los atribuidos al Tribunal de Jurado, el conocimiento y fallo corresponderá a éste.

5. Las Secciones de los Tribunales de Instancia con competencia en materia de violencia sobre la mujer conocerán:

a) De la instrucción de los procesos para exigir responsabilidad penal por los delitos recogidos en los títulos del Código Penal relativos a homicidio, aborto, lesiones, lesiones al feto, delitos contra la libertad, delitos contra la integridad moral, contra la libertad e indemnidad sexual, contra la intimidad y el derecho a la propia imagen, contra el honor o cualquier otro delito cometido con violencia o intimidación, siempre que se hubiesen cometido contra quien sea o haya sido su esposa, o mujer que esté o haya estado ligada al autor por análoga relación de afectividad, aun sin convivencia, así como de los cometidos sobre los descendientes, propios o de la esposa o conviviente, o sobre los menores o personas con discapacidad que con él convivan o que se hallen sujetos a la potestad, tutela, curatela, acogimiento o guarda de hecho de la esposa o conviviente, cuando también se haya producido un acto de violencia de género.

b) De la instrucción de los procesos para exigir responsabilidad penal por cualquier delito contra las relaciones familiares, cuando la víctima sea alguna de las personas señaladas en la letra anterior.

c) De la adopción de las correspondientes órdenes de protección a las víctimas, sin perjuicio de las competencias atribuidas al juez o jueza de guardia.

d) Del conocimiento y fallo de los delitos leves que les atribuya la ley, cuando la víctima sea alguna de las personas señaladas como tales en la letra *a*).

e) Dictar sentencia de conformidad con la acusación en los casos establecidos por la ley.

f) De la emisión y la ejecución de los instrumentos de reconocimiento mutuo de resoluciones penales en la Unión Europea que les atribuya la ley.

g) De la instrucción de los procesos para exigir responsabilidad penal por el delito de quebrantamiento previsto y penado en el artículo 468 del Código Penal cuando la persona ofendida por el delito cuya condena, medida cautelar o medida de seguridad se haya quebrantado sea o haya sido su esposa, o mujer que esté o haya estado ligada al autor por una análoga relación de afectividad aun sin convivencia, así como los descendientes, propios o de la esposa o conviviente, o sobre los menores o personas con discapacidad con medidas de apoyo que con él convivan o que se hallen sujetos a la potestad, tutela, curatela, acogimiento o guarda de hecho de la esposa o conviviente, así como cuando la persona ofendida lo sea por alguno de los delitos señaladas en la letra *h*) de este apartado.

h)   De la instrucción de los procesos para exigir responsabilidad penal por los delitos contra la libertad sexual previstos en el Título VIII del Libro II del Código Penal, por los delitos de mutilación genital femenina, matrimonio forzado, acoso con connotación sexual y la trata con fines de explotación sexual, cuando la persona ofendida por el delito sea mujer.

6.   Las Secciones de Violencia contra la Infancia y la Adolescencia conocerán, en el orden penal, de conformidad en todo caso con los procedimientos y recursos previstos en la Ley de Enjuiciamiento Criminal, de la instrucción de los procesos para exigir responsabilidad penal por los delitos recogidos en los títulos del Código Penal relativos a:

a)   Homicidio, aborto, lesiones, lesiones al feto, cometidos contra niños, niñas, adolescentes.

b)   Delitos contra la libertad, delito de torturas y contra la integridad moral, delitos contra la intimidad, el derecho a la propia imagen y la inviolabilidad del domicilio, delitos contra la libertad, delitos contra el honor, delitos contra las relaciones familiares, o cualquier otro delito cometido con violencia o intimidación, cuando la víctima sea niño, niña o adolescente.

c)   Delito de trata de seres humanos del artículo 177 bis del Código Penal cuando al menos una de las víctimas sea niño, niña o adolescente.

d)   De la instrucción de los procesos para exigir responsabilidad penal por el delito de quebrantamiento previsto y penado en el artículo 468 del Código Penal cuando la persona ofendida por el delito cuya condena, medida cautelar o medida de seguridad se haya quebrantado sea niño, niña o adolescente.

Las Secciones de Violencia contra la Infancia y la Adolescencia serán igualmente competentes para:

a)   La adopción de las medidas cautelares legalmente previstas que aseguren la protección de las víctimas menores de edad, sin perjuicio de las competencias atribuidas al juez de guardia.

b)   El conocimiento y fallo de los delitos leves que les atribuya la ley cuando la víctima sea niño, niña o adolescente.

c)   Dictar sentencia de conformidad con la acusación en los casos establecidos por la ley.

d)   La emisión y la ejecución de los instrumentos de reconocimiento mutuo de resoluciones penales en la Unión europea que les atribuya la ley.

7.   En caso de que los hechos objeto de instrucción por la Sección de Violencia contra la Infancia y Adolescencia también pudieran ser conocidos por la

Sección de Violencia sobre la Mujer, la competencia le corresponderá en todo caso a la segunda.

Art. 14 bis. Cuando de acuerdo con lo dispuesto en el artículo anterior el conocimiento y fallo de una causa por delito dependa de la gravedad de la pena señalada a éste por la ley se atenderá en todo caso a la pena legalmente prevista para la persona física, aun cuando el procedimiento se dirija exclusivamente contra una persona jurídica.

Art. 15. Cuando no conste el lugar en que se haya cometido una falta o delito, serán Jueces y Tribunales competentes en su caso para conocer de la causa o juicio:

1.º El del término municipal, partido o circunscripción en que se hayan descubierto pruebas materiales del delito.

2.º El del término municipal, partido o circunscripción, en que el presunto reo haya sido aprehendido.

3.º El de la residencia del reo presunto.

4.º Cualquiera que hubiese tenido noticia del delito.

Si se suscitase competencia entre estos Jueces o Tribunales, se decidirá dando la preferencia por el orden con que están expresados en los números que preceden.

Tan luego como conste el lugar en que se hubiese cometido el delito, el Juez o Tribunal que estuviere conociendo de la causa acordará la inhibición en favor del competente, poniendo en su caso los detenidos a disposición del mismo y acordando remitir, en la misma resolución las diligencias y efectos ocupados.

Art. 15 bis. En el caso de que se trate de algunos de los delitos o faltas cuya instrucción o conocimiento corresponda al Juez de Violencia sobre la Mujer, la competencia territorial vendrá determinada por el lugar del domicilio de la víctima, sin perjuicio de la adopción de la orden de protección, o de medidas urgentes del

---

Art. 14 bis: Adición realizada por el art. 1.º de la Ley 37/2011, de 10 de octubre (*BOE* del 11), de medidas de agilización procesal.

Art. 15: El último párrafo ha sido redactado conforme a la Ley 13/2009, de 3 de noviembre (*BOE* del 4), de reforma de la legislación procesal para la implantación de la nueva Oficina judicial.

Art. 15 bis: Adición realizada por el art. 59 de la LO 1/2004, de 28 de diciembre (*BOE* del 29; corrección de errores en *BOE* de 12 de abril de 2005), de Medidas de Protección Integral contra la Violencia de Género.

El TS, por Acuerdo de Pleno no jurisdiccional (art. 264.1 LOPJ) de 31 de enero de 2006, ha interpretado que el domicilio a que se refiere el art. 15 bis LECrim es el que tenía la víctima al ocurrir los hechos.

artículo 13 de la presente Ley que pudiera adoptar el Juez del lugar de comisión de los hechos.

Art. 16. La jurisdicción ordinaria será la competente para juzgar a los reos de delitos conexos, siempre que alguno esté sujeto a ella, aun cuando los demás sean aforados.

Lo dispuesto en el párrafo anterior se entiende sin perjuicio de las excepciones expresamente consignadas en este Código o en Leyes especiales, y singularmente en las Leyes penales de Guerra y Marina, respecto a determinados delitos.

Art. 17. 1. Cada delito dará lugar a la formación de una única causa.

No obstante, los delitos conexos serán investigados y enjuiciados en la misma causa cuando la investigación y la prueba en conjunto de los hechos resulte conveniente para su esclarecimiento y la determinación de las responsabilidades procedentes salvo que suponga excesiva complejidad o dilación para el proceso.

2. A los efectos de la atribución de jurisdicción y de la distribución de la competencia se consideran delitos conexos:

1.º Los cometidos por dos o más personas reunidas.

2.º Los cometidos por dos o más personas en distintos lugares o tiempos si hubiera precedido concierto para ello.

3.º Los cometidos como medio para perpetrar otros o facilitar su ejecución.

4.º Los cometidos para procurar la impunidad de otros delitos.

5.º Los delitos de favorecimiento real y personal y el blanqueo de capitales respecto al delito antecedente.

6.º Los cometidos por diversas personas cuando se ocasionen lesiones o daños recíprocos.

3. Los delitos que no sean conexos pero hayan sido cometidos por la misma persona y tengan analogía o relación entre sí, cuando sean de la competen-

---

Art. 16, párr. 2.º: Téngase en cuenta que el art. 14 de la LO 4/1987, de 15 de julio (*BOE* del 18), de la competencia y organización de la jurisdicción militar, dispone que «la jurisdicción a que esté atribuido el conocimiento del delito que tenga señalada legalmente pena más grave conocerá de los delitos conexos. Si sobreseyese el procedimiento en relación con el delito de pena más grave dejará de conocer de los conexos de los que no sea competente.»

Art. 17: Redactado conforme al art. único.dos de la Ley 41/2015, de 5 de octubre (*BOE* del 6), de modificación de la Ley de Enjuiciamiento Criminal para la agilización de la justicia penal y el fortalecimiento de las garantías procesales.

Vid. arts. 70.2.ª11 y 71 del Código Penal.

cia del mismo órgano judicial, podrán ser enjuiciados en la misma causa, a instancia del Ministerio Fiscal, si la investigación y la prueba en conjunto de los hechos resulta conveniente para su esclarecimiento y la determinación de las responsabilidades procedentes, salvo que suponga excesiva complejidad o dilación para el proceso.

Art. 17 bis. La competencia de los Juzgados de Violencia sobre la Mujer se extenderá a la instrucción y conocimiento de los delitos y faltas conexas siempre que la conexión tenga su origen en alguno de los supuestos previstos en los números 3.º y 4.º del artículo 17 de la presente Ley.

Art. 18. 1. Son Jueces y Tribunales competentes, por su orden, para conocer de las causas por delitos conexos:
1.º El del territorio en que se haya cometido el delito a que esté señalada pena mayor.
2.º El que primero comenzare la causa en el caso de que a los delitos esté señalada igual pena.
3.º El que la Audiencia de lo criminal o el Tribunal Supre-

mo en sus casos respectivos designen, cuando las causas hubieren empezado al mismo tiempo, o no conste cuál comenzó primero.
2. No obstante lo anterior, será competente para conocer de los delitos conexos cometidos por dos o más personas en distintos lugares, si hubiera precedido concierto para ello, con preferencia a los indicados en el apartado anterior, el Juez o Tribunal del partido judicial sede de la correspondiente Audiencia Provincial, siempre que los distintos delitos se hubieren cometido en el territorio de una misma provincia y al menos uno de ellos se hubiera perpetrado dentro del partido judicial sede de la correspondiente Audiencia Provincial.

CAPÍTULO II

DE LAS CUESTIONES DE COMPETENCIA ENTRE LOS JUECES Y TRIBUNALES ORDINARIOS

Art. 19. Podrán promover y sostener competencia:
1.º Los Jueces *municipales* en cualquier estado del juicio, y

---

Art. 17 bis: Adición realizada por el art. 60 de la LO 1/2004, de 28 de diciembre (*BOE* del 29; corrección de errores en *BOE* de 12 de abril de 2005), de Medidas de Protección Integral contra la Violencia de Género.
Art. 18.2: Adición realizada por la LO 15/2003, de 25 de noviembre (*BOE* del 26), por la que se modifica la LO 10/1995, de 23 de noviembre, del Código Penal.

las partes desde la citación hasta el acto de la comparecencia.

2.º   Los Jueces de instrucción durante el sumario.

3.º   Las Audiencias de lo criminal durante la sustanciación del juicio.

4.º   El Ministerio Fiscal en cualquier estado de la causa.

5.º   El acusador particular, antes de formular su primera petición después de personado en la causa.

6.º   El procesado y la parte civil, ya figure como actora, ya aparezca como responsable, dentro de los tres días siguientes al en que se les comunique la causa para calificación.

Art. 20.   Son superiores jerárquicos para resolver sobre las cuestiones de competencia, en la forma que determinarán los artículos siguientes:

1.º   De los Jueces *municipales* del mismo partido, el de instrucción.

2.º   De los Jueces de instrucción de una misma circunscripción, la Audiencia de lo criminal.

3.º   De las Audiencias de lo criminal del mismo territorio, la *Audiencia territorial* en pleno.

4.º   De las *Audiencias territoriales*, o cuando la competencia sea entre una Audiencia de lo criminal y la *Sala de lo criminal de una territorial*, el Tribunal Supremo.

Cuando cualquiera de los Jueces o Tribunales mencionados en los números 1.º, 2.º y 3.º no tengan superior inmediato común, decidirá la competencia el que lo sea en el orden jerárquico, y, a falta de éste, el Tribunal Supremo.

Art. 21.   El Tribunal Supremo no podrá formar ni promover competencias, y ningún Juez, Tribunal o parte podrá promoverlas contra él.

Cuando algún Juez o Tribunal viniere entendiendo en asunto cuyo conocimiento estuviere reservado al Tribunal Supremo, ordenará éste a aquél, de oficio, a excitación del Ministerio Fiscal o a solicitud de parte, que se abstenga de todo procedimiento y remita los antecedentes en el término de segundo día para, en su vista, resolver.

El Tribunal Supremo podrá, sin embargo, autorizar, en la misma orden y entre tanto que resuelve la competencia, la continuación de aquellas diligencias, cuya urgencia o necesidad fueren manifiestas.

Contra la decisión del Tribunal Supremo no se da recurso alguno.

Art. 20: Vid. art. 51.1 LOPJ.
Art. 21: Vid. art. 52 LOPJ.

Art. 22. Cuando dos o más Jueces de instrucción se reputen competentes para actuar en un asunto, si a la primera comunicación no se pusieren de acuerdo sobre la competencia, darán cuenta con remisión de testimonio al superior competente; y éste, en su vista, decidirá de plano y sin ulterior recurso cuál de los Jueces instructores debe actuar.

Mientras no recaiga decisión, cada uno de los Jueces instructores seguirá practicando las diligencias necesarias para comprobar el delito y aquellas otras que considere de reconocida urgencia.

Dirimido el conflicto por el superior a quien competa, el Secretario judicial del Juzgado de Instrucción que deje de actuar remitirá las diligencias practicadas y los objetos recogidos al declarado competente, dentro del segundo día, a contar desde aquel en que reciba la orden del superior para que deje de conocer.

Art. 23. Si durante el sumario o en cualquier fase de instrucción de un proceso penal el Ministerio Fiscal o cualquiera de las partes entendieran que el Juez instructor no tiene competencia para actuar en la causa, podrán reclamar ante el Tribunal superior a quien corresponda, el cual, previos los informes que estime necesarios, resolverá de plano y sin ulterior recurso.

En todo caso, se cumplirá lo dispuesto en el párrafo segundo del artículo anterior.

Art. 24. Terminado el sumario, toda cuestión de competencia que se promueva suspenderá los procedimientos hasta la decisión de ella.

Art. 25. El Juez o Tribunal que se considere competente deberá promover la competencia.

También acordará la inhibición a favor del Juez o Tribunal competente cuando considere que el conocimiento de las causas no le corresponde, aunque sobre ello no haya precedido reclamación de los interesados ni del Ministerio Fiscal.

Entretanto no recaiga decisión judicial firme resolviendo definitivamente la cuestión promovida o aceptando la competencia, el Juez de instrucción que acuerde la inhibición a favor de otro de la misma clase seguirá

Art. 22: El tercer párrafo ha sido redactado conforme a la Ley 13/2009, de 3 de noviembre (*BOE* del 4), de reforma de la legislación procesal para la implantación de la nueva Oficina judicial.
Art. 23: Redactado conforme a la Ley 53/1978, de 4 de diciembre (*BOE* del 8).
Art. 25, párr. 3.º: Redactado conforme a la Ley 13/2009, de 3 de noviembre (*BOE* del 4), de reforma de la legislación procesal para la implantación de la nueva Oficina judicial.

practicando todas las diligencias necesarias para comprobar el delito, averiguar e identificar a los posibles culpables y proteger a los ofendidos o perjudicados por el mismo. A tal efecto, la resolución que inicialmente acuerde la inhibición expresará esta circunstancia, y a ella se acompañará únicamente testimonio de las actuaciones. Dirimida la cuestión o aceptada la competencia por resolución firme, el Secretario judicial remitirá los autos originales y las piezas de convicción al Juez que resulte competente.

Los autos que los Jueces *municipales* o de instrucción dicten inhibiéndose a favor de otro Juez o jurisdicción, serán apelables, observándose en este caso lo dispuesto en el último párrafo del artículo 12. Contra los de las Audiencias podrá interponerse el recurso de casación.

Art. 26. El Ministerio Fiscal y las partes promoverán las competencias por inhibitoria o por declinatoria.

El uso de uno de estos medios excluye absolutamente el del otro, así durante la sustanciación de la competencia como una vez que ésta se halle determinada.

La inhibitoria se propondrá ante el Juez o Tribunal que se repute competente.

La declinatoria, ante el Juez o Tribunal que se repute incompetente.

Art. 27. El Juez *municipal* ante quien se proponga la inhibitoria, oyendo al Fiscal cuando éste no la hubiera propuesto, resolverá en término de segundo día, si procede o no el requerimiento de inhibición.

El auto denegatorio de requerimiento es apelable en ambos efectos para ante el Juez de instrucción respectivo.

Art. 28. Si el Juez *municipal* estimare que procede el requerimiento de inhibición, lo mandará practicar por medio de oficio, en el cual consignará los fundamentos de su auto.

El oficio se remitirá dentro de veinticuatro horas precisamente.

Art. 29. El Juez *municipal* requerido de inhibición, oyendo al Fiscal, resolverá en término de segundo día si desiste de conocer o mantiene su competencia.

En el primer caso remitirá, dentro de las veinticuatro horas siguientes, las diligencias practicadas al Juez requirente.

Si mantiene su competencia se lo comunicará, dentro del mismo plazo, exponiendo los fundamentos de su resolución.

Art. 30. Recibidos los autos por el Juez requirente, declarará, sin más trámites, y dentro de veinticuatro horas, si insiste en la competencia o se aparta de ella.

En el primer caso, lo participará en el mismo día al Juez requerido para que remita las diligencias al Juez o Tribunal que deba resolver la competencia a tenor de lo dispuesto en el artículo 20, haciendo él la remisión de las suyas dentro de las veinticuatro horas siguientes.

En el segundo caso, lo participará en el mismo plazo al Juez requerido para que éste pueda continuar conociendo.

Los autos que los Jueces requeridos dicten accediendo a la inhibición serán apelables para ante el respectivo Juez de instrucción. También lo serán los que dicten los requirentes desistiendo de la inhibición.

Art. 31. Recibidas las diligencias en el Juzgado o Tribunal llamado a resolver la competencia y oído el Fiscal por término de segundo día, la decidirá dentro de los tres siguientes al en que el Ministerio Fiscal evacue el traslado.

Contra lo resuelto por el Juzgado o Audiencia procederá el recurso de casación.

Contra la resolución del Supremo no se da recurso alguno.

Art. 32. Cuando se proponga declinatoria ante un Juez *municipal*, resolverá éste en término de segundo día, oyendo previamente al Fiscal, sobre si procede o no acordar la inhibición.

El auto en que se deniegue la inhibición es apelable en ambos efectos para ante el Juzgado a quien corresponda resolver la competencia, el cual sustanciará el recurso en la forma prevenida en el párrafo primero del artículo anterior.

Contra la resolución del Juzgado procederá el recurso de casación.

Art. 33. La inhibición ante los Tribunales de lo criminal se propondrá en escrito con firma de Letrado.

En el escrito expresará el que la proponga que no ha empleado la declinatoria. Si resultase lo contrario, será condenado en costas, aunque se decida en su favor la competencia o aunque la abandone en lo sucesivo.

Art. 34. El Secretario del Tribunal ante quien se proponga la inhibitoria dará traslado por término de uno o dos días, según el volumen de la causa, al Ministerio Fiscal, cuando éste no lo haya propuesto, así como a las demás partes que figuren en la causa de que pudiera a la vez estar conociendo el Tribunal a quien se haya instado para

Art. 34: Redactado conforme a la Ley 13/2009, de 3 de noviembre (*BOE* del 4), de reforma de la legislación procesal para la implantación de la nueva Oficina judicial.

que haga el requerimiento y, en su vista, el Tribunal mandará, dentro de los dos días siguientes, librar oficio inhibitorio, o declarará no haber lugar a ello.

Art. 35. Contra el auto en que se deniegue el requerimiento de inhibición, sólo habrá lugar al recurso de casación.

Art. 36. Con el oficio de inhibición se acompañará testimonio: del escrito en que se haya pedido, de lo expuesto por el Ministerio Fiscal y por las partes en su caso, del auto que se haya dictado y de lo demás que el Tribunal estime conducente para fundar su competencia.

El testimonio se extenderá y remitirá en el plazo improrrogable de uno a tres días, según el volumen de la causa.

Art. 37. El Secretario del Tribunal requerido acusará inmediatamente recibo y dará traslado al Ministerio Fiscal, al acusador particular, si lo hubiere, a los referidos en los artículos 118 y 520 que se hubieren personado y a los que figuren

como parte civil, por un plazo que no podrá exceder de veinticuatro horas a cada uno, tras lo cual el Tribunal dictará auto inhibiéndose o declarando que no ha lugar a hacerlo.

Contra el auto en que el Tribunal se inhibiera no se dará otro recurso que el de casación.

Art. 38. Consentido o ejecutoriado el auto en que el Tribunal se hubiese inhibido, el Secretario judicial remitirá la causa, dentro del plazo de tres días, al Tribunal que hubiera propuesto la inhibitoria, con emplazamiento de las partes y poniendo a disposición de aquél los procesados, las pruebas materiales del delito y los bienes embargados.

Art. 39. Si se denegare la inhibición se comunicará el auto al Tribunal requirente, con testimonio de lo expuesto por el Ministerio Fiscal y por las partes y de todo lo demás que se crea conducente.

El testimonio se expedirá y remitirá dentro de tres días.

En el oficio de remisión se exigirá que el Tribunal requiren-

---

Art. 37: Salvo el primer párrafo, el precepto ha sido redactado conforme a la Ley 53/1978, de 4 de diciembre (*BOE* del 8). El primer párrafo ha sido redactado conforme a la Ley 13/2009, de 3 de noviembre (*BOE* del 4), de reforma de la legislación procesal para la implantación de la nueva Oficina judicial.
Art. 38: Redactado conforme a la Ley 13/2009, de 3 de noviembre (*BOE* del 4), de reforma de la legislación procesal para la implantación de la nueva Oficina judicial.

te conteste inmediatamente para continuar actuando si no insiste en la inhibición, o que en otro caso remita la causa a quien corresponda para que decida la competencia.

Art. 40.   Recibido el oficio que expresa el artículo anterior, el Tribunal que hubiere propuesto la inhibitoria dictará, sin más trámites, auto en término de segundo día.

Contra el auto desistiendo de la inhibición sólo procederá el recurso de casación.

Art. 41.   Consentido o ejecutoriado el auto en que el Tribunal desista de la inhibitoria lo comunicará en el término de veinticuatro horas al requerido de inhibición, remitiéndole al propio tiempo todo lo actuado para su unión a la causa.

Art. 42.   Si el Tribunal requirente mantiene su competencia, lo comunicará en el término de veinticuatro horas al requerido de inhibición para que remita la causa al Tribunal a quien corresponda la resolución, haciéndolo él de lo actuado ante el mismo.

Art. 43.   Las competencias se decidirán por el Tribunal dentro de los tres días siguientes al en que el Ministerio Fiscal hubiese emitido dictamen, que evacuará en el término de segundo día.

Contra estos autos, cuando procedan de las Audiencias territoriales, habrá lugar al recurso de casación.

Contra los pronunciados por el Tribunal Supremo no se da recurso alguno.

Art. 44.   El Tribunal que resuelva la competencia podrá condenar al pago de las costas causadas en la inhibitoria a las partes que la hubieren sostenido o impugnado con notoria temeridad, determinando en su caso la proporción en que deban pagarlas.

Cuando no hiciere especial condenación de costas, se entenderán de oficio las causadas en la competencia.

Art. 45.   Las declinatorias se sustanciarán como artículos de previo pronunciamiento.

Art. 44: El párrafo tercero de este precepto ha sido suprimido por la LO 16/1994, de 8 de noviembre (*BOE* del 9).

Art. 45: Vid. arts. 666 ss.

CAPÍTULO III

DE LAS COMPETENCIAS
NEGATIVAS Y DE LAS QUE SE
PROMUEVEN CON JUECES
O TRIBUNALES ESPECIALES
Y DE LOS RECURSOS DE QUEJA
CONTRA LAS AUTORIDADES
ADMINISTRATIVAS*

Art. 46. Cuando la cuestión de competencia empeñada entre dos o más Jueces o Tribunales fuere negativa por rehusar todos entender en la causa, la decidirá el Juez o Tribunal superior y en su caso el Supremo, siguiendo para ello los mismos trámites prescritos para las demás competencias.

Art. 47. En el caso de competencia negativa entre la jurisdicción ordinaria y otra privilegiada, la ordinaria empezará o continuará la causa.

Arts. 48 a 50. [...]

Art. 51. [...]

TÍTULO III

De las recusaciones y excusas de los Magistrados, Jueces, Asesores y Auxiliares de los Juzgados y Tribunales y de la abstención del Ministerio Fiscal**

CAPÍTULO PRIMERO

DISPOSICIONES GENERALES

Art. 52. Los Magistrados, Jueces y Asesores, cualesquiera que sean su grado y jerarquía, sólo podrán ser recusados por causa legítima.

Art. 53. Podrán únicamente recusar en los negocios criminales:

---

* Téngase en cuenta lo dispuesto en la LO 2/1987, de 18 de mayo (*BOE* del 20), de Conflictos Jurisdiccionales, y arts. 38 ss. LOPJ.

Arts. 48 a 50: Derogados por la LO 2/1987, de 18 de mayo, de Conflictos Jurisdiccionales.

Art. 51: Derogado por la Ley de 17 de julio de 1948, de Conflictos Jurisdiccionales.

** El Título debe considerarse, salvo los preceptos modificados por la LEC del año 2000, implícitamente derogado por la regulación que realiza la LOPJ en la redacción dada a la institución por la LO 19/2003, de 23 de diciembre (*BOE* del 26). Vid. los arts. 217 ss. para la abstención y recusación de jueces y magistrados, y los arts. 446 (secretarios judiciales) y 499 para el resto de funcionarios.

Art. 53: Redactado conforme a la Ley 53/1978, de 4 de diciembre (*BOE* del 8). Vid. el art. 218.1.º LOPJ.

El representante del Ministerio Fiscal.

El acusador particular o los que legalmente representan sus acciones y derechos.

Las personas que se encuentren en la situación de los artículos 118 y 520.

Los responsables civilmente por delito o falta.

Art. 54. La abstención y la recusación se regirán, en cuanto a sus causas, por la Ley Orgánica del Poder Judicial, y en cuanto al procedimiento, por lo dispuesto en la Ley de Enjuiciamiento Civil.

Art. 55. Los Magistrados y Jueces comprendidos en cualquiera de los casos que expresa el artículo anterior, se inhibirán del conocimiento del asunto sin esperar a que se les recuse. Contra esta inhibición no habrá recurso alguno.

De igual manera se inhibirán, sin recurso alguno, cuando al ser recusados en cualquier forma estimasen procedente la causa alegada. En uno y otro caso mandarán pasar las diligencias a quien deba reemplazarles.

Art. 56. La recusación deberá proponerse tan luego como se tenga conocimiento de la causa en que se funde, pues, en otro caso, no se admitirá a trámite. Concretamente, se inadmitirán las recusaciones:

1.º Cuando no se propongan al comparecer o intervenir por vez primera en el proceso, en cualquiera de sus fases, si el conocimiento de la concurrencia de la causa de recusación fuese anterior a aquél.

2.º Cuando se propusieren iniciado ya el proceso, si la causa de recusación se conociese con anterioridad al momento

---

Art. 54: Nueva redacción dada por la Disp. Final 12.ª de la Ley 1/2000, de 7 de enero (*BOE* del 8), de Enjuiciamiento Civil. La Disp. Final 17.ª de dicha Ley establecía que dicha redacción no sería de aplicación hasta que se reformase la LOPJ, lo que ha acontecido, en lo que se refiere a la institución, con la LO 19/2003, de 23 de diciembre (*BOE* del 26). Vid., respecto a las causas, el art. 219 LOPJ. No obstante, en cuanto al procedimiento, habrá que estar, en primer lugar, a lo previsto en la LOPJ y, en segundo lugar, a lo previsto en la LEC, en todo aquello que no se oponga a lo previsto en la primera, puesto que aquélla también hace referencia al procedimiento de abstención y recusación.

Art. 55: Vid. arts. 217 y 221 LOPJ. Lo correcto en este caso sería hablar de abstención y no de inhibición.

Art. 56: Nueva redacción dada por la Disp. Final 12.ª de la Ley 1/2000, de 7 de enero (*BOE* del 8), de Enjuiciamiento Civil. La Disp. Final 17.ª de dicha Ley establecía que dicha redacción no sería de aplicación hasta que se reformase la LOPJ, lo que ha acontecido, en lo que se refiere a la institución, con la LO 19/2003, de 23 de diciembre (*BOE* del 26). No obstante, téngase también presente el art. 223 LOPJ.

procesal que la recusación se proponga.

CAPÍTULO II

DE LA SUSTANCIACIÓN
DE LAS RECUSACIONES
DE LOS JUECES DE INSTRUCCIÓN
Y DE LOS MAGISTRADOS

Art. 57. La recusación se hará en escrito firmado por Letrado, por Procurador y por el recusante si supiere firmar y estuviere en el lugar de la causa. El último deberá ratificarse ante el Juez o Tribunal.

Cuando el recusante no estuviese presente, firmarán sólo el Letrado y el Procurador. En todo caso se expresará en el escrito concreta y claramente la causa de la recusación.

Art. 58. No obstante lo dispuesto en el artículo anterior, podrá el procesado, si estuviere en incomunicación, proponer verbalmente la recusación en el acto de recibírsele declaración o podrá llamar al Juez por conducto del Alcaide de la cárcel para recusarle.

En este caso, deberá el Juez de instrucción presentarse acompañado del Secretario, que hará constar por diligencia la petición de recusación y la causa en que se funde.

Cuando fuese denegada la recusación, se le advertirá que podrá reproducirla una vez alzada la incomunicación.

Art. 59. El auto admitiendo o denegando la recusación será fundado y bastará notificarlo al Procurador del recusante, aunque éste se halle en el pueblo en que se siga la causa y haya firmado el escrito de recusación.

Art. 60. Cuando el recusado no se inhibiere por no considerarse comprendido en la causa alegada para la recusación, se mandará formar pieza separada.

Ésta contendrá el escrito original de recusación y el auto denegatorio de la inhibición, quedando nota expresiva de uno y otro en el proceso.

Art. 61. Durante la sustanciación de la pieza separada no podrá intervenir el recusado en la causa ni en el incidente de recusación y será sustituido por aquel a quien corresponda con arreglo a la ley.

Si el recusado fuese un Juez de instrucción, deberá éste, no obstante, bajo su responsabilidad, practicar aquellas diligencias urgentes que no puedan dilatarse mientras su sucesor se encargue de continuar la instrucción.

Art. 62. La recusación no detendrá el curso de la causa. Exceptúase el caso en que el incidente de recusación no se hubiese decidido cuando sean citadas las partes para la vista de alguna cuestión o incidente o para la celebración del juicio oral.

Art. 63. Instruirán los incidentes de recusación:

a) Cuando el recusado sea el Presidente o uno o más Magistrados de la Sala de lo Penal del Tribunal Supremo, de la Sala de lo Penal de los Tribunales Superiores de Justicia, o de la Sala de lo Penal de la Audiencia Nacional, un Magistrado de la Sala a la que pertenezca el recusado, designado en virtud de un turno establecido por orden de antigüedad.

b) Cuando el recusado sea el Presidente o uno o más Magistrados de una Audiencia Provincial, un Magistrado de una Sección distinta a la que pertenezca el recusado, designado en virtud de un turno establecido por orden de antigüedad. Si sólo existiere una Sección, se procederá del modo que se establece en el apartado segundo del artículo 107 de la Ley de Enjuiciamiento Civil.

c) Cuando se recusare a todos los Magistrados de una Sala de Justicia, el Magistrado que corresponda por turno de antigüedad de los que integren el Tribunal correspondiente, siempre que no estuviere afectado por la recusación, y si se recusare a todos los Magistrados que integran la Sala del Tribunal correspondiente, un Magistrado designado por sorteo entre todos los integrantes de Tribunales del mismo ámbito territorial pertenecientes al resto de órdenes jurisdiccionales.

d) Cuando se recusare a un Juez Central de lo Penal o a un Juez Central de instrucción, un Magistrado de la Sala de lo Penal de la Audiencia Nacional, designado en virtud de un turno establecido por orden de antigüedad.

e) Cuando el recusado sea un Juez de instrucción o un Juez de lo Penal, un Magistrado de la Audiencia Provincial correspondiente, designado en virtud de un turno establecido por orden de antigüedad.

f) Cuando el recusado fuere un Juez de Paz, el Juez de ins-

Art. 63: Nueva redacción dada por la Disp. Final 12.ª de la Ley 1/2000, de 7 de enero (*BOE* del 8), de Enjuiciamiento Civil. La Disp. Final 17.ª de dicha Ley establecía que dicha redacción no sería de aplicación hasta que se reformase la LOPJ, lo que ha acontecido, en lo que se refiere a la institución, con la LO 19/2003, de 23 de diciembre (*BOE* del 26). No obstante, téngase también presente el art. 224 LOPJ.

trucción del partido correspondiente o, si hubiere en él varios Juzgados de instrucción, el Juez titular designado en virtud de un turno establecido por orden de antigüedad.

Art. 64. Formada la pieza separada, se oirá a la otra u otras partes que hubiese en la causa, por término de tres días a cada una, que sólo podrá prorrogarse por otros dos cuando a juicio del Tribunal hubiese justa causa para ello.

Art. 65. Transcurrido el término señalado en el artículo anterior, con la prórroga en su caso, y recogida la causa sin necesidad de petición por parte del recusante, se recibirá a prueba el incidente de recusación, cuando la cuestión fuese de hecho, por ocho días, durante los cuales se practicará la que hubiere sido solicitada por las partes y admitida como pertinente.

Art. 66. Contra el auto en que las Audiencias o el Tribunal Supremo admitieran o denegaren la prueba, no se dará ulterior recurso.

Art. 67. Cuando por ser la cuestión de derecho no se hubiere recibido a prueba el incidente de recusación o hubiere transcurrido el término concedido en el artículo 65, se mandará citar a las partes señalando día para la vista.

Art. 68. Decidirán los incidentes de recusación:

a) La Sala prevista en el artículo 61 de la Ley Orgánica del Poder Judicial cuando el recusado sea el Presidente del Tribunal Supremo o el Presidente de la Sala de lo Penal o dos o más de los Magistrados de dicha Sala.

b) La Sala de lo Penal del Tribunal Supremo, cuando se recuse a uno de los Magistrados que la integran.

c) La Sala a que se refiere el artículo 77 de la Ley Orgánica del Poder Judicial, cuando se hubiera recusado al Presidente del Tribunal Superior de Justicia, al Presidente de la Sala de lo Civil y Penal de dicho Tribunal Superior o al Presidente de Audiencia Provincial con sede en la Comunidad Autónoma o a dos o más Magistrados de una Sala o Sección o de una Audiencia Provincial.

Art. 68: Nueva redacción dada por la Disp. Final 12.ª de la Ley 1/2000, de 7 de enero (*BOE* del 8), de Enjuiciamiento Civil. La Disp. Final 17.ª de dicha Ley establecía que dicha redacción no sería de aplicación hasta que se reforme la LOPJ, lo que ha acontecido, en lo que se refiere a la institución, con la LO 19/2003, de 23 de diciembre (*BOE* del 26). No obstante, téngase también presente el art. 227 LOPJ.

d) La Sala a que se refiere el artículo 69 de la Ley Orgánica del Poder Judicial, cuando se hubiera recusado al Presidente de la Audiencia Nacional, al Presidente de su Sala de lo Penal o a más de dos Magistrados de una Sección de dicha Sala.

e) La Sala de lo Penal de la Audiencia Nacional, cuando se recusare a uno o dos de los Magistrados.

f) La Sala de lo Civil y Penal de los Tribunales Superiores de Justicia, cuando se recusara a uno de sus Magistrados.

g) Cuando el recusado sea Magistrado de una Audiencia Provincial, la Audiencia Provincial en pleno o, si ésta se compusiere de dos o más Secciones, la Sección en la que no se encuentre integrado el recusado o la Sección que siga en orden numérico a aquella de la que el recusado forme parte.

h) Cuando se recusara a un Juez Central, decidirá la recusación la Sección de la Sala de lo Penal de la Audiencia Nacional a la que corresponda por turno, establecido por la Sala de Gobierno de dicha Audiencia, excluyendo la Sección a la que corresponda conocer de los recursos que dicte el Juzgado del que sea titular el recusado.

i) Cuando el recusado sea un Juez de lo Penal o de instrucción, la Audiencia Provincial o, si ésta se compusiere de dos o más Secciones, la Sección Segunda.

j) Cuando el recusado sea un Juez de paz, resolverá el mismo Juez instructor del incidente de recusación.

Art. 69. Los autos en que se declare haber o no lugar a la recusación, serán siempre fundados.

Contra el auto que dictaren las Audiencias sólo procederá el recurso de casación.

Contra el que dictare el Tribunal Supremo no habrá recurso alguno.

Art. 70. En los autos en que se deniegue la recusación se condenará en las costas al que la hubiere promovido. Cuando se apreciare que obró con temeridad o mala fe se le impondrá, además una multa de 200 a 2.000 pesetas, cuando el recusado fuese Juez de instrucción; de 500 a 2.500, cuando fuese Magistrado de Audiencia, y de 1.000 a 5.000, si lo fuere del Tribunal Supremo.

Se exceptúa de la imposición de las costas y de la multa al Ministerio Fiscal.

Art. 70: Redactado conforme a la Ley de 14 de abril de 1955 (*BOE* del 15).

Art. 71. Cuando no se hicieren efectivas las multas respectivamente señaladas en el artículo anterior, el multado quedará sujeto a la responsabilidad personal subsidiaria correspondiente, por vía de sustitución y apremio, en los términos que para las causas por delitos establece el Código Penal.

CAPÍTULO III

De la sustanciación
de las recusaciones
de los Jueces Municipales

Art. 72. En los juicios de faltas se propondrá la recusación en el mismo acto de la comparecencia.

Art. 73. En vista de la recusación, si la causa alegada fuese de las expresadas en el artículo 54 y cierta, el Juez municipal se dará por recusado, pasando el conocimiento de la falta a su suplente.

Art. 74. Cuando el recusado no considerase legítima la recusación, pasará el conocimiento del incidente a su suplente, haciéndolo constar en el acta.

Ni en este caso ni en el del artículo anterior se da recurso alguno contra lo resuelto por el Juez municipal.

Art. 75. El Juez municipal recusado no podrá intervenir en la sustanciación de la pieza de recusación y se suspenderá la celebración del juicio de faltas hasta que aquélla se decida.

Art. 76. El Juez suplente encargado de la sustanciación de la pieza de recusación hará comparecer a las partes a su presencia, y en el mismo acto recibirá las pruebas que ofrezcan y conceptúe pertinentes, cuando la cuestión verse sobre algún hecho.

Contra el auto denegatorio de la prueba podrá pedirse reposición en el acto de hacerse saber a las partes.

Art. 77. Recibida la prueba o cuando por tratarse de cuestión de derecho no fuera necesaria, el Juez municipal suplente resolverá si ha o no lugar a la recusación en auto fundado y en el mismo acto si es posible. En ningún caso dejará de hacerlo dentro del segundo día. De lo actuado y del auto se hará mención en el acta que extienda.

Art. 71: Vid. art. 53 del Código Penal.
Art. 77: Redactado conforme a la Ley de 14 de abril de 1955 (*BOE* del 15).

Si desestimare la recusación, impondrá al recusante las costas y una multa de 25 a 100 pesetas con la responsabilidad personal subsidiaria establecida en el artículo 71.

Será aplicable a la sanción de multa, en este caso, lo dispuesto en el párrafo segundo del artículo 70.

Art. 78.   Contra el auto del Juez suplente declarando haber lugar a la recusación, no se dará recurso alguno.

Contra el auto en que la denegare, habrá apelación para ante el Juez de instrucción.

Art. 79.   La apelación se interpondrá verbalmente en el acto de la comparecencia ante el mismo Juez municipal suplente, si éste resolviese en el momento.

Si para resolver utilizare el término de segundo día, se interpondrá la apelación en el acto mismo de la notificación siempre que sea personal, y si no dentro de las veinticuatro horas siguientes a ella. La apelación en este caso se interpondrá también verbalmente ante el Secretario del Juzgado y se hará constar por diligencia.

Art. 80.   Cuando no se apelase dentro de los términos señalados en el artículo anterior, el auto del Juez suplente será firme.

Interpuesta apelación en tiempo, se remitirán los antecedentes al Juez de instrucción respectivo con citación de las partes y a expensas del apelante.

Art. 81.   En el Juzgado de instrucción se dará cuenta inmediatamente por el Secretario, sin admitir escritos, y se citará a las partes a una comparecencia dentro del término de segundo día.

Los interesados o sus apoderados podrán hacer en ella verbalmente las observaciones que estimen, previa la venia del Juez de instrucción.

Éste pronunciará auto en el mismo día o en el siguiente, y contra lo que decida no habrá ulterior recurso.

Si el Juez instructor entendiese que el municipal suplente debió reponer el auto denegatorio de la prueba a que se refiere el párrafo segundo del artículo 76, lo declarará así, absteniéndose de pronunciar sobre el fondo, y mandará devolver las diligencias al Juzgado municipal de que procedan para que se practique la prueba propuesta y se dicte nuevo auto.

Serán aplicables a éste las disposiciones de los artículos 78 al 81.

Art. 82.   Cuando el auto sea confirmatorio, se condenará en costas al apelante.

Art. 83. Declarada procedente la recusación por auto firme, entenderá el suplente en el juicio.

Declarada improcedente, el Juez recusado volverá a entender en el conocimiento de la falta.

CAPÍTULO IV

DE LA RECUSACIÓN DE LOS AUXILIARES DE LOS JUZGADOS Y TRIBUNALES*

Art. 84. Los Secretarios de los Juzgados municipales, de los de instrucción, de las Audiencias y del Tribunal Supremo serán recusables.

Lo serán también los Oficiales de Sala.

Art. 85. Son aplicables a los Secretarios y Oficiales de Sala las prescripciones de este título, con las modificaciones que establecen los artículos siguientes.

Art. 86. Cuando los recusados fueren auxiliares de los Juzgados de instrucción, de las Audiencias o del Tribunal Supremo, la pieza de recusación se instruirá por el Juez instructor respectivo o Magistrado más moderno, y se fallará por el mismo Juez o por el Tribunal correspondiente.

El Juez o Magistrado instructor podrá delegar la práctica de las diligencias que no pudiere ejecutar por sí mismo en el Juez municipal o en uno de los Jueces de instrucción de la respectiva circunscripción.

Art. 87. Los auxiliares recusados no podrán actuar en la causa en que lo fueren ni en la pieza de recusación, reemplazándoles aquellos a quienes correspondería si la recusación fuese admitida.

Art. 88. En las recusaciones de Secretarios de Juzgados municipales, instruirá y fallará la pieza de recusación el Juez municipal donde sólo hubiere uno.

Si hubiere dos, el del Juzgado a que no pertenezca el recusado; y si tres o más, el de mayor edad.

Art. 89. Cuando se desestimare la recusación se condenará en costas al recusante.

Art. 90. Cuando sea firme el auto en que se admita la recusación, quedará el recusado separado de toda intervención en la causa, continuando en su reemplazo el que le haya sustitui-

---

* Vid. arts. 446 y 499 LOPJ.

do durante la sustanciación del incidente; y si fuere Secretario de Juzgado municipal o de instrucción, no percibirá derechos de ninguna clase desde que se hubiese solicitado la recusación o desde que, siéndole conocido el motivo alegado, no se separó del conocimiento del asunto.

Art. 91. Cuando se desestimase la recusación por auto firme, volverá el auxiliar recusado a ejercer sus funciones; y si fuese éste Secretario de Juzgado municipal o de instrucción, le abonará el recusante los derechos correspondientes a las actuaciones practicadas en la causa, haciendo igual abono al que haya sustituido al recusado.

Art. 92. No podrán los auxiliares ser recusados después de citadas las partes para sentencia, ni durante la práctica de alguna diligencia de que estuvieren encargados, ni después de comenzada la celebración del juicio oral.

Art. 93. Es aplicable a los actuales Relatores y Escribanos de Cámara: 1.º, lo dispuesto en los artículos anteriores respecto a las recusaciones de los Secre-

tarios de Sala y 2.º, lo prevenido en los artículos 90 y 91 referente al abono de derechos.

CAPÍTULO V

De las excusas y recusaciones de los Asesores*

Art. 94. Los Asesores de los Jueces municipales, cuando éstos desempeñen accidentalmente funciones de Jueces de instrucción, se excusarán si concurrieren en ellos algunas de las causas enumeradas en el artículo 54 de esta Ley.

El mismo Juez municipal apreciará la excusa para admitirla o desestimarla. Si la desestimare, podrá el Asesor recurrir en queja a la respectiva Audiencia y ésta, pidiendo informes y antecedentes, resolverá de plano sin ulterior recurso lo que crea procedente.

Art. 95. Los que sean parte en una causa podrán recusar al Asesor por cualquiera de los motivos señalados en el artículo 54.

La recusación se hará por medio de escrito dirigido al Juez municipal.

---

* Las normas del presente Capítulo ya carecían de aplicación tras lo dispuesto en la Ley de Bases de la Justicia Municipal de 19 de julio de 1944, donde desapareció la figura de los Asesores de los Jueces municipales.

Contra las decisiones del Juzgado municipal desestimando la recusación, procederá igualmente el recurso de queja ante la Audiencia respectiva.

CAPÍTULO VI

DE LA ABSTENCIÓN DEL MINISTERIO FISCAL*

Art. 96. Los representantes del Ministerio Fiscal no podrán ser recusados, pero se abstendrán de intervenir en los actos judiciales cuando concurra en ellos alguna de las causas señaladas en el artículo 54 de esta Ley.

Art. 97. Si concurriere en el Fiscal del Tribunal Supremo o en los Fiscales de las Audiencias alguna de las causas por razón de las cuales deben abstenerse de conformidad con lo dispuesto en el artículo anterior, designarán para que los reemplacen al Teniente fiscal, y en su defecto a los Abogados fiscales por el orden de categoría y antigüedad.

Lo dispuesto en el párrafo anterior es aplicable a los Tenientes o Abogados fiscales cuando ejerzan las funciones de su jefe respectivo.

Art. 98. Los Tenientes y Abogados fiscales del Tribunal Supremo y de las Audiencias harán presente su excusa al superior respectivo, quien les relevará de intervenir en los actos judiciales y elegirá para sustituirlos al que tenga por conveniente entre sus subordinados.

Art. 99. Cuando los representantes del Ministerio Fiscal no se excusaren a pesar de comprenderles alguna de las causas expresadas en el artículo 54, podrán los que se consideren agraviados acudir en queja al superior inmediato.

Éste oirá al subordinado que hubiese sido objeto de la queja y, encontrándola fundada, decidirá su sustitución. Si no la encontrare fundada, podrá acordar que intervenga en el proceso. Contra esta determinación no se da recurso alguno.

Los Fiscales de las Audiencias Territoriales decidirán las quejas que se les dirijan contra los Fiscales de las Audiencias de lo criminal.

Si fuera el Fiscal del Tribunal Supremo el que diera motivo a la queja, deberá ésta dirigirse al Ministerio de *Gracia y Justicia* por conducto del Presidente del mismo Tribunal. El Ministro de

---

* Vid. art. 28 del Estatuto orgánico del Ministerio Fiscal, Ley 50/1981, de 30 de diciembre (*BOE* de 13 de enero de 1982), modificado por la Ley 24/2007, de 9 de octubre (*BOE* del 10).

Gracia y Justicia, oída la Sala de Gobierno del Tribunal Supremo si lo considera oportuno, resolverá lo que estime procedente.

TÍTULO IV

De las personas a quienes corresponde el ejercicio de las acciones que nacen de los delitos y faltas

Art. 100. De todo delito o falta nace acción penal para el castigo del culpable, y puede nacer también acción civil para la restitución de la cosa, la reparación del daño y la indemnización de perjuicios causados por el hecho punible.

Art. 101. La acción penal es pública.

Art. 100: Vid. arts. 109 a 122 del Código Penal, donde se regula la responsabilidad civil.

El art. 1.813 del Código Civil dispone que «se puede transigir sobre la acción civil proveniente de un delito, pero no por eso se extinguirá la acción pública para la imposición de la pena legal».

El Acuerdo del Pleno no jurisdiccional (art. 264.1 LOPJ) de 30 de enero de 2007 se ha planteado la legitimación en el proceso penal de la actividad de la entidad aseguradora. Al respecto ha señalado que: «Cuando la entidad aseguradora tenga concertado un contrato de seguro con el perjudicado por el delito y satisfaga cantidades en virtud de tal contrato, sí puede reclamar frente al responsable penal en el seno del proceso penal que se siga contra el mismo, como actor civil, subrogándose en la posición del perjudicado.»

El Acuerdo del Pleno no jurisdiccional (art. 264.1 LOPJ) de 24 de abril de 2007 se ha planteado si debe condenarse a la aseguradora, con la que el responsable civil tiene concertado el seguro obligatorio, cuando el origen de esa responsabilidad civil derive de una responsabilidad penal dolosa por el hecho que origina el daño a indemnizar. Al respecto se ha adoptado el Acuerdo de: «No responderá la aseguradora, con quien se tenga concertado el seguro obligatorio de responsabilidad civil, cuando el vehículo de motor sea el instrumento directamente buscado para causar daño personal o material derivado del delito. Responderá la aseguradora por los daños diferentes de los propuestos directamente por el autor.»

Art. 101: El art. 125 de la Constitución dispone que «los ciudadanos podrán ejercer la acción popular». Por su parte el art. 24 del propio texto fundamental dispone que «todos tienen derecho a obtener la tutela efectiva de los Jueces y Tribunales en el ejercicio de sus derechos e intereses legítimos, sin que, en ningún caso, pueda producirse indefensión».

Sobre el ejercicio de la acción penal por el Ministerio Fiscal, vid. arts. 105 y 271 de la presente Ley.

Vid. lo dispuesto sobre la acción popular en los arts. 19.1 y 20.3 LOPJ.

Todos los ciudadanos españoles podrán ejercitarla con arreglo a las prescripciones de la Ley.

Art. 102. Sin embargo de lo dispuesto en el artículo anterior, no podrán ejercitar la acción penal:

1.º   El que no goce de la plenitud de los derechos civiles.

2.º   El que hubiere sido condenado dos veces por sentencia firme como reo del delito de denuncia o querella calumniosas.

3.º   El Juez o Magistrado.

Los comprendidos en los números anteriores podrán, sin embargo, ejercitar la acción penal por delito o falta cometidos contra sus personas o bienes o contra las personas o bienes de sus cónyuges, ascendientes, descendientes, hermanos consanguíneos o uterinos y afines.

Los comprendidos en los números 2.º y 3.º podrán ejercitar también la acción penal por el delito o falta cometidos contra las personas o bienes de los que estuviesen bajo su guarda legal.

Los que no sean ciudadanos españoles no pueden ejercer la acción popular, pero sí querellarse cuando resulten perjudicados por el delito, según el art. 270 de la presente Ley.

En cuanto a los depósitos para recurrir previstos para la acción popular habrá que estar a la Disp. Adic. 15.ª LOPJ, añadida por la LO 1/2009, de 3 de noviembre (*BOE* del 4), complementaria de la Ley de reforma de la legislación procesal para la implantación de la nueva Oficina judicial. Vid. nota al Título X («De los recursos contra las resoluciones procesales») del Libro I de la LECrim.

El RD-ley de 13 de junio de 1927 (*Gaceta* del 14), dictando normas para el ejercicio de acciones penales, dispone:

«*Art. 1.º* Los que ejerciten alguna de las acciones penales a que se refiere el título IV del libro I de la Ley de Enjuiciamiento Criminal, podrán desistir de tal ejercicio en cualquier momento del proceso; pero mientras actúen han de hacerlo exclusivamente en forma acusatoria y manteniendo tesis acusatorias concretas.

»*Art. 2.º* A tal efecto, cuantos pretendan ser admitidos como parte en un sumario, sea como ofendidos o perjudicados por un delito o ejercitando la acción pública, no se limitarán a hacer la manifestación de que desean ser parte, sino que expresarán categóricamente cuál es la acción que ejercitan y la ejercitarán en forma de querella, exigiéndose en el escrito de personación los mismos requisitos que para la querella exige el artículo 277 de la Ley de Enjuiciamiemo Criminal, salvo el 6.º en la parte referente a la petición de admisión de aquélla, la cual será sustituida por la de admisión como parte acusadora en el concepto concreto que manifieste el solicitante en relación con la acción ejercitada.

»El Juez instructor del sumario acordará sobre la petición de admisión como parte acusadora lo procedente, en iguales términos y forma que la Ley Procesal preceptúa para la admisión de las querellas y aplicando las mismas normas en cuanto a exigencia de fianza. Contra su resolución podrán ser utilizados los mismos recursos que cuando se trate de admisión o desestimación de querellas, pero sin que en caso alguno el recurso de apelación sea admisible en ambos efectos [...].»

Art. 103. Tampoco podrán ejercitar acciones penales entre sí:

1.º Los cónyuges, a no ser por delito o falta cometidos por el uno contra la persona del otro o la de sus hijos, y por el delito de bigamia.

2.º Los ascendientes, descendientes y hermanos por na-

turaleza, por la adopción o por afinidad, a no ser por delito o falta cometidos por los unos contra las personas de los otros.

Art. 104. Las acciones penales que nacen de los delitos de estupro, calumnia e injuria, tampoco podrán ser ejercitadas

---

Art. 103: Redactado por la LO 14/1999, de 9 de junio (*BOE* del 10).

Art. 103.1.º: Los delitos de adulterio y amancebamiento fueron despenalizados por la Ley 22/1978, de 26 de mayo (*BOE* del 30). Sobre la bigamia, art. 217 del Código Penal. Vid. art. 218 del Código Penal.

Art. 104: Los delitos de reproducción asistida inconsentida requieren para su persecución denuncia de la persona agraviada o de su representante legal (art. 161.2 CP).

Los delitos de agresiones sexuales, acoso o abuso sexuales, son perseguibles previa denuncia de la persona ofendida o agraviada, o por querella del Ministerio Fiscal, «que actuará ponderando los legítimos intereses en presencia», pero cuando la víctima fuera menor de edad, incapaz o desvalida, bastará la denuncia del Ministerio Fiscal, sin que el perdón del ofendido extinga la acción penal ni la responsabilidad (art. 191 CP).

Para proceder por los delitos de descubrimiento y revelación de secretos es necesaria denuncia de la persona agraviada o de su representante legal, extinguiendo el perdón la acción penal o la pena impuesta. Sin embargo, el art. 201.3, en la versión dada por la LO 5/2010, de 22 de junio (*BOE* del 23), establece que el perdón extingue, sólo, la acción penal.

Los delitos de calumnia o injuria sólo serán perseguibles en virtud de querella del ofendido o de su representante legal, quedando el culpable exento de responsabilidad por el perdón (art. 215 CP).

Los delitos de abandono de familia e impago de alimentos sólo se perseguirán previa denuncia de la persona agraviada o de su representante legal, salvo que sea menor de edad, incapaz o persona desvalida, en cuyo caso podrá denunciar el Ministerio Fiscal (art. 228 CP).

Los delitos de daños por imprudencia grave en cuantía superior a 80.000 euros sólo serán perseguibles previa denuncia de la persona agraviada o de su representante legal extinguiendo el perdón la pena o la acción penal. Sin embargo, el art. 267.3, en la versión dada por la LO 5/2010, de 22 de junio (*BOE* del 23), establece que el perdón extingue, sólo, la acción penal.

Para proceder por los delitos relativos al mercado y a los consumidores será necesaria denuncia de la persona agraviada o de sus representantes legales. Si es menor de edad, incapaz o una persona desvalida, también podrá denunciar el Ministerio Fiscal. Sin embargo, no será precisa la denuncia cuando la comisión del delito afecte a los intereses generales o a una pluralidad de personas. El art. 287.1 CP en la versión dada por la LO 5/2010, de 22 de junio (*BOE* del 23), excluye de estas reglas los arts. 284 y 285 CP.

Los delitos societarios sólo serán perseguibles mediante denuncia de la persona agraviada o de sus representantes legales. Si es menor de edad, incapaz o una persona desvalida, también podrá denunciar el Ministerio Fiscal. Sin embargo, no será precisa

por otras personas, ni en manera distinta que las prescritas en los respectivos artículos del Código Penal.

Las faltas consistentes en el anuncio por medio de la imprenta de hechos falsos o relativos a la vida privada, con el que se perjudique u ofenda a particulares y en injurias leves sólo podrán ser perseguidas por los ofendidos o por sus legítimos representantes.

Art. 105. 1. Los funcionarios del Ministerio Fiscal tendrán la obligación de ejercitar, con arreglo a las disposiciones de la Ley, todas las acciones penales que consideren procedentes, haya o no acusador particular en las causas, menos aquellas que el Código Penal reserva exclusivamente a la querella privada.

2. En los delitos perseguibles a instancias de la persona agraviada también podrá denunciar el Ministerio Fiscal si aquélla fuere menor de edad, persona con discapacidad necesitada de especial protección o desvalida.

La ausencia de denuncia no impedirá la práctica de diligencias a prevención.

Art. 106. La acción penal por delito o falta que dé lugar al procedimiento de oficio no se extingue por la renuncia de la persona ofendida.

Pero se extinguen por esta causa las que nacen de delito o falta que no puedan ser perseguidos sino a instancia de parte, y las civiles, cualquiera que sea el delito o falta de que procedan.

---

la denuncia cuando la comisión del delito afecte a los intereses generales o a una pluralidad de personas (art. 296 CP).

Art. 104, párr. 2.°: Redactado por la LO 14/1999, de 9 de junio (*BOE* del 10).

Art. 105: Redactado conforme a la Disp. Final 2.ª dos de la LO 1/2015, de 30 de marzo (*BOE* del 31), por la que se modifica la LO 10/1995, de 23 de noviembre, del Código Penal.

Vid. el art. 124 de la Constitución y el art. 1.° del Estatuto orgánico del Ministerio Fiscal, Ley 50/1981 (*BOE* de 13 de enero de 1982).

Art. 106: Conforme al art. 130.1.5.° CP, la responsabilidad criminal se extingue, por el perdón del ofendido, cuando se trate de delitos leves perseguibles a instancias del agraviado o la ley así lo prevea. Éste habrá de ser otorgado de forma expresa antes de que se haya dictado sentencia, con audiencia al ofendido por parte del órgano jurisdiccional. En los delitos contra menores o personas con discapacidad necesitadas de especial protección, los jueces o tribunales, oído el Ministerio Fiscal, podrán rechazar la eficacia del perdón otorgado por los representantes de aquéllos, ordenando la continuación del procedimiento, con intervención del Ministerio Fiscal, o el cumplimiento de la condena. Para rechazar el perdón a que se refiere el párrafo anterior, el juez o tribunal deberá oír nuevamente al representante del menor o persona con discapacidad necesitada de especial protección.

Art. 107. La renuncia de la acción civil o de la penal renunciable no perjudicará más que al renunciante; pudiendo continuar el ejercicio de la penal en el estado en que se halle la causa, o ejercitarla nuevamente los demás a quienes también correspondiere.

Art. 108. La acción civil ha de entablarse juntamente con la penal por el Ministerio Fiscal, haya o no en el proceso acusador particular; pero si el ofendido renunciare expresamente su derecho de restitución, reparación o indemnización, el Ministerio Fiscal se limitará a pedir el castigo de los culpables.

Art. 109. En el acto de recibirse declaración por el juez la persona ofendida o perjudicada, el letrado o letrada de la Administración de Justicia le

---

Art. 107: El art. 109.2 CP dispone que «el perjudicado podrá optar, en todo caso, por exigir la responsabilidad civil ante la Jurisdicción Civil».

Art. 109: Redactado conforme al art. 101.uno del Real Decreto-ley 6/2023, de 19 de diciembre (*BOE* del 20), por el que se aprueban medidas urgentes para la ejecución del Plan de Recuperación, Transformación y Resiliencia en materia de servicio público de justicia, función pública, régimen local y mecenazgo.

Vid. art. 15 de la Ley 35/1995, de 11 de diciembre (*BOE* del 12), de ayudas y asistencia de las víctimas de delitos violentos y contra la libertad sexual, en cuanto a la información que debe recibir la víctima sobre la posibilidad y procedimiento para solicitar ayudas públicas (en caso de delitos dolosos violentos y contra la libertad sexual), información sobre el curso de las investigaciones por parte de la policía, a que su declaración se haga con respeto a su situación personal, a sus derechos y a su dignidad, a ser informada, por el Secretario Judicial, de las posibilidades de obtener en el proceso penal la restitución y reparación del daño sufrido y de las posibilidades de lograr el beneficio de justicia gratuita, de la fecha de celebración del juicio correspondiente y la notificación personal de la resolución que recaiga aunque no sea parte en el proceso, así como a que el Ministerio Fiscal le proteja de la publicidad no deseada que revele datos sobre su vida privada o su dignidad, incluida la solicitud de celebración del proceso penal a puerta cerrada.

En este sentido, ya la Circular de la Fiscalía del Tribunal Supremo de 15 de septiembre de 1983 establecía que «como el instruir a una parte de sus derechos no puede confundirse con la declaración de los derechos a su favor, es siempre previsor instruir al perjudicado de sus derechos, aunque no aparezca en los primeros momentos del sumario responsabilidad». También habrá que tener en cuenta los arts. 642 y 643 de esta Ley.

Ahora habrá que tener en cuenta, también, los arts. 3.º a 10.º de la Ley 4/2015, de 27 de abril (BOE del 28), del Estatuto de la víctima del delito (*infra*, Apéndice, § 3), así como el art. 7.º del RD 1.109/2015, de 11 de diciembre (*BOE* del 30; corrección de errores en *BOE* de 16 de enero 2016), por el que se desarrolla la Ley 4/2015, de 27 de abril, del Estatuto de la víctima del delito, y se regulan las Oficinas de Asistencia a las Víctimas del Delito. Las personas víctimas de discriminación tienen derecho a recibir asesoramiento jurídico gratuito en el momento inmediatamente previo a la interposición de la denuncia, conforme al art. 5.4 de la Ley 15/2022, de 12 de julio (*BOE* del 13), integral para la igualdad de trato y la no discriminación.

instruirá del derecho que le asiste para mostrarse parte en el proceso y renunciar o no a la restitución de la cosa, reparación del daño e indemnización del perjuicio causado por el hecho punible. Asimismo, le informará de los derechos recogidos en la legislación vigente, pudiendo delegar esta función en personal especializado en la asistencia a víctimas.

Si fuera menor se practicará igual diligencia con su representante legal.

En los procesos en los que participen personas con discapacidad, se realizarán las adaptaciones y los ajustes que sean necesarios. Dichas adaptaciones podrán venir referidas a la comunicación, la comprensión y la interacción con el entorno. Se deberá garantizar que:

a) Todas las comunicaciones con las personas con discapacidad, orales o escritas, se realicen en un lenguaje claro, sencillo y accesible, de un modo que tenga en cuenta sus características personales y sus necesidades, haciendo uso de medios como la lectura fácil. Si fuera necesario, la comunicación también se hará a la persona que preste apoyo a la persona con discapacidad para el ejercicio de su capacidad jurídica.

b) Se facilite a la persona con discapacidad la asistencia o apoyos necesarios para que pueda hacerse entender, lo que incluirá la interpretación en las lenguas de signos reconocidas legalmente y los medios de apoyo a la comunicación oral de personas sordas, con discapacidad auditiva y sordociegas.

c) Se permita la participación de un profesional experto que a modo de facilitador realice tareas de adaptación y ajuste necesarias para que la persona con discapacidad pueda entender y ser entendida.

d) La persona con discapacidad pueda estar acompañada de una persona de su elección desde el primer contacto con las autoridades y funcionarios.

Fuera de los casos previstos en los dos párrafos anteriores, no se hará a los interesados en las acciones civiles o penales notificación alguna que prolongue o detenga el curso de la causa, lo cual no obsta para que el letrado o letrada de la Administración de Justicia procure instruir de aquel derecho al ofendido ausente.

En cualquier caso, en los procesos que se sigan por delitos comprendidos en el artículo 57 del Código Penal, el letrado o letrada de la Administración de Justicia asegurará la comunicación a la víctima de los actos procesales que puedan afectar a su seguridad.

Art. 109 bis. 1. Las víctimas del delito que no hubieran renunciado a su derecho podrán ejercer la acción penal en cualquier momento antes del trámite de calificación del delito, si bien ello no permitirá retrotraer ni reiterar las actuaciones ya practicadas antes de su personación. Si se personasen una vez transcurrido el término para formular escrito de acusación podrán ejercitar la acción penal hasta el inicio del juicio oral adhiriéndose al escrito de acusación formulado por el Ministerio Fiscal o del resto de las acusaciones personadas.

En el caso de muerte o desaparición de la víctima a consecuencia del delito, la acción penal podrá ser ejercida por su cónyuge no separado legalmente o de hecho y por los hijos de ésta o del cónyuge no separado legalmente o de hecho que en el momento de la muerte o desaparición de la víctima convivieran con ellos; por la persona que hasta el momento de la muerte o desaparición hubiera estado unida a ella por una análoga rela-

ción de afectividad y por los hijos de ésta que en el momento de la muerte o desaparición de la víctima convivieran con ella; por sus progenitores y parientes en línea recta o colateral dentro del tercer grado que se encontraren bajo su guarda, personas sujetas a su tutela o curatela o que se encontraren bajo su acogimiento familiar.

En caso de no existir los anteriores, podrá ser ejercida por los demás parientes en línea recta y por sus hermanos, con preferencia, entre ellos, del que ostentara la representación legal de la víctima.

2. El ejercicio de la acción penal por alguna de las personas legitimadas conforme a este artículo no impide su ejercicio posterior por cualquier otro de los legitimados. Cuando exista una pluralidad de víctimas, todas ellas podrán personarse independientemente con su propia representación. Sin embargo, en estos casos, cuando pueda verse afectado el buen orden del proceso o el derecho a un proceso sin dilacio-

---

Art. 109 bis: Añadido conforme a la Disp. Final 1.ªdos de la Ley 4/2015, de 27 de abril (*BOE* del 28), del Estatuto de la víctima del delito.

En materia de igualdad de trato y no discriminación habrá que tener en cuenta el art. 28 («Tutela judicial del derecho a la igualdad de trato y no discriminación») de la Ley 15/2022, de 12 de julio (*BOE* del 13), integral para la igualdad de trato y la no discriminación.

Art. 109 bis.1, párr. 1.º: Modificado por la Disp. Final 1.ªuno de la LO 8/2021, de 4 de junio (*BOE* del 5), de protección integral a la infancia y la adolescencia frente a la violencia.

nes indebidas, el Juez o Tribunal, en resolución motivada y tras oír a todas las partes, podrá imponer que se agrupen en una o varias representaciones y que sean dirigidos por la misma o varias defensas, en razón de sus respectivos intereses.

3. La acción penal también podrá ser ejercitada por las asociaciones de víctimas y por las personas jurídicas a las que la Ley reconoce legitimación para defender los derechos de las víctimas, siempre que ello fuera autorizado por la víctima del delito.

Cuando el delito o falta cometida tenga por finalidad impedir u obstaculizar a los miembros de las Corporaciones locales el ejercicio de sus funciones públicas, podrá también personarse en la causa la Administración local en cuyo territorio se hubiere cometido el hecho punible.

Art. 110. Las personas perjudicadas por un delito que no hubieren renunciado a su derecho podrán mostrarse parte en la causa si lo hicieran antes del trámite de calificación del delito y ejercitar las acciones civiles que procedan, según les conviniere, sin que por ello se retroceda en el curso de las actuaciones. Si se personasen una vez transcurrido el término para formular escrito de acusación podrán ejercitar la acción penal hasta el inicio del juicio oral adhiriéndose al escrito de acusación formulado por el Ministerio Fiscal o del resto de las acusaciones personadas.

Aun cuando las personas perjudicadas no se muestren parte en la causa, no por esto se entiende que renuncian al derecho de restitución, reparación o indemnización que a su favor puede acordarse en sentencia firme, siendo necesario que la renuncia de este derecho se haga en su caso de una manera clara y terminante.

Art. 111. Las acciones que nacen de un delito o falta podrán ejercitarse junta o separadamente; pero mientras estuviese pendiente la acción penal no se ejercitará la civil con separación hasta que aquélla haya sido resuelta en sentencia firme, salvo siempre lo dispuesto en los artículos 4.°, 5.° y 6.° de este Código.

Art. 112. Ejercitada sólo la acción penal, se entenderá utilizada también la civil, a no ser que el dañado o perjudicado la renunciase o la reservase expresamente para ejercitarla después

---

Art. 110: Modificado por la Disp. Final 1.ª dos de la LO 8/2021, de 4 de junio (*BOE* del 5), de protección integral a la infancia y la adolescencia frente a la violencia.

de terminado el juicio criminal, si a ello hubiere lugar.

No obstante, aun cuando se hubiera previamente renunciado a la acción civil, si las consecuencias del delito son más graves de las que se preveían en el momento de la renuncia, o si la renuncia pudo estar condicionada por la relación de la víctima con alguna de las personas responsables del delito, se podrá revocar la renuncia al ejercicio de la acción civil por resolución judicial, a solicitud de la persona dañada o perjudicada y oídas las partes, siempre y cuando se formule antes del trámite de calificación del delito.

Si se ejercitase sólo la civil que nace de un delito de los que no pueden perseguirse sino en virtud de querella particular, se considerará extinguida desde luego la acción penal.

Art. 113. Podrán ejercitarse expresamente las dos acciones por una misma persona o por varias; pero siempre que sean dos o más las personas por quienes se utilicen las acciones derivadas de un delito o falta lo verificarán en un solo proceso y, si fuere posible, bajo una misma dirección y representación, a juicio del Tribunal.

Art. 114. Promovido juicio criminal en averiguación de un delito o falta, no podrá seguirse pleito sobre el mismo hecho; suspendiéndole, si le hubiese, en el estado en que se hallare, hasta que recaiga sentencia firme en la causa criminal.

No será necesario para el ejercicio de la acción penal que haya precedido el de la civil originada del mismo delito o falta.

Lo dispuesto en este artículo se entiende sin perjuicio de lo establecido en el capítulo II, Título I, de este Libro, respecto a las cuestiones prejudiciales.

Art. 115. La acción penal se extingue por la muerte del culpable; pero en este caso subsiste la civil contra sus herederos y

Art. 112, párr. 2.º: Párrafo añadido por la Disp. Final 1.ª2 de la LO 10/2022, de 6 de septiembre (*BOE* del 7), de garantía integral de la libertad sexual.
Art. 113: Vid. la Sentencia del Tribunal Constitucional 30/1981, de 24 de julio (*BOE* de 13 de agosto).
Art. 114: Vid. arts. 3.º a 7.º de esta Ley. Sobre prejudicialidad penal en el proceso civil, vid. arts. 40 y 41 de la Ley de Enjuiciamiento Civil; en el proceso laboral, el art. 4.º de la Ley reguladora de la Jurisdicción Social, y en el administrativo, el art. 4.º de la Ley de la Jurisdicción Contencioso-Administrativa.
Art. 115: El art. 130.1.º del Código Penal dispone que la responsabilidad penal se extingue «Por la muerte del reo».

causahabientes, que sólo podrá ejercitarse ante la jurisdicción y por la vía de lo civil.

Art. 116. La extinción de la acción penal no lleva consigo la de la civil, a no ser que la extinción proceda de haberse declarado por sentencia firme que no existió el hecho de que la civil hubiese podido nacer.

En los demás casos, la persona a quien corresponda la acción civil podrá ejercitarla, ante la jurisdicción y por la vía de lo civil que proceda, contra quien estuviere obligado a la restitución de la cosa, reparación del daño o indemnización del perjuicio sufrido.

Art. 117. La extinción de la acción civil tampoco lleva consigo la de la penal que nazca del mismo delito o falta.

La sentencia firme absolutoria dictada en el pleito promovido por el ejercicio de la acción civil, no será obstáculo para el ejercicio de la acción penal correspondiente.

Lo dispuesto en este artículo se entiende sin perjuicio de lo que establece el capítulo II del Título I de este Libro y los artículos 106, 107, 110 y párrafo segundo del 112.

Art. 116: Vid. arts. 1.903 del Código Civil y 109 del Código Penal.

TÍTULO V

Del derecho a la defensa, a la asistencia jurídica gratuita y a la traducción e interpretación en los juicios criminales*

CAPÍTULO PRIMERO**

DEL DERECHO A LA DEFENSA Y A LA ASISTENCIA JURÍDICA GRATUITA

Art. 118. 1. Toda persona a quien se atribuya un hecho punible podrá ejercitar el derecho de defensa, interviniendo en las actuaciones, desde que se le comunique su existencia, haya sido objeto de detención o de cualquier otra medida cautelar o se haya acordado su procesamiento, a cuyo efecto se le instruirá, sin demora injustificada, de los siguientes derechos:

a) Derecho a ser informado de los hechos que se le atribuyan, así como de cualquier cambio relevante en el objeto de la investigación y de los hechos imputados. Esta información será facilitada con el grado de detalle suficiente para permitir el ejercicio efectivo del derecho de defensa.

b) Derecho a examinar las actuaciones con la debida antelación para salvaguardar el derecho de defensa y en todo caso, con anterioridad a que se le tome declaración.

c) Derecho a actuar en el proceso penal para ejercer su

---

* Rúbrica redactada conforme al art. 1.°uno de la LO 5/2015, de 27 de abril (*BOE* del 28), por la que se modifican la Ley de Enjuiciamiento Criminal y la LO 6/1985, de 1 de julio, del Poder Judicial, para transponer la Directiva 2010/64/UE, de 20 de octubre de 2010, relativa al derecho a interpretación y a traducción en los procesos penales y la Directiva 2012/13/UE, de 22 de mayo de 2012, relativa al derecho a la información en los procesos penales. Cfr. en general el art. 24.2 de la Constitución, donde se reconoce el derecho fundamental a la defensa y a la asistencia de letrado, además, el art. 119 del propio texto fundamental, donde se dispone que «la justicia será gratuita cuando así lo disponga la ley y, en todo caso, respecto de quienes acrediten insuficiencia de recursos para litigar».

A este mismo propósito ver la Circular de la Fiscalía del Tribunal Supremo 8/1978, de 30 de diciembre (*Bol. Inf. Ministerio Justicia* de 15 de enero de 1979), sobre el alcance de la reforma de la Ley de Enjuiciamiento Criminal por la de 4 de diciembre de 1978.

** Capítulo introducido, donde quedan integrados los preexistentes arts. 118 a 123, conforme al art. 1.°dos de la LO 5/2015, de 27 de abril (*BOE* del 28), por la que se modifican la Ley de Enjuiciamiento Criminal y la LO 6/1985, de 1 de julio, del Poder Judicial, para transponer la Directiva 2010/64/UE, de 20 de octubre de 2010, relativa al derecho a interpretación y a traducción en los procesos penales y la Directiva 2012/13/UE, de 22 de mayo de 2012, relativa al derecho a la información en los procesos penales.

Art. 118: Redactado conforme al art. único.uno de la LO 13/2015, de 5 de octubre (*BOE* del 6), de modificación de la Ley de Enjuiciamiento Criminal para el fortaleci-

derecho de defensa de acuerdo con lo dispuesto en la ley.

d) Derecho a designar libremente abogado, sin perjuicio de

---

miento de las garantías procesales y la regulación de las medidas de investigación tecnológica.

Vid. art. 520 de la presente Ley, en relación con el art. 17.3 de la Constitución.El art. 2.º de la Ley 52/1997, de 27 de noviembre (*BOE* del 28), que regula el régimen de la asistencia jurídica al Estado e Instituciones Públicas, establece que: «En los términos establecidos reglamentariamente, los Abogados del Estado podrán asumir la representación y defensa en juicio de las autoridades, funcionarios y empleados del Estado, sus organismos públicos a que se refiere el artículo anterior y órganos constitucionales, cualquiera que sea su posición procesal, cuando los procedimientos se sigan por actos u omisiones relacionados con el cargo.»

En relación con la defensa de funcionarios públicos por el Abogado del Estado habrá que tener en cuenta lo previsto en el RD 997/2003, de 25 de julio (*BOE* de 7 de agosto), por el que se aprueba el Reglamento del Servicio Jurídico del Estado. Dicho Reglamento, en la parte que nos interesa, establece:

«*Art. 46. Reglas generales.*— 1. Las autoridades, funcionarios y empleados del Estado, sus organismos y entidades públicas, a que se refiere el artículo 1 de la Ley de Asistencia Jurídica al Estado e Instituciones Públicas, y órganos constitucionales podrán ser representados y defendidos por el Abogado del Estado ante cualquier orden jurisdiccional en los supuestos en que se dirija contra ellos alguna acción como consecuencia del legítimo desempeño de sus funciones o cargos, o cuando hubieran cumplido orden de autoridad competente.

»2. Para asumir la representación y defensa de autoridades, funcionarios y empleados públicos, los Abogados del Estado deberán estar previamente habilitados por resolución expresa del Abogado General del Estado-Director del Servicio Jurídico del Estado.

»3. La habilitación se entenderá siempre subordinada a su compatibilidad con la defensa de los derechos e intereses generales del Estado, organismo o entidad correspondiente y, en particular, de los que estén en discusión en el mismo proceso.

»4. La habilitación será acordada previa propuesta razonada del órgano del que dependa la autoridad, funcionario o empleado público de que se trate, en la que deberán contenerse los antecedentes imprescindibles para que la Abogacía General del Estado-Dirección del Servicio Jurídico del Estado pueda verificar la concurrencia de los requisitos expuestos en los apartados anteriores.

»5. En casos de detención, prisión o cualquier otra medida cautelar por actos u omisiones en que concurran los requisitos a que se refiere el apartado 1, las autoridades, funcionarios o empleados públicos podrán solicitar directamente de la Abogacía del Estado correspondiente ser asistidos por el Abogado del Estado. Su solicitud surtirá efectos inmediatos, a menos que el Abogado del Estado-Jefe, en valoración de urgencia, estime de aplicación lo dispuesto en el apartado 3; en todo caso, el Abogado del Estado-Jefe deberá informar con la mayor brevedad de la solicitud y, en su caso, de la asistencia prestada a la Abogacía General del Estado-Dirección del Servicio Jurídico del Estado, a los efectos de que valore la emisión de la habilitación preceptiva a que se refieren los apartados anteriores, y sin la cual no podrá proseguir la asistencia en su caso prestada.

»6. Lo dispuesto en este artículo no afectará en forma alguna al derecho de la autoridad, funcionario o empleado público a designar defensor, o a que se le designe de oficio, y se entenderá que se renuncia a la asistencia jurídica por parte del Abogado del Estado desde el momento en que la autoridad, funcionario o empleado público comparezca o se dirija al órgano jurisdiccional mediante cualquier otra representación.

lo dispuesto en el apartado 1.*a*) del artículo 527.

e)   Derecho a solicitar asistencia jurídica gratuita, procedimiento para hacerlo y condiciones para obtenerla.

f)   Derecho a la traducción e interpretación gratuitas de conformidad con lo dispuesto en los artículos 123 y 127.

g)   Derecho a guardar silencio y a no prestar declaración si

---

»7.   Cuando se siga procedimiento contra una autoridad, funcionario o empleado público español ante un tribunal extranjero, podrá ser defendido por un Abogado del Estado en los términos previstos en los apartados precedentes de este artículo. Si fuera necesario encomendar la representación y defensa del funcionario a una persona especialmente designada al efecto, se procederá a ello conforme a lo dispuesto en los artículos 31.5, 43.4 y 44.5 de este reglamento.

»*Art. 47.   Régimen de la representación y defensa de los empleados públicos.*—La representación y defensa de las autoridades, funcionarios y empleados públicos, cuando proceda, se llevará a cabo por el Abogado del Estado con los mismos deberes y derechos que cuando actúe en defensa del Estado, y será compatible con la asistencia jurídica de la Administración por el mismo Abogado del Estado en el proceso.

»*Art. 48.   Supuestos especiales.*—1.   En el caso de que el Abogado del Estado advirtiese la existencia de intereses contrapuestos entre el Estado, organismos o entidades públicas cuya representación legal o convencionalmente ostenta y sus autoridades, funcionarios o empleados, se abstendrá de actuar en representación de éstos, pondrá tal circunstancia en conocimiento de la Abogacía General del Estado-Dirección del Servicio Jurídico del Estado y se atendrá, en cuanto a las sucesivas actuaciones, a lo que el centro directivo disponga.

»2.   El Abogado del Estado comunicará inmediatamente a la Abogacía General del Estado-Dirección del Servicio Jurídico del Estado aquellos supuestos en los cuales las autoridades, funcionarios o empleados públicos renuncien a la asistencia jurídica previamente concedida o impidan de cualquier modo el adecuado desempeño de la función de defensa por el Abogado del Estado.

»3.   De igual forma procederá el Abogado del Estado cuando de las actuaciones que se desarrollen en el procedimiento resulte que los hechos origen de éste no tienen directa vinculación con el desempeño de la función o cargo de la autoridad, funcionario o empleado o con la orden de autoridad competente en virtud de la cual pudiesen actuar.

»4.   En los supuestos previstos en los apartados anteriores, la Abogacía General del Estado-Dirección del Servicio Jurídico del Estado acordará lo procedente.»

La LO 11/2007, de 22 de octubre (*BOE* del 23), reguladora de los derechos y deberes de los miembros de la Guardia Civil, establece en su art. 30, modificado por la LO 9/2015, de 28 de julio (*BOE* del 29), establece:

«*Defensa y seguro de responsabilidad civil.*—1.   La administración está obligada a proporcionar a los Guardias Civiles defensa y asistencia jurídica en los procedimientos que se sigan ante cualquier orden jurisdiccional, como consecuencia del ejercicio legítimo de sus funciones, en los términos que reglamentariamente se establezca.

»2.   La administración concertará un seguro de responsabilidad civil, u otra garantía financiera, para cubrir las indemnizaciones, fianzas y demás cuantías derivadas de la exigencia de responsabilidad de cualquier naturaleza a los Guardias Civiles, con motivo de las actuaciones llevadas a cabo por parte de los mismos en el desempeño de sus funciones o con ocasión de las mismas, en los términos que reglamentariamente se establezcan.»

no desea hacerlo, y a no contestar a alguna o algunas de las preguntas que se le formulen.

h) Derecho a no declarar contra sí mismo y a no confesarse culpable.

La información a que se refiere este apartado se facilitará en un lenguaje comprensible y que resulte accesible. A estos efectos se adaptará la información a la edad del destinatario, su grado de madurez, discapacidad y cualquier otra circunstancia personal de la que pueda derivar una modificación de la capacidad para entender el alcance de la información que se le facilita.

2. El derecho de defensa se ejercerá sin más limitaciones que las expresamente previstas en la ley desde la atribución del hecho punible investigado hasta la extinción de la pena.

El derecho de defensa comprende la asistencia letrada de un abogado de libre designación o, en su defecto, de un abogado de oficio, con el que podrá comunicarse y entrevistarse reservadamente, incluso antes de que se le reciba declaración por la policía, el fiscal o la autoridad judicial, sin perjuicio de lo dispuesto en el artículo 527 y que estará presente en todas sus declaraciones así como en las diligencias de reconocimiento, careos y reconstrucción de hechos.

3. Para actuar en el proceso, las personas investigadas deberán ser representadas por procurador y defendidas por abogado, designándoseles de oficio cuando no los hubiesen nombrado por sí mismos y lo solicitaren, y en todo caso, cuando no tuvieran aptitud legal para hacerlo.

Si no hubiesen designado procurador o abogado, se les requerirá para que lo hagan o se les nombrará de oficio si, requeridos, no los nombrasen, cuando la causa llegue a estado en que se necesite el consejo de aquéllos o haya de intentar algún recurso que hiciese indispensable su actuación.

4. Todas las comunicaciones entre el investigado o encausado y su abogado tendrán carácter confidencial.

Si estas conversaciones o comunicaciones hubieran sido captadas o intervenidas durante la ejecución de alguna de las diligencias reguladas en esta Ley, el juez ordenará la eliminación de la grabación o la entrega al destinatario de la correspondencia detenida, dejando constancia de estas circunstancias en las actuaciones.

Lo dispuesto en el párrafo primero no será de aplicación cuando se constate la existencia de indicios objetivos de la participación del abogado en el hecho delictivo investigado o de su implicación junto con el investigado o encausado en la comisión de otra infracción penal, sin perjuicio de lo dispuesto en la Ley General Penitenciaria.

5. La admisión de denuncia o querella, y cualquier actuación procesal de la que resulte la imputación de un delito contra persona o personas determinadas, serán puestas inmediatamente en conocimiento de los presuntamente responsables.

Art. 118 bis. Del mismo modo que en el artículo anterior se procederá cuando se impute un acto punible contra un Diputado o Senador, los cuales podrán ejercitar su derecho de defensa en los términos previstos en el artículo anterior, y todo ello sin perjuicio de lo previsto en el artículo 71.2 y 3 de la Constitución Española.

Art. 119. 1. Cuando de acuerdo con lo dispuesto en el artículo 118 de esta Ley, haya de procederse a la imputación de una persona jurídica, se practicará con ésta la comparecencia prevista en el artículo 775, con las siguientes particularidades:

a) La citación se hará en el domicilio social de la persona jurídica, requiriendo a la entidad que proceda a la designación de un representante, así como Abogado y Procurador para ese procedimiento, con la advertencia de que, en caso de no hacerlo, se procederá a la designación de oficio de estos dos últimos. La falta de designación del representante no impedirá la sustanciación del procedimiento con el Abogado y Procurador designado.

b) La comparecencia se practicará con el representante especialmente designado de la persona jurídica imputada acompañada del Abogado de la misma. La inasistencia al acto de dicho representante determinará la práctica del mismo con el Abogado de la entidad.

c) El Juez informará al representante de la persona jurídica imputada o, en su caso, al Abogado, de los hechos que se imputan a ésta. Esta información se facilitará por escrito o mediante entrega de una copia de la denuncia o querella presentada.

d) La designación del Procurador sustituirá a la indicación del domicilio a efectos de notificaciones, practicándose con el Procurador designado to-

Art. 118 bis: Introducido conforme a la LO 7/2002, de 5 de julio (*BOE* del 6), de reforma parcial de la Ley de Enjuiciamiento Criminal.
Art. 119: Adición realizada por el art. 1.º de la Ley 37/2011, de 10 de octubre (*BOE* del 11), de medidas de agilización procesal.

dos los actos de comunicación posteriores, incluidos aquellos a los que esta Ley asigna carácter personal. Si el Procurador ha sido nombrado de oficio se comunicará su identidad a la persona jurídica imputada.

Art. 120. 1. Las disposiciones de esta Ley que requieren o autorizan la presencia del investigado en la práctica de diligencias de investigación o de prueba anticipada se entenderán siempre referidas al representante especialmente designado por la entidad, que podrá asistir acompañado del letrado encargado de la defensa de ésta.

2. La incomparecencia de la persona especialmente designada no impedirá la celebración del acto de investigación o de prueba anticipada que se sustanciará con el Abogado defensor.

Art. 121. Todos los que sean parte en una causa, si no se les hubiere reconocido el derecho a la asistencia jurídica gratuita, tendrán obligación de satisfacer los derechos de los Procuradores que les representen, los honorarios de los Abogados que les defiendan, los de los peritos que informen a su instancia y las indemnizaciones de los testigos que presentaren, cuando los peritos y testigos, al declarar, hubiesen formulado su reclamación y el Juez o Tribunal la estimaren.

Ni durante la causa ni después de terminada tendrán obligación de satisfacer las demás costas procesales, a no ser que a ello fueren condenados.

Los que tuvieren reconocido el derecho a la asistencia jurídica gratuita, podrán valerse de Abogado y Procurador de su elección; pero en este caso estarán obligados a abonarles sus honorarios y derechos, como se dispone respecto de los que no tengan reconocido dicho derecho, salvo que los profesionales de libre elección renunciaran a la percepción de honorarios o derechos en los términos previstos en el artículo 27 de la

---

Art. 120: Adición realizada por el art. 1.º de la Ley 37/2011, de 10 de octubre (*BOE* del 11), de medidas de agilización procesal. El término «investigado» sustituye a «imputado» como consecuencia del art. único.veintiuno de la LO 13/2015, de 5 de octubre (*BOE* del 6), de modificación de la Ley de Enjuiciamiento Criminal para el fortalecimiento de las garantías procesales y la regulación de las medidas de investigación tecnológica.

Art. 121: Redactado por la Ley 1/1996, de 10 de enero (*BOE* del 12).

Su anterior párrafo tercero ha sido suprimido por la Ley 13/2009, de 3 de noviembre (*BOE* del 4), de reforma de la legislación procesal para la implantación de la nueva Oficina judicial, por lo que el anterior párrafo cuarto es ahora tercero.

Ley de Asistencia Jurídica Gratuita.

Art. 122. Se usará papel de oficio en los juicios sobre faltas y en las causas criminales, sin perjuicio del correspondiente reintegro si hubiere condenación de costas.

CAPÍTULO II*

DEL DERECHO A LA TRADUCCIÓN E INTERPRETACIÓN

Art. 123. 1. Los imputados o acusados que no hablen o entiendan el castellano o la lengua oficial en la que se desarrolle la actuación tendrán los siguientes derechos:

a) Derecho a ser asistidos por un intérprete que utilice una lengua que comprenda durante todas las actuaciones en que sea necesaria su presencia, incluyendo el interrogatorio policial o por el Ministerio Fiscal y todas las vistas judiciales.

b) Derecho a servirse de intérprete en las conversaciones que mantenga con su Abogado y que tengan relación directa con su posterior interrogatorio o toma de declaración, o que resulten necesarias para la presentación de un recurso o para otras solicitudes procesales.

c) Derecho a la interpretación de todas las actuaciones del juicio oral.

d) Derecho a la traducción escrita de los documentos que resulten esenciales para garantizar el ejercicio del derecho a la defensa. Deberán ser traducidos, en todo caso, las resoluciones que acuerden la prisión del imputado, el escrito de acusación y la sentencia.

e) Derecho a presentar una solicitud motivada para que se considere esencial un documento.

---

* Capítulo introducido, integrado por los nuevos artículos 123 a 127 (después de que éstos hubiesen sido derogados por la Ley 1/1996, de 10 de enero, de asistencia jurídica gratuita), conforme al art. 1.ºtres de la LO 5/2015, de 27 de abril (*BOE* del 28), por la que se modifican la Ley de Enjuiciamiento Criminal y la LO 6/1985, de 1 de julio, del Poder Judicial, para transponer la Directiva 2010/64/UE, de 20 de octubre de 2010, relativa al derecho a interpretación y a traducción en los procesos penales, y la Directiva 2012/13/UE, de 22 de mayo de 2012, relativa al derecho a la información en los procesos penales.

Art. 123: Introducido conforme al art. 1.ºcuatro de la LO 5/2015, de 27 de abril (*BOE* del 28), por la que se modifican la Ley de Enjuiciamiento Criminal y la LO 6/1985, de 1 de julio, del Poder Judicial, para transponer la Directiva 2010/64/UE, de 20 de octubre de 2010, relativa al derecho a interpretación y a traducción en los procesos penales, y la Directiva 2012/13/UE, de 22 de mayo de 2012, relativa a la información en los procesos penales.

Los gastos de traducción e interpretación derivados del ejercicio de estos derechos serán sufragados por la Administración, con independencia del resultado del proceso.

2. En el caso de que no pueda disponerse del servicio de interpretación simultánea, la interpretación de las actuaciones del juicio oral a que se refiere la letra *c*) del apartado anterior se realizará mediante una interpretación consecutiva de modo que se garantice suficientemente la defensa del imputado o acusado.

3. En el caso de la letra *d*) del apartado 1, podrá prescindirse de la traducción de los pasajes de los documentos esenciales que, a criterio del Juez, Tribunal o funcionario competente, no resulten necesarios para que el imputado o acusado conozca los hechos que se le imputan.

Excepcionalmente, la traducción escrita de documentos podrá ser sustituida por un resumen oral de su contenido en una lengua que comprenda, cuando de este modo también se garantice suficientemente la defensa del imputado o acusado.

4. La traducción se deberá llevar a cabo en un plazo razonable y desde que se acuerde por parte del Tribunal o Juez o del Ministerio Fiscal quedarán en suspenso los plazos procesales que sean de aplicación.

5. La asistencia del intérprete se podrá prestar por medio de videoconferencia o cualquier medio de telecomunicación, salvo que el Tribunal o Juez o el Fiscal, de oficio o a instancia del interesado o de su defensa, acuerde la presencia física del intérprete para salvaguardar los derechos del imputado o acusado.

6. Las interpretaciones orales o en lengua de signos, con excepción de las previstas en la letra *b*) del apartado 1, podrán ser documentadas mediante la grabación audiovisual de la manifestación original y de la interpretación. En los casos de traducción oral o en lengua de signos del contenido de un documento, se unirá al acta copia del documento traducido y la grabación audiovisual de la traducción. Si no se dispusiera de equipos de grabación, o no se estimare conveniente ni necesario, la traducción o interpretación y, en su caso, la declaración original, se documentarán por escrito.

Art. 124. 1. El traductor o intérprete judicial será designado de entre aquellos que se ha-

---

Art. 124: Introducido conforme al art. 1.°cinco de la LO 5/2015, de 27 de abril (*BOE* del 28), por la que se modifican la Ley de Enjuiciamiento Criminal y la LO 6/1985, de 1 de julio, del Poder Judicial, para transponer la Directiva 2010/64/UE, de 20 de oc-

llen incluidos en los listados elaborados por la Administración competente. Excepcionalmente, en aquellos supuestos que requieran la presencia urgente de un traductor o de un intérprete, y no sea posible la intervención de un traductor o intérprete judicial inscrito en las listas elaboradas por la Administración, en su caso, conforme a lo dispuesto en el apartado 5 del artículo anterior, se podrá habilitar como intérprete o traductor judicial eventual a otra persona conocedora del idioma empleado que se estime capacitado para el desempeño de dicha tarea.

2. El intérprete o traductor designado deberá respetar el carácter confidencial del servicio prestado.

3. Cuando el Tribunal, el Juez o el Ministerio Fiscal, de oficio o a instancia de parte, aprecie que la traducción o interpretación no ofrecen garantías suficientes de exactitud, podrá ordenar la realización de las comprobaciones necesarias y, en su caso, ordenar la designación de un nuevo traductor o intérprete. En este sentido, las personas sordas o con discapacidad auditiva que aprecien que la interpretación no ofrece garantías suficientes de exactitud, podrán solicitar la designación de un nuevo intérprete.

Art. 125. 1. Cuando se pongan de manifiesto circunstancias de las que pueda derivarse la necesidad de la asistencia de un intérprete o traductor, el Presidente del Tribunal o el Juez, de oficio o a instancia del Abogado del imputado o acusado, comprobará si éste conoce y comprende suficientemente la lengua oficial en la que se desarrolle la actuación y, en su caso, ordenará que se nombre un intérprete o un traductor conforme a lo dispuesto en el artículo anterior y determinará qué documentos deben ser traducidos.

2. La decisión del Juez o Tribunal por la que se deniegue el derecho a la interpretación o a la traducción de algún documento o pasaje del mismo que la defensa considere esencial, o por la que se rechacen las quejas

---

tubre de 2010, relativa al derecho a interpretación y a traducción en los procesos penales, y la Directiva 2012/13/UE, de 22 de mayo de 2012, relativa al derecho a la información en los procesos penales.

Art. 125: Introducido conforme al art. 1.°seis de la LO 5/2015, de 27 de abril (*BOE* del 28), por la que se modifican la Ley de Enjuiciamiento Criminal y la LO 6/1985, de 1 de julio, del Poder Judicial, para transponer la Directiva 2010/64/UE, de 20 de octubre de 2010, relativa al derecho a interpretación y a traducción en los procesos penales, y la Directiva 2012/13/UE, de 22 de mayo de 2012, relativa al derecho a la información en los procesos penales.

de la defensa con relación a la falta de calidad de la interpretación o de la traducción, será documentada por escrito.

Si la decisión hubiera sido adoptada durante el juicio oral, la defensa del imputado o acusado podrá hacer constar en el acta su protesta.

Contra estas decisiones judiciales podrá interponerse recurso de conformidad con lo dispuesto en esta Ley.

Art. 126.   La renuncia a los derechos a que se refiere el artículo 123 deberá ser expresa y libre, y solamente será válida si se produce después de que el imputado o acusado haya recibido un asesoramiento jurídico suficiente y accesible que le permita tener conocimiento de las consecuencias de su renuncia. En todo caso, los derechos a los que se refieren las letras *a*) y *c*) del apartado 1 del artículo 123 no podrán ser renunciados.

Art. 127.   Las disposiciones contenidas en los artículos precedentes son igualmente aplicables a las personas con discapacidad sensorial, que podrán contar con medios de apoyo a la comunicación oral.

Arts. 128 a 140.   [...]

Art. 126: Introducido conforme al art. 1.°siete de la LO 5/2015, de 27 de abril (*BOE* del 28), por la que se modifican la Ley de Enjuiciamiento Criminal y la LO 6/1985, de 1 de julio, del Poder Judicial, para transponer la Directiva 2010/64/UE, de 20 de octubre de 2010, relativa al derecho a interpretación y a traducción en los procesos penales, y la Directiva 2012/13/UE, de 22 de mayo de 2012, relativa al derecho a la información en los procesos penales.

Art. 127: Introducido conforme al art. 1.°ocho de la LO 5/2015, de 27 de abril (*BOE* del 28), por la que se modifican la Ley de Enjuiciamiento Criminal y la LO 6/1985, de 1 de julio, del Poder Judicial, para transponer la Directiva 2010/64/UE, de 20 de octubre de 2010, relativa al derecho a interpretación y a traducción en los procesos penales, y la Directiva 2012/13/UE, de 22 de mayo de 2012, relativa al derecho a la información en los procesos penales.

Arts. 128 a 140: Derogados por la Ley 1/1996, de 10 de enero, de asistencia jurídica gratuita.

TÍTULO VI

De la forma de dictar resoluciones y del modo de dirimir las discordias*

CAPÍTULO PRIMERO

DE LAS RESOLUCIONES PROCESALES

Art. 141. Las resoluciones de carácter judicial que dicten los Juzgados y Tribunales se denominarán:

Providencias, cuando resuelvan cuestiones procesales reservadas al Juez y que no requieran legalmente la forma de auto.

---

* Rúbricas del Título VI y de su Capítulo I modificadas por la Ley 13/2009, de 3 de noviembre (*BOE* del 4), de reforma de la legislación procesal para la implantación de la nueva Oficina judicial.

Art. 141: Redactado conforme a la Ley 13/2009, de 3 de noviembre (*BOE* del 4), de reforma de la legislación procesal para la implantación de la nueva Oficina judicial.

El art. 245 LOPJ establece:

«1. Las resoluciones de los Jueces y Tribunales que tengan carácter jurisdiccional se denominarán:

»*a*) Providencias, cuando tengan por objeto la ordenación material del proceso.

»*b*) Autos, cuando decidan recursos contra providencias, cuestiones incidentales, presupuestos procesales, nulidad del procedimiento o cuando, a tenor de las leyes de enjuiciamiento, deban revestir esta forma.

»*c*) Sentencias, cuando decidan definitivamente el pleito o causa en cualquier instancia o recurso, o cuando, según las leyes procesales, deban revestir esta forma.

»2. Las sentencias podrán dictarse de viva voz cuando lo autorice la ley.

»3. Son sentencias firmes aquellas contra las que no quepa recurso alguno, salvo el de revisión u otros extraordinarios que establezca la ley.

»4. Llámase ejecutoria el documento público y solemne en que se consigna una sentencia firme. Las ejecutorias se encabezarán en nombre del Rey.»

El art. 248 LOPJ establece:

«1. La fórmula de las providencias se limitará a la determinación de lo mandado y del Juez o Tribunal que las disponga, sin más fundamento ni adiciones que la fecha en que se acuerden, la firma o rúbrica del Juez o Presidente y la firma del Secretario. No obstante, podrán ser sucintamente motivadas sin sujeción a requisito alguno cuando se estime conveniente.

»2. Los autos serán siempre fundados y contendrán en párrafos separados y numerados los hechos y los razonamientos jurídicos y, por último, la parte dispositiva. Serán firmados por el Juez, Magistrado o Magistrados que los dicten.

»3. Las sentencias se formularán expresando, tras un encabezamiento, en párrafos separados y numerados, los antecedentes de hecho, hechos probados, en su caso, los fundamentos de derecho y, por último, el fallo. Serán firmadas por el Juez, Magistrado o Magistrados que las dicten.

»4. Al notificarse la resolución a las partes se indicará si la misma es o no firme y, en su caso, los recursos que procedan, órgano ante el que deben interponerse y plazo para ello.»

Autos, cuando decidan incidentes o puntos esenciales que afecten de una manera directa a los investigados o encausados, responsables civiles, acusadores particulares o actores civiles; cuando decidan la competencia del Juzgado o Tribunal, la procedencia o improcedencia de la recusación, cuando decidan recursos contra providencias o decretos, la prisión o libertad provisional, la admisión o denegación de prueba o del derecho de justicia gratuita o afecten a un derecho fundamental y, finalmente, los demás que según las Leyes deben fundarse.

Sentencias, cuando decidan definitivamente la cuestión criminal.

Sentencias firmes, cuando no quepa contra ellas recurso alguno ordinario ni extraordinario, salvo los de revisión y rehabilitación.

Llámase ejecutoria el documento público y solemne en que se consigna una sentencia firme.

La fórmula de las providencias se limitará a la determinación de lo mandado y del Juez o Tribunal que las disponga, sin más fundamento ni adiciones que la fecha en que se acuerde, la firma o rúbrica del Juez o del Presidente y la firma del Secretario judicial. No obstante, podrán ser sucintamente motivadas sin sujeción a requisito alguno cuando se estime conveniente.

Los autos serán siempre fundados y contendrán en párrafos separados y numerados los antecedentes de hecho y los fundamentos de derecho y, por último, la parte dispositiva. Serán firmados por el Juez, Magistrado o Magistrados que los dicten.

Todas las resoluciones incluirán la mención del lugar y fecha en que se adopten, y si la misma es firme o si cabe algún recurso contra ella, con expresión, en este último caso, del recurso que proceda, del órgano ante el que debe interponerse y del plazo para recurrir.

Art. 142. Las sentencias se redactarán con sujeción a las reglas siguientes:

Art. 141, párr. 3.º: Los términos «investigados o encausados» sustituyen a «imputados o procesados» como consecuencia del art. único.veintiuno de la LO 13/2015, de 5 de octubre (*BOE* del 6), de modificación de la Ley de Enjuiciamiento Criminal para el fortalecimiento de las garantías procesales y la regulación de las medidas de investigación tecnológica.

Art. 142: El art. 120.3 de la Constitución dispone que «las sentencias serán siempre motivadas y se pronunciarán en audiencia pública». Vid. también art. 851.1.ª de esta Ley.

1.ª Se principiarán expresando: el lugar y la fecha en que se dictaren, los hechos que hubieren dado lugar a la formación de la causa, los nombres y apellidos de los actores particulares, si los hubiere, y de los procesados; los sobrenombres o apodos con que sean conocidos, su edad, estado, naturaleza, domicilio, oficio o profesión, y, en su defecto, todas las demás circunstancias con que hubieren figurado en la causa, y además el nombre y apellido del Magistrado ponente.

2.ª Se consignarán en *Resultandos* numerados los hechos que estuvieren enlazados con las cuestiones que hayan de resolverse en el fallo, haciendo declaración expresa y terminante de los que se estimen probados.

3.ª Se consignarán las conclusiones definitivas de la acusación y de la defensa y la que en su caso hubiese propuesto al Tribunal, en virtud de lo dispuesto en el artículo 733.

4.ª Se consignarán también en párrafos numerados, que empezarán con la palabra *Considerando*:

Primero. Los fundamentos doctrinales y legales de la calificación de los hechos que se hubiesen estimado probados.

Segundo. Los fundamentos doctrinales y legales determinantes de la participación que en los referidos hechos hubiese tenido cada uno de los procesados.

Tercero. Los fundamentos doctrinales y legales determinantes de las circunstancias atenuantes, agravantes o eximentes de responsabilidad criminal, en caso de haber concurrido.

Cuarto. Los fundamentos doctrinales y legales de la calificación de los hechos que se hubiesen estimado probados con relación a la responsabilidad civil en que hubiesen incurrido los procesados o las personas sujetas a ella a quienes se hubiere oído en la causa, y los correspondientes a las resoluciones que hubieren de dictarse sobre costas, y en su caso a la declaración de querella calumniosa.

Quinto. La cita de las disposiciones legales que se consideren aplicables, pronunciándose por último el fallo, en el que se condenará o absolverá no sólo por el delito principal y sus conexos, sino también por las

---

En relación con la forma externa de las sentencias, la LOPJ dispone en el art. 248.3 que las «sentencias se formularán expresando, tras un encabezamiento, en párrafos separados y numerados, los antecedentes de hecho, hechos probados, en su caso, los fundamentos de derecho y, por último, el fallo. Serán firmadas por el Juez, Magistrado o Magistrados que las dicten.»

faltas incidentales de que se hubiere conocido en la causa, reputándose faltas incidentales las que los procesados hubiesen cometido antes, al tiempo o después del delito como medio de perpetrarlo o encubrirlo.

También se resolverán en la sentencia todas las cuestiones referentes a la responsabilidad civil que hubieren sido objeto del juicio, y se declarará calumniosa la querella cuando procediere.

Art. 143. Las ejecutorias se encabezarán en nombre del Rey.

Art. 144. La absolución se entenderá libre en todos los casos.

Art. 144 bis. Las resoluciones de los Secretarios judiciales se denominarán diligencias y decretos.

Salvo que la Ley disponga otra cosa, se dictará diligencia de ordenación cuando la resolución tenga por objeto dar a los autos e curso que la Ley establezca. Se dictarán diligencias de constancia, comunicación o ejecución a efectos de reflejar en autos hechos o actos con trascendencia procesal.

Se llamará decreto a la resolución que dicte el Secretario judicial cuando sea preciso o conveniente razonar su decisión.

Las diligencias se limitarán a la expresión de lo que se disponga, el lugar, la fecha y el nombre y la firma del Secretario judicial que las dicte. Las diligencias de ordenación incluirán además una sucinta motivación cuando así lo disponga la Ley o cuando el Secretario judicial lo estime conveniente.

Los decretos serán siempre motivados y contendrán, en párrafos separados y numerados, los antecedentes de hecho y los fundamentos de derecho en los que se base la subsiguiente parte dispositiva. Expresarán el lugar, la fecha y el nombre del Secretario judicial que los dicte, con extensión de su firma.

Todas las resoluciones del Secretario judicial incluirán la mención de si son firmes o si cabe algún recurso contra ellas, con expresión, en este último caso, del recurso que proceda,

---

Art. 143: Vid. art. 141.V.

Art. 144: Vid. Circular de la Fiscalía del Tribunal Supremo de 3 de marzo de 1892 (*Gaceta* del 5), de aclaración de este precepto.

Art. 144 bis: Añadido por la Ley 13/2009, de 3 de noviembre (*BOE* del 4), de reforma de la legislación procesal para la implantación de la nueva Oficina judicial. Vid. art. 456 LOPJ.

del órgano ante el que debe interponerse y del plazo para recurrir.

Art. 145. Para dictar autos en los asuntos de que conozca el Tribunal Supremo bastarán tres Magistrados y para el dictado de sentencias serán necesarios siete, salvo que la Ley disponga otra cosa.

Para dictar autos y sentencias en las Audiencias Provinciales, la Audiencia Nacional y los Tribunales Superiores de Justicia bastarán tres Magistrados.

Cuando no asistieren Magistrados en número suficiente para constituir Sala, se estará a lo dispuesto en la Ley Orgánica del Poder Judicial.

Para dictar providencias en unos y otros Tribunales, bastarán dos Magistrados, si estuviesen conformes.

Art. 146. En cada causa habrá un Magistrado ponente.

Turnarán en este cargo los Magistrados del Tribunal, a excepción del que lo preside.

Cuando los Tribunales o Salas se compongan sólo de un Presidente con dos Magistrados, turnará también el primero en las Ponencias, correspondiéndole una de cinco.

Art. 147. Corresponde a los Ponentes:

1.º Informar al Tribunal sobre las solicitudes de las partes.

2.º Examinar todo lo referente a las pruebas que se propongan, e informar al Tribunal acerca de su procedencia o improcedencia.

3.º Recibir las declaraciones de los testigos y practicar cualesquiera diligencias de prueba, cuando según la Ley no deban o puedan practicarse ante el Tri-

---

Art. 145: Redactado conforme a la Ley 13/2009, de 3 de noviembre (*BOE* del 4), de reforma de la legislación procesal para la implantación de la nueva Oficina judicial.

Ténganse presentes los arts. 81, 82.1 y 196 a 202 LOPJ. Conforme al art. 82.1.2.º LOPJ, para conocer de los recursos contra resoluciones de los Juzgados de Instrucción en juicio por delitos leves la Audiencia Provincial se constituirá con un solo Magistrado, mediante turno de reparto.

Art. 146: Los arts. 203 y 204 de la LOPJ disponen:

«*Art. 203.* 1. En cada pleito o causa que se tramite ante un Tribunal o Audiencia habrá un Magistrado Ponente, designado según el turno establecido para la Sala o Sección al principio del año judicial, exclusivamente sobre la base de criterios objetivos.

»2. La designación se hará en la primera resolución que se dicte en el proceso y se notificará a las partes el nombre del Magistrado ponente y, en su caso, del que con arreglo al turno ya establecido, le sustituya, con expresión de las causas que motiven la sustitución.

»*Art. 204.* En la designación de ponente turnarán todos los Magistrados de la Sala o Sección incluidos los Presidentes.»

bunal que las ordena, o se hagan fuera del pueblo en que éste se halle constituido y no se dé comisión a los Jueces de instrucción o municipales, para que las practiquen.

4.º Proponer los autos y sentencias que hayan de someterse a discusión del Tribunal y redactarlos definitivamente en los términos que se acuerden.

Cuando el Ponente no se conformase con el voto de la mayoría, se encargará otro Magistrado de la redacción de la sentencia; pero en este caso estará aquél obligado a formular voto particular.

5.º Leer en audiencia pública la sentencia.

Art. 148. Si por cualquier circunstancia no pudiera fallarse alguna causa en el día correspondiente, esto no será obstáculo a que se decidan o sentencien otras que hayan sido vistas con posterioridad, sin que por ello se altere el orden más que en lo absolutamente indispensable.

Art. 149. Inmediatamente después de celebrado el juicio oral o en el siguiente día, antes de las horas de despacho, el Tribunal discutirá y votará todas las cuestiones de hecho y de derecho que hayan sido objeto del juicio. La sentencia que resulte aprobada se redactará y firmará dentro del término señalado en el artículo 203.

Art. 150. La discusión y votación de las sentencias se verificará en todos los Tribunales a puerta cerrada y antes o después de las horas señaladas para el despacho ordinario.

Art. 151. Discutida la sentencia propuesta por el Ponente votará éste primero, y después de él los demás Magistrados, por orden inverso de su antigüedad.

Art. 152. Cuando la importancia de la discusión lo exija, deberá el que presida hacer un breve resumen de ella, antes de la votación.

Art. 153. Las providencias, los autos y las sentencias se dictarán por mayoría absoluta de votos, excepto en los casos en que la Ley exigiese expresamente mayor número.

Art. 153: Redactado conforme al art. adicional de la Ley de 20 de abril de 1888 (*Gaceta* del 24), que suprimió el párrafo segundo de este artículo.
Vid. arts. 889 de la presente Ley y 255 LOPJ.

Art. 154. Si después de la vista y antes de la votación algún Magistrado se imposibilitare y no pudiere asistir al acto, dará su voto fundado y firmado y lo remitirá directamente al Presidente. Si no pudiere escribir ni firmar, se valdrá del Secretario.

El voto así emitido se conservará rubricado por el que presida en el libro de sentencias.

Cuando el Magistrado no pudiere votar ni aun de este modo, se votará la causa por los no impedidos que hubiesen asistido a la vista y, si hubiere los necesarios para formar mayoría, éstos dictarán sentencia.

Cuando no resulte mayoría, se estará a lo que la Ley ordena respecto de las discordias.

Art. 155. Cuando fuere trasladado, jubilado, separado o suspenso algún Magistrado, votará las causas a cuya vista hubiere asistido y que aún no se hubiesen fallado.

Art. 156. Comenzada la votación de una sentencia, no podrá interrumpirse sino por algún impedimento insuperable.

Todo el que tome parte en la votación de una providencia, auto o sentencia firmará lo acordado, aunque hubiese disentido de la mayoría; pero podrá en este caso salvar su voto, que se insertará con su firma al pie en el libro de votos reservados, dentro de las veinticuatro horas siguientes.

Art. 157. En las certificaciones o testimonios de sentencias que expidieren los Tribu-

---

Art. 154: Vid. arts. 163 a 165 de esta Ley.
Cfr. la Circular del Tribunal Supremo a las Audiencias, de 14 de julio de 1883, que se transcribe en nota al art. 159, *infra*.
Art. 155: Vid. arts. 256 y 258 LOPJ.
Art. 156: El art. 260 LOPJ dispone:
«1.   Todo el que tome parte en la votación de una sentencia o auto definitivo firmará lo acordado, aunque hubiere disentido de la mayoría; pero podrá, en este caso, anunciándolo en el momento de la votación o en el de la firma, formular voto particular, en forma de sentencia, en la que podrán aceptarse, por remisión, los puntos de hecho y fundamentos de derecho de la dictada por el Tribunal con los que estuviere conforme.
»2.   El voto particular, con la firma del autor, se incorporará al libro de sentencias y se notificará a las partes junto con la sentencia aprobada por mayoría. Cuando, de acuerdo con la ley, sea preceptiva la publicación de la sentencia, el voto particular, si lo hubiere, habrá de publicarse junto a ella.
»3.   También podrá formularse voto particular, con sujeción a lo dispuesto en el párrafo anterior, en lo que resulte aplicable, respecto de los autos decisorios de incidentes.»
Art. 157: Vid. nota al art. anterior.

nales no se insertarán los votos reservados; pero se remitirán al Tribunal Supremo y se harán públicos cuando se interponga y admita el recurso de casación.

Art. 158. Las sentencias se firmarán por todos los Magistrados no impedidos.

Art. 159. En cada Juzgado o Tribunal, bajo la responsabilidad y custodia del Secretario judicial, se llevará un libro de sentencias, en el cual se incluirán firmadas todas las definitivas, autos de igual carácter, así como los votos particulares que se hubieren formulado, que serán ordenados correlativamente según su fecha de publicación.

Art. 160. Las sentencias definitivas se leerán y notificarán a las partes y a sus Procuradores en todo juicio oral el mismo día en que se firmen, o a lo más en el siguiente.

Si por cualquier circunstancia o accidente no se encontrare a las partes al ir a hacerles la notificación, se hará constar por diligencia y bastará en tal caso con la notificación hecha a sus Procuradores.

Los autos que resuelvan incidentes se notificarán únicamente a los Procuradores.

Cuando la instrucción de la causa hubiera correspondido a un Juzgado de Violencia sobre la Mujer la sentencia será remitida al mismo por testimonio de forma inmediata, con indicación de si la misma es o no firme.

Art. 159: Redactado conforme a la Ley 13/2009, de 3 de noviembre (*BOE* del 4), de reforma de la legislación procesal para la implantación de la nueva Oficina judicial. Vid. arts. 265, 266 y 458 LOPJ.

Art. 160: Vid. Real Orden de 10 de diciembre de 1878 (*Gaceta* del 14) que, en relación con la notificación a Estados extranjeros de las sentencias condenatorias de sus súbditos, cuando exista Tratado de extradición, dispone que «siempre que en una causa criminal recaiga sentencia definitiva que afecte a un súbdito de otra nación con la cual España tenga convenio de extradición, el Tribunal encargado de la ejecución de la misma deberá remitir a este Ministerio por el conducto que establece el artículo 589 de la Ley provisional sobre organización del Poder Judicial, con la exposición que prescribe el artículo 68 de la Ley de Enjuiciamiento Criminal (hoy 196) y, separadamente de éste, testimonio literal de la sentencia en la parte concerniente al súbdito extranjero, a fin de remitirlo por la vía diplomática al Gobierno de su país». Vid. también el art. 81 del Reglamento notarial, aprobado por Decreto de 2 de junio de 1944, en la redacción dada por el RD 45/2007, de 19 de enero (*BOE* del 29), por el que se modifica el anterior RD.

Art. 160, párr. 4.ª: Adición realizada por el art. 53 de la LO 1/2004, de 28 de diciembre (*BOE* del 29; corrección de errores en *BOE* de 12 de abril de 2005), de Medidas de Protección Integral contra la Violencia de Género.

Art. 161. Los Tribunales no podrán variar las resoluciones que pronuncien después de firmadas, pero sí aclarar algún concepto oscuro y rectificar cualquier error material de que adolezcan.

Las aclaraciones a que se refiere el párrafo anterior podrán hacerse de oficio, por el Tribunal o Secretario judicial, según corresponda, dentro de los dos días hábiles siguientes al de la publicación de la resolución, o a petición de parte o del Ministerio Fiscal formulada dentro del mismo plazo, siendo en este caso resuelta por quien hubiera dictado la resolución de que se trate dentro de los tres días siguientes al de la presentación del escrito en que se solicite la aclaración.

Los errores materiales manifiestos y los aritméticos en que incurran las resoluciones de los Tribunales y Secretarios judiciales podrán ser rectificados en cualquier momento.

Las omisiones o defectos de que pudieren adolecer sentencias y autos y que fuere necesario remediar para llevar plenamente a efecto dichas resoluciones, podrán ser subsanados, mediante auto, en los mismos plazos y por el mismo procedimiento establecidos en los párrafos anteriores.

Si se tratase de sentencias o autos que hubieren omitido manifiestamente pronunciamientos relativos a pretensiones oportunamente deducidas y sustanciadas en el proceso, el Tribunal, a solicitud escrita de parte en el plazo de cinco días a contar desde la notificación de la resolución, previo traslado por el Secretario judicial de dicha solicitud a las demás partes, para alegaciones escritas por otros cinco días, dictará auto por el que resolverá completar la resolución con el pronunciamiento omitido o no haber lugar a completarla.

Si el Tribunal advirtiese en sentencias o autos que dictara las omisiones a que se refiere el párrafo anterior, podrá, en el plazo de cinco días a contar desde la fecha en que se dicta, proceder de oficio, mediante auto, a completar su resolución, pero sin modificar ni rectificar lo que hubiere acordado.

Del mismo modo al establecido en los párrafos anteriores se procederá por el Secretario judicial cuando se precise subsanar o completar los decretos que hubiere dictado.

Art. 161: Redactado conforme a la Ley 13/2009, de 3 de noviembre (*BOE* del 4), de reforma de la legislación procesal para la implantación de la nueva Oficina judicial.
Vid. art. 267 LOPJ.

No cabrá recurso alguno contra las resoluciones en que se resuelva acerca de la aclaración, rectificación, subsanación o complemento a que se refieren los párrafos anteriores de este artículo, sin perjuicio de los recursos que procedan, en su caso, contra la resolución a que se refiriera la solicitud o la actuación de oficio del Tribunal o Secretario judicial.

Los plazos para los recursos que procedan contra la resolución de que se trate se interrumpirán desde que se solicite su aclaración, rectificación, subsanación o complemento y, en todo caso, comenzarán a computarse desde el día siguiente a la notificación de la resolución que reconociera o negase la omisión de pronunciamiento y acordase o denegara remediarla.

Art. 162. Los Tribunales conservarán metódicamente coleccionadas las minutas de los autos que resuelvan incidentes y sentencias que dictaren, haciendo referencia a cada una en el asiento correspondiente de los libros de autos y sentencias del Tribunal.

Las hojas de los libros de autos y de sentencias de los Tribunales estarán numeradas y selladas, rubricándolas el Presidente respectivo.

Art. 162: La Circular del Tribunal Supremo a las Audiencias, de 14 de julio de 1883, establece respecto del registro de sentencias que «aunque la práctica, generalmente admitida, de extender los autos en los mismos procesos en donde se firman y autorizan parece conforme con la naturaleza de tales resoluciones, ha de llevarse un "libro de registro de autos", de idénticas condiciones al de sentencias, porque así lo dispone, si bien de un modo incidental, el artículo 162 de aquella Ley [...]».

Por su parte la Real Orden de 27 de septiembre de 1926 (*Gaceta* del 28) recuerda el exacto cumplimiento de lo preceptuado en este artículo, disponiendo:

»1.º   Que por los Tribunales de lo Criminal sea cumplido con todo rigor el precepto del artículo 162 de la Ley de Enjuiciamiento Criminal, que les obliga a conservar metódicamente coleccionadas las minutas de los autos que resuelvan incidentes y sentencias que dictaren, redactadas por los ponentes respectivos.

»2.º   Que las Salas de lo Civil del Tribunal Supremo y de las Audiencias Territoriales cumplan el mismo precepto.

»3.º   Que las minutas metódicamente coleccionadas sean entregadas al finalizar cada año por los Presidentes de las Salas al del Tribunal respectivo, el cual será responsable del cumplimiento de lo mandado y, por tanto, podrá adoptar durante el año las medidas conducentes a tal fin; y

»4.º   Que los Presidentes de los Tribunales comuniquen, en la primera quincena de enero de cada año, al Presidente del Consejo Judicial, para que éste pueda acordar lo procedente, tener en su poder las colecciones de minutas ordenadas o las omisiones que se hayan cometido en el cumplimiento de lo dispuesto.»

CAPÍTULO II*

DEL MODO DE DIRIMIR LAS DISCORDIAS

Art. 163. Cuando en la votación de una sentencia definitiva, auto o providencia no resultase mayoría de votos sobre cualquiera de los pronunciamientos de hecho o de derecho que deban hacerse o sobre la decisión que haya de dictarse, volverán a discutirse y a votarse los puntos en que hayan disentido los votantes.

Art. 164. Si en la siguiente votación insistieren los discordantes en sus respectivos pareceres, se someterán a nueva deliberación tan sólo los dos votos más favorables al procesado, y entre éstos optarán precisamente todos los votantes, de modo que resulte aprobado cualquiera de ambos.

En este caso, pondrán en lugar oportuno de la sentencia las siguientes palabras: «*Visto el resultado de la votación, la ley decide: ...*».

La determinación de cuáles sean los dos pareceres más favorables al procesado se hará a pluralidad de votos.

Lo dispuesto en este artículo y en el anterior no es aplicable al caso a que se refiere el párrafo segundo del artículo 153.

Art. 165. En las sentencias que pronuncie el Tribunal Supremo en los recursos de casación o en los de revisión no habrá discordia, quedando al efecto desechados los resultandos y considerandos que no reúnan mayoría absoluta de votos.

---

* Vid. arts. 262 y 263 LOPJ.
Art. 164, párr. 3.º: Este párrafo ha sido prácticamente y de forma tácita derogado por el artículo adicional de la Ley de 20 de abril de 1888, que suprimió el párrafo segundo del art. 153 al que se hace referencia.

TÍTULO VII

De las notificaciones, citaciones y emplazamientos*

Art. 166. Los actos de comunicación se realizarán bajo la dirección del Secretario judicial.

Las notificaciones, citaciones y emplazamientos que se practiquen fuera de los estrados del Juzgado o Tribunal se harán por el funcionario correspondiente. Cuando el Secretario judicial lo estime conveniente, podrán hacerse por correo certificado con acuse de recibo, dando fe el Secretario en los autos del contenido del sobre re-

---

* Los arts. 270 a 272 LOPJ, tras las modificaciones efectuadas por la LO 19/2003, de 23 de diciembre (*BOE* del 26), disponen:

«*Art. 270.* Las resoluciones dictadas por jueces y tribunales, así como las que lo sean por secretarios judiciales en el ejercicio de las funciones que le son propias, se notificarán a todos los que sean parte en el pleito, causa o expediente, y también a quienes se refieran o puedan parar perjuicios, cuando así se disponga expresamente en aquellas resoluciones, de conformidad con la ley.

»*Art. 271.* Las notificaciones podrán practicarse por medio del correo, del telégrafo o de cualquier medio técnico que permita la constancia de su práctica y de las circunstancias esenciales de la misma según determinen las leyes procesales.

»*Art. 272.* Podrá establecerse un local de notificaciones común a los varios Juzgados y Tribunales de una misma población, aunque sean de distinto orden jurisdiccional. En este supuesto, el Colegio de Procuradores organizará un servicio para recibir las notificaciones que no hayan podido hacerse en aquel local común por incomparecencia del procurador que deba ser notificado. La recepción de la notificación por este servicio producirá plenos efectos.»

Art. 166: Redactado conforme a la Ley 13/2009, de 3 de noviembre (*BOE* del 4), de reforma de la legislación procesal para la implantación de la nueva Oficina judicial.

La Ley 42/2015, de 5 de octubre (*BOE* del 6), de reforma de la Ley 1/2000, de 7 de enero, de Enjuiciamiento Civil, contiene una Disp. Adic. 2.ª (*Traslados de copias de escritos y documentos entre procuradores*), con la siguiente redacción:

«La obligación de realizar el traslado de copias de escritos y documentos cuando intervengan procuradores será igualmente exigible, en los términos previstos en los artículos 276 y siguientes de la Ley de Enjuiciamiento Civil, en los órdenes jurisdiccionales penal, contencioso-administrativo y laboral.»

Vid. arts. 149 a 168 LEC; art. 11 de la Ley 52/1997, de 27 de noviembre (*BOE* del 28), de Asistencia Jurídica al Estado e Instituciones Públicas, para las notificaciones a organismos públicos; LO 12/2007, de 22 de octubre (*BOE* del 23), del régimen disciplinario de la Guardia Civil, que establece en su Disp. Adic. 2.ª (*Comunicación de resoluciones judiciales*) que «Los Jueces y Tribunales pondrán en conocimiento de la Dirección General de la Policía y de la Guardia Civil toda resolución que ponga fin a los procesos por delito o falta que afecten al personal sujeto a la presente Ley»; art. 22.4 y 5 de la Ley 43/2010, de 30 de diciembre (*BOE* del 31), del servicio postal universal, de los derechos de los usuarios y del mercado postal; y arts. 39 a 44 del RD 1.829/1999, de 3 de diciembre (*BOE* del 31), por el que se aprueba el Reglamento por el que se regula la prestación de los servicios postales.

mitido y uniéndose el acuse de recibo.

Las notificaciones, citaciones y emplazamientos se practicarán en la forma prevista en el capítulo V del Título V del Libro I de la Ley de Enjuiciamiento Civil.

Las notificaciones, citaciones y emplazamientos por correo se entenderán practicados en la fecha en que el destinatario haga constar su recepción en el acuse de recibo.

Los certificados enviados conforme a lo establecido en los párrafos precedentes gozarán de franquicia postal; su importe no se incluirá en la tasación de costas.

Los que tuvieren lugar en los estrados, se practicarán leyendo íntegramente la resolución a la persona a quien se notifiquen, dándole en el acto copia de ella, aunque no la pidiere, y haciendo mérito de uno y otro en la diligencia que se extienda, que suscribirá el Secretario judicial o el funcionario que la realice.

Art. 167. Para la práctica de las notificaciones, el Secretario que interviniere en la causa extenderá una cédula, que contendrá:

1.º La expresión del objeto de dicha causa y los nombres y apellidos de los que en ella fueren parte.

2.º La copia literal de la resolución que hubiere de notificarse.

3.º El nombre y apellidos de la persona o personas que han de ser notificadas.

4.º La fecha en que la cédula se expidiere.

5.º La firma del Secretario.

Art. 168. Se harán constar en los autos por nota sucinta la expedición de la cédula y el Oficial de Sala o alguacil a quien se encargare su cumplimiento.

Art. 169. El que recibiere la cédula sacará y autorizará con su firma tantas copias cuantas sean las personas a quienes hubiere de notificar.

Art. 170. La notificación consistirá en la lectura íntegra de la resolución que deba ser notificada, entregando la copia de la cédula a quien se notifique y haciendo constar la entrega por diligencia sucinta al pie de la cédula original.

Art. 171. En la diligencia se anotará el día y hora de la entrega, y será firmada por la persona a quien ésta se hiciere

---

Art. 171: Por Ley de 14 de abril de 1955 (*BOE* del 15) fue elevada la cuantía de la multa, que originariamente estaba fijada entre 5 y 25 pesetas.

y por el funcionario que practique la notificación.

Si la persona a quien se haga la entrega no supiere firmar, lo hará otra a su ruego; y si no quisiere, firmarán dos testigos buscados al efecto. Estos testigos no podrán negarse a serlo, bajo la multa de 25 a 100 pesetas.

Art. 172. Cuando a la primera diligencia en busca no fuere hallado en su habitación el que haya de ser notificado, cualquiera que fuere la causa y el tiempo de su ausencia, se entregará la cédula al pariente, familiar o criado, mayor de catorce años, que se halle en dicha habitación.

Si no hubiere nadie, se hará la entrega a uno de los vecinos más próximos.

Art. 173. En la diligencia de entrega se hará constar la obligación del que recibiere la copia de la cédula de entregarla al que deba ser notificado inmediatamente que regrese a su domicilio, bajo la multa de 25 a 200 pesetas si deja en entregarla.

Art. 174. Cuando no se pueda practicar una notificación por haber cambiado de habitación el que deba ser notificado y no ser posible averiguar la nueva, o por cualquier otra causa, se hará constar en la cédula original.

Art. 175. Las citaciones y emplazamientos se practicarán en la forma establecida para las notificaciones, con las siguientes diferencias:

La cédula de citación contendrá:

1. Expresión del Juez, Tribunal o Secretario judicial que hubiere dictado la resolución, de la fecha de ésta y de la causa en que haya recaído.

2. Los nombres y apellidos de los que debieren ser citados y las señas de sus habitaciones; y si éstas fuesen ignoradas, cualesquiera otras circunstancias por las que pueda descubrirse el lugar en que se hallaren.

3. El objeto de la citación, y calidad en la que se es citado.

4. El lugar, día y hora en que haya de concurrir el citado.

5. La obligación, si la hubiere, de concurrir al primer lla-

Art. 173: La cuantía de la multa, originariamente de 5 a 50 pesetas, fue elevada por Ley de 14 de abril de 1955 (*BOE* del 15).

Art. 175: Redactado conforme a la Ley 13/2009, de 3 de noviembre (*BOE* del 4), de reforma de la legislación procesal para la implantación de la nueva Oficina judicial.

Téngase en cuenta que en casos de urgencia la citación a testigos y peritos puede hacerse verbalmente (arts. 430 y 461 de esta Ley). Sobre las citaciones a través de la Policía Judicial en procedimiento de urgencia, art. 786, y en el juicio de faltas, art. 962.

mamiento, bajo la multa de 200 a 5.000 euros o si fuese ya el segundo el que se hiciere, la de concurrir bajo apercibimiento de ser perseguido como reo del delito de obstrucción a la justicia tipificado en el artículo 463.1 del Código Penal.

La cédula del emplazamiento contendrá los requisitos 1, 2 y 3 anteriormente mencionados para la de la citación y, además, los siguientes:

1. El término dentro del cual ha de comparecer el emplazado.

2. El lugar en que haya de comparecer y el Juez o Tribunal ante quien deba hacerlo.

3. La prevención de que, si no compareciere, le pararán los perjuicios a que hubiere lugar en derecho.

Art. 176. Cuando el citado no comparezca en el lugar, día y hora que se le hubiesen señalado, el que haya practicado la citación volverá a constituirse en el domicilio de quien hubiese recibido la copia de la cédula, haciendo constar por diligencia en la original, la causa de no haberse efectuado la comparecencia. Si esta causa no fuere legítima, se procederá inmedia-

tamente por el Juez o Tribunal que hubiere acordado la citación, a llevar a efecto la prevención que corresponda, entre las establecidas en el número 5.º del artículo anterior.

Art. 177. Cuando las notificaciones, citaciones o emplazamientos hubieren de practicarse en territorio de otra Autoridad judicial española, se expedirá suplicatorio, exhorto o mandamiento, según corresponda, insertando en ellos los requisitos que deba contener la cédula.

Si hubiera de practicarse en el extranjero se observarán para ello los trámites prescritos en los tratados, si los hubiese, y en su defecto, se estará al principio de reciprocidad.

Art. 178. Si el que haya de ser notificado, citado o emplazado no tuviere domicilio conocido, el Juez instructor ordenará lo conveniente para la averiguación del mismo. En este caso el Secretario judicial se dirigirá a la Policía Judicial, Registros oficiales, colegios profesionales, entidad o empresas en el que el interesado ejerza su actividad interesando dicha averiguación.

Art. 177, párr. 1.º: Vid. arts. 183 ss.
Art. 177, párr. 2.º: Vid. nota al art. 193.
Art. 178: Redactado conforme a la Ley 13/2009, de 3 de noviembre (*BOE* del 4), de reforma de la legislación procesal para la implantación de la nueva Oficina judicial.

Art. 179. Practicada la notificación, citación o emplazamiento o hecho constar el motivo que lo hubiese impedido, se unirá a los autos la cédula original o el suplicatorio, exhorto o mandamiento expedidos.

Art. 180. Serán nulas las notificaciones, citaciones y emplazamientos que no se practicaren con arreglo a lo dispuesto en este capítulo.

Sin embargo, cuando la persona notificada, citada o emplazada se hubiere dado por enterada en el juicio, surtirá desde entonces la diligencia todos sus efectos, como si se hubiese hecho con arreglo a las disposiciones de la Ley; no por esto quedará relevado el auxiliar o subalterno de la corrección disciplinaria establecida en el artículo siguiente.

Art. 181. El auxiliar o subalterno que incurriese en morosidad en el desempeño de las funciones que por este capítulo le correspondan, o faltare a alguna de las formalidades en el mismo establecidas, será corregido disciplinariamente por el Juez o Tribunal de quien dependa, con multa de 50 a 500 pesetas.

Art. 182. Las notificaciones, citaciones y emplazamientos podrán hacerse a los Procuradores de las partes.

Se exceptúan:

1.º Las citaciones que por disposición expresa de la Ley deban hacerse a los mismos interesados en persona.

2.º Las citaciones que tengan por objeto la comparecencia obligatoria de éstos.

Art. 182: Otros supuestos de comunicación directa con las partes, establecidos concretamente en la Ley son: notificación de los autos de procesamiento o denegatorios del mismo (art. 384); nombramiento de peritos (art. 466): notificación del auto elevando la detención a prisión o dejándola sin efecto (art. 501); notificación del auto decretando nueva incomunicación (art. 508); ratificación del auto de prisión o de soltura de preso (art. 517); notificación del auto decretando fianza para la libertad provisional (art. 529); del auto ordenando el afianzamiento y embargo subsidiario para asegurar las responsabilidades civiles (art. 589); notificación del auto en que se proceda al embargo (art. 597).

TÍTULO VIII

De los suplicatorios, exhortos y mandamientos

Art. 183. Los Jueces y Tribunales se auxiliarán mutuamente para la práctica de todas las diligencias que fueren necesarias en la sustanciación de las causas criminales.

Art. 184. Cuando una diligencia judicial hubiere de ser ejecutada por un Juez o Tribunal distinto del que la haya ordenado, éste encomendará su cumplimiento por medio de suplicatorio, exhorto o mandamiento.

Empleará la forma del suplicatorio cuando se dirija a un Juez o Tribunal superior en grado; la de exhorto, cuando se dirija a uno de igual grado, y la de mandamiento o carta-orden, cuando se dirija a un subordinado suyo.

Art. 185. El Juez o Tribunal que haya ordenado la práctica de una diligencia judicial no podrá dirigirse a Jueces o Tribunales de categoría o grado inferior que no le estuvieren subordinados, debiendo entenderse directamente con el superior de éstos que ejerza la jurisdicción en el mismo grado que él.

Se exceptúan los casos en que expresamente se disponga otra cosa en la Ley.

Art. 186. Para ordenar el libramiento de certificación o testimonio y la práctica de cualquier diligencia judicial, cuya ejecución corresponda a Registradores de la propiedad, Notarios, auxiliares o subalternos de Juzgados o Tribunales y funcionarios de policía judicial que estén a las órdenes de los mismos, se empleará la forma de mandamiento.

Art. 187. Cuando los Jueces o Tribunales tengan que dirigirse a Autoridades o funcionarios de otro orden, usarán la forma de oficios o exposiciones, según el caso requiera.

Art. 188. Los suplicatorios, exhortos o mandamientos en

Art. 185: La LOPJ dispone en su art. 274.2 que «a petición de cooperación, cualquiera que sea el Juzgado o Tribunal a quien se dirija, se efectuará siempre directamente, sin dar lugar a traslados ni reproducciones a través de órganos intermedios». Vid., también, arts. 64 a 73 del Reglamento 1/2005, de los aspectos accesorios de las actuaciones judiciales, aprobado por Acuerdo de 15 de septiembre de 2005 (*BOE* de 27), del Pleno del Consejo General del Poder Judicial, así como la Instrucción del Pleno del CGPJ 4/2001, de 20 de junio (*BOE* de 7 de julio), sobre el alcance y los límites del deber de auxilio judicial.

causas en que se persigan delitos que no sean de los que sólo por querella privada puedan ser perseguidos, se expedirán de oficio y se cursarán directamente para su cumplimiento por el Juez o Tribunal que los hubiere librado.

Los que procedan de causas por delitos que sólo pueden ser perseguidos en virtud de querella particular, podrán entregarse bajo recibo al interesado o a su representante a cuya instancia se libraron, fijándole término para presentarlos a quien deba cumplirlos.

Se exceptuarán los casos en que expresamente se disponga otra cosa en la Ley.

Art. 189. La persona que reciba los documentos los presentará en el término que se le hubiese fijado, al Juez o Tribunal a quien se haya encomendado el cumplimiento, dando aviso, acto continuo, de haberlo hecho así al Juez o Tribunal de quien procedan.

Al verificar la presentación, el funcionario correspondiente extenderá diligencia a continuación del suplicatorio, exhorto o carta-orden, expresando la fecha de su entrega y la persona que lo hubiese presentado, a la que dará recibo, firmando ambos la diligencia. Dicho funcionario dará además cuenta al Juez o Tribunal en el mismo día, y si no fuere posible, en el siguiente.

Art. 190. Cuando hubiesen sido remitidos de oficio, el Juez o Tribunal que los reciba acusará inmediatamente recibo al remitente.

Art. 191. El Juez o Tribunal que reciba, o a quien sea presentado un suplicatorio, exhorto o carta-orden, acordará su cumplimiento, sin perjuicio de reclamar la competencia que estimare corresponderle, disponiendo lo conducente para que se practiquen las diligencias dentro del plazo, si se hubiere fijado en el exhorto, o lo más pronto posible en otro caso.

Una vez cumplimentado, lo devolverá sin demora en la misma forma en que lo hubiese recibido o en que se le hubiese presentado.

Art. 192. Cuando se demorare el cumplimiento de un su-

Art. 191: La cuantía de la multa, que originariamente era de 25 a 100 pesetas, se elevó por Ley de 14 de abril de 1955 (*BOE* del 15).

Art. 192: El párrafo segundo ha sido redactado por la LO 16/1994, de 8 de noviembre (*BOE* del 9). La Orden de 21 de marzo de 1932 (*Gaceta* del 24) dispone en su n.º 8.º que «los exhortos en materia criminal se expedirán con preferencia telegráficamente,

plicatorio más tiempo del absolutamente necesario para ello, atendidas las distancias y la índole de la diligencia que haya de practicarse, el Juez o Tribunal que lo hubiese expedido remitirá de oficio o a instancia de parte, según los casos, un recuerdo al Juez o Tribunal suplicado.

Si la demora en el cumplimiento se refiriese a un exhorto, en vez de recuerdo dirigirá suplicatorio al superior inmediato del exhortado, dándole conocimiento de la demora.

Del mismo apremio se valdrá el que haya expedido una carta-orden, para obligar a su inferior moroso a que la devuelva cumplimentada.

Art. 193. Los exhortos a Tribunales extranjeros se dirigirán por la vía diplomática, en la

---

y los Jueces exhortados deberán diligenciar las peticiones con la mayor celeridad posible. Los Presidentes y Fiscales de las Audiencias promoverán las correcciones disciplinarias que procedan contra los Jueces exhortados que por su negligencia hayan dado lugar a repetidos recordatorios para el despacho de las diligencias solicitadas por este medio.»

Art. 193: Vid. la Declaración de aplicación provisional del Convenio de asistencia judicial en materia penal entre los Estados miembros de la Unión Europea, hecho en Bruselas el 29 de mayo de 2000 (*BOE* de 15 de octubre de 2003). Primero entró en vigor entre España y Portugal, desde el día 6 de octubre de 2003, y finalmente tuvo plena vigencia el 23 de agosto de 2005, al obtenerse las ocho ratificaciones necesarias (vid. *BOE* de 28 de octubre de 2005). Junto al Convenio principal hay que tener en cuenta la entrada en vigor (*BOE* del 28 mencionado) del Protocolo anejo al Convenio (relativo al secreto bancario), cuya aplicación provisional fue publicada en el *BOE* de 14 de abril de 2005.

Asimismo hay que tener presente la LO 18/2003, de 10 de diciembre (*BOE* del 11), de Cooperación con la Corte Penal Internacional; la Ley 16/2015, de 7 de julio (*BOE* del 8), por la que se regula el estatuto del miembro nacional de España en Eurojust, los conflictos de jurisdicción, las redes judiciales de cooperación internacional y el personal dependiente del Ministerio de Justicia en el Exterior; y la Ley 23/2014, de 20 de noviembre (*BOE* del 21), de reconocimiento mutuo de resoluciones penales en la Unión Europea. Sobre cooperación judicial internacional los arts. 276 a 278 LOPJ disponen:

«*Art. 276.*   Las peticiones de cooperación internacional se tramitarán de conformidad con lo previsto en los tratados internacionales, las normas de la Unión Europea y las leyes españolas que resulten de aplicación.

»*Art. 277.*   Los Juzgados y Tribunales españoles prestarán a las autoridades judiciales extranjeras la cooperación que les soliciten para el desempeño de su función jurisdiccional, de conformidad con lo establecido en los tratados y convenios internacionales en los que España sea parte, las normas de la Unión Europea y las leyes españolas sobre esta materia.

»*Art. 278.*   La prestación de cooperación internacional sólo será denegada por los Juzgados y Tribunales españoles:

»1.º   Cuando el objeto o finalidad de la cooperación solicitada sea manifiestamente contrario al orden público.

forma establecida en los trata-dos, y a falta de éstos, en la que determinen las disposiciones generales del Gobierno.

En cualquier otro caso se estará al principio de reciprocidad.

Art. 194. Las mismas reglas establecidas en el artículo anterior se observarán para dar cumplimiento en España a los exhortos de Tribunales extranjeros, por los que se requiera la práctica de alguna diligencia judicial.

Art. 195. Con las Autoridades, funcionarios, agentes y Jefes de fuerza armada, que no estuvieren a las órdenes inme-diatas de los Jueces y Tribunales, se comunicarán éstos por medio de atentos oficios, a no ser que la urgencia del caso exija verificarlo verbalmente, haciéndolo constar en la causa.

Art. 196. Los Jueces y Tribunales se dirigirán en forma de exposición, por conducto del Ministerio de *Gracia y Justicia*, a los Cuerpos Colegisladores y a los Ministros de la Corona, tanto para que auxilien a la Administración de Justicia en sus propias funciones como para que obliguen a las Autoridades, sus subordinadas, a que suministren los datos o presten los servicios que se les hubieren pedido.

»2.º   Cuando el proceso de que dimane la solicitud de cooperación sea de la exclusiva competencia de la jurisdicción española.

»3.º   Cuando el contenido del acto a realizar no corresponda a las atribuciones propias de la autoridad judicial española requerida. En tal caso, ésta remitirá la solicitud a la autoridad judicial competente, informando de ello a la autoridad judicial requirente.

»4.º   Cuando la solicitud de cooperación internacional no reúna el contenido y requisitos mínimos exigidos por las leyes para su tramitación.»

Vid. arts. 74 a 85 del Reglamento 1/2005, de los aspectos accesorios de las actuaciones judiciales, aprobado por Acuerdo de 15 de septiembre de 2005 (*BOE* del 27), del Pleno del Consejo General del Poder Judicial.

Art. 194: Vid. nota al artículo anterior.

Art. 196: Vid. la Real Orden de 28 de febrero de 1931 (*Gaceta* de 3 de marzo; corrección de errores en la del día siguiente), sobre exposiciones de Jueces a Ministerios o Centros dependientes de ellos.

TÍTULO IX

De los términos judiciales*

Art. 197. Las resoluciones de Jueces, Tribunales y Secretarios Judiciales, y las diligencias judiciales, se dictarán y practicarán dentro de los términos señalados para cada una de ellas.

Art. 198. Cuando no se fije término, se entenderá que han de dictarse y practicarse sin dilación.

Art. 199. Los Jueces y Tribunales impondrán en su caso

---

* El RD 463/2020, de 14 de marzo (*BOE* del mismo día), por el que se declara el estado de alarma para la gestión de la situación de crisis sanitaria ocasionada por el COVID-19, establece:

«[...]

»*Disp. Adic. 2.ª   Suspensión de plazos procesales.*—1.   Se suspenden términos y se suspenden e interrumpen los plazos previstos en las leyes procesales para todos los órdenes jurisdiccionales. El cómputo de los plazos se reanudará en el momento en que pierda vigencia el presente real decreto o, en su caso, las prórrogas del mismo.

»2.   En el orden jurisdiccional penal la suspensión e interrupción no se aplicará a los procedimientos de *habeas corpus*, a las actuaciones encomendadas a los servicio-s de guardia, a las actuaciones con detenido, a las órdenes de protección, a las actuaciones urgentes en materia de vigilancia penitenciaria y a cualquier medida cautelar en materia de violencia sobre la mujer o menores.

»Asimismo, en fase de instrucción, el juez o tribunal competente podrá acordar la práctica de aquellas actuaciones que, por su carácter urgente, sean inaplazables.

»[...]

»4.   No obstante lo dispuesto en los apartados anteriores, el juez o tribunal podrá acordar la práctica de cualesquiera actuaciones judiciales que sean necesarias para evitar perjuicios irreparables en los derechos e intereses legítimos de las partes en el proceso.

»[...]

»*Disp. Adic. 4.ª   Suspensión de plazos de prescripción y caducidad.*—Los plazos de prescripción y caducidad de cualesquiera acciones y derechos quedarán suspendidos durante el plazo de vigencia del estado de alarma y, en su caso, de las prórrogas que se adoptaren.

»*Disp. Adic. 5.ª   Carácter de agente de la autoridad de los miembros de las Fuerzas Armadas.*—De acuerdo con la Disp. Adic. 3.ª de la Ley 39/2007, de 19 de noviembre, de la Carrera Militar, en relación con los artículos 15.3 y 16.*e*) de la Ley Orgánica 5/2005, de 17 de noviembre, de la Defensa Nacional, los miembros de las Fuerzas Armadas en el ejercicio de las funciones previstas en este real decreto tendrán carácter de agentes de la autoridad.»

Los arts. 8 y 10 del RD 537/2020, de 22 de mayo (*BOE* del 23), establecen que, con efectos desde el día 4 de junio, se alzarán la suspensión de plazos procesales y de los plazos de prescripción y caducidad de derechos y acciones.

Art. 197: Redactado conforme a la Ley 13/2009, de 3 de noviembre (*BOE* del 4), de reforma de la legislación procesal para la implantación de la nueva Oficina judicial.

Vid. arts. 5.º CC y 130 a 136 LEC.

Art. 198: El anterior párrafo segundo de este precepto fue derogado por la LO 16/1994, de 8 de noviembre (*BOE* del 9).

dicha corrección disciplinaria a sus auxiliares y subalternos sin necesidad de petición de parte; y si no lo hicieren, incurrirán a su vez en responsabilidad.

Art. 200. Los que se consideren perjudicados por dilaciones injustificadas de los términos judiciales podrán deducir queja ante el Ministerio de *Gracia y Justicia*, que, si la estima fundada, la remitirá el Fiscal a quien corresponda, para que entable de oficio recurso de responsabilidad que proceda con arreglo a la Ley.

Art. 201. Todos los días y horas del año serán hábiles para

Art. 200: La última frase de este precepto fue derogada por la LO 16/1994, de 8 de noviembre (*BOE* del 9). Para la exacción de responsabilidad disciplinaria vid. arts. 414 ss. y 468 ss. LOPJ. Vid. arts. 603 a 608 de esta Ley sobre la Comisión disciplinaria del CGPJ y el promotor de la acción disciplinaria.

Art. 201: Redactado por la Disp. Final 12.ª de la Ley 1/2000, de 7 de enero, de Enjuiciamiento Civil (*BOE* del 8).

Los arts. 182 a 184 LOPJ disponen:

«*Art. 182.* 1. Son inhábiles a efectos procesales los sábados y domingos, los días 24 y 31 de diciembre, los días de esta nacional y los festivos a efectos laborales en la respectiva comunidad autónoma o localidad.

»El Consejo General del Poder Judicial, mediante reglamento, podrá habilitar estos días a efectos de actuaciones judiciales en aquellos casos no previstos expresamente por las leyes.

»2. Son horas hábiles desde las ocho de la mañana a las ocho de la tarde, salvo que la ley disponga lo contrario.

»*Art. 183.* Serán inhábiles los días del mes de agosto para todas las actuaciones judiciales, excepto las que se declaren urgentes por las leyes procesales. No obstante, el Consejo General del Poder Judicial, mediante reglamento, podrá habilitarlos a efectos de otras actuaciones.

»*Art. 184.* 1. Sin perjuicio de lo dispuesto en los artículos anteriores, todos los días del año y todas las horas serán hábiles para la instrucción de las causas criminales, sin necesidad de habilitación especial.

»2. Los días y horas inhábiles podrán habilitarse con sujeción a lo dispuesto en las leyes procesales.»

Sobre las fiestas, vid. el art. 45 del RD 2.001/1983, de 28 de julio (*BOE* del 29; corrección de errores en el de 3 de agosto), redactado por el RD 1.346/1989, de 3 de noviembre (*BOE* del 7).

No obstante, el RD-ley 16/2020, de 28 de abril (*BOE* del 29), de medidas procesales y organizativas para hacer frente al COVID-19 en el ámbito de la Administración de Justicia, establece:

«[...]

»*Art. 1.º Habilitación de días a efectos procesales.*—1. Se declaran hábiles para todas las actuaciones judiciales, que a efectos del artículo 183 de la Ley Orgánica 6/1985, de 1 de julio, del Poder Judicial, se declaran urgentes, los días 11 a 31 del mes de agosto del 2020. Se exceptúan de esta previsión los sábados, domingos y festivos, salvo para aquellas actuaciones judiciales para las que estos días sean ya hábiles conforme a las leyes procesales.

la instrucción de las causas criminales, sin necesidad de habilitación especial.

Art. 202. Serán improrrogables los términos judiciales cuando la Ley no disponga expresamente lo contrario.

Pero podrán suspenderse o abrirse de nuevo, si fuere posible sin retroceder el juicio del estado en que se halle cuando hubiere causa justa y probada.

Se reputará causa justa la que hubiere hecho imposible dictar la resolución o practicar la diligencia judicial, independientemente de la voluntad de quienes hubiesen debido hacerlo.

Art. 203. Las sentencias se dictarán y firmarán dentro de los tres días siguientes al en que se hubiese celebrado la vista del incidente o se hubiese terminado el juicio.

»2. Para garantizar el cumplimiento de lo dispuesto en el apartado anterior y la eficacia de la medida, el Consejo General del Poder Judicial, la Fiscalía General del Estado, el Ministerio de Justicia y las Comunidades Autónomas con competencias en materia de Justicia adoptarán de forma coordinada, en sus respectivos ámbitos de competencia, las medidas necesarias para la distribución de las vacaciones de Jueces, Magistrados, miembros del Ministerio Fiscal, Letrados de la Administración de Justicia y demás personal funcionario al servicio de la Administración de Justicia.

»*Art. 2.º Cómputo de plazos procesales y ampliación del plazo para recurrir.*—1. Los términos y plazos previstos en las leyes procesales que hubieran quedado suspendidos por aplicación de lo establecido en la Disp. Adic. 2.ª del Real Decreto 463/2020, de 14 de marzo, por el que se declara el estado de alarma para la gestión de la situación de crisis sanitaria ocasionada por el COVID-19, volverán a computarse desde su inicio, siendo por tanto el primer día del cómputo el siguiente hábil a aquel en el que deje de tener efecto la suspensión del procedimiento correspondiente.

»2. Los plazos para el anuncio, preparación, formalización e interposición de recursos contra sentencias y demás resoluciones que, conforme a las leyes procesales, pongan fin al procedimiento y que sean notificadas durante la suspensión de plazos establecida en el Real Decreto 463/2020, de 14 de marzo, así como las que sean notificadas dentro de los veinte días hábiles siguientes al levantamiento de la suspensión de los plazos procesales suspendidos, quedarán ampliados por un plazo igual al previsto para el anuncio, preparación, formalización o interposición del recurso en su correspondiente ley reguladora.

»Lo dispuesto en el párrafo anterior no se aplicará a los procedimientos cuyos plazos fueron exceptuados de la suspensión de acuerdo con lo establecido en la Disp. Adic. 2.ª del Real Decreto 463/2020, de 14 de marzo.»

Los arts. 8 y 10 del RD 537/2020, de 22 de mayo (*BOE* del 23), establecen que, con efectos desde el día 4 de junio, se alzarán la suspensión de plazos procesales y de los plazos de prescripción y caducidad de derechos y acciones.

No obstante, la Disp. Derog. única de la Ley 3/2020, de 18 de septiembre (*BOE* del 19), de medidas procesales y organizativas para hacer frente al COVID-19 en el ámbito de la Administración de Justicia, deroga el RD-ley 16/2020.

Se exceptúan las sentencias en los juicios sobre faltas, las cuales habrán de dictarse en el mismo día o al siguiente.

Art. 204. Los autos y decretos se dictarán y firmarán en el día siguiente al en que se hubiesen entablado las pretensiones que por ellos se hayan de resolver, o hubieren llegado las actuaciones a estado de que aquéllos sean dictados.

Las providencias y diligencias se dictarán y firmarán inmediatamente que resulte de las actuaciones la necesidad de dictarlas, o en el mismo día o en el siguiente al en que se hayan presentado las pretensiones sobre que recaigan.

Art. 205. Se exceptúan de lo dispuesto en el artículo anterior los autos, decretos, providencias y diligencias que deban dictarse en más corto término para no interrumpir el curso del juicio público, o para no infringir con el retraso alguna disposición legal.

Art. 206. El Secretario dará cuenta al Juez o Tribunal de todas las pretensiones escritas, en el mismo día en que le fueren entregadas, si esto sucediese antes de las horas de audiencia o durante ella, y al día siguiente si se le entregaren después.

En todo caso, pondrán al pie de la pretensión, en el acto de recibirla y a presencia de quien se la entregase, una breve nota consignando el día y hora de la entrega, y facilitará al interesado que lo pidiere documento bastante para acreditarlo.

Art. 207. Las notificaciones, citaciones y emplazamientos que hubieren de hacerse en la capital del Juzgado o Tribunal, se practicarán lo más tarde al siguiente día de dictada resolución que deba ser notificada, o en virtud de la cual se haya de hacer la citación o emplazamiento.

Art. 208. Si las mencionadas diligencias hubieren de practicarse fuera de la capital, el Secretario entregará al Oficial de Sala o subalterno la cédula, o remitirá de oficio o entregará a la parte, según corresponda, el suplicatorio, exhorto o mandamiento, al siguiente día de dictada la resolución.

Art. 203, párr. 2.º: El art. 973 de esta Ley permite dictar la sentencia del juicio sobre delitos leves dentro de los tres días siguientes a la celebración del juicio.

Art. 204: Redactado conforme a la Ley 13/2009, de 3 de noviembre (*BOE* del 4), de reforma de la legislación procesal para la implantación de la nueva Oficina judicial.

Art. 205: Redactado conforme a la Ley 13/2009, de 3 de noviembre (*BOE* del 4), de reforma de la legislación procesal para la implantación de la nueva Oficina judicial.

Art. 206: Vid. arts. 452 a 462 LOPJ.

Art. 209. Las diligencias de que habla el artículo anterior se practicarán en un término que no exceda de un día por cada 20 kilómetros de distancia entre la capital y el punto en que deban tener lugar.

Art. 210. Las demás diligencias judiciales se practicarán en los términos que se fijen para ello, al dictar la resolución en que se ordenen.

Art. 211. Los recursos de reforma o de súplica contra las resoluciones de los Jueces y Tribunales se interpondrán en el plazo de los tres días siguientes a su notificación a los que sean parte en el juicio.

En el mismo plazo se interpondrán los recursos de reposición y de revisión contra las resoluciones de los Secretarios judiciales.

Art. 212. El recurso de apelación se entablará dentro de cinco días, a contar desde el siguiente al de la última notificación de la resolución judicial que fuere su objeto hecha a los que expresa el artículo anterior.

La preparación del recurso de casación se hará dentro de los cinco días siguientes al de la última notificación de la sentencia o auto contra que se intente entablarlo.

Se exceptúa el recurso de apelación contra la sentencia dictada en juicio sobre faltas. Para este recurso, el término será el primer día siguiente al en que se hubiere practicado la última notificación.

Art. 213. El recurso de queja para cuya interposición no señale término la Ley podrá interponerse en cualquier tiempo, mientras estuviese pendiente la causa.

Art. 214. Los Secretarios tendrán obligación de poner, sin la menor demora y bajo su responsabilidad, en conocimiento del Juez o Tribunal el vencimiento de los términos judiciales, consignándolo así por medio de diligencia.

Art. 215. Transcurrido el término señalado por la Ley o por el Juez o Tribunal, según los

Art. 211: Redactado conforme a la Ley 13/2009, de 3 de noviembre (*BOE* del 4), de reforma de la legislación procesal para la implantación de la nueva Oficina judicial.
Art. 212: Redactado conforme a la Ley de 16 de julio de 1949 (*BOE* del 17).
Art. 214: Vid. arts. 452 a 462 LOPJ.
Art. 215: Vid. art. 556 del Código Penal. Además, la Orden de 21 de marzo de 1932 (*Gaceta* del 24) dispone en su art. 11 que «los Presidentes de las Audiencias, una vez conocido el vencimiento de un término en la forma dispuesta por el artículo 214 de la Ley, deberán decretar, bajo su exclusiva responsabilidad, el cumplimiento de lo pre-

casos, se continuará de oficio el curso de los procedimientos en el estado en que se hallaren.

Si el proceso estuviere en poder de alguna persona, se recogerá sin necesidad de providencia, bajo la responsabilidad del Secretario, con imposición de multa de 25 a 250 pesetas a quien diere lugar a la recogida, si no lo entregare en el acto o lo entregare sin despachar cuando estuviere obligado a formular algún dictamen o pretensión. En este segundo supuesto, se le señalará por el Juez o Tribunal un segundo término prudencial; y si, transcurrido, tampoco devolviese el proceso despachado, la persona a que se refiere este artículo será procesada como culpable de desobediencia.

También será procesado en este concepto el que, ni aun después de apremiado con la multa, devolviere el expediente.

TÍTULO X

De los recursos contra las resoluciones procesales*

CAPÍTULO PRIMERO

DE LOS RECURSOS CONTRA LAS RESOLUCIONES DE LOS JUECES Y TRIBUNALES

Art. 216. Contra las resoluciones del Juez de instrucción podrán ejercitarse los recursos de reforma, apelación y queja.

Art. 217. El recurso de reforma podrá interponerse contra todos los autos del Juez de instrucción. El de apelación podrá interponerse únicamente en

---

ceptuado en el artículo 215. Los Secretarios cumplirán rigurosamente las obligaciones que les impone este precepto.

»En las Audiencias donde el exceso de trabajo de las Fiscalías hiciere difícil el cumplimiento riguroso de lo ordenado anteriormente, podrán los Presidentes sustituir la orden de recogida a aquéllos por un recado de atención, señalando un plazo prudencial para el despacho del trámite; pero, transcurrido éste, procederán a la recogida de los autos.»

La cuantía de la multa, originariamente fijada de 5 a 50 pesetas, fue elevada por Ley de 14 de abril de 1955 (*BOE* del 15).

* Título redactado y Capítulo añadido (pese a que la norma hable de modificación el capítulo no existía con anterioridad) por la Ley 13/2009, de 3 de noviembre (*BOE* del 4), de reforma de la legislación procesal para la implantación de la nueva Oficina judicial.

La Disp. Adic. 15.ª LOPJ [añadida por la LO 1/2009, de 3 de noviembre (*BOE* del 4), complementaria de la Ley de reforma de la legislación procesal para la implantación de la nueva Oficina judicial] establece:

los casos determinados en la Ley, y se admitirá en ambos efectos tan sólo cuando la misma lo disponga expresamente.

Art. 218. El recurso de queja podrá interponerse contra todos los autos no apelables del Juez, y contra las resoluciones en que se denegare la admisión de un recurso de apelación.

Art. 219. Los recursos de reforma y apelación se interpondrán ante el mismo Juez que hubiere dictado el auto.

El de queja se producirá ante el Tribunal superior competente.

Art. 220. Será Juez competente para conocer del recurso de reforma el mismo ante quien se hubiese interpuesto, con arreglo al artículo anterior.

Será Tribunal competente para conocer el recurso de apelación aquel a quien correspondiese el conocimiento de la causa en juicio oral. Este mismo será el competente para conocer de la apelación contra el auto de no admisión de una querella.

Será Juez o Tribunal competente para conocer del recurso de queja el mismo ante quien se hubiese interpuesto, con arreglo al párrafo segundo del artículo 219.

«Disp. Adic. 15.ª Depósito para recurrir.—1. La interposición de recursos ordinarios y extraordinarios, la revisión y la rescisión de sentencia firme a instancia del rebelde, en los órdenes jurisdiccionales civil, social y contencioso-administrativo, precisarán de la constitución de un depósito a tal efecto.

»En el orden penal este depósito será exigible únicamente a la acusación popular.

»En el orden social y para el ejercicio de acciones para la efectividad de los derechos laborales en los procedimientos concursales, el depósito será exigible únicamente a quienes no tengan la condición de trabajador o beneficiario del régimen público de la Seguridad Social.

»2. El depósito únicamente deberá consignarse para la interposición de recursos que deban tramitarse por escrito.

»3. Todo el que pretenda interponer recurso contra sentencias o autos que pongan fin al proceso o impidan su continuación, consignará como depósito:

»*a*) 30 euros, si se trata de recurso de queja.

»*b*) 50 euros, si se trata de recurso de apelación o de rescisión de sentencia firme a instancia del rebelde.

»*c*) 50 euros, si se trata de recurso extraordinario por infracción procesal.

»*d*) 50 euros, si el recurso fuera el de casación, incluido el de casación para la unificación de doctrina.

»*e*) 50 euros, si fuera revisión.

»4. Asimismo, para la interposición de recursos contra resoluciones dictadas por el Juez o Tribunal que no pongan fin al proceso ni impidan su continuación en cualquier instancia será precisa la consignación como depósito de 25 euros. El mismo importe deberá consignar quien recurra en revisión las resoluciones dictadas por el Secretario judicial.

Art. 221. Los recursos de re- pondrán siempre en escrito, au-
forma, apelación y queja se inter- torizado con firma de Letrado.

»Se excluye de la consignación de depósito la formulación del recurso de reposición que la ley exija con carácter previo al recurso de queja.

»5. El Ministerio Fiscal también quedará exento de constituir el depósito que para recurrir viene exigido en esta Ley.

»El Estado, las Comunidades Autónomas, las entidades locales y los organismos autónomos dependientes de todos ellos quedarán exentos de constituir el depósito referido.

»6. Al notificarse la resolución a las partes, se indicará la necesidad de constitución de depósito para recurrir, así como la forma de efectuarlo.

»La admisión del recurso precisará que, al interponerse el mismo si se trata de resoluciones interlocutorias, a la presentación del recurso de queja, al presentar la demanda de rescisión de sentencia firme en la rebeldía y revisión, o al anunciarse o prepararse el mismo en los demás casos, se haya consignado en la oportuna entidad de crédito y en la "Cuenta de Depósitos y Consignaciones" abierta a nombre del Juzgado o del Tribunal, la cantidad objeto de depósito, lo que deberá ser acreditado. El Secretario verificará la constitución del depósito y dejará constancia de ello en los autos.

»7. No se admitirá a trámite ningún recurso cuyo depósito no esté constituido.

»Si el recurrente hubiera incurrido en defecto, omisión o error en la constitución del depósito, se concederá a la parte el plazo de dos días para la subsanación del defecto, con aportación en su caso de documentación acreditativa.

»De no efectuarlo, se dictará auto que ponga fin al trámite del recurso, o que inadmita la demanda, quedando firme la resolución impugnada.

»8. Si se estimare total o parcialmente el recurso, o la revisión o rescisión de sentencia, en la misma resolución se dispondrá la devolución de la totalidad del depósito.

»9. Cuando el órgano jurisdiccional inadmita el recurso o la demanda, o confirme la resolución recurrida, el recurrente o demandante perderá el depósito, al que se dará el destino previsto en esta disposición.

»10. Los depósitos perdidos y los rendimientos de la cuenta quedan afectados a las necesidades derivadas de la actividad del Ministerio de Justicia, destinándose específicamente a sufragar los gastos correspondientes al derecho a la asistencia jurídica gratuita, y a la modernización e informatización integral de la Administración de Justicia. A estos efectos, los ingresos procedentes de los depósitos perdidos y los rendimientos de la cuenta generarán crédito en los estados de gastos de la sección 13 "Ministerio de Justicia".

»11. El Ministerio de Justicia transferirá anualmente a cada Comunidad Autónoma con competencias asumidas en materia de Justicia, para los fines anteriormente indicados, el 40 por 100 de lo ingresado en su territorio por este concepto, y destinará un 20 por 100 de la cuantía global para la financiación del ente instrumental participado por el Ministerio de Justicia, las Comunidades Autónomas y el Consejo General del Poder Judicial, encargado de elaborar una plataforma informática que asegure la conectividad entre todos los Juzgados y Tribunales de España.

»12. La cuantía del depósito para recurrir podrá ser actualizada y revisada anualmente mediante Real Decreto.

»13. La exigencia de este depósito será compatible con el devengo de la tasa exigida por el ejercicio de la potestad jurisdiccional.

Art. 222. El recurso de apelación no podrá interponerse sino después de haberse ejercitado el de reforma, pero podrán interponerse ambos en un mismo escrito, en cuyo caso el de apelación se propondrá subsidiariamente, por si fuere desestimado el de reforma.

El que interpusiere el recurso de reforma presentará con el escrito tantas copias del mismo cuantas sean las demás partes, a las cuales habrán de ser entregadas dichas copias.

El Juez resolverá el recurso al segundo día de entregadas las copias, hubieren o no presentado escrito las demás partes.

Art. 223. Interpuesto el recurso de apelación, el Juez lo admitirá, en uno o en ambos efectos, según sea procedente.

Art. 224. Si se admitiere el recurso en ambos efectos, el Secretario judicial remitirá los autos originales al Tribunal que hubiere de conocer de la apelación, y emplazará a las partes para que se personen ante éste en el término de quince si el Tribunal fuere el Supremo o diez días, si fuere el Tribunal Superior de Justicia o la Audiencia.

Art. 225. Si el recurso no fuere admisible más que en un solo efecto, el Juez, en la misma resolución en que así lo declare en cumplimiento del artículo 223, mandará sacar testimonio del auto primeramente recurrido, de los escritos referentes al recurso de reforma, del auto apelado y de cuantos otros particulares considere necesario incluir, fijando el término dentro del cual ha de quedar expedido el testimonio, término que se contará desde la fecha siguiente a la de la resolución en que se fije.

Dentro de los dos días siguientes al de serles notificada esta providencia, sin necesidad de ninguna otra, el Ministerio Fiscal y el apelante podrán pedir al Juez que sean incluidos en el testimonio los particulares que crean procede incluir, y el Juez acordará sobre lo solicita-

---

»14.   El depósito previsto en la presente disposición no será aplicable para la interposición de los recursos de suplicación o de casación en el orden jurisdiccional social, ni de revisión en el orden jurisdiccional civil, que continuarán regulándose por lo previsto, respectivamente, en la Ley de Procedimiento Laboral y en la Ley de Enjuiciamiento Civil.»

Art. 224: Redactado conforme a la Ley 13/2009, de 3 de noviembre (*BOE* del 4), de reforma de la legislación procesal para la implantación de la nueva Oficina judicial.

Art. 225: Redactado conforme al RD-ley de 14 de diciembre de 1925.

Véase la Real Orden de 5 de septiembre de 1906 (*Gaceta* del 8).

do, dentro del siguiente día, sin ulterior recurso, teniendo siempre presente el carácter reservado del sumario. Cuando varias partes solicitasen testimonio de un mismo particular, sólo se insertará éste una vez, y será desestimada la nueva inserción de los que ya haya acordado el Juez incluir.

El término que, según lo expresado en el primer párrafo de este artículo, ha de fijar el Juez para expedir el testimonio no excederá nunca de quince días, pudiendo ser prorrogado a instancia del actuario hasta este límite si se otorgase por más tiempo; pero si antes de expirar los quince días el actuario exhibiera al Juez más de cien folios escritos del testimonio, sin que éste estuviera terminado, el Juez podrá acordar la prórroga por un término prudencial, que en ningún caso excederá de diez días. La exhibición de los folios escritos, en número mayor de cien, antes de expirar el primer término, se hará constar mediante diligencia, que firmarán el Juez y el actuario, en el lugar al cual alcance el testimonio al ser exhibido, teniendo las partes derecho a que se les exhiba esta diligencia al serles notificada la providencia de prórroga.

Art. 226. Para el señalamiento de los particulares que hayan de testimoniarse no podrá darse vista al apelante de los autos que para él tuvieren carácter de reservados.

Art. 227. Puesto el testimonio, se emplazará a las partes para que, dentro del término fijado en el artículo 224, se personen en el Tribunal que hubiere de conocer del recurso.

Art. 228. Recibidos los autos en el Tribunal superior, si en el término del emplazamiento no se hubiere personado el apelante, el Secretario judicial mediante decreto declarará de oficio, desierto el recurso, comunicándolo inmediatamente por certificación al Juez, y devolviendo los autos originales si el recurso se hubiese admitido en ambos efectos. Contra este decreto cabrá recurso directo de revisión.

En el mismo día en que sea recibido por el Tribunal superior el testimonio para sustanciar una apelación, o en el siguiente, el Secretario judicial acusará recibo al Juez instructor, que se unirá al sumario. Si el recibo no le fuere remitido, el Secretario judicial lo reclamará al Secretario del Tribunal a

Art. 228: Redactado conforme a la Ley 13/2009, de 3 de noviembre (*BOE* del 4), de reforma de la legislación procesal para la implantación de la nueva Oficina judicial.

quien competa conocer de la apelación; y si aun así no lo recibiera, lo pondrá directamente en conocimiento del Secretario de Gobierno, a los efectos procedentes.

Art. 229.   Si el apelante se hubiese personado, el Secretario judicial le dará vista de los autos por término de tres días para instrucción.

Después de él seguirá la vista, por igual término, a las demás partes personadas, y por último al Fiscal, si la causa fuese por delito de los que dan lugar a procedimiento de oficio, o de aquellos que puedan perseguirse previa denuncia de los interesados. Sin embargo, de lo dispuesto en los párrafos anteriores, no se dará vista a las partes de lo que fuese para ellas de carácter reservado, tal como lo hubiera acordado el Juez o Tribunal.

Art. 230.   Devueltos los autos por el Fiscal, o si éste no fuere parte en la causa, por la última de las personas a quien se hubiesen entregado, el Secretario judicial señalará día para la vista, en la que el Fiscal, si fuese parte, y los defensores de las demás, podrán informar lo que tuvieren por conveniente a su derecho.

La vista se celebrará el día señalado, asistan o no las partes, sin que entre el día en que se haga el señalamiento y el de la vista medien más de diez días. Será obligatoria la asistencia del Ministerio Fiscal en todas las causas en que éste interviniere. Y no podrá acordarse la suspensión por motivo alguno, siendo rechazadas de plano, sin ulterior recurso, cuantas pretensiones de suspensión se formulen.

El Secretario judicial competente cuidará, bajo su responsabilidad, de que el recurso sea sustanciado en el término más breve posible, sin que en caso alguno transcurran más de dos meses entre el día de ingreso en la Audiencia del testimonio para la apelación, o del sumario, en su caso y el del día de la vista.

Art. 231.   Las partes podrán presentar, antes del día de la vista, los documentos que tuvieren por conveniente en justificación de sus pretensiones.

No será admisible otro medio de prueba.

Art. 229: Redactado conforme a la Ley 13/2009, de 3 de noviembre (*BOE* del 4), de reforma de la legislación procesal para la implantación de la nueva Oficina judicial.
Art. 230: Redactado conforme a la Ley 13/2009, de 3 de noviembre (*BOE* del 4), de reforma de la legislación procesal para la implantación de la nueva Oficina judicial.

Art. 232. Cuando fuere firme el auto dictado, el Secretario del Tribunal lo comunicará al Juez para su cumplimiento, devolviéndole el proceso si la apelación hubiese sido en ambos efectos.

El Secretario del Tribunal que haya conocido de la apelación cuidará, bajo su responsabilidad, de que en ningún caso dejen de ser devueltos los autos al Juez instructor, o deje de comunicársele la resolución recaída dentro de los tres días siguientes al de ser firme ésta, cuando el sumario no haya sido aún terminado. El Secretario judicial competente acusará inmediatamente recibo, y si no lo hiciere le será éste reclamado por el Secretario del Tribunal, con el apercibimiento de que, de no hacerlo, pondrá los hechos en conocimiento del Secretario de Gobierno.

Art. 233. Cuando se interpusiere el recurso de queja, el Tribunal ordenará al Juez que informe en el corto término que al efecto le señale.

Art. 234. Recibido dicho informe, el Secretario judicial lo pasará al Fiscal, si la causa fuere por delito en que tenga que intervenir, para que emita dictamen por escrito en el término de tres días.

Art. 235. Con vista a este dictamen, si le hubiere, y del informe del Juez, el Tribunal resolverá lo que estime justo.

El auto que se dicte no podrá afectar al estado que tuviere la causa cuando el recurso se haya interpuesto fuera del término ordinario de las apelaciones, sin perjuicio de lo que el Tribunal acuerde en su día cuando llegue a conocer de aquélla.

Art. 236. Contra los autos de los Tribunales de lo criminal podrá interponerse el recurso de súplica ante el mismo que los hubiese dictado y de apelación únicamente en aquellos casos expresamente previstos en la Ley.

Art. 237. Se exceptúan aquellos contra los cuales se

Art. 232: Redactado conforme a la Ley 13/2009, de 3 de noviembre (*BOE* del 4), de reforma de la legislación procesal para la implantación de la nueva Oficina judicial.

Art. 234: Redactado conforme a la Ley 13/2009, de 3 de noviembre (*BOE* del 4), de reforma de la legislación procesal para la implantación de la nueva Oficina judicial.

Art. 236: Redactado conforme a la Ley 13/2009, de 3 de noviembre (*BOE* del 4), de reforma de la legislación procesal para la implantación de la nueva Oficina judicial.

El TS, por Acuerdo de Pleno no jurisdiccional (art. 264.1 LOPJ) de 25 de mayo de 2005, ha interpretado, sobre la inadmisión del recurso de súplica interpuesto por el mero denunciante contra la inadmisión a trámite de la denuncia (causas especiales), que, en las causas especiales y ejercicio de la acción popular por persona no ofendida por el hecho delictivo, no puede ésta recurrir en súplica si no se constituye en querellante.

otorgue expresamente otro recurso en la Ley.

Art. 238. El recurso de súplica contra un auto de cualquier Tribunal se sustanciará por el procedimiento señalado para el recurso de reforma que se entable contra cualquiera resolución de un Juez de instrucción.

CAPÍTULO II*

DEL RECURSO DE REVISIÓN CONTRA LAS RESOLUCIONES DE LOS SECRETARIOS JUDICIALES

Art. 238 bis. Contra todas las diligencias de ordenación dictadas por los Secretarios judiciales podrá ejercitarse ante ellos mismos recurso de reposición.

También podrá interponerse recurso de reposición contra los decretos de los Secretarios judiciales, excepto en aquellos supuestos en que proceda la interposición directa de recurso de revisión por así preverlo expresamente la Ley.

El recurso de reposición, que se interpondrá siempre por escrito autorizado con firma de Letrado y acompañado de tantas copias cuantas sean las demás partes personadas, expresará la infracción en que la resolución hubiere incurrido a juicio del recurrente y en ningún caso tendrá efectos suspensivos.

Admitido a trámite el recurso de reposición, por el Secretario judicial se concederá al Ministerio Fiscal y a las demás partes personadas un plazo común de dos días para presentar por escrito sus alegaciones, transcurrido el cual resolverá sin más trámite.

Contra el decreto del Secretario judicial que resuelva el recurso de reposición no cabrá interponer recurso alguno.

---

* Capítulo añadido, con los arts. 238 bis y ter, por la Ley 13/2009, de 3 de noviembre (*BOE* del 4), de reforma de la legislación procesal para la implantación de la nueva Oficina judicial.

El TS, por Acuerdo de Pleno no jurisdiccional (art. 264.1 LOPJ) de 20 de julio de 2010, sobre «Alcance del art. 456.2 de la LOPJ», establece que:

«Las resoluciones que dicte la Sala resolviendo los recursos contra los decretos del Secretario serán resueltas mediante auto firmado por tres magistrados.

»En el supuesto de que, de forma extraordinaria o anómala, se interpusiera un recurso contra una diligencia de ordenación se resolverá por un solo magistrado.»

Art. 238 bis, párr. 5.º: La STC 151/2020 (Pleno), de 22 de octubre de 2020, declara la inconstitucionalidad y nulidad del último párrafo del art. 238 bis, precisando, al igual que se hizo en las SSTC 58/2016, FJ 7; 72/2018, FJ 4; 34/2019, FJ 7, y 15/2020, FJ 3, que, en tanto el legislador no se pronuncie al respecto, el recurso judicial procedente frente al decreto del Letrado de la Administración de Justicia resolutivo de la reposición sea el directo de revisión.

Art. 238 ter. El recurso de revisión se interpondrá ante el Juez o Tribunal con competencia funcional en la fase del proceso en la que haya recaído el decreto del Secretario judicial que se impugna, mediante escrito en el que deberá citarse la infracción en que ésta hubiere incurrido, autorizado con firma de Letrado y del que deberán presentarse tantas copias cuantas sean las demás partes personadas.

Admitido a trámite el recurso de revisión, por el Secretario judicial se concederá al Ministerio Fiscal y a las demás partes personadas un plazo común de dos días para que presenten sus alegaciones por escrito, transcurrido el cual el Juez o Tribunal resolverá sin más trámite. Contra el auto resolutorio del recurso de revisión no cabrá interponer recurso alguno.

El régimen de recursos frente a las resoluciones de los Secretarios judiciales dictadas para la ejecución de los pronunciamientos civiles de la sentencia y para la realización de la medida cautelar real de embargo prevista en los artículos 589 y 615 de esta Ley, será el previsto en la Ley de Enjuiciamiento Civil.

TÍTULO XI

De las costas procesales*

Art. 239. En los autos o sentencias que pongan término a la causa o a cualquiera de los incidentes deberá resolverse sobre el pago de las costas procesales.

Art. 240. Esta resolución podrá consistir:

1.º En declarar las costas de oficio.

2.º En condenar a su pago a los procesados, señalando la parte proporcional de que cada uno de ellos deba responder, si fuesen varios.

No se impondrán nunca las costas a los procesados que fueren absueltos.

3.º En condenar a su pago al querellante particular o actor civil.

Serán éstos condenados al pago de las costas cuando resultare de las actuaciones que

---

* Vid. arts. 123 y 124 del Código Penal.

Art. 240.2.º: El art. 123 del Código Penal dispone que «las costas procesales se entienden impuestas por la ley a los criminalmente responsables de todo delito».

han obrado con temeridad o mala fe.

Art. 241. Las costas consistirán:

1.º En el reintegro del papel sellado empleado en la causa.

2.º En el pago de los derechos de Arancel.

3.º En el de los honorarios devengados por los Abogados y Peritos.

4.º En el de las indemnizaciones correspondientes a los testigos que las hubiesen reclamado, si fueren de abono, y en los demás gastos que se hubiesen ocasionado en la instrucción de la causa.

Art. 242. Cuando se declaren de oficio las costas no habrá lugar al pago de las cantidades a que se refiere los números 1 y 2 del artículo anterior.

Los Procuradores y Abogados que hubiesen representado y defendido a cualquiera de las

---

Art. 241: Vid. art. 36 de la Ley 1/1996.

Art. 241.1.º: Téngase presente que la Ley 25/1986, de 24 de diciembre (*BOE* del 31), suprimió las tasas judiciales y el impuesto de actos jurídicos documentados para actuaciones judiciales.

Art. 241.2.º: En cuanto a los aranceles de los procuradores, vid. RD 1.373/2003, de 7 de noviembre (*BOE* del 20), por el que se aprueba el arancel de derechos de los procuradores de los tribunales, modificado por el RD 1/2006, de 13 de enero (*BOE* del 28). La cuantía de los aranceles ha sido modificada por la Disp. Adic. única del RD-Ley 5/2010, de 31 de marzo (*BOE* de 1 de abril), por el que se amplía la vigencia de determinadas medidas económicas de carácter temporal.

Art. 241.3.º: Por lo que hace a los honorarios de abogados, vid. art. 44 del Estatuto General de la Abogacía, aprobado por RD 658/2001, de 22 de junio (*BOE* de 10 de julio).

En cuanto a los honorarios de peritos, vid. el Real Decreto de 15 de octubre de 1900 (*Gaceta* del 16) y la Orden de 26 de marzo de 1951.

Art. 241.4.º: Sobre indemnizaciones a testigos ver el Real Decreto de 15 de octubre de 1900 (*Gaceta* del 16) y la Orden de 30 de enero de 1951. Por su parte, en relación con el pago de honorarios devengados por Registradores de la Propiedad, vid. art. 593 del Reglamento hipotecario, y la Real Orden de 3 de julio de 1883 (*Gaceta* del 14), que dispone entre otras cosas:

«1. Que los honorarios que devenguen los Registradores de la Propiedad por las operaciones de su cargo, practicadas en virtud de mandato judicial a consecuencia de juicio civil o criminal, deberán satisfacerse como las demás costas del juicio por la parte obligada al pago de las mismas.

»2. Que en los juicios criminales en que se declaren las costas de oficio y el interesado no disfrute del beneficio de pobreza, los Registradores tienen derecho a que se les satisfagan los honorarios devengados como comprendidos en los gastos a que se refiere el número 4 del artículo 241 de la Ley de Enjuiciamiento Criminal.»

Art. 242: Redactado conforme a la Ley 13/2009, de 3 de noviembre (*BOE* del 4), de reforma de la legislación procesal para la implantación de la nueva Oficina judicial.

Vid. lo dispuesto en la Ley 1/1996, de 10 de enero (*BOE* del 12), de asistencia jurídica gratuita, así como los arts. 245 y 246 LEC.

partes, y los Peritos y testigos que hubiesen declarado a su instancia, podrán exigir de aquélla, si no se le hubiere reconocido el derecho a la asistencia jurídica gratuita, el abono de los derechos, honorarios e indemnizaciones que les correspondieren, reclamándolos del Juez o Tribunal que conociese de la causa.

Se procederá a su exacción por la vía de apremio si, presentadas las respectivas reclamaciones y hechas saber a las partes, no pagasen éstas en el término prudencial que el Secretario judicial señale, ni tacharen aquéllas de indebidas o excesivas. En este último caso se procederá con arreglo a lo dispuesto en la Ley de Enjuiciamiento Civil.

El Secretario judicial que interviniere en la ejecución de la sentencia hará la tasación de las costas de que habla el número 1 y 2 del artículo anterior. Los honorarios de los Abogados y Peritos se acreditarán por minutas firmadas por los que los hubiesen devengado. Las indemnizaciones de los testigos se computarán por la cantidad que oportunamente se hubiese fijado en la causa. Los demás gastos serán regulados por el Secretario judicial, con vista de los justificantes.

Art. 243. Hechas la tasación y regulación de costas, se

Art. 243: La Consulta 3/1973, de 23 de enero (*Bol. Inf. M.º Justicia* del 25), de la Fiscalía del Tribunal Supremo establece que «la intervención del Ministerio Fiscal en el procedimiento para la tasación y regulación de las costas procesales, está determinada en el artículo 243, en relación con el 244, de la Ley de Enjuiciamiento Criminal. Y siendo, en definitiva, un trámite de ejecución de sentencia, conviene recordar que ya en la Circular de 20 de septiembre de 1906, Memoria de 1907, página 76, se ordena que en la ejecución de sentencia tiene el Fiscal la misión "de velar porque el reo condenado no sufra más vejaciones que las estrictamente justas y que sus bienes, si los tuviere, no scan pasto de la codicia de terceros a la sombra de actuaciones judiciales, sino que se contengan en esa parte los efectos de la condena en los límites de lo razonable y de lo legal, en cuanto sea posible y se halle dentro de la esfera de la acción del Ministerio público". Y en otra Resolución de esta Fiscalía (n.º 105, p. 167, Memoria 1899), se decide conforme a los artículos 243 y 244, que hechas la tasación y regulación de costas, se dará vista al Ministerio Fiscal y a la parte condenada al pago para que manifiesten lo que tengan por conveniente en el término de tres días y si se tachare de ilegítima o excesiva alguna partida de honorarios (sin expresar por quién concretamente, lo cual supone que esta impugnación lo mismo puede hacerla el Ministerio Fiscal que la parte condenada al pago), el Juez o Tribunal antes de resolver podrá pedir informes a dos invididuos de la misma profesión del que hubiere presentado la minuta impugnada. Por tanto, es indudable el derecho del Ministerio Fiscal a solicitar la regulación de los honorarios que estime excesivos, aun cuando no los impugne la parte condenada a su pago, y ello no sólo cuando tenga motivos para creer que los bienes embargados no bastarán para cubrir el importe de la multa, sino también el de

dará vista al Ministerio Fiscal y a la parte condenada al pago, para que manifiesten lo que tengan por conveniente en el término de tres días.

Art. 244. Transcurrido el plazo establecido en el artículo anterior sin haber sido impugnada la tasación de costas practicada, o tachadas de indebidas o excesivas alguna de las partidas de honorarios, se procederá con arreglo a lo dispuesto en la Ley de Enjuiciamiento Civil.

Art. 245. Aprobadas o reformadas la tasación y regulación, se procederá a hacer efectivas las costas por la vía de apremio establecida en la Ley de Enjuiciamiento Civil, con los bienes de los que hubiesen sido condenados a su pago.

Art. 246. Si los bienes del penado no fuesen bastantes

---

las demás costas procesales, que deben ser satisfechas al par que las de la defensa del procesado, sin preferencia entre los interesados, con arreglo al número 4 del artículo 49 (hoy 111 —126 en el vigente—) del Código Penal.

»Se refiere también la consulta a la posibilidad de recurrir contra la resolución judicial aprobando o reformando la tasación de costas efectuada después de la vista concedida al Fiscal y a la parte condenada a su pago. Como en la Ley procesal penal falta una norma similar al artículo 428 de la Ley de Enjuiciamiento Civil, declarativo de que no procede recurso alguno contra la resolución de la Sala o, en su caso, del Juez aprobando o alterando la tasación de costas, parece lógico que deba estarse a las normas generales establecidas en el artículo 216 y siguientes sobre recursos contra las resoluciones judiciales. Procede el recurso de reforma porque puede interponerse contra todos los autos y providencias del Juez de Instrucción (arts. 217 y 238 de la Ley de Enjuiciamiento Criminal) y el de súplica porque se admite contra todos los autos de los Tribunales (art. 236), entendiendo por tales todos los que deciden puntos esenciales o incidentes que afectan al fondo del proceso (art. 141). Así cabrá el recurso de súplica contra todos los acuerdos de esta clase, aun cuando se dictaren en la forma de providencia reservada sólo para los de mero trámite, contra las que no cabe recurso alguno (ver consulta 2, p. 29, Memoria de 1889) [...].»

Art. 244: Redactado conforme a la Ley 13/2009, de 3 de noviembre (*BOE* del 4), de reforma de la legislación procesal para la implantación de la nueva Oficina judicial.

Art. 245: Vid. arts. 634 a 679 de dicha Ley.

Art. 246: El art. 126 del Código Penal dispone:

«1. Los pagos que se efectúen por el penado o por el responsable civil subsidiario se imputarán por el siguiente orden:

»1.º A la reparación del daño causado e indemnización de los perjuicios.

»2.º A la indemnización al Estado por el importe de los gastos que se hubieran hecho por su cuenta en la causa.

»3.º A las costas del acusador particular o privado cuando se impusiere en la sentencia su pago.

»4.º A las demás costas procesales, incluso las de la defensa del procesado, sin preferencia entre los interesados.

»5.º A la multa.

para cubrir todas las responsa-bilidades pecuniarias, se proce-derá, para el orden y preferencia de pago, con arreglo a lo esta-blecido en los artículos respecti-vos del Código Penal.

TÍTULO XII

De las obligaciones de los Jueces y Tribunales relativas a la estadística judicial

Art. 247. Los Jueces mu-nicipales tendrán obligación de remitir cada mes al Presi-dente de la Audiencia territo-rial respectiva un estado de los juicios sobre faltas que du-rante el mes anterior se hubie-sen celebrado.

Art. 248. Los Jueces de ins-trucción remitirán mensualmen-te al Presidente de la respectiva Sala o Audiencia de lo criminal un estado de los sumarios prin-cipiados, pendientes y conclusos durante el mes anterior.

Art. 249. Los Presidentes de las expresadas Salas o Au-diencias remitirán al Presidente de la Audiencia territorial, cada trimestre, un estado-resu-men de los que hubieren recibi-

do mensualmente de los Jueces de instrucción, y otro de las causas pendientes y terminadas ante su Tribunal durante el tri-mestre.

Los trimestres se formarán contando desde el comienzo del año judicial.

Art. 250. Los Presidentes de las Audiencias territoriales remi-tirán al Ministerio de *Gracia y Justicia*, en el primer mes de cada trimestre, estados en resumen de los que hubieren recibido de los Jueces municipales y de los Tribu-nales de lo Criminal.

Art. 251. Las Salas Segun-da y Tercera del Tribunal Supre-mo remitirán al Ministerio de *Gracia y Justicia* un estado de los recursos de casación ante

---

»2.   Cuando el delito hubiere sido de los que sólo pueden perseguirse a instancia de parte, se satisfarán las costas del acusador privado con preferencia a la indemniza-ción del Estado. Tendrá la misma preferencia el pago de las costas procesales causadas a la víctima en los supuestos a que se refiere el artículo 14 de la Ley del Estatuto de la Víctima del Delito.»

Art. 251: Las referencias hay que entenderlas hechas exclusivamente a la Sala Se-gunda, de lo Penal, del Tribunal Supremo, de acuerdo con lo dispuesto en el art. 55 LOPJ.

ellas pendientes y por ellas fallados durante el trimestre.

Cuando la Sala de lo Criminal de cualquier Audiencia territorial o la Tercera del Tribunal Supremo, o éste constituido en pleno, principiaren o fallaren alguna causa criminal que especialmente les estuviese encomendada, lo pondrán inmediatamente en conocimiento del Ministro de *Gracia y Justicia*, remitiendo en su caso testimonio de la sentencia.

Art. 252.   Los tribunales remitirán, a través de procedimientos electrónicos, al Registro Central de Penados y al Registro Central de Medidas Cautelares, Requisitorias y Violencia Doméstica y de Género, establecidos en el Ministerio Justicia, respectivamente, notas autorizadas de las sentencias firmes en las que se imponga alguna pena o medida de seguridad por delito y de los autos en que se declare la rebeldía de los procesados.

En los procedimientos de cancelación de la inscripción de antecedentes penales en el Registro Central de Penados iniciados a instancia del interesado, una vez transcurrido el plazo máximo establecido sin que se haya dictado y notificado resolución expresa, la solicitud se entenderá desestimada.

Art. 253.   El Tribunal que dicte sentencia firme condenatoria en cualquiera causa criminal, remitirá testimonio de la parte dispositiva de la misma al Juez de instrucción del lugar en que se hubiere formado el sumario.

Art. 254.   Cada Juez de instrucción llevará un libro que se titulará *Registro de Penados*.

Las hojas de este libro serán numeradas, selladas y rubricadas por el Juez de instrucción y su Secretario de gobierno.

En dicho libro se extractarán las certificaciones expresadas en el artículo anterior.

Art. 255.   Llevará también cada Juez de instrucción otro libro titulado *Registro de proce*

Art. 252: Redactado conforme al art. 101.dos del Real Decreto-ley 6/2023, de 19 de diciembre (*BOE* del 20), por el que se aprueban medidas urgentes para la ejecución del Plan de Recuperación, Transformación y Resiliencia en materia de servicio público de justicia, función pública, régimen local y mecenazgo. Vid. arts. 82, 85 y 136 CP y RD 95/2009, de 6 de febrero (*BOE* del 7), por el que se regula el Sistema de registros administrativos de apoyo a la Administración de Justicia. Habrá que entender que lo previsto en el artículo también será de aplicación en materia de violencia sexual. Por ello, también habrá que tener en cuenta el RD 110/2015, de 11 de diciembre (*BOE* del 30), por el que se regula el Registro Central de Delincuentes Sexuales, modificado por el RD 407/2024, de 23 de abril (*BOE* del 24).

sados en rebeldía, con las formalidades prescritas para el de penados.

En este libro se anotarán todas las causas cuyos procesados hayan sido declarados rebeldes, y se hará en el asiento de cada uno la anotación correspondiente cuando el rebelde fuere habido.

Art. 256. Las Audiencias o Salas de lo criminal llevarán un libro igual al expresado en el artículo anterior para anotar los procesados declarados rebeldes después de la conclusión del sumario.

Art. 257. Sin perjuicio de lo dispuesto en este título, el Ministerio de *Gracia y Justicia* establecerá, por medio de los correspondientes Reglamentos, el servicio de la estadística criminal que debe organizarse en dicho Centro y las reglas que en consonancia con él han de observar los Jueces y Tribunales.

TÍTULO XIII

De las correcciones disciplinarias*

Art. 258. Sin perjuicio de las correcciones especiales que establece esta Ley para casos determinados, son también aplicables las disposiciones contenidas en el Título XIII del Libro I de la Ley de Enjuiciamiento Civil a cuantas personas, sean o no funcionarios, asistan o de cualquier modo intervengan en los juicios criminales, siendo los Jueces municipales, los Jueces de instrucción, los Tribunales de lo criminal y el Supremo quienes, respectivamente en su caso, podrán imponer las correcciones disciplinarias correspondientes.

---

* Vid. lo dispuesto en los arts. 191 ss., 414 ss., 468 ss. y 534 ss. LOPJ.

Art. 258: El Título XIII del Libro I de la Ley de Enjuiciamiento Civil era de la LEC de 1881, parcialmente derogada por la nueva LEC del año 2000, y en concreto sí lo están los arts. 437 a 459 a que se refería dicho Título. Ahora habrá que estar a lo dispuesto en la LOPJ. Vid. también los arts. 44, 181, 192, 198 a 200, 230, 295, 298, 379, 684, 762 y 894 de la presente Ley.

TÍTULO XIV

De los actos procesales mediante presencia telemática*

Art. 258 bis. *Celebración de actos procesales mediante presencia telemática.*—1. Constituido el órgano judicial en su sede, los actos de juicio, vistas, audiencias, comparecencias, declaraciones y, en general, todas las actuaciones procesales, se realizarán preferentemente, salvo que el juez o jueza o tribunal, en atención a las circunstancias, disponga otra cosa, mediante presencia telemática, siempre que las oficinas judiciales o fiscales tengan a su disposición los medios técnicos necesarios para ello, con las especialidades previstas en los artículos 325, 731 bis y 306 de la Ley de Enjuiciamiento Criminal, de conformidad con lo dispuesto en el apartado 3 del artículo 229 y artículo 230 de la Ley Orgánica del Poder Judicial, y supletoriamente por lo dispuesto en la el artículo 137 bis de la Ley 1/2000, de 7 de enero, de Enjuiciamiento Civil. La intervención mediante presencia telemática se practicará siempre a través de punto de acceso seguro, de conformidad con la normativa que regule el uso de la tecnología en la Administración de Justicia.

2. No obstante lo dispuesto en el apartado anterior, será necesaria la presencia física del acusado en la sede del órgano judicial de enjuiciamiento en los juicios por delito grave y juicios de Tribunal de Jurado, sin perjuicio de lo previsto en los tratados internacionales en los que España sea parte, las normas de la Unión Europea y demás normativa aplicable a la cooperación con autoridades extranjeras para el desempeño de la función jurisdiccional.

En los juicios por delito menos grave, cuando la pena exceda de dos años de prisión o, si fuera de distinta naturaleza, cuando su duración no exceda de seis años, el acusado comparecerá físicamente ante la sede del órgano de enjuiciamiento si así lo solicita este o su letrado, o si el órgano judicial lo estima necesario. La decisión deberá adoptarse en auto motivado.

En el resto de juicios, cuando el acusado comparezca, lo hará físicamente ante la sede del órgano

---

* Título introducido, junto con el art. 258 bis, por el art. 101.tres del Real Decreto-ley 6/2023, de 19 de diciembre (*BOE* del 20), por el que se aprueban medidas urgentes para la ejecución del Plan de Recuperación, Transformación y Resiliencia en materia de servicio público de justicia, función pública, régimen local y mecenazgo.

de enjuiciamiento si así lo solicita él o su letrado, o si el órgano judicial lo estima necesario. La decisión deberá adoptarse en auto motivado.

En todo caso, en los procesos y juicios, cuando el acusado resida en la misma demarcación del órgano judicial que conozca o deba conocer de la causa, su comparecencia en juicio deberá realizarse de manera física en la sede del órgano judicial o enjuiciamiento, salvo que concurran causas justificadas o de fuerza mayor.

Cuando se disponga la presencia física del investigado o acusado, será también necesaria la presencia física de su defensa letrada. Cuando se permita su declaración telemática, el abogado del investigado o acusado comparecerá junto con este o en la sede del órgano judicial.

Cuando el acusado decida no comparecer en la sede del órgano judicial, deberá notificarlo con, al menos, cinco días de antelación.

3. Se garantizará especialmente que las declaraciones o interrogatorios de las partes acusadoras, testigos o peritos se realicen de forma telemática en los siguientes supuestos, salvo que el Juez o Tribunal, mediante resolución motivada, en atención a las circunstancias del caso concreto, estime necesaria su presencia física:

a) Cuando sean víctimas de violencia de género, de violencia sexual, de trata de seres humanos o cuando sean víctimas menores de edad o con discapacidad. Todas ellas podrán intervenir desde los lugares donde se encuentren recibiendo oficialmente asistencia, atención, asesoramiento o protección, o desde cualquier otro lugar, siempre que dispongan de medios suficientes para asegurar su identidad y las adecuadas condiciones de la intervención.

b) Cuando el testigo o perito comparezca en su condición de Autoridad o funcionario público, realizando entonces su intervención desde un punto de acceso seguro.

4. Lo dispuesto en este artículo será de aplicación igualmente a las actuaciones que se celebren ante los letrados o letradas de la Administración de Justicia o ante el Ministerio Fiscal.

5. En las citaciones se informará de la posibilidad de declarar de forma telemática en las condiciones establecidas en este artículo.

LIBRO II

Del sumario

TÍTULO PRIMERO

De la denuncia

Art. 259. El que presenciare la perpetración de cualquier delito público está obligado a ponerlo inmediatamente en conocimiento del Juez de instrucción, de paz, comarcal o municipal, o funcionario fiscal más próximo al sitio en que se hallare, bajo la multa de 25 a 250 pesetas.

Art. 260. La obligación establecida en el artículo anterior no comprende a los impúberes ni a los que no gozaren del pleno uso de su razón.

Art. 261. Tampoco estarán obligados a denunciar:
1.º Quien sea cónyuge del delincuente no separado legalmente o de hecho o la persona que conviva con él en análoga relación de afectividad.

2.º Quienes sean ascendientes y descendientes del delincuente y sus parientes colaterales hasta el segundo grado inclusive.

Esta disposición no será aplicable cuando se trate de un delito contra la vida, de un delito de homicidio, de un delito de lesiones de los artículos 149 y 150 del Código Penal, de un delito de maltrato habitual previsto en el artículo 173.2 del Código Penal, de un delito contra la libertad o contra la libertad e indemnidad sexual o de un delito de trata de seres humanos y la víctima del delito sea una persona menor de edad o una persona con discapacidad necesitada de especial protección.

Art. 262. Los que por razón de sus cargos, profesiones

Art. 259: Redactado conforme a la Ley de 14 de abril de 1955 (*BOE* del 15).
Art. 261: Modificado por la Disp. Final 1.ªtres de la LO 8/2021, de 4 de junio (*BOE* del 5), de protección integral a la infancia y la adolescencia frente a la violencia.
Art. 262: Redactado conforme a la Ley de 14 de abril de 1955 (*BOE* del 15). Conforme al art. 44 de la Ley 33/2003, de 3 de noviembre (*BOE* del 4), del Patrimonio de

u oficios tuvieren noticia de algún delito público, estarán obligados a denunciarlo inmediatamente al Ministerio Fiscal, al Tribunal competente, al Juez de instrucción y, en su defecto, al municipal o al funcionario de policía más próximo al sitio, si se tratare de un delito flagrante.

Los que no cumpliesen esta obligación incurrirán en la multa señalada en el artículo 259, que se impondrá disciplinariamente.

Si la omisión en dar parte fuere de un Profesor en Medicina, Cirugía o Farmacia y tuviesen relación con el ejercicio de sus actividades profesionales, la multa no podrá ser inferior a 125 pesetas ni superior a 250.

Si el que hubiese incurrido en la omisión fuere empleado público, se pondrán además en conocimiento de su superior inmediato para los efectos a que hubiere lugar en el orden administrativo.

Lo dispuesto en este artículo se entiende cuando la omisión no produjere responsabilidad con arreglo a las Leyes.

Art. 263. La obligación impuesta en el párrafo primero del artículo anterior no comprenderá a los Abogados ni a los Procuradores respecto de las instrucciones o explicaciones que recibieren de sus clientes. Tampoco comprenderá a los eclesiásticos y ministros de cultos disidentes respecto de las noticias que se les hubieren revelado en el ejercicio de las funciones de su ministerio.

Art. 263 bis. 1. El Juez de instrucción competente y el Ministerio Fiscal, así como los Jefes de las Unidades Orgánicas de Policía Judicial, centrales o de ámbito provincial, y sus mandos superiores podrán autorizar la circulación o entrega vigilada de drogas tóxicas, estupefacientes o sustancias psicotrópicas, así

---

las Administraciones Públicas, «si con ocasión de la instrucción de estos procedimientos [defensa administrativa de los patrimonios públicos] se descubren indicios de delito o falta penal, y previo informe de la Abogacía del Estado o del órgano al que corresponda el asesoramiento jurídico en las entidades públicas, se pondrán los hechos en conocimiento del Ministerio Fiscal, sin perjuicio de continuar con la tramitación de aquéllos». En el mismo sentido se pronuncia el art. 95.3, párr. 3.º, de la Ley 58/2003, de 17 de diciembre (*BOE* del 18), General Tributaria, estableciendo que «cuando se aprecie la posible existencia de un delito no perseguible únicamente a instancia de persona agraviada, la Administración tributaria deducirá el tanto de culpa o remitirá al Ministerio Fiscal relación circunstanciada de los hechos que se estimen constitutivos de delito. También podrá iniciarse directamente el oportuno procedimiento mediante querella a través del Servicio Jurídico competente.»
    Art. 263: Vid. arts. 416 y 417 de esta Ley.
    Art. 263 bis: Redactado por la LO 5/1999, de 13 de enero (*BOE* del 14).

como de otras sustancias prohibidas. Esta medida deberá acordarse por resolución fundada, en la que se determine explícitamente, en cuanto sea posible, el objeto de autorización o entrega vigilada, así como el tipo y cantidad de la sustancia de que se trate. Para adoptar estas medidas se tendrá en cuenta su necesidad a los fines de investigación en relación con la importancia del delito y con las posibilidades de vigilancia. El Juez que dicte la resolución dará traslado de copia de la misma al Juzgado Decano de su jurisdicción, el cual tendrá custodiado un registro de dichas resoluciones.

También podrá ser autorizada la circulación o entrega vigilada de los equipos, materiales y sustancias a los que se refiere el artículo 371 del Código Penal, de los bienes y ganancias a que se hace referencia en el artículo 301 de dicho Código en todos los supuestos previstos en el mismo, así como de los bienes, materiales, objetos y especies animales y vegetales a los que se refieren los artículos 332, 334, 386, 399 bis, 566, 568 y 569, también del Código Penal.

2.   Se entenderá por circulación o entrega vigilada la técnica consistente en permitir que remesas ilícitas o sospechosas de drogas tóxicas, sustancias psicotrópicas u otras sustancias prohibidas, los equipos, materiales y sustancias a que se refiere el apartado anterior, las sustancias por las que se haya sustituido las anteriormente mencionadas, así como los bienes y ganancias procedentes de las actividades delictivas tipificadas en los artículos 301 a 304 y 368 a 373 del Código Penal, circulen por territorio español o salgan o entren en él sin interferencia obstativa de la autoridad o sus agentes y bajo su vigilancia, con el fin de descubrir o identificar a las personas involucradas en la comisión de algún delito relativo a dichas drogas, sustancias, equipos, materiales, bienes y ganancias, así como también prestar auxilio a autoridades extranjeras en esos mismos fines.

3.   El recurso a la entrega vigilada se hará caso por caso y, en el plano internacional, se adecuará a lo dispuesto en los tratados internacionales.

Los Jefes de las Unidades Orgánicas de la Policía Judicial centrales o de ámbito provincial o sus mandos superiores darán cuenta inmediata al Ministerio Fiscal sobre las autorizaciones que hubiesen otorgado de conformidad con el apartado 1 de

---

Art. **263 bis.1**, párr. 2.º: Modificado por la Disp. Final 1.ªuno de la LO 5/2010, de 22 de junio (*BOE* del 23), por la que se modifica la LO 10/1995, de 23 de noviembre, del Código Penal.

este artículo y, si existiese procedimiento judicial abierto, al Juez de instrucción competente.

4.   La interceptación y apertura de envíos postales sospechosos de contener estupefacientes y, en su caso, la posterior sustitución de la droga que hubiese en su interior se llevarán a cabo respetando en todo momento las garantías judiciales establecidas en el ordenamiento jurídico, con excepción de lo previsto en el artículo 584 de la presente Ley.

Art. 264.   El que por cualquier medio diferente de los mencionados tuviere conocimiento de la perpetración de algún delito de los que deben perseguirse de oficio, deberá denunciarlo al Ministerio Fiscal, al Tribunal competente o al Juez de instrucción o municipal, o funcionario de policía, sin que se entienda obligado por esto a probar los hechos denunciados ni a formalizar querella.

El denunciador no contraerá en ningún caso otra responsabilidad que la correspondiente a los delitos que hubiese cometido por medio de la denuncia, o con su ocasión.

Art. 265.   1. Las denuncias podrán hacerse por escrito o de palabra, personalmente o por medio de mandatario con poder especial.

2.   La denuncia contendrá la identificación de la persona denunciante y la narración circunstanciada del hecho. En caso de persona jurídica o ente sin personalidad jurídica, deberá identificarse también la persona física que formula la denuncia en su nombre, indicando su relación con la persona jurídica o el ente sin personalidad denunciante.

Igualmente, si fueran conocidas, contendrá la identificación de las personas que lo hayan cometido y de quienes lo hayan presenciado o tengan información sobre él. También indicará la existencia de cualquier fuente de conocimiento de la que el denunciante tenga noticia, que pueda servir para esclarecer el hecho denunciado.

Art. 266.   La denuncia que se haga por escrito deberá estar

Art. 264: En el art. 456 del Código Penal se tipifica la acusación y denuncia falsas.

Art. 265: Redactado conforme al art. 101.cuatro del Real Decreto-ley 6/2023, de 19 de diciembre (*BOE* del 20), por el que se aprueban medidas urgentes para la ejecución del Plan de Recuperación, Transformación y Resiliencia en materia de servicio público de justicia, función pública, régimen local y mecenazgo.

Art. 266: Modificado por el art. 20.Dos de la LO 1/2025, de 2 de enero (*BOE* del 3), de medidas en materia de eficiencia del Servicio Público de Justicia. Entra en vigor el 3 de abril de 2025 (Disp. Final 38.ª1 LOMESPJ). La Disp. Trans. 9.ª LOMESP, en

firmada por el denunciante de forma autógrafa o manuscrita, si es presencial, y si no pudiere hacerlo, por otra persona a su ruego; o si se interpone por vía telemática, con firma electrónica conforme a lo establecido en artículo 10 de la Ley 39/2015, de 1 de octubre, del Procedimiento Administrativo Común de las Administraciones Públicas y en el Reglamento (UE) n.º 910/2014 del Parlamento Europeo y del Consejo, de 23 de julio de 2014, relativo a la identificación electrónica y los servicios de confianza para las transacciones electrónicas en el mercado interior y por la que se deroga la Directiva 1999/93/CE. En el caso de las personas jurídicas, se firmará con certificado electrónico cualificado con atributo de representante o los medios previstos en la regulación de firma digital que permitan identificar la persona jurídica, así como la persona física que formula la denuncia.

No se podrán denunciar por vía telemática aquellos hechos que se hayan producido con violencia o intimidación, ni si tienen autor conocido, ni si existen testigos, ni si el denunciante es menor de edad, ni si se ha cometido delito flagrante, ni aquellos hechos de naturaleza violenta o sexual.

Art. 267. Cuando la denuncia sea verbal, se extenderá un acta por la autoridad o funcionario que la recibiere, en la que, en forma de declaración, se expresarán cuantas noticias tenga el denunciante relativas al hecho denunciado y a sus circunstancias, firmándola ambos a continuación. Si el denunciante no pudiere firmar, lo hará otra persona a su ruego.

Art. 268. El Juez, Tribunal, Autoridad o funcionario que recibieren una denuncia verbal o escrita harán constar por la cédula personal, o por otros medios que

su apartado primero indica que las reformas serán aplicables exclusivamente a los procedimientos incoados con posterioridad a su entrada en vigor. Los atestados de la Policía Judicial tienen el valor de denuncias, conforme se dispone en el art. 297 de esta Ley.

Art. 268: Actualmente, por el Documento Nacional de Identidad, arts. 8.º a 10 de la LO 4/2015, de 30 de marzo, de protección de la seguridad ciudadana. La Real Orden Circular de 27 de enero de 1924 (*Gaceta* del 29), señalaba que: «1.ª Las denuncias anónimas no deben ser atendidas por las Autoridades, y menos dar lugar a actuación alguna respecto del denunciado, sin previa comprobación de hechos cuando parezcan muy fundados. Las presentadas por personas solventes, sólo cuando tengan carácter de delito podrán ser objeto de medida gubernativa provisional hasta dar inmediata intervención al Juzgado correspondiente, que procederá a actuar sin ordenar detención que no esté justificada, con la mayor diligencia.»

reputen suficientes, la identidad de la persona del denunciador.

Si éste lo exigiere, le darán un resguardo de haber formalizado la denuncia.

Art. 269. Formalizada que sea la denuncia, se procederá o mandará proceder inmediatamente por el Juez o funcionario a quien se hiciese a la compro- bación del hecho denunciado, salvo que éste no revistiere carácter de delito, o que la denuncia fuera manifiestamente falsa. En cualquiera de estos dos casos, el Tribunal o funcionario se abstendrán de todo procedimiento, sin perjuicio de la responsabilidad en que incurran si desestimasen aquélla indebidamente.

TÍTULO II

De la querella

Art. 270. Todos los ciudadanos españoles, hayan sido o no ofendidos por el delito, pueden querellarse, ejercitando la acción popular establecida en el artículo 101 de esta Ley.

También pueden querellarse los extranjeros por los delitos cometidos contra sus personas o bienes, o las personas o bienes de sus representados, previo cumplimiento de lo dispuesto en el artículo 280, si no estuvieren comprendidos en el último párrafo del 281.

Art. 271. Los funcionarios del Ministerio Fiscal ejercitarán también, en forma de querella, las acciones penales en los casos en que estuvieren obligados con arreglo a lo dispuesto en el artículo 105.

Art. 272. La querella se interpondrá ante el Juez de instrucción competente.

Si el querellado estuviese sometido, por disposición especial de la Ley, a determinado Tribunal, ante éste se interpondrá la querella.

Lo mismo se hará cuando fueren varios los querellados por un mismo delito o por dos o más conexos, y alguno de aquéllos estuviese sometido excepcionalmente a un Tribunal que no fuere el llamado a conocer por regla general del delito.

Art. 270: Vid. lo dispuesto en los dos primeros artículos del RD-ley de 13 de junio de 1927 (*Gaceta* del 14), en nota al art. 101.

Art. 273. En los casos del artículo anterior, cuando se trate de un delito *in fraganti* o de los que no dejan señales permanentes de su perpetración, o en que fuere de temer fundadamente la ocultación o fuga del presunto culpable, el particular que intentare querellarse del delito podrá acudir desde luego al Juez de instrucción o municipal que estuviere más próximo, o a cualquier funcionario de policía, a fin de que se practiquen las primeras diligencias necesarias para hacer constar la verdad de los hechos y para detener al delincuente.

Art. 274. El particular querellante, cualquiera que sea su fuero, quedará sometido, para todos los efectos del juicio por él promovido, al Juez de instrucción o Tribunal competente para conocer del delito objeto de la querella.

Pero podrán apartarse de la querella en cualquier tiempo, quedando, sin embargo, sujeto a las responsabilidades que pudieran resultarle por sus actos anteriores.

Art. 275. Si la querella fuese por delito que no pueda ser perseguido sino a instancia de parte, se entenderá abandonada por el que la hubiere interpuesto cuando dejase de instar el procedimiento dentro de los diez días siguientes a la notificación del auto en que el Juez o el Tribunal así lo hubiese acordado.

Al efecto, a los diez días de haberse practicado las últimas diligencias pedidas por el querellante, o de estar paralizada la causa por falta de instancia del mismo, mandará de oficio el Juez o Tribunal que conociere de los autos que aquél pida lo que convenga a su derecho en el término fijado en el párrafo anterior.

Art. 276. Se tendrá también por abandonada la querella cuando por muerte o por haberse incapacitado el querellante para continuar la acción, no compareciere ninguno de sus herederos o representantes legales a sostenerla dentro de los treinta días siguientes a la citación que al efecto se les hará dándoles conocimiento de la querella.

Art. 277. La querella se presentará siempre por medio de Procurador con poder bastante y suscrita por Letrado.

Se extenderá en papel de oficio, y en ella se expresará:

1.º El Juez o Tribunal ante quien se presente.

2.º El nombre, apellidos y vecindad del querellante.

3.º El nombre, apellidos y vecindad del querellado.

En el caso de ignorarse estas circunstancias, se deberá hacer la designación del querellado por las señas que mejor pudieran darle a conocer.

4.º La relación circunstanciada del hecho, con expresión del lugar, año, mes, día y hora en que se ejecute, si se supieren.

5.º Expresión de las diligencias que se deberán practicar para la comprobación del hecho.

6.º La petición de que se admita la querella, se practiquen las diligencias indicadas en el número anterior, se proceda a la detención y prisión del presunto culpable o a exigirle la fianza de libertad provisional, y se acuerde el embargo de sus bienes en la cantidad necesaria en los casos en que así proceda.

7.º La firma del querellante o la de otra persona a su ruego si no supiere o no pudiere firmar, cuando el Procurador no tuviere poder especial para formular la querella.

Art. 278. Si la querella tuviere por objeto algún delito de los que solamente pueden perseguirse a instancia de parte, excepto el de violación o rapto, acompañará también la certificación que acredite haberse celebrado o intentado el acto de conciliación entre querellante y querellado.

Podrán, sin embargo, practicarse sin este requisito las diligencias de carácter urgente para la comprobación de los hechos o para la detención del delincuente, suspendiendo después el curso de los autos hasta que se acredite el cumplimiento de lo dispuesto en el párrafo anterior.

Art. 279. En los delitos de calumnia o injuria causadas en juicio se presentará además la licencia del Juez o Tribunal que hubiese conocido de aquél, con arreglo a lo dispuesto en el Código Penal.

Art. 280. El particular querellante prestará fianza de la clase y en la cuantía que fijare el Juez o Tribunal para responder de las resultas del juicio.

Art. 281. Quedan exentos de cumplir lo dispuesto en el artículo anterior:

1.º El ofendido y sus herederos o representantes legales.

2.º En los delitos de asesinato o de homicidio, el cónyuge del difunto o persona vinculada

---

Art. 278: Vid. nota al art. 104.
Art. 279: El art. 215.2 del Código Penal dispone que «nadie podrá deducir acción de calumnia o injuria vertidas en juicio sin previa licencia del Juez o Tribunal que de él conociere o hubiere conocido».
Art. 280: Vid. arts. 589 ss. de esta Ley, sobre fianzas.
Art. 281: Redactado conforme a la Disp. Final 1.ªcinco de la Ley 4/2015, de 27 de abril (*BOE* del 28), del Estatuto de la víctima del delito.

a él por una análoga relación de afectividad, los ascendientes y descendientes y sus parientes colaterales hasta el segundo grado inclusive, los herederos de la víctima y los padres, madres e hijos del delincuente.

3.º Las asociaciones de víctimas y las personas jurídicas a las que la ley reconoce legitima-

ción para defender los derechos de las víctimas siempre que el ejercicio de la acción penal hubiera sido expresamente autorizado por la propia víctima.

La exención de fianza no es aplicable a los extranjeros si no les correspondiere en virtud de tratados internacionales o por el principio de reciprocidad.

TÍTULO III

De la Policía Judicial*

Art. 282. La Policía Judicial tiene por objeto y será obligación de todos los que la componen, averiguar los delitos públicos que se cometieren en su territorio o demarcación; practicar, según sus atribuciones, las diligencias necesarias para comprobarlos y descubrir a los delincuentes, y recoger todos los efectos, instrumentos o

pruebas del delito de cuya desaparición hubiere peligro, poniéndolos a disposición de la autoridad judicial. Cuando las víctimas entren en contacto con la Policía Judicial, cumplirá con los deberes de información que prevé la legislación vigente. Asimismo, llevarán a cabo una valoración de las circunstancias particulares de las víctimas

---

* El art. 126 de la Constitución dispone que «La Policía Judicial depende de los Jueces, de los Tribunales y del Ministerio Fiscal en sus funciones de averiguación del delito y descubrimiento y aseguramiento del delincuente, en los términos que la Ley establezca».

Vid. arts. 547 a 550 LOPJ y 29 a 36 de la LO 2/1986, de 13 de marzo (*BOE* del 14), de Fuerzas y Cuerpos de Seguridad, y el RD 769/1987, de 19 de junio (*BOE* del 24), de Policía Judicial. Vid. Ley 11/2003, de 21 de mayo (*BOE* del 22), reguladora de los equipos conjuntos de investigación penal en el ámbito de la Unión Europea, y LO 3/2003, de 21 de mayo (*BOE* del 22), complementaria de la anterior, por la que se establece el régimen de responsabilidad penal de los miembros destinados en dichos equipos cuando actúen en España.

Vid. LO 2/1986, de 13 de marzo (*BOE* del 14), de Fuerzas y Cuerpos de Seguridad, y RD 769/1987, de 19 de junio (*BOE* del 24), sobre regulación de la Policía Judicial.

Art. 282, párr. 1.º: Redactado conforme a la Disp. Final 1.ª seis de la Ley 4/2015, de 27 de abril (*BOE* del 28), del Estatuto de la víctima del delito.

para determinar provisionalmente qué medidas de protección deben ser adoptadas para garantizarles una protección adecuada, sin perjuicio de la decisión final que corresponderá adoptar al Juez o Tribunal.

Si el delito fuera de los que sólo pueden perseguirse a instancia de parte legítima, tendrán la misma obligación expresada en el párrafo anterior, si se les requiere al efecto. La ausencia de denuncia no impedirá la práctica de las primeras diligencias de prevención y aseguramiento de los delitos relativos a la propiedad intelectual e industrial.

Art. 282 bis. 1. A los fines previstos en el artículo anterior y cuando se trate de investigaciones que afecten a actividades propias de la delincuencia organizada, el Juez de Instrucción competente o el Ministerio Fiscal, dando cuenta inmediata al Juez, podrán autorizar a funcionarios de la Policía Judicial, mediante resolución fundada y teniendo en cuenta su necesidad a los fines de la investigación, a actuar bajo identidad supuesta y a adquirir y transportar los objetos, efectos e instrumentos del delito y diferir la incautación de los mismos. La identidad supuesta será otorgada por el Ministerio del Interior por el plazo de seis meses prorrogables por períodos de igual duración, quedando legítimamente habilitados para actuar en todo lo relacionado con la investigación concreta y a participar en el tráfico jurídico y social bajo tal identidad.

La resolución por la que se acuerde deberá consignar el nombre verdadero del agente y la identidad supuesta con la que actuará en el caso concreto. La resolución será reservada y deberá conservarse fuera de las actuaciones con la debida seguridad.

La información que vaya obteniendo el agente encubierto deberá ser puesta a la mayor brevedad posible en conocimiento de quien autorizó la investigación. Asimismo, dicha información deberá aportarse al proceso en su integridad y se valorará en conciencia por el órgano judicial competente.

2. Los funcionarios de la Policía Judicial que hubieran actuado en una investigación

---

Art. 282, párr. 2.º: Redactado conforme a la Ley 38/2002, de 24 de octubre (*BOE* del 28).

Art. 282 bis: Introducido por la LO 5/1999, de 13 de enero (*BOE* del 14).

El apartado *d*) ha sido introducido por la LO 15/2003, de 25 de noviembre (*BOE* del 26), por la que se modifica la LO 10/1995, de 23 de noviembre, del Código Penal. Tras dicha adición, se procede a una nueva ordenación de los apartados.

con identidad falsa de conformidad a lo previsto en el apartado 1, podrán mantener dicha identidad cuando testifiquen en el proceso que pudiera derivarse de los hechos en que hubieren intervenido, y siempre que así se acuerde mediante resolución judicial motivada, siéndole también de aplicación lo previsto en la Ley Orgánica 19/1994, de 23 de diciembre.

Ningún funcionario de la Policía Judicial podrá ser obligado a actuar como agente encubierto.

3. Cuando las actuaciones de investigación puedan afectar a derechos fundamentales, el agente encubierto deberá solicitar del órgano judicial competente las autorizaciones que al respecto establezca la Constitución y la Ley, así como cumplir las demás previsiones legales aplicables.

4. A los efectos señalados en el apartado 1 de este artículo, se considerará como delincuencia organizada la asociación de tres o más personas para realizar, de forma permanente o reiterada, conductas que tengan como fin cometer alguno o algunos de los delitos siguientes:

a)   Delitos de obtención, tráfico ilícito de órganos humanos y trasplante de los mismos, previstos en el artículo 156 bis del Código Penal.

b)   Delito de secuestro de personas previsto en los artículos 164 a 166 del Código Penal.

c)   Delito de trata de seres humanos previsto en el artículo 177 bis del Código Penal.

d)   Delitos relativos a la prostitución previstos en los artículos 187 a 189 del Código Penal.

e)   Delitos contra el patrimonio y contra el orden socioeconómico previstos en los artículos 237, 243, 244, 248 y 301 del Código Penal.

f)   Delitos relativos a la propiedad intelectual e industrial previstos en los artículos 270 a 277 del Código Penal.

g)   Delitos contra los derechos de los trabajadores previstos en los artículos 312 y 313 del Código Penal.

h)   Delitos contra los derechos de los ciudadanos extranjeros previstos en el artículo 318 bis del Código Penal.

i)   Delitos de tráfico de especies de flora o fauna amenazada previstos en los artículos 332 y 334 del Código Penal.

Art. 282 bis.4: Modificado por la Disp. Final 1.ªdos de la LO 5/2010, de 22 de junio (*BOE* del 23), por la que se modifica la LO 10/1995, de 23 de noviembre, del Código Penal.

j) Delito de tráfico de material nuclear y radiactivo previsto en el artículo 345 del Código Penal.

k) Delitos contra la salud pública previstos en los artículos 368 a 373 del Código Penal.

l) Delitos de falsificación de moneda, previsto en el artículo 386 del Código Penal, y de falsificación de tarjetas de crédito o débito o cheques de viaje, previsto en el artículo 399 bis del Código Penal.

m) Delito de tráfico y depósito de armas, municiones o explosivos previsto en los artículos 566 a 568 del Código Penal.

n) Delitos de terrorismo previstos en los artículos 572 a 578 del Código Penal.

o) Delitos contra el patrimonio histórico previstos en el artículo 2.1.*e*) de la Ley Orgánica 12/1995, de 12 de diciembre, de represión del contrabando.

5. El agente encubierto estará exento de responsabilidad criminal por aquellas actuaciones que sean consecuencia necesaria del desarrollo de la investigación, siempre que guarden la debida proporcionalidad con la finalidad de la misma y no constituyan una provocación al delito.

Para poder proceder penalmente contra el mismo por las actuaciones realizadas a los fines de la investigación, el Juez competente para conocer de la causa deberá, tan pronto tenga conocimiento de la actuación de algún agente encubierto en la misma, requerir informe relativo a tal circunstancia de quien hubiere autorizado la identidad supuesta, en atención al cual resolverá lo que a su criterio proceda.

6. El Juez de instrucción podrá autorizar a funcionarios de la Policía Judicial para actuar bajo identidad supuesta en comunicaciones mantenidas en canales cerrados de comunicación con el fin de esclarecer alguno de los delitos a los que se refiere el apartado 4 de este artículo o cualquier delito de los previstos en el artículo 588 ter a.

El agente encubierto informático, con autorización específica para ello, podrá intercambiar o enviar por sí mismo archivos ilícitos por razón de su contenido y analizar los resultados de los algoritmos aplicados

Art. 282 bis.6 y 7: Apartados añadidos el art. único.dos de la LO 13/2015, de 5 de octubre (*BOE* del 6), de modificación de la Ley de Enjuiciamiento Criminal para el fortalecimiento de las garantías procesales y la regulación de las medidas de investigación tecnológica.

para la identificación de dichos archivos ilícitos.

7. En el curso de una investigación llevada a cabo mediante agente encubierto, el Juez competente podrá autorizar la obtención de imágenes y la grabación de las conversaciones que puedan mantenerse en los encuentros previstos entre el agente y el investigado, aun cuando se desarrollen en el interior de un domicilio.

Art. 283. Constituirán la Policía Judicial y serán auxilia-

Art. 283: Redactado conforme a la Ley 3/1967, de 8 de abril (*BOE* del 11).

El TS, por Acuerdo del Pleno no jurisdiccional —art. 264.1 LOPJ— de 14 de noviembre de 2003, ha interpretado, en primer lugar, que «el artículo 283 de la LECrim no se encuentra derogado, si bien debe ser actualizado en su interpretación»; en segundo lugar, que «el servicio de vigilancia aduanera no constituye policía judicial en sentido estricto, pero sí en sentido genérico del art. 283.1 LECrim, que sigue vigente conforme establece la Disp. Adic. 1.ª de la LO 12/1995, de 12 de diciembre, sobre represión del contrabando. En el ámbito de los delitos contemplados en el mismo tiene encomendadas funciones propias de policía judicial, que debe ejercer en coordinación con otros cuerpos policiales y bajo la dependencia de los Jueces de Instrucción y del Ministerio Fiscal»; y en tercer lugar que «las actuaciones realizadas por el Servicio de Vigilancia Aduanera en el referido ámbito de competencia son procesalmente válidas».

También conviene tener en cuenta que los miembros de la Unidad Militar de Emergencia (UME), en el cumplimiento de sus misiones, tienen la consideración de «Agentes de la Autoridad». Vid. RD 1.097/2011, de 22 de julio (*BOE* del 26), por el que se aprueba el protocolo de intervención de dicha Unidad.

Vid. los arts. 45 y 46, relativos al Servicio Ejecutivo de la Comisión de Prevención del Blanqueo de Capitales e Infracciones Monetarias, de la Ley 10/2010, de 28 de abril (*BOE* del 29), de prevención del blanqueo de capitales y de la financiación del terrorismo. También, la Oficina de Recuperación de Activos, que tendrá la consideración de Policía Judicial, prevista en el art. 367 septies de esta Ley. Finalmente, téngase presente que asimismo tienen la condición de Policía Judicial los «Agentes Forestales», como establece el art. 6.º*q*) de la Ley 43/2003, de 21 de noviembre (*BOE* del 22), de Montes, en la modificación realizada por la Ley 21/2015, de 20 de julio (*BOE* del 21).

Los arts. 71 a 75 de la Ley 38/2015, de 29 de septiembre (*BOE* del 30), del sector ferroviario, referentes a la investigación de accidentes e incidentes ferroviarios, disponen:

«*Art. 71.   Investigación de accidentes ferroviarios.*—1.   Deberán ser objeto de una investigación técnica los accidentes ferroviarios graves que se produzcan sobre la Red Ferroviaria de Interés General y los demás accidentes e incidentes ferroviarios cuando la Comisión de investigación de accidentes ferroviarios lo considere procedente por su repercusión potencial en la seguridad de la circulación ferroviaria.

»2.   La investigación técnica tiene por finalidad el establecimiento de las causas de un accidente o incidente y la formulación, en su caso, de las recomendaciones de seguridad que resulten pertinentes. En ningún caso se ocupará de determinar la culpa o la responsabilidad de los hechos investigados.

»3.   Se entiende por accidente grave cualquier colisión o descarrilamiento de trenes con el resultado de una o más víctimas mortales, o de cinco o más heridos graves o

res de los Jueces y Tribunales competentes en materia penal y del Ministerio Fiscal, quedando obligado a seguir las instrucciones que de aquellas autoridades reciban a efectos de la investigación de los deli-

tos y persecución de los delincuentes:

1.º Las autoridades administrativas encargadas de la seguridad pública y de la persecución de todos los delitos o de algunos especiales.

---

bien de grandes daños al material rodante, a la infraestructura o al medio ambiente, y asimismo cualquier otro accidente de características o trascendencia similares a los anteriores, cuyas consecuencias hicieran preciso modificar la normativa de seguridad ferroviaria o de la gestión de la seguridad.

»Por grandes daños se entienden aquellos cuyo coste pueda evaluarse de forma inmediata en una cuantía igual o superior a dos millones de euros.

»*Art. 72. La Comisión de investigación de accidentes ferroviarios.*—1. La Comisión de investigación de accidentes ferroviarios es un órgano colegiado especializado, adscrito al Ministerio de Fomento, que tiene la competencia para realizar la investigación técnica de los accidentes e incidentes ferroviarios.

»2. La Comisión goza de plena independencia funcional respecto de la autoridad responsable de la seguridad ferroviaria, de los administradores de las infraestructuras, de las empresas ferroviarias, de los organismos de tarificación, de los organismos de certificación o notificados o de cualquier otro organismo o entidad cuyos intereses pudieran entrar en conflicto con sus funciones.

»3. En el desempeño de sus funciones, ni el personal ni los miembros del Pleno de la Comisión podrán solicitar o aceptar instrucciones de ninguna entidad pública o privada.

»*Art. 73. Composición.*—1. El Pleno de la Comisión de investigación de accidentes ferroviarios está compuesto por un Presidente, cinco vocales, uno de los cuales actuará como Vicepresidente y el Secretario, que tendrá voz pero no voto.

»El Presidente y los vocales serán nombrados por el Ministro de Fomento entre personas de reconocido prestigio y acreditada cualificación profesional en el sector ferroviario, para lo cual se tendrán en cuenta los conocimientos técnicos, la experiencia profesional y los títulos académicos y profesionales obtenidos relacionados con dicha materia.

»2. Antes de su designación, el Ministro de Fomento pondrá en conocimiento de la comisión competente del Congreso de los Diputados el nombre de las personas propuestas como Presidente y vocales de la Comisión de investigación, dando traslado de su currículo.

»Dentro del plazo de un mes natural desde la recepción de la correspondiente comunicación, la comisión competente del Congreso de los Diputados manifestará su aceptación de la persona propuesta como Presidente o su veto razonado. Durante dicho plazo, la comisión parlamentaria podrá acordar la comparecencia del candidato propuesto para Presidente para que exponga las líneas básicas de actuación a desarrollar por la Comisión de investigación de accidentes ferroviarios durante su mandato.

»Transcurrido dicho plazo sin manifestación expresa del Congreso, se entenderá aceptada la propuesta y el Ministro de Fomento designará al candidato como Presidente.

2.º   Los empleados o subalternos de la policía de seguridad, cualquiera que sea su denominación.

»*Art. 74.   Mandato.*—1.   El mandato del Presidente y los vocales será de seis años, sin posibilidad de reelección. Los vocales de la Comisión se renovarán parcialmente cada dos años, de acuerdo con los criterios de renovación que se establezcan en las normas de funcionamiento de la Comisión. Todos los miembros de la Comisión actuarán con independencia en el ejercicio de sus funciones.

»2.   Los miembros de la Comisión cesarán en su cargo por renuncia aceptada por el Ministro de Fomento, expiración del término de su mandato o por revocación de su nombramiento acordada por el Ministro de Fomento y fundada en la incapacidad permanente para el ejercicio de sus funciones, la sanción firme por infracciones graves o muy graves en materia de seguridad en la circulación ferroviaria, por grave incumplimiento de las obligaciones propias del cargo desempeñado o por condena por delito doloso.

»En los casos de revocación del nombramiento, el Ministro de Fomento remitirá a la comisión competente del Congreso de los Diputados una comunicación en la que se hará constar la causa de la revocación del nombramiento.

»*Art. 75.   Atribuciones de los investigadores.*—1.   Los funcionarios que ostenten la condición de técnicos de investigación de la Comisión tendrán la consideración de agentes de la autoridad cuando actúen en el ejercicio de su función investigadora. Durante el ejercicio de su actividad, y previa autorización judicial en aquellos casos en que la misma sea necesaria, podrán:

»*a*)   Acceder al lugar del accidente o incidente, al material rodante implicado y a las instalaciones relacionadas de infraestructura y de control del tráfico y señalización.

»*b*)   Efectuar un inventario inmediato de las pruebas y decidir sobre la retirada de los restos, de forma controlada y custodiada, de instalaciones de infraestructura o piezas, a los efectos del correspondiente examen.

»*c*)   Acceder a los equipos de registro y grabación a bordo y a su contenido, con posibilidad de utilizarlos, así como al registro de grabación de las comunicaciones en estaciones de transporte de viajeros, terminales de transporte de mercancías y centros de control de tráfico, en su caso, y al registro del funcionamiento del sistema de señalización y control del tráfico.

»*d*)   Acceder a los resultados del examen pericial médico-forense de los cuerpos de las víctimas, cuando pudiera ser relevante para la investigación ferroviaria.

»*e*)   Acceder a los resultados de los exámenes y análisis médicos del personal a bordo del tren y de cualquier otro personal ferroviario implicado en el accidente o incidente, cuando pudiera ser relevante para la investigación ferroviaria.

»*f*)   Interrogar al personal ferroviario implicado y a otros testigos.

»*g*)   Acceder a cualquier información o documentación pertinente en posesión del administrador de la infraestructura, de las empresas ferroviarias implicadas y de la Agencia Estatal de Seguridad Ferroviaria.

»*h*)   Acceder a cualquier información relacionada con el accidente investigado, de acuerdo con la normativa vigente de aplicación en cada caso.

»2.   La información obtenida tendrá carácter reservado y los técnicos investigadores estarán obligados a preservarlo.

»3.   Reglamentariamente se establecerán las normas reguladoras de la investigación técnica de los accidentes e incidentes ferroviarios y las reglas de funcionamiento de la Comisión de investigación de accidentes ferroviarios.»

Para las funciones de seguridad privada, vid. Cap. II del Tít. III de la Ley 5/2014, de 4 de abril (*BOE* del 5), de Seguridad Privada.

3.º Los Alcaldes, Tenientes de Alcalde y Alcaldes de barrio.

4.º Los Jefes, Oficiales e individuos de la Guardia Civil o de cualquiera otra fuerza destinada a la persecución de malhechores.

5.º Los Serenos, Celadores y cualesquiera otros Agentes municipales de policía urbana o rural.

6.º Los Guardas de montes, campos y sembrados, jurados o confirmados por la Administración.

7.º Los funcionarios del Cuerpo especial de Prisiones.

8.º Los Agentes judiciales y los subalternos de los Tribunales y Juzgados.

9.º El personal dependiente de la Jefatura Central de Tráfico, encargado de la investigación técnica de los accidentes.

Art. 284. 1. Inmediatamente que los funcionarios de la Policía Judicial tuvieren conocimiento de un delito público o fueren requeridos para prevenir la instrucción de diligencias por razón de algún delito privado, lo participarán a la autoridad judicial o al representante del Ministerio Fiscal, si pudieren hacerlo sin cesar en la práctica de las diligencias de prevención. En otro caso, lo harán así que las hubieren terminado.

2. No obstante, cuando no exista autor conocido del delito la Policía Judicial conservará el atestado a disposición del Ministerio Fiscal y de la autoridad judicial, sin enviárselo, salvo que concurra alguna de las siguientes circunstancias:

a) Que se trate de delitos contra la vida, contra la integridad física, contra la libertad e indemnidad sexuales o de delitos relacionados con la corrupción;

b) Que se practique cualquier diligencia después de transcurridas setenta y dos horas desde la apertura del atestado y éstas hayan tenido algún resultado; o

c) Que el Ministerio Fiscal o la autoridad judicial soliciten la remisión.

De conformidad con el derecho reconocido en el artículo 6 de la Ley 4/2015, de 27 de abril, del Estatuto de la víctima del delito, la Policía Judicial comunicará al denunciante que en caso de no ser identificado el autor en el plazo de setenta y dos horas, las actuaciones no se remitirán a la autoridad judicial, sin perjuicio de su derecho

Art. 284: Redactado conforme al art. único.tres de la Ley 41/2015, de 5 de octubre (*BOE* del 6), de modificación de la Ley de Enjuiciamiento Criminal para la agilización de la justicia penal y el fortalecimiento de las garantías procesales.

a reiterar la denuncia ante la fiscalía o el Juzgado de instrucción.

3. Si hubieran recogido armas, instrumentos o efectos de cualquier clase que pudieran tener relación con el delito y se hallen en el lugar en que éste se cometió o en sus inmediaciones, o en poder del reo o en otra parte conocida, extenderán diligencia expresiva del lugar, tiempo y ocasión en que se encontraren, que incluirá una descripción minuciosa para que se pueda formar idea cabal de los mismos y de las circunstancias de su hallazgo, que podrá ser sustituida por un reportaje gráfico. La diligencia será firmada por la persona en cuyo poder fueren hallados.

4. La incautación de efectos que pudieran pertenecer a una víctima del delito será comunicada a la misma. La persona afectada por la incautación podrá recurrir en cualquier momento la medida ante el Juez de instrucción de conformidad con lo dispuesto en el párrafo tercero del artículo 334.

Art. 285. Si concurriere algún funcionario de Policía Judicial de categoría superior a la del que estuviere actuando, deberá éste darle conocimiento de cuanto hubiese practicado, poniéndose desde luego a su disposición.

Art. 286. Cuando el Juez de instrucción o el municipal se presentaren a formar el sumario, cesarán las diligencias de prevención que estuviere practicando cualquiera Autoridad o agente de policía; debiendo éstos entregarlas en el acto a dicho Juez, así como los efectos relativos al delito que se hubiesen recogido, y poniendo a su disposición a los detenidos, si los hubiese.

Art. 287. Los funcionarios que constituyen la Policía Judicial practicarán sin dilación, según sus atribuciones respectivas, las diligencias que los funcionarios del Ministerio Fiscal les encomienden para la comprobación del delito y averiguación de los delincuentes y todas las demás que durante el curso de la causa les encargaren los Jueces de instrucción y municipales.

Art. 288. El Ministerio Fiscal, los Jueces de instrucción y los municipales podrán entenderse directamente con los funcionarios de Policía Judicial, cualquiera que sea su categoría, para todos los efectos de este título; pero si el servicio que de ellos exigiesen admitiese espera, deberán acudir al superior respectivo del funcionario de Policía Judicial, mientras no necesitasen del inmediato auxilio de éste.

Art. 289. El funcionario de Policía Judicial que por cualquier causa no pueda cumplir el requerimiento o la orden que hubiese recibido del Ministerio Fiscal, del Juez de instrucción, del Juez municipal, o de la Autoridad o agente que hubiese prevenido las primeras diligencias, lo pondrá inmediatamente en conocimiento del que haya hecho el requerimiento o dado la orden para que provea de otro modo a su ejecución.

Art. 290. Si la causa no fuere legítima, el que hubiese dado la orden o hecho el requerimiento lo pondrá en conocimiento del superior jerárquico del que se excuse para que le corrija disciplinariamente, a no ser que hubiere incurrido en mayor responsabilidad con arreglo a las leyes.

El superior jerárquico comunicará a la Autoridad o funcionario que le hubiere dado la queja la resolución que adopte respecto de su subordinado.

Art. 291. El jefe de cualquiera fuerza pública que no pudiere prestar el auxilio que por los Jueces de instrucción o municipales o por un funcionario de Policía Judicial le fuere pedido se atenderá también a lo dispuesto en el artículo 289.

El que hubiere hecho el requerimiento lo pondrá en conocimiento del Jefe superior inmediato del que se excusare, en la forma y para el objeto expresado en los párrafos del artículo anterior.

Art. 292. Los funcionarios de Policía Judicial extenderán, bien en papel sellado, bien en papel común, un atestado de las diligencias que practiquen en el cual especificarán con la mayor exactitud los hechos por ellos averiguados, insertando las declaraciones e informes recibidos y anotando todas las circunstancias que hubiesen observado y pudiesen ser prueba o indicio del delito.

La Policía Judicial remitirá con el atestado un informe dando cuenta de las detenciones anteriores y de la existencia de requisitorias para su llamamiento y busca cuando así conste en sus bases de datos.

Art. 293. El atestado será firmado por el que lo haya extendido, y si usare sello lo estampará con su rúbrica en todas las hojas.

Las personas presentes, peritos y testigos que hubieren in-

Art. 292, párr. 2.º: Adición realizada por la LO 15/2003, de 25 de noviembre (*BOE* del 26), por la que se modifica la LO 10/1995, de 23 de noviembre, del Código Penal.

tervenido en las diligencias relacionadas en el atestado serán invitadas a firmarlo en la parte a ellos referente. Si no lo hicieren, se expresará la razón.

Art. 294. Si no pudiere redactar el atestado el funcionario a quien correspondiese hacerlo, se sustituirá por una relación verbal circunstanciada, que reducirá a escrito de un modo fehaciente el funcionario del Ministerio Fiscal, el Juez de instrucción o el municipal a quien deba presentarse el atestado, manifestándose el motivo de no haberse redactado en la forma ordinaria.

Art. 295. En ningún caso los funcionarios de Policía Judicial podrán dejar transcurrir más de veinticuatro horas sin dar conocimiento a la autoridad judicial o al Ministerio Fiscal de las diligencias que hubieran practicado, salvo en los supuestos de fuerza mayor y en el previsto en el apartado 2 del artículo 284.

Los que infrinjan esta disposición serán corregidos disciplinariamente con multa de 250 a 1.000 pesetas, si la omisión no mereciere la calificación de delito, y al propio tiempo será considerada dicha infracción como falta grave la primera vez y como falta muy grave las siguientes.

Los que, sin exceder el tiempo de las veinticuatro horas, demorasen más de lo necesario el dar conocimiento, serán corregidos disciplinariamente con una multa de 100 a 350 pesetas, y además esta infracción constituirá a efectos del expediente personal del interesado, falta leve la primera vez, grave las dos siguientes y muy grave las restantes.

Art. 296. Cuando hubieren practicado diligencias por orden o requerimiento de la Autoridad judicial o del Ministerio Fiscal, comunicarán el resultado obtenido en los plazos que en la orden o en el requerimiento se hubiesen fijado.

Art. 297. Los atestados que redactaren y las manifestaciones que hicieren los funciona-

---

Art. 295, párr. 1.º: Redactado conforme al art. único.cuatro de la Ley 41/2015, de 5 de octubre (*BOE* del 6), de modificación de la Ley de Enjuiciamiento Criminal para la agilización de la justicia penal y el fortalecimiento de las garantías procesales.

El art. 17.2 de la Constitución dispone que «la detención preventiva no podrá durar más del tiempo estrictamente necesario para la realización de las averiguaciones tendentes al esclarecimiento de los hechos, y, en todo caso, en el plazo máximo de setenta y dos horas, el detenido deberá ser puesto en libertad o a disposición de la autoridad judicial».

rios de Policía Judicial, a consecuencia de las averiguaciones que hubiesen practicado, se considerarán denuncias para los efectos legales.

Las demás declaraciones que prestaren deberán ser firmadas, y tendrán el valor de declaraciones testificales en cuanto se refieran a hechos de conocimiento propio.

En todo caso, los funcionarios de Policía Judicial están obligados a observar estrictamente las formalidades legales en cuantas diligencias practiquen, y se abstendrán bajo su responsabilidad de usar medios de averiguación que la Ley no autorice.

Art. 298. Los Jueces de instrucción y los Fiscales calificarán en un registro reservado el comportamiento de los funcionarios que bajo su inspección prestan servicios de Policía Judicial; y cada semestre, con referencia a dicho registro, comunicarán a los superiores de cada uno de aquéllos, para los efectos a que hubiere lugar, la calificación razonada de su comportamiento.

Cuando los funcionarios de Policía Judicial que hubieren de ser corregidos disciplinariamente con arreglo a la Ley fuesen de categoría superior a la de la Autoridad judicial o fiscal que entendiesen en las diligencias en que se hubiere cometido la falta, se abstendrán éstos de imponer por sí mismos la corrección, limitándose a poner lo ocurrido en conocimiento del Jefe inmediato del que debiere ser corregido.

Art. 297, párr. 3.º: Vid. arts. 174 y 176 del Código Penal.

TÍTULO IV

De la instrucción*

CAPÍTULO PRIMERO

DEL SUMARIO
Y DE LAS AUTORIDADES
COMPETENTES
PARA INSTRUIRLO

Art. 299. Constituyen el sumario las actuaciones encaminadas a preparar el juicio y practicadas para averiguar y hacer constar la perpetración de los delitos con todas las circunstancias que puedan influir en su calificación, y la culpabilidad de los delincuentes, asegurando sus personas y las responsabilidades pecuniarias de los mismos.

---

* En general, vid. Órdenes de 3 de mayo de 1926 (*Gaceta* del 4), 21 de marzo de 1932 (*Gaceta* del 24), 8 de abril de 1933 y 30 de marzo de 1957 (*BOE* de 8 de abril), dictando normas para la tramitación de los procesos penales. Vid. Ley 11/2003, de 21 de mayo (*BOE* del 22), reguladora de los equipos conjuntos de investigación penal en el ámbito de la Unión Europea, y LO 3/2003, de 21 de mayo (*BOE* del 22), complementaria de la anterior, por la que se establece el régimen de responsabilidad penal de los miembros destinados en dichos equipos cuando actúen en España.

El RD-ley 16/2020, de 28 de abril (*BOE* del 29), de medidas procesales y organizativas para hacer frente al COVID-19 en el ámbito de la Administración de Justicia, establece:

»[...]

»*Art. 19.   Celebración de actos procesales mediante presencia telemática.*—1.   Durante la vigencia del estado de alarma y hasta tres meses después de su finalización, constituido el Juzgado o Tribunal en su sede, los actos de juicio, comparecencias, declaraciones y vistas y, en general, todos los actos procesales, se realizarán preferentemente mediante presencia telemática, siempre que los Juzgados, Tribunales y Fiscalías tengan a su disposición los medios técnicos necesarios para ello.

»2.   No obstante lo dispuesto en el apartado anterior, en el orden jurisdiccional penal será necesaria la presencia física del acusado en los juicios por delito grave.

»3.   Las deliberaciones de los tribunales tendrán lugar en régimen de presencia telemática cuando se cuente con los medios técnicos necesarios para ello.

»4.   Lo dispuesto en el apartado primero será también aplicable a los actos que se practiquen en las fiscalías.

»*Art. 20.   Acceso a las salas de vistas.*—Con el fin de garantizar la protección de la salud de las personas, durante la vigencia del estado de alarma y hasta tres meses después de su finalización, el órgano judicial ordenará, en atención a las características de las salas de vistas, el acceso del público a todas las actuaciones orales.

»[...]

»*Art. 22.   Dispensa de la utilización de togas.*—Durante la vigencia del estado de alarma y hasta tres meses después de su finalización, las partes que asistan a actuaciones orales estarán dispensadas del uso de togas en las audiencias públicas.

»*Art. 23.   Atención al público.*—1.   Durante el estado de alarma y hasta tres meses después de su finalización, la atención al público en cualquier sede judicial o de la fiscalía se realizará por vía telefónica o a través del correo electrónico habilitado a tal efecto, que deberá ser objeto de publicación en la página web de la correspondiente Gerencia Territorial del Ministerio de Justicia o del órgano que determinen las Comunidades Autónomas con competencias en materia de Justicia y, que en el ámbito de la jurisdicción militar se encuentra publicado en la página web del Ministerio de Defensa, en el enlace correspondiente; todo ello siempre que sea posible en función de la naturaleza de la información requerida y, en todo caso, cumpliendo lo dispuesto en la Ley Orgánica 3/2018, de 5 de diciembre, de Protección de Datos Personales y garantía de los derechos digitales.

»2.   Para aquellos casos en los que resulte imprescindible acudir a la sede judicial o de la fiscalía, será necesario obtener previamente la correspondiente cita, de conformidad con los protocolos que al efecto establezcan las administraciones competentes, que deberán prever las particularidades de las comparecencias ante los juzgados en funciones de guardia y los juzgados de violencia sobre la mujer.»

El estado de alarma finalizó a las 00.00 horas del día 21 de junio de 2020, conforme al art. 2 del RD 555/2020, de 5 de junio (*BOE* del 6), por el que se prorroga el estado de alarma.

No obstante, la Disp. Derog. única de la Ley 3/2020, de 18 de septiembre (*BOE* del 19), de medidas procesales y organizativas para hacer frente al COVID-19 en el ámbito de la Administración de Justicia, deroga el RD-ley 16/2020. Pero dentro de su contenido se establece:

«[...]

»*Art. 14.   Celebración de actos procesales mediante presencia telemática.*—1.   Hasta el 20 de junio de 2021 inclusive, constituido el juzgado o tribunal en su sede, los actos de juicio, comparecencias, declaraciones y vistas y, en general, todos los actos procesales, se realizarán preferentemente mediante presencia telemática, siempre que los juzgados, tribunales y fiscalías tengan a su disposición los medios técnicos necesarios para ello.

»2.   No obstante lo dispuesto en el apartado anterior, en el orden jurisdiccional penal será necesaria la presencia física del acusado en los juicios por delito grave.

»También se requerirá la presencia física del investigado o acusado, a petición propia o de su defensa letrada, en la audiencia prevista en el artículo 505 de la Ley de Enjuiciamiento Criminal cuando cualquiera de las acusaciones interese su prisión provisional o en los juicios cuando alguna de las acusaciones solicite pena de prisión superior a los dos años, salvo que concurran causas justificadas o de fuerza mayor que lo impidan.

»Cuando se disponga la presencia física del acusado o del investigado, será también necesaria la presencia física de su defensa letrada, a petición de esta o del propio acusado o investigado.

»3.   Las deliberaciones de los tribunales tendrán lugar en régimen de presencia telemática cuando se cuente con los medios técnicos necesarios para ello.

»4.   Lo dispuesto en el apartado primero será también aplicable a los actos que se practiquen en las fiscalías.

»5.   Se adoptarán las medidas necesarias para asegurar que en el uso de métodos telemáticos se garantizan los derechos de todas las partes del proceso. En especial, deberá garantizarse en todo caso el derecho de defensa de los acusados e investigados en los procedimientos penales, en particular, el derecho a la asistencia letrada efectiva, a la interpretación y traducción y a la información y acceso a los expedientes judiciales.

»6.   En los actos que se celebren mediante presencia telemática, el juez o Letrado de la Administración de Justicia ante quien se celebren podrá decidir la asistencia presencial a la sede del juzgado o tribunal de los comparecientes que estime necesarios.

»*Art. 15. Acceso a las salas de vistas.*—Con el fin de garantizar la protección de la salud de las personas, hasta el 20 de junio de 2021 inclusive, el órgano judicial ordenará, en atención a las características de las salas de vistas, el acceso del público a todas las actuaciones orales. Cuando se disponga de los medios materiales para ello, podrá acordar también la emisión de las vistas mediante sistemas de difusión telemática de la imagen y el sonido.

»*Art. 16. Exploraciones médico-forenses y de los equipos psicosociales.*—Hasta el 20 de junio de 2021 inclusive, los informes médico-forenses podrán realizarse basándose únicamente en la documentación médica existente a su disposición, que podrá ser requerida a centros sanitarios o a las personas afectadas para que sea remitida por medios telemáticos, siempre que ello fuere posible.

»Del mismo modo podrán actuar los equipos psicosociales de menores y familia y las unidades de valoración integral de violencia sobre la mujer.

»De oficio, o a requerimiento de cualquiera de las partes o del facultativo encargado, el juez podrá acordar que la exploración se realice de forma presencial.

»*Art. 17. Dispensa de la utilización de togas.*—Hasta el 20 de junio de 2021 inclusive, las partes que asistan a actuaciones orales estarán dispensadas del uso de togas en las audiencias públicas.

»*Art. 18. Atención al público.*—1. Hasta el 20 de junio de 2021 inclusive, la atención al público en cualquier sede judicial o de la fiscalía se realizará por videoconferencia, por vía telefónica o a través del correo electrónico habilitado a tal efecto, que deberá ser objeto de publicación en la página web de la correspondiente Gerencia Territorial del Ministerio de Justicia o del órgano que determinen las Comunidades Autónomas con competencias en materia de Justicia, y que en el ámbito de la jurisdicción militar se encuentra publicado en la página web del Ministerio de Defensa en el enlace correspondiente. Todo ello siempre que sea posible en función de la naturaleza de la información requerida y, en todo caso, cumpliendo lo dispuesto en la Ley Orgánica 3/2018, de 5 de diciembre, de Protección de Datos Personales y garantía de los derechos digitales.

»2. Para aquellos casos en los que resulte imprescindible acudir a la sede judicial o de la fiscalía, será necesario para el público obtener previamente la correspondiente cita, de conformidad con los protocolos que al efecto establezcan las administraciones competentes, que deberán prever las particularidades de las comparecencias ante los juzgados en funciones de guardia y los juzgados de violencia sobre la mujer.

»[…]

»*Disp. Adic. 6.ª Indicaciones de las autoridades sanitarias.*—Las medidas organizativas previstas en el Capítulo III se ejecutarán por el Ministerio de Justicia o las Comunidades Autónomas que hayan asumido competencias en medios materiales y personales al servicio de la Administración de Justicia, siguiendo las indicaciones que en cada momento establezcan las autoridades sanitarias, previa consulta al Consejo General del Poder Judicial y a la Fiscalía General del Estado, oídos los colegios profesionales y, cuando proceda, con la participación de las organizaciones sindicales.

»[…]

»*Disp. Trans. 2.ª Previsiones en materia de medidas organizativas y tecnológicas.*—Las medidas contenidas en el Capítulo III de esta Ley serán de aplicación en todo el territorio nacional hasta el 20 de junio de 2021 inclusive. No obstante, si a dicha fecha se mantuviera la situación de crisis sanitaria, las medidas contenidas en el citado Capítulo III serán de aplicación en todo el territorio nacional hasta que el Gobierno declare de manera motivada y de acuerdo con la evidencia científica disponible, previo informe del Centro de Coordinación de Alertas y Emergencias Sanitarias, la finalización de la situación de crisis sanitaria ocasionada por el COVID-19.»

Art. 300. [...]

Art. 301. Las diligencias del sumario serán reservadas y no tendrán carácter público hasta que se abra el juicio oral, con las excepciones determinadas en la presente Ley.

El Abogado o Procurador de cualquiera de las partes que revelare indebidamente el contenido del sumario, será corregido con multa de 500 a 10.000 euros.

En la misma multa incurrirá cualquier otra persona que no siendo funcionario público cometa la misma falta.

El funcionario público, en el caso de los párrafos anteriores, incurrirá en la responsabilidad que el Código Penal señale en su lugar respectivo.

Art. 301 bis. El Juez podrá acordar, de oficio o a instancia del Ministerio Fiscal o de la víctima, la adopción de cualquiera de las medidas a que se refiere el apartado 2 del artículo 681 cuando resulte necesario para proteger la intimidad de la víctima o el respeto debido a la misma o a su familia.

Art. 300: Suprimido por el art. único.cinco de la Ley 41/2015, de 5 de octubre (*BOE* del 6), de modificación de la Ley de Enjuiciamiento Criminal para la agilización de la justicia penal y el fortalecimiento de las garantías procesales.

Art. 301: Redactado conforme a la Disp. Final 1.ªocho de la Ley 4/2015, de 27 de abril (*BOE* del 28), del Estatuto de la víctima del delito.

La Real Orden de 25 de mayo de 1927 (*Gaceta* del 26) dispuso interpretando este artículo:

«1.º   Que la declaración que el artículo 301 de la Ley de Enjuiciamiento Criminal hace de que las diligencias del sumario serán secretas hasta que se abra el juicio oral, se entienda en el sentido de que, una vez llegado el sumario a ese estado de publicidad, puedan los que tienen el sumario a su cargo expedir testimonio de cualquiera de las diligencias que lo integran.

»2.º   Que esa posibilidad de expedir testimonio de los particulares de un sumario se entienda que alcanza también a los sumarios declarados conclusos por virtud de auto de sobreseimiento libre o provisional.

»3.º   Que tales testimonios han de ser interesados por la Autoridad judicial o de otro orden que entienda en el procedimiento o expediente donde deban surtir efecto, y su expedición se acordará precisamente por el Juzgado o Tribunal donde radique el sumario; debiendo los particulares a quienes interesen los testimonios sumariales pedir su aportación a la Autoridad competente en cada caso, para que ésta a su vez, si estima tal aportación pertinente, la interese del Juez o Tribunal que guarde el sumario.»

Vid. Circular de la Fiscalía del Tribunal Supremo de 22 de julio de 1928 (*Gaceta* del 29) sobre secreto del sumario y obligación del Ministerio Fiscal de velar por el cumplimiento del contenido de este precepto.

Respecto al delito de violación de secretos procesales, vid. art. 466 del Código Penal.

Art. 301 bis: Añadido conforme a la Disp. Final 1.ªnueve de la Ley 4/2015, de 27 de abril (*BOE* del 28), del Estatuto de la víctima del delito.

Art. 302. Las partes personadas podrán tomar conocimiento de las actuaciones e intervenir en todas las diligencias del procedimiento.

No obstante, si el delito fuere público, podrá el Juez de instrucción, a propuesta del Ministerio Fiscal, de cualquiera de las partes personadas o de oficio, declararlo, mediante auto, total o parcialmente secreto para todas las partes personadas, por tiempo no superior a un mes cuando resulte necesario para:

a) evitar un riesgo grave para la vida, libertad o integridad física de otra persona; o

b) prevenir una situación que pueda comprometer de forma grave el resultado de la investigación o del proceso.

El secreto del sumario deberá alzarse necesariamente con al menos diez días de antelación a la conclusión del sumario.

Lo dispuesto en este artículo se entenderá sin perjuicio de lo previsto en el párrafo segundo del apartado 3 del artículo 505.

Art. 303. La formación del sumario, ya empiece de oficio, ya a instancia de parte, corresponderá a los Jueces de instrucción por los delitos que se cometan dentro de su partido o demarcación respectiva, o en su defecto, a los demás de la misma ciudad o población, cuando en ella hubiere más de uno y, a prevención con ellos o por su delegación, a los Jueces municipales.

Esta disposición no es aplicable a las causas encomendadas especialmente por la Ley orgánica a determinados Tribunales, pues para ellas podrán éstos nombrar un Juez instructor especial, o autorizar al ordinario para el seguimiento del sumario.

El nombramiento de Juez instructor únicamente podrá recaer en un Magistrado del mismo Tribunal, o en un funcionario del orden judicial en activo servicio de los existentes dentro del territorio de dicho Tribunal. Una vez designado, obrará con jurisdicción propia e independiente.

Cuando el instructor fuese un Magistrado, podrá delegar sus funciones, en caso de imprescin-

---

Art. 302: Redactado conforme al art. 2.ºuno de la LO 5/2015, de 27 de abril (*BOE* del 28), por la que se modifican la Ley de Enjuiciamiento Criminal y la LO 6/1985, de 1 de julio, del Poder Judicial, para transponer la Directiva 2010/64/UE, de 20 de octubre de 2010, relativa al derecho a interpretación y a traducción en los procesos penales, y la Directiva 2012/13/UE, de 22 de mayo de 2012, relativa al derecho a la información en los procesos penales.

Arts. 303 a 305: Ténganse en cuenta, en relación con el nombramiento de instructores especiales, el reconocimiento constitucional del derecho al juez ordinario predeterminado por la ley (art. 24.2), y recientes sentencias del TC.

dible necesidad, en el Juez de instrucción del punto donde hayan de practicarse las diligencias.

Cuando el delito fuese, por su naturaleza, de aquellos que solamente pueden cometerse por Autoridades o funcionarios sujetos a un fuero superior, los Jueces de instrucción ordinarios, en casos urgentes, podrán acordar las medidas de precaución necesarias para evitar su ocultación; pero remitirán las diligencias en el término más breve posible, que en ningún caso podrá exceder de tres días, al Tribunal competente, el cual resolverá sobre la incoación del sumario, y en su día sobre si ha o no lugar al procesamiento de la Autoridad o funcionario inculpados.

Art. 304. Las Salas de gobierno de las Audiencias territoriales podrán nombrar también un Juez instructor especial cuando las causas versen sobre delitos cuyas extraordinarias circunstancias, o las de lugar y tiempo de su ejecución, o de las personas que en ellos hubiesen intervenido como ofensores u ofendidos, motivaren fundadamente el nombramiento de aquél para la más acertada investigación o para la más segura comprobación de los hechos.

Las facultades de las Salas de gobierno serán extensivas a las causas procedentes de las Audiencias comprendidas dentro de su demarcación, y los nombramientos deberán recaer en los mismos funcionarios expresados en el artículo anterior de entre los existentes en el territorio, prefiriendo, a ser posible, uno de los Magistrados de la misma, cuando no fuere autorizado el Juez instructor ordinario para el seguimiento del sumario.

Lo mismo las Salas de gobierno que los Tribunales, cuando hagan uso de la facultad expresada en éste y en el precedente artículo, darán cuenta motivada al Ministerio de *Gracia y Justicia.*

Igual facultad tendrá la Sala de gobierno del Tribunal Supremo para designar cuando proceda Juez especial que conozca de delito o delitos cometidos en lugares pertenecientes a la jurisdicción de más de una Audiencia territorial o en aquellos casos en que por las circunstancias del hecho lo estimare conveniente la mencionada Sala, debiendo recaer el nombramiento en cualquier funcionario del servicio activo de la carrera judicial.

La competencia para la respectiva Audiencia a que deba el proceso ser sometido después de

---

Art. 304: El último párrafo de este artículo fue añadido por la Ley de 6 de febrero de 1935 (*Gaceta* del 16).

concluido el sumario, se atribuirá por las reglas del artículo 18 de esta Ley.

Art. 305. El nombramiento de Jueces especiales de instrucción que se haga conforme a los artículos anteriores, será y habrá de entenderse sólo para la instrucción del sumario con todas sus incidencias. Terminado éste, se remitirá por el Juez especial al Tribunal a quien según las disposiciones vigentes corresponda el conocimiento de la causa, para que la prosiga y falle con arreglo a derecho.

CAPÍTULO II

DE LA FORMACIÓN DEL SUMARIO*

Art. 306. Conforme a lo dispuesto en el capítulo anterior, los Jueces de instrucción formarán los sumarios de los delitos públicos bajo la inspec-

---

* Véase con carácter general la Orden de 21 de marzo de 1932 (*Gaceta* del 24) que establece disposiciones diversas para evitar la lentitud o paralización de los sumarios, transcribiéndose sus diversas normas al pie de los arts. 308, 311, 315, 323, 324, 364, 366 y 367 de esta Ley.

Por su parte la Orden de 30 de marzo de 1957 (*BOE* de 8 de abril), dispone:

»1.º   Tanto en la instrucción de los sumarios como en el período de plenario, los Jueces y Tribunales observarán con el mayor celo las normas en vigor contenidas en las disposiciones dictadas por este Ministerio en 3 de mayo de 1926, 21 de marzo de 1932 y 8 de abril de 1933, encaminadas a procurar el más exacto cumplimiento de preceptos de la Ley de Enjuiciamiento Criminal de 14 de septiembre de 1882.

»2.º   Al recibirse en la Audiencia los partes de incoación de los sumarios se distribuirán entre los Magistrados por el turno de reparto que el mismo Tribunal acuerde, atribuyéndose desde ese momento la ponencia al Magistrado a quien el sumario se turne, el que hará en su libro de vigilancia el asiento correspondiente o hará una ficha, si se prefiere este sistema.

»3.º   Los Ponentes examinarán con asiduidad sus libros o ficheros, cuidando de observar el progreso de la instrucción de los sumarios y especialmente de que los Jueces cumplan lo dispuesto en el artículo 234 de la Ley de Enjuiciamiento Criminal.

»4.º   Sin perjuicio de lo que en cada caso puedan acordar de las Salas de Justicia conforme a los artículos 324 y 325 de la Ley, las Salas o Juntas de Gobierno se reunirán como dispone el artículo 20 del Decreto de 8 de abril de 1933, dentro de los cinco primeros días de cada mes, y, además, cuantas veces lo estimen preciso; en cada reunión los Ponentes darán cuenta de los sumarios pendientes en los Juzgados en cuya tramitación observen retardo o irregularidades, y en todo caso de los que llevan más de un mes de tramitación, para apreciar las causas que hayan impedido su terminación y adoptar los acuerdos pertinentes.

»Las Salas de Gobierno podrán acordar que se cite a sus reuniones a los Ponentes a fin de que emitan los informes prevenidos en el párrafo anterior.

»Los Presidentes de las Salas o Juntas de Gobierno cuidarán de que en la redacción del acta de cada reunión se cumpla lo acordado por el artículo 21 del citado Decreto.

»5.º Igualmente darán cuenta de los procesos pendientes en la Audiencia en los que adviertan dilación por incumplimiento de los términos fijados en la Ley o en los acuerdos judiciales para los diferentes trámites o traslados, cumplimiento de diligencias o ejecución de sentencias.

»6.º Cuando en virtud de lo dispuesto en el artículo 626 de la Ley de Enjuiciamiento Criminal se pasen los asuntos al Ponente, éste examinará cuidadosamente si se han practicado las notificaciones y emplazamientos, así como si se han remitido las piezas de convicción, y dará cuenta a la Sala para la inmediata subsanación y corrección del defecto que aprecie.

»7.º Transcurrido el término del emplazamiento se darán sin dilación los traslados de Instrucción, y evacuados en los términos para ello fijados, examinarán los Ponentes, para dar cuenta a la Sala, las peticiones formuladas, debiendo rechazarse las de revocación del auto de terminación del sumario para la práctica de nuevas diligencias, si no se consideran esenciales para la comprobación de los hechos o su calificación y las que puedan practicarse en el juicio oral.

»8.º Una vez que los autos se encuentren en estado de señalamiento de la vista, se hará sin dilación, sin que se pueda demorar porque ya está cubierto con otro señalamiento un dilatado período de tiempo. Asimismo semanalmente se hará por los Secretarios respectivos alarde de los asuntos que hayan llegado a tal estado, y se dará cuenta a las Salas.

»9.º Los Jueces de instrucción harán uso siempre que sea posible de la prórroga de jurisdicción autorizada por el artículo 323 de la Ley de Enjuiciamiento Criminal. Cuando requieran de otro Juez o Tribunal la práctica de diligencias, excedido el plazo que prudencialmente consideren necesario para su cumplimiento, practicarán lo dispuesto en el artículo 192 de la citada Ley.

»10. Los Tribunales cuidarán de evitar las suspensiones de juicios, que únicamente deberán acordarse excepcionalmente, y cumplirán al efecto lo que dispone la regla 14 de la Orden de 21 de marzo de 1932. Asimismo vigilarán especialmente el cumplimiento de las ejecutorias, evitando todo retraso en la práctica de las necesarias diligencias para su pronta terminación.

»11. La Inspección de Tribunales velará por el cumplimiento de las anteriores disposiciones y especialmente de la forma de llevarse los libros o, en su caso, los ficheros de vigilancia, y la celebración de las reuniones periódicas prescritas en el número 4.º y la redacción de sus actas.»

Art. 306. En cuanto a los posibles conflictos de jurisdicción, hay que tener en cuenta el Capítulo III de la Ley 29/2022, de 21 de diciembre (*BOE* del 22), por la que se adapta el ordenamiento nacional al Reglamento (UE) 2018/1727 del Parlamento Europeo y del Consejo, de 14 de noviembre de 2018, sobre Eurojust, y se regulan los conflictos de jurisdicción, las redes de cooperación jurídica internacional y el personal dependiente del Ministerio de Justicia en el exterior. Dicho Capítulo establece:

«CAPÍTULO III: DE LOS CONFLICTOS DE JURISDICCIÓN.

»*Art. 24. Solicitud de contacto a la autoridad competente de otro Estado miembro ante la sospecha de un conflicto de jurisdicción.*—1. Cuando el órgano judicial que conozca de la instrucción o del enjuiciamiento de un proceso penal en España tenga conocimiento de que en otro Estado miembro se está tramitando un proceso penal, ya sea en fase de instrucción o de enjuiciamiento, contra la misma persona y respecto de los mismos hechos, enviará sin demora una solicitud de contacto por cualquier medio que deje constancia escrita a la autoridad competente del otro Estado miembro para la obtención de información sobre el contenido de la investigación en dicho Estado miembro.

»2.   El Ministerio Fiscal será competente para enviar dicha solicitud de contacto si se tratara de diligencias de investigación sustanciadas ante la Fiscalía o de la instrucción de un procedimiento de responsabilidad penal de menores.

»3.   La autoridad competente deberá incluir en la solicitud de contacto la siguiente información:

»a)   Una descripción detallada de los hechos y circunstancias que sean objeto de la investigación.

»b)   Tipificación de la conducta en España.

»c)   Datos sobre la identidad de la persona investigada, acusada o procesada y de la detención, prisión o de las medidas cautelares que hayan sido adoptadas.

»d)   Datos, si procede, de las víctimas de la infracción penal y medidas de protección que hayan sido adoptadas en relación con las mismas.

»e)   Fase alcanzada en la investigación.

»f)   Datos de contacto de la autoridad judicial responsable.

»4.   Asimismo la autoridad competente española podrá facilitar información adicional relativa a las pruebas o diligencias de investigación que consten practicadas en el procedimiento español o a las dificultades que se hayan planteado o sea probable que surjan en la investigación o enjuiciamiento de la causa en España.

»5.   En caso de no poder facilitar la información detallada en este artículo por entender que de hacerlo se perjudicarían los intereses fundamentales de seguridad nacional, se comprometería el éxito de una investigación en curso, o se pondría en peligro la seguridad de las personas, en los términos previstos en el artículo 25 se hará constar expresamente en la consulta la concurrencia de estas excepciones. El secreto de las actuaciones no será óbice para el cumplimiento de esta obligación de consulta, en los términos previstos en el apartado 3 del artículo 22.

»6.   El contacto con la autoridad competente del otro Estado miembro será directo, sin perjuicio de la posibilidad de recabar la asistencia de los puntos de contacto de la Red Judicial Europea o del miembro nacional de España en Eurojust, en función de sus respectivas competencias.

»7.   En el caso de que la solicitud de contacto la curse un órgano judicial, esta se acordará por auto motivado previa audiencia al Ministerio Fiscal y, en su caso y siempre que no mediara declaración de secreto de las actuaciones, a las demás partes personadas, para alegaciones por escrito en el plazo común de diez días sobre los términos en los que debe formularse la solicitud. Cuando el Ministerio Fiscal sea el competente para solicitar el contacto, la solicitud se acordará por decreto.

»Art. 25.   *Respuesta a la solicitud de contacto recibida por la autoridad española competente ante un eventual conflicto de jurisdicción.*—1.   La autoridad española competente responderá, por cualquier medio que deje constancia escrita, a la solicitud de contacto que le envíe la autoridad de otro Estado miembro ante la eventual existencia de un conflicto de jurisdicción. Dicha contestación se efectuará sin demora y, en todo caso, en el plazo indicado por la autoridad remisora.

»2.   Si la autoridad española competente no pudiera dar una respuesta en dicho plazo, informará de inmediato a la autoridad solicitante de los motivos de la demora, debiendo indicar el plazo previsible en el que podrá facilitar la información, plazo que en todo caso no podrá exceder de un mes y, si se tratara de una petición urgente, de quince días.

»3.   La autoridad competente tendrá la obligación de responder, en todo caso, a la solicitud de información cursada y su respuesta contendrá, cuando proceda, la información detallada en el artículo 24.3 salvo que perjudique los intereses fundamentales de seguridad nacional, se comprometa el éxito de una investigación en curso o ponga en peligro la seguridad de las personas, en cuyo caso se hará constar expresamente la concurrencia de estas circunstancias. El secreto de las actuaciones no será óbice al cumplimiento de la obligación de contestar, en los términos del apartado 3 del artículo 22.

»4. Si la autoridad receptora de la consulta no es la competente para responderla, la transmitirá sin demora a la autoridad que sí lo sea, informando de esta remisión a la autoridad solicitante, facilitándole los datos de contacto de la autoridad competente.

»5. En caso de que sea competente para su contestación un órgano judicial, éste dará traslado de la solicitud al Ministerio Fiscal y, en su caso y siempre que no mediara declaración de secreto de las actuaciones, a las demás partes personadas, para alegaciones por escrito en el plazo de diez días sobre los términos en los que debe responderse la solicitud. El juez o tribunal resolverá por auto, que deberá dictarse en los cinco días siguientes.

»Si la solicitud de información tiene carácter urgente por estar privada de libertad la persona investigada, acusada o procesada, la autoridad judicial española dará audiencia al Ministerio Fiscal y, en su caso y siempre que no mediara declaración de secreto de las actuaciones, a las demás partes personadas, y resolverá en el plazo máximo de cinco días desde la recepción de la consulta.

»6. En caso de tratarse de diligencias de investigación sustanciadas ante la Fiscalía o de la instrucción de un procedimiento de responsabilidad penal de menores, el Ministerio Fiscal será el responsable de responder la consulta.

»*Art. 26. Decisión en relación con el conflicto de jurisdicción.*—1. Una vez entablado contacto directo con la autoridad competente de otro Estado miembro y confirmada la tramitación paralela de dos procedimientos penales contra la misma persona y respecto de los mismos hechos, el órgano judicial oirá al Ministerio Fiscal y demás partes personadas y, siempre y cuando no se haya declarado el secreto de las actuaciones, a las demás partes personadas por plazo común de diez días, sobre si procede la sustanciación de ambos procedimientos penales en un mismo Estado miembro y sobre los criterios que concurren para que la autoridad judicial española transfiera o no el procedimiento a otro Estado miembro.

»2. Tras esta audiencia, el juez o tribunal promoverá el consenso con la autoridad competente del otro Estado miembro, para lo que podrá solicitar la asistencia del miembro nacional de Eurojust, y, caso de lograrse, se procederá en el modo señalado en los apartados 4 y siguientes de este artículo.

»Caso de no lograrse el consenso, podrá trasladar el asunto a Eurojust, siempre que se trate de una materia incluida en su ámbito de competencias, a través del miembro nacional de España. Si no hubiera acuerdo tampoco tras la intervención de los miembros nacionales de Eurojust, podrá solicitar al miembro nacional de España que inste el dictamen escrito del Colegio de Eurojust previsto en el artículo 4.4 del Reglamento (UE) 2018/1727.

»3. Conseguido el consenso entre las autoridades nacionales o, en su defecto, recibida de la forma prevista en el artículo 20.3 de esta Ley la recomendación emitida por el miembro nacional o, en su caso, el dictamen del Colegio de Eurojust, se oirá de nuevo al Ministerio Fiscal y, en su caso, a las demás partes personadas, en un plazo de cinco días. Tras ello el juez o tribunal resolverá, por auto motivado, dictado en el plazo de cinco días, sobre la procedencia de transferir o aceptar la transferencia del procedimiento a o del otro Estado.

»Este auto será notificado a la autoridad competente del otro Estado miembro y se pondrá en conocimiento de Eurojust a fin de que pueda facilitar su ejecución. Contra el mismo podrán interponerse los recursos ordinarios previstos en la Ley de En-

ción directa del Fiscal del Tribunal competente.

La inspección será ejercida, bien constituyéndose el Fiscal por sí o por medio de sus auxiliares al lado del Juez instructor, bien por medio de testimonios en relación, suficientemente expresivos, que le remitirá el Juez instructor periódicamente y

---

juiciamiento Criminal, que se tramitarán con carácter preferente y no tendrán efectos suspensivos.

»4.   La autoridad judicial española informará a la autoridad competente del otro Estado miembro y al miembro nacional de España en Eurojust de cualquier medida procesal relevante para el avance del proceso que se adopte en el procedimiento penal en el que se ha planteado el eventual conflicto.

»5.   Para la resolución del conflicto de jurisdicción el juez o tribunal tendrá en cuenta los siguientes criterios:

»*a*)   Residencia habitual y nacionalidad de la persona investigada, acusada o procesada.

»*b*)   Lugar en el que se ha cometido la mayor parte de la infracción penal o su parte más sustancial.

»*c*)   Jurisdicción conforme a cuyas reglas se han obtenido las pruebas o lugar donde es más probable que estas se obtengan.

»*d*)   Interés de la víctima.

»*e*)   Lugar donde se encuentren los productos o efectos del delito y jurisdicción a instancia de la cual han sido asegurados para el proceso penal.

»*f*)   Fase en la que se encuentran los procedimientos penales sustanciados en cada Estado miembro.

»6.   Si se tratara de diligencias de investigación sustanciadas ante la Fiscalía o de la instrucción de un expediente de responsabilidad penal de menores, se resolverá por decreto, que deberá estar motivado y se comunicará a las personas investigadas, al denunciante y a quienes hubieran alegado ser perjudicados u ofendidos, quienes, en caso de disconformidad, podrán reproducir sus pretensiones ante el juez de instrucción o ante el juez de menores, respectivamente.»

Art. 306, párr. 1.º: Vid. la Circular de la Fiscalía del Tribunal Supremo de 31 de diciembre de 1882 (*Gaceta* de 1 enero 1883).

La Orden de 23 de marzo de 1932 (*Gaceta* del 24), dispone:

«1.º   Los funcionarios que integran el Ministerio Fiscal observarán con todo celo lo preceptuado en los artículos 306 y 319 de la Ley de Enjuiciamiento Criminal, procurando realizar personalmente el mayor número de inspecciones posibles, no sólo en los casos indicados en el artículo 318, sino en todos aquellos que observen retraso injustificado en la instrucción de los sumarios.

»2.º   Cuidarán los Fiscales de que los Jueces instructores cumplan rigurosamente lo preceptuado en el párrafo segundo del artículo 324 de la Ley y, a tal efecto, reclamarán no sólo los partes de adelanto, sino testimonios en relación, para en su vista acordar lo que sea procedente para la más pronta terminación de los sumarios.

»3.º   Todo sumario que lleve más de seis meses de tramitación deberá ser inspeccionado personalmente por el Fiscal de la Audiencia o por sus auxiliares cuando, de los partes de adelanto no se deduzca claramente la justificación de la demora. Los Fiscales darán cuenta a la Fiscalía General de la República (hoy Fiscalía General del Estado) del resultado de estas inspecciones y propondrán las correcciones disciplinarias a que hubiere lugar.

cuantas veces se los reclame, pudiendo en este caso el Fiscal hacer presente sus observaciones en atenta comunicación y formular sus pretensiones por requerimientos igualmente atentos. También podrá delegar sus funciones en los Fiscales municipales.

Tan pronto como se ordene la incoación del procedimiento para las causas ante el Tribunal del Jurado, se pondrán en conocimiento del Ministerio Fiscal quien comparecerá e intervendrá en cuantas actuaciones se lleven a cabo ante aquél.

Cuando en los órganos judiciales existan los medios técnicos precisos, el fiscal podrá intervenir en las actuaciones de cualquier procedimiento penal, incluida la comparecencia del artículo 505, mediante videoconferencia u otro sistema similar que permita la comunicación bidireccional y simultánea de la imagen y el sonido.

»4.º Los funciones fiscales deberán hacer uso cuando sea procedente de la facultad establecida en el párrafo segundo del artículo 622, en todos aquellos sumarios que inspeccionen personalmente, y de un modo especial en cuanto lleven más de seis meses de tramitación.

»5.º Cuando el Ministerio Fiscal reciba en traslado ordinario de instrucción cualquier causa que a su juicio haya debido tramitarse por el procedimiento establecido para los delitos flagrantes, la devolverá con el oportuno escrito de calificación, expresando hacer así en cumplimiento del artículo 794 de la Ley.

»6.º Los funcionarios del Ministerio Fiscal se abstendrán de solicitar la revocación de los autos de conclusión de los sumarios para la práctica de diligencias inútiles o superfluas y aun de aquellas que estimen sustanciales cuando a su juicio puedan ser practicadas sin riesgo para la recta administración de la justicia en el acto del juicio oral.

»7.º El Ministerio Fiscal velará por el exacto cumplimiento de lo ordenado por este Ministerio en la Orden de 21 de marzo de 1932.

»8.º Los funcionarios del Ministerio Fiscal que necesiten ausentarse de su residencia para cumplir los deberes de su cargo, podrán solicitar de este Ministerio el envío de fondos a justificar con la cuenta de dietas y gastos correspondientes.»

Vid. también la Circular de la Fiscalía del Tribunal Supremo de 7 de mayo de 1953, sobre la formación del sumario, en la Memoria de 1953.

Más recientemente ver la Circular de la Fiscalía del Tribunal Supremo de 18 de diciembre de 1978 (*Bol. Inf. M.º Justicia* de 15 de enero de 1979) sobre inspección de procedimientos penales.

Art. 306, párr. 2.º: Téngase en cuenta lo dispuesto en el Estatuto orgánico del Ministerio Fiscal, Ley 50/1981, de 30 de diciembre (*BOE* de 13 enero 1982), en cuanto a ordenación de la Carrera Fiscal.

Art. 306, párr. 3.º: Párrafo añadido por la LO 2/1995, de 22 de mayo (*BOE* del 23), del Tribunal del Jurado.

Vid. *infra*, Apéndice, § 1.

Art. 306, párr. 4.º: Adición realizada por la LO 13/2003, de 24 de octubre (*BOE* del 27), de reforma de la Ley de Enjuiciamiento Criminal en materia de prisión provisional.

Art. 307. En el caso de que el Juez municipal comenzare a instruir las primeras diligencias del sumario, practicadas que sean las más urgentes y todas las que el Juez de instrucción le hubiere prevenido, le remitirá la causa, que nunca podrá retener más de tres días.

Art. 308. Inmediatamente que los Jueces de instrucción o de Paz, en su caso, tuvieren noticia de la perpetración de un delito, el Secretario judicial lo pondrá en conocimiento del Fis-

cal de la respectiva Audiencia, y dará, además, parte al Presidente de ésta de la formación del sumario, en relación sucinta, suficientemente expresiva del hecho, de sus circunstancias y de su autor, dentro de los dos días siguientes al en que hubieren principiado a instruirle.

Los Jueces de paz darán cuenta inmediata de la prevención de las diligencias al de Instrucción a quien corresponda.

Art. 309. Si la persona contra quien resultaren cargos fuere

Art. 308: Redactado conforme a la Ley 13/2009, de 3 de noviembre (*BOE* del 4), de reforma de la legislación procesal para la implantación de la nueva Oficina judicial.

Art. 309, párr. 1.º: Vid. nota a los arts. 303 a 305. Normas que determinan la competencia penal por razón de la persona del inculpado; principalmente:

— Art. 56.3 de la Constitución: inviolabilidad de la persona del Rey.

— Art. 71 de la Constitución: inmunidad de Diputados y Senadores, para cuya inculpación o procesamiento se precisa la previa autorización de la Cámara y será competente la Sala de lo Penal del Tribunal Supremo.

— Art. 102 de la Constitución: para el enjuiciamiento del Presidente del Gobierno y los Ministros es competente la Sala de lo Penal del Tribunal Supremo.

— Art. 26 de la LO 2/1979, de 3 de octubre (*BOE* del 5): para el enjuiciamiento de los Magistrados del Tribunal Constitucional es competente la Sala de lo Penal del Tribunal Supremo.

— Arts. 57 y 73.3 de la LOPJ para la competencia, respectivamente, de la Sala de lo Penal del Tribunal Supremo y de los Tribunales Superiores de Justicia.

— Art. 6.º3 de la LO 3/1981, de 5 de abril (*BOE* de 7 de mayo), del Defensor del Pueblo: su responsabilidad penal y la de sus adjuntos es exigible ante la Sala correspondiente del Tribunal Supremo.

— Art. 35 de la LO 2/1982, de 12 de mayo (*BOE* del 21), del Tribunal de Cuentas: la responsabilidad penal de sus miembros es exigible ante la Sala correspondiente del Tribunal Supremo.

— Arts. 26.6 y 32.2 del Estatuto de Autonomía para el País Vasco: la responsabilidad penal de los miembros del Parlamento Vasco, del Presidente y de los miembros del Gobierno autónomo se exige ante el Tribunal Superior de Justicia o ante la Sala de lo Penal del Tribunal Supremo, según el lugar de comisión del delito.

— Arts. 57 y 70 del Estatuto de Autonomía de Cataluña: normas similares a las referidas.

— Arts. 11.3 y 18 del Estatuto de Autonomía para Galicia: normas similares.

alguna de las sometidas en virtud de disposición especial de la Ley orgánica a un Tribunal excepcional, practicadas las primeras diligencias y antes de dirigir el procedimiento contra aquélla, esperará las órdenes del Tribunal competente a los efectos de lo prevenido en el párrafo segundo y última parte del quinto del artículo 303 de esta Ley.

Si el delito fuere de los que dan motivo a la prisión preventiva, con arreglo a lo dispuesto en esta Ley, y el presunto culpable hubiese sido sorprendido *in fraganti*, podrá ser, desde luego, detenido y preso, si fuere nece-

---

— Arts. 101, 118 y 122 del Estatuto de Autonomía para Andalucía: normas similares, aunque la responsabilidad del Presidente de la Junta se exige en todo caso ante la Sala de lo Penal del Tribunal Supremo.

— Arts. 26.2 y 35 bis del Estatuto de Autonomía del Principado de Asturias: responsabilidad penal de los miembros de la Junta General del Principado, exigible en los mismos términos que en los demás Estatutos.

— Art. 11 del Estatuto de Autonomía para Cantabria: corresponde a los jueces ordinarios predeterminados por la ley.

— Arts. 25.2.II y 33.7 del Estatuto de Autonomía para la Región de Murcia: normas similares a las anteriores.

— Arts. 23 y 31 del Estatuto de Autonomía de la Comunidad Valenciana: normas similares.

— Arts. 38 y 35 del Estatuto de Autonomía de Aragón: normas similares.

— Arts. 10.3 y 17 del Estatuto de Autonomía de Castilla-La Mancha: normas similares.

— Arts. 22 y 29 del Estatuto de Autonomía de Castilla y León: normas similares.

— Arts. 10.3.II y 19.2 del Estatuto de Autonomía de Canarias: normas similares.

— Arts. 14 y 27 de la Ley Orgánica de Reintegración y Amejoramiento del Régimen Foral de Navarra: norma similar en cuanto a la responsabilidad penal de los parlamentarios forales, pero el art. 27 dispone que «la responsabilidad criminal del Presidente y de los demás miembros de la Diputación Foral será exigible, en su caso, ante la correspondiente Sala del Tribunal Supremo».

— Arts. 44, 56.7 y 57.5 del Estatuto de Autonomía de las Illes Balears: las causas penales y las demandas de responsabilidad civil por hechos cometido en el ejercicio del cargo corresponde al órgano jurisdiccional predeterminado por la ley.

— Arts. 11.6 y 25.1 del Estatuto de Autonomía de la Comunidad de Madrid: norma similar en cuanto a los diputados de la Asamblea de Madrid y los consejeros;la responsabilidad penal del Presidente es exigible sólo ante la Sala de lo Penal del Tribunal Supremo.

— Arts. 18.2 y 35.2 del Estatuto de Autonomía de Extremadura: normas similares a los demás Estatutos respecto de la responsabilidad de los diputados, Presidente y Consejeros.

— Arts. 17.7 y 24.4 del Estatuto de Autonomía de La Rioja.

— Art. 8.º de la LO 2/1986, de 13 de marzo (*BOE* el 14), de Fuerzas y Cuerpos de Seguridad.

Art. 309, párr. 2.º: Vid. arts. 503, 504 y 504 bis de esta Ley, en cuanto a la procedencia de la prisión provisional. Vid. también art. 751.

sario, sin perjuicio de lo dispuesto en el párrafo precedente.

Art. 309 bis. Cuando de los términos de la denuncia o de la relación circunstanciada del hecho en la querella, así como cuando de cualquier actuación procesal, resulte contra persona o personas determinadas la imputación de un delito, cuyo enjuiciamiento venga atribuido al Tribunal del Jurado, procederá el Juez a la incoación del procedimiento previsto en su ley reguladora, en el que, en la forma que en ella se establece, se pondrá inmediatamente aquella imputación en conocimiento de los presuntamente inculpados.

El Ministerio Fiscal, demás partes personadas, y el investigado en todo caso, podrán instarlo así, debiendo el Juez resolver en plazo de una audiencia. Si no lo hiciere, o desestimare la petición, las partes podrán recurrir directamente en queja ante la Audiencia Provincial que resolverá antes de ocho días, recabando el informe del Instructor por el medio más rápido.

Art. 310. Los Jueces de instrucción podrán delegar en los municipales la práctica de todos los actos y diligencias que esta Ley no reserve exclusivamente a los primeros cuando alguna causa justificada les impida practicarlos por sí. Pero procurarán hacer uso moderado de esta facultad, y el Tribunal inmediato superior cuidará de impedir y corregir la frecuencia injustificada de estas delegaciones.

Art. 311. El Juez que instruya el sumario practicará las diligencias que le propusieran el Ministerio Fiscal o cualquiera de las partes personadas, si no las considera inútiles o perjudiciales.

Art. 309 bis: Vid. *infra*, Apéndice, § 1.
Art. 309 bis, párr. 2.º: El término «investigado» sustituye a «imputado» como consecuencia del art. único.veintiuno de la LO 13/2015, de 5 de octubre (*BOE* del 6), de modificación de la Ley de Enjuiciamiento Criminal para el fortalecimiento de las garantías procesales y la regulación de las medidas de investigación tecnológica.
Art. 311: Redactado conforme a la Ley 53/1978, de 4 de diciembre (*BOE* del 8).
La Orden de 21 de marzo de 1932 (*Gaceta* del 24) disponía en su n.º 3.º que: «En la instrucción de los sumarios rechazarán los Jueces instructores la práctica de las diligencias pedidas por las partes que no conduzcan de modo directo al esclarecimiento de los hechos. Los Tribunales examinarán minuciosamente las peticiones de revocación de los autos de conclusión de los sumarios para la práctica de nuevas diligencias, rechazando las que no consideren esenciales y asimismo las que sean susceptibles de practicarse en el acto del juicio.»

Contra el auto denegatorio de las diligencias pedidas podrá interponerse recurso de apelación, que será admitido en un solo efecto para ante la respectiva Audiencia o Tribunal competente.

Cuando el Fiscal no estuviere en la misma localidad que el Juez de Instrucción, en vez de apelar, recurrirá en queja al Tribunal competente, acompañando al efecto testimonio de las diligencias sumariales que conceptúe necesarias, cuyo testimonio deberá facilitarle el Juez de instrucción y, previo informe del mismo, acordará el Tribunal lo que estime procedente.

Art. 312. Cuando se presentare querella, el Juez de instrucción después de admitirla si fuere procedente, mandará practicar las diligencias que en ella se propusieren, salvo las que considere contrarias a las leyes, o innecesarias o perjudiciales para el objeto de la querella, las cuales denegará en resolución motivada.

Art. 313. Desestimará en la misma forma la querella cuando los hechos en que se funde no constituyan delito, o cuando

no se considere competente para instruir el sumario objeto de la misma.

Contra el auto a que se refiere este artículo procederá el recurso de apelación, que será admisible en ambos efectos.

Art. 314. Las diligencias pedidas y denegadas en el sumario podrán ser propuestas de nuevo en el juicio oral.

Art. 315. El Juez hará constar cuantas diligencias se practicaren a instancia de parte.

De las ordenadas de oficio solamente constarán en el sumario aquellas cuyo resultado fuere conducente al objeto del mismo.

Art. 316. *[Dejado sin contenido por la Ley 53/1978.]*

Art. 317. El Juez municipal tendrá las mismas facultades que el de instrucción para no comunicar al querellante particular las actuaciones que practicare.

Art. 318. Sin embargo del deber impuesto a los Jueces municipales de instruir en su caso las primeras diligencias de los

---

Art. 312: Vid. nota al art. anterior.
Art. 315: La Orden de 21 de marzo de 1932 (*Gaceta* del 24) establece en su n.º 1.º: «Los Jueces de instrucción deberán observar en la tramitación de los sumarios lo preceptuado en el párrafo segundo del art. 315 de la Ley de Enjuiciamiento Criminal, evitando que se unan a los autos aquellas diligencias que, aun ordenadas de oficio, no sean útiles al esclarecimiento de los hechos. En este caso harán constar en el sumario la razón por la que no se unen las diligencias practicadas sin resultado aprovechable.»

sumarios, cuando el Juez de instrucción tuviere noticia de algún delito que revista carácter de gravedad, o cuya comprobación fuere difícil por circunstancias especiales, o que hubiese causado alarma, se trasladará inmediatamente al lugar del delito y procederá a formar el sumario, haciéndose cargo de las actuaciones que hubiese practicado el Juez municipal, y recibiendo las averiguaciones y datos que le suministren los funcionarios de la Policía Judicial. Permanecerá en dicho lugar el tiempo necesario para practicar todas las diligencias cuya dilación pudiera ofrecer inconvenientes.

Art. 319. Cuando el Fiscal de la respectiva Audiencia tuviere conocimiento de la perpetración de alguno de los delitos expresados en el artículo anterior, deberá trasladarse personalmente, o acordar que se trasladen al lugar del suceso algunos de sus subordinados para contribuir con el Juez de instrucción al mejor y más pronto esclarecimiento de los hechos, si otras ocupaciones tanto o más graves no lo impidieren, sin perjuicio de proceder de igual manera en cualquier otro caso en que lo conceptuare conveniente.

Art. 320. La intervención del actor civil en el sumario se limitará a procurar la práctica de aquellas diligencias que puedan conducir al mejor éxito de su acción, apreciadas discrecionalmente por el Juez instructor.

Art. 321. Los Jueces de instrucción formarán el sumario ante sus Secretarios.

En casos urgentes y extraordinarios, faltando éstos, podrán proceder con la intervención de un Notario o de dos hombres buenos mayores de edad, que sepan leer y escribir, los cuales jurarán guardar fidelidad y secreto.

Art. 322. Las diligencias del sumario que hayan de practicarse fuera de la circunscripción del Juez de instrucción o del término del Juez municipal que las ordenaren tendrán lugar en la forma que determina el Título VIII del Libro I, y serán reservadas para todos los que no deban intervenir en ellas.

Art. 323. Sin embargo de lo dispuesto en el artículo anterior,

---

Art. 319: Vid. Orden de 23 de marzo de 1932, transcrita en nota al art. 306.1.

Art. 321, párr. 2.º: Sobre la posibilidad de sustituir el juramento por la promesa, ver la Ley de 24 de noviembre de 1910 (*Gaceta* del 25).

Art. 323: El art. 275 de la Ley Orgánica del Poder Judicial permite realizar diligencias de instrucción fuera del territorio de la jurisdicción del Juez cuando el lugar se

cuando el lugar en que se hubiere de practicar alguna diligencia del sumario estuviese fuera de la jurisdicción del Juez instructor, pero en lugar próximo al punto en que éste se hallare, y hubiese peligro en demorar aquélla, podrá ejecutarla por sí mismo, dando inmediato aviso al Juez competente.

Art. 324. 1. La investigación judicial se desarrollará en un plazo máximo de doce meses desde la incoación de la causa.

Si, con anterioridad a la finalización del plazo, se constatare que no será posible finalizar la investigación, el juez, de oficio o a instancia de parte, oídas las partes podrá acordar prórrogas sucesivas por períodos iguales o inferiores a seis meses.

Las prórrogas se adoptarán mediante auto donde se expondrán razonadamente las causas que han impedido finalizar la investigación en plazo, así como las concretas diligencias que es necesario practicar y su relevancia para la investigación. En su caso, la denegación de la prórroga también se acordará mediante resolución motivada.

2. Las diligencias de investigación acordadas con anterioridad al transcurso del plazo o de sus prórrogas serán válidas, aunque se reciban tras la expiración del mismo.

3. Si, antes de la finalización del plazo o de alguna de sus prórrogas, el instructor no hubiere dictado la resolución a la que hace referencia el apartado 1, o bien esta fuera revocada por vía de recurso, no serán válidas las diligencias acordadas a partir de dicha fecha.

4. El juez concluirá la instrucción cuando entienda que ha cumplido su finalidad. Transcurrido el plazo máximo o sus prórrogas, el instructor dictará auto de conclusión del sumario o, en el procedimiento abreviado, la resolución que proceda.

---

hallare próximo y resultare conveniente. Vid., también, los arts. 64 a 73 del Reglamento 1/2005, de los aspectos accesorios de las actuaciones judiciales, aprobado por Acuerdo de 15 de septiembre de 2005 (*BOE* de 27), del Pleno del Consejo General del Poder Judicial, así como la Instrucción del Pleno del CGPJ 4/2001, de 20 de junio (*BOE* de 7 de julio), sobre el alcance y los límites del deber de auxilio judicial.

Art. 324: Redactado conforme al art. único de la Ley 2/2020, de 27 de julio (*BOE* del 28), por la que se modifica el art. 324 de la Ley de Enjuiciamiento Criminal. La Disp. Trans. (*Procesos en tramitación*) establece que la modificación será de aplicación a los procesos en tramitación a la entrada en vigor de la ley. A tal efecto, el día de entrada en vigor (29 de julio) será considerado como día inicial para el cómputo de los plazos máximos de instrucción establecidos en aquél.

Vid. Circular 1/2021, de 8 de abril (*BOE* del 21), de la Fiscalía General del Estado, sobre los plazos de la investigación judicial del art. 324 de la Ley de Enjuiciamiento Criminal.

Art. 325. El Juez, de oficio o a instancia de parte, por razones de utilidad, seguridad o de orden público, así como en aquellos supuestos en que la comparecencia de quien haya de intervenir en cualquier tipo de procedimiento penal como investigado o encausado, testigo, perito, o en otra condición resulte particularmente gravosa o perjudicial, podrá acordar que la comparecencia se realice a través de videoconferencia u otro sistema similar que permita la comunicación bidireccional y simultánea de la imagen y el sonido, de acuerdo con lo dispuesto en el apartado 3 del artículo 229 de la Ley Orgánica del Poder Judicial.

TÍTULO V

De la comprobación del delito y averiguación del delincuente*

CAPÍTULO PRIMERO

De la inspección ocular**

Art. 326. Cuando el delito que se persiga haya dejado vestigios o pruebas materiales de su perpetración, el Juez instructor o el que haga sus veces ordenará que se recojan y conserven para el juicio oral si fuere posible, procediendo al efecto a la

---

Art. 325: Nueva redacción por la LO 13/2003, de 24 de octubre (*BOE* del 27), de reforma de la Ley de Enjuiciamiento Criminal en materia de prisión provisional.

Los términos «investigado o encausado» sustituyen a «imputado» como consecuencia del art. único.veintiuno de la LO 13/2015, de 5 de octubre (*BOE* del 6), de modificación de la Ley de Enjuiciamiento Criminal para el fortalecimiento de las garantías procesales y la regulación de las medidas de investigación tecnológica.

* Vid. arts. 761 ss., donde se establecen especialidades en esta materia para el procedimiento abreviado, y art. 797, para las especialidades del procedimiento para el enjuiciamiento rápido de determinados delitos.

** El art. 95.1.*a*) de la Ley 58/2003, de 17 de diciembre (*BOE* del 18), General Tributaria, establece: «La colaboración [de la Administración Tributaria] con los órganos jurisdiccionales y el Ministerio Fiscal en la investigación o persecución de delitos que no sean perseguibles únicamente a instancia de persona agraviada», en cuyo caso «[...] la información de carácter tributario deberá ser suministrada preferentemente mediante la utilización de medios informáticos o telemáticos. Cuando las Administraciones Públicas puedan disponer de la información por dichos medios, no podrán exigir a los interesados la aportación de certificados de la Administración tributaria en relación con dicha información.» La Ley 21/2003, de 7 de julio (*BOE* del 8), de Seguridad Aérea, en la redacción dada por la Ley 1/2011, de 4 de marzo (*BOE* del 5), por la que se establece el Programa Estatal de Seguridad Operacional para la Aviación Civil y se modifica la primera, en su art. 18 («Carácter reservado de la información»), apartado 1, señala que:

inspección ocular y a la descripción de todo aquello que pueda tener relación con la existencia y naturaleza del hecho.

A este fin hará consignar en los autos la descripción del lugar del delito, el sitio y estado en que se hallen los objetos que en él se encuentren, los accidentes del terreno o situación de las habitaciones, y todos los demás detalles que puedan utilizarse, tanto para la acusación como para la defensa.

Cuando se pusiera de manifiesto la existencia de huellas o vestigios cuyo análisis biológico pudiera contribuir al esclarecimiento del hecho investigado, el Juez de instrucción adoptará u

---

«1. Los datos, registros, grabaciones, declaraciones, comunicaciones, indicadores e informes facilitados en el marco del Programa Estatal de Seguridad Operacional para la Aviación Civil por los proveedores de servicios y productos aeronáuticos a los organismos, órganos, entes y entidades del sector público a que se refiere el artículo 11.3, párrafo primero, tienen carácter reservado y sólo pueden ser utilizados para los fines previstos en él.

»El deber de reserva en relación con la información obtenida en la investigación técnica de los accidentes o incidentes en la aviación civil se regirá por lo previsto en el Reglamento (UE) n.º 996/2010 del Parlamento Europeo y del Consejo, de 20 de octubre de 2010.

»En todo caso, la información a que se refieren los párrafos anteriores se recaba con la única finalidad de reforzar la seguridad operacional y prevenir futuros accidentes e incidentes, y no con la finalidad de determinar culpas o responsabilidades.»

Y en su art. 19 («Cesión o comunicación de la información»), que:

«1. La información a la que se refiere el artículo 18.1 sólo podrá ser comunicada o cedida a terceros en los casos siguientes:

»*a*) Cuando sea requerida por los órganos judiciales o el Ministerio Fiscal para la investigación y persecución de delitos.

»La Comisión de Accidentes e Incidentes de Aviación Civil remitirá la información necesaria, limitándose a facilitar los antecedentes que obren en su poder en relación a los factores contribuyentes que hayan provocado un accidente o incidente aéreo. La identificación de los factores no implica la asignación de la culpa o la determinación de la responsabilidad, civil o penal.

»[...]

»3. En el supuesto previsto en el apartado 1.*a*) los obligados a facilitar la información podrán solicitar a los órganos judiciales o al Ministerio Fiscal que mantengan el carácter reservado de esa información y que adopten las medidas pertinentes para garantizar la reserva durante la sustanciación del proceso.

»El órgano judicial podrá adoptar cuantas medidas procedan para proteger la información y, en particular, podrá prohibir su publicación o comunicación.»

Art. 326, párr. 1.º: Redactado conforme a la Ley 13/2009, de 3 de noviembre (*BOE* del 4), de reforma de la legislación procesal para la implantación de la nueva Oficina judicial.

Art. 326, párr. 3.º: Adición realizada por la LO 15/2003, de 25 de noviembre (*BOE* del 26), por la que se modifica la LO 10/1995, de 23 de noviembre, del Código Penal.

Vid. nota al art. 363, párr. 2.º

ordenará a la Policía Judicial o al médico forense que adopte las medidas necesarias para que la recogida, custodia y examen de aquellas muestras se verifique en condiciones que garanticen su autenticidad, sin perjuicio de lo establecido en el artículo 282.

Art. 327. Cuando fuere conveniente para mayor claridad o comprobación de los hechos, se levantará el plano del lugar suficientemente detallado, o se hará el retrato de las personas que hubiesen sido objeto del delito, o la copia o diseño de los efectos o instrumentos del mismo que se hubiesen hallado.

Art. 328. Si se tratare de un robo o de cualquier otro delito cometido con fractura, escalamiento o violencia, el Juez instructor deberá describir los vestigios que haya dejado, y consultará el parecer de peritos sobre la manera, instrumentos, medios o tiempo de la ejecución del delito.

Art. 329. Para llevar a efecto lo dispuesto en los artículos anteriores, podrá ordenar el Juez instructor que no se ausenten durante la diligencia de descripción las personas que hubieren sido halladas en el lugar del delito, y que comparezcan además inmediatamente las que se encontraren en cualquier otro sitio próximo, recibiendo a todas separadamente la oportuna declaración.

Art. 330. Cuando no hayan quedado huellas o vestigios del delito que hubiese dado ocasión al sumario, el Juez instructor averiguará y hará constar, siendo posible, si la desaparición de las pruebas materiales ha ocurrido natural, casual o intencionalmente, y las causas de la misma o los medios que para ello se hubieren empleado, procediendo seguidamente a recoger y consignar en el sumario las pruebas de cualquiera clase que se puedan adquirir acerca de la perpetración del delito.

Art. 331. Cuando el delito fuere de los que no dejan huellas de su perpetración, el Juez instructor procurará hacer constar por declaraciones de testigos y por los medios de comprobación, la ejecución del delito y sus circunstancias, así como la preexistencia de la cosa cuando el delito hubiese tenido por objeto la sustracción de la misma.

Art. 332. Todas las diligencias comprendidas en este capítulo se extenderán por escrito en el acto mismo de la inspección ocular, y serán firmadas por el Juez instructor, el Fiscal, si asistiere al acto, el Secretario y las personas que se hallaren presentes.

Art. 333. Cuando al practicarse las diligencias enumeradas en los artículos anteriores hubiese alguna persona declarada procesada como presunta autora del hecho punible, podrá presenciarlas, ya sola, ya asistida del defensor que eligiese o le fuese nombrado de oficio, si así lo solicitara; uno y otro podrán hacer en el acto las observaciones que estimen pertinentes, las cuales se consignarán por diligencia si no fuesen aceptadas.

Al efecto el Secretario judicial pondrá en conocimiento del procesado el acuerdo relativo a la práctica de la diligencia con la anticipación que permita su índole y no se suspenderá por la falta de comparecencia del procesado o de su defensor. Igual derecho asiste a quien se halle privado de libertad en razón de estas diligencias.

CAPÍTULO II

DEL CUERPO DEL DELITO

Art. 334. El Juez instructor ordenará recoger en los primeros momentos las armas, instrumentos o efectos de cualquiera clase que puedan tener relación con el delito y se hallen en el lugar en que éste se cometió, o en sus inmediaciones, o en poder del reo, o en otra parte conocida. El Secretario judicial extenderá diligencia expresiva del lugar, tiempo y ocasión en que se encontraren, describiéndolos minuciosamente para que se pueda formar idea cabal de los mismos y de las circunstancias de su hallazgo.

La diligencia será firmada por la persona en cuyo poder fueren hallados, notificándose a la misma el auto en que se mande recogerlos.

La persona afectada por la incautación podrá recurrir en

Art. 333, párr. 1.º: Redactado conforme a la Ley 53/1978, de 4 de diciembre (*BOE* del 8).

Art. 333, párr. 2.º: Redactado conforme a la Ley 13/2009, de 3 de noviembre (*BOE* del 4), de reforma de la legislación procesal para la implantación de la nueva Oficina judicial.

Art. 334, párr. 1.º: Redactado conforme a la Ley 13/2009, de 3 de noviembre (*BOE* del 4), de reforma de la legislación procesal para la implantación de la nueva Oficina judicial.

Vid. arts. 127 a 128 CP. Este precepto hay que ponerlo en relación con los arts. 367 bis a 367 septies. Vid. también lo dispuesto en el RD 2.783/1976, de 15 de octubre (*BOE* de 8 de diciembre), sobre conservación y destino de piezas de convicción en materia de depósitos judiciales, desarrollado por Orden de 14 de julio de 1983, sobre conservación y destino de piezas de convicción de los depósitos judiciales (*BOE* del 21).

Art. 334, párrs. 3.º y 4.º: Añadidos conforme a la Disp. Final 1.ªdiez de la Ley 4/2015, de 27 de abril (*BOE* del 28), del Estatuto de la víctima del delito.

cualquier momento la medida ante el Juez de Instrucción. Este recurso no requerirá de la intervención de abogado cuando sea presentado por terceras personas diferentes del imputado. El recurso se entenderá interpuesto cuando la persona afectada por la medida o un familiar suyo mayor de edad hubieran expresado su disconformidad en el momento de la misma.

Los efectos que pertenecieran a la víctima del delito serán restituidos inmediatamente a la misma, salvo que excepcionalmente debieran ser conservados como medio de prueba o para la práctica de otras diligencias, y sin perjuicio de su restitución tan pronto resulte posible. Los efectos serán también restituidos inmediatamente cuando deban ser conservados como medio de prueba o para la práctica de otras diligencias, pero su conservación pueda garantizarse imponiendo al propietario el deber de mantenerlos a disposi-ción del Juez o Tribunal. La víctima podrá, en todo caso, recurrir esta decisión conforme a lo dispuesto en el párrafo anterior.

Art. 335.   Siendo habida la persona o cosa objeto del delito, el Juez instructor describirá detalladamente su estado y circunstancias, y especialmente todas las que tuviesen relación con el hecho punible.

Si por tratarse de delito de falsificación cometida en documentos o efectos existentes en dependencias de las Administraciones Públicas hubiere imprescindible necesidad de tenerlos a la vista para su reconocimiento pericial y examen por parte del Juez o Tribunal, el Secretario judicial los reclamará a las correspondientes Autoridades, sin perjuicio de devolverlos a los respectivos Centros oficiales después de terminada la causa.

Art. 336.   En los casos de los dos artículos anteriores ordena-

Art. 335, párr. 2.º: Redactado conforme a la Ley 13/2009, de 3 de noviembre (*BOE* del 4), de reforma de la legislación procesal para la implantación de la nueva Oficina judicial.

La Circular n.º 3 de la Dirección General de lo Contencioso de 11 de abril de 1969 (*BOE* de 30 de julio), resolviendo consulta de la Abogacía del Estado de Madrid, sobre la procedencia de entregar los documentos originales que obren en las Abogacías del Estado, pendientes de despacho, a los Tribunales de Justicia cuando éstos los reclamen para que surtan efectos en causas criminales, declara que las disposiciones vigentes en la materia son el art. 335 de la Ley de Enjuiciamiento Criminal y el art. 198 del Reglamento del Tribunal de Cuentas y, por tanto, «que los documentos originales que obren en las Oficinas liquidadoras sólo pueden enviarse a los Tribunales de Justicia cuando éstos en el suplicatorio hagan constar que aquéllos constituyen cuerpo de delito por haberse cometido precisamente en ellos el de falsedad».

rá también el Juez el reconocimiento por peritos, siempre que esté indicado para apreciar mejor la relación con el delito, de los lugares, armas, instrumentos y efectos a que dichos artículos se refieren, haciéndose constar por diligencia el reconocimiento y el informe pericial.

A esta diligencia podrán asistir también el procesado y su defensor en los términos expresados en el artículo 333.

Art. 337. Cuando en el acto de describir la persona o cosa objeto del delito, y los lugares, armas, instrumentos o efectos relacionados con el mismo, estuvieren presentes o fueren conocidas personas que puedan declarar acerca del modo y forma con que aquél hubiese sido cometido, y de las causas de las alteraciones que se observaren en dichos lugares, armas, instrumentos o efectos, o acerca de su estado anterior, serán examinadas inmediatamente después de la descripción, y sus declaraciones se considerarán como complemento de ésta.

Art. 338. Sin perjuicio de lo establecido en el capítulo II bis

del presente Título, los instrumentos, armas y efectos a que se refiere el artículo 334 se recogerán de tal forma que se garantice su integridad y el Juez acordará su retención, conservación o envío al organismo adecuado para su depósito.

Art. 339. Si fuere conveniente recibir algún informe pericial sobre los medios empleados para la desaparición del cuerpo del delito, o sobre las pruebas de cualquiera clase que en su defecto se hubiesen recogido, el Juez lo ordenará inmediatamente del modo prevenido en el capítulo VII de este mismo título.

Art. 340. Si la instrucción tuviere lugar por causa de muerte violenta o sospechosa de criminalidad, antes de proceder al enterramiento del cadáver o inmediatamente después de suexhumación, hecha la descripción ordenada en el artículo 335, se identificará por medio de testigos que, a la vista del mismo, den razón satisfactoria de su conocimiento.

Art. 341. No habiendo testigos de conocimiento, si el estado del cadáver lo permitiere,

---

Art. 338: Redactado conforme a la Ley 13/2009, de 3 de noviembre (*BOE* del 4), de reforma de la legislación procesal para la implantación de la nueva Oficina judicial.

Art. 339: Vid. arts. 456 a 485.

Art. 340: Los apartados 1 y 2 del art. 67 de la Ley del Registro Civil (Ley 20/2011, de 21 de julio —*BOE* del 22—) establecen que «1. Cuando el cadáver hubiera desapa-

se expondrá al público antes de practicarse la autopsia, por tiempo a lo menos de veinticuatro horas, expresando en un cartel, que se fijará a la puerta del depósito de cadáveres, el sitio, hora y día en que aquél se hubiese hallado y el Juez que estuviese instruyendo el sumario, a fin de que quien tenga algún dato que pueda contribuir al reconocimiento del cadáver o al esclarecimiento del delito y de sus circunstancias, lo comunique al Juez instructor.

Art. 342. Cuando a pesar de tales prevenciones no fuere el cadáver reconocido, ordenará el Juez que se recojan todos los efectos personales con que

recido o se hubiera inhumado antes de la inscripción, será necesaria resolución del Secretario judicial declarando el fallecimiento u orden de la autoridad judicial en la que se acredite legalmente el fallecimiento» y «2. Si hubiera indicios de muerte violenta o en cualquier caso en que deban incoarse diligencias judiciales, la inscripción de la defunción no supondrá por sí misma la concesión de licencia de enterramiento o incineración. Dicha licencia se expedirá cuando se autorice por el órgano judicial competente».

Vid. también el Reglamento de policía sanitaria mortuoria, Decreto 2.263/1974, de 20 de julio (*BOE* de 17 de agosto), y RD 32/2009, de 16 de enero (*BOE* de 6 de febrero), por el que se aprueba el Protocolo Nacional de Actuación Médico-forense y de Policía Científica en sucesos con víctimas múltiples.

El art. 21 (*Exploraciones médico-forenses*) del RD-ley 16/2020, de 28 de abril (*BOE* del 29), de medidas procesales y organizativas para hacer frente al COVID-19 en el ámbito de la Administración de Justicia, establece: «Durante la vigencia del estado de alarma y hasta tres meses después de su finalización, los informes médico-forenses podrán realizarse basándose únicamente en la documentación médica existente a su disposición, siempre que ello fuere posible.»

El estado de alarma finalizó a las 00.00 horas del día 21 de junio de 2020, conforme al art. 2 del RD 555/2020, de 5 de junio (*BOE* del 6), por el que se prorroga el estado de alarma.

No obstante, la Disp. Derog. única de la Ley 3/2020, de 18 de septiembre (*BOE* del 19), de medidas procesales y organizativas para hacer frente al COVID-19 en el ámbito de la Administración de Justicia, deroga el RD-ley 16/2020. Pero dentro de su contenido se establece:

«*Art. 16. Exploraciones médico-forenses y de los equipos psicosociales.*—Hasta el 20 de junio de 2021 inclusive, los informes médico-forenses podrán realizarse basándose únicamente en la documentación médica existente a su disposición, que podrá ser requerida a centros sanitarios o a las personas afectadas para que sea remitida por medios telemáticos, siempre que ello fuere posible.

»Del mismo modo podrán actuar los equipos psicosociales de menores y familia y las unidades de valoración integral de violencia sobre la mujer.

»De oficio, o a requerimiento de cualquiera de las partes o del facultativo encargado, el juez podrá acordar que la exploración se realice de forma presencial.»

Art. 342: Redactado conforme a la Ley 13/2009, de 3 de noviembre (*BOE* del 4), de reforma de la legislación procesal para la implantación de la nueva Oficina judicial.

se le hubiere encontrado, a fin de que puedan servir oportunamente para hacer la identificación.

Art. 343. En los sumarios a que se refiere el artículo 340, aun cuando por la inspección exterior pueda presumirse la causa de la muerte, se procederá a la autopsia del cadáver por los Médicos forenses, o en su caso por los que el Juez designe, los cuales, después de describir exactamente dicha operación, informarán sobre el origen del fallecimiento y sus circunstancias.

Para practicar la autopsia, se observará lo dispuesto en el artículo 353.

Art. 344. Con el nombre de Médico forense habrá en cada Juzgado de Instrucción un facultativo encargado de auxiliar a la administración de justicia

---

Art. 343: En procedimiento abreviado, cuando el Médico forense o quien haga sus veces dictamine cumplidamente sobre la causa de la muerte puede precindirse la autopsia, según el art. 778.4 de esta Ley.

Para la realización de las autopsias ténganse en cuenta los arts. 348, 349 y 353 de esta Ley.

El art. 32 del Reglamento del personal de los servicios sanitarios locales, Decreto de 27 de noviembre de 1953 (*BOE* de 9 abril de 1954), establece como funciones propias de los Médicos Titulares:

«[...] 6.ª Prestar su cooperación a la Administración de Justicia cuando para ello sea requerido, obligación que implica las funciones siguientes:

»*a*) Sustituir al Forense para la realización de servicios determinados que, en casos de urgencia, les sean encomendados por la Autoridad judicial, con arreglo al artículo 346 de la Ley de Enjuiciamiento Criminal, en relación con las disposiciones orgánicas del Cuerpo de Médicos Forenses.

»*b*) Auxiliar a los Médicos forenses con arreglo a lo dispuesto en el artículo 348 de la Ley de Enjuiciamiento Criminal y las referidas disposiciones orgánicas.

»*c*) Practicar las autopsias ordenadas por la Autoridad judicial, como sustituto o como auxiliar del Forense, según lo preceptuado en el artículo 343 de la Ley de Enjuiciamiento Criminal.

»*d*) Informar como peritos médicos legales, según determina el artículo 459 de la misma Ley de Enjuiciamiento.»

Vid. últimos párrafos de la nota del art. 340.

Art. 344: Vid. arts. 479 y 480 de la LOPJ, así como la LO 7/1992, de 20 de noviembre (*BOE* del 21), y el RD 181/1993, de 9 de febrero (*BOE* del 23), sobre integración de los Médicos del Registro Civil y de los procedentes de la extinguida Escala de Médicos de la Obra de Protección de Menores, pertenecientes a la Escala de Médicos de Organismos autónomos del Ministerio de Justicia, en el Cuerpo de Médicos Forenses.

Vid. arts. 1.º, 2.º y 3.º del Reglamento orgánico del Cuerpo Nacional de Médicos Forenses, aprobado por RD 296/1996, de 23 de febrero (*BOE* de 1 de marzo), sobre naturaleza, régimen estatutario y funciones. También hay que tener en cuenta las modificaciones producidas por el RD 1.619/1997, de 24 de octubre (*BOE* del 30).

Vid. últimos párrafos de la nota del art. 340.

en todos los casos y actuaciones en que sea necesaria o conveniente la intervención y servicios de su profesión en cualquier punto de la demarcación judicial.

Art. 345. El Médico forense residirá en la capital del Juzgado para que haya sido nombrado, y no podrá ausentarse de ella sin licencia del Juez, del Presidente de la Audiencia de lo criminal o del Ministro de *Gracia y Justicia*, según que sea por ocho días a lo más en el primer caso, veinte en el segundo, y por el tiempo que el Ministro estime conveniente en el tercero.

Art. 346. En las ausencias, enfermedades y vacantes, sustituirá al Médico forense otro Profesor que desempeñe igual cargo en la misma población; y si no lo hubiese, el que el Juez designe, dando cuenta de ello al Presidente de la Audiencia de lo criminal.

Lo mismo sucederá cuando por cualquier otro motivo no pudiese valerse el Juez instructor del Médico forense. Los que se negaren al cumplimiento de este deber o lo eludieren, incu-

rrirán en multa de 125 a 500 pesetas.

Art. 347. El Médico forense está obligado a practicar todo acto o diligencia propios de su profesión e instituto con el celo, esmero y prontitud que la naturaleza del caso exija y la administración de justicia requiera.

Art. 348. Cuando en algún caso, además de la intervención del Médico forense, el Juez estimase necesaria la cooperación de uno o más facultativos, hará el oportuno nombramiento.

Lo establecido en el párrafo anterior tendrá también lugar cuando por la gravedad del caso el Médico forense crea necesaria la cooperación de uno o más coprofesores y el Juez lo estimare así.

Art. 349. Siempre que sea compatible con la buena administración de justicia, el Juez podrá conceder prudencialmente un término al Médico forense para que preste sus declaraciones, evacue los informes y consultas y redacte otros documentos que sean necesarios,

---

Art. 346: Modificado en la cuantía por la Ley de 14 de abril de 1955 (*BOE* del 15). Vid. nota al art. 343.

Art. 348: Vid. nota al art. 343.

Art. 349: Vid. últimos párrafos de la nota del art. 340.

permitiéndole asimismo designar las horas que tenga por más oportunas para practicar las autopsias y exhumaciones de los cadáveres.

Art. 350. En los casos de envenenamiento, heridas u otras lesiones cualesquiera, quedará el Médico forense encargado de la asistencia facultativa del paciente, a no ser que éste o su familia prefieran la de uno o más Profesores de su elección, en cuyo caso conservará aquél la inspección y vigilancia que le incumbe para llenar el correspondiente servicio médico-forense.

El procesado tendrá derecho a designar un Profesor que, con los nombrados por el Juez instructor o el designado por la parte acusadora, intervenga en la asistencia del paciente.

Art. 351. Cuando el Médico forense o en su defecto el designado o designados por el Juez instructor no estuvieren conformes con el tratamiento o plan curativo empleado por los facultativos que el paciente o su familia hubiesen nombrado, darán parte a dicho Juez instructor a los efectos que en justicia procedan. Lo mismo podrá hacer en su caso el facultativo designado por el procesado.

El Juez instructor, cuando tal discordia resultare, designará mayor número de Profesores para que manifiesten su parecer, y, consignados todos los datos necesarios, se tendrán presentes para cuando en su día haya de fallarse la causa.

Art. 352. Lo dispuesto en los artículos anteriores es aplicable cuando el paciente ingrese en la cárcel, hospital u otro establecimiento, y sea asistido por los facultativos de los mismos.

Art. 353. Las autopsias se harán en un local público que en cada pueblo o partido tendrá destinado la Administración para el objeto y para depósito de cadáveres. Podrá, sin embargo, el Juez de instrucción disponer, cuando lo considere conveniente, que la operación se practique en otro lugar o en el domicilio del difunto, si su familia lo pidiere, y esto no perjudicase al éxito del sumario.

Art. 353: Vid. art. 3.º del Reglamento orgánico del Cuerpo Nacional de Médicos Forenses, aprobado por RD 296/1996, de 23 de febrero (*BOE* de 1 de marzo). También hay que tener en cuenta las modificaciones producidas por el RD 1.619/1997, de 24 de octubre (*BOE* del 30).

Vid. también la Orden de 9 de mayo de 1931 (*Gaceta* del 10), sobre la práctica de autopsias, y la Ley 29/1980, de 21 de junio (*BOE* del 27), de autopsias clínicas.

Vid. últimos párrafos de la nota del art. 340.

Si el Juez de instrucción no pudiere asistir a la operación anatómica, delegará en un funcionario de Policía Judicial, dando fe de su asistencia, así como de lo que en aquélla ocurriere, el Secretario de la causa.

Art. 354. Cuando la muerte sobreviniere por consecuencia de algún accidente ocurrido en las vías férreas yendo un tren en marcha, únicamente se detendrá éste el tiempo preciso para separar el cadáver o cadáveres de la vía, haciéndose constar previamente su situación y estado, bien por la Autoridad o funcionario de Policía Judicial que inmediatamente se presente en el lugar del siniestro, bien por los que accidentalmente se hallen en el mismo tren, bien, en defecto de estas personas, por el empleado de mayor categoría a cuyo cargo vaya, debiendo ser preferidos para el caso los empleados o agentes del Gobierno.

Se dispondrá asimismo lo conveniente para que, sin perjuicio de seguir el tren su marcha, sea avisada la Autoridad que deba instruir las primeras diligencias y acordar el levantamiento de los cadáveres; y las personas antedichas recogerán en el acto con prontitud los datos y antecedentes precisos, que comunicarán a la mayor brevedad a la Autoridad competente para la instrucción de las primeras diligencias con el fin de que pueda esclarecerse el motivo del siniestro.

Art. 355. Si el hecho criminal que motivare la formación de una causa cualquiera consistiese en lesiones, los Médicos que asistieren al herido estarán obligados a dar parte de su estado y adelantos en los períodos que se les señalen, e inmediatamente que ocurra cualquiera novedad que merezca ser puesta en conocimiento del Juez instructor.

Art. 356. Las operaciones de análisis químico que exija la sustanciación de los procesos criminales se practicarán por Doctores en Medicina, en Farmacia, en Ciencias Físico-quí-

---

Art. 354: Para el procedimiento abreviado, vid. el art. 770.4.ª de esta Ley.

Art. 355: Vid. arts. 147 ss. y concordantes del Código Penal.

Art. 356: Los Institutos Anatómico-forenses y las Clínicas Anatómico-forenses se centralizan en los Institutos de Medicina Legal, cuyo Reglamento ha sido aprobado por el RD 386/1996, de 1 de marzo (*BOE* del 9), modificado por el RD 1.619/1997, de 24 de octubre (*BOE* del 30). Ahora modificado por RD 63/2015, de 6 de febrero (*BOE* del 23).

Sobre Institutos de Toxicología, vid. art. 480 de la LOPJ. Su regulación específica se encuentra en el Reglamento del Instituto de Toxicología aprobado por el RD 862/1998, de 8 de mayo (*BOE* de 5 de junio). Ahora modificado por RD 63/2015, de 6 de febrero (*BOE* del 23).

micas, o por Ingenieros que se hayan dedicado a la especialidad química. Si no hubiere Doctores en aquellas Ciencias, podrán ser nombrados Licenciados que tengan los conocimientos y práctica suficientes para hacer dichas operaciones.

Los Jueces de Instrucción designarán, entre los comprendidos en el párrafo anterior, los peritos que han de hacer el análisis de las sustancias que en cada caso exija la administración de justicia.

Cuando en el partido judicial donde se instruya el proceso no haya ninguno de los peritos a quienes se refiere el párrafo primero, o estén imposibilitados legal o físicamente de practicar el análisis los que en aquél residieren, el Juez instructor lo pondrá en conocimiento del Presidente de la Sala o Audiencia de lo criminal, y éste nombrará el perito o peritos que hayan de practicar dicho servicio entre las personas que designa el párrafo primero domiciliadas en el territorio. Al mismo tiempo comunicará el nombramiento de peritos al Juez instructor para que ponga a su disposición, con las debidas precauciones y formalidades, las sustancias que hayan de ser analizadas.

El procesado o procesados tendrán derecho a nombrar un perito que concurra con los designados por el Juez.

Art. 357. Los indicados Profesores prestarán este servicio en el concepto de peritos titulares, y no podrán negarse a efectuarlo sin justa causa, siéndoles aplicables en otro caso lo dispuesto en el párrafo segundo del artículo 346.

Art. 358. Cada uno de los citados Profesores que informe como perito en virtud de orden judicial, percibirá por sus honorarios e indemnización de los gastos que el desempeño de este servicio le ocasione, la cantidad que se fije en los reglamentos, no estando obligado a trabajar más de tres horas por día, excepto en casos urgentes

---

Por otro lado, habrá que tener en cuenta la Orden JUS/1.291/2010, de 13 de mayo (*BOE* del 19; corrección de errores en *BOE* de 16 de junio), por la que se aprueban las normas para la preparación y remisión de muestras objeto de análisis por el Instituto Nacional de Toxicología y Ciencias Forenses. Vid., además, los arts. 8.º5 y 10.1 del RD 386/1996, de 1 de marzo (*BOE* del 9), por el que se aprueba el Reglamento de los Institutos de Medicina legal, modificado por el RD 1.619/1997, de 24 de octubre (*BOE* del 30).

Por último, téngase presente que, en el enjuiciamiento rápido de determinados delitos, las operaciones de análisis químico pueden ser realizadas por la Policía Judicial. Vid. art. 796.1.6.ª de esta Ley.

o extraordinarios, lo que se hará constar en los autos.

Art. 359. Concluido el análisis y firmada la declaración correspondiente, los Profesores pasarán al Juez instructor o al Presidente de la Sala o Audiencia de lo criminal en su caso una nota firmada de los objetos o sustancias analizados y de los honorarios que les correspondan a tenor de lo dispuesto en el artículo anterior.

El Juzgado dirigirá esta nota, con las observaciones que crea justas, al Presidente de la Audiencia de lo criminal, quien la cursará elevándola al Ministerio de *Gracia y Justicia*, a no encontrar excesivo el número de horas que se supongan empleadas en cualquier análisis, en cuyo caso acordará que informen tres coprofesores del que lo haya verificado; y en vista de su dictamen, confirmará o rebajará los honorarios reclamados a lo que fuere justo, remitiendo todo con su informe al expresado Ministerio.

Otro tanto hará el Presidente de la Audiencia cuando el análisis se hubiere practicado durante el juicio oral.

Art. 360. El Ministro de *Gracia y Justicia*, si conceptuare excesivos los honorarios, podrá también, antes de decretar su pago, pedir informe, y en su caso, nueva tasación de los mismos a la Academia de Ciencias Exactas, Físicas y Naturales: y en vista de lo que esta Corporación expusiere o de la nueva tasación que practicare, se confirmarán los honorarios o se reducirán a lo que resultare justo, decretándose su pago.

Art. 361. Para verificar éste se incluirá por el Ministro de *Gracia y Justicia* en los presupuestos de cada año la cantidad que se conceptúe necesaria.

Art. 362. Los Profesores mencionados no podrán reclamar otros honorarios que los anteriormente fijados por virtud de este servicio, ni exigir que el Juez o Tribunal les facilite los medios materiales de laboratorio o reactivos, ni tampoco auxiliares subalternos para llenar su cometido.

Cuando por falta de peritos, laboratorios o reactivos no sea posible practicar el análisis en

---

Art. 359: Vid. Resolución de 21 de junio de 2010 (*BOE* del 2 de julio), de la Secretaría de Estado de Justicia, por la que se publica el Protocolo general de colaboración con la Consejería de Gobernación y Justicia de la Junta de Andalucía, el Tribunal Superior de Justicia de Andalucía, Ceuta y Melilla, y la Fiscalía de la Comunidad Autónoma de Andalucía para establecer un procedimiento general sobre la práctica de la autopsia, depósito, conservación e inhumación de cadáveres no identificados.

la circunscripción de la Audiencia de lo criminal, se practicará en la capital de la provincia, y en último extremo en la del Reino.

Art. 363. Los Juzgados y Tribunales ordenarán la práctica de los análisis químicos únicamente en los casos en que se consideren absolutamente indispensables para la necesaria investigación judicial y la recta administración de justicia.

Siempre que concurran acreditadas razones que lo justifiquen, el Juez de instrucción podrá acordar, en resolución motivada, la obtención de muestras biológicas del sospechoso que resulten

---

Art. 363: Vid. Orden JUS/1.291/2010, de 13 de mayo (*BOE* del 19; corrección de errores en *BOE* de 16 de junio), por la que se aprueban las normas para la preparación y remisión de muestras objeto de análisis por el Instituto Nacional de Toxicología y Ciencias Forenses.

Art. 363, párr. 2.º: Adición realizada por la LO 15/2003, de 25 de noviembre (*BOE* del 26), por la que se modifica la LO 10/1995, de 23 de noviembre, del Código Penal.

El TS, por Acuerdo de Pleno no jurisdiccional (art. 264.1 LOPJ) de 31 de enero de 2006, ha interpretado que la Policía Judicial puede recoger restos genéticos o muestras biológicas abandonadas por el sospechoso sin necesidad de autorización judicial.

El Acuerdo del Pleno no Jurisdiccional de la Sala II del TS (art. 264.1 LOPJ) de 24 de septiembre de 2014, sobre «Si la toma biológica de muestras para la práctica de la prueba de ADN con el consentimiento del imputado necesita la asistencia del Letrado cuando el imputado se encuentre detenido» y «Si es válido el contraste de muestras obtenidas en la causa objeto de enjuiciamiento con los datos obrantes en la base de datos policial procedentes de una causa distinta, cuando el acusado no ha cuestionado la ilicitud y validez de esos datos hasta el momento del juicio oral», establece que «La toma biológica de muestras para la práctica de la prueba de ADN con el consentimiento del imputado, necesita la asistencia de letrado, cuando el imputado se encuentre detenido y en su defecto autorización judicial», pero «Sin embargo, es válido el contraste de muestras obtenidas en la causa objeto de enjuiciamiento con los datos obrantes en la base de datos policial procedentes de una causa distinta, aunque en la prestación del consentimiento no conste la asistencia de letrado, cuando el acusado no ha cuestionado la licitud y validez de esos datos en fase de instrucción».

Sobre la materia, ahora, habrá que tener en cuenta la LO 10/2007, de 8 de octubre (*BOE* del 9), reguladora de la base de datos policial sobre identificadores obtenidos a partir del ADN [vid. RD 1.977/2008, de 28 de noviembre (*BOE* de 11 de diciembre), por el que se regula la composición y funciones de la Comisión Nacional para el uso forense del ADN]:

«[...]

»*Art. 1.º Creación.*—Se crea la base de datos policial de identificadores obtenidos a partir del ADN, que integrará los ficheros de esta naturaleza de titularidad de las Fuerzas y Cuerpos de Seguridad del Estado tanto para la investigación y averiguación de delitos, como para los procedimientos de identificación de restos cadavéricos o de averiguación de personas desaparecidas.

»*Art. 2.º Dependencia orgánica.*—La base de datos policial de identificadores obtenidos a partir del ADN dependerá del Ministerio del Interior, a través de la Secretaría de Estado de Seguridad.

indispensables para la determina-   fin, podrá decidir la práctica de
ción de su perfil de ADN. A tal   aquellos actos de inspección, re-

---

»*Art. 3.º Tipos de identificadores obtenidos a partir del ADN incluidos en la base de datos policial.*—1. Se inscribirán en la base de datos policial de identificadores obtenidos a partir del ADN los siguientes datos:

»*a)* Los datos identificativos extraídos a partir del ADN de muestras o fluidos que, en el marco de una investigación criminal, hubieran sido hallados u obtenidos a partir del análisis de las muestras biológicas del sospechoso, detenido o imputado, cuando se trate de delitos graves y, en todo caso, los que afecten a la vida, la libertad, la indemnidad o la libertad sexual, la integridad de las personas, el patrimonio siempre que fuesen realizados con fuerza en las cosas, o violencia o intimidación en las personas, así como en los casos de la delincuencia organizada, debiendo entenderse incluida, en todo caso, en el término delincuencia organizada la recogida en el artículo 282 bis, apartado 4 de la Ley de Enjuiciamiento Criminal en relación con los delitos enumerados.

»*b)* los patrones identificativos obtenidos en los procedimientos de identificación de restos cadavéricos o de averiguación de personas desaparecidas.

»La inscripción en la base de datos policial de los identificadores obtenidos a partir del ADN a que se refiere este apartado, no precisará el consentimiento del afectado, el cual será informado por escrito de todos los derechos que le asisten respecto a la inclusión en dicha base, quedando constancia de ello en el procedimiento.

»2. Igualmente, podrán inscribirse los datos identificativos obtenidos a partir del ADN cuando el afectado hubiera prestado expresamente su consentimiento.

»*Art. 4.º Tipos de datos.*—Sólo podrán inscribirse en la base de datos policial regulada en esta Ley los identificadores obtenidos a partir del ADN, en el marco de una investigación criminal, que proporcionen, exclusivamente, información genética reveladora de la identidad de la persona y de su sexo.

»*Art. 5.º Laboratorios acreditados.*—1. Las muestras o vestigios tomados respecto de los que deban realizarse análisis biológicos, se remitirán a los laboratorios debidamente acreditados. Corresponderá a la autoridad judicial pronunciarse sobre la ulterior conservación de dichas muestras o vestigios.

»2. Sólo podrán realizar análisis del ADN para identificación genética en los casos contemplados en esta Ley los laboratorios acreditados a tal fin por la Comisión Nacional para el uso forense del ADN que superen los controles periódicos de calidad a que deban someterse.

»*Art. 6.º Remisión de los datos.*—La remisión de los datos identificativos obtenidos a partir del ADN, para su inscripción en la base de datos policial en los supuestos establecidos en el artículo 3 de esta Ley, se efectuará por la Policía Judicial, adoptándose para ello todas las garantías legales que aseguren su traslado, conservación y custodia.

»*Art. 7.º Uso y cesión de los datos contenidos en la base de datos.*—1. Los datos contenidos en la base de datos objeto de esta Ley sólo podrán utilizarse por las Unidades de Policía Judicial de las Fuerzas y Cuerpos de Seguridad del Estado, entendiendo por tales las Unidades respectivas de la Policía y de la Guardia Civil en el ejercicio de las funciones previstas en el artículo 547 de la Ley Orgánica 6/1985, de 1 de julio, del Poder Judicial, así como por las Autoridades Judiciales y Fiscales, en la investigación de los delitos enumerados en la letra *a)* del apartado primero del artículo 3 de esta Ley.

»2. No obstante lo dispuesto en el apartado anterior, cuando el tratamiento se realizase para la identificación de cadáveres o la averiguación de personas desaparecidas, los datos incluidos en la base de datos objeto de esta Ley sólo podrán ser utilizados en la investigación para la que fueron obtenidos.

»3. Podrán cederse los datos contenidos en la base de datos:

conocimiento o intervención corporal que resulten adecuados a los principios de proporcionalidad y razonabilidad.

»*a*)   A las Autoridades Judiciales, Fiscales o Policiales de terceros países de acuerdo con lo previsto en los convenios internacionales ratificados por España y que estén vigentes.

»*b*)   A las Policías Autonómicas con competencia estatutaria para la protección de personas y bienes y para el mantenimiento de la seguridad pública, que únicamente podrán utilizar los datos para la investigación de los delitos enumerados en la letra *a*) del apartado 1 del artículo 3 de esta Ley o, en su caso, para la identificación de cadáveres o averiguación de personas desaparecidas.

»*c*)   Al Centro Nacional de Inteligencia, que podrá utilizar los datos para el cumplimiento de sus funciones relativas a la prevención de tales delitos, en la forma prevista en la Ley 11/2002, de 6 de mayo, reguladora del Centro Nacional de Inteligencia.

»*Art. 8.º   Nivel de seguridad aplicable.*—Todos los ficheros que integran la base de datos objeto de esta Ley están sometidos al nivel de seguridad alto, de acuerdo con lo establecido en la Ley Orgánica 15/1999, de 13 de diciembre.

»*Art. 9.º   Cancelación, rectificación y acceso a los datos.*—1.   La conservación de los identificadores obtenidos a partir del ADN en la base de datos objeto de esta Ley no superará:

»El tiempo señalado en la ley para la prescripción del delito.

»El tiempo señalado en la ley para la cancelación de antecedentes penales, si se hubiese dictado sentencia condenatoria firme, o absolutoria por la concurrencia de causas eximentes por falta de imputabilidad o culpabilidad, salvo resolución judicial en contrario.

»En todo caso se procederá a su cancelación cuando se hubiese dictado auto de sobreseimiento libre o sentencia absolutoria por causas distintas de las mencionadas en el epígrafe anterior, una vez que sean firmes dichas resoluciones. En el caso de sospechosos no imputados, la cancelación de los identificadores inscritos se producirá transcurrido el tiempo señalado en la Ley para la prescripción del delito.

»En los supuestos en que en la base de datos existiesen diversas inscripciones de una misma persona, correspondientes a diversos delitos, los datos y patrones identificativos inscritos se mantendrán hasta que finalice el plazo de cancelación más amplio.

»2.   Los datos pertenecientes a personas fallecidas se cancelarán una vez el encargado de la base de datos tenga conocimiento del fallecimiento. En los supuestos contemplados en el artículo 3.1.*b*), los datos inscritos no se cancelarán mientras sean necesarios para la finalización de los correspondientes procedimientos.

»3.   El ejercicio de los derechos de acceso, rectificación y cancelación en relación con la base de datos policial de identificadores obtenidos a partir del ADN se podrá efectuar en los términos establecidos en la Ley Orgánica 15/1999, de 13 de diciembre, y en su normativa de desarrollo.

»4.   Los identificadores obtenidos a partir del ADN respecto de los que se desconozca la identidad de la persona a la que corresponden, permanecerán inscritos en tanto se mantenga dicho anonimato. Una vez identificados, se aplicará lo dispuesto en este artículo a efectos de su cancelación.

»*Disp. Adic. 1.ª   Integración de ficheros y bases de datos.*—1.   El Ministerio del Interior adoptará las medidas oportunas para que los diferentes ficheros y bases de datos de identificadores obtenidos a partir del ADN que, en el ámbito de las Fuerzas y Cuerpos de Seguridad del Estado existieran a la entrada en vigor de esta Ley, pasen a integrarse en la base de datos policial creada por la misma.

»2.   Igualmente, y mediante la suscripción del oportuno convenio, será posible la integración en la nueva base de datos de los datos procedentes de otros ficheros, registros o bases de datos de identificadores obtenidos a partir del ADN, distintos a los descritos

Art. 364. En los delitos de robo, hurto, estafa, y en cualquiera otro en que deba hacerse constar la preexistencia de las cosas robadas, hurtadas o estafadas, si no hubiere testigos presenciales del hecho, se recibirá información sobre los antecedentes del que se presentare como agraviado, y sobre todas las circunstancias que ofrecieren indicios de hallarse éste poseyendo aquéllas al tiempo en que resulte cometido el delito.

Art. 365. Cuando para la calificación del delito o de sus circunstancias fuere necesario estimar el valor de la cosa que hubiere sido su objeto o el im-

---

en el artículo 1 de esta Ley, siempre que los mismos hubieran sido creados con las únicas finalidades de investigación y averiguación de los delitos a los que se refiere el artículo 3.1.*a*) de esta Ley, identificación de cadáveres o averiguación de personas desaparecidas.

»*Disp. Adic. 2.ª Régimen jurídico.*—La presente Ley se inscribe en el marco de lo dispuesto en la Ley Orgánica 15/1999, de 13 de diciembre, de Protección de Datos de Carácter Personal, la cual, por su propia naturaleza, resulta de aplicación directa, siendo los preceptos de esta Ley especificidades habilitadas por la citada Ley Orgánica en función de la naturaleza de la base de datos que se regula.

»*Disp. Adic. 3.ª Obtención de muestras biológicas.*—Para la investigación de los delitos enumerados en la letra *a*) del apartado 1 del artículo 3, la Policía Judicial procederá a la toma de muestras y fluidos del sospechoso, detenido o imputado, así como del lugar del delito. La toma de muestras que requieran inspecciones, reconocimientos o intervenciones corporales, sin consentimiento del afectado, requerirá en todo caso autorización judicial mediante auto motivado, de acuerdo con lo establecido en la Ley de Enjuiciamiento Criminal.

»*Disp. Adic. 4.ª Laboratorios del Instituto Nacional de Toxicología y Ciencias Forenses.*—A los efectos de lo dispuesto en el artículo 5 de esta Ley, los laboratorios del Instituto Nacional de Toxicología y Ciencias Forenses podrán realizar los correspondientes análisis del ADN para identificación genética, de acuerdo con las funciones que le atribuye la Ley Orgánica 6/1985, de 1 de julio, del Poder Judicial.

»*Disp. Trans. única. Laboratorios no acreditados.*—Los laboratorios de las Fuerzas y Cuerpos de Seguridad del Estado que a la entrada en vigor de esta Ley no estuviesen debidamente acreditados en la forma prevista en el artículo 5, dispondrán del plazo de un año para hacerlo, a contar desde dicha fecha.

»[...]»

Art. 364: Para el procedimiento abreviado, ver el art. 770 de esta Ley. No obstante, en esta materia téngase presente la nueva regulación relativa al enjuiciamiento rápido de determinados delitos, arts. 795 a 803 de esta Ley.

La Orden de 21 de marzo de 1932 (*Gaceta* del 24) dispone en su n.º 4: «La declaración de los testigos de preexistencia a que se refiere el art. 364, sólo se ordenará en los casos taxativamente previstos por la Ley, o sea, cuando no hubiere testigos presenciales del hecho. También deberá prescindirse de esta diligencia cuando el inculpado hubiese confesado espontáneamente su participación en el delito y, a juicio del Juez, no hubiere motivo para suponer que los efectos sustraídos o apropiados no sean de la pertenencia de la persona que los reclame.»

Art. 365: Redactado conforme a la Ley 13/2009, de 3 de noviembre (*BOE* del 4), de reforma de la legislación procesal para la implantación de la nueva Oficina judicial.

porte del perjuicio causado o que hubiera podido causarse, el Juez oirá sobre ello al dueño o perjudicado, y acordará después el reconocimiento pericial en la forma determinada en el capítulo VII de este mismo título. El Secretario judicial facilitará a los peritos nombrados las cosas y elementos directos de apreciación sobre que hubiere de recaer el informe. Si tales efectos no estuvieren a disposición del órgano judicial, el Secretario judicial les suministrará los datos oportunos que se pudieren reunir, a fin de que, en tal caso, hagan la tasación y regulación de perjuicios de un modo prudente, con arreglo a los datos suministrados.

La valoración de las mercancías sustraídas en establecimientos comerciales se fijará atendiendo a su precio de venta al público.

Art. 366. Las diligencias prevenidas en este capítulo y en el anterior se practicarán con preferencia a las demás del sumario, no suspendiéndose su ejecución sino para asegurar la persona del presunto culpable o para dar el auxilio necesario a los agraviados por el delito.

Art. 367. En ningún caso admitirá el Juez durante el sumario reclamaciones ni tercerías que tengan por objeto la devolución de los efectos que constituyen el cuerpo del delito, cualquiera que sea su clase y la persona que los reclame.

CAPÍTULO II BIS

DE LA DESTRUCCIÓN Y LA REALIZACIÓN ANTICIPADA DE LOS EFECTOS JUDICIALES*

Art. 367 bis. Tendrán la consideración de efectos judiciales, en el orden penal, todos aquellos bienes puestos a disposición judicial, embargados, incautados o aprehendidos en el curso de un procedimiento penal.

Art. 367: Redactado conforme a la Ley 13/2009, de 3 de noviembre (*BOE* del 4), de reforma de la legislación procesal para la implantación de la nueva Oficina judicial.

* El Capítulo ha sido introducido por la Ley 18/2006, de 5 de junio (*BOE* del 6), para la eficacia en la Unión Europea de las resoluciones de embargo y de aseguramiento de pruebas en procedimientos penales. Como establece la Disp. Final 3.ª, de esta manera se incorpora al Derecho español la Decisión Marco 2003/577/JAI del Consejo, de 22 de julio de 2003, relativa a la ejecución en la Unión Europea de las resoluciones de embargo preventivo de bienes y de aseguramiento de pruebas. También habrá que tener presentes los arts. 127 y 374 CP, la LO 12/1995, de 12 de diciembre (*BOE* del 13), de Represión del Contrabando, y la Ley 17/2003, de 29 de mayo (*BOE* del 30), por la que se regula el Fondo de bienes decomisados por tráfico ilícito de drogas y otros delitos relacionados.

Art. 367 ter. 1. Podrá decretarse la destrucción de los efectos judiciales, dejando muestras suficientes, cuando resultare necesaria o conveniente por la propia naturaleza de los efectos intervenidos o por el peligro real o potencial que comporte su almacenamiento o custodia, previa audiencia al Ministerio Fiscal y al propietario, si fuere conocido, o a la persona en cuyo poder fueron hallados los efectos cuya destrucción se pretende.

Cuando se trate de drogas tóxicas, estupefacientes o sustancias psicotrópicas, la autoridad administrativa bajo cuya custodia se encuentren, una vez realizados los informes analíticos pertinentes, asegurada la conservación de las muestras mínimas e imprescindibles que, conforme a criterios científicos, resulten necesarias para garantizar ulteriores comprobaciones o investigaciones, y previa comunicación al Juez instructor, procederá a su inmediata destrucción si, trascurrido el plazo de un mes desde que se efectuó aquélla, la autoridad judicial no hubiera ordenado mediante resolución motiva-

da la conservación íntegra de dichas sustancias. En todo caso, lo conservado se custodiará siempre a disposición del órgano judicial competente.

2. En todo caso, el Secretario judicial extenderá la oportuna diligencia y, si se hubiera acordado la destrucción, deberá quedar constancia en los autos de la naturaleza, calidad, cantidad, peso y medida de los efectos destruidos. Si no hubiese tasación anterior, también se dejará constancia de su valor cuando su fijación fuere imposible después de la destrucción.

3. Lo dispuesto en los dos apartados anteriores será también aplicable a los efectos intervenidos en relación con la comisión de delitos contra la propiedad intelectual e industrial. Podrá igualmente procederse a su destrucción anticipada una vez que tales efectos hayan sido examinados pericialmente, asegurando la conservación de las muestras que resulten necesarias para garantizar ulteriores comprobaciones o investigaciones, salvo que la autoridad judicial acuerde mediante resolución motivada su conservación íntegra en el plazo

Art. 367 ter.1: Modificado por el art. 4.º del RD-ley 3/2013, de 22 de febrero (*BOE* del 23), por el que se modifica el régimen de las tasas en el ámbito de la Administración de Justicia y el sistema de asistencia jurídica gratuita.
Art. 367 ter.3: Redactado conforme a la Disp. Final 2.ªtres de la LO 1/2015, de 30 de marzo (*BOE* del 31), por la que se modifica la LO 10/1995, de 23 de noviembre, del Código Penal.

de un mes desde la solicitud de destrucción.

4. Si los objetos no pudieren, por su naturaleza, conservarse en su forma primitiva, el Juez resolverá lo que estime conveniente para conservarlos del mejor modo posible.

Art. 367 quáter. 1. Podrán realizarse los efectos judiciales de lícito comercio, sin esperar al pronunciamiento o firmeza del fallo, y siempre que no se trate de piezas de convicción o que deban quedar a expensas del procedimiento, en cualquiera de los casos siguientes:

a) Cuando sean perecederos.

b) Cuando su propietario haga expreso abandono de ellos.

c) Cuando los gastos de conservación y depósito sean superiores al valor del objeto en sí.

d) Cuando su conservación pueda resultar peligrosa para la salud o seguridad pública, o pueda dar lugar a una disminución importante de su valor, o pueda afectar gravemente a su uso y funcionamiento habituales.

e) Cuando se trate de efectos que, sin sufrir deterioro material, se deprecien sustancialmente por el transcurso del tiempo.

f) Cuando, debidamente requerido el propietario sobre el destino del efecto judicial, no haga manifestación alguna.

2. Cuando concurra alguno de los supuestos previstos en el apartado anterior, el Juez, de oficio o a instancia del Ministerio Fiscal, de las partes o de la Oficina de Recuperación y Gestión de Activos, y previa audiencia del interesado, acordará la realización de los efectos judiciales, salvo que concurra alguna de las siguientes circunstancias:

a) Esté pendiente de resolución el recurso interpuesto por el interesado contra el embargo o decomiso de los bienes o efectos.

b) La medida pueda resultar desproporcionada, a la vista de los efectos que pudiera suponer para el interesado y, especialmente, de la mayor o menor relevancia de los indicios en que se hubiera fundado la resolución cautelar de decomiso.

3. No obstante lo dispuesto en los apartados anteriores, cuando el bien de que se trate esté embargado en ejecución de un acuerdo adoptado por una autoridad judicial extranjera en aplicación de la Ley de reconocimiento mutuo de resoluciones penales en la Unión Europea, su realización no podrá llevarse

Art. 367 quáter.2 y 3: Apartados redactados conforme a la Disp. Final 2.ª cuatro de la LO 1/2015, de 30 de marzo (*BOE* del 31), por la que se modifica la LO 10/1995, de 23 de noviembre, del Código Penal.

a cabo sin obtener previamente la autorización de la autoridad judicial extranjera.

Art. 367 quinquies. 1. La realización de los efectos judiciales podrá consistir en:

a)   La entrega a entidades sin ánimo de lucro o a las Administraciones Públicas.

b)   La realización por medio de persona o entidad especializada.

c)   La subasta pública.

2.   Podrá entregarse el efecto judicial a entidades sin ánimo de lucro o a las Administraciones Públicas cuando sea de ínfimo valor o se prevea que la realización por medio de persona o entidad especializada o por medio de subasta pública será antieconómica.

3.   La realización de los efectos judiciales se llevará a cabo conforme al procedimiento que se determine reglamentariamente. No obstante lo anterior, previamente a acordarla se concederá audiencia al Ministerio Fiscal y a los interesados.

El producto de la realización de los efectos, bienes, instrumentos y ganancias se aplicará a los gastos que se hubieran causado en la conservación de los bienes y en el procedimiento de realización de los mismos, y la parte sobrante se ingresará en la cuenta de consignaciones del Juzgado o Tribunal, quedando afecta al pago de las responsabilidades civiles y costas que se declaren, en su caso, en el procedimiento. También podrá asignarse total o parcialmente de manera definitiva, en los términos y por el procedimiento que reglamentariamente se establezcan, a la Oficina de Recuperación y Gestión de Activos y a los órganos del Ministerio Fiscal encargados de la represión de las actividades de las organizaciones criminales. Todo ello sin perjuicio de lo dispuesto para el Fondo de bienes decomisados por tráfico ilícito de drogas y otros delitos relacionados.

En el caso de realización de un bien embargado o decomisado por orden de una autoridad judicial extranjera se aplicará lo dispuesto en la Ley de reconocimiento mutuo de resoluciones penales en la Unión Europea.

Art. 367 sexies. 1.   Podrá autorizarse la utilización provisional de los bienes o efectos de-

---

Art. 367 quinquies.3: Redactado conforme a la Disp. Final 2.ª cinco de la LO 1/2015, de 30 de marzo (*BOE* del 31), por la que se modifica la LO 10/1995, de 23 de noviembre, del Código Penal. Vid. Ley 23/2014, de 20 de noviembre (*BOE* del 21), de reconocimiento mutuo de resoluciones penales en la Unión Europea. V. nota al art. 367 septies.

Art. 367 sexies: Redactado conforme a la Disp. Final 2.ª seis de la LO 1/2015, de 30 de marzo (*BOE* del 31), por la que se modifica la LO 10/1995, de 23 de noviembre, del Código Penal. Vid. nota al art. 367 septies.

comisados cautelarmente en los siguientes casos:

a) Cuando concurran las circunstancias expresadas en las letras *b)* a *f)* del apartado 1 del artículo 367 quáter, y la utilización de los efectos permita a la Administración un aprovechamiento de su valor mayor que con la realización anticipada, o no se considere procedente la realización anticipada de los mismos.

b) Cuando se trate de efectos especialmente idóneos para la prestación de un servicio público.

2. Cuando concurra alguno de los supuestos previstos en el apartado anterior, el Juez, de oficio o a instancia del Ministerio Fiscal o de la Oficina de Recuperación y Gestión de Activos, y previa audiencia del interesado,

autorizará la utilización provisional de los efectos judiciales, salvo que concurra alguna de las circunstancias expresadas en el párrafo segundo del apartado 2 del artículo 367 quáter.

3. Corresponderá a la Oficina de Recuperación y Gestión de Activos resolver, conforme a lo previsto legal y reglamentariamente, sobre la adjudicación del uso de los efectos decomisados cautelarmente y sobre las medidas de conservación que deban ser adoptadas. La oficina informará al Juez o Tribunal, y al Fiscal, de lo que hubiera acordado.

Art. 367 septies. El Juez o Tribunal, de oficio o a instancia del Ministerio Fiscal o de la propia Oficina de Recuperación

---

Art. 367 septies: Añadido por la Disp. Final 1.ª tres de la LO 5/2010, de 22 de junio (*BOE* del 23), por la que se modifica la LO 10/1995, de 23 de noviembre, del Código Penal, y redactado de nuevo conforme a la Disp. Final 2.ª siete de la LO 1/2015, de 30 de marzo (*BOE* del 31), por la que se modifica la LO 10/1995, de 23 de noviembre, del Código Penal. También hay que tener presentes el RD 948/2015, de 23 de octubre (*BOE* del 24), por el que se regula la Oficina de Recuperación y Gestión de Activos, y la Orden JUS/188/2016, de 18 de febrero (*BOE* del 20), por la que se determina el ámbito de actuación y la entrada en funcionamiento operativo de la Oficina de Recuperación y Gestión de Activos y la apertura de su cuenta de depósitos y consignaciones. También habrá que tener en cuenta la Resolución de 5 de abril de 2018 (*BOE* del 13), de la Secretaría de Estado de Justicia, por la que se publica el Convenio con el CGPJ, en materia de colaboración y apoyo al funcionamiento de la Oficina de Recuperación y Gestión de Activos y la Resolución de 5 de abril de 2018 (*BOE* del 13), de la Secretaría de Estado de Justicia, por la que se publica el Convenio con la Unión Española de Entidades Aseguradoras y Reaseguradoras (UNESPA), en materia de información de seguros implicada en investigaciones o decisiones judiciales.

El art. 7 del RD 453/2020, de 10 de marzo (*BOE* del 12), por el que se desarrolla la estructura orgánica básica del Ministerio de Justicia, y se modifica el Reglamento del Servicio Jurídico del Estado, aprobado por el RD 997/2003, de 25 de julio, establece, como órgano superior y directivo, la Dirección General de Seguridad Jurídica y Fe Pública (dependiente de la Secretaría General para la Innovación y Calidad del Servicio Público de Justicia y de la Secretaría de Estado de Justicia). La Disp. Adic. 2.ª

y Gestión de Activos, podrá encomendar la localización, la conservación y la administración de los efectos, bienes, instrumentos y ganancias procedentes de actividades delictivas cometidas en el marco de una organización criminal a la Oficina de Recuperación y Gestión de Activos.

La organización y funcionamiento de dicha Oficina se regularán reglamentariamente.

CAPÍTULO III

DE LA IDENTIDAD
DEL DELINCUENTE
Y DE SUS CIRCUNSTANCIAS
PERSONALES

Art. 368. Cuantos dirijan cargo a determinada persona deberán reconocerla judicialmente, si el Juez instructor, los acusadores o el mismo inculpado conceptúan fundadamente precisa la diligencia para la identificación de este último, con relación a los designantes, a fin de que no ofrezca duda quién es la persona a que aquéllos se refieren.

Art. 369. La diligencia de reconocimiento se practicará poniendo a la vista del que hubiere de verificarlo la persona que haya de ser reconocida, haciéndola comparecer en unión con otras de circunstancias exteriores semejantes. A presencia de todas ellas, o desde un punto en que no pudiere ser visto, según al Juez pareciere más conveniente, el que deba practicar el reconocimiento manifestará si se encuentra en la rueda o grupo la per-

---

de dicho RD establece que las referencia a la Oficina de Recuperación y Gestión de Activos, suprimida, a su vez, por el art. 2.2 del RD 595/2018, de 22 de junio, por el que se establece la estructura orgánica básica de los Departamentos Ministeriales, se entenderán realizadas a la Dirección General de Seguridad Jurídica y Fe Pública. Como consecuencia, las referencias que se hacen en el ordenamiento jurídico a la persona titular de la Oficina de Recuperación y Gestión de Activos, se entenderán referidas a la persona titular de la Dirección General de Seguridad Jurídica y Fe Pública.

Por Resolución de 14 de marzo de 2022 (*BOE* del 22), de la Secretaría de Estado de Justicia, se publica la Adenda de prórroga al Convenio con el CGPJ, en materia de colaboración y apoyo al funcionamiento de la ORGA. También hay que poner de relieve el Convenio de colaboración entre el Ministerio de Justicia y el Consejo General del Notariado en materia de acceso a la información notarial por parte de la Oficina de Recuperación y Gestión de activos, firmado el 27 de julio de 2016, con Adenda de prórroga de 6 de junio de 2019 y renovada la misma por Resolución de 10 de junio de 2022 (*BOE* del 16). Finalmente, hay que tener en cuenta la Resolución de 25 de junio de 2021 (*BOE* de 2 de julio), de la Secretaría de Estado de Justicia, por la que se publica el Convenio con el Ilustre Colegio de Registradores de la Propiedad, Mercantiles y Bienes Muebles de España, en materia de acceso a la información registral por parte de la Oficina de Recuperación y Gestión de Activos.

sona a quien hubiese hecho referencia en sus declaraciones, designándola, en caso afirmativo, clara y determinadamente.

En la diligencia que se extienda se harán constar todas las circunstancias del acto, así como los nombres de todos los que hubiesen formado la rueda o grupo.

Art. 370. Cuando fueren varios los que hubieren de reconocer a una persona, la diligencia expresada en el artículo anterior deberá practicarse separadamente con cada uno de ellos, sin que puedan comunicarse entre sí hasta que se haya efectuado el último reconocimiento.

Cuando fueren varios los que hubieren de ser reconocidos por una misma persona, podrá hacerse el reconocimiento de todos en un solo acto.

Art. 371. El que detuviere o prendiere a algún presunto culpable tomará las precauciones necesarias para que el detenido o preso no haga en su persona o traje alteración alguna que pueda dificultar su reconocimiento por quien corresponda.

Art. 372. Análogas precauciones deberán tomar los Alcaides de las cárceles y los Jefes de los depósitos de detenidos; y si en los establecimientos de su cargo hubiere traje reglamentario, conservarán cuidadosamente el que lleven los presos o detenidos al ingresar en el establecimiento, a fin de que puedan vestirlo cuantas veces fuere conveniente para diligencias de reconocimiento.

Art. 373. Si se originase alguna duda sobre la identidad del procesado, se procurará acreditar ésta por cuantos medios fueren conducentes al objeto.

Art. 374. El Juez hará constar, con la minuciosidad posible, las señas personales del procesado, a fin de que la diligencia pueda servir de prueba de su identidad.

Art. 372: Vid. art. 15 del Reglamento penitenciario, aprobado por RD 190/1996, de 9 de febrero (*BOE* del 15).

Art. 373: El apartado 2 del art. 8 de la Ley 6/2020, de 11 de noviembre (*BOE* del 12), reguladora de determinados aspectos de los servicios electrónicos de confianza, establece que «Los prestadores de servicios electrónicos de confianza que consignen un pseudónimo en un certificado electrónico deberán constatar la verdadera identidad del titular del certificado y conservar la documentación que la acredite». Y en el apartado 3 se indica que «Dichos prestadores de servicios de confianza estarán obligados a revelar la citada identidad cuando lo soliciten los órganos judiciales y otras autoridades públicas en el ejercicio de funciones legalmente atribuidas, con sujeción a lo dispuesto en la legislación aplicable en materia de protección de datos personales».

Art. 375. Para acreditar la edad del procesado y comprobar la identidad de su persona, el Secretario judicial traerá al sumario certificación de su inscripción de nacimiento en el Registro civil o de su partida de bautismo, si no estuviere inscrito en el Registro.

En todo caso, cuando no fuere posible averiguar el Registro civil o parroquia en que deba constar el nacimiento o el bautismo del procesado, o no existiesen su inscripción y partida; y cuando por manifestar el procesado haber nacido en punto lejano hubiere necesidad de emplear mucho tiempo en traer a la causa la certificación oportuna, no se detendrá el sumario, y se suplirá el documento del artículo anterior por informe que acerca de la edad del procesado, y previo su examen físico, dieren los Médicos forenses o los nombrados por el Juez.

Art. 376. Cuando no ofreciere duda la identidad del procesado, y conocidamente tuviese la edad que el Código Penal requiere para poderle exigir la responsabilidad criminal en toda su extensión, podrá prescindirse de la justificación expresada en el ar-

---

Art. 375: Para el procedimiento abreviado, vid. art. 762.7.ª de esta Ley.

Vid. últimos párrafos de la nota del art. 340.

Art. 375, párr. 1.º: Redactado conforme a la Ley 13/2009, de 3 de noviembre (*BOE* del 4), de reforma de la legislación procesal para la implantación de la nueva Oficina judicial.

Art. 375, párr. 2.º: Debe decir «párrafo anterior» y no «artículo anterior».

Art. 376: Conforme al art. 19 del Código Penal, la edad para exigir responsabilidad penal se sitúa en los dieciocho años. Por debajo de la misma habrá que estar a lo dispuesto en la LO 5/2000, de 12 de enero (*BOE* del 13), por la que se regula la responsabilidad penal de los menores. No obstante, conforme al art. 69 del Código Penal, al mayor de dieciocho años y menor de veintiuno le será de aplicación lo dispuesto en la Ley de responsabilidad penal de los menores, criterio que ha quedado suspendido hasta 1 de enero de 2007 por la Disp. Trans. única de la LO 9/2002, de 10 de diciembre (*BOE* del 11), de modificación del Código Penal y del Código Civil, sobre sustracción de menores. Finalmente, la LO 8/2006, de 4 de diciembre (*BOE* del 5), de modificación de la LO 5/2000, de 12 de enero, reguladora de la responsabilidad de los menores, ha eliminado dicha posibilidad, pero con efectos desde el 5 de febrero de 2007, fecha de entrada en vigor de la reforma. No obstante, la Instrucción n.º 5/2006 de la Fiscalía General del Estado entiende que la suspensión hasta el 1 de enero de 2007 debe «entenderse tácitamente prorrogada hasta que gane vigencia formal la nueva norma».

Vid., para el procedimiento abreviado, el art. 762.7.ª de esta Ley.

La Orden de 21 de marzo de 1932 (*Gaceta* del 24) dispone en su n.º 5.º:

«Los Jueces instructores deberán hacer uso de la facultad que les concede el art. 376 en todos aquellos casos en que la identidad del procesado no ofreciere duda y conocidamente tuviere la edad requerida por el Código Penal para exigirle plena responsabilidad.

»Si se pidiere la certificación de nacimiento por estimarla imprescindible, y las demás diligencias sumariales se hallaren ya completas, no se dilatará la terminación del sumario, que se remitirá a la Audiencia, enviando después al Ministerio Fiscal la certificación de nacimiento para que éste la incorpore antes del juicio como prueba documental.»

tículo anterior, si su práctica ofreciese alguna dificultad u ocasionase dilaciones extraordinarias.

En las actuaciones sucesivas y durante el juicio, el procesado será designado con el nombre con que fuere conocido o con el que él mismo dijere tener.

Art. 377. Si el Juez instructor lo considerase conveniente, podrá pedir informes sobre el procesado a las Alcaldías o a los correspondientes funcionarios de policía del pueblo o pueblos en que hubiese residido.

Estos informes serán fundados, y si no fuere posible fundarlos, se manifestará la causa que lo impidiere.

Los que los dieren no contraerán responsabilidad alguna, salvo en el caso de dolo o negligencia grave.

Art. 378. Podrá además el Juez recibir declaración acerca de la conducta del procesado a todas las personas que por el conocimiento que tuvieren de éste puedan ilustrarle sobre ello.

Art. 379. Se traerán a la causa los antecedentes penales del procesado, pidiendo los anteriores a la creación del Registro Central de Penados 2 de octubre de 1878, a los Juzgados donde se presuma que puedan en su caso constar, y los posteriores exclusivamente al Ministerio de *Gracia y Justicia*.

El Jefe del Registro en el Ministerio está obligado a dar los

---

Art. 377: Redactado conforme a lo dispuesto en el art. 5.º de la LO 7/1988, de 28 de diciembre (*BOE* del 30). Para el procedimiento abreviado, vid. art. 762.10.ª de la presente Ley.

El n.º 6.º de la Orden de 21 de marzo de 1932 (*Gaceta* del 24) dispone:

«Los informes a que se refiere el artículo 377 sólo se pedirán cuando puedan rendir algún resultado útil por no hallarse suficientemente dibujada en el sumario la personalidad del delincuente. Pero si las demás diligencias estuvieren terminadas se procederá conforme a lo dispuesto anteriormente para las certificaciones de nacimiento.

»En todo caso se observará con el mayor rigor lo preceptuado en el párrafo segundo del artículo 377 respecto a la fundamentación de tales informes.»

Art. 378: Respecto del procedimiento abreviado, vid. art. 762.10.ª

Art. 379: El Registro Central de Penados, pasó a ser el Registro Central de Penados y Rebeldes, para volver a ser el Registro Central de Penados en el año 2015. Ahora la Disp. Adic. Única de la LO 4/2024, de 18 de octubre (*BOE* del 19), por la que se modifica la LO 7/2014, de 12 de noviembre, sobre intercambio de información de antecedentes penales y consideración de resoluciones judiciales penales en la Unión Europea, para su adecuación a la normativa de la Unión Europea sobre el Sistema Europeo de Información de Antecedentes Penales (ECRIS), establece que, a su entrada en vigor (20 días de su publicación en el *BOE*), «las referencias que se encuentran en cualquier norma referidas al Registro Central de Penados y Rebeldes se entenderán hechas al Registro Central de Penados». Vid. arts. 136 CP y 19 del RD 95/2009, de 6 de febrero (*BOE* del 7), sobre cancelación de antecedentes penales.

antecedentes que se le reclamen, o certificación negativa en su caso en el improrrogable término de tres días, a contar desde aquel en que se reciba la petición, justificando, si así no lo hiciere, la causa legítima que lo hubiese impedido.

En los Juzgados se atenderá también preferentemente al cumplimiento de este servicio, debiendo ser corregidos disciplinariamente los funcionarios que lo posterguen.

Art. 380. Si el procesado fuere *mayor de nueve años y menor de quince*, el Juez recibirá información acerca del criterio del mismo, y especialmente de su aptitud para apreciar la criminalidad del hecho que hubiese dado motivo a la causa.

En esta información serán oídas las personas que puedan deponer con acierto por sus circunstancias personales y por las relaciones que hayan tenido con el procesado antes y después de haberse ejecutado el hecho. En su defecto se nombrarán dos Profesores de instrucción primaria para que en unión del Médico forense o del que haga sus veces examinen al procesado y emitan su dictamen.

Art. 381. Si el Juez advirtiese en el procesado indicios de enajenación mental, le someterá inmediatamente a la observación de los Médicos forenses en el establecimiento en que estuviese preso, o en otro público si fuere más a propósito o estuviese en libertad.

Los Médicos darán en tal caso su informe del modo expresado en el capítulo VII de este título.

Art. 382. Sin perjuicio de lo dispuesto en el artículo anterior, el Juez recibirá información acerca de la enajenación mental del procesado, en la forma prevenida en el artículo 380.

Art. 383. Si la demencia sobreviniera después de cometido el delito, concluso que sea el sumario se mandará archivar la causa por el Tribunal competente hasta que el procesado recobre la salud, disponiéndose además respecto de éste lo que el Código Penal prescribe para los que ejecutan el hecho en estado de demencia.

Art. 380: El art. 19 del vigente Código Penal exime de responsabilidad criminal a los menores de dieciocho años, remitiendo a lo que disponga la Ley que regule la responsabilidad penal del menor, aprobada por la LO 5/2000, de 12 de enero (*BOE* del 13).

Vid. últimos párrafos de la nota del art. 340.

Art. 381: Vid. arts. 20.1.º, 2.º y 3.º del Código Penal y 456 a 485 de esta Ley.

Art. 383: Vid. los arts. 20.1.º y 60 del Código Penal. Sobre la conducción de presos en ese estado, vid. la Orden de 21 de octubre de 1968 (*BOE* de 16 de noviembre), n.º 5.º

Si hubiese algún otro procesado por razón del mismo delito que no se encontrase en el caso del anterior, continuará la causa solamente en cuanto al mismo.

Art. 384. Desde que resultare del sumario algún indicio racional de criminalidad contra determinada persona, se dictará auto declarándola procesada y

---

Art. 384: La Real Orden de 13 de marzo de 1895 (*Gaceta* del 15), dispuso:

«1.º Que los resultandos y considerandos donde se han de exponer los motivos que en cada caso determinan y abonan los autos de procesamiento, prisión, registro de morada, detención de la correspondencia y otros análogos, consten siempre en las actuaciones con letra manuscrita, no tolerándose por los Jueces instructores ni por las Audiencias, el uso de fórmulas estampadas que sustituyan el razonamiento peculiar inexcusable en cada caso...»

La Real Orden Circular de 5 de septiembre de 1906 (*Gaceta* del 8) dispuso:

«1.º Que, como terminantemente previene el artículo 141 de la Ley de Enjuiciamiento Criminal, los autos declarando el procesamiento, dejándole sin efecto o no accediendo a tal declaración, que los Jueces hubieren de acordar en las causas criminales, expresen por medio de Resultandos y Considerandos los razonamientos de hecho y fundamentos de derecho inductivos en cada caso de la criminalidad presunta del inculpado en el delito motivo del proceso, y que justifique la procedencia de declaración, tan trascendente para la honra del ciudadano, quien tiene indiscutible derecho a encontrar en los Tribunales de justicia refugio y seguro amparo contra las malevolencias de la pasión, unas veces, y otras, acaso, contra las exaltaciones circunstanciales de las arterias e insidias de las luchas políticas.

»2.º Que no pudiendo quedar a merced de una resolución judicial, injusta por lo inmotivada, el respeto a la integridad de los derechos constitucionales que el procesamiento interdice y suspende, cuide V.I. de prevenir a los Jueces del territorio de su jurisdicción que a declaración de tanta gravedad, así como a las resoluciones que la modifiquen o denieguen, preceda siempre un razonamiento detenido, expuesto en la forma rituaria que la Ley procesal ordena, razonamiento que, dentro de la natural discreción impuesta a los funcionarios judiciales para no quebrantar el sigilo sumarial, permita, no sólo abonar la justicia del acuerdo, sino la posibilidad de parte del agraciado de ejercer debidamente los recursos de reforma y apelación contra una resolución que estima lesiva a su derecho.

»3.º Que procediendo contra tales autos el recurso de apelación en un solo efecto, y siendo indiscutible que para la viabilidad del recurso, aparte de la motivación de la resolución apelada, se requiere el testimonio escrito de aquellos particulares del sumario en los cuales el Juez creyó encontrar los hechos inductivos de criminalidad presunta, ordene V.I. que, dentro de los límites discrecionales prevenidos por el artículo 225 de la Ley de Enjuiciamiento Criminal, sean tales testimonios lo suficientemente explícitos y bastantes a la discusión que en el Tribunal superior habrá de proceder a la confirmación o revocación del auto apelado [...].»

Los tres últimos párrafos de este artículo fueron adicionados por el RD-ley de 14 de diciembre de 1925.

Vid. como especialidades en el procesamiento por razón de las personas las disposiciones anotadas al pie del art. 309.

Para supuestos especiales de procesamiento: el art. II del Acuerdo entre España y la Santa Sede, de 28 de julio de 1976, instrumento de ratificación de 19 de agosto (*BOE* de 24 de septiembre); el art. 11 de la Resolución de 24 de febrero de 1982 por la que se ordena la publicación en el *Boletín Oficial del Estado* del nuevo Reglamento del Congreso de

mandando que se entiendan con ella las diligencias en la forma y del modo dispuesto en este título y en los demás de esta Ley.

El procesado podrá, desde el momento de serlo, aconsejarse de Letrado, mientras no estuviere incomunicado, y valerse de él, bien para instar la pronta terminación del sumario, bien para solicitar la práctica de diligencias que le interesen, y para formular pretensiones que afecten a su situación. En el primer caso podrá recurrir en queja a la Audiencia, y en los otros dos apelar para ante la misma si el Juez instructor no accediere a sus deseos.

Estas apelaciones no serán admisibles más que en un solo efecto.

Para cumplir lo determinado en este artículo, el Juez instructor dispondrá que el procesado menor de edad sea habilitado de Procurador y Abogado, a no ser que él mismo o su representante legal designen persona que merezcan su confianza para dicha representación y defensa.

Contra los autos que dicten los Jueces de instrucción, decretando el procesamiento de alguna persona, podrá utilizarse, por la representación de ésta, recurso de reforma dentro de los tres días siguientes al de haberle sido notificada la resolución; y contra los autos denegatorios de la reforma podrá ser interpuesto recurso de apelación en un efecto dentro de los cinco días siguientes al de la notificación del auto denegatorio a la representación recurrente. También podrá ser interpuesto el recurso de apelación en un efecto subsidiariamente con el de reforma, en cuyo caso, el Juez instructor declarará admitido aquél al denegar éste. Si se diera lugar a la reforma, quedando sin efecto los procesamientos antes acordados, se estará a lo preceptuado en el párrafo siguiente, en cuanto a la reproducción de la solicitud de procesamiento ante la Audiencia.

Contra los autos denegatorios de procesamiento, sólo se concederá a quien haya solicitado éstos el recurso de reforma, utilizado dentro de los tres días siguientes al de la notificación. Contra los autos denegatorios de la reforma así pretendida, no se podrá utilizar recurso de apelación ni ningún otro recurso; pero podrá reproducirse ante la Audiencia correspondiente la petición de procesamiento formulada por la parte a quien le haya sido denegada, cuando personada ante dicho Tribunal, si hace uso de tal derecho, eva-

---

los Diputados (*BOE* del mismo día); el art. 22.1, párr. 2.º, del Texto refundido del Reglamento del Senado, de 3 de mayo de 1994 (*BOE* del 4); y el art. 8.1, párr. 2.º de la Ley Orgánica de Fuerzas y Cuerpos de Seguridad (LO 2/1986, de 13 de marzo, *BOE* del 14).

cue el traslado a que se refiere el artículo 627 de esta misma Ley, precisamente dentro del término por el cual le haya sido conferido dicho traslado. El Tribunal, en tales casos, al dictar el auto que ordena el artículo 630, resolverá fundamentalmente lo que proceda; y sin que pueda dejar al criterio del instructor la resolución, cuando estime procedentes las declaraciones de procesamiento solicitadas, mandará al Juez instructor que las haga. Los procesados a quienes estas resoluciones del instructor se refieran podrán utilizar directamente el recurso de apelación en un efecto, sin necesidad de que utilicen previamente el de reforma.

Cuando la resolución del recurso de reforma interpuesto contra un auto denegatorio del procesamiento sea favorable al recurrente y, por tanto, se acuerde el procesamiento primeramente solicitado contra la resolución en que así se declara, podrán las representaciones de los procesados a quienes afecte utilizar los mismos recursos de reforma y apelación otorgados a los procesados directamente en este mismo artículo.

Art. 384 bis. Firme un auto de procesamiento y decretada la prisión provisional por delito cometido por persona integrada o relacionada con bandas armadas o individuos terroristas o rebeldes, el procesado que estuviere ostentando función o cargo público quedará automáticamente suspendido en el ejercicio del mismo mientras dure la situación de prisión.

CAPÍTULO IV

DE LAS DECLARACIONES
DE LOS PROCESADOS*

Art. 385. El Juez, de oficio o a instancia del Ministerio Fiscal o del querellante particular, hará que los procesados presten cuantas declaraciones considere convenientes para la averiguación de los hechos, sin que ni el acusador privado ni el actor civil puedan estar presentes al in-

---

Art. 384 bis: Introducido por la LO 4/1988, de 25 de mayo (*BOE* del 26).

En conexión con este precepto hay que poner los arts. 383.1 y 2 y 384 de la LO 6/1985, de 1 de julio (*BOE* de 2 de julio; corrección de errores en *BOE* de 4 de noviembre), del Poder Judicial; el art. 60 de la Ley 50/1981, de 30 de diciembre (*BOE* de 13 de enero de 1982), por la que se regula el estatuto orgánico del Ministerio Fiscal; y el art. 90 del Real Decreto Legislativo 5/2015, de 30 de octubre (*BOE* del 31), por el que se aprueba el texto refundido de la Ley del Estatuto Básico del Empleado Público.

* El art. 24.2 de la Constitución reconoce el derecho de todos a no declarar contra sí mismos, a no confesarse culpables y a la presunción de inocencia.

terrogatorio, cuando así lo disponga el Juez instructor.

Art. 386. Si el procesado estuviere detenido, se le recibirá la primera declaración dentro del término de veinticuatro horas. Este plazo podrá prorrogarse por otras cuarenta y ocho, si mediare causa grave, la cual se

expresará en la providencia en que se acordase la prórroga.

Art. 387. [...]

Art. 388. En la primera declaración será preguntado el procesado por su nombre, apellidos paterno y materno, apodo, si lo tuviere, edad, naturaleza, vecin-

---

Art. 386: La Real Orden de 3 de diciembre de 1903 (*Gaceta* del 5) dispone:

«1.º El examen sumarial de uno o varios presos o reclusos tendrá lugar en la prisión respectiva, siempre que el Juzgado y la prisión se hallen en el mismo pueblo, economizándose así la traslación de los presos o reclusos al Juzgado.

»2.º No obstante lo dispuesto en el párrafo anterior, podrán ser trasladados los presos o reclusos para el reconocimiento ocular de lugares o cuerpos de delito, en los casos en que estos últimos no puedan conducirse a la prisión, o para la práctica de otras diligencias en que sea absolutamente necesario para la administración de justicia la salida del recluso de la prisión en que esté.

»Cuando esto ocurra o haya precisión de traslado a lugar distinto de la residencia del Juzgado, el Juez, salvo casos urgentes, ha de estar previamente autorizado por el Presidente de la respectiva Audiencia, si se trata de un procesado, o por la Dirección General, si el individuo es penado.

»La conducción y custodia del recluso estarán siempre a cargo de agentes de la autoridad pública, no empleándose en estos servicios a los funcionarios de Prisiones.

»3.º Cuando el Juzgado se encuentre en población distinta de la en que radique la prisión y en territorio del Juzgado, empleará la forma de mandamientos u otro de los medios que la Ley de Enjuiciamiento establece para la práctica de esta diligencia.

»Si la comparecencia de penados y, por tanto, su traslación fueran imprescindibles, el Juez no ordenará el traslado sin estar autorizado por la Dirección General, a la que habrá de exponerse las razones en que el hecho se funde, para conocimiento del Ministro y, en su caso, del Fiscal respectivo.

»4.º Se recomienda a los Tribunales eviten en lo posible la presencia de reclusos ante los mismos, limitándose, en cuanto al procedimiento lo permita, a los actos de celebración de los juicios en cuanto éstos no se verifiquen en las prisiones, lo cual se procurará cuando el número de reclusos que haya de asistir a los juicios sea excesivo. En todo caso, el traslado de penados habrá de autorizarse por la Dirección General o por los Presidentes cuando sea prisión preventiva, sin cuyo requisito, que ha de ser conocido de los Directores o Jefes de las prisiones, no será permitida la salida de ningún recluso ni de preso alguno.»

Art. 387: Derogado por la Disp. Derog. única de la LO 13/2015, de 5 de octubre (*BOE* del 6), de modificación de la Ley de Enjuiciamiento Criminal para el fortalecimiento de las garantías procesales y la regulación de las medidas de investigación tecnológica.

Art. 388: Vid. Real Orden Circular de 26 de junio de 1909 (*Gaceta* de 4 de julio), sobre comunicación de la prisión de padres, tutores o personas obligadas a la guarda de niños menores de diez años, dictada en aclaración del art. 388.

dad, estado, profesión, arte, oficio o modo de vivir, si tiene hijos, si fue procesado anteriormente, por qué delito, ante qué Juez o Tribunal, qué pena se le impuso, si la cumplió, si sabe leer y escribir y si conoce el motivo por que se le ha procesado.

Art. 389. Las preguntas que se le hagan en todas las declaraciones que hubiere de prestar se dirigirán a la averiguación de los hechos y a la participación en ellos del procesado y de las demás personas que hubieren contribuido a ejecutarlos o encubrirlos.

Las preguntas serán directas, sin que por ningún concepto puedan hacérsele de un modo capcioso o sugestivo.

Tampoco se podrá emplear con el procesado género alguno de coacción o amenaza.

Art. 390. Las relaciones que hagan los procesados o respuestas que den serán orales. Sin embargo, el Juez de instrucción, teniendo siempre en cuenta las circunstancias de aquéllos y la naturaleza de la causa, podrá permitirles que redacten a su presencia una contestación escrita sobre puntos difíciles de explicar, o que también consulten a su presencia apuntes o notas.

Art. 391. Se pondrán de manifiesto al procesado todos los objetos que constituyen el cuerpo del delito o los que el Juez considere conveniente, a fin de que los reconozca.

Se le interrogará sobre la procedencia de dichos objetos, su destino y la razón de haberlos encontrado en su poder, y, en general, será siempre interrogado sobre cualquiera otra circunstancia que conduzca al esclarecimiento de la verdad.

El Juez podrá ordenar al procesado, pero sin emplear ningún género de coacción, que escriba a su presencia algunas palabras o frases, cuando esta medida la considere útil para desvanecer las dudas que surjan sobre la legitimidad de un escrito que se le atribuya.

Art. 392. Cuando el procesado rehúse contestar o se finja loco, sordo o mudo, el Juez instructor le advertirá que, no obstante su silencio y su simulada enfermedad, se continuará la instrucción del proceso.

De estas circunstancias se tomará razón por el Secretario, y el Juez instructor procederá a investigar la verdad de la enfermedad que aparente el procesado, observando a este efecto lo dispuesto en los respectivos ar-

---

Art. 389, párr. 3.º: Vid. art. 174 del Código Penal.
Art. 392, párr. 2.º: Vid. arts. 334 ss. y 456 ss.

tículos de los capítulos II y VII de este mismo título.

Art. 393. Cuando el examen del procesado se prolongue mucho tiempo, o el número de preguntas que se le hayan hecho sea tan considerable que hubiese perdido la serenidad de juicio necesaria para contestar a lo demás que deba preguntársele, se suspenderá el examen, concediendo al procesado el tiempo necesario para descansar y recuperar la calma. Siempre se hará constar en la declaración misma el tiempo que se haya invertido en el interrogatorio.

Art. 394. [...]

Art. 395. [...]

Art. 396. Se permitirá al procesado manifestar cuanto tenga por conveniente para su exculpación o para la explicación de los hechos, evacuándose con urgencia las citas que hiciere y las demás diligencias que propusiere, si el Juez las estima conducentes para la comprobación de sus manifestaciones.

En ningún caso podrán hacerse al procesado cargos ni reconvenciones, ni se le leerá parte alguna del sumario más que sus declaraciones anteriores si lo pidiera, a no ser que el Juez hubiese autorizado la publicidad de aquél en todo o en parte.

Art. 397. El procesado podrá dictar por sí mismo las declaraciones. Si no lo hiciere, lo hará el Secretario judicial procurando, en cuanto fuere posible, consignar las mismas palabras de que aquél se hubiese valido.

Art. 398. Si el procesado no supiere el idioma español o fuere sordomudo, se observará lo dispuesto en los artículos 440, 441 y 442.

Art. 394: Derogado por la LO 16/1994, de 8 de noviembre, por la que se reforma la LO 6/1985, de 1 de julio, del Poder Judicial.

Art. 395: Derogado por la Disp. Derog. única de la LO 13/2015, de 5 de octubre (*BOE* del 6), de modificación de la Ley de Enjuiciamiento Criminal para el fortalecimiento de las garantías procesales y la regulación de las medidas de investigación tecnológica.

Art. 397: Redactado conforme a la Ley 13/2009, de 3 de noviembre (*BOE* del 4), de reforma de la legislación procesal para la implantación de la nueva Oficina judicial.

Art. 398: Sobre los derechos de las personas con incapacidad habrá que tener presente la Convención Internacional de Naciones Unidas sobre los Derechos de las Personas con Discapacidad, hecho en Nueva York el 13 de diciembre de 2006, cuyo Instrumento de Ratificación por el Estado español se ha publicado en el *BOE* de 21 de abril de 2008. Lo establecido en dicha Convención también será de aplicación en el caso de otros sujetos que intervienen en el proceso, incluidos los testigos a los que se remiten los arts. 440, 441 y 442 LECrim.

Art. 399. Cuando el Juez considere conveniente el examen del procesado en el lugar de los hechos acerca de los cuales deba ser examinado o ante las personas o cosas con ellos relacionadas, se observará lo dispuesto en el artículo 438.

Art. 400. El procesado podrá declarar cuantas veces quisiere, y el Juez recibirá inmediatamente la declaración si tuviere relación con la causa.

Art. 401. En la declaración se consignarán íntegramente las preguntas y las contestaciones.

Art. 402. El procesado podrá leer la declaración, y el Juez le enterará de que le asiste este derecho.
Si no usare de él, la leerá el Secretario a su presencia.

Art. 403. Se observará lo dispuesto en el artículo 450 respecto a tachaduras o enmiendas.

Art. 404. La diligencia se firmará por todos los que hubiesen intervenido en el acto, y se autorizará por el Secretario.

Art. 405. Si en las declaraciones posteriores se pusiere el procesado en contradicción con sus declaraciones primeras o retractare sus confesiones anteriores, deberá ser interrogado sobre el móvil de sus contradicciones y sobre las causas de su retractación.

Art. 406. La confesión del procesado no dispensará al Juez de instrucción de practicar todas las diligencias necesarias a fin de adquirir el convencimiento de la verdad de la confesión y de la existencia del delito.
Con este objeto, el Juez instructor interrogará al procesado confeso para que explique todas las circunstancias del delito y cuanto pueda contribuir a com-

---

Art. 406: La Circular-Consulta de la Fiscalía del Tribunal Supremo de 6 de agosto de 1934 señala que «congruentemente con el sistema probatorio de libre convicción del juzgador que sigue la Ley de Enjuiciamiento Criminal, según el que la confesión carece de decisiva eficacia (art. 406), permite el artículo 820 que, no obstante, la hecha por una persona de ser autor real de la publicación delictiva deje de procesársela cuando haya indicios bastantes para creer que lo confesado no está de acuerdo con lo realizado. Hay, pues, que atender a las circunstancias y a la índole de los medios comprobatorios que la investigación sumarial proporcione en cada caso concreto, y cuando de ellos resulten elementos indiciarios suficientes para formar la convicción de la inexactitud de la autoría confesada como real, debe prescindirse de la confesión y proceder contra el que por otros medios de prueba se considere como autor real o, en su defecto, contra el responsable subsidiario [...]».

probar su confesión, si fue autor o cómplice, y si conoce a algunas personas que fueren testigos o tuvieren conocimiento del hecho.

Art. 407. Respecto a la incomunicación de los procesados, se observará lo dispuesto en los artículos 506 al 511.

Art. 408. No se leerán al procesado los fundamentos del auto de incomunicación cuando le fuere notificado, ni se le dará copia de ellos.

Art. 409. Para recibir declaración al procesado menor de edad no habrá necesidad de nombrarle curador.

Art. 409 bis. Cuando se haya procedido a la imputación de una persona jurídica, se tomará declaración al representante especialmente designado por ella, asistido de su Abogado. La declaración irá dirigida a la averiguación de los hechos y a la participación en ellos de la entidad imputada y de las demás personas que hubieran también podido intervenir en su realización. A dicha declaración le será de aplicación lo dispuesto en los preceptos del presente capítulo en lo que no sea incompatible con su especial naturaleza, incluidos los derechos a guardar silencio, a no declarar contra sí misma y a no confesarse culpable.

No obstante, la incomparecencia de la persona especialmente designada por la persona jurídica para su representación determinará que se tenga por celebrado este acto, entendiéndose que se acoge a su derecho a no declarar.

CAPÍTULO V

DE LAS DECLARACIONES DE LOS TESTIGOS

Art. 410. Todos los que residan en territorio español, na-

Art. 409 bis: Adición realizada por el art. 1.º de la Ley 37/2011, de 10 de octubre (*BOE* del 11), de medidas de agilización procesal.

Art. 410: Vid. LO 19/1994, de 23 de diciembre (*BOE* del 24), de protección a testigos y peritos en causas criminales.

Conforme al art. 25.1.*f*) de la Ley 5/2014, de 4 de abril (*BOE* del 5), de Seguridad Privada, los Despachos de Detectives Privados y sus sucursales tienen la obligación de «Atender las citaciones que realicen los Juzgados y Tribunales y las dependencias policiales, a los cuales sus informaciones hayan sido comunicadas o sus informes de investigación hayan sido aportados, para la prestación de testimonio y ratificación, en su caso, del contenido de los referidos informes de investigación». En el caso de los

cionales o extranjeros, que no estén impedidos, tendrán obligación de concurrir al llamamiento judicial para declarar cuanto supieren sobre lo que les fuere preguntado si para ello se les cita con las formalidades prescritas en la Ley.

Art. 411. Se exceptúan de lo dispuesto en el artículo anterior: el Rey, la Reina, sus respectivos consortes, el Príncipe Heredero y los Regentes del Reino.

También están exentos del deber de declarar los Agentes Diplomáticos acreditados en España, en todo caso, y el personal administrativo, técnico o de servicio de las misiones diplomáticas, así como sus familiares, si concurren en ellos los requisitos exigidos en los tratados.

Art. 412. 1. Estarán exentas también de concurrir al llamamiento del Juez, pero no de declarar, pudiendo hacerlo por

---

prestadores de servicios de seguridad habrá que tener en cuenta los arts. 8.°2, 14 y 15 del mismo cuerpo legal.

Art. 411: Redactado conforme a la LO 12/1991, de 10 de julio (*BOE* de 11 de julio).

Este precepto debe ponerse en relación con los arts. 56, 57, 58 y 59 de la Constitución. El Convenio de Viena sobre relaciones diplomáticas, de 18 de abril de 1961 (con adhesión de España el 21 de noviembre de 1967, *BOE* de 24 de enero de 1968; rectificado el 2 de abril), establece en su art. 1.*e*), que por «agente diplomático» se entiende el Jefe de la misión o un miembro del personal diplomático de la misión. En su art. 1.*f*), nos indica que por «miembros del personal administrativo y técnico» se entiende los miembros del personal de la misión empleados en el servicio administrativo y técnico de la misión. Y el art. 1.*g*) señala que por «miembros del personal de servicio» se entiende los miembros del personal de la misión empleados en el servicio doméstico de la misión. Dichos preceptos nos indican los sujetos incluidos en las dos categorías previstas en el artículo. A ello debe sumarse que el art. 31.2 de la Convención ya indica que el Agente Diplomático no está obligado a declarar. En el caso del resto de sujetos a que hace referencia el precepto, habrá que estar a lo previsto en el art. 37 de la Convención. En su apartado primero señala que los miembros de la familia de un Agente diplomático, que formen parte de su casa, gozarán de dicho privilegio, siempre que no sean nacionales del Estado receptor. El mismo privilegio se contempla, en el apartado segundo, para los miembros del personal administrativo y técnico de la misión (con los miembros de sus familias que formen parte de sus respectivas casas), siempre que no sean nacionales del Estado receptor ni tengan en él residencia permanente. Finalmente, el apartado tercero, indica que los miembros del personal de servicio de la misión que no sean nacionales del Estado receptor ni tengan en él residencia permanente gozaran de la misma exención.

Art. 412: Redactado conforme a la LO 12/1991, de 10 de julio (*BOE* de 11 de julio).

En el caso de la Familia Real habrá que tener en cuenta el art. 1 del RD 2.917/1981, de 27 de noviembre (*BOE* de 12 de diciembre), sobre Registro Civil de la Familia Real; también el RD 1.368/1987, de 6 de noviembre (*BOE* del 12), sobre régimen de títulos, tratamientos y honores de la Familia Real y de los Regentes y el RD 2.099/1983, de 4

escrito, las demás personas de la Familia Real.

2. Están exentos de concurrir al llamamiento del Juez, pero no de declarar, pudiendo informar por escrito sobre los hechos de que tengan conocimiento por razón de su cargo:

1.º El Presidente y los demás miembros del Gobierno.

2.º Los Presidentes del Congreso de los Diputados y del Senado.

3.º El Presidente del Tribunal Constitucional.

4.º El Presidente del Consejo General del Poder Judicial.

5.º El Fiscal General del Estado.

6.º Los Presidentes de las Comunidades Autónomas.

3. Si fuera conveniente recibir declaración a alguna de las personas a las que se refiere el apartado 2 anterior sobre cuestiones de las que no haya tenido conocimiento por razón de su cargo, se tomará la misma en su domicilio o despacho oficial.

---

de agosto (*BOE* del 8), por el que se aprueba el ordenamiento General de Precedencias en el Estado.

Cuando en el apartado 5.10.º se hace referencia a los Gobernadores civiles habrá de entender que ahora va referido a los Subdelegados del Gobierno, previstos en el art. 55.4 de la Ley 40/2015, de 1 de octubre (*BOE* del 2), de Régimen jurídico del Sector Público.

En cuanto a las Oficinas Consulares, el Convenio de Viena sobre relaciones consulares, de 24 de abril de 1963 (adhesión de España de 3 de febrero de 1970, *BOE* de 6 de marzo de 1970), en su art. 1.1.g), nos indica que por «miembros de la oficina consular», debemos entender comprendidos a los funcionarios y empleados consulares y los miembros del personal de servicio. El régimen de este personal debe matizarse, pues las funciones consulares deben distinguirse entre si son realizadas por un funcionario de carrera o funcionarios consulares honorarios. El régimen jurídico de unos y otros varía. Así, en el caso de oficina consular regida por un funcionario de carrera (art. 44 del Convenio), los miembros del consulado podrán ser llamados a comparecer como testigos en los procedimientos judiciales. Además, los empleados consulares o los miembros del personal de servicio no podrán negarse a deponer como testigo. No obstante, ninguno de los sujetos citados estará obligado a deponer sobre hechos relacionados con el ejercicio de sus funciones, ni a exhibir la correspondencia y los documentos oficiales referentes a aquéllos, así como pueden negarse a deponer como expertos respecto de las leyes del Estado para quien trabajan. En el caso de tener que declarar, el juez que requiera el testimonio deberá evitar que se perturbe al funcionario consular en el ejercicio de sus funciones, pudiendo recibir el testimonio del funcionario consular en su domicilio o en la oficina consular o aceptar una declaración por escrito, siempre que sea posible. Pero la Convención establece que si un funcionario consular se negase a deponer no se podrá aplicar ninguna medida coactiva o sanción (art. 44.1). En el caso de las oficinas consulares honorarias (art. 58) no rigen todas las prerrogativas del art. 44 del Convenio, que no le son de aplicación. No obstante, no estarán obligados a deponer sobre hechos relacionados con el ejercicio de sus funciones, ni a exhibir la correspondencia y los documentos oficiales referentes a aquéllos, así como pueden negarse a deponer como expertos respecto de las leyes del Estado para quien trabajan (arts. 44.3 y 58.2 del Convenio).

4. Quienes hubiesen desempeñado los cargos a que se refiere el apartado 2 del presente artículo estarán igualmente exentos de concurrir al llamamiento del Juez, pero no de declarar, pudiendo informar por escrito sobre los hechos de que hubieren tenido conocimiento por razón de su cargo.

5. Estarán exentos también de concurrir al llamamiento del Juez, pero no de declarar, pudiendo hacerlo en su despacho oficial o en la sede del órgano del que sean miembros:

1.º Los Diputados y Senadores.

2.º Los Magistrados del Tribunal Constitucional y los Vocales del Consejo General del Poder Judicial.

3.º Los Fiscales de Sala del Tribunal Supremo.

4.º El Defensor del Pueblo.

5.º Las Autoridades Judiciales de cualquier orden jurisdiccional de categoría superior a la del que recibiere la declaración.

6.º Los Presidentes de las Asambleas Legislativas de las Comunidades Autónomas.

7.º El Presidente y los Consejeros Permanentes del Consejo de Estado.

8.º El Presidente y los Consejeros del Tribunal de Cuentas.

9.º Los miembros de los Consejos de Gobierno de las Comunidades Autónomas.

10.º Los Secretarios de Estado, los Subsecretarios y asimilados, los Delegados del Gobierno en las Comunidades Autónomas y en Ceuta y Melilla, los Gobernadores civiles y los Delegados de Hacienda.

6. Si se trata de cargos cuya competencia esté limitada territorialmente, sólo será aplicable la exención correspondiente respecto de las declaraciones que hubieren de recibirse en su territorio, excepción hecha de los Presidentes de las Comunidades Autónomas y de sus Asambleas Legislativas.

7. En cuanto a los miembros de las Oficinas Consulares, se estará a lo dispuesto en los Convenios Internacionales en vigor.

Art. 413. Para recibir la declaración a que se refiere el apartado 3 del artículo anterior, el Juez pasará al domicilio o despacho oficial de la persona concernida, previo aviso, señalándole día y hora.

El Juez procederá de igual modo para recibir la declaración de alguna de las personas a que se refiere el apartado 5 del artículo anterior, cuando la mis-

Art. 413: Redactado por la LO 12/1991, de 10 de julio (*BOE* del 11).

ma fuere a tener lugar en su despacho oficial o en la sede del órgano del que sean miembros.

Art. 414. La resistencia de cualquiera de las personas a que se refieren los apartados 3 y 5 del artículo 412 a recibir en su domicilio o residencia oficial al Juez, o a declarar cuanto supieren sobre lo que les fuere preguntado respecto a los hechos del sumario, se pondrá en conocimiento del Ministerio Fiscal para los efectos que procedan.

Si las personas mencionadas en el apartado 7 de dicho artículo incurrieren en la resistencia expresada, el Juez lo comunicará inmediatamente al Ministerio de Justicia, remitiendo testimonio instructivo y se abstendrá de todo procedimiento respecto a ellas, hasta que el Ministro le comunique la resolución que sobre el caso se dictare.

Art. 415. Serán invitadas a prestar su declaración por escrito las personas mencionadas en el párrafo segundo del artículo 411 y en el apartado 7 del artículo 412, remitiéndose al efecto al Ministerio de Justicia, con atenta comunicación para el de Asuntos Exteriores, un interrogatorio que comprenda todos los extremos a que deban contestar, a fin de que puedan hacerlo por vía diplomática.

Art. 416. Están dispensados de la obligación de declarar:

Art. 414: Redactado conforme a la LO 12/1991, de 10 de julio (*BOE* del 11).

Art. 415: Redactado por la LO 12/1991, de 10 de julio (*BOE* del 11).

Art. 416: Redactado, salvo su apartado primero, conforme a la Ley 13/2009, de 3 de noviembre (*BOE* del 4), de reforma de la legislación procesal para la implantación de la nueva Oficina judicial.

El art. 24.2, párr. 2.º, CE establece que: «La Ley regulará los casos en que por razón de parentesco o de secreto profesional no se estará obligado a declarar, sobre hechos presumiblemente delictivos.» Vid. respecto de abogados el art. 467.2 CP. Respecto de abogados, también los arts. 21 a 23 del RD 135/2021, de 2 de marzo (*BOE* del 24), por el que se aprueba el Estatuto General de la Abogacía Española. En cuanto a los procuradores, vid. art. 39.*e*) del RD 1.281/2002, de 5 de diciembre (*BOE* del 21), por el que se aprueba el Estatuto General de los Procuradores de los Tribunales de España.

El TS, por Acuerdo del Pleno no jurisdiccional (art. 264.1 LOPJ) de 24 de abril de 2013, ha interpretado que:

«La exención de la obligación de declarar prevista en el art. 416.1 LECrim alcanza a las personas que están o han estado unidas por alguno de los vínculos a que se refiere el precepto. Se exceptúan:

»*a*) La declaración por hechos acaecidos con posterioridad a la disolución del matrimonio o cese definitivo de la situación análoga de afecto.

»*b*) Supuestos en que el testigo esté personado como acusación en el proceso.»

1. Los parientes del procesado en líneas directa ascendente y descendente, su cónyuge o persona unida por relación de hecho análoga a la matrimonial, sus hermanos consanguíneos o uterinos y los colaterales consanguíneos hasta el segundo grado civil. El Juez instructor advertirá al testigo que se halle comprendido en el párrafo anterior que no tiene obligación de declarar en contra del procesado; pero que puede hacer las manifestaciones que considere oportunas, y el Letrado de la Administración de Justicia consignará la contestación que diere a esta advertencia.

Lo dispuesto en el apartado anterior no será de aplicación en los siguientes casos:

1.º Cuando el testigo tenga atribuida la representación legal o guarda de hecho de la víctima menor de edad o con discapacidad necesitada de especial protección.

2.º Cuando se trate de un delito grave, el testigo sea mayor de edad y la víctima sea una persona menor de edad o una persona con discapacidad necesitada de especial protección.

3.º Cuando por razón de su edad o discapacidad el testigo no pueda comprender el sentido de la dispensa. A tal efecto, el Juez oirá previamente a la persona afectada, pudiendo recabar el auxilio de peritos para resolver.

4.º Cuando el testigo esté o haya estado personado en el procedimiento como acusación particular.

5.º Cuando el testigo haya aceptado declarar durante el procedimiento después de haber sido debidamente informado de su derecho a no hacerlo.

2. El Abogado del procesado respecto a los hechos que éste le hubiese confiado en su calidad de defensor.

Si alguno de los testigos se encontrase en las relaciones indicadas en los párrafos precedentes con uno o varios de los procesados, estará obligado a declarar respecto a los demás, a no ser que su declaración pudie-

---

El TS, por Acuerdo de Pleno no jurisdiccional (art. 264.1 LOPJ), de 23 de enero de 2018, ha interpretado el «Alcance de la dispensa del artículo 416 LECrim»:

«1. El acogimiento, en el momento del juicio oral, a la dispensa del deber de declarar establecida en el artículo 416 de la LECrim, impide rescatar o valorar anteriores declaraciones del familiar-testigo aunque se hubieran efectuado con contradicción o se hubiesen efectuado con el carácter de prueba preconstituida.

»2. No queda excluido de la posibilidad de acogerse a tal dispensa (416 LECrim) quien, habiendo estado constituido como acusación particular, ha cesado en esa condición.»

Art. 416.1: Modificado por la Disp. Final 1.ª cuatro de la LO 8/2021, de 4 de junio (*BOE* del 5), de protección integral a la infancia y la adolescencia frente a la violencia.

ra comprometer a su pariente o defendido.

3. Los traductores e intérpretes de las conversaciones y comunicaciones entre el imputado, procesado o acusado y las personas a que se refiere el apar-

tado anterior, con relación a los hechos a que estuviera referida su traducción o interpretación.

Art. 417. No podrán ser obligados a declarar como testigos.

Art. 416.3: Introducido conforme al art. 1.°nueve de la LO 5/2015, de 27 de abril (*BOE* del 28), por la que se modifican la Ley de Enjuiciamiento Criminal y la LO 6/1985, de 1 de julio, del Poder Judicial, para transponer la Directiva 2010/64/UE, de 20 de octubre de 2010, relativa al derecho a interpretación y a traducción en los procesos penales, y la Directiva 2012/13/UE, de 22 de mayo de 2012, relativa al derecho a la información en los procesos penales.

Art. 417: Ver nota al art. anterior. Vid. también arts. 417 y 442 del Código Penal.

En el caso de los eclesiásticos y ministros de culto, con anterioridad a la Constitución de 1978, aunque sigue vigente, el Acuerdo que el Estado español convino con la Santa Sede sobre renuncia a la presentación de obispos y al privilegio del fuero, de 28 de julio de 1976 (*BOE* de 24 de septiembre), en su art. II.3, dispone que «En ningún caso los clérigos y los religiosos podrán ser requeridos por los jueces u otras autoridades para dar información sobre personas o materias de que hayan tenido conocimiento por razón de su ministerio». Dicha mención debe ser completada con el art. 1.6 de los Acuerdos entre la Santa Sede y el Estado Español, de 3 de enero de 1979 (*BOE* del 15), donde establece que «El Estado respeta y protege la inviolabilidad de los archivos, registros y demás documentos pertenecientes a la Conferencia Episcopal Española, a las Curias Episcopales, a las Curias de los superiores mayores de las Órdenes y Congregaciones religiosas, a las parroquias y a otras instituciones y entidades eclesiásticas». En cuanto al resto de entidades religiosas, el Estado español ha convenido acuerdos con las confesiones minoritarias (Leyes 24, 25 y 26/1992, de 10 de noviembre, con la Federación de Entidades Evangélicas —FEREDE—, la Federación de Comunidades Israelitas de España —FCJE— y la Comisión Islámica de España —CIE—; todas en *BOE* del 12). En el art. 3.2, de los Acuerdos con la FEREDE y la FCJE se hace referencia a la exención de declarar en los siguientes términos: «Los ministros de culto [...] no estarán obligados a declarar sobre hechos que les hayan sido revelados en el ejercicio de sus funciones de culto o de asistencia religiosa». En el caso del Acuerdo con la CIE se especifica que el secreto se reconoce en «los términos legalmente establecidos para el secreto profesional» (art. 3.2).

En el caso de los funcionarios públicos, habrá que tener en cuenta los arts. 52 y 53.12 del Estatuto Básico de los Empleados Públicos (Real Decreto Legislativo 5/2015, de 30 de octubre —*BOE* del 31—). También habrá que tener en cuenta al art. 5.5 de la LO 2/1986, de 13 de marzo (*BOE* del 14), de Fuerzas y Cuerpos de Seguridad, que establece, como principio básico de actuación, el Secreto profesional, por ello, «Deberán guardar riguroso secreto respecto a todas las informaciones que conozcan por razón o con ocasión del desempeño de sus funciones. No estarán obligados a revelar las fuentes información, salvo que el ejercicio de sus funciones o las disposiciones de la Ley les imponga actuar de otra manera». Este criterio vuelve a reiterarse en el art. 15 del RD 769/1987, de 19 de junio (*BOE* del 24), sobre regulación de la Policía Judicial, por cuanto que deben «guardar rigurosa reserva sobre la evolución y resultado de las concretas investigaciones que les hubieren sido encomendadas, así como de todas las

1.º Los eclesiásticos y ministros de los cultos disidentes, sobre los hechos que les fueren revelados en el ejercicio de las funciones de su ministerio.

2.º Los funcionarios públicos, tanto civiles como militares, de cualquier clase que sean, cuando no pudieren declarar sin violar el secreto que por razón de sus cargos estuviesen obligados a guardar, o cuando, procediendo en virtud de obediencia debida, no fueren autorizados por su superior jerárquico para prestar la declaración que se les pida.

3.º Los incapacitados física o moralmente.

Art. 418. Ningún testigo podrá ser obligado a declarar acerca de una pregunta cuya contestación pueda perjudicar material o moralmente y de una manera directa e importante, ya a la persona, ya a la fortuna de alguno de los parientes a que se refiere el artículo 416.

Se exceptúa el caso en que el delito revista suma gravedad por atentar a la seguridad del Estado, a la tranquilidad pública o a la sagrada persona del Rey o de su sucesor.

Art. 419. Si el testigo estuviere físicamente impedido de acudir al llamamiento judicial, el Juez instructor que hubiere de recibirle la declaración se constituirá en su domicilio, siempre que el interrogatorio no haya de poner en peligro la vida del enfermo.

Art. 420. El que sin estar impedido no concurriere al primer llamamiento judicial, excepto las personas mencionadas en el artículo 412, o se resistiere a declarar lo que supiese acerca de los hechos sobre que fuere preguntado, a no

---

informaciones que, a través de ellas, obtengan». También habrá que tener en cuenta la Ley 9/1968, de 5 de abril (*BOE* del 6), sobre secretos oficiales, incluyendo sus reformas operadas por la Ley 48/1978, de 7 de octubre (*BOE* del 11).

En el caso del apartado tercero, habrá que tener en cuenta los arts. 7 y 7 bis LEC.

Art. 420, párr. 1.º: Redactado conforme a la Ley 38/2002, de 24 de octubre (*BOE* del 28).

El art. 463.1 del Código Penal, modificado por la LO 15/2003, de 25 de noviembre (*BOE* del 26), dispone que «el que, citado en legal forma, dejare voluntariamente de comparecer, sin justa causa, ante un Juzgado o Tribunal en proceso criminal con reo en prisión provisional, provocando la suspensión del juicio oral, será castigado con la pena de prisión de tres a seis meses o multa de seis a veinticuatro meses. En la pena de multa de seis a diez meses incurrirá el que, habiendo sido advertido, lo hiciera por segunda vez en causa criminal sin reo en prisión, haya provocado o no la suspensión.» Para el delito de denegación de auxilio por funcionario público ver art. 412.1 del Código Penal.

estar comprendido en las exenciones de los artículos anteriores, incurrirá en la multa de 200 a 5.000 euros, y si persistiere en su resistencia será conducido en el primer caso a la presencia del Juez instructor por los agentes de la autoridad, y perseguido por el delito de obstrucción a la Justicia tipificado en el artículo 463.1 del Código Penal, y en el segundo caso será también perseguido por el de desobediencia grave a la autoridad.

La multa será impuesta en el acto de notarse o cometerse la falta.

Art. 421. El Juez de instrucción o municipal en su caso hará concurrir a su presencia y examinará a los testigos citados en la denuncia o en la querella, o en cualesquiera otras declaraciones o diligencias, y a todos los demás que supieren hechos o circunstancias, o poseyeren datos convenientes para la comprobación o averiguación del delito y del delincuente.

Se procurará, no obstante, omitir la evacuación de citas impertinentes o inútiles.

Art. 422. Si el testigo residiere fuera del partido o término municipal del Juez que instruyese el sumario, éste se abstendrá de mandarle comparecer a su presencia, a no ser que lo considere absolutamente necesario para la comprobación del delito o para el reconocimiento de la persona del delincuente, ordenándolo en este caso por auto motivado.

También deberá evitar la comparecencia de los empleados de vigilancia pública que tengan su residencia en punto distinto de la capital del Juzgado, de los jefes de estación, maquinistas, fogoneros, conductores, telegrafistas, factores, recaudadores, guarda-agujas u otros agentes que desempeñen funciones análogas, a los cuales citará por conducto de sus jefes inmediatos cuando sea absolutamente indispensable su comparecencia.

Art. 423. En el caso de la regla general comprendida en el párrafo primero del artículo anterior, así como en el del segundo, cuando la urgencia de la declaración fuese tal que no permitiera la dilación consiguiente a la citación del testigo por conducto de sus jefes inmediatos, y el empleado de que se trate no pudiera abandonar el servicio que presta sin grave peligro o extorsión para el público, el Juez instructor de la causa comisionará para recibir la declaración al que lo fuera del término municipal o del partido en que se hallare el testigo.

Art. 424. Si el testigo residiere en el extranjero, se dirigirá suplicatorio por la vía diplomática y por conducto del Ministerio de *Gracia y Justicia* al Juez extranjero competente para recibir la declaración. El suplicatorio debe contener los antecedentes necesarios e indicar las preguntas que se han de hacer al testigo, sin perjuicio de que dicho Juez las amplíe según le sugieran su discreción y prudencia.

Si la comparecencia del testigo ante el Juez instructor o Tribunal fuere indispensable y no se presentase voluntariamente, se pondrá en conocimiento del Ministerio de *Gracia y Justicia* para que adopte la resolución que estime oportuna.

Art. 425. Si la persona llamada a declarar ejerce funciones o cargos públicos, se dará aviso, al mismo tiempo que se practique la citación, a su superior inmediato para que le nombre sustituto durante su ausencia, si lo exigiere así el interés o la seguridad pública.

Art. 426. Los testigos serán citados en la forma establecida en el Título VII del Libro primero de este Código.

Art. 427. Cuando el testigo no hubiere de comparecer ante el Juez instructor para prestar la declaración, se harán constar en el suplicatorio, exhorto o mandamiento que se expida las circunstancias precisas para la designación del testigo y las preguntas a que deba contestar, sin perjuicio de las que el Juez o Tribunal que le recibiere la declaración considere conveniente hacerle para el mayor esclarecimiento de los hechos.

Art. 428. El Secretario del Juez comisionado que haya de autorizar la declaración expedirá la cédula prevenida en el artículo 175, con todas las circunstancias expresadas en el mismo, y la de haberse de recibir la declaración en virtud de suplicatorio, exhorto o mandamiento.

Art. 429. Los testigos que dependan de la jurisdicción militar podrán, según el Juez de instrucción lo estime oportuno, ser examinados por él mismo, como los demás testigos, o por el Juez militar competente. En el primer caso el Juez de instrucción deberá mandar que la citación hecha al testigo se ponga

---

Art. 426: Vid. arts. 166 a 182.
Art. 429: Vid. Circular de 13 de mayo de 1884 (*Gaceta* del 14) y, sobre la posibilidad de declaración mediante exhorto, la Real Orden Circular de 3 de julio de 1907 (*Gaceta* del 4).

en conocimiento del Jefe del Cuerpo a que perteneciere. En el segundo caso se observará lo dispuesto en los dos artículos anteriores.

Si algún testigo dependiente de la jurisdicción militar rehusare comparecer ante el Juez de instrucción, o se negare a prestar juramento o a contestar el interrogatorio que se le hiciere, el Juez de instrucción se dirigirá al superior del testigo desobediente, cuyo superior, además de corregir al testigo, de lo cual dará inmediato conocimiento al Juez instructor, le hará comparecer ante éste para declarar.

Art. 430. Los testigos podrán ser citados personalmente donde fueren habidos.

Cuando sea urgente el examen de un testigo, podrá citársele verbalmente para que comparezca en el acto, sin esperar a la expedición de la cédula prescrita en el artículo 175, haciendo constar, sin embargo, en los autos el motivo de la urgencia.

También podrá en igual caso constituirse el Juez instructor en el domicilio de un testigo o en el lugar en que se encuentre para recibirle declaración.

Art. 431. El Juez instructor podrá habilitar a los agentes de policía para practicar las diligencias de citación verbal o escrita si lo considera conveniente.

Art. 432. Si el testigo no tuviere domicilio conocido o se ignorare su paradero, el Juez instructor ordenará lo conveniente para la averiguación del mismo. En este caso el Secretario judicial se dirigirá a la Policía Judicial, Registros oficiales, colegios profesionales, entidad o empresas en el que el interesado ejerza su actividad interesando dicha averiguación.

Art. 433. Al presentarse a declarar, los testigos entregarán al Secretario la copia de la cédula de citación.

Los testigos mayores de edad penal prestarán juramento o promesa de decir todo lo que supieren respecto a lo que les fuere preguntado, estando el Juez obligado a informarles, en

Art. 431: Vid. arts. 796 y 797 de esta Ley, para el enjuiciamiento rápido de determinados delitos, y art. 962, para el juicio sobre delitos leves.
Art. 432: Redactado conforme a la Ley 13/2009, de 3 de noviembre (*BOE* del 4), de reforma de la legislación procesal para la implantación de la nueva Oficina judicial.
Art. 433: Redactado conforme a la Disp. Final 1.ªonce de la Ley 4/2015, de 27 de abril (*BOE* del 28), del Estatuto de la víctima del delito.

un lenguaje claro y comprensible, de la obligación que tienen de ser veraces y de la posibilidad de incurrir en un delito de falso testimonio en causa criminal.

Los testigos que, de acuerdo con lo dispuesto en el Estatuto de la víctima del delito, tengan la condición de víctimas del delito, podrán hacerse acompañar por su representante legal y por una persona de su elección durante la práctica de estas diligencias, salvo que en este último caso, motivadamente, se resuelva lo contrario por el Juez de instrucción para garantizar el correcto desarrollo de la misma.

El Juez ordenará la grabación de la declaración por medios audiovisuales.

Art. 434. El juramento se prestará en nombre de Dios.

Los testigos prestarán el juramento con arreglo a su religión.

Art. 435. Los testigos declararán separada y secretamente a presencia del Juez instructor y del Secretario.

Art. 436. El testigo manifestará primeramente su nombre, apellidos paterno y materno, edad, estado y profesión, si conoce o no al procesado y a las

---

Art. 433, párr. último: Vid. Resolución de 21 de junio de 2010 (*BOE* de 2 de agosto), de la Secretaría de Estado de Justicia, por la que se publica el Protocolo general de colaboración con la Consejería de Gobernación y Justicia de la Junta de Andalucía, el Tribunal Superior de Justicia de Andalucía, Ceuta y Melilla, y la Fiscalía de la Comunidad Autónoma de Andalucía, para establecer el procedimiento a seguir para la utilización de la videoconferencia en la Administración de Justicia en la Comunidad Autónoma de Andalucía. También Resolución de 8 de octubre de 2010 (*Diari Oficial de la Comunitat Valenciana* del 15), de la directora general del Secretariado del Consell, de la Consellería de Industria, Comercio e Innovación, por la que se dispone la publicación del Protocolo de colaboración entre la Generalitat, a través de la Consellería de Justicia y Administraciones Públicas, el Tribunal Superior de Justicia de la Comunitat Valenciana y la Fiscalía Superior de la Comunitat Valenciana, sobre intervención del Ministerio Fiscal y Médicos Forenses en los órganos judiciales mediante videoconferencia.

Art. 434: Vid. art. 16 de la Constitución. La Ley de 24 de noviembre de 1910 (*Gaceta* del 25) dispone:

«*Art. único.* En todos los casos en que las leyes exijan la prestación de juramento, a excepción de la jura de bandera del Ejército, sometida a las Ordenanzas del mismo, podrá el requerido, si aquélla no es conforme a su conciencia, prometer por su honor. Esta promesa surtirá los mismos efectos que el juramento.»

Art. 435: No se reproduce el último inciso de este artículo al haber sido derogado por la LO 16/1994, de 8 de noviembre (*BOE* del 9).

Art. 436, párr. 1.º: Redactado conforme a la Ley 38/2002, de 24 de octubre (*BOE* del 28).

demás partes, y si tiene con ellos parentesco, amistad o relaciones de cualquier clase, si ha estado procesado y la pena que se le impuso. Si el testigo fuera miembro de las Fuerzas y Cuerpos de Seguridad en el ejercicio de sus funciones, será suficiente para su identificación el número de su registro personal y la unidad administrativa a la que está adscrito.

El Juez dejará al testigo narrar sin interrupción los hechos sobre los cuales declare, y solamente le exigirá las explicaciones complementarias que sean conducentes a desvanecer los conceptos oscuros o contradictorios. Después le dirigirá las preguntas que estime oportunas para el esclarecimiento de los hechos.

Art. 437.   Los testigos declararán de viva voz, sin que les sea permitido leer declaración ni respuesta alguna que lleven escrita.

Podrán, sin embargo, consultar algún apunte o memoria que contenga datos difíciles de recordar.

El testigo podrá dictar las contestaciones por sí mismo.

Art. 438.   El Juez instructor podrá mandar que se conduzca al testigo al lugar en que hubie-

ren ocurrido los hechos, y examinarle allí o poner a su presencia los objetos sobre que hubiere de versar la declaración.

En este último caso podrá el Juez instructor poner a presencia del testigo dichos objetos, solos o mezclados con otros semejantes, adoptando además todas las medidas que su prudencia le sugiera para la mayor exactitud de la declaración.

Art. 439.   No se harán al testigo preguntas capciosas ni sugestivas, ni se empleará coacción, engaño, promesa ni artificio alguno para obligarle o inducirle a declarar en determinado sentido.

Art. 440.   Si el testigo no entendiere o no hablare el idioma español, se nombrará un intérprete, que prestará a su presencia juramento de conducirse bien y fielmente en el desempeño de su cargo.

Por este medio se harán al testigo las preguntas y se recibirán sus contestaciones, que éste podrá dictar por su conducto.

En este caso, la declaración deberá consignarse en el proceso en el idioma empleado por el testigo y traducido a continuación al español.

Art. 441. El intérprete será elegido entre los que tengan títulos de tales, si los hubiere en el pueblo. En su defecto será nombrado un maestro del correspondiente idioma, y si tampoco lo hubiere, cualquier persona que lo sepa.

Si ni aun de esta manera pudiera obtenerse la traducción, y las revelaciones que se esperasen del testigo fueren importantes, se redactará el pliego de preguntas que hayan de dirigírsele y se remitirá a la Oficina de Interpretación de Lenguas del Ministerio de *Estado* para que, con preferencia a todo otro trabajo, sean traducidas al idioma que hable el testigo.

El interrogatorio ya traducido se entregará al testigo para que, a presencia del Juez, se entere de su contenido y redacte por escrito en su idioma las oportunas contestaciones, las cuales se remitirán del mismo modo que las preguntas a la Interpretación de Lenguas.

Estas diligencias las practicarán los Jueces con la mayor actividad.

Art. 442. Si el testigo fuere sordo, se nombrará un intérprete de lengua de signos adecuado, por cuyo conducto se le harán las preguntas y se recibirán sus contestaciones.

El nombrado prestará juramento a presencia del sordo antes de comenzar a desempeñar el cargo.

Art. 443. El testigo podrá leer por sí mismo la diligencia de su declaración; si no pudiere, por hallarse en alguno de los casos comprendidos en los artículos 440 y 442, se la leerá el intérprete, y en los demás casos el Secretario.

El Juez advertirá siempre a los interesados el derecho que

Art. 441: La Disp. Adic. 1.ª3.ª de la Ley 38/2002, de 24 de octubre (*BOE* del 28), de reforma parcial de la Ley de Enjuiciamiento Criminal, sobre procedimiento para el enjuiciamiento rápido e inmediato de determinados delitos y faltas, y de modificación del procedimiento abreviado, establece que «las Administraciones Públicas y los Colegios profesionales facilitarán periódicamente a las Salas de Gobierno de los Tribunales Superiores de Justicia, a la Policía Judicial y a las distintas Fuerzas y Cuerpos de Seguridad una relación de los servicios de intérpretes, peritos y técnicos a disposición de los servicios de guardia».

Art. 441, párr. 2.º: Vid. Reglamento de la Oficina de Interpretación de Lenguas del Ministerio de Asuntos Exteriores y de Cooperación, aprobado por el RD 2.555/1977, de 27 de agosto, modificado por el RD 79/1996, de 26 de enero, y vuelto a modificar cambiando el nombre por RD 2.002/2009, de 23 de diciembre (*BOE* del 24; corrección de errores en *BOE* de 2 de febrero).

Art. 442: Modificado por la LO 19/2003, de 23 de diciembre (*BOE* del 26), de modificación de la LO 6/1985, de 1 de julio, del Poder Judicial.

tienen de leer por sí mismos sus declaraciones.

Art. 444. Éstas serán firmadas por el Juez y por todos los que en ellas hubiesen intervenido, si supieren y pudieren hacerlo, autorizándolas el Secretario.

Art. 445. No se consignarán en los autos las declaraciones de los testigos que, según el Juez, fuesen manifiestamente inconducentes para la comprobación de los hechos objeto del sumario. Tampoco se consignarán en cada declaración las manifestaciones del testigo que se hallen en el mismo caso, pero se consignará siempre todo lo que pueda servir así de cargo como de descargo.

En el primer caso se hará expresión por medio de diligencia de la comparecencia del testigo y del motivo de no escribirse su declaración.

Art. 446. Terminada la declaración, el Secretario judicial hará saber al testigo la obligación de comparecer para declarar de nuevo ante el Tribunal competente cuando se le cite para ello, así como la de poner en conocimiento de la Oficina judicial los cambios de domicilio que hiciere hasta ser citado para el juicio oral, bajo apercibimiento si no lo cumple de ser castigado con una multa de 200 a 1.000 euros, a no ser que incurriere en responsabilidad criminal por la falta.

Estas prevenciones se harán constar al final de la misma diligencia de la declaración.

Art. 447. El Secretario judicial, al remitir el sumario al Tribunal competente, pondrá en su conocimiento los cambios de domicilio que los testigos hubiesen comunicado.

Lo mismo hará respecto de los cambios comunicados después que hubiese remitido el sumario, hasta la terminación de la causa.

Art. 448. Si el testigo manifestare, al hacerle la prevención referida en el artículo 446, la imposibilidad de concurrir por haber de ausentarse del territorio nacional, y también en el caso en que hubiere motivo ra-

Art. 446: Redactado conforme a la Ley 13/2009, de 3 de noviembre (*BOE* del 4), de reforma de la legislación procesal para la implantación de la nueva Oficina judicial.
Art. 447: Redactado conforme a la Ley 13/2009, de 3 de noviembre (*BOE* del 4), de reforma de la legislación procesal para la implantación de la nueva Oficina judicial.
Art. 448: Redactado conforme a la Disp. Final 1.ªdoce de la Ley 4/2015, de 27 de abril (*BOE* del 28), del Estatuto de la víctima del delito.

cionalmente bastante para temer su muerte o incapacidad física o intelectual antes de la apertura del juicio oral, el Juez instructor mandará practicar inmediatamente la declaración, asegurando en todo caso la posibilidad de contradicción de las partes. Para ello, el Secretario judicial hará saber al reo que nombre abogado en el término de veinticuatro horas, si aún no lo tuviere, o de lo contrario, que se le nombrará de oficio, para que le aconseje en el acto de recibir la declaración del testigo. Transcurrido dicho término, el Juez recibirá juramento y volverá a examinar a éste, a presencia del procesado y de su abogado defensor y a presencia, asimismo, del Fiscal y del querellante, si quisieren asistir al acto, permitiendo a éstos hacerle cuantas repreguntas tengan por conveniente, excepto las que el Juez desestime como manifiestamente impertinentes.

Por el Secretario judicial se consignarán las contestaciones a estas preguntas, y esta diligencia será firmada por todos los asistentes.

Art. 449. En caso de inminente peligro de muerte del testigo, se procederá con toda urgencia a recibirle declaración en la forma expresada en el artículo anterior, aunque el procesado no pudiese ser asistido de Letrado.

Art. 449 bis. Cuando, en los casos legalmente previstos, la autoridad judicial acuerde la práctica de la declaración del testigo como prueba preconstituida, la misma deberá desarrollarse de conformidad con los requisitos establecidos en este artículo.

La autoridad judicial garantizará el principio de contradicción en la práctica de la declaración. La ausencia de la persona investigada debidamente citada no impedirá la práctica de la prueba preconstituida, si bien su defensa letrada, en todo caso, deberá estar presente. En caso de incomparecencia injustificada del defensor de la persona investigada o cuando haya razones de urgencia para proceder inmediatamente, el acto se sustanciará con el abogado de oficio expresamente designado al efecto.

Art. 448, párr. 3.º: Suprimido por la Disp. Final 1.ªseis de la LO 8/2021, de 4 de junio (*BOE* del 5), de protección integral a la infancia y la adolescencia frente a la violencia.

    Art. 449 bis: Añadido por la Disp. Final 1.ªsiete de la LO 8/2021, de 4 de junio (*BOE* del 5), de protección integral a la infancia y la adolescencia frente a la violencia.

La autoridad judicial asegurará la documentación de la declaración en soporte apto para la grabación del sonido y la imagen, debiendo el Letrado de la Administración de Justicia, de forma inmediata, comprobar la calidad de la grabación audiovisual. Se acompañará acta sucinta autorizada por el Letrado de la Administración de Justicia, que contendrá la identificación y firma de todas las personas intervinientes en la prueba preconstituida.

Para la valoración de la prueba preconstituida obtenida conforme a lo previsto en los párrafos anteriores, se estará a lo dispuesto en el artículo 730.2.

Art. 449 ter. Cuando una persona menor de catorce años o una persona con discapacidad necesitada de especial protección deba intervenir en condición de testigo en un procedimiento judicial que tenga por objeto la instrucción de un delito de homicidio, lesiones, contra la libertad, contra la integridad moral, trata de seres humanos, contra la libertad e indemnidad sexuales, contra la intimidad, contra las relaciones familiares, relativos al ejercicio de derechos fundamentales y libertades públicas, de organizaciones y grupos criminales y terroristas y de terrorismo, la autoridad judicial acordará, en todo caso, practicar la audiencia del menor como prueba preconstituida, con todas las garantías de la práctica de prueba en el juicio oral y de conformidad con lo establecido en el artículo anterior. Este proceso se realizará con todas las garantías de accesibilidad y apoyos necesarios.

La autoridad judicial podrá acordar que la audiencia del menor de catorce años se practique a través de equipos psicosociales que apoyarán al Tribunal de manera interdisciplinar e interinstitucional, recogiendo el trabajo de los profesionales que hayan intervenido anteriormente y estudiando las circunstancias personales, familiares y sociales de la persona menor o con discapacidad, para mejorar el tratamiento de los mismos y el rendimiento de la prueba. En este caso, las partes trasladarán a la autoridad judicial las preguntas que estimen oportunas quien, previo control de su pertinencia y utilidad, se las facilitará a las personas expertas. Una vez realizada la audiencia del menor, las partes podrán interesar, en los mismos términos, aclaraciones al testigo. La de-

---

Art. 449 ter: Añadido por la Disp. Final 1.ªocho de la LO 8/2021, de 4 de junio (*BOE* del 5), de protección integral a la infancia y la adolescencia frente a la violencia.

claración siempre será grabada y el Juez, previa audiencia de las partes, podrá recabar del perito un informe dando cuenta del desarrollo y resultado de la audiencia del menor.

Para el supuesto de que la persona investigada estuviere presente en la audiencia del menor se evitará su confrontación visual con el testigo, utilizando para ello, si fuese necesario, cualquier medio técnico.

Las medidas previstas en este artículo podrán ser aplicables cuando el delito tenga la consideración de leve.

Art. 450. No se harán tachaduras, enmiendas ni entrerreglonaduras en las diligencias del sumario. A su final se consignarán las equivocaciones que se hubieren cometido.

CAPÍTULO VI

DEL CAREO DE LOS TESTIGOS Y PROCESADOS

Art. 451. Cuando los testigos o los procesados entre sí o aquéllos con éstos discordaren acerca de algún hecho o de alguna circunstancia que interese en el sumario, podrá el Juez celebrar careo entre los que estuvieren discordes, sin que esta diligencia deba tener lugar, por regla general, más que entre dos personas a la vez.

Art. 452. El careo se verificará ante el Juez, leyendo el Secretario a los procesados o testigos entre quienes tenga lugar el acto las declaraciones que hubiesen prestado, y preguntando el primero a los testigos, después de recordarles su juramento y las penas del falso testimonio, si se ratifican en ellas o tienen alguna variación que hacer.

El Juez manifestará enseguida las contradicciones que resulten en dichas declaraciones, e invitará a los careados para que se pongan de acuerdo entre sí.

Art. 453. El Secretario dará fe de todo lo que ocurriere en el acto del careo y de las preguntas, contestaciones y reconvenciones que mutuamente se hicieren los careados, así como de lo que se observare en su actitud durante el acto; y firmará la diligencia con todos los concurrentes, expresando, si alguno no lo hiciere, la razón que para ello alegue.

Art. 454. El Juez no permitirá que los careados se insulten o amenacen.

Art. 455. No se practicarán careos sino cuando no fuere conocido otro modo de comprobar la existencia del delito o la culpabilidad de alguno de los procesados.

No se practicarán careos con testigos que sean menores de edad salvo que el Juez lo considere imprescindible y no lesivo para el interés de dichos testigos, previo informe pericial.

CAPÍTULO VII

DEL INFORME PERICIAL

Art. 456. El Juez acordará el informe pericial cuando, para conocer o apreciar algún hecho o circunstancia importante en el sumario, fuesen necesarios o convenientes conocimientos científicos o artísticos.

Art. 457. Los peritos pueden ser o no titulares.

Son peritos titulares los que tienen título oficial de una ciencia o arte cuyo ejercicio esté reglamentado por la Administración.

Son peritos no titulares los que, careciendo de título oficial, tienen, sin embargo, conocimientos o prácticas especiales en alguna ciencia o arte.

Art. 458. El Juez se valdrá de peritos titulares con preferencia a los que no tuviesen título.

Art. 455, párr. 2.º: Introducido por la LO 14/1999, de 9 de junio (*BOE* del 10).

Art. 456: En cuanto al posible informe de investigación de los Despachos de Detectives Privados y sus sucursales, v. el art. 25.1.*f*) de la Ley 5/2014, de 4 de abril (*BOE* del 5), de Seguridad Privada (v. nota al art. 410).

Art. 457: Vid. la Real Orden de 13 de febrero de 1871 (*Gaceta* del 18), donde se da preferencia a los archiveros, bibliotecarios y anticuarios para actuar como peritos en letras antiguas y modernas, con preferencia a los maestros de primera enseñanza; la Real Orden de 15 de noviembre de 1887 (*Gaceta* del 17) sobre tasadores de muebles, joyas y ropa; el Real Decreto de 29 de agosto de 1893 (*Gaceta* del 30) sobre competencia de la Sección de grabados y reproducciones de la Fábrica Nacional de Moneda y Timbre en reconocimiento pericial de monedas y efectos timbrados; Reales Decretos de 8 de julio de 1909 (*Gaceta* del 10) y 10 de marzo de 1916 (*Gaceta* del 11), y Orden de 30 de julio de 1983 (*BOE* de 26 de septiembre), sobre arquitectos forenses; Real Orden de 4 de abril de 1911 (*Gaceta* de 3 de mayo), sobre ingenieros agrónomos y peritos agrícolas; Decreto de 1 de febrero de 1946 (*BOE* del 14) sobre ingenieros aeronáuticos; Órdenes de 27 de enero de 1949 (*BOE* de 5 de febrero) y 18 de noviembre de 1954 (*BOE* de 6 de diciembre) sobre ingenieros y ayudantes de armamento y construcción; Decreto de 9 de abril de 1949 (*BOE* del 28) sobre ingenieros industriales; RD 871/1977, de 26 de abril (*BOE* del 28), sobre economistas y profesores y peritos mercantiles; Ley 12/1986, de 1 de abril (*BOE* del 2), modificada parcialmente por la Ley 33/1992, de 9 de diciembre, sobre arquitectos e ingenieros técnicos.

Art. 459. Todo reconocimiento pericial se hará por dos peritos.

Se exceptúa el caso en que no hubiese más de uno en el lugar y no fuere posible esperar la llegada de otro sin graves inconvenientes para el curso del sumario.

Art. 460. El nombramiento se hará saber a los peritos por medio de oficio, que les será entregado por alguacil o portero del Juzgado, con las formalidades prevenidas para la citación de los testigos, reemplazándose la cédula original, para los efectos del artículo 175, por un atestado que extenderá al alguacil o portero encargado de la entrega.

Art. 461. Si la urgencia del encargo lo exige, podrá hacerse el llamamiento verbalmente de orden del Juez, haciéndolo constar así en los autos; pero extendiendo siempre el atestado prevenido en el artículo anterior el encargado del cumplimiento de la orden de llamamiento.

Art. 462. Nadie podrá negarse a acudir al llamamiento del Juez para desempeñar un servicio pericial, si no estuviere legítimamente impedido.

En este caso deberá ponerlo en conocimiento del Juez en el acto de recibir el nombramiento, para que se provea a lo que haya lugar.

Art. 463. El perito que sin alegar excusa fundada deje de acudir al llamamiento del Juez o se niegue a prestar el informe, incurrirá en las responsabilidades señaladas para los testigos en el artículo 420.

Art. 459: Vid. nota al art. 343. En el procedimiento abreviado el informe pericial podrá ser prestado sólo por un perito cuando el Juez lo considere suficiente. Vid. art. 778.1 de esta Ley.

El TS, por Acuerdo del Pleno no jurisdiccional (art. 264.1 LOPJ) de 21 de mayo de 1999, ha interpretado, que «la exigencia de una duplicidad de peritos en el procedimiento ordinario se rellena con su realización por un laboratorio oficial cuando éste se integre por un equipo y se refiere a criterios analíticos». Y, asimismo interpreta, que «siempre que exista impugnación manifestada por la defensa se deberá practicar la pericial en el juicio oral» (vid. STS 806/1999, de 10 de junio).

Art. 460: La Disp. Adic. 1.ª3.ª de la Ley 38/2002, de 24 de octubre (*BOE* del 28), de reforma parcial de la Ley de Enjuiciamiento Criminal, sobre procedimiento para el enjuiciamiento rápido e inmediato de determinados delitos y faltas, y de modificación del procedimiento abreviado, establece que «las Administraciones Públicas y los Colegios profesionales facilitarán periódicamente a las Salas de Gobierno de los Tribunales Superiores de Justicia, a la Policía Judicial y a las distintas Fuerzas y Cuerpos de Seguridad una relación de los servicios de intérpretes, peritos y técnicos a disposición de los servicios de guardia».

Art. 464. No podrán prestar informe pericial acerca del delito, cualquiera que sea la persona ofendida, los que según el artículo 416 no están obligados a declarar como testigos.

El perito que, hallándose comprendido en alguno de los casos de dicho artículo, preste el informe sin poner antes esta circunstancia en conocimiento del Juez que le hubiese nombrado incurrirá en la multa de 200 a 5.000 euros, a no ser que el hecho diere lugar a responsabilidad criminal.

Art. 465. Los que presten informe como peritos en virtud de orden judicial tendrán derecho a reclamar los honorarios e indemnizaciones que sean justos, si no tuvieren, en concepto de tales peritos, retribución fija satisfecha por el Estado, por la Provincia o por el Municipio.

Art. 466. Hecho el nombramiento de peritos, el Secretario judicial lo notificará inmediatamente al Ministerio Fiscal, al actor particular, si lo hubiere, como al procesado, si estuviere a disposición del Juez o se encontrare en el mismo lugar de la instrucción, o a su representante si lo tuviere.

Art. 467. Si el reconocimiento e informe periciales pudieren tener lugar de nuevo en el juicio oral, los peritos nombrados no podrán ser recusados por las partes.

Si no pudiere reproducirse en el juicio oral, habrá lugar a la recusación.

Art. 464, párr. 2.º: Redactado conforme a la Ley 38/2002, de 24 de octubre (*BOE* del 28).

Art. 465: Vid. la Real Orden de 14 de septiembre de 1889 (*Gaceta* del 16), relativa a regulación, contabilidad y justificación de dietas a los jurados e indemnizaciones a testigos y peritos, modificada en su cuantía por la Orden de 26 de marzo de 1951 (*BOE* del 28). El régimen retributivo de los jurados se establece en el RD 385/1996, de 1 de marzo (*BOE* del 14), modificado por Orden JUS/2.352/2002, de 5 de septiembre (*BOE* del 25), sobre revisión del importe de las retribuciones e indemnizaciones correspondientes al desempeño de la función del Jurado. Ahora habrá que estar a la Resolución de 21 de julio de 2006 (*BOE* del 26), de la Subsecretaría, por la que se dispone la publicación del Acuerdo del Consejo de Ministros de 14 de julio de 2006, por el que se revisan las cuantías de las retribuciones e indemnizaciones correspondientes al desempeño de la función de jurado. Téngase también en cuenta, sobre peticiones de fondos para indemnizaciones a testigos y peritos y rendición de cuentas, la Orden de 20 de febrero de 1943 (*BOE* del 26), en relación con el Real Decreto de 15 de octubre de 1900, que se transcribe al pie del art. 722.

Art. 466: Redactado conforme a la Ley 13/2009, de 3 de noviembre (*BOE* del 4), de reforma de la legislación procesal para la implantación de la nueva Oficina judicial.

Art. 468. Son causa de recusación de los peritos:

1.ª El parentesco de consanguinidad o de afinidad dentro del cuarto grado con el querellante o con el reo.

2.ª El interés directo o indirecto en la causa o en otra semejante.

3.ª La amistad íntima o la enemistad manifiesta.

Art. 469. El actor o procesado que intente recusar al perito o peritos nombrados por el Juez deberá hacerlo por escrito antes de empezar la diligencia pericial, expresando la causa de la recusación y la prueba testifical que ofrezca, y acompañando la documental o designando el lugar en que ésta se halle si no la tuviere a su disposición.

Para la presentación de este escrito, no estará obligado a valerse de Procurador.

Art. 470. El Juez, sin levantar mano, examinará los documentos que produzca el recusante y oirá a los testigos que presente en el acto, resolviendo lo que estime justo respecto de la recusación.

Si hubiere lugar a ella, suspenderá el acto pericial por el tiempo estrictamente necesario para nombrar el perito que haya de sustituir al recusado, hacérselo saber y constituirse el nombrado en el lugar correspondiente.

Si no la admitiere, se procederá como si no se hubiese usado de la facultad de recusar.

Cuando el recusante no produjese los documentos, pero designare el archivo o lugar en que se encuentren, se reclamarán por el Secretario judicial, y el Juez instructor los examinará una vez recibidos sin detener por esto el curso de las actuaciones; y si de ellos resultase justificada la causa de la recusación, anulará el informe pericial que se hubiese dado, mandando que se practique de nuevo esta diligencia.

Art. 471. En el caso del párrafo segundo del artículo 467, el querellante tendrá derecho a nombrar a su costa un perito que intervenga en el acto pericial.

El mismo derecho tendrá el procesado.

Si los querellantes o los procesados fuesen varios, se pondrán respectivamente de acuerdo entre sí para hacer el nombramiento.

Estos peritos deberán ser titulares, a no ser que no los hubiere de esta clase en el partido o de-

Art. 470, párr. 4.º: Redactado conforme a la Ley 13/2009, de 3 de noviembre (*BOE* del 4), de reforma de la legislación procesal para la implantación de la nueva Oficina judicial.

marcación, en cuyo caso podrán ser nombrados sin título.

Si la práctica de la diligencia pericial no admitiere espera, se procederá como las circunstancias lo permitan para que el actor y el procesado puedan intervenir en ella.

Art. 472. Si las partes hicieren uso de la facultad que se les concede en el artículo anterior, manifestarán al Juez el nombre del perito, y ofrecerán, al hacer esta manifestación, los comprobantes de tener la cualidad de tal perito la persona designada.

En ningún caso podrán hacer uso de dicha facultad después de empezada la operación de reconocimiento.

Art. 473. El Juez resolverá sobre la admisión de dichos peritos en la forma determinada en el artículo 470 para las recusaciones.

Art. 474. Antes de darse principio al acto pericial, todos los peritos, así los nombrados por el Juez como los que lo hubieren sido por las partes, prestarán juramento, conforme al artículo 434, de proceder bien y fielmente en sus operaciones, y de no proponerse otro fin más

que el de descubrir y declarar la verdad.

Art. 475. El Juez manifestará clara y determinadamente a los peritos el objeto de su informe.

Art. 476. Al acto pericial podrán concurrir, en el caso del párrafo segundo del artículo 467, el querellante, si lo hubiere, con su representación, y el procesado con la suya aun cuando estuviere preso, en cuyo caso adoptará el Juez las precauciones oportunas.

Art. 477. El acto pericial será presidido por el Juez instructor o, en virtud de su delegación, por el Juez municipal. Podrá también delegar en el caso del artículo 353 en un funcionario de Policía Judicial.

Asistirá siempre el Secretario que actúe en la causa.

Art. 478. El informe pericial comprenderá, si fuere posible:

1.º Descripción de la persona o cosa que sea objeto del mismo, en el estado o del modo en que se halle.

El Secretario extenderá esta descripción, dictándola los pe-

Art. 474: Vid. arts. 459 y 460 del Código Penal.

ritos y suscribiéndola todos los concurrentes.

2.º Relación detallada de todas las operaciones practicadas por los peritos y de su resultado, extendida y autorizada en la misma forma que la anterior.

3.º Las conclusiones que en vista de tales datos formulen los peritos, conforme a los principios y reglas de su ciencia o arte.

Art. 479. Si los peritos tuvieren necesidad de destruir o alterar los objetos que analicen, deberá conservarse, a ser posible, parte de ellos a disposición del Juez, para que, en caso necesario, pueda hacerse nuevo análisis.

Art. 480. Las partes que asistieren a las operaciones o reconocimientos podrán someter a los peritos las observaciones que estimen convenientes, haciéndose constar todas en la diligencia.

Art. 481. Hecho el reconocimiento, podrán los peritos, si lo pidieren, retirarse por el tiempo absolutamente preciso al sitio que el Juez les señale para deliberar y redactar las conclusiones.

Art. 482. Si los peritos necesitaren descanso, el Juez o el funcionario que le represente podrá

concederles para ello el tiempo necesario.

También podrá suspender la diligencia hasta otra hora u otro día, cuando lo exigiere su naturaleza.

En este caso, el Juez o quien lo represente adoptará las precauciones convenientes para evitar cualquier alteración en la materia de la diligencia pericial.

Art. 483. El Juez podrá, por su propia iniciativa o por reclamación de las partes presentes o de sus defensores, hacer a los peritos, cuando produzcan sus conclusiones, las preguntas que estime pertinentes y pedirles las aclaraciones necesarias.

Las contestaciones de los peritos se considerarán como parte de su informe.

Art. 484. Si los peritos estuvieren discordes y su número fuere par, nombrará otro el Juez.

Con intervención del nuevamente nombrado, se repetirán, si fuere posible, las operaciones que hubiesen practicado aquéllos y se ejecutarán las demás que parecieren oportunas.

Si no fuere posible la repetición de las operaciones ni la práctica de otras nuevas, la intervención del perito últimamente nombrado se limitará a deliberar con los demás, con

---

Art. 479: Redactado conforme a la Ley 13/2009, de 3 de noviembre (*BOE* del 4), de reforma de la legislación procesal para la implantación de la nueva Oficina judicial.

vista de las diligencias de reconocimiento practicadas, y a formular luego con quien estuviere conforme, o separadamente si no lo estuviere con ninguno, sus conclusiones motivadas.

Art. 485. El Juez facilitará a los peritos los medios materiales necesarios para practicar la diligencia que les encomiende, reclamándolos de la Administración pública, o dirigiendo a la Autoridad correspondiente un aviso previo si existieren preparados para tal objeto, salvo lo dispuesto especialmente en el artículo 362.

TÍTULO VI

De la citación, de la detención y de la prisión provisional

CAPÍTULO PRIMERO

DE LA CITACIÓN

Art. 486. La persona a quien se impute un acto punible deberá ser citada sólo para ser oída, a no ser que la ley disponga lo contrario, o que desde luego proceda su detención.

Art. 487. Si el citado, con arreglo a lo prevenido en el artículo anterior, no compareciere ni justificare causa legítima que se lo impida, la orden de comparecencia podrá convertirse en orden de detención.

Art. 488. Durante la instrucción de la causa, el Juez instructor podrá mandar comparecer a cuantas personas convenga oír, por resultar contra ellas algunas indicaciones fundadas de culpabilidad.

CAPÍTULO II

DE LA DETENCIÓN

Art. 489. Ningún español ni extranjero podrá ser detenido sino en los casos y en la forma que las leyes prescriban.

Art. 489: El art. 17 de la Constitución dispone que:

«1. Toda persona tiene derecho a la libertad y a la seguridad. Nadie puede ser privado de su libertad, sino con la observancia de lo establecido en este artículo y en los casos y en la forma previstos en la Ley.

»2. La detención preventiva no podrá durar más del tiempo estrictamente necesario para la realización de las averiguaciones tendentes al esclarecimiento de los hechos, y, en todo caso, en el plazo máximo de setenta y dos horas, el detenido deberá ser puesto en libertad o a disposición de la Autoridad judicial.

Art. 490. Cualquier persona puede detener:

1.º Al que intentare cometer un delito, en el momeno de ir a cometerlo.

2.º Al delincuente, *in fraganti*.

3.º Al que se fugare del establecimiento penal en que se halle extinguiendo condena.

4.º Al que se fugare de la cárcel en que estuviere esperando su traslación al establecimiento penal o lugar en que deba cumplir la condena que se le hubiese impuesto por sentencia firme.

5.º Al que se fugare al ser conducido al establecimiento o lugar mencionado en el número anterior.

6.º Al que se fugare estando detenido o preso por causa pendiente.

7.º Al procesado o condenado que estuviere en rebeldía.

Art. 491. El particular que detuviere a otro justificará, si éste lo exigiere, haber obrado en virtud de motivos racionalmente suficientes para creer que el detenido se hallaba comprendido en alguno de los casos del artículo anterior.

Art. 492. La Autoridad o agente de Policía Judicial tendrá obligación de detener:

1.º A cualquiera que se halle en alguno de los casos del artículo 490.

2.º Al que estuviere procesado por delito que tenga señalada en el Código pena superior a la de prisión correccional.

_____

»3. Toda persona detenida debe ser informada de forma inmediata, y de modo que le sea comprensible, de sus derechos y de las razones de su detención, no pudiendo ser obligada a declarar. Se garantiza la asistencia de Abogado al detenido en las diligencias policiales y judiciales, en los términos que la Ley establezca.

»4. La Ley regulará un procedimiento de *habeas corpus* para producir la inmediata puesta a disposición judicial de toda persona detenida ilegalmente. Asimismo, por ley se determinará el plazo máximo de duración de la prisión provisional.»

Téngase en cuenta la LO 6/1984, de 24 de mayo, reguladora del procedimiento de *habeas corpus* (*infra*, Apéndice, § 2).

El Código Penal, por su parte, tipifica en los arts. 163 a 166 el delito de detención ilegal, a cuyo propósito es preciso tener en cuenta también lo dispuesto en los arts. 167, 530 y 531 del mismo cuerpo legal, relativos a funcionarios públicos. Por su parte el art. 34.1 del propio Código determina que no se considerará como pena la detención y prisión preventiva del procesado.

Vid. arts. 138 y 145, relativos al retorno, del RD 557/2011, de 20 de abril (*BOE* del 30), por el que se aprueba el Reglamento de la LO 4/2000, sobre derechos y libertades de los extranjeros en España y su integración social, tras su reforma por la LO 2/2009.

Art. 490: Para las funciones de seguridad privada, vid. Cap. II del Tít. III de la Ley 5/2014, de 4 de abril (*BOE* del 5), de Seguridad Privada.

Art. 492.2.º: Debe entenderse actualmente prisión superior a tres años; v. Disp. Trans. 11.ª de la LO 10/1995, del Código Penal.

3.º Al procesado por delito a que esté señalada pena inferior, si sus antecedentes o las circunstancias del hecho hicieren presumir que no comparecerá cuando fuere llamado por la Autoridad judicial.

Se exceptúa de lo dispuesto en el párrafo anterior al procesado que preste en el acto fianza bastante, a juicio de la Autoridad o agente que intente detenerlo, para presumir racionalmente que comparecerá cuando le llame el Juez o Tribunal competente.

4.º Al que estuviere en el caso del número anterior, aunque todavía no se hallase procesado, con tal que concurran las dos circunstancias siguientes:

1.ª Que la Autoridad o agente tenga motivos racionalmente bastantes para creer en la existencia de un hecho que presente los caracteres de delito.

2.ª Que los tenga también bastantes para creer que la persona a quien intente detener tuvo participación en él.

Art. 493. La Autoridad o agente de Policía Judicial tomará nota del nombre, apellido, domicilio y demás circunstancias bastantes para la averiguación e identificación de la persona del procesado o delincuente a quienes no detuviere por no estar comprendidos en ninguno de los casos del artículo anterior.

Esta nota será oportunamente entregada al Juez o Tribunal que conozca o deba conocer de la causa.

Art. 494. Dicho Juez o Tribunal acordará también la detención de los comprendidos en el artículo 492, a prevención con las Autoridades y agentes de Policía Judicial.

Art. 495. No se podrá detener por la presunta comisión de delitos leves, a no ser que el presunto reo no tuviese domicilio conocido ni diese fianza bastante, a juicio de la autoridad o agente que intente detenerle.

Art. 496. El particular, Autoridad o agente de Policía Judicial que detuviere a una persona en virtud de lo dispuesto en los precedentes artículos, deberá ponerla en libertad o entregarla al Juez más próximo al lugar en que hubiere hecho la detención dentro de las veinticuatro horas siguientes al acto de la misma.

Si demorare la entrega, incurrirá en la responsabilidad que establece el Código Penal, si la

---

Art. 495: Modificado por la Disp. Final 1.ª de la LO 5/2024, de 11 de noviembre, del Derecho de Defensa.
Art. 496: Vid. la nota al art. 489.

dilación hubiere excedido de veinticuatro horas.

Art. 497.   Si el Juez o Tribunal a quien se hiciese la entrega fuere el propio de la causa, y la detención se hubiese hecho según lo dispuesto en los números 1.º, 2.º y 6.º, y caso referente al procesado del 7.º del artículo 490, y 2.º, 3.º y 4.º del artículo 492, elevará la detención a prisión, o la dejará sin efecto, en el término de setenta y dos horas, a contar desde que el detenido le hubiese sido entregado.

Lo propio, y en idéntico plazo, hará el Juez o Tribunal respecto de la persona cuya detención hubiere él mismo acordado.

Art. 498.   Si el detenido, en virtud de lo dispuesto en el número 6.º y primer caso del 7.º del artículo 490 y 2.º y 3.º del artículo 492, hubiese sido entregado a un Juez distinto del Juez o Tribunal que conozca de la causa, extenderá el primero una diligencia expresiva de la persona que hubiere hecho la detención, de su domicilio y demás circunstancias bastantes para buscarla e identificarla, de los motivos que ésta manifestase haber tenido para la detención y del nombre, apellido y circunstancias del detenido.

Esta diligencia será firmada por el Juez, el Secretario, la persona que hubiese ejecutado la detención y las demás concurrentes. Por el que no lo hiciere firmarán dos testigos.

Inmediatamente después serán remitidas estas diligencias y la persona del detenido a disposición del Juez o Tribunal que conociese de la causa.

Art. 499.   Si el detenido lo fuese por estar comprendido en los números 1.º y 2.º del artículo 490 y en el 4.º del 492, el Juez de instrucción a quien se entregue practicará las primeras diligencias y elevará la detención a prisión o decretará la libertad del detenido según proceda, en el término señalado en el artículo 497.

Hecho esto, cuando él no fuese Juez competente, remitirá a quien lo sea las diligencias y la persona del preso, si lo hubiere.

Art. 500.   Cuando el detenido lo sea por virtud de las causas 3.ª, 4.ª, 5.ª, y caso referente al condenado de la 7.ª, del artículo 490, el Juez a quien se entregue o que haya acordado la detención, dispondrá que inmediatamente sea remitido al establecimiento o lugar donde debiera cumplir su condena.

Art. 497: Vid. la nota al art. 489.

Art. 501. El auto elevando la detención a prisión o dejándola sin efecto, se pondrá en conocimiento del Ministerio Fiscal, y se notificará al querellante particular si lo hubiere, y al procesado, al cual se le hará saber asimismo el derecho que le asiste para pedir de palabra o por escrito la reposición del auto, consignándose en la notificación las manifestaciones que hiciere.

CAPÍTULO III

De la prisión provisional

Art. 502. 1. Podrá decretar la prisión provisional el Juez o Magistrado instructor, el Juez que forme las primeras diligencias, así como el Juez de lo penal o Tribunal que conozca de la causa.

2. La prisión provisional sólo se adoptará cuando objetivamente sea necesaria, de conformidad con lo establecido en los artículos siguientes, y cuando no existan otras medidas menos gravosas para el derecho a la libertad a través de las cuales puedan alcanzarse los mismos fines que con la prisión provisional.

3. El Juez o Tribunal tendrá en cuenta para adoptar la prisión provisional la repercusión que esta medida pueda tener en el investigado o encausado, considerando sus circunstancias y las del hecho objeto de las actuaciones, así como la entidad de la pena que pudiera ser impuesta.

4. No se adoptará en ningún caso la prisión provisional cuando de las investigaciones practicadas se infiera racionalmente que el hecho no es constitutivo de delito o que el mismo

---

Art. 501: Vid. Real Orden de 13 de marzo de 1895, citada al pie del art. 384.

Art. 502: Modificado por la LO 13/2003, de 24 de octubre (*BOE* del 27), de reforma de la Ley de Enjuiciamiento Criminal en materia de prisión provisional. Vid. nota al art. 489. Asimismo, la Real Orden-Circular de 20 de marzo de 1916 (*Gaceta* del 22), sobre restricción de la prisión provisional a los casos absolutamente indispensables y la Circular del Ministerio Fiscal de 10 de octubre de 1933 (*Gaceta* del 12).

Téngase en cuenta lo dispuesto en los arts. 118 y 520 de esta Ley.

Vid. también arts. 58 y 59 del Código Penal sobre abono de tiempo de prisión preventiva.

Art. 502.3: Los términos «investigado o encausado» sustituyen a «imputado» como consecuencia del art. único.veintiuno de la LO 13/2015, de 5 de octubre (*BOE* del 6), de modificación de la Ley de Enjuiciamiento Criminal para el fortalecimiento de las garantías procesales y la regulación de las medidas de investigación tecnológica.

se cometió concurriendo una causa de justificación.

Art. 503. 1. La prisión provisional sólo podrá ser decretada cuando concurran los siguientes requisitos:

1.º Que conste en la causa la existencia de uno o varios hechos que presenten caracteres de delito sancionado con pena cuyo máximo sea igual o superior a dos años de prisión, o bien con pena privativa de libertad de duración inferior si el investigado o encausado tuviere antecedentes penales no cancelados ni susceptibles de cancelación, derivados de condena por delito doloso.

Si fueran varios los hechos imputados se estará a lo previsto en las reglas especiales para la aplicación de las penas, conforme a lo dispuesto en la Sección 2.ª del Capítulo II del Título III del Libro I del Código Penal.

2.º Que aparezcan en la causa motivos bastantes para creer responsable criminalmente del delito a la persona contra quien se haya de dictar el auto de prisión.

3.º Que mediante la prisión provisional se persiga alguno de los siguientes fines:

a) Asegurar la presencia del investigado o encausado en el proceso cuando pueda inferirse racionalmente un riesgo de fuga.

Para valorar la existencia de este peligro se atenderá conjuntamente a la naturaleza del hecho, a la gravedad de la pena que pudiera imponerse al investigado o encausado, a la situación familiar, laboral y económica de éste, así como a la inminencia de la celebración del juicio oral, en particular en aquellos supuestos en los que procede incoar el procedimiento para el enjuiciamiento rápido regulado en el Título III del Libro IV de esta Ley.

Procederá acordar por esta causa la prisión provisional de la persona investigada cuando, a la vista de los antecedentes

---

Art. 503: Modificado por la LO 13/2003, de 24 de octubre (*BOE* del 27), de reforma de la Ley de Enjuiciamiento Criminal en materia de prisión provisional. Vid. la STC 47/2000.

Los términos «investigado o encausado» sustituyen a «imputado» como consecuencia del art. único.veintiuno de la LO 13/2015, de 5 de octubre (*BOE* del 6), de modificación de la Ley de Enjuiciamiento Criminal para el fortalecimiento de las garantías procesales y la regulación de las medidas de investigación tecnológica.

Art. 503.1.3.ºa), párr. 3.º: El adjetivo «investigada» sustituye a «imputada» como consecuencia del art. único.veintiuno de la LO 13/2015, de 5 de octubre (*BOE* del 6), de modificación de la Ley de Enjuiciamiento Criminal para el fortalecimiento de las garantías procesales y la regulación de las medidas de investigación tecnológica.

que resulten de las actuaciones, hubieran sido dictadas al menos dos requisitorias para su llamamiento y busca por cualquier órgano judicial en los dos años anteriores. En estos supuestos no será aplicable el límite que respecto de la pena establece el ordinal 1.º de este apartado.

b)   Evitar la ocultación, alteración o destrucción de las fuentes de prueba relevantes para el enjuiciamiento en los casos en que exista un peligro fundado y concreto.

No procederá acordar la prisión provisional por esta causa cuando pretenda inferirse dicho peligro únicamente del ejercicio del derecho de defensa o de falta de colaboración del investigado o encausado en el curso de la investigación.

Para valorar la existencia de este peligro se atenderá a la capacidad del investigado o encausado para acceder por sí o a través de terceros a las fuentes de prueba o para influir sobre otros investigados o encausados, testigos o peritos o quienes pudieran serlo.

c)   Evitar que el investigado o encausado pueda actuar contra bienes jurídicos de la víctima, especialmente cuando ésta sea alguna de las personas a las que se refiere el artículo 173.2 del Código Penal. En estos casos no será aplicable el límite que respecto de la pena establece el ordinal 1.º de este apartado.

2.   También podrá acordarse la prisión provisional, concurriendo los requisitos establecidos en los ordinales 1.º y 2.º del apartado anterior, para evitar el riesgo de que el investigado o encausado cometa otros hechos delictivos.

Para valorar la existencia de este riesgo se atenderá a las circunstancias del hecho, así como a la gravedad de los delitos que se pudieran cometer.

Sólo podrá acordarse la prisión provisional por esta causa cuando el hecho delictivo imputado sea doloso. No obstante, el límite previsto en el ordinal 1.º del apartado anterior no será aplicable cuando de los antecedentes del investigado o encausado y demás datos o circunstancias que aporte la Policía Judicial o resulten de las actuaciones, pueda racionalmente inferirse que el investigado o encausado viene actuando concertadamente con otra u otras personas de forma organizada para la comisión de hechos delictivos o realiza sus actividades delictivas con habitualidad.

Art. 503.1.3.ºc): Modificado por la LO 15/2003, de 25 de noviembre (*BOE* del 26), por la que se modifica la LO 10/1995, de 23 de noviembre, del Código Penal.

Art. 504. 1. La prisión provisional durará el tiempo imprescindible para alcanzar cualquiera de los fines previstos en el artículo anterior y en tanto subsistan los motivos que justificaron su adopción.

2. Cuando la prisión provisional se hubiera decretado en virtud de lo previsto en los párrafos *a*) o *c*) del apartado 1.3.º o en el apartado 2 del artículo anterior, su duración no podrá exceder de un año si el delito tuviere señalada pena privativa de libertad igual o inferior a tres años, o de dos años si la pena privativa de libertad señalada para el delito fuera superior a tres años. No obstante, cuando concurrieren circunstancias que hicieren prever que la causa no podrá ser juzgada en aquellos plazos, el Juez o Tribunal podrá, en los términos previstos en el artículo 505, acordar mediante auto una sola prórroga de hasta dos años, si el delito tuviera señalada pena privativa de libertad superior a tres años, o de hasta seis meses, si el delito tuviera señalada pena igual o inferior a tres años.

Si fuere condenado el investigado o encausado, la prisión provisional podrá prorrogarse hasta el límite de la mitad de la pena efectivamente impuesta en la sentencia, cuando ésta hubiere sido recurrida.

3. Cuando la prisión provisional se hubiere acordado en virtud de lo previsto en el apartado 1.3.º*b*) del artículo anterior, su duración no podrá exceder de seis meses.

No obstante, cuando se hubiere decretado la prisión incomunicada o el secreto del sumario, si antes del plazo establecido en el párrafo anterior se levantare la incomunicación o el secreto, el Juez o Tribunal habrá de motivar la subsistencia del presupuesto de la prisión provisional.

4. La concesión de la libertad por el transcurso de los plazos máximos para la prisión provisional no impedirá que ésta se acuerde en el caso de que el investigado o encausado, sin

---

Art. 504: Redactado por la LO 13/2003, de 24 de octubre (*BOE* del 27), de reforma de la Ley de Enjuiciamiento Criminal en materia de prisión provisional. Vid. la STC 47/2000.

Los términos «investigado o encausado» sustituyen a «imputado» como consecuencia del art. único.veintiuno de la LO 13/2015, de 5 de octubre (*BOE* del 6), de modificación de la Ley de Enjuiciamiento Criminal para el fortalecimiento de las garantías procesales y la regulación de las medidas de investigación tecnológica.

Art. 504.2, párr. 1.º: Modificado por la LO 15/2003, de 25 de noviembre (*BOE* del 26), por la que se modifica la LO 10/1995, de 23 de noviembre, del Código Penal.

motivo legítimo, dejare de comparecer a cualquier llamamiento del Juez o Tribunal.

5. Para el cómputo de los plazos establecidos en este artículo se tendrá en cuenta el tiempo que el investigado o encausado hubiere estado detenido o sometido a prisión provisional por la misma causa.

Se excluirá, sin embargo, de aquel cómputo el tiempo en que la causa sufriere dilaciones no imputables a la Administración de Justicia.

6. Cuando la medida de prisión provisional acordada exceda de las dos terceras partes de su duración máxima, el Juez o Tribunal que conozca de la causa y el Ministerio Fiscal comunicarán respectivamente esta circunstancia al presidente de la sala de gobierno y al fiscal-jefe del Tribunal correspondiente, con la finalidad de que se adopten las medidas precisas para imprimir a las actuaciones la máxima celeridad. A estos efectos, la tramitación del procedimiento gozará de preferencia respecto de todos los demás.

Art. 504 bis. *Cuando, en virtud de lo dispuesto en los dos artículos anteriores, se hubiere acordado la libertad de presos o detenidos por los delitos a los que se refiere el artículo 384 bis, la excarcelación se suspenderá por un período mínimo de un mes, en tanto la resolución no sea firme, cuando el recurrente fuese el Ministerio Fiscal. Dicha suspensión no se aplicará cuando se haya agotado en su totalidad los plazos previstos en el artículo 504, y las correspondientes prórrogas, en su caso, para la duración de la situación de prisión provisional.*

Art. 504 bis 2. [...]

Art. 505. 1. Cuando el detenido fuere puesto a disposición del Juez de instrucción o Tribunal que deba conocer de la causa, éste, salvo que decretare su libertad provisional sin fianza, convocará a una audiencia

---

Art. 504.6: Adición realizada por la LO 15/2003, de 25 de noviembre (*BOE* del 26), por la que se modifica la LO 10/1995, de 23 de noviembre, del Código Penal.

Art. 504 bis: Declarado inconstitucional por la STC 71/1994, de 3 de marzo.

Art. 504 bis 2: Derogado por la LO 13/2003, de 24 de octubre (*BOE* del 27), de reforma de la Ley de Enjuiciamiento Criminal en materia de prisión provisional.

Art. 505: Redactado por la LO 13/2003, de 24 de octubre (*BOE* del 27), de reforma de la Ley de Enjuiciamiento Criminal en materia de prisión provisional. Vid. arts. 530 a 533 del Código Penal. Asimismo, téngase en cuenta lo previsto en los arts. 22 y 23 del Reglamento penitenciario, aprobado por RD 190/1996, de 9 de febrero (*BOE* del 15).

en la que el Ministerio Fiscal o las partes acusadoras podrán interesar que se decrete la prisión provisional del investigado o encausado o su libertad provisional con fianza.

En los supuestos del procedimiento regulado en el Título III del Libro IV de esta Ley, este trámite se sustanciará con arreglo a lo establecido en el artículo 798, salvo que la audiencia se hubiera celebrado con anterioridad.

2. La audiencia prevista en el apartado anterior deberá celebrarse en el plazo más breve posible dentro de las setenta y dos horas siguientes a la puesta del detenido a disposición judicial y a ella se citará al investigado o encausado, que deberá estar asistido de letrado por él elegido o designado de oficio, al Ministerio Fiscal y a las demás partes personadas. La audiencia habrá de celebrarse también para solicitar y decretar, en su caso, la prisión provisional del investigado o encausado no detenido o su libertad provisional con fianza.

3. En dicha audiencia, si el Ministerio Fiscal o alguna parte acusadora solicitare que se decrete la prisión provisional del investigado o encausado o su libertad provisional con fianza, podrán quienes concurrieren realizar alegaciones y proponer los medios de prueba que puedan practicarse en el acto o dentro de las setenta y dos horas antes indicadas en el apartado anterior.

El Abogado del investigado o encausado tendrá, en todo caso, acceso a los elementos de las actuaciones que resulten esenciales para impugnar la privación de libertad del investigado o encausado.

Sobre la utilización de videoconferencia en esta materia, vid. nota al art. 433, párr. 3.º

Los términos «investigado o encausado» sustituyen a «imputado» como consecuencia del art. único.veintiuno de la LO 13/2015, de 5 de octubre (*BOE* del 6), de modificación de la Ley de Enjuiciamiento Criminal para el fortalecimiento de las garantías procesales y la regulación de las medidas de investigación tecnológica.

Art. 505.3: Redactado conforme al art. 2.ºtres de la LO 5/2015, de 27 de abril (*BOE* del 28), por la que se modifican la Ley de Enjuiciamiento Criminal y la LO 6/1985, de 1 de julio, del Poder Judicial, para transponer la Directiva 2010/64/UE, de 20 de octubre de 2010, relativa al derecho a interpretación y a traducción en los procesos penales, y la Directiva 2012/13/UE, de 22 de mayo de 2012, relativa al derecho a la información en los procesos penales.

Los términos «investigado o encausado» sustituyen a «imputado» como consecuencia del art. único.veintiuno de la LO 13/2015, de 5 de octubre (*BOE* del 6), de modificación de la Ley de Enjuiciamiento Criminal para el fortalecimiento de las garantías procesales y la regulación de las medidas de investigación tecnológica.

4. El Juez o Tribunal decidirá sobre la procedencia o no de la prisión o de la imposición de la fianza. Si ninguna de las partes las instare, acordará necesariamente la inmediata puesta en libertad del investigado o encausado que estuviere detenido.

5. Si por cualquier razón la audiencia no pudiere celebrarse, el Juez o Tribunal podrá acordar la prisión provisional, si concurrieren los presupuestos del artículo 503, o la libertad provisional con fianza. No obstante, dentro de las siguientes setenta y dos horas, el Juez o Tribunal convocará una nueva audiencia, adoptando las medidas a que hubiere lugar por la falta de celebración de la primera audiencia.

6. Cuando el detenido fuere puesto a disposición de Juez distinto del Juez o Tribunal que conociere o hubiere de conocer de la causa, y el detenido no pudiere ser puesto a disposición de este último en el plazo de setenta y dos horas, procederá el primero de acuerdo con lo previsto en los apartados anteriores. No obstante, una vez que el Juez o Tribunal de la causa reciba las diligencias, oirá al investigado o encausado, asistido de su abogado, tan pronto como le fuera posible y dictará la resolución que proceda.

Art. 506. 1. Las resoluciones que se dicten sobre la situación personal del investigado o encausado adoptarán la forma de auto. El auto que acuerde la prisión provisional o disponga su prolongación expresará los motivos por los que la medida se considera necesaria y proporcionada respecto de los fines que justifican su adopción.

2. Si la causa hubiere sido declarada secreta, en el auto de prisión se expresarán los particulares del mismo que, para preservar la finalidad del secreto, hayan de ser omitidos de la copia que haya de notificarse. En ningún caso se omitirá en la notificación una sucinta descripción del hecho imputado y de cuál o cuáles de los fines previstos en el artículo 503 se pretende conseguir con la prisión. Cuando se alce el secreto del sumario, se notificará de inmedia-

---

Art. 506: Redactado por la LO 13/2003, de 24 de octubre (*BOE* del 27), de reforma de la Ley de Enjuiciamiento Criminal en materia de prisión provisional.

Los términos «investigado o encausado» sustituyen a «imputado» como consecuencia del art. único.veintiuno de la LO 13/2015, de 5 de octubre (*BOE* del 6), de modificación de la Ley de Enjuiciamiento Criminal para el fortalecimiento de las garantías procesales y la regulación de las medidas de investigación tecnológica.

to el auto íntegro al investigado o encausado.

3. Los autos relativos a la situación personal del investigado o encausado se pondrán en conocimiento de los directamente ofendidos y perjudicados por el delito cuya seguridad pudiera verse afectada por la resolución.

Art. 507. 1. Contra los autos que decreten, prorroguen o denieguen la prisión provisional o acuerden la libertad del investigado o encausado podrá ejercitarse el recurso de apelación en los términos previstos en el artículo 766, que gozará de tramitación preferente. El recurso contra el auto de prisión deberá resolverse en un plazo máximo de treinta días.

2. Cuando en virtud de lo dispuesto en el apartado 2 del artículo anterior no se hubiere notificado íntegramente el auto de prisión al investigado o encausado, éste también podrá recurrir el auto íntegro cuando le sea notificado, de conformidad con lo dispuesto en el apartado anterior.

Art. 508. 1. El Juez o Tribunal podrá acordar que la medida de prisión provisional del investigado o encausado se verifique en su domicilio, con las medidas de vigilancia que resulten necesarias, cuando por ra-

---

Art. 507: Redactado por la LO 13/2003, de 24 de octubre (*BOE* del 27), de reforma de la Ley de Enjuiciamiento Criminal en materia de prisión provisional.

Los términos «investigado o encausado» sustituyen a «imputado» como consecuencia del art. único.veintiuno de la LO 13/2015, de 5 de octubre (*BOE* del 6), de modificación de la Ley de Enjuiciamiento Criminal para el fortalecimiento de las garantías procesales y la regulación de las medidas de investigación tecnológica.

Art. 508: Modificación realizada por la LO 15/2003, de 25 de noviembre (*BOE* del 26), por la que se modifica la LO 10/1995, de 23 de noviembre, del Código Penal.

Los términos «investigado o encausado» sustituyen a «imputado» como consecuencia del art. único.veintiuno de la LO 13/2015, de 5 de octubre (*BOE* del 6), de modificación de la Ley de Enjuiciamiento Criminal para el fortalecimiento de las garantías procesales y la regulación de las medidas de investigación tecnológica.

El legislador debería haber aprovechado dicha reforma para incardinar dentro del texto expreso de la LECrim las reformas introducidas por la Ley de 10 de septiembre de 1931 (*Gaceta* del 11), sobre incorporación a la Ley de Enjuiciamiento Criminal de los arts. 472 y 473 del Código de Justicia Militar, que, al no referirse exactamente a lo previsto en el art. 508, reproducimos. Señala la misma:

«*Art. único.* El artículo 472 del Código de Justicia Militar se incorporará a la Ley de Enjuiciamiento Criminal ordinaria con la siguiente redacción:

»"Cuando a juicio del Instructor deban atenuarse las condiciones de la prisión preventiva, acordarán su atenuación.

zón de enfermedad el internamiento entrañe grave peligro para su salud. El Juez o Tribunal podrá autorizar que el investigado o encausado salga de su domicilio durante las horas necesarias para el tratamiento de su enfermedad, siempre con la vigilancia precisa.

2. En los casos en los que el investigado o encausado se hallara sometido a tratamiento de desintoxicación o deshabituación a sustancias estupefacientes y el ingreso en prisión pudiera frustrar el resultado de dicho tratamiento, la medida de prisión provisional podrá ser sustituida por el ingreso en un centro oficial o de una organización legalmente reconocida para continuación del tratamiento, siempre que los hechos objeto del procedimiento sean anteriores a su inicio. En este caso el investigado o encausado no podrá salir del centro sin la autorización del Juez o Tribunal que hubiera acordado la medida.

Art. 509. 1. El Juez de instrucción o Tribunal podrá acordar excepcionalmente, mediante resolución motivada, la detención o prisión incomunicadas cuando concurra alguna de las siguientes circunstancias:

a) necesidad urgente de evitar graves consecuencias que puedan poner en peligro la vida, la libertad o la integridad física de una persona, o

b) necesidad urgente de una actuación inmediata de los Jueces de instrucción para evitar comprometer de modo grave el proceso penal.

2. La incomunicación durará el tiempo estrictamente necesario para practicar con urgencia diligencias tendentes a evitar los peligros a que se refiere el apartado anterior. La incomunicación no podrá extenderse más

---

»"El artículo 473 del Código de Justicia Militar se incorporará asimismo a la Ley Criminal con la siguiente redacción:

»"La atenuación de la prisión preventiva consistirá: en el arresto, en el propio domicilio, con la vigilancia que se considere necesaria. En la posibilidad de que los sujetos a prisión preventiva atenuada salgan de su domicilio durante las horas necesarias para la prestación de sus servicios o ejercicio de su profesión, siempre con la vigilancia que se estime necesaria para los fines de la seguridad del encartado."»

Art. 509: Modificación realizada por la LO 15/2003, de 25 de noviembre (*BOE* del 26), por la que se modifica la LO 10/1995, de 23 de noviembre, del Código Penal. Vid. arts. 530 a 533 CP.

Art. 509.1 y 2: Apartados redactados por el art. único.tres de la LO 13/2015, de 5 de octubre (*BOE* del 6), de modificación de la Ley de Enjuiciamiento Criminal para el fortalecimiento de las garantías procesales y la regulación de las medidas de investigación tecnológica. Estos apartados entrarán en vigor el 1 de noviembre de 2015. Vid. arts. 530 a 533 CP.

allá de cinco días. En los casos en que la prisión se acuerde en causa por alguno de los delitos a que se refiere el artículo 384 bis u otros delitos cometidos concertadamente y de forma organizada por dos o más personas, la incomunicación podrá prorrogarse por otro plazo no superior a cinco días.

3. El auto en el que sea acordada la incomunicación o, en su caso, su prórroga deberá expresar los motivos por los que haya sido adoptada la medida.

4. En ningún caso podrán ser objeto de detención incomunicada los menores de dieciséis años.

Art. 510. 1. El incomunicado podrá asistir con las precauciones debidas a las diligencias en que le dé intervención esta Ley cuando su presencia no pueda desvirtuar el objeto de la incomunicación.

2. Se permitirá al preso contar con los efectos que él se proporcione siempre y cuando a juicio de Juez o Tribunal no frustren los fines de la incomunicación.

3. El preso no podrá realizar ni recibir comunicación alguna. No obstante, el Juez o Tribunal podrá autorizar comunicaciones que no frustren la finalidad de la prisión incomunicada y adoptará, en su caso, las medidas oportunas.

4. El preso sometido a incomunicación que así lo solicite tendrá derecho a ser reconocido por un segundo médico forense designado por el Juez o Tribunal competente para conocer de los hechos.

Art. 511. 1. Para llevar a efecto el auto de prisión se expe-

Art. 509.3: Modificación realizada por la LO 15/2003, de 25 de noviembre (*BOE* del 26), por la que se modifica la LO 10/1995, de 23 de noviembre, del Código Penal. Vid. arts. 530 a 533 CP.

Art. 509.4: Añadido por el art. único.tres de la LO 13/2015, de 5 de octubre (*BOE* del 6), de modificación de la Ley de Enjuiciamiento Criminal para el fortalecimiento de las garantías procesales y la regulación de las medidas de investigación tecnológica. Vid. arts. 530 a 533 CP.

Art. 510: Redactado por la LO 13/2003, de 24 de octubre (*BOE* del 27), de reforma de la Ley de Enjuiciamiento Criminal en materia de prisión provisional.

Art. 510.4: Adición realizada por la LO 15/2003, de 25 de noviembre (*BOE* del 26), por la que se modifica la LO 10/1995, de 23 de noviembre, del Código Penal.

Art. 511: Redactado por la LO 13/2003, de 24 de octubre (*BOE* del 27), de reforma de la Ley de Enjuiciamiento Criminal en materia de prisión provisional.

Los términos «investigado o encausado» sustituyen a «imputado» como consecuencia del art. único.veintiuno de la LO 13/2015, de 5 de octubre (*BOE* del 6), de modificación de la Ley de Enjuiciamiento Criminal para el fortalecimiento de las garantías procesales y la regulación de las medidas de investigación tecnológica.

dirán dos mandamientos: uno a la Policía Judicial o agente judicial, en su caso, que haya de ejecutarlo, y otro al director del establecimiento que deba recibir al preso.

En el mandamiento se consignarán los datos personales que consten del investigado o encausado, el delito que dé lugar al procedimiento y si la prisión ha de ser con comunicación o sin ella.

2. Los directores de los establecimientos no recibirán a ninguna persona en condición de preso sin que se les entregue mandamiento de prisión.

3. Una vez dictado auto por el que se acuerde la libertad del preso, inmediatamente se expedirá mandamiento al director del establecimiento.

Art. 512. Si el presunto reo no fuere habido en su domicilio y se ignorase su paradero, el juez o jueza acordará que sea buscado por requisitorias que se enviarán al Sistema de Registros Administrativos de Apoyo a la Administración de Justicia (SIRAJ) y se publicarán en el Tablón Edictal Judicial Único, dando las órdenes oportunas a las Fuerzas y Cuerpos de Seguridad del Estado y a los Cuerpos de Policía Autonómica de aquellas Comunidades Autónomas con competencias en materia de seguridad pública; y, en todo caso, el Sistema de Regis-

---

Además de lo establecido en dicho precepto, también hay que tener en cuenta lo previsto en el art. 15.1 de la LO 1/1979, de 26 de septiembre (*BOE* de 5 de octubre), General Penitenciaria, que dispone que «el ingreso de un detenido, preso o penado, en cualquiera de los establecimientos penitenciarios se hará mediante mandamiento u orden de la autoridad competente, excepto en el supuesto de presentación voluntaria, que será inmediatamente comunicado a la autoridad judicial, quien resolverá lo procedente, y en los supuestos de estados de alarma, excepción o sitio en los que se estará a lo que dispongan las correspondientes leyes especiales». Vid. también arts. 15 y 16 del Reglamento Penitenciario, aprobado por RD 190/1996, de 9 de febrero (*BOE* del 15), y arts. 16, 30 y 36 de la LO 4/1981, de 1 de junio, sobre los estados de alarma, excepción y sitio. En cuanto a libertad del preso, también habrá que tener en cuenta los arts. 22 y 23 del Reglamento Penitenciario. Vid. la Real Orden de 13 de marzo de 1895, citada al pie del art. 384. Por su parte, la Orden de 17 de febrero de 1903 (*Gaceta* del 18) establece en su art. 1.º «que todos los Juzgados y Audiencias, al decretar la libertad de los reclusos, consignen en los documentos expedidos al efecto para los Directores y Jefes de Prisión, el motivo o causa a que la resolución obedezca, expresando si la libertad es provisional, con fianza o no, o definitiva por sobreseimiento o absolución».

Art. 512: Modificado por el art. 20.Tres de la LO 1/2025, de 2 de enero (*BOE* del 3), de medidas en materia de eficiencia del Servicio Público de Justicia. Entra en vigor el 3 de abril de 2025 (Disp. Final 38.ª1 LOMESPJ). La Disp. Trans. 9.ª LOMESP, en su apartado primero indica que las reformas serán aplicables exclusivamente a los procedimientos incoados con posterioridad a su entrada en vigor. Para el procedimiento abreviado, art. 762.4.ª de esta Ley, que no ha sido objeto de modificación.

tros Administrativos de Apoyo a la Administración de Justicia compartirá la información para su publicación en el Tablón Edictal Judicial Único, garantizándose la interoperabilidad entre ambas plataformas.

Art. 513. En la requisitoria se expresarán el nombre y apellidos, cargo, profesión u oficio, si constaren, del procesado rebelde, y las señas en virtud de las que pueda ser identificado, el delito por que se le procesa, el territorio donde sea de presumir que se encuentra y la cárcel donde deba ser conducido.

Art. 514. La requisitoria original y el justificante del envío realizado al Sistema de Registros Administrativos de Apoyo a la Administración de Justicia y de la remisión al Tablón Edictal Judicial único se unirán a la causa.

Art. 515. El Juez o Tribunal que hubiese acordado la prisión del procesado rebelde, y los Jueces de instrucción a quienes se enviaren las requisitorias, pondrán en conocimiento de las Autoridades y agentes de Policía Judicial de sus respectivos territorios las circunstancias mencionadas en el artículo 513.

Art. 516. En la resolución por la que se acuerde buscar por requisitorias, el Juez designará los particulares de la causa que fueren precisos para poder resolver acerca de la situación personal del requisitoriado una vez sea habido. Testimoniados la resolución judicial y los particulares por el Secretario judicial, se remitirán al Juzgado de Guardia o se incluirán en el sistema informático que al efecto exista, donde quedarán registrados.

Art. 517. Sin perjuicio de lo dispuesto en el artículo 505.6, presentado el requisitoriado ante un Juzgado de Guardia, el Juez, si fuera necesario para resolver, podrá solicitar el auxilio del órgano judicial que hubiera dictado la requisitoria o, en su defecto, del que se hallare de guardia en este último partido judicial, a fin de que le facilite la documentación e información a que se refiere el artículo anterior.

Art. 514: Redactado conforme al art. 101.siete del Real Decreto-ley 6/2023, de 19 de diciembre (*BOE* del 20), por el que se aprueban medidas urgentes para la ejecución del Plan de Recuperación, Transformación y Resiliencia en materia de servicio público de justicia, función pública, régimen local y mecenazgo.

Art. 516: Vuelto a llenar de contenido por la Ley 13/2009, de 3 de noviembre (*BOE* del 4), de reforma de la legislación procesal para la implantación de la nueva Oficina judicial.

Art. 517: Vuelto a llenar de contenido por la Ley 13/2009, de 3 de noviembre (*BOE* del 4), de reforma de la legislación procesal para la implantación de la nueva Oficina judicial.

Art. 518. Los autos en que se decrete o deniegue la prisión o excarcelación serán apelables sólo en el efecto devolutivo.

Art. 519. Todas las diligencias de prisión provisional se sustanciarán en pieza separada.

CAPÍTULO IV*

DEL EJERCICIO
DEL DERECHO DE DEFENSA,
DE LA ASISTENCIA DE ABOGADO
Y DEL TRATAMIENTO
DE LOS DETENIDOS Y PRESOS

Art. 520. 1. La detención y la prisión provisional deberán practicarse en la forma que menos perjudique al detenido o preso en su persona, reputación y patrimonio. Quienes acuerden la medida y los encargados de practicarla así como de los tras-

lados ulteriores, velarán por los derechos constitucionales al honor, intimidad e imagen de aquéllos, con respeto al derecho fundamental a la libertad de información.

La detención preventiva no podrá durar más del tiempo estrictamente necesario para la realización de las averiguaciones tendentes al esclarecimiento de los hechos. Dentro de los plazos establecidos en la presente Ley, y, en todo caso, en el plazo máximo de setenta y dos horas, el detenido deberá ser puesto en libertad o a disposición de la autoridad judicial.

En el atestado deberá reflejarse el lugar y la hora de la detención y de la puesta a disposición de la autoridad judicial o, en su caso, de la puesta en libertad.

2. Toda persona detenida o presa será informada por escrito, en un lenguaje sencillo y ac-

---

Art. 518: Vid. arts. 216 ss.

Su párrafo 2.º fue derogado por la LO 13/2003, de 24 de octubre (*BOE* del 27), de reforma de la Ley de Enjuiciamiento Criminal en materia de prisión provisional.

* Vid. arts. 17 de la Constitución; 51 de la LO 1/1979, de 26 de septiembre (*BOE* de 5 de octubre), General Penitenciaria, y arts. 46.6.*a*), 47.1.*b*) y 48 del Reglamento Penitenciario, aprobado por RD 190/1996, de 9 de febrero (*BOE* del 15).

Vid. además la Circular de la Fiscalía General del Estado 8/1978, de 30 de diciembre (*Bol. Inf. M.º Justicia* de 15 de enero de 1979), sobre el alcance de la reforma de la Ley de Enjuiciamiento Criminal operada por la de 4 de diciembre de 1978.

Art. 520: Redactado por el art. único.cuatro de la LO 13/2015, de 5 de octubre (*BOE* del 6), de modificación de la Ley de Enjuiciamiento Criminal para el fortalecimiento de las garantías procesales y la regulación de las medidas de investigación tecnológica. Vid. también el art. 527 y la Convención Internacional para la protección de todas las personas contra las desapariciones forzadas, hecha en Nueva York el 20 de diciembre de 2006 (Instrumento de Ratificación en *BOE* de 18 de febrero de 2011). También habrá que tener presente el RD 650/2023, de 18 de julio (*BOE* del 20), por el que se aprueba el Protocolo de reconocimiento médico-forense a la persona detenida.

cesible, en una lengua que comprenda y de forma inmediata, de los hechos que se le atribuyan y las razones motivadoras de su privación de libertad, así como de los derechos que le asisten y especialmente de los siguientes:

a) Derecho a guardar silencio no declarando si no quiere, a no contestar alguna o algunas de las preguntas que le formulen, o a manifestar que sólo declarará ante el Juez.

b) Derecho a no declarar contra sí mismo y a no confesarse culpable.

c) Derecho a designar abogado, sin perjuicio de lo dispuesto en el apartado 1.*a*) del artículo 527 y a ser asistido por él sin demora injustificada. En caso de que, debido a la lejanía geográfica no sea posible de inmediato la asistencia de letrado, se facilitará al detenido comunicación telefónica o por videoconferencia con aquél, salvo que dicha comunicación sea imposible.

d) Derecho a acceder a los elementos de las actuaciones que sean esenciales para impugnar la legalidad de la detención o privación de libertad.

e) Derecho a que se ponga en conocimiento del familiar o persona que desee, sin demora injustificada, su privación de libertad y el lugar de custodia en que se halle en cada momento. Los extranjeros tendrán derecho a que las circunstancias anteriores se comuniquen a la oficina consular de su país.

f) Derecho a comunicarse telefónicamente, sin demora injustificada, con un tercero de su elección. Esta comunicación se celebrará en presencia de un funcionario de policía o, en su caso, del funcionario que designen el Juez o el Fiscal, sin perjuicio de lo dispuesto en el artículo 527.

g) Derecho a ser visitado por las autoridades consulares de su país, a comunicarse y a mantener correspondencia con ellas.

h) Derecho a ser asistido gratuitamente por un intérprete, cuando se trate de extranjero que no comprenda o no hable el castellano o la lengua oficial de la actuación de que se trate, o de personas sordas o con discapacidad auditiva, así como de

---

Art. 520.2.c): El TS, por Acuerdo del Pleno no jurisdiccional (art. 264.1 LOPJ) de 5 de febrero de 1999, ha interpretado que «cuando una persona —normalmente un viajero que llega a un aeropuerto procedente del extranjero— se somete voluntariamente a una exploración radiológica con el fin de comprobar si es portador de cuerpos extraños dentro de su organismo, no está realizando una declaración de culpabilidad ni constituye una actuación encaminada a obtener del sujeto el reconocimiento de determinados hechos. De ahí que no sea precisa la asistencia de Letrado ni la consiguiente previa detención con instrucción de sus derechos» (vid. STS 1831/1999, de 22 de diciembre).

otras personas con dificultades del lenguaje.

i) Derecho a ser reconocido por el médico forense o su sustituto legal y, en su defecto, por el de la institución en que se encuentre, o por cualquier otro dependiente del Estado o de otras Administraciones Públicas.

j) Derecho a solicitar asistencia jurídica gratuita, procedimiento para hacerlo y condiciones para obtenerla.

Asimismo, se le informará del plazo máximo legal de duración de la detención hasta la puesta a disposición de la autoridad judicial y del procedimiento por medio del cual puede impugnar la legalidad de su detención.

Cuando no se disponga de una declaración de derechos en una lengua que comprenda el detenido, se le informará de sus derechos por medio de un intérprete tan pronto resulte posible. En este caso, deberá entregársele, posteriormente y sin demora indebida, la declaración escrita de derechos en una lengua que comprenda.

En todos los casos se permitirá al detenido conservar en su poder la declaración escrita de derechos durante todo el tiempo de la detención.

2 bis.   La información a que se refiere el apartado anterior se facilitará en un lenguaje comprensible y que resulte accesible al destinatario. A estos efectos se adaptará la información a su edad, grado de madurez, discapacidad y cualquier otra circunstancia personal de la que pueda derivar una limitación de la capacidad para entender el alcance de la información que se le facilita.

3.   Si el detenido fuere extranjero, se comunicará al cónsul de su país el hecho de su detención y el lugar de custodia y se le permitirá la comunicación con la autoridad consular. En caso de que el detenido tenga dos o más nacionalidades, podrá elegir a qué autoridades consulares debe informarse de que se encuentra privado de libertad y con quién desea comunicarse.

4.   Si se tratare de un menor, será puesto a disposición de las Secciones de Menores de la Fiscalía y se comunicará el hecho y el lugar de custodia a quienes ejerzan la patria potestad, la tutela o la guarda de hecho del mismo, tan pronto se tenga constancia de la minoría de edad.

En caso de conflicto de intereses con quienes ejerzan la patria potestad, la tutela o la guarda de hecho del menor, se le nombrará un defensor judicial a quien se pondrá en conocimiento del hecho y del lugar de detención.

Si el detenido tuviere su capacidad modificada judicialmente, la información prevista en el apartado 2 de este artículo se comunicará a quienes ejerzan la tutela o guarda de hecho del mismo, dando cuenta al Ministerio Fiscal.

Si el detenido menor o con capacidad modificada judicialmente fuera extranjero, el hecho de la detención se notificará de oficio al Cónsul de su país.

5. El detenido designará libremente abogado y si no lo hace será asistido por un abogado de oficio. Ninguna autoridad o agente le efectuará recomendación alguna sobre el abogado a designar más allá de informarle de su derecho.

La autoridad que tenga bajo su custodia al detenido comunicará inmediatamente al Colegio de Abogados el nombre del designado por el detenido para asistirle a los efectos de su localización y transmisión del encargo profesional o, en su caso, le comunicará la petición de nombramiento de abogado de oficio.

Si el detenido no hubiere designado abogado, o el elegido rehusare el encargo o no fuere hallado, el Colegio de Abogados procederá de inmediato al nombramiento de un abogado del turno de oficio.

El abogado designado acudirá al centro de detención con la máxima premura, siempre dentro del plazo máximo de tres horas desde la recepción del encargo. Si en dicho plazo no compareciera, el Colegio de Abogados designará un nuevo abogado del turno de oficio que deberá comparecer a la mayor brevedad y siempre dentro del plazo indicado, sin perjuicio de la exigencia de la responsabilidad disciplinaria en que haya podido incurrir el incompareciente.

6. La asistencia del abogado consistirá en:

a)   Solicitar, en su caso, que se informe al detenido o preso de los derechos establecidos en el apartado 2 y que se proceda, si fuera necesario, al reconocimiento médico señalado en su letra *i*).

b)   Intervenir en las diligencias de declaración del detenido, en las diligencias de reconocimiento de que sea objeto y en las de reconstrucción de los hechos en que participe el detenido. El abogado podrá solicitar al Juez o funcionario que hubiesen practicado la diligencia en la que haya intervenido, una vez terminada ésta, la declaración o ampliación de los extremos que considere convenientes, así como la consignación en el acta de cualquier incidencia que haya tenido lugar durante su práctica.

c)   Informar al detenido de las consecuencias de la prestación o denegación de consentimiento a la práctica de diligencias que se le soliciten.

Art. 520.6.c): En el procedimiento abreviado vid. el art. 775, párr. 2.º, de esta Ley.

Si el detenido se opusiera a la recogida de las muestras mediante frotis bucal, conforme a las previsiones de la Ley Orgánica 10/2007, de 8 de octubre, reguladora de la base de datos policial sobre identificadores obtenidos a partir del ADN, el Juez de instrucción, a instancia de la Policía Judicial o del Ministerio Fiscal, podrá imponer la ejecución forzosa de tal diligencia mediante el recurso a las medidas coactivas mínimas indispensables, que deberán ser proporcionadas a las circunstancias del caso y respetuosas con su dignidad.

d) Entrevistarse reservadamente con el detenido, incluso antes de que se le reciba declaración por la Policía, el Fiscal o la autoridad judicial, sin perjuicio de lo dispuesto en el artículo 527.

7. Las comunicaciones entre el investigado o encausado y su abogado tendrán carácter confidencial en los mismos términos y con las mismas excepciones previstas en el apartado 4 del artículo 118.

8. No obstante, el detenido o preso podrá renunciar a la preceptiva asistencia de abogado si su detención lo fuere por hechos susceptibles de ser tipificados exclusivamente como delitos contra la seguridad del tráfico, siempre que se le haya facilitado información clara y suficiente en un lenguaje sencillo y comprensible sobre el contenido de dicho derecho y las consecuencias de la renuncia. El detenido podrá revocar su renuncia en cualquier momento.

Art. 520 bis. 1. Toda persona detenida como presunto partícipe de alguno de los delitos a que se refiere el artículo 384 bis será puesta a disposición del Juez competente dentro de las setenta y dos horas siguientes a la detención. No obstante, podrá prolongarse la detención el tiempo necesario para los fines investigadores, hasta un límite máximo de otras cuarenta y ocho horas, siempre que, solicitada tal prórroga mediante comunicación motivada dentro de las primeras cuarenta y ocho horas desde la detención, sea autorizada por el Juez en las veinticuatro horas siguientes. Tanto la autorización cuanto la denegación de la prórroga se adoptarán en resolución motivada.

2. Detenida una persona por los motivos expresados en el número anterior, podrá solicitarse del Juez que decrete su incomunicación, el cual deberá pronunciarse sobre la misma, en

---

Art. **520 bis:** Introducido por la LO 4/1988, de 25 de mayo (*BOE* del 26).

resolución motivada, en el plazo de veinticuatro horas. Solicitada la incomunicación, el detenido quedará en todo caso incomunicado sin perjuicio del derecho de defensa que le asiste y de lo establecido en los artículos 520 y 527, hasta que el Juez hubiere dictado la resolución pertinente.

3. Durante la detención, el Juez podrá en todo momento requerir información y conocer, personalmente o mediante delegación en el Juez de instrucción del partido o demarcación donde se encuentre el detenido, la situación de éste.

Art. 520 ter. A los detenidos en espacios marinos por la presunta comisión de los delitos contemplados en el artículo 23.4.*d*) de la Ley Orgánica 6/1985, de 1 de julio, del Poder Judicial, les serán aplicados los derechos reconocidos en el presente capítulo en la medida que resulten compatibles con los medios personales y materiales existentes a bordo del buque o aeronave que practique la detención, debiendo ser puestos en libertad o a disposición de la autoridad judicial competente tan pronto como sea posible, sin que pueda exceder del plazo máximo de setenta y dos horas. La puesta a disposición judicial podrá realizarse por los medios telemáticos de los que disponga el buque o aeronave, cuando por razón de la distancia o su situación de aislamiento no sea posible llevar a los detenidos a presencia física de la autoridad judicial dentro del indicado plazo.

Art. 521. Los detenidos estarán, a ser posible, separados los unos de los otros.

Si la separación no fuese posible, el Juez instructor o Tribunal cuidará de que no se reúnan personas de diferente sexo ni los correos en una misma prisión, y de que los jóvenes y los no reincidentes se hallen separados de los de edad madura y de los reincidentes.

Para esta separación se tendrá en cuenta el grado de educación del detenido, su edad y la naturaleza del delito que se le impute.

Art. 522. Todo detenido o preso puede procurarse a sus ex-

Art. 520 ter: Redactado por el art. único.cinco de la LO 13/2015, de 5 de octubre (*BOE* del 6), de modificación de la Ley de Enjuiciamiento Criminal para el fortalecimiento de las garantías procesales y la regulación de las medidas de investigación tecnológica.

Art. 521: Vid. arts. 20 y 99 del Reglamento penitenciario, aprobado por RD 190/1996, de 9 de febrero (*BOE* del 15).

Art. 522: Redactado conforme a la Ley 53/1978, de 4 de diciembre (*BOE* del 8).

pensas las comodidades u ocupaciones compatibles con el objeto de su detención y el régimen del Establecimiento en que esté custodiado, siempre que no comprometan su seguridad o la reserva del sumario.

Art. 523. Cuando el detenido o preso deseare ser visitado por un ministro de su religión, por un médico, por sus parientes o personas con quienes esté en relación de intereses, o por las que puedan darle sus consejos, deberá permitírsele, con las condiciones prescritas en el reglamento de cárceles, si no afectasen al secreto y éxito del sumario. La relación con el Abogado defensor no podrá impedírsele mientras estuviere en comunicación.

Art. 524. El Juez instructor autorizará, en cuanto no se perjudique el éxito de la instrucción, los medios de correspondencia y comunicación de que pueda hacer uso el detenido o preso.

Pero en ningún caso debe impedirse a los detenidos o presos la libertad de escribir a los funcionarios superiores del orden judicial.

Art. 525. No se adoptará contra el detenido o preso ninguna medida extraordinaria de seguridad sino en caso de desobediencia, de violencia o de rebelión, o cuando haya intentado o hecho preparativos para fugarse.

Esta medida deberá ser temporal, y sólo subsistirá el tiempo estrictamente necesario.

Art. 526. El Juez instructor visitará una vez por semana, sin previo aviso ni día determinado, las prisiones de la localidad, acompañado de un individuo del Ministerio Fiscal, que podrá ser el Fiscal municipal delegado al efecto por el Fiscal de la respectiva Audiencia; y donde exista este Tribunal, harán la visita el Presidente del mismo o el de

---

Art. 523: El art. 51.2 de la LO 1/1979, de 26 de septiembre (*BOE* de 5 de octubre), General Penitenciaria, dispone: «Las comunicaciones de los internos con el Abogado expresamente llamado en relación con asuntos penales y con los Procuradores que los representen, se celebrarán en departamentos apropiados y no podrán ser suspendidas o intervenidas salvo por orden de la autoridad judicial y en los supuestos de terrorismo.» Vid. asimismo los arts. 45 y 49 del Reglamento Penitenciario, aprobado por RD 190/1996, de 9 de febrero (*BOE* del 15).

Art. 526: Vid. arts. 76 ss. de la LO 1/1979, de 26 de septiembre, General Penitenciaria, que regulan las funciones de los Jueces de vigilancia. A este propósito ver también los arts. 94 y 95 LOPJ y arts. 3.º, 8.º, 18 y 45 y Anexo X de la Ley de Demarcación y Planta Judicial, así como el Acuerdo del Pleno del Consejo General del Poder Judicial de 18 de diciembre de 1991 (*BOE* de 13 de enero de 1992).

la Sala de lo criminal y un Magistrado, con un individuo del Ministerio Fiscal y con asistencia del Juez instructor.

En la visita se enterarán de todo lo concerniente a la situación de los presos o detenidos, y adoptarán las medidas que quepan dentro de sus atribuciones para corregir los abusos que notaren.

Art. 527. 1. En los supuestos del artículo 509, el detenido o preso podrá ser privado de los siguientes derechos si así lo justifican las circunstancias del caso:

a) Designar un abogado de su confianza.

b) Comunicarse con todas o alguna de las personas con las que tenga derecho a hacerlo, salvo con la autoridad judicial, el Ministerio Fiscal y el Médico Forense.

c) Entrevistarse reservadamente con su abogado.

d) Acceder él o su abogado a las actuaciones, salvo a los elementos esenciales para poder impugnar la legalidad de la detención.

2. La incomunicación o restricción de otro derecho del apartado anterior será acordada por auto. Cuando la restricción de derechos sea solicitada por la Policía Judicial o por el Ministerio Fiscal se entenderán acordadas las medidas previstas por el apartado 1 que hayan sido instadas por un plazo máximo de veinticuatro horas, dentro del cual el Juez habrá de pronunciarse sobre la solicitud, así como sobre la pertinencia de acordar el secreto de las actuaciones. La incomunicación y la aplicación al detenido o preso de alguna de las excepciones referidas en el apartado anterior será acordada por auto debiéndose motivar las razones que justifican la adopción de cada una de las excepciones al régimen general de conformidad con lo dispuesto en el artículo 509.

El Juez controlará efectivamente las condiciones en que se desarrolle la incomunicación, a cuyo efecto podrá requerir información a fin de constatar el estado del detenido o preso y el respeto a sus derechos.

3. Los reconocimientos médicos al detenido a quien se le restrinja el derecho a comunicarse con todas o alguna de las personas con las que tenga derecho a hacerlo se realizarán con una frecuencia de al menos dos reconocimientos cada veinticuatro horas, según criterio facultativo.

Art. 527: Redactado por el art. único.seis de la LO 13/2015, de 5 de octubre (*BOE* del 6), de modificación de la Ley de Enjuiciamiento Criminal para el fortalecimiento de las garantías procesales y la regulación de las medidas de investigación tecnológica.

TÍTULO VII

De la libertad provisional del procesado

Art. 528. La prisión provisional sólo durará lo que subsistan los motivos que la hayan ocasionado.

El detenido o preso será puesto en libertad en cualquier estado de la causa en que resulte su inocencia.

Todas las Autoridades que intervengan en un proceso estarán obligadas a dilatar lo menos posible la detención y la prisión provisional de los inculpados o procesados.

Art. 529. Cuando no se hubiere acordado la prisión provisional del investigado o encausado, el Juez o Tribunal decretará, con arreglo a lo previsto en el artículo 505, si el investigado o encausado ha de dar o no fianza para continuar en libertad provisional.

En el mismo auto, si el Juez o Tribunal decretare la fianza, fijará la calidad y cantidad de la que hubiere de prestar.

Este auto se notificará al investigado o encausado, al Ministerio Fiscal y a las demás partes personadas y será recurrible de acuerdo con lo previsto en el artículo 507.

Art. 529 bis. Cuando se decrete el procesamiento de persona autorizada para conducir vehículos de motor por delito cometido con motivo de su conducción, si el procesado ha de estar en libertad, el Juez, discre-

---

Art. 528: Vid. art. 17 de la LO 1/1979, de 26 de diciembre (*BOE* de 5 de octubre), General Penitenciaria.

Téngase en cuenta también la Real Orden de 13 de marzo de 1895, anotada al pie del art. 384.

Art. 529: Redactado por la LO 13/2003, de 24 de octubre (*BOE* del 27), de reforma de la Ley de Enjuiciamiento Criminal en materia de prisión provisional.

Los términos «investigado o encausado» sustituyen a «imputado» como consecuencia del art. único.veintiuno de la LO 13/2015, de 5 de octubre (*BOE* del 6), de modificación de la Ley de Enjuiciamiento Criminal para el fortalecimiento de las garantías procesales y la regulación de las medidas de investigación tecnológica.

Art. 529 bis: Redactado conforme a la Ley 13/2009, de 3 de noviembre (*BOE* del 4), de reforma de la legislación procesal para la implantación de la nueva Oficina judicial.

En el procedimiento abreviado, art. 764.4.ª de esta Ley.

Habrá que tener en cuenta la Resolución de 7 de septiembre de 2022 (*BOE* del 14), de la Subsecretaría, por la que se publica el Convenio entre el Ministerio de Justicia y la Jefatura Central de Tráfico, sobre la remisión de la información contenida en el Sistema de Registros Administrativos de Apoyo a la Administración de Justicia al Organismo Autónomo Jefatura Central de Tráfico.

cionalmente, podrá privarle provisionalmente de usar el permiso, mandando que se recoja e incorpore al proceso el documento en el que conste. El Secretario judicial lo comunicará al organismo administrativo que lo haya expedido.

Art. 530. El investigado o encausado que hubiere de estar en libertad provisional, con o sin fianza, constituirá *apud acta* obligación de comparecer en los días que le fueren señalados en el auto respectivo, y además cuantas veces fuere llamado ante el Juez o Tribunal que conozca de la causa. Para garantizar el cumplimiento de esta obligación, el Juez o Tribunal podrá acordar motivadamente la retención de su pasaporte.

Art. 531. Para determinar la calidad y cantidad de la fianza se tomarán en cuenta la naturaleza del delito, el estado social y antecedentes del procesado y las demás circunstancias que pudieren influir en el mayor o menor interés de éste para ponerse

fuera del alcance de la Autoridad judicial.

Art. 532. La fianza se destinará a responder de la comparecencia del procesado cuando fuere llamado por el Juez o Tribunal que conozca de la causa. Su importe servirá para satisfacer las costas causadas en el ramo separado formado para su constitución, y el resto se adjudicará al Estado.

Art. 533. Es aplicable a las fianzas que se ofrezcan para obtener la libertad provisional de un procesado todo cuanto a su naturaleza, manera de constituirse, de ser admitidas y calificadas y de sustituirse se determina en los artículos 591 y siguientes hasta el 596 inclusive del Título IX de este Libro.

Art. 534. Si al primer llamamiento judicial no compareciere el acusado o no justificare la imposibilidad de hacerlo, el Secretario judicial señalará al fiador personal o al dueño de los bienes de cualquier clase dados en fian-

---

Art. 530: Redactado por la LO 13/2003, de 24 de octubre (*BOE* del 27), de reforma de la Ley de Enjuiciamiento Criminal en materia de prisión provisional.

Los términos «investigado o encausado» sustituyen a «imputado» como consecuencia del art. único.veintiuno de la LO 13/2015, de 5 de octubre (*BOE* del 6), de modificación de la Ley de Enjuiciamiento Criminal para el fortalecimiento de las garantías procesales y la regulación de las medidas de investigación tecnológica.

Art. 534: Redactado conforme a la Ley 13/2009, de 3 de noviembre (*BOE* del 4), de reforma de la legislación procesal para la implantación de la nueva Oficina judicial.

za el término de diez días para que presente al rebelde.

Art. 535. Si el fiador personal o dueño de los bienes de la fianza no presentare al rebelde en el término fijado, se procederá a hacer ésta efectiva, declarándose adjudicada al Estado y haciendo entrega de ella a la Administración más próxima de Rentas, con deducción de las costas indicadas al final del artículo 532.

Art. 536. Para realizar toda fianza el Secretario judicial procederá por la vía de apremio de conformidad con lo dispuesto en el capítulo IV, Título IV, del Libro III de la Ley de Enjuiciamiento Civil.

Si se tratare de una fianza personal, se procederá también por la vía de apremio contra los bienes del fiador hasta hacer efectiva la cantidad que se haya fijado al admitir la referida fianza.

Art. 537. Cuando los bienes de la fianza fueren del dominio del procesado, se realizará y adjudicará ésta al Estado inmediatamente que aquél dejare de comparecer al llamamiento judicial o de justificar la imposibilidad de hacerlo.

Art. 538. En todas las diligencias de enajenación de bienes de las fianzas y de la entrega de su importe en las Administraciones de Hacienda pública intervendrá el Ministerio Fiscal.

El Fiscal de la Audiencia podrá delegar su intervención en el Fiscal municipal donde se encuentre el Juez de instrucción, o bien reclamar que se le remita el expediente cuando tenga estado, procurando, a ser posible, deducir sus pretensiones en un solo dictamen.

Art. 539. Los autos de prisión y libertad provisionales y de fianza serán reformables durante todo el curso de la causa.

En su consecuencia, el investigado o encausado podrá ser preso y puesto en libertad cuantas veces sea procedente, y la fianza podrá ser modificada en

---

Art. 536: Redactado conforme a la Ley 13/2009, de 3 de noviembre (*BOE* del 4), de reforma de la legislación procesal para la implantación de la nueva Oficina judicial. Vid. arts. 634 a 680 LEC.

Art. 539: Redactado conforme a la LO 5/1995, de 22 de mayo (*BOE* del 23), del Tribunal del Jurado.

Los términos «investigado o encausado» sustituyen a «imputado» como consecuencia del art. único.veintiuno de la LO 13/2015, de 5 de octubre (*BOE* del 6), de modificación de la Ley de Enjuiciamiento Criminal para el fortalecimiento de las garantías procesales y la regulación de las medidas de investigación tecnológica.

lo que resulte necesario para asegurar las consecuencias del juicio.

Para acordar la prisión o la libertad provisional con fianza de quien estuviere en libertad o agravar las condiciones de la libertad provisional ya acordada sustituyéndola por la de prisión o libertad provisional con fianza, se requerirá solicitud del Ministerio Fiscal o de alguna parte acusadora, resolviéndose previa celebración de la comparecencia a que se refiere el artículo 505.

No obstante, si a juicio del Juez o Tribunal concurrieren los presupuestos del artículo 503, procederá a dictar auto de reforma de la medida cautelar, o incluso de prisión, si el investigado o encausado se encontrase en libertad, pero debiendo convocar, para dentro de las setenta y dos horas siguientes, a la indicada comparecencia.

Siempre que el Juez o Tribunal entienda que procede la libertad o la modificación de la libertad provisional en términos más favorables al sometido a la medida, podrá acordarla, en cualquier momento, de oficio y sin someterse a la petición de parte.

Art. 540. Si el procesado no presenta o amplía la fianza en el término que se le señale, será reducido a prisión.

Art. 541. Se cancelará la fianza:
1.º Cuando el fiador lo pidiere, presentando a la vez al procesado.
2.º Cuando éste fuere reducido a prisión.
3.º Cuando se dictare auto firme de sobreseimiento o sentencia firme absolutoria o, cuando siendo condenatoria, se presentare el reo para cumplir la condena.
4.º Por muerte del procesado estando pendiente la causa.

Art. 542. Si se hubiere dictado sentencia firme condenatoria y el procesado no compareciere al primer llamamiento o no justificare la imposibilidad de hacerlo, se adjudicará la fianza al Estado en los términos establecidos en el artículo 535.

Art. 543. Una vez adjudicada la fianza, no tendrá acción el fiador para pedir la devolución, quedándole a salvo su derecho para reclamar la indemnización contra el procesado o sus causahabientes.

Art. 539, párrs. 3.º y 4.º: Modificación realizada por la LO 13/2003, de 24 de octubre (*BOE* del 27), de reforma de la Ley de Enjuiciamiento Criminal en materia de prisión provisional.

Art. 544. Las diligencias de prisión y libertad provisionales y fianzas se sustanciarán en pieza separada.

Art. 544 bis. En los casos en los que se investigue un delito de los mencionados en el artículo 57 del Código Penal, el Juez o Tribunal podrá, de forma motivada y cuando resulte estrictamente necesario al fin de protección de la víctima, imponer cautelarmente al inculpado la prohibición de residir en un determinado lugar, barrio, municipio, provincia u otra entidad local, o Comunidad Autónoma.

En las mismas condiciones podrá imponerle cautelarmente la prohibición de acudir a determinados lugares, barrios, municipios y provincias u otras entidades locales, o Comunidades Autónomas, o de aproximarse o comunicarse, con la graduación que sea precisa, a determinadas personas.

Para la adopción de estas medidas se tendrá en cuenta la situación económica del inculpado y los requerimientos de su salud, situación familiar y actividad laboral. Se atenderá especialmente a la posibilidad de continuidad de esta última, tanto durante la vigencia de la medida como tras su finalización.

En caso de incumplimiento por parte del inculpado de la medida acordada por el Juez o Tribunal, éste convocará la comparecencia regulada en el artículo 505 de esta Ley para la adopción de la prisión provisional en los términos del artículo 503, de la orden de protección prevista en el artículo 544 ter o de otra medida cautelar que implique una mayor limitación de su libertad personal, para lo cual se tendrán en cuenta la incidencia del incumplimiento, sus motivos, gravedad y circunstancias, sin perjuicio de las responsabilidades que del incumplimiento pudieran resultar.

En el caso de que se investigue alguno de los delitos mencionados en el artículo 3 de la Ley Orgánica de Garantía Integral de Libertad Sexual, de acordarse alguna de las medidas de protección de la víctima previstas en este precepto, podrá acordarse mediante resolución motivada la utilización de dis-

---

Art. 544 bis: Introducido por la LO 14/1999, de 9 de junio (*BOE* del 10).

Art. 544 bis, párr. 4.º: Modificación realizada por la LO 15/2003, de 25 de noviembre (*BOE* del 26), por la que se modifica la LO 10/1995, de 23 de noviembre, del Código Penal.

Art. 544 bis, párr. 6.º: Párrafo añadido por la Disp. Final 1.ª3 de la LO 10/2022, de 6 de septiembre (*BOE* del 7), de garantía integral de la libertad sexual.

positivos telemáticos para el control de su cumplimiento.

Art. 544 ter. 1. El Juez de instrucción dictará orden de protección para las víctimas de violencia doméstica en los casos en que, existiendo indicios fundados de la comisión de un delito o falta contra la vida, integridad física o moral, libertad sexual, libertad o seguridad de alguna de las personas mencionadas en el artículo 173.2 del Código Penal resulte una situación objetiva de riesgo para la víctima que requiera la adopción de alguna de las medidas de protección reguladas en este artículo.

2. La orden de protección será acordada por el Juez de oficio o a instancia de la víctima o persona que tenga con ella alguna de las relaciones indicadas en el apartado anterior, o del Ministerio Fiscal.

Sin perjuicio del deber general de denuncia previsto en el artículo 262 de esta Ley, las entidades u organismos asistenciales, públicos o privados, que tuvieran conocimiento de alguno de los hechos mencionados

---

Art. 544 ter: Añadido por la Ley 27/2003, de 31 de julio (*BOE* de 1 de agosto), reguladora de la Orden de protección de las víctimas de la violencia doméstica.

Los términos «investigado o encausado» sustituyen a «imputado» como consecuencia del art. único.veintiuno de la LO 13/2015, de 5 de octubre (*BOE* del 6), de modificación de la Ley de Enjuiciamiento Criminal para el fortalecimiento de las garantías procesales y la regulación de las medidas de investigación tecnológica.

En conexión con este precepto habrá que tener en cuenta el art. 23 de la LO 1/2004, de 28 de diciembre (en la redacción dada por el RD-ley 9/2018, de 3 de agosto):

«Las situaciones de violencia de género que dan lugar al reconocimiento de los derechos regulados en este capítulo se acreditarán mediante una sentencia condenatoria por un delito de violencia de género, una orden de protección o cualquier otra resolución judicial que acuerde una medida cautelar a favor de la víctima, o bien por el informe del Ministerio Fiscal que indique la existencia de indicios de que la demandante es víctima de violencia de género. También podrán acreditarse las situaciones de violencia de género mediante informe de los servicios sociales, de los servicios especializados, o de los servicios de acogida destinados a víctimas de violencia de género de la Administración Pública competente; o por cualquier otro título, siempre que ello esté previsto en las disposiciones normativas de carácter sectorial que regulen el acceso a cada uno de los derechos y recursos.

»El Gobierno y las Comunidades Autónomas, en el marco de la Conferencia Sectorial de Igualdad, diseñaran, de común acuerdo, los procedimientos básicos que permitan poner en marcha los sistemas de acreditación de las situaciones de violencia de género.»

Vid. Resolución de 2 de diciembre de 2021 (*BOE* del 13), de la Secretaría de Estado de Igualdad y contra la Violencia de Género, por la que se publica el Acuerdo de la Conferencia Sectorial de Igualdad, de 11 de noviembre de 2021, relativo a la acreditación de las situaciones de violencia de género.

Art. 544 ter.1: Modificado por la LO 15/2003, de 25 de noviembre (*BOE* del 26), por la que se modifica la LO 10/1995, de 23 de noviembre, del Código Penal.

en el apartado anterior deberán ponerlos inmediatamente en conocimiento del Juez de guardia o del Ministerio Fiscal con el fin de que se pueda incoar o instar el procedimiento para la adopción de la orden de protección.

3. La orden de protección podrá solicitarse directamente ante la autoridad judicial o el Ministerio Fiscal, o bien ante las Fuerzas y Cuerpos de Seguridad, las oficinas de atención a la víctima o los servicios sociales o instituciones asistenciales dependientes de las Administraciones Públicas. Dicha solicitud habrá de ser remitida de forma inmediata al Juez competente. En caso de suscitarse dudas acerca de la competencia territorial del Juez, deberá iniciar y resolver el procedimiento para la adopción de la orden de protección el Juez ante el que se haya solicitado ésta, sin perjuicio de remitir con posterioridad las actuaciones a aquel que resulte competente.

Los servicios sociales y las instituciones referidas anteriormente facilitarán a las víctimas de la violencia doméstica a las que hubieran de prestar asistencia la solicitud de la orden de protección, poniendo a su disposición con esta finalidad información, formularios y, en su caso, canales de comunicación telemáticos con la Administración de Justicia y el Ministerio Fiscal.

4. Recibida la solicitud de orden de protección, el Juez de guardia, en los supuestos mencionados en el apartado 1 de este artículo, convocará a una audiencia urgente a la víctima o su representante legal, al solicitante y al presunto agresor, asistido, en su caso, de Abogado. Asimismo será convocado el Ministerio Fiscal.

Esta audiencia se podrá sustanciar simultáneamente con la prevista en el artículo 505 cuando su convocatoria fuera procedente, con la audiencia regulada en el artículo 798 en aquellas causas que se tramiten conforme al procedimiento previsto en el Título III del Libro IV de esta Ley o, en su caso, con el acto del juicio de faltas. Cuando excepcionalmente no fuese posible celebrar la audiencia durante el servicio de guardia, el Juez ante el que hubiera sido formulada la solicitud la convocará en el

---

Art. 544 ter.4: Redactado conforme a la Ley 13/2009, de 3 de noviembre (*BOE* del 4), de reforma de la legislación procesal para la implantación de la nueva Oficina judicial.

Sobre la utilización de videoconferencia en esta materia, vid. nota al art. 433, párr. 3.º

plazo más breve posible. En cualquier caso la audiencia habrá de celebrarse en un plazo máximo de setenta y dos horas desde la presentación de la solicitud.

Durante la audiencia, el Juez de guardia adoptará las medidas oportunas para evitar la confrontación entre el presunto agresor y la víctima, sus hijos y los restantes miembros de la familia. A estos efectos dispondrá que su declaración en esta audiencia se realice por separado.

Celebrada la audiencia, el Juez de guardia resolverá mediante auto lo que proceda sobre la solicitud de la orden de protección, así como sobre el contenido y vigencia de las medidas que incorpore. Sin perjuicio de ello, el Juez de instrucción podrá adoptar en cualquier momento de la tramitación de la causa las medidas previstas en el artículo 544 bis.

5.   La orden de protección confiere a la víctima de los hechos mencionados en el apartado 1 un estatuto integral de protección que comprenderá las medidas cautelares de orden civil y penal contempladas en este artículo y aquellas otras medidas de asistencia y protección social establecidas en el ordenamiento jurídico.

La orden de protección podrá hacerse valer ante cualquier autoridad y Administración pública.

6.   Las medidas cautelares de carácter penal podrán consistir en cualesquiera de las previstas en la legislación procesal criminal. Sus requisitos, contenido y vigencia serán los establecidos con carácter general en esta ley. Se adoptarán por el Juez de instrucción atendiendo a la necesidad de protección integral e inmediata de la víctima y, en su caso, de las personas sometidas a su patria potestad, tutela, curatela, guarda o acogimiento.

7.   Las medidas de naturaleza civil deberán ser solicitadas por la víctima o su representante legal, o bien por el Ministerio Fiscal cuando existan hijos menores o personas con la capacidad judicialmente modificada, determinando su régimen de cumplimiento y, si procediera, las medidas complementarias a ellas que fueran precisas, siempre que no hubieran sido previamente acordadas por un órgano del orden jurisdiccional civil, y sin perjuicio de las medidas previstas en el artículo 158 del Código Civil.

Art. 544 ter.6 y 7: Apartados modificados por la Disp. Final 1.ªnueve de la LO 8/2021, de 4 de junio (*BOE* del 5), de protección integral a la infancia y la adolescencia frente a la violencia.

Cuando existan menores o personas con discapacidad necesitadas de especial protección que convivan con la víctima y dependan de ella, el Juez deberá pronunciarse en todo caso, incluso de oficio, sobre la pertenencia de la adopción de las referidas medidas.

Estas medidas podrán consistir en la forma en que se ejercerá la patria potestad, acogimiento, tutela, curatela o guarda de hecho, atribución del uso y disfrute de la vivienda familiar, determinar el régimen de guarda y custodia, suspensión o mantenimiento del régimen de visitas, comunicación y estancia con los menores o personas con discapacidad necesitadas de especial protección, el régimen de prestación de alimentos, así como cualquier disposición que se considere oportuna a fin de apartarles de un peligro o de evitarles perjuicios.

Cuando se dicte una orden de protección con medidas de contenido penal y existieran indicios fundados de que los hijos e hijas menores de edad hubieran presenciado, sufrido o convivido con la violencia a la que se refiere el apartado 1 de este artículo, la autoridad judicial, de oficio o a instancia de parte, suspenderá el régimen de visitas, estancia, relación o comunicación del inculpado respecto de los menores que dependan de él. No obstante, a instancia de parte, la autoridad judicial podrá no acordar la suspensión mediante resolución motivada en el interés superior del menor y previa evaluación de la situación de la relación paternofilial.

Las medidas de carácter civil contenidas en la orden de protección tendrán una vigencia temporal de treinta días. Si dentro de este plazo fuese incoado a instancia de la víctima o de su representante legal un proceso de familia ante la jurisdicción civil, las medidas adoptadas permanecerán en vigor durante los treinta días siguientes a la presentación de la demanda. En este término las medidas deberán ser ratificadas, modificadas o dejadas sin efecto por el Juez de primera instancia que resulte competente.

8.   La orden de protección será notificada a las partes, y co-

---

Art. 544 ter.8, 9 y 10: Apartados redactados conforme a la Ley 13/2009, de 3 de noviembre (*BOE* del 4), de reforma de la legislación procesal para la implantación de la nueva Oficina judicial.

Vid. RD 95/2009, de 6 de febrero (*BOE* del 7), por el que se regula el Sistema de registros administrativos de apoyo a la Administración de Justicia, y Orden JUS/242/2009, de 10 de febrero (*BOE* del 14), por la que se aprueban los modelos de remisión al Registro Central para la Protección de las Víctimas de Violencia Domés-

municada por el Secretario judicial inmediatamente, mediante testimonio íntegro, a la víctima y a las Administraciones Públicas competentes para la adopción de medidas de protección, sean éstas de seguridad o de asistencia social, jurídica, sanitaria, psicológica o de cualquier otra índole. A estos efectos se establecerá reglamentariamente un sistema integrado de coordinación administrativa que garantice la agilidad de estas comunicaciones.

9. La orden de protección implicará el deber de informar permanentemente a la víctima sobre la situación procesal del investigado o encausado así como sobre el alcance y vigencia de las medidas cautelares adoptadas. En particular, la víctima será informada en todo momento de la situación penitenciaria del presunto agresor. A estos efectos se dará cuenta de la orden de protección a la Administración penitenciaria.

10. La orden de protección será inscrita en el Registro Central para la Protección de las Víctimas de la Violencia Doméstica y de Género.

11. En aquellos casos en que durante la tramitación de un procedimiento penal en curso surja una situación de riesgo para alguna de las personas vinculadas con el investigado o encausado por alguna de las relaciones indicadas en el apartado 1 de este artículo, el Juez o Tribunal que conozca de la causa podrá acordar la orden de protección de la víctima con arreglo a lo establecido en los apartados anteriores.

Art. 544 quáter. 1. Cuando se haya procedido a la imputación de una persona jurídica, las medidas cautelares que podrán imponérsele son las expresamente previstas en la Ley Orgánica 10/1995, de 23 de noviembre, del Código Penal.

2. La medida se acordará previa petición de parte y celebración de vista, a la que se citará a todas las partes personadas. El auto que decida sobre la medida cautelar será recurrible en apelación, cuya tramitación tendrá carácter preferente.

Art. 544 quinquies. 1. En los casos en los que se investigue

---

tica de la información que debe inscribirse en el mismo. Ahora modificada por la Orden JUS/375/2015, de 26 de febrero (*BOE* de 6 de marzo).

Art. 544 quáter: Adición realizada por el art. 1.º de la Ley 37/2011, de 10 de octubre (*BOE* del 11), de medidas de agilización procesal.

Art. 544 quinquies: Añadido conforme a la Disp. Final 1.ªcatorce de la Ley 4/2015, de 27 de abril (*BOE* del 28), del Estatuto de la víctima del delito.

un delito de los mencionados en el artículo 57 del Código Penal, el Juez o Tribunal, cuando resulte necesario al fin de protección de la víctima menor de edad o con la capacidad judicialmente modificada, en su caso, adoptará motivadamente alguna de las siguientes medidas:

a) Suspender la patria potestad de alguno de los progenitores. En este caso podrá fijar un régimen de visitas o comunicación en interés del menor o persona con capacidad judicialmente modificada y, en su caso, las condiciones y garantías con que debe desarrollarse.

b) Suspender la tutela, curatela, guarda o acogimiento.

c) Establecer un régimen de supervisión del ejercicio de la patria potestad, tutela o de cualquier otra función tutelar o de protección o apoyo sobre el menor o persona con la capacidad judicialmente modificada, sin perjuicio de las competencias propias del Ministerio Fiscal y de las entidades públicas competentes.

d) Suspender o modificar el régimen de visitas o comunicación con el no conviviente o con otro familiar que se encontrara en vigor, cuando resulte necesario para garantizar la protección del menor o de la persona con capacidad judicialmente modificada.

2. Cuando en el desarrollo del proceso se ponga de manifiesto la existencia de una situación de riesgo o posible desamparo de un menor y, en todo caso, cuando fueran adoptadas algunas de las medidas de las letras *a*) o *b*) del apartado anterior, el Secretario judicial lo comunicará inmediatamente a la entidad pública competente que tenga legalmente encomendada la protección de los menores, así como al Ministerio Fiscal, a fin de que puedan adoptar las medidas de protección que resulten necesarias. A los mismos efectos se les notificará su alzamiento o cualquier otra modificación, así como la resolución a la que se refiere el apartado 3.

3. Una vez concluido el procedimiento, el Juez o Tribunal, valorando exclusivamente el interés de la persona afectada, ratificará o alzará las medidas de protección que hubieran sido adoptadas. El Ministerio Fiscal y las partes afectadas por la medida podrán solicitar al Juez su modificación o alzamiento conforme al procedimiento previsto en el artículo 770 de la Ley de Enjuiciamiento Civil.

TÍTULO VIII

De las medidas de investigación limitativas de los derechos reconocidos en el artículo 18 de la Constitución*

CAPÍTULO PRIMERO**

DE LA ENTRADA Y REGISTRO
EN LUGAR CERRADO

Art. 545. Nadie podrá entrar en el domicilio de un español o extranjero residente en España sin su consentimiento, excepto en los casos y en la forma expresamente previstos en las leyes.

Art. 546. El Juez o Tribunal que conociere de la causa podrá decretar la entrada y registro, de día o de noche, en todos los edificios y lugares públicos, sea cualquiera el territorio en que radiquen, cuando hubiere indicios de encontrarse allí el procesado o efectos o instrumentos del delito,

o libros, papeles u otros objetos que puedan servir para su descubrimiento y comprobación.

Art. 547. Se reputarán edificios o lugares públicos para la observancia de lo dispuesto en este capítulo:

1.º Los que estuvieren destinados a cualquier servicio oficial, militar o civil del Estado, de la Provincia o del Municipio, aunque habiten allí los encargados de dicho servicio o los de la conservación y custodia del edificio o lugar.

2.º Los que estuvieren destinados a cualquier establecimiento de reunión o recreo, fueren o no lícitos.

3.º Cualesquiera otros edificios o lugares cerrados que no

---

* Rúbrica redactada por el art. único.siete de la LO 13/2015, de 5 de octubre (*BOE* del 6), de modificación de la Ley de Enjuiciamiento Criminal para el fortalecimiento de las garantías procesales y la regulación de las medidas de investigación tecnológica.

El art. 18.1 de la Constitución dispone que «se garantiza el derecho al honor, a la intimidad personal y familiar y a la propia imagen». Vid. al respecto la LO 1/1982, de 5 de mayo (*BOE* del 14), de protección civil del derecho al honor, a la intimidad personal y familiar y a la propia imagen.

** Capítulo añadido por el art. único.ocho de la LO 13/2015, de 5 de octubre (*BOE* del 6), de modificación de la Ley de Enjuiciamiento Criminal para el fortalecimiento de las garantías procesales y la regulación de las medidas de investigación tecnológica.

Art. 545: El art. 18.2 de la Constitución dispone que «el domicilio es inviolable. Ninguna entrada o registro podrá hacer en él sin consentimiento del titular o resolución judicial, salvo en caso de flagrante delito».

Para la regulación del delito de allanamiento de morada, vid. arts. 202 a 204 del Código Penal, y en tal sentido, también el art. 534.1.º

Art. 546: Vid. Real Orden de 13 de marzo de 1895, anotada al pie del art. 384.

constituyeren domicilio de un particular con arreglo a lo dispuesto en el artículo 554.

4.º   Los buques del Estado.

Art. 548.   El Juez necesitará para la entrada y registro en el Palacio de cualquiera de los Cuerpos colegisladores la autorización del Presidente respectivo.

Art. 549.   Para la entrada y registro en los templos y demás lugares religiosos bastará pasar recado de atención a las personas a cuyo cargo estuvieren.

Art. 550.   Podrá asimismo el Juez instructor ordenar en los casos indicados en el artículo 546 la entrada y registro, de día o de noche, si la urgencia lo hiciere necesario, en cualquier edificio o lugar cerrado o parte de él, que constituya domicilio de cualquier español o extranjero residente en España, pero precediendo siempre el consentimiento del interesado conforme se previene en el artículo 6.º de la Constitución, o a falta de consentimiento, en virtud de auto motivado, que se notificará a la persona interesada inmediatamente, o lo más tarde dentro de las veinticuatro horas de haberse dictado.

Art. 551.   Se entenderá que presta su consentimiento aquel que, requerido por quien hubiere de efectuar la entrada y el registro para que los permita, ejecuta por su parte los actos necesarios que de él dependan para que puedan tener efecto, sin invocar la inviolabilidad que reconoce al domicilio el artículo 6.º de la Constitución del Estado.

Art. 548: El art. 66.3 de la Constitución establece la inviolabilidad de las Cortes Generales. Una norma similar aparece expresamente en todos los Estatutos de Autonomía, excepción hecha del Madrid.

Art. 549: Vid. art. 492 bis del Código Penal. Por su parte, el Acuerdo entre el Estado Español y la Santa Sede sobre asuntos jurídicos, ratificado por Instrumento de 3 de enero de 1979 (*BOE* de 15 de diciembre), dispone en su art. 1.º:

«5.   Los lugares de culto tienen garantizada su inviolabilidad con arreglo a las Leyes [...].

»6.   El Estado respeta y protege la inviolabilidad de los archivos, registros y demás documentos pertenecientes a la Conferencia Episcopal Española, a las Curias episcopales, a las Curias de los superiores mayores de las Órdenes y Congregaciones religiosas, a las parroquias y a otras instituciones y entidades eclesiásticas.»

Art. 550: La referencia está hecha lógicamente a la Constitución de la Monarquía española de 30 de junio de 1876. En la Constitución actual, vid. art. 18.2, transcrito al pie del art. 545.

Vid. Real Orden de 13 de marzo de 1895, al pie del art. 384.

Art. 551: Vid. nota al art. anterior.

Art. 552. Al practicar los registros deberán evitarse las inspecciones inútiles, procurando no perjudicar ni importunar al interesado más de lo necesario, y se adoptarán todo género de precauciones para no comprometer su reputación, respetando sus secretos si no interesaren a la instrucción.

Art. 553. Los agentes de policía podrán, asimismo, proceder de propia autoridad a la inmediata detención de las personas cuando haya mandamiento de prisión contra ellas, cuando sean sorprendidas en flagrante delito, cuando un delincuente, inmediatamente perseguido por los agentes de la autoridad, se oculte o refugie en alguna casa o, en casos de excepcional o urgente necesidad, cuando se trate de presuntos responsables de las acciones a que se refiere el artículo 384 bis, cualquiera que fuese el lugar o domicilio donde se ocultasen o refugiasen, así como al registro que, con ocasión de aquélla, se efectúe en dichos lugares y a la ocupación de los efectos e instrumentos que en ellos se hallasen y que pudieran guardar relación con el delito perseguido.

Del registro efectuado, conforme a lo establecido en el párrafo anterior, se dará cuenta inmediata al Juez competente, con indicación de las causas que lo motivaron y de los resultados obtenidos en el mismo, con especial referencia a las detenciones que, en su caso, se hubieran practicado. Asimismo, se indicarán las personas que hayan intervenido y los incidentes ocurridos.

Art. 554. Se reputan domicilio, para los efectos de los artículos anteriores:
1.º Los Palacios Reales, estén o no habitados por el Monarca al tiempo de la entrada o registro.
2.º El edificio o lugar cerrado, o la parte de él destinada principalmente a la habitación de cualquier español o extranjero residente en España y de su familia.
3.º Los buques nacionales mercantes.
4.º Tratándose de personas jurídicas imputadas, el espacio físico que constituya el centro de dirección de las mismas, ya se trate de su domicilio social o de un establecimiento dependiente, o aquellos otros lugares en que se custodien documentos u otros soportes de su vida dia-

Art. 553: Redactado conforme a la LO 4/1988, de 25 de mayo (*BOE* del 26).
Art. 554.4.º: Adición realizada por el art. 1.º de la Ley 37/2011, de 10 de octubre (*BOE* del 11), de medidas de agilización procesal.

ria que quedan reservados al conocimiento de terceros.

Art. 555. Para registrar en el Palacio en que se halle residiendo el Monarca, solicitará el Juez real licencia por conducto del Mayordomo Mayor de Su Majestad.

Art. 556. En los Sitios Reales en que no se hallase el Monarca al tiempo del registro, será necesaria la licencia del Jefe o empleado del servicio de Su Majestad que tuviere a su cargo la custodia del edificio, o la del que haga sus veces cuando se solicitare, si estuviere ausente.

Art. 557. *Las tabernas, casas de comidas, posadas y fondas no se reputarán como domicilio de los que se encuentren o residan en ellas accidental o temporalmente; y lo serán tan sólo de los taberneros, hosteleros, posaderos y fondistas que se hallen a su frente y habiten allí con sus familias en la parte del edificio a este servicio destinada.*

Art. 558. El auto de entrada y registro en el domicilio de un particular será siempre fundado, y el Juez expresará en él concretamente el edificio o lugar cerrado en que haya de verificarse, si tendrá lugar tan sólo de día y la Autoridad o funcionario que los haya de practicar.

Art. 559. Para la entrada y registro en los edificios destinados a la habitación u oficina de los representantes de naciones extranjeras acreditadas cerca

Art. 555: Vid. lo dispuesto en el art. 490.1 del Código Penal.

Art. 557: Declarado inconstitucional por la STC 10/2002, de 17 de enero, que en su Fund. de Derecho 10.º aclara que «la protección de la inviolabilidad de las habitaciones de los hoteles, así como la exclusión de la necesidad de autorización judicial para los registros de dichos establecimientos de hostelería cuando en los mismos se realizan otras actividades no privadas o en las partes de ellos no destinadas a vida privada y abiertos al público, deriva directamente del propio artículo 18.2 CE, así como del concepto de domicilio del art. 554.2 LECrim».

Art. 558: Téngase en cuenta la Real Orden de 13 de marzo de 1895, al pie del art. 384.

Art. 559: Vid. art. 23 de la Convención de Viena sobre la representación de los Estados en sus relaciones con las organizaciones internacionales de carácter universal de 14 de marzo de 1975.

Vid. además el art. 30 de la Convención de Viena sobre relaciones diplomáticas, de 18 de abril de 1961, ratificado por Instrumento de 21 de noviembre de 1967 (*BOE* de 24 de enero de 1968), que dispone:

«1. La residencia particular del agente diplomático goza de la misma inviolabilidad y protección que los locales de la misión (art. 22).

»2. Sus documentos, su correspondencia y, salvo lo previsto en el párrafo 3 del artículo 31, sus bienes, gozarán igualmente de inviolabilidad.»

Lo dispuesto se hace extensivo a su familia en el art. 37 de esta Convención.

del Gobierno de España, les pedirá su venia el Juez, por medio de atento oficio, en el que les rogará que contesten en el término de doce horas.

Art. 560. Si transcurriere este término sin haberlo hecho, o si el representante extranjero denegare la venia, el Juez lo comunicará inmediatamente al Ministro de Gracia y Justicia empleando para ello el telégrafo, si lo hubiere. Entre tanto que el Ministro no le comunique su resolución, se abstendrá de entrar y registrar en el edificio; pero adoptará las medidas de vigilancia a que se refiere el artículo 567.

Art. 561. *Tampoco podrá entrar y registrar en los buques mercantes extranjeros sin la autorización del Capitán, o, si éste la denegare, sin la del Cónsul de su nación.*

En los buques extranjeros de guerra, la falta de autorización del Comandante se suplirá por la del Embajador o Ministro de la nación a que pertenezcan.

Art. 562. Se podrá entrar en las habitaciones de los Cónsules

---

Art. 560: Vid. nota al art. anterior.

Art. 561: El párrafo primero de este artículo quedó derogado por la Ley 14/2014, de 24 de julio, de Navegación Marítima (*BOE* del 25). Para la cuestión habrá que estar a su art. 12 (*Jurisdicción sobre buques extranjeros*), que establece:

«1. Salvo lo previsto para los buques de Estado, la jurisdicción civil y penal de los tribunales españoles se extenderá a todos los buques extranjeros mientras permanezcan en los puertos nacionales o demás aguas interiores marítimas.

»2. A tal efecto, la autoridad judicial podrá ordenar la práctica a bordo de las diligencias que sean procedentes así como la entrada y registro en el buque, incluidos sus camarotes, sin más requisito que la comunicación al cónsul del Estado del pabellón a la mayor brevedad posible.

»3. La jurisdicción de los tribunales españoles existirá incluso después de que los buques extranjeros hayan abandonado las aguas interiores marítimas y se encuentren navegando por el mar territorial, así como cuando sean detenidos fuera de este en el ejercicio del derecho de persecución.»

Además de dicho precepto, también habrá que tener en cuenta los arts. 44 (*Ejercicio de la jurisdicción penal*), 45 (*Intervención a petición del Capitán o Cónsul*), 46 (*Notificación a un agente diplomático*), 48 (*Ejercicio del derecho de persecución y de visita*) y 49 (*Conducción a puerto nacional*).

Art. 562: El art. 31 de la Convención de Viena sobre relaciones consulares, de 24 de abril de 1963, ratificado por Instrumento de 3 de febrero de 1979 (*BOE* de 6 de marzo), dispone entre otras cosas:

«1. Los locales consulares gozarán de la inviolabilidad que les concede este artículo.

»2. Las autoridades del Estado receptor no podrán penetrar en la parte de los locales consulares que se utilice exclusivamente para el trabajo de la oficina consular, salvo con el consentimiento del jefe de la oficina consular, o de una persona que él designe, o del jefe de la misión diplomática del Estado que envía. Sin embargo, el consentimiento del jefe de oficina consular se presumirá en caso de incendio, o de otra calamidad que requiera la adopción inmediata de medidas de protección.»

extranjeros y sus oficinas pasándoles previamente recado de atención y observando las formalidades prescritas en la Constitución del Estado y en las leyes.

Art. 563. Si el edificio o lugar cerrado estuviere en el territorio propio del Juez instructor, podrá encomendar la entrada y registro al Juez municipal del territorio en que el edificio o lugar cerrado radiquen, o a cualquier Autoridad o agente de Policía Judicial. Si el que lo hubiese ordenado fuere el Juez municipal, podrá encomendarlo también a dichas Autoridades o agentes de Policía Judicial.

Cuando el edificio o lugar cerrado estuviere fuera del territorio del Juez, encomendará éste la práctica de las operaciones al Juez de su propia categoría del territorio en que aquéllos radiquen, el cual, a su vez, podrá encomendarlas a las Autoridades o agentes de Policía Judicial.

Art. 564. Si se tratare de un edificio o lugar público comprendido en los números 1.º y 3.º del artículo 547, el Juez oficiará a la Autoridad o Jefe de que aquéllos dependan en la misma población.

Si éste no contestare en el término que se le fije en el oficio, se notificará el auto en que se disponga la entrada y registro al encargado de la conservación o custodia del edificio o lugar en que se hubiere de entrar y registrar.

Si se tratare de buques del Estado, las comunicaciones se dirigirán a los Comandantes respectivos.

Art. 565. Cuando el edificio o lugar fueren de los comprendidos en el número 2.º del artículo 547, la notificación se hará a la persona que se halle al frente del establecimiento de reunión o recreo, o a quien haga sus veces si aquél estuviere ausente.

Art. 566. Si la entrada y registro se hubieren de hacer en el domicilio de un particular, se notificará el auto a éste; y si no fuere habido a la primera diligencia en busca, a su encargado.

Si no fuere tampoco habido el encargado, se hará la notificación a cualquiera otra persona mayor de edad que se hallare en el domicilio, prefiriendo para esto a los individuos de la familia del interesado.

Si no se halla a nadie, se hará constar por diligencia, que se extenderá con asistencia de dos vecinos, los cuales deberán firmarla.

Art. 567. Desde el momento en que el Juez acuerde la entrada y registro en cualquier edificio o lugar cerrado, adoptará las medidas de vigilancia convenientes para evitar la fuga del procesado o la sustracción de los instrumentos, efectos del delito, libros, papeles o cualesquiera otras cosas que hayan de ser objeto del registro.

Art. 568. Practicadas las diligencias que se establecen en los artículos anteriores, se procederá a la entrada y registro, empleando para ello, si fuere necesario, el auxilio de la fuerza.

Art. 569. El registro se hará a presencia del interesado, o de la persona que legítimamente le represente.

Si aquél no fuere habido o no quisiere concurrir ni nombrar representante, se practicará a presencia de un individuo de su familia mayor de edad.

Si no le hubiere, se hará a presencia de dos testigos, vecinos del mismo pueblo.

El registro se practicará siempre en presencia del Secretario del Juzgado o Tribunal que lo hubiera autorizado, o del Secretario del servicio de guardia que le sustituya, quien levantará acta del resultado de la diligencia y de sus incidencias y que será firmada por todos los asistentes. No obstante, en caso de necesidad, el Secretario judicial podrá ser sustituido en la forma prevista en la Ley Orgánica del Poder Judicial.

La resistencia del interesado, de su representante, de los individuos de la familia y de los testigos a presenciar el registro producirá la responsabilidad declarada en el Código Penal a los reos del delito de desobediencia grave a la Autoridad, sin perjuicio de que la diligencia se practique.

Si no se encontrasen las personas u objetos que se busquen ni apareciesen indicios sospechosos, se expedirá una certificación del acto a la parte interesada si la reclamare.

Art. 570. Cuando el registro se practique en el domicilio de un particular y expire el día sin haberse terminado, el que lo haga requerirá al interesado o a su representante, si estuviere presente, para que permita la continuación durante la noche. Si se opusiese, se suspenderá la diligencia, salvo lo dispuesto en los artículos 546 y 550, cerrando y sellando el local o los muebles en que hubiere de continuarse, en cuanto esta precaución se considere necesaria para evitar la fuga de la persona o la sustracción de las cosas que se buscaren.

Art. 569, párr. 4.º: Redactado conforme a la Ley 22/1995, de 17 de julio (*BOE* del 18). Vid. art. 451 LOPJ.
Art. 569, párr. 5.º: Vid. art. 556 del Código Penal.

Prevendrá asimismo el que practique el registro a los que se hallen en el edificio o lugar de la diligencia, que no levanten los sellos, ni violenten las cerraduras, ni permitan que lo hagan otras personas, bajo la responsabilidad establecida en el Código Penal.

Art. 571. El registro no se suspenderá sino por el tiempo en que no fuere posible continuarle, y se adoptarán, durante la suspensión, las medidas de vigilancia a que se refiere el artículo 567.

Art. 572. En la diligencia de entrada y registro en lugar cerrado, se expresarán los nombres del Juez, o de su delegado, que le practique y de las demás personas que intervengan, los incidentes ocurridos, la hora en que se hubiese principiado y concluido la diligencia, y la relación del registro por el orden con que se haga, así como los resultados obtenidos.

CAPÍTULO II*

DEL REGISTRO DE LIBROS Y PAPELES

Art. 573. No se ordenará el registro de los libros y papeles de contabilidad del procesado o de otra persona sino cuando hubiere indicios graves de que de esta diligencia resultará el descubrimiento o la comprobación de algún hecho o circunstancia importante de la causa.

Art. 574. El Juez ordenará recoger los instrumentos y efectos del delito y también los libros, papeles o cualesquiera otras cosas que se hubiesen encontrado, si esto fuere necesario para el resultado del sumario.

Los libros y papeles que se recojan serán foliados, sellados y rubricados en todas sus hojas por el Secretario judicial, bajo su responsabilidad.

Art. 570, párr. 2.º: Vid. art. 414.2.

* Capítulo añadido por el art. único.nueve de la LO 13/2015, de 5 de octubre (*BOE* del 6), de modificación de la Ley de Enjuiciamiento Criminal para el fortalecimiento de las garantías procesales y la regulación de las medidas de investigación tecnológica.

Art. 573: Vid. art. 30 de la Convención de Viena sobre relaciones diplomáticas, en nota al art. 559. Asimismo, vid. art. 33 del Convenio de Viena sobre relaciones consulares que dispone que «los archivos y documentos consulares son siempre inviolables dondequiera que se encuentren».

Art. 574: Redactado conforme a la Ley 13/2009, de 3 de noviembre (*BOE* del 4), de reforma de la legislación procesal para la implantación de la nueva Oficina judicial.

Art. 575. Todos están obligados a exhibir los objetos y papeles que se sospeche puedan tener relación con la causa.

Si el que los retenga se negare a su exhibición, será corregido con multa de 125 a 500 pesetas; y cuando insistiera en su negativa, si el objeto o papel fueren de importancia y la índole del delito lo aconseje, será procesado como autor del de desobediencia a la Autoridad, salvo si mereciera la calificación legal de encubridor o receptador.

Art. 576. Será aplicable al registro de papeles y efectos lo establecido en los artículos 552 y 569.

Art. 577. Si para determinar sobre la necesidad de recoger las cosas que se hubiesen encontrado en el registro fuere necesario algún reconocimiento pericial, se acordará en el acto por el Juez, en la forma establecida en el capítulo VII del Título V.

Art. 578. Si el libro que haya de ser objeto del registro fuere el protocolo de un Notario, se procederá con arreglo a lo dispuesto en la Ley del Notariado.

Si se tratare de un libro del Registro de la Propiedad, se estará a lo ordenado en la Ley Hipotecaria.

Si se tratare de un libro del Registro civil o mercantil, se estará a lo que se disponga en la Ley y Reglamentos relativos a estos servicios.

Art. 575: Redactado conforme a la Ley de 14 de abril de 1955 (*BOE* del 15). Vid. arts. 451 y 556 del Código Penal.

Art. 577: Vid. arts. 456 a 485.

Art. 578, párr. 1.º: El art. 32, párrs. 1.º y 2.º, de la Ley Orgánica del Notariado de 28 de mayo de 1862 (*Gaceta* del 29), dispone:

«Ni la escritura matriz ni el libro protocolo podrán ser extraídos del edificio en que se custodien ni aun por decreto judicial u orden superior, salvo para su traslación al archivo correspondiente, y en los casos de fuerza mayor.

»Podrá sin embargo ser desglosada del protocolo la escritura matriz, contra la cual aparezcan indicios o méritos bastantes para considerarla cuerpo de un delito, precediendo al efecto providencia del Juzgado que conozca de él, y dejando en todo caso testimonio literal de aquélla con intervención del Ministerio Fiscal.»

Art. 578, párr. 2.º: El art. 241 de la Ley Hipotecaria, de 8 de febrero de 1946 (*BOE* del 27), dispone:

«Los libros del Registro no se sacarán por ningún motivo de la oficina del Registrador; todas las diligencias judiciales y extrajudiciales que exijan la presentación de dichos libros se practicarán precisamente en la misma oficina.»

Art. 578, párr. 3.º: El art. 3.2 de la Ley 20/2011, de 21 de julio (*BOE* del 22), del Registro Civil establece:

«El Registro Civil es electrónico. Los datos serán objeto de tratamiento automatizado y se integrarán en una base de datos única cuya estructura, organización y fun-

CAPÍTULO III*

DE LA DETENCIÓN Y APERTURA
DE LA CORRESPONDENCIA
ESCRITA Y TELEGRÁFICA

Art. 579. *De la corresponden-cia escrita o telegráfica.*—1. El Juez podrá acordar la detención de la correspondencia privada, postal y telegráfica, incluidos faxes, burofaxes y giros, que el investigado remita o reciba, así como su apertura y examen, si hubiera indicios de obtener por estos medios el descubrimiento o la comprobación de algún hecho o circunstancia relevante para la causa, siempre que la investigación tenga por objeto alguno de los siguientes delitos:

1.º   Delitos dolosos castigados con pena con límite máximo de, al menos, tres años de prisión.

2.º   Delitos cometidos en el seno de un grupo u organización criminal.

3.º   Delitos de terrorismo.

2.   El Juez podrá acordar, en resolución motivada, por un plazo de hasta tres meses, pro-

---

cionamiento es competencia del Ministerio de Justicia conforme a la presente Ley y a sus normas de desarrollo.»

A dicho precepto hay que unir, ahora, el art. 8 («Comunicación entre las Oficinas del Registro Civil y con las Administraciones Públicas»):

«1.   Las Oficinas del Registro Civil se comunicarán entre sí a través de medios electrónicos.

»2.   Todas las Administraciones y funcionarios públicos, en el ejercicio de sus competencias y bajo su responsabilidad, tendrán acceso a los datos que consten en el Registro Civil único con las excepciones relativas a los datos especialmente protegidos previstas en esta Ley. Dicho acceso se efectuará igualmente mediante procedimientos electrónicos con los requisitos y prescripciones técnicas que sean establecidas dentro del Esquema Nacional de Interoperabilidad y del Esquema Nacional de Seguridad.»

* Capítulo añadido por el art. único.diez de la LO 13/2015, de 5 de octubre (*BOE* del 6), de modificación de la Ley de Enjuiciamiento Criminal para el fortalecimiento de las garantías procesales y la regulación de las medidas de investigación tecnológica.

Art 579: Redactado por el art. único.once de la LO 13/2015, de 5 de octubre (*BOE* del 6), de modificación de la Ley de Enjuiciamiento Criminal para el fortalecimiento de las garantías procesales y la regulación de las medidas de investigación tecnológica.

Art. 579.1: En cuanto a la entrega de copias y originales de telegramas, vid. nota al art. 582. Vid. también lo dispuesto en los arts. 2.º y 5.º de la LO 11/1980, de 1 de diciembre.

La Ley 43/2010, de 30 de diciembre (*BOE* del 31), del servicio postal universal, de los derechos de los usuarios y del mercado postal, establece:

«*Art. 5.º   Secreto de las comunicaciones postales.*—Los operadores postales deberán realizar la prestación de los servicios con plena garantía del secreto de las comunicaciones postales, de conformidad con lo dispuesto en los artículos 18.3 y 55.2 de la Constitución Española y en el artículo 579 de la Ley de Enjuiciamiento Criminal.

rrogable por iguales o inferiores períodos hasta un máximo de dieciocho meses, la observación de las comunicaciones postales y telegráficas del investigado, así como de las comunicaciones de las que se sirva para la realización de sus fines delictivos.

3. En caso de urgencia, cuando las investigaciones se realicen para la averiguación de delitos relacionados con la actuación de bandas armadas o elementos terroristas y existan razones fundadas que hagan imprescindible la medida prevista en los apartados anteriores de este artículo, podrá ordenarla el Ministro del Interior o, en su defecto, el Secretario de Es-

---

»Los operadores que presten servicios postales no facilitarán ningún dato relativo a la existencia del envío postal, a su clase, a sus circunstancias exteriores, a la identidad del remitente y del destinatario ni a sus direcciones, sin perjuicio de lo dispuesto en el artículo 6.

»*Art. 6.° Inviolabilidad de los envíos postales.*—1. Los operadores postales deberán cumplir con el deber de fidelidad en la custodia y gestión de los envíos postales.

»Se considerará incumplimiento de dicho deber la detención contraria a derecho, el intencionado curso anormal, la apertura ilegal, la sustracción, la destrucción, la retención indebida y la ocultación de los citados envíos postales.

»2. Sin perjuicio del derecho a la propiedad de los envíos postales reconocido en el artículo 13, los envíos postales sólo podrán ser detenidos o interceptados y, en su caso, abiertos por resolución motivada de la autoridad judicial conforme a la ley.

»3. El personal de la Comisión Nacional del Sector Postal que desempeñe funciones de inspección postal sólo podrá intervenir los envíos postales, en los términos que se definan reglamentariamente, cuando existan sospechas fundadas de que contienen un objeto prohibido o que no se ajusten al contenido declarado en su sobre o cubierta, siempre que sea preceptiva su previa declaración.

»El alcance de esta intervención, quedará limitado al reconocimiento externo, visual o mediante máquinas, tanto de los envíos como de la documentación que los acompañe, y no afectará en ningún caso al secreto e inviolabilidad de los envíos postales. Se garantizará la destrucción inmediata de las imágenes tomadas.

»Se exceptionan de lo dispuesto en el párrafo anterior los envíos que no contengan documentos de carácter actual y personal, cuyo contenido permita singularizar, de una forma directa o indirecta, a los destinatarios de los mismos.

»4. Lo previsto en el presente artículo se aplicará sin perjuicio del ejercicio de las facultades de control reconocidas legalmente a determinados funcionarios en el marco del ejercicio de sus funciones de inspección, como las sanitarias, aduaneras, de prevención de blanqueo de dinero o de seguridad o cualesquiera otras establecidas en la normativa sectorial, con el fin de detectar la presencia de productos prohibidos.»

El TS, por Acuerdo del Pleno no jurisdiccional —art. 264.1 LOPJ— de 4 de abril de 1995, ha interpretado que bajo la protección del derecho a la intimidad se encuentra no sólo las cartas (correspondencia epistolar), sino todo género de correspondencia postal, entre ellas los paquetes postales, al poder ser portadores de mensajes personales de índole confidencial. Asimismo, también señala que la detención y registro de la correspondencia queda bajo la salvaguardia de la Autoridad Judicial por lo que la diligencia de apertura de correspondencia desprovista de las garantías que la legitiman deviene nula. Terminando por señalar que el reconocimiento de los envíos postales puede ejecutarse de oficio y sin formalidades especiales, sobre objetos abiertos y sobre cuantos ostenten etiqueta verde. (Vid. STS 103/2002, de 28 de enero.)

tado de Seguridad. Esta medida se comunicará inmediatamente al Juez competente y, en todo caso, dentro del plazo máximo de veinticuatro horas, haciendo constar las razones que justificaron la adopción de la medida, la actuación realizada, la forma en que se ha efectuado y su resultado. El Juez competente, también de forma motivada, revocará o confirmará tal actuación en un plazo máximo de setenta y dos horas desde que fue ordenada la medida.

4. No se requerirá autorización judicial en los siguientes casos:

a) Envíos postales que, por sus propias características externas, no sean usualmente utilizados para contener correspondencia individual sino para servir al transporte y tráfico de mercancías o en cuyo exterior se haga constar su contenido.

b) Aquellas otras formas de envío de la correspondencia bajo el formato legal de comunicación abierta, en las que resulte obligatoria una declaración externa de contenido o que incorporen la indicación expresa de que se autoriza su inspección.

c) Cuando la inspección se lleve a cabo de acuerdo con la normativa aduanera o proceda con arreglo a las normas postales que regulan una determinada clase de envío.

5. La solicitud y las actuaciones posteriores relativas a la medida solicitada se sustanciarán en una pieza separada y secreta, sin necesidad de que se acuerde expresamente el secreto de la causa.

Art. 579 bis. *Utilización de la información obtenida en un procedimiento distinto y descubrimientos casuales.*—1. El resultado de la detención y apertura de la correspondencia escrita y telegráfica podrá ser utilizado como medio de investigación o prueba en otro proceso penal.

2. A tal efecto, se procederá a la deducción de testimonio de los particulares necesarios para acreditar la legitimidad de la injerencia. Se incluirán entre los antecedentes indispensables, en todo caso, la solicitud inicial para la adopción, la resolución judicial que la acuerda y todas las peticiones y resoluciones judiciales de prórroga recaídas en el procedimiento de origen.

3. La continuación de esta medida para la investigación del

Art. 579 bis: Añadido por el art. único.doce de la LO 13/2015, de 5 de octubre (*BOE* del 6), de modificación de la Ley de Enjuiciamiento Criminal para el fortalecimiento de las garantías procesales y la regulación de las medidas de investigación tecnológica.

delito casualmente descubierto requiere autorización del Juez competente, para lo cual, éste comprobará la diligencia de la actuación, evaluando el marco en el que se produjo el hallazgo casual y la imposibilidad de haber solicitado la medida que lo incluyera en su momento. Asimismo se informará si las diligencias continúan declaradas secretas, a los efectos de que tal declaración sea respetada en el otro proceso penal, comunicando el momento en el que dicho secreto se alce.

Art. 580. Es aplicable a la detención de la correspondencia lo dispuesto en los artículos 563 y 564.

Podrá también encomendarse la práctica de esta operación al Administrador de Correos y Telégrafos o Jefe de la oficina en que la correspondencia deba hallarse.

Art. 581. El empleado que haga la detención remitirá inmediatamente la corresponden-cia detenida al Juez instructor de la causa.

Art. 582. Podrá asimismo el Juez ordenar que por cualquiera Administración de Telégrafos se le faciliten copias de los telegramas por ella transmitidos, si pudieran contribuir al esclarecimiento de los hechos de la causa.

Art. 583. El auto motivado acordando la detención y registro de la correspondencia o la entrega de copias de telegramas transmitidos determinará la correspondencia que haya de ser detenida o registrada, o los telegramas cuyas copias hayan de ser entregadas, por medio de la designación de las personas a cuyo nombre se hubieren expedido, o por otras circunstancias igualmente concretas.

Art. 584. Para la apertura y registro de la correspondencia postal será citado el interesado. Éste o la persona que designe podrá presenciar la operación.

Art. 580: Para garantizar la libertad, el secreto y la inviolabilidad de la correspondencia, vid. arts. 5.º y 6.º de la Ley 43/2010, de 30 de diciembre (*BOE* del 31), del servicio postal universal, de los derechos de los usuarios y del mercado postal. También los arts. 5.º*a*) y 12 del RD 1.829/1999, de 3 de diciembre (*BOE* del 31), por el que se aprueba el Reglamento por el que se regula la prestación de los servicios postales, que serán de aplicación en lo que no se oponga a la nueva Ley.

Vid. también el art. 19 del Convenio internacional de Telecomunicaciones de 25 de octubre de 1973, ratificado por Instrumento de 20 de marzo de 1976 (*BOE* de 25 y 26 de agosto).

Art. 585. Si el procesado estuviere en rebeldía, o si citado para la apertura no quisiere presenciarla ni nombrar persona para que lo haga en su nombre, el Juez instructor procederá, sin embargo, a la apertura de dicha correspondencia.

Art. 586. La operación se practicará abriendo el Juez por sí mismo la correspondencia, y después de leerla para sí apartará la que haga referencia a los hechos de la causa y cuya conservación considere necesaria.

Los sobres y hojas de esta correspondencia, después de haber tomado el mismo Juez las notas necesarias para la práctica de otras diligencias de investigación a que la correspondencia diere motivo, se rubricarán por el Secretario judicial y se sellarán con el sello del Juzgado, encerrándolo todo después en otro sobre, al que se pondrá el rótulo necesario, conservándose durante el sumario, también bajo responsabilidad del Secretario judicial.

Este pliego podrá abrirse cuantas veces el Juez lo considere preciso, citando previamente al interesado.

Art. 587. La correspondencia que no se relacione con la causa será entregada en el acto al procesado o a su representante.

Si aquél estuviere en rebeldía, se entregará cerrada a un individuo de su familia, mayor de edad.

Si no fuere conocido ningún pariente del procesado, se conservará dicho pliego cerrado bajo la responsabilidad del Secretario judicial hasta que haya persona a quien entregarlo, según lo dispuesto en este artículo.

Art. 588. La apertura de la correspondencia se hará constar por diligencia, en la que se referirá cuanto en aquélla hubiese ocurrido.

Esta diligencia será firmada por el Juez instructor, el Secretario y demás asistentes.

Art. 586, párr. 2.º: Redactado conforme a la Ley 13/2009, de 3 de noviembre (*BOE* del 4), de reforma de la legislación procesal para la implantación de la nueva Oficina judicial.

Art. 587, párr. 3.º: El tercer párrafo ha sido redactado conforme a la Ley 13/2009, de 3 de noviembre (*BOE* del 4), de reforma de la legislación procesal para la implantación de la nueva Oficina judicial.

CAPÍTULO IV*

DISPOSICIONES COMUNES
A LA INTERCEPTACIÓN
DE LAS COMUNICACIONES
TELEFÓNICAS Y TELEMÁTICAS,
LA CAPTACIÓN Y GRABACIÓN
DE COMUNICACIONES ORALES
MEDIANTE LA UTILIZACIÓN
DE DISPOSITIVOS
ELECTRÓNICOS, LA UTILIZACIÓN
DE DISPOSITIVOS TÉCNICOS
DE SEGUIMIENTO,
LOCALIZACIÓN Y CAPTACIÓN
DE LA IMAGEN, EL REGISTRO
DE DISPOSITIVOS
DE ALMACENAMIENTO MASIVO
DE INFORMACIÓN
Y LOS REGISTROS REMOTOS
SOBRE EQUIPOS INFORMÁTICOS

Art. 588 bis a. *Principios rectores.*—1. Durante la instrucción de las causas se podrá acordar alguna de las medidas de investigación reguladas en el presente capítulo siempre que medie autorización judicial dictada con plena sujeción a los principios de especialidad, idoneidad, excepcionalidad, necesidad y proporcionalidad de la medida.

2. El principio de especialidad exige que una medida esté relacionada con la investigación de un delito concreto.

No podrán autorizarse medidas de investigación tecnológica que tengan por objeto prevenir o descubrir delitos o despejar sospechas sin base objetiva.

3. El principio de idoneidad servirá para definir el ámbito objetivo y subjetivo y la duración de la medida en virtud de su utilidad.

4. En aplicación de los principios de excepcionalidad y necesidad sólo podrá acordarse la medida:

a) cuando no estén a disposición de la investigación, en atención a sus características, otras medidas menos gravosas para los derechos fundamentales del investigado o encausado e igualmente útiles para el esclarecimiento del hecho, o

b) cuando el descubrimiento o la comprobación del hecho investigado, la determinación de su autor o autores, la averiguación de su paradero, o la localización de los efectos del delito se vea gravemente dificultada sin el recurso a esta medida.

5. Las medidas de investigación reguladas en este capítulo sólo se reputarán proporcionadas cuando, tomadas en consideración todas las circuns-

---

* Capítulo añadido por el art. único.trece de la LO 13/2015, de 5 de octubre (*BOE* del 6), de modificación de la Ley de Enjuiciamiento Criminal para el fortalecimiento de las garantías procesales y la regulación de las medidas de investigación tecnológica.

tancias del caso, el sacrificio de los derechos e intereses afectados no sea superior al beneficio que de su adopción resulte para el interés público y de terceros. Para la ponderación de los intereses en conflicto, la valoración del interés público se basará en la gravedad del hecho, su trascendencia social o el ámbito tecnológico de producción, la intensidad de los indicios existentes y la relevancia del resultado perseguido con la restricción del derecho.

Art. 588 bis b. *Solicitud de autorización judicial.*—1. El Juez podrá acordar las medidas reguladas en este capítulo de oficio o a instancia del Ministerio Fiscal o de la Policía Judicial.

2. Cuando el Ministerio Fiscal o la Policía Judicial soliciten del Juez de instrucción una medida de investigación tecnológica, la petición habrá de contener:

1.º La descripción del hecho objeto de investigación y la identidad del investigado o de cualquier otro afectado por la medida, siempre que tales datos resulten conocidos.

2.º La exposición detallada de las razones que justifiquen la necesidad de la medida, así como los indicios de criminalidad que se hayan puesto de manifiesto durante la investigación previa a la solicitud de autorización del acto de injerencia.

3.º Los datos de identificación del investigado o encausado y, en su caso, de los medios de comunicación empleados que permitan la ejecución de la medida.

4.º La extensión de la medida con especificación de su contenido.

5.º La unidad investigadora de la Policía Judicial que se hará cargo de la intervención.

6.º La forma de ejecución de la medida.

7.º La duración de la medida que se solicita.

8.º El sujeto obligado que llevará a cabo la medida, en caso de conocerse.

Art. 588 bis c. *Resolución judicial.*—1. El Juez de instrucción autorizará o denegará la medida solicitada mediante auto motivado, oído el Ministerio Fiscal. Esta resolución se dictará en el plazo máximo de veinticuatro horas desde que se presente la solicitud.

2. Siempre que resulte necesario para resolver sobre el cumplimiento de alguno de los requisitos expresados en los artículos anteriores, el Juez podrá requerir, con interrupción del plazo a que se refiere el apartado anterior, una ampliación o aclaración de los términos de la solicitud.

3. La resolución judicial que autorice la medida concretará al menos los siguientes extremos:

a) El hecho punible objeto de investigación y su calificación jurídica, con expresión de los indicios racionales en los que funde la medida.

b) La identidad de los investigados y de cualquier otro afectado por la medida, de ser conocido.

c) La extensión de la medida de injerencia, especificando su alcance así como la motivación relativa al cumplimiento de los principios rectores establecidos en el artículo 588 bis a.

d) La unidad investigadora de Policía Judicial que se hará cargo de la intervención.

e) La duración de la medida.

f) La forma y la periodicidad con la que el solicitante informará al Juez sobre los resultados de la medida.

g) La finalidad perseguida con la medida.

h) El sujeto obligado que llevará a cabo la medida, en caso de conocerse, con expresa mención del deber de colaboración y de guardar secreto, cuando proceda, bajo apercibimiento de incurrir en un delito de desobediencia.

Art. 588 bis d. *Secreto.*—La solicitud y las actuaciones posteriores relativas a la medida solicitada se sustanciarán en una pieza separada y secreta, sin necesidad de que se acuerde expresamente el secreto de la causa.

Art. 588 bis e. *Duración.*—1. Las medidas reguladas en el presente capítulo tendrán la duración que se especifique para cada una de ellas y no podrán exceder del tiempo imprescindible para el esclarecimiento de los hechos.

2. La medida podrá ser prorrogada, mediante auto motivado, por el Juez competente, de oficio o previa petición razonada del solicitante, siempre que subsistan las causas que la motivaron.

3. Transcurrido el plazo por el que resultó concedida la medida, sin haberse acordado su prórroga, o, en su caso, finalizada ésta, cesará a todos los efectos.

Art. 588 bis f. *Solicitud de prórroga.*—1. La solicitud de prórroga se dirigirá por el Ministerio Fiscal o la Policía Judicial al Juez competente con la antelación suficiente a la expiración del plazo concedido. Deberá incluir en todo caso:

a) Un informe detallado del resultado de la medida.

b) Las razones que justifiquen la continuación de la misma.

2. En el plazo de los dos días siguientes a la presentación

de la solicitud, el Juez resolverá sobre el fin de la medida o su prórroga mediante auto motivado. Antes de dictar la resolución podrá solicitar aclaraciones o mayor información.

3. Concedida la prórroga, su cómputo se iniciará desde la fecha de expiración del plazo de la medida acordada.

Art. 588 bis g. *Control de la medida.*—La Policía Judicial informará al Juez de instrucción del desarrollo y los resultados de la medida, en la forma y con la periodicidad que éste determine y, en todo caso, cuando por cualquier causa se ponga fin a la misma.

Art. 588 bis h. *Afectación de terceras personas.*—Podrán acordarse las medidas de investigación reguladas en los siguientes capítulos aun cuando afecten a terceras personas en los casos y con las condiciones que se regulan en las disposiciones específicas de cada una de ellas.

Art. 588 bis i. *Utilización de la información obtenida en un procedimiento distinto y descubrimientos casuales.*—El uso de las informaciones obtenidas en un procedimiento distinto y los descubrimientos casuales se regularán con arreglo a lo dispuesto en el artículo 579 bis.

Art. 588 bis j. *Cese de la medida.*—El Juez acordará el cese de la medida cuando desaparezcan las circunstancias que justificaron su adopción o resulte evidente que a través de la misma no se están obteniendo los resultados pretendidos, y, en todo caso, cuando haya transcurrido el plazo para el que hubiera sido autorizada.

Art. 588 bis k. *Destrucción de los registros.*—1. Una vez que se ponga término al procedimiento mediante resolución firme, se ordenará el borrado y eliminación de los registros originales que puedan constar en los sistemas electrónicos e informáticos utilizados en la ejecución de la medida. Se conservará una copia bajo custodia del Secretario judicial.

2. Se acordará la destrucción de las copias conservadas cuando hayan transcurrido cinco años desde que la pena se haya ejecutado o cuando el delito o la pena hayan prescrito o se haya decretado el sobreseimiento libre o haya recaído sentencia absolutoria firme respecto del investigado, siempre que no fuera precisa su conservación a juicio del Tribunal.

3. Los Tribunales dictarán las órdenes oportunas a la Policía Judicial para que lleve a efecto la destrucción contemplada en los anteriores apartados.

CAPÍTULO V*

LA INTERCEPTACIÓN
DE LAS COMUNICACIONES
TELEFÓNICAS Y TELEMÁTICAS

SECCIÓN 1.ª

Disposiciones generales

Art. 588 ter a. *Presupuestos.*—La autorización para la interceptación de las comunicaciones telefónicas y telemáticas sólo podrá ser concedida cuando la investigación tenga por objeto alguno de los delitos a que se refiere el artículo 579.1 de esta Ley o delitos cometidos a través de instrumentos informáticos o de cualquier otra tecnología de la información o la comunicación o servicio de comunicación.

---

* Capítulo añadido por el art. único.catorce de la LO 13/2015, de 5 de octubre (*BOE* del 6), de modificación de la Ley de Enjuiciamiento Criminal para el fortalecimiento de las garantías procesales y la regulación de las medidas de investigación tecnológica.

Art. 588 ter a: Vid. Convenio sobre la Ciberdelincuencia, hecho en Budapest el 23 de noviembre de 2001 (Instrumento de Ratificación publicado en *BOE* de 17 de septiembre 2010). También habrá que tener en cuenta la Ley 25/2007, de 18 de octubre (*BOE* del 19), de conservación de datos relativos a las comunicaciones electrónicas y a las redes públicas de comunicaciones:

«CAPÍTULO I: DISPOSICIONES GENERALES.

»*Art. 1.º   Objeto de la Ley.*—1.   Esta Ley tiene por objeto la regulación de la obligación de los operadores de conservar los datos generados o tratados en el marco de la prestación de servicios de comunicaciones electrónicas o de redes públicas de comunicación, así como el deber de cesión de dichos datos a los agentes facultados siempre que les sean requeridos a través de la correspondiente autorización judicial con fines de detección, investigación y enjuiciamiento de delitos graves contemplados en el Código Penal o en las leyes penales especiales.

»2.   Esta Ley se aplicará a los datos de tráfico y de localización sobre personas físicas y jurídicas y a los datos relacionados necesarios para identificar al abonado o usuario registrado.

»3.   Se excluye del ámbito de aplicación de esta Ley el contenido de las comunicaciones electrónicas, incluida la información consultada utilizando una red de comunicaciones electrónicas.

»*Art. 2.º   Sujetos obligados.*—Son destinatarios de las obligaciones relativas a la conservación de datos impuestas en esta Ley los operadores que presten servicios de comunicaciones electrónicas disponibles al público o exploten redes públicas de comunicaciones, en los términos establecidos en la Ley 32/2003, de 3 de noviembre, General de Telecomunicaciones.

»*Art. 3.º   Datos objeto de conservación.*—1.   Los datos que deben conservarse por los operadores especificados en el artículo 2 de esta Ley, son los siguientes:

»*a)*   Datos necesarios para rastrear e identificar el origen de una comunicación:

»1.º   Con respecto a la telefonía de red fija y a la telefonía móvil:

»i)   Número de teléfono de llamada.

»ii)   Nombre y dirección del abonado o usuario registrado.

Art. 588 ter b. *Ámbito.—*
1. Los terminales o medios de comunicación objeto de intervención han de ser aquéllos habitual u ocasionalmente utilizados por el investigado.
2. La intervención judicialmente acordada podrá autorizar el acceso al contenido de las comunicaciones y a los datos electrónicos de tráfico o asociados al proceso de comunicación, así como a los que se produzcan con independencia del establecimiento o no de una concreta comunicación, en los que participe el sujeto investigado, ya sea como emisor o como receptor, y podrá afectar a los terminales o los medios de comunicación de los que el investigado sea titular o usuario.

También podrán intervenirse los terminales o medios de co-

»2.º Con respecto al acceso a Internet, correo electrónico por Internet y telefonía por Internet:

»i) La identificación de usuario asignada.

»ii) La identificación de usuario y el número de teléfono asignados a toda comunicación que acceda a la red pública de telefonía.

»iii) El nombre y dirección del abonado o del usuario registrado al que se le ha asignado en el momento de la comunicación una dirección de Protocolo de Internet (IP), una identificación de usuario o un número de teléfono.

»b) Datos necesarios para identificar el destino de una comunicación:

»1.º Con respecto a la telefonía de red fija y a la telefonía móvil:

»i) El número o números marcados (el número o números de teléfono de destino) y, en aquellos casos en que intervengan otros servicios, como el desvío o la transferencia de llamadas, el número o números hacia los que se transfieren las llamadas.

»ii) Los nombres y las direcciones de los abonados o usuarios registrados.

»2.º Con respecto al correo electrónico por Internet y la telefonía por Internet:

»i) La identificación de usuario o el número de teléfono del destinatario o de los destinatarios de una llamada telefónica por Internet.

»ii) Los nombres y direcciones de los abonados o usuarios registrados y la identificación de usuario del destinatario de la comunicación.

»c) Datos necesarios para determinar la fecha, hora y duración de una comunicación:

»1.º Con respecto a la telefonía de red fija y a la telefonía móvil: la fecha y hora del comienzo y fin de la llamada o, en su caso, del servicio de mensajería o del servicio multimedia.

»2.º Con respecto al acceso a Internet, al correo electrónico por Internet y a la telefonía por Internet:

»i) La fecha y hora de la conexión y desconexión del servicio de acceso a Internet registradas, basadas en un determinado huso horario, así como la dirección del Protocolo Internet, ya sea dinámica o estática, asignada por el proveedor de acceso a Internet a una comunicación, y la identificación de usuario o del abonado o del usuario registrado.

»ii) La fecha y hora de la conexión y desconexión del servicio de correo electrónico por Internet o del servicio de telefonía por Internet, basadas en un determinado huso horario.

municación de la víctima cuando sea previsible un grave riesgo para su vida o integridad.

A los efectos previstos en este artículo, se entenderá por datos electrónicos de tráfico o asociados todos aquellos que se generan como consecuencia de la conducción de la comunicación a través de una red de comuni-

---

»*d*)   Datos necesarios para identificar el tipo de comunicación.

»1.º   Con respecto a la telefonía de red fija y a la telefonía móvil: el servicio telefónico utilizado: tipo de llamada (transmisión de voz, buzón vocal, conferencia, datos), servicios suplementarios (incluido el reenvío o transferencia de llamadas) o servicios de mensajería o multimedia empleados (incluidos los servicios de mensajes cortos, servicios multimedia avanzados y servicios multimedia).

»2.º   Con respecto al correo electrónico por Internet y a la telefonía por Internet: el servicio de Internet utilizado.

»*e*)   Datos necesarios para identificar el equipo de comunicación de los usuarios o lo que se considera ser el equipo de comunicación:

»1.º   Con respecto a la telefonía de red fija: los números de teléfono de origen y de destino.

»2.º   Con respecto a la telefonía móvil:

»i)   Los números de teléfono de origen y destino.

»ii)   La identidad internacional del abonado móvil (IMSI) de la parte que efectúa la llamada.

»iii)   La identidad internacional del equipo móvil (IMEI) de la parte que efectúa la llamada.

»iv)   La IMSI de la parte que recibe la llamada.

»v)   La IMEI de la parte que recibe la llamada.

»vi)   En el caso de los servicios anónimos de pago por adelantado, tales como los servicios con tarjetas prepago, fecha y hora de la primera activación del servicio y la etiqueta de localización (el identificador de celda) desde la que se haya activado el servicio.

»3.º   Con respecto al acceso a Internet, correo electrónico por Internet y telefonía por Internet:

»i)   El número de teléfono de origen en caso de acceso mediante marcado de números.

»ii)   La línea digital de abonado (DSL) u otro punto terminal identificador del autor de la comunicación.

»*f*)   Datos necesarios para identificar la localización del equipo de comunicación móvil:

»1.º   La etiqueta de localización (identificador de celda) al inicio de la comunicación.

»2.º   Los datos que permiten fijar la localización geográfica de la celda, mediante referencia a la etiqueta de localización, durante el período en el que se conservan los datos de las comunicaciones.

»2.   Ningún dato que revele el contenido de la comunicación podrá conservarse en virtud de esta Ley.

»CAPÍTULO II: CONSERVACIÓN Y CESIÓN DE DATOS.

»*Art. 4.º   Obligación de conservar datos.*—1.   Los sujetos obligados adoptarán las medidas necesarias para garantizar que los datos especificados en el artículo 3 de esta Ley se conserven de conformidad con lo dispuesto en ella, en la medida en que sean generados o tratados por aquéllos en el marco de la prestación de los servicios de comunicaciones de que se trate.

caciones electrónicas, de su puesta a disposición del usuario, así como de la prestación de un servicio de la sociedad de la información o comunicación telemática de naturaleza análoga.

»En ningún caso, los sujetos obligados podrán aprovechar o utilizar los registros generados, fuera de los supuestos de autorización fijados en el artículo 38 de la Ley 32/2003, de 3 de noviembre, General de Telecomunicaciones.

»2. La citada obligación de conservación se extiende a los datos relativos a las llamadas infructuosas, en la medida que los datos son generados o tratados y conservados o registrados por los sujetos obligados. Se entenderá por llamada infructuosa aquella comunicación en el transcurso de la cual se ha realizado con éxito una llamada telefónica pero sin contestación, o en la que ha habido una intervención por parte del operador u operadores involucrados en la llamada.

»3. Los datos relativos a las llamadas no conectadas están excluidos de las obligaciones de conservación contenidas en esta Ley. Se entenderá por llamada no conectada aquella comunicación en el transcurso de la cual se ha realizado sin éxito una llamada telefónica, sin que haya habido intervención del operador u operadores involucrados.

»*Art. 5.º Período de conservación de los datos.*—1. La obligación de conservación de datos impuesta cesa a los doce meses computados desde la fecha en que se haya producido la comunicación. Reglamentariamente, previa consulta a los operadores, se podrá ampliar o reducir el plazo de conservación para determinados datos o una categoría de datos hasta un máximo de dos años o un mínimo de seis meses, tomando en consideración el coste del almacenamiento y conservación de los datos, así como el interés de los mismos para los fines de investigación, detección y enjuiciamiento de un delito grave, previa consulta a los operadores.

»2. Lo dispuesto en el apartado anterior se entiende sin perjuicio de lo previsto en el artículo 16.3 de la Ley Orgánica 15/1999, de 13 de diciembre, de Protección de Datos de Carácter Personal, sobre la obligación de conservar datos bloqueados en los supuestos legales de cancelación.

»*Art. 6.º Normas generales sobre cesión de datos.*—1. Los datos conservados de conformidad con lo dispuesto en esta Ley sólo podrán ser cedidos de acuerdo con lo dispuesto en ella para los fines que se determinan y previa autorización judicial.

»2. La cesión de la información se efectuará mediante formato electrónico únicamente a los agentes facultados, y deberá limitarse a la información que resulte imprescindible para la consecución de los fines señalados en el artículo 1.

»A estos efectos, tendrán la consideración de agentes facultados:

»*a*) Los miembros de las Fuerzas y Cuerpos de Seguridad, cuando desempeñen funciones de policía judicial, de acuerdo con lo previsto en el artículo 547 de la Ley Orgánica 6/1985, de 1 de julio, del Poder Judicial.

»*b*) Los funcionarios de la Dirección Adjunta de Vigilancia Aduanera, en el desarrollo de sus competencias como policía judicial, de acuerdo con el apartado 1 del artículo 283 de la Ley de Enjuiciamiento Criminal.

»*c*) El personal del Centro Nacional de Inteligencia en el curso de las investigaciones de seguridad sobre personas o entidades, de acuerdo con lo previsto en la Ley 11/2002, de 6 de mayo, reguladora del Centro Nacional de Inteligencia, y en la Ley Orgánica 2/2002, de 6 de mayo, reguladora del control judicial previo del Centro Nacional de Inteligencia. [Todo el apartado ha sido modificado por la Disp. Final 4.ª de la Ley 9/2014, de 9 de mayo (*BOE* del 10; c.e. del 17), General de Telecomunicaciones.]

Art. 588 ter c. *Afectación a tervención judicial de las co-*
tercero.—Podrá acordarse la in-   municaciones emitidas desde

---

»*Art. 7.º* *Procedimiento de cesión de datos.*—1.   Los operadores estarán obligados a ceder al agente facultado los datos conservados a los que se refiere el artículo 3 de esta Ley concernientes a comunicaciones que identifiquen a personas, sin perjuicio de la resolución judicial prevista en el apartado siguiente.

»2.   La resolución judicial determinará, conforme a lo previsto en la Ley de Enjuiciamiento Criminal y de acuerdo con los principios de necesidad y proporcionalidad, los datos conservados que han de ser cedidos a los agentes facultados.

»3.   El plazo de ejecución de la orden de cesión será el fijado por la resolución judicial, atendiendo a la urgencia de la cesión y a los efectos de la investigación de que se trate, así como a la naturaleza y complejidad técnica de la operación.

»Si no se establece otro plazo distinto, la cesión deberá efectuarse dentro del plazo de siete días naturales contados a partir de las 8:00 horas del día natural siguiente a aquel en que el sujeto obligado reciba la orden. [Todo el apartado ha sido modificado por la Disp. Final 4.ª de la Ley 9/2014, de 9 de mayo (*BOE* del 10; c.e. del 17), General de Telecomunicaciones.]

»*Art. 8.º* *Protección y seguridad de los datos.*—1.   Los sujetos obligados deberán identificar al personal especialmente autorizado para acceder a los datos objeto de esta Ley, adoptar las medidas técnicas y organizativas que impidan su manipulación o uso para fines distintos de los comprendidos en la misma, su destrucción accidental o ilícita y su pérdida accidental, así como su almacenamiento, tratamiento, divulgación o acceso no autorizados, con sujeción a lo dispuesto en la Ley Orgánica 15/1999, de 13 de diciembre, y en su normativa de desarrollo.

»2.   Las obligaciones relativas a las medidas para garantizar la calidad de los datos y la confidencialidad y seguridad en el tratamiento de los mismos serán las establecidas en la Ley Orgánica 15/1999, de 13 de diciembre, y su normativa de desarrollo.

»3.   El nivel de protección de los datos almacenados se determinará de conformidad con lo previsto en la Ley Orgánica 15/1999, de 13 de diciembre, y en su normativa de desarrollo.

»4.   La Agencia Española de Protección de Datos es la autoridad pública responsable de velar por el cumplimiento de las previsiones de la Ley Orgánica 15/1999, de 13 de diciembre, y de la normativa de desarrollo aplicables a los datos contemplados en la presente Ley.

»*Art. 9.º* *Excepciones a los derechos de acceso y cancelación.*—1.   El responsable del tratamiento de los datos no comunicará la cesión de datos efectuada de conformidad con esta Ley.

»2.   El responsable del tratamiento de los datos denegará el ejercicio del derecho de cancelación en los términos y condiciones previstos en la Ley Orgánica 15/1999, de 13 de diciembre.

»CAPÍTULO III: INFRACCIONES Y SANCIONES.

»*Art. 10.* *Infracciones y sanciones.*—1.   Constituyen infracciones a lo previsto en la presente Ley las siguientes:

»*a)*   Es infracción muy grave la no conservación en ningún momento de los datos a los que se refiere el artículo 3.

»*b)*   Son infracciones graves:

»i)   La no conservación reiterada o sistemática de los datos a los que se refiere el artículo 3.

»ii)   La conservación de los datos por un período inferior al establecido en el artículo 5.

terminales o medios de comunicación telemática pertenecientes a una tercera persona siempre que:

1.º exista constancia de que el sujeto investigado se sirve de aquélla para transmitir o recibir información, o

---

»iii)   El incumplimiento deliberado de las obligaciones de protección y seguridad de los datos establecidas en el artículo 8.

»c)   Son infracciones leves:

»i)   La no conservación de los datos a los que se refiere el artículo 3 cuando no se califique como infracción muy grave o grave.

»ii)   El incumplimiento de las obligaciones de protección y seguridad de los datos establecidas en el artículo 8, cuando no se califique como infracción grave.

»2.   A las infracciones previstas en el apartado anterior, a excepción de las indicadas en los apartados 1.b).iii) y 1.c).ii) de este artículo, les será de aplicación el régimen sancionador establecido en la Ley General de Telecomunicaciones, correspondiendo la competencia sancionadora al Secretario de Estado de Telecomunicaciones y para la Sociedad de la Información, sin perjuicio de las responsabilidades penales que pudieran derivar del incumplimiento de la obligación de cesión de datos a los agentes facultados.

»El procedimiento para sancionar las citadas infracciones se iniciará por acuerdo del Secretario de Estado de Telecomunicaciones y para la Sociedad de la Información, pudiendo el Ministerio del Interior instar dicho inicio.

»En todo caso, se deberá recabar del Ministerio del Interior informe preceptivo y determinante para la resolución del procedimiento sancionador.

»3.   A las infracciones previstas en los apartados 1.b).iii) y 1.c).ii) de este artículo les será de aplicación el régimen sancionador establecido en la Ley General de Telecomunicaciones, correspondiendo la competencia sancionadora a la Agencia Española de Protección de Datos. [Todo el artículo ha sido modificado por la Disp. Final 4.ª de la Ley 9/2014, de 9 de mayo (*BOE* del 10), General de Telecomunicaciones.]

»*Disp. Adic. única. Servicios de telefonía mediante tarjetas de prepago.*—1. Los operadores de servicios de telefonía móvil que comercialicen servicios con sistema de activación mediante la modalidad de tarjetas de prepago, deberán llevar un libro-registro en el que conste la identidad de los clientes que adquieran una tarjeta inteligente con dicha modalidad de pago.

»Los operadores informarán a los clientes, con carácter previo a la venta, de la existencia y contenido del registro, de su disponibilidad en los términos expresados en el número siguiente y de los derechos recogidos en el artículo 38.6 de la Ley 32/2003.

»La identificación se efectuará mediante documento acreditativo de la personalidad, haciéndose constar en el libro-registro el nombre, apellidos y nacionalidad del comprador, así como el número correspondiente al documento identificativo utilizado y la naturaleza o denominación de dicho documento. En el supuesto de personas jurídicas, la identificación se realizará aportando la tarjeta de identificación fiscal, y se hará constar en el libro-registro la denominación social y el código de identificación fiscal.

»2.   Desde la activación de la tarjeta de prepago y hasta que cese la obligación de conservación a que se refiere el artículo 5 de esta Ley, los operadores cederán los datos identificativos previstos en el apartado anterior, cuando para el cumplimiento de sus

2.º el titular colabore con la persona investigada en sus fines ilícitos o se beneficie de su actividad.

---

fines les sean requeridos por los agentes facultados, los miembros de las Fuerzas y Cuerpos de Seguridad del Estado y de los Cuerpos Policiales de las Comunidades Autónomas con competencia para la protección de las personas y bienes y para el mantenimiento de la seguridad pública, el personal del Centro Nacional de Inteligencia en el curso de las investigaciones de seguridad sobre personas o entidades, así como los funcionarios de la Dirección Adjunta de Vigilancia Aduanera.

»3. Los datos identificativos estarán sometidos a las disposiciones de esta Ley, respecto a los sistemas que garanticen su conservación, no manipulación o acceso ilícito, destrucción, cancelación e identificación de la persona autorizada.

»4. Los operadores deberán ceder los datos identificativos previstos en el apartado 1 de esta disposición a los agentes facultados, a los miembros de las Fuerzas y Cuerpos de Seguridad del Estado y de los Cuerpos Policiales de las Comunidades Autónomas con competencia para la protección de las personas y bienes y para el mantenimiento de la seguridad pública, o al personal del Centro Nacional de Inteligencia, así como a los funcionarios de la Dirección Adjunta de Vigilancia Aduanera, cuando les sean requeridos por éstos con fines de investigación, detección y enjuiciamiento de un delito contemplado en el Código Penal o en las leyes penales especiales.

»5. Constituyen infracciones a lo previsto en la presente disposición, además de la previstas en el artículo 10, las siguientes:

»*a*) Es infracción muy grave el incumplimiento de la llevanza del libro-registro referido.

»*b*) Son infracciones graves la llevanza reiterada o sistemáticamente incompleta de dicho libro-registro así como el incumplimiento deliberado de la cesión y entrega de los datos a las personas y en los casos previstos en esta disposición.

»*c*) Son infracciones leves la llevanza incompleta del libro-registro o el incumplimiento de la cesión y entrega de los datos a las personas y en los casos previstos en esta disposición cuando no se califiquen como infracciones muy graves o graves. [Todo el apartado ha sido modificado por la Disp. Final 4.ª de la Ley 9/2014, de 9 de mayo (*BOE* del 10), General de Telecomunicaciones.]

»6. A las infracciones previstas en el apartado anterior les será de aplicación el régimen sancionador establecido en la Ley 32/2003, de 3 de noviembre, correspondiendo la competencia sancionadora al Secretario de Estado de Telecomunicaciones y para la Sociedad de la Información.

»El procedimiento para sancionar las citadas infracciones se iniciará por acuerdo del Secretario de Estado de Telecomunicaciones y para la Sociedad de la Información, pudiendo el Ministerio del Interior instar dicho inicio.

»En todo caso, se deberá recabar del Ministerio del Interior informe preceptivo y determinante para la resolución del procedimiento sancionador.

»7. La obligación de inscripción en el libro-registro de los datos identificativos de los compradores que adquieran tarjetas inteligentes, así como el resto de obligaciones contenidas en la presente disposición adicional, comenzarán a ser exigibles a partir de la entrada en vigor de esta Ley.

»8. No obstante, por lo que se refiere a las tarjetas adquiridas con anterioridad a la entrada en vigor de esta Ley, los operadores de telefonía móvil que comercialicen estos servicios dispondrán de un plazo de dos años, a contar desde dicha entrada en vigor, para cumplir con las obligaciones de inscripción a que se refiere el apartado 1 de la presente disposición adicional.

También podrá autorizarse dicha intervención cuando el dispositivo objeto de investigación sea utilizado maliciosamente por terceros por vía telemática, sin conocimiento de su titular.

Art. 588 ter d. *Solicitud de autorización judicial.*—1. La solicitud de autorización judicial deberá contener, además de los requisitos mencionados en el artículo 588 bis b, los siguientes:

_____

»Transcurrido el aludido plazo de dos años, los operadores vendrán obligados a anular o a desactivar aquellas tarjetas de prepago respecto de las que no se haya podido cumplir con las obligaciones de inscripción del referido apartado 1 de esta disposición adicional, sin perjuicio de la compensación que, en su caso, corresponda al titular de las mismas por el saldo pendiente de consumo.

»*Disp. Trans. única.   Vigencia del régimen de interceptación de telecomunicaciones.*— Las normas dictadas en desarrollo del Capítulo III del Título III de la Ley 32/2003, de 3 de noviembre, continuarán en vigor en tanto no se opongan a lo dispuesto en esta Ley.

»[...]»

Establece el Cap. III («Salvaguardia de derechos fundamentales, secreto de las comunicaciones y protección de los datos personales y derechos y obligaciones de carácter público vinculados con las redes y servicios de comunicaciones electrónicas») de la Ley 11/2022, de 28 de junio (*BOE* del 29), General de Telecomunicaciones:

«*Art. 56.   Salvaguardia de derechos fundamentales.*—1.   Las medidas que se adopten en relación al acceso o al uso por parte de los usuarios finales de los servicios y las aplicaciones a través de redes de comunicaciones electrónicas respetarán los derechos y libertades fundamentales, como queda garantizado en el Convenio Europeo para la Protección de los Derechos Humanos y de las Libertades Fundamentales, en la Carta de Derechos Fundamentales de la Unión Europea, en los principios generales del Derecho comunitario y en la Constitución Española.

»2.   Cualquiera de esas medidas relativas al acceso o al uso por parte de los usuarios finales de los servicios y las aplicaciones a través de redes de comunicaciones electrónicas, que sea susceptible de restringir esos derechos y libertades fundamentales solo podrá imponerse si es adecuada, necesaria y proporcionada en una sociedad democrática, y su aplicación está sujeta a las salvaguardias de procedimiento apropiadas de conformidad con las normas mencionadas en el apartado anterior. Por tanto, dichas medidas solo podrán ser adoptadas respetando debidamente el principio de presunción de inocencia, el derecho a la vida privada e intimidad, el derecho a la libertad de expresión e información y el derecho a la tutela judicial efectiva, a través de un procedimiento previo, justo e imparcial, que incluirá el derecho de los interesados a ser oídos, sin perjuicio de que concurran las condiciones y los requisitos procedimentales adecuados en los casos de urgencia debidamente justificados, de conformidad con el Convenio Europeo para la Protección de los Derechos Humanos y Libertades Fundamentales y la Carta de los Derechos Fundamentales de la Unión Europea.

»[...]

»*Art. 58.   Secreto de las comunicaciones.*—1.   Los operadores que suministren redes públicas de comunicaciones electrónicas o que presten servicios de comunicaciones electrónicas disponibles al público deberán garantizar el secreto de las comunicaciones de conformidad con los artículos 18.3 y 55.2 de la Constitución, debiendo adoptar las medidas técnicas necesarias.

»2.   Los operadores que suministren redes públicas de comunicaciones electrónicas o que presten servicios de comunicaciones interpersonales basados en numeración *a)* la identificación del número de abonado, del terminal o de la etiqueta técnica,

b) la identificación de la conexión objeto de la intervención, o

---

disponibles al público o servicios de acceso a internet están obligados a realizar las interceptaciones que se autoricen judicialmente de acuerdo con lo establecido en el capítulo V del título VIII del libro II de la Ley de Enjuiciamiento Criminal, en la Ley Orgánica 2/2002, de 6 de mayo, reguladora del control judicial previo del Centro Nacional de Inteligencia y en otras normas con rango de ley orgánica. Asimismo, deberán adoptar a su costa las medidas que se establecen en este artículo y en los reglamentos correspondientes.

»3. La interceptación a que se refiere el apartado anterior deberá facilitarse para cualquier comunicación que tenga como origen o destino el punto de terminación de red o el terminal específico que se determine a partir de la orden de interceptación legal, incluso aunque esté destinada a dispositivo de almacenamiento o procesamiento de la información; asimismo, la interceptación podrá realizarse sobre un terminal conocido y con unos datos de ubicación temporal para comunicaciones desde locales públicos. Cuando no exista una vinculación fija entre el sujeto de la interceptación y el terminal utilizado, éste podrá ser determinado dinámicamente cuando el sujeto de la interceptación lo active para la comunicación mediante un código de identificación personal.

»4. El acceso se facilitará para todo tipo de comunicaciones electrónicas disponibles al público distintas de las comunicaciones interpersonales independientes de la numeración, en particular, por su penetración o cobertura, para las que se realicen mediante cualquier modalidad de los servicios de telefonía y de transmisión de datos, se trate de comunicaciones de vídeo, audio, intercambio de mensajes, ficheros o de la transmisión de facsímiles.

»El acceso facilitado servirá tanto para la supervisión como para la transmisión a los centros de recepción de las interceptaciones de la comunicación electrónica interceptada y la información relativa a la interceptación, y permitirá obtener la señal con la que se realiza la comunicación.

»5. Los sujetos obligados deberán facilitar al agente facultado, salvo que por las características del servicio no estén a su disposición, los datos indicados en la orden de interceptación legal, de entre los que se relacionan a continuación:

»*a)* identidad o identidades del sujeto objeto de la medida de la interceptación. Se entiende por identidad: etiqueta técnica que puede representar el origen o el destino de cualquier tráfico de comunicaciones electrónicas, en general identificada mediante un número de identidad de comunicaciones electrónicas físico (tal como un número de teléfono) o un código de identidad de comunicaciones electrónicas lógico o virtual (tal como un número personal) que el abonado puede asignar a un acceso físico caso a caso.

»Los sujetos obligados proporcionarán, cuando técnicamente sea posible, los identificadores permanentes que sean necesarios para la atribución de un servicio a un usuario determinado de forma inequívoca, así como los identificadores del dispositivo empleado para la comunicación.

»Si en una comunicación electrónica se asignaran identidades de carácter temporal al usuario, el sujeto obligado implementará, cuando técnicamente sea posible, las medidas de correlación necesarias para que en la información de la interceptación se faciliten las identidades permanentes que permitan la identificación inequívoca del usuario asignado, así como del dispositivo empleado en la comunicación.

c)   los datos necesarios para identificar el medio de telecomunicación de que se trate.

2.   Para determinar la extensión de la medida, la solicitud de autorización judicial podrá

»*b)*   identidad o identidades de las otras partes involucradas en la comunicación electrónica;

»*c)*   servicios básicos utilizados;

»*d)*   servicios suplementarios utilizados;

»*e)*   dirección de la comunicación;

»*f)*   indicación de respuesta;

»*g)*   causa de finalización;

»*h)*   marcas temporales;

»*i)*   información de localización;

»*j)*   información intercambiada a través del canal de control o señalización.

»6.   Además de la información relativa a la interceptación prevista en el apartado anterior, los sujetos obligados deberán facilitar al agente facultado, salvo que por las características del servicio no estén a su disposición, de cualquiera de las partes que intervengan en la comunicación que sean clientes del sujeto obligado, los siguientes datos:

»*a)*   identificación de la persona física o jurídica;

»*b)*   domicilio en el que el operador realiza las notificaciones;

»y, aunque no sea abonado, si el servicio de que se trata permite disponer de alguno de los siguientes:

»*c)*   número de titular de servicio (tanto el número de directorio como todas las identificaciones de comunicaciones electrónicas del abonado);

»*d)*   número de identificación del terminal;

»*e)*   número de cuenta asignada por el proveedor de servicios internet;

»*f)*   dirección de correo electrónico.

»7.   Junto con los datos previstos en los apartados anteriores, los sujetos obligados deberán facilitar, salvo que por las características del servicio no esté a su disposición, información de la situación geográfica del terminal o punto de terminación de red origen de la llamada, y de la del destino de la llamada. En caso de servicios móviles, se proporcionará una posición lo más exacta posible del punto de comunicación y, en todo caso, la identificación, localización y tipo de la estación base afectada.

»8.   Los sujetos obligados deberán facilitar al agente facultado, de entre los datos previstos en los apartados 5, 6 y 7 de este artículo, sólo aquellos que estén incluidos en la orden de interceptación legal.

»9.   Con carácter previo a la ejecución de la orden de interceptación legal, los sujetos obligados deberán facilitar al agente facultado información sobre los servicios y características del sistema de telecomunicación que utilizan los sujetos objeto de la medida de la interceptación y, si obran en su poder, los correspondientes nombres de los abonados con sus números de documento nacional de identidad, tarjeta de identidad de extranjero o pasaporte, en el caso de personas físicas, o denominación y número de identificación fiscal en el caso de personas jurídicas.

»10.   Los sujetos obligados deberán tener en todo momento preparadas una o más interfaces a través de las cuales las comunicaciones electrónicas interceptadas y la información relativa a la interceptación se transmitirán a los centros de recepción de las interceptaciones. Las características de estas interfaces y el formato para la transmisión de las comunicaciones interceptadas a estos centros estarán sujetas a las especificaciones técnicas que se establezcan por el Ministerio de Asuntos Económicos y Transformación Digital.

tener por objeto alguno de los siguientes extremos:

a) El registro y la grabación del contenido de la comunica-

»11. En el caso de que los sujetos obligados apliquen a las comunicaciones objeto de interceptación legal algún procedimiento de compresión, cifrado, digitalización o cualquier otro tipo de codificación, deberán entregar aquellas desprovistas de los efectos de tales procedimientos, siempre que sean reversibles.

»Las comunicaciones interceptadas deben proveerse al centro de recepción de las interceptaciones con una calidad no inferior a la que obtiene el destinatario de la comunicación.

»*Art. 59. Interceptación de las comunicaciones electrónicas por los servicios técnicos.*—1. Con pleno respeto al derecho al secreto de las comunicaciones y a la exigencia, conforme a lo establecido en la Ley de Enjuiciamiento Criminal, de autorización judicial para la interceptación de contenidos, cuando para la realización de las tareas de control para la eficaz utilización del dominio público radioeléctrico o para la localización de interferencias perjudiciales sea necesaria la utilización de equipos, infraestructuras e instalaciones técnicas de interceptación de señales no dirigidas al público en general, será de aplicación lo siguiente:

»*a*) la administración de las telecomunicaciones deberá diseñar y establecer sus sistemas técnicos de interceptación de señales en forma tal que se reduzca al mínimo el riesgo de afectar a los contenidos de las comunicaciones;

»*b*) cuando, como consecuencia de las interceptaciones técnicas efectuadas, quede constancia de los contenidos, los soportes en los que éstos aparezcan deberán ser custodiados hasta la finalización, en su caso, del expediente sancionador que hubiera lugar o, en otro caso, destruidos inmediatamente. En ninguna circunstancia podrán ser objeto de divulgación.

»2. Las mismas reglas se aplicarán para la vigilancia del adecuado empleo de las redes y la correcta prestación de los servicios de comunicaciones electrónicas.

»3. Lo establecido en este artículo se entiende sin perjuicio de las facultades que a la Administración atribuye el artículo 85.

»*Art. 60. Protección de los datos de carácter personal.*—1. Los operadores que suministren redes públicas de comunicaciones electrónicas o que presten servicios de comunicaciones electrónicas disponibles al público, incluidas las redes públicas de comunicaciones que den soporte a dispositivos de identificación y recopilación de datos, deberán adoptar las medidas técnicas y de gestión adecuadas para preservar la seguridad en el suministro de su red o en la prestación de sus servicios, con el fin de garantizar la protección de los datos de carácter personal. Dichas medidas incluirán, como mínimo:

»*a*) la garantía de que sólo el personal autorizado tenga acceso a los datos personales para fines autorizados por la ley;

»*b*) la protección de los datos personales almacenados o transmitidos de la destrucción accidental o ilícita, la pérdida o alteración accidentales o el almacenamiento, tratamiento, acceso o revelación no autorizados o ilícitos;

»*c*) la garantía de la aplicación efectiva de una política de seguridad con respecto al tratamiento de datos personales.

»La Agencia Española de Protección de Datos, en el ejercicio de su competencia de garantía de la seguridad en el tratamiento de datos de carácter personal, podrá examinar las medidas adoptadas por los operadores que suministren redes públicas de comunicaciones electrónicas o que presten servicios de comunicaciones electrónicas disponibles al público y podrá formular recomendaciones sobre las mejores prácticas con respecto al nivel de seguridad que debería conseguirse con estas medidas.

ción, con indicación de la forma o tipo de comunicaciones a las que afecta.

b) El conocimiento de su origen o destino, en el momento en el que la comunicación se realiza.

c) La localización geográfica del origen o destino de la comunicación.

»2. En caso de que exista un riesgo particular de violación de la seguridad de la red pública o del servicio de comunicaciones electrónicas, el operador que suministre dicha red o preste el servicio de comunicaciones electrónicas informará a los abonados sobre dicho riesgo y sobre las medidas a adoptar.

»3. En caso de violación de los datos personales, el operador de servicios de comunicaciones electrónicas disponibles al público notificará sin dilaciones indebidas dicha violación a la Agencia Española de Protección de Datos. Si la violación de los datos pudiera afectar negativamente a la intimidad o a los datos personales de un abonado o particular, el operador notificará también la violación al abonado o particular sin dilaciones indebidas.

»La notificación de una violación de los datos personales a un abonado o particular afectado no será necesaria si el operador ha probado a satisfacción de la Agencia Española de Protección de Datos que ha aplicado las medidas de protección tecnológica convenientes y que estas medidas se han aplicado a los datos afectados por la violación de seguridad. Unas medidas de protección de estas características podrían ser aquellas que convierten los datos en incomprensibles para toda persona que no esté autorizada a acceder a ellos.

»Sin perjuicio de la obligación del operador de informar a los abonados o particulares afectados, si el operador no ha notificado ya al abonado o al particular la violación de los datos personales, la Agencia Española de Protección de Datos podrá exigirle que lo haga, una vez evaluados los posibles efectos adversos de la violación.

»En la notificación al abonado o al particular se describirá al menos la naturaleza de la violación de los datos personales y los puntos de contacto donde puede obtenerse más información y se recomendarán medidas para atenuar los posibles efectos adversos de dicha violación. En la notificación a la Agencia Española de Protección de Datos se describirán además las consecuencias de la violación y las medidas propuestas por el operador respecto a la violación de los datos personales.

»Los operadores deberán llevar un inventario de las violaciones de los datos personales, incluidos los hechos relacionados con tales infracciones, sus efectos y las medidas adoptadas al respecto, que resulte suficiente para permitir a la Agencia Española de Protección de Datos verificar el cumplimiento de las obligaciones de notificación reguladas en este apartado. Mediante real decreto podrá establecerse el formato y contenido del inventario.

»A los efectos establecidos en este artículo, se entenderá como violación de los datos personales la violación de la seguridad que provoque la destrucción, accidental o ilícita, la pérdida, la alteración, la revelación o el acceso no autorizados, de datos personales transmitidos, almacenados o tratados de otro modo en relación con la prestación de un servicio de comunicaciones electrónicas de acceso público.

»La Agencia Española de Protección de Datos podrá adoptar directrices y, en caso necesario, dictar instrucciones sobre las circunstancias en que se requiere que el operador notifique la violación de los datos personales, sobre el formato que debe adoptar dicha notificación y sobre la manera de llevarla a cabo, con pleno respeto a las disposiciones que en su caso sean adoptadas en esta materia por la Comisión Europea.

d) El conocimiento de otros datos de tráfico asociados o no asociados pero de valor añadido a la comunicación. En este caso, la solicitud especificará los datos concretos que han de ser obtenidos.

3. En caso de urgencia, cuando las investigaciones se realicen para la averiguación de delitos relacionados con la actuación de bandas armadas o elementos terroristas y existan razones fundadas que hagan

---

»4. Lo dispuesto en el presente artículo será sin perjuicio de la aplicación del Reglamento (UE) 2016/679, del Parlamento Europeo y del Consejo, de 27 de abril de 2016, relativo a la protección de las personas físicas en lo que respecta al tratamiento de datos personales y a la libre circulación de estos datos y por el que se deroga la Directiva 95/46/CE y de la Ley Orgánica 3/2018, de 5 de diciembre, de Protección de Datos Personales y garantía de los derechos digitales, y su normativa de desarrollo.

»*Art. 61. Conservación y cesión de datos relativos a las comunicaciones electrónicas y a las redes públicas de comunicaciones.*—La conservación y cesión de los datos generados o tratados en el marco de la prestación de servicios de comunicaciones electrónicas o de redes públicas de comunicación a los agentes facultados a través de la correspondiente autorización judicial con fines de detección, investigación y enjuiciamiento de delitos graves contemplados en el Código Penal o en las leyes penales especiales se rige por lo establecido en la Ley 25/2007, de 18 de octubre, de conservación de datos relativos a las comunicaciones electrónicas y a las redes públicas de comunicaciones.»

V. el Cap. II (*La interceptación legal de las comunicaciones*, arts. 83 a 101) del Título V del RD 424/2005, de 15 de abril (*BOE* del 29), por el que se aprueba el Reglamento sobre las condiciones para la prestación de servicios de comunicaciones electrónicas, el servicio universal y la protección de los usuarios. Ahora también habrá que tener en cuenta la Orden ITC/313/2010, de 12 de febrero (*BOE* del 18), por la que se adopta la especificación técnica ETSI TS 101 671 «Interceptación legal (LI), Interfaz de traspaso para la interceptación legal del tráfico de telecomunicaciones». Ahora, también, la Orden PRE/199/2013, de 29 de enero (*BOE* de 15 de febrero), por la que se define el formato de entrega de los datos conservados por los operadores de servicios de comunicaciones electrónicas o de redes públicas de comunicaciones a los agentes facultados.

El Acuerdo de Pleno no jurisdiccional (art. 264.1 LOPJ), de 26 de mayo de 2009, se ha planteado la habilitación de escuchas telefónicas procedentes de diligencias distintas a las que corresponden al juicio. Ha establecido:

«En los procesos incoados a raíz de la deducción de testimonios de una causa principal, la simple alegación de que el acto jurisdiccional limitativo del derecho al secreto de las comunicaciones es nulo, porque no hay constancia legítima de las resoluciones antecedentes, no debe implicar sin más la nulidad.

»En tales casos, cuando la validez de un medio probatorio dependa de la legitimidad de la obtención de fuentes de prueba en otro procedimiento, si el interesado impugna en la instancia la legitimidad de aquel medio de prueba, la parte que lo propuso deberá justificar de forma contradictoria la legitimidad cuestionada.

»Pero, si, conocido el origen de un medio de prueba propuesto en un procedimiento, no se promueve dicho debate, no podrá suscitarse en ulteriores instancias la cuestión de la falta de constancia en ese procedimiento de las circunstancias concurrentes en otro relativas al modo de obtención de las fuentes de aquella prueba.»

imprescindible la medida prevista en los apartados anteriores de este artículo, podrá ordenarla el Ministro del Interior o, en su defecto, el Secretario de Estado de Seguridad. Esta medida se comunicará inmediatamente al Juez competente y, en todo caso, dentro del plazo máximo de veinticuatro horas, haciendo constar las razones que justificaron la adopción de la medida, la actuación realizada, la forma en que se ha efectuado y su resultado. El Juez competente, también de forma motivada, revocará o confirmará tal actuación en un plazo máximo de setenta y dos horas desde que fue ordenada la medida.

Art. 588 ter e. *Deber de colaboración.*—1. Todos los prestadores de servicios de telecomunicaciones, de acceso a una red de telecomunicaciones o de servicios de la sociedad de la información, así como toda persona que de cualquier modo contribuya a facilitar las comunicaciones a través del teléfono o de cualquier otro medio o sistema de comunicación telemática, lógica o virtual, están obligados a prestar al Juez, al Ministerio Fiscal y a los agentes de la Policía Judicial designados para la práctica de la medida la asistencia y colaboración precisas para facilitar el cumplimiento de los autos de intervención de las telecomunicaciones.

2. Los sujetos requeridos para prestar colaboración tendrán la obligación de guardar secreto acerca de las actividades requeridas por las autoridades.

3. Los sujetos obligados que incumplieren los anteriores deberes podrán incurrir en delito de desobediencia.

Art. 588 ter f. *Control de la medida.*—En cumplimiento de lo dispuesto en el artículo 588 bis g, la Policía Judicial pondrá a disposición del Juez, con la periodicidad que éste determine y en soportes digitales distintos, la transcripción de los pasajes que considere de interés y las grabaciones íntegras realizadas. Se indicará el origen y destino de cada una de ellas y se asegurará, mediante un sistema de sellado o firma electrónica avanzado o sistema de adveración suficientemente fiable, la autenticidad e integridad de la información volcada desde el ordenador central a los soportes digitales en que las comunicaciones hubieran sido grabadas.

Art. 588 ter g. *Duración.*— La duración máxima inicial de la intervención, que se computará desde la fecha de autorización judicial, será de tres meses, prorrogables por períodos sucesivos de igual duración hasta el plazo máximo de dieciocho meses.

Art. 588 ter h.   *Solicitud de prórroga.*—Para la fundamentación de la solicitud de la prórroga, la Policía Judicial aportará, en su caso, la transcripción de aquellos pasajes de las conversaciones de las que se deduzcan informaciones relevantes para decidir sobre el mantenimiento de la medida.

Antes de dictar la resolución, el Juez podrá solicitar aclaraciones o mayor información, incluido el contenido íntegro de las conversaciones intervenidas.

Art. 588 ter i.   *Acceso de las partes a las grabaciones.*— 1.   Alzado el secreto y expirada la vigencia de la medida de intervención, se entregará a las partes copia de las grabaciones y de las transcripciones realizadas. Si en la grabación hubiera datos referidos a aspectos de la vida íntima de las personas, sólo se entregará la grabación y transcripción de aquellas partes que no se refieran a ellos. La no inclusión de la totalidad de la grabación en la transcripción entregada se hará constar de modo expreso.

2.   Una vez examinadas las grabaciones y en el plazo fijado por el Juez, en atención al volumen de la información contenida en los soportes, cualquiera de las partes podrá solicitar la inclusión en las copias de aquellas comunicaciones que entienda relevantes y hayan sido excluidas. El Juez de instrucción, oídas o examinadas por sí esas comunicaciones, decidirá sobre su exclusión o incorporación a la causa.

3.   Se notificará por el Juez de instrucción a las personas intervinientes en las comunicaciones interceptadas el hecho de la práctica de la injerencia y se les informará de las concretas comunicaciones en las que haya participado que resulten afectadas, salvo que sea imposible, exija un esfuerzo desproporcionado o puedan perjudicar futuras investigaciones. Si la persona notificada lo solicita se le entregará copia de la grabación o transcripción de tales comunicaciones, en la medida que esto no afecte al derecho a la intimidad de otras personas o resulte contrario a los fines del proceso en cuyo marco se hubiere adoptado la medida de injerencia.

SECCIÓN 2.ª

Incorporación al proceso
de datos electrónicos de tráfico
o asociados

Art. 588 ter j. *Datos obran-*
tes en archivos automatizados
de los prestadores de servi-
cios.—1. Los datos electrónicos conservados por los prestadores de servicios o personas
que faciliten la comunicación en
cumplimiento de la legislación
sobre retención de datos relativos a las comunicaciones electrónicas o por propia iniciativa
por motivos comerciales o de
otra índole y que se encuentren
vinculados a procesos de comunicación, sólo podrán ser cedidos para su incorporación al
proceso con autorización judicial.

2. Cuando el conocimiento
de esos datos resulte indispensable para la investigación, se solicitará del Juez competente autorización para recabar la
información que conste en los
archivos automatizados de los
prestadores de servicios, incluida la búsqueda entrecruzada o
inteligente de datos, siempre
que se precisen la naturaleza de
los datos que hayan de ser conocidos y las razones que justifican la cesión.

SECCIÓN 3.ª

Acceso a los datos necesarios
para la identificación
de usuarios, terminales
y dispositivos de conectividad

Art. 588 ter k. *Identificación*
mediante número IP.—Cuando
en el ejercicio de las funciones
de prevención y descubrimiento
de los delitos cometidos en internet, los agentes de la Policía
Judicial tuvieran acceso a una
dirección IP que estuviera siendo utilizada para la comisión de
algún delito y no constara la
identificación y localización del
equipo o del dispositivo de conectividad correspondiente ni
los datos de identificación personal del usuario, solicitarán del
Juez de instrucción que requiera
de los agentes sujetos al deber
de colaboración según el artículo 588 ter e, la cesión de los datos que permitan la identificación y localización del terminal
o del dispositivo de conectividad y la identificación del sospechoso.

Art. 588 ter l. *Identificación*
de los terminales mediante cap-
tación de códigos de identifica-
ción del aparato o de sus compo-
nentes.—1. Siempre que en el
marco de una investigación no

hubiera sido posible obtener un determinado número de abonado y éste resulte indispensable a los fines de la investigación, los agentes de Policía Judicial podrán valerse de artificios técnicos que permitan acceder al conocimiento de los códigos de identificación o etiquetas técnicas del aparato de telecomunicación o de alguno de sus componentes, tales como la numeración IMSI o IMEI y, en general, de cualquier medio técnico que, de acuerdo con el estado de la tecnología, sea apto para identificar el equipo de comunicación utilizado o la tarjeta utilizada para acceder a la red de telecomunicaciones.

2.   Una vez obtenidos los códigos que permiten la identificación del aparato o de alguno de sus componentes, los agentes de la Policía Judicial podrán solicitar del Juez competente la intervención de las comunicaciones en los términos establecidos en el artículo 588 ter d. La solicitud habrá de poner en conocimiento del órgano jurisdiccional la utilización de los artificios a que se refiere el apartado anterior.

El Tribunal dictará resolución motivada concediendo o denegando la solicitud de intervención en el plazo establecido en el artículo 588 bis c.

Art. 588 ter m.   *Identificación de titulares o terminales o dispositivos de conectividad.*— Cuando, en el ejercicio de sus funciones, el Ministerio Fiscal o la Policía Judicial necesiten conocer la titularidad de un número de teléfono o de cualquier otro medio de comunicación, o, en sentido inverso, precisen el número de teléfono o los datos identificativos de cualquier medio de comunicación, podrán dirigirse directamente a los prestadores de servicios de telecomunicaciones, de acceso a una red de telecomunicaciones o de servicios de la sociedad de la información, quienes estarán obligados a cumplir el requerimiento, bajo apercibimiento de incurrir en el delito de desobediencia.

CAPÍTULO VI*

Captación y grabación de comunicaciones orales mediante la utilización de dispositivos electrónicos

Art. 588 quáter a.   *Grabación de las comunicaciones ora-*

---

* Capítulo añadido por el art. único.quince de la LO 13/2015, de 5 de octubre (*BOE* del 6), de modificación de la Ley de Enjuiciamiento Criminal para el fortalecimiento de las garantías procesales y la regulación de las medidas de investigación tecnológica.

les directas.—1. Podrá autorizarse la colocación y utilización de dispositivos electrónicos que permitan la captación y grabación de las comunicaciones orales directas que se mantengan por el investigado, en la vía pública o en otro espacio abierto, en su domicilio o en cualesquiera otros lugares cerrados.

Los dispositivos de escucha y grabación podrán ser colocados tanto en el exterior como en el interior del domicilio o lugar cerrado.

2. En el supuesto en que fuera necesaria la entrada en el domicilio o en alguno de los espacios destinados al ejercicio de la privacidad, la resolución habilitante habrá de extender su motivación a la procedencia del acceso a dichos lugares.

3. La escucha y grabación de las conversaciones privadas se podrá complementar con la obtención de imágenes cuando expresamente lo autorice la resolución judicial que la acuerde.

Art. 588 quáter b. *Presupuestos.*—1. La utilización de los dispositivos a que se refiere el artículo anterior ha de estar vinculada a comunicaciones que puedan tener lugar en uno o varios encuentros concretos del investigado con otras personas y sobre cuya previsibilidad haya indicios puestos de manifiesto por la investigación.

2. Sólo podrá autorizarse cuando concurran los requisitos siguientes:

a) Que los hechos que estén siendo investigados sean constitutivos de alguno de los siguientes delitos:

1.º Delitos dolosos castigados con pena con límite máximo de, al menos, tres años de prisión.

2.º Delitos cometidos en el seno de un grupo u organización criminal.

3.º Delitos de terrorismo.

b) Que pueda racionalmente preverse que la utilización de los dispositivos aportará datos esenciales y de relevancia probatoria para el esclarecimiento de los hechos y la identificación de su autor.

Art. 588 quáter c. *Contenido de la resolución judicial.*—La resolución judicial que autorice la medida, deberá contener, además de las exigencias reguladas en el artículo 588 bis c, una mención concreta al lugar o dependencias, así como a los encuentros del investigado que van a ser sometidos a vigilancia.

Art. 588 quáter d. *Control de la medida.*—En cumplimiento de lo dispuesto en el artículo 588 bis g, la Policía Judicial pondrá a disposición de la autoridad judicial el soporte original o copia electrónica auténtica de las grabaciones e imágenes, que deberá ir acompañado de una transcripción de las conversaciones.

El informe identificará a todos los agentes que hayan participado en la ejecución y seguimiento de la medida.

Art. 588 quáter e. *Cese.—* Cesada la medida por alguna de las causas previstas en el artículo 588 bis j, la grabación de conversaciones que puedan tener lugar en otros encuentros o la captación de imágenes de tales momentos exigirán una nueva autorización judicial.

CAPÍTULO VII*

UTILIZACIÓN DE DISPOSITIVOS TÉCNICOS DE CAPTACIÓN DE LA IMAGEN, DE SEGUIMIENTO Y DE LOCALIZACIÓN

Art. 588 quinquies a. *Captación de imágenes en lugares o espacios públicos.—*1. La Policía Judicial podrá obtener y grabar por cualquier medio técnico imágenes de la persona investi-

gada cuando se encuentre en un lugar o espacio público, si ello fuera necesario para facilitar su identificación, para localizar los instrumentos o efectos del delito u obtener datos relevantes para el esclarecimiento de los hechos.

2. La medida podrá ser llevada a cabo aun cuando afecte a personas diferentes del investigado, siempre que de otro modo se reduzca de forma relevante la utilidad de la vigilancia o existan indicios fundados de la relación de dichas personas con el investigado y los hechos objeto de la investigación.

Art. 588 quinquies b. *Utilización de dispositivos o medios técnicos de seguimiento y localización.—*1. Cuando concurran acreditadas razones de necesidad y la medida resulte proporcionada, el Juez competente podrá autorizar la utilización de dispositivos o medios técnicos de seguimiento y localización.

2. La autorización deberá especificar el medio técnico que va a ser utilizado.

3. Los prestadores, agentes y personas a que se refiere el artículo 588 ter e están obligados

---

* Capítulo añadido por el art. único.dieciséis de la LO 13/2015, de 5 de octubre (*BOE* del 6), de modificación de la Ley de Enjuiciamiento Criminal para el fortalecimiento de las garantías procesales y la regulación de las medidas de investigación tecnológica.

a prestar al Juez, al Ministerio Fiscal y a los agentes de la Policía Judicial designados para la práctica de la medida la asistencia y colaboración precisas para facilitar el cumplimiento de los autos por los que se ordene el seguimiento, bajo apercibimiento de incurrir en delito de desobediencia.

4. Cuando concurran razones de urgencia que hagan razonablemente temer que de no colocarse inmediatamente el dispositivo o medio técnico de seguimiento y localización se frustrará la investigación, la Policía Judicial podrá proceder a su colocación, dando cuenta a la mayor brevedad posible, y en todo caso en el plazo máximo de veinticuatro horas, a la autoridad judicial, quien podrá ratificar la medida adoptada o acordar su inmediato cese en el mismo plazo. En este último supuesto, la información obtenida a partir del dispositivo colocado carecerá de efectos en el proceso.

Art. 588 quinquies c. *Duración de la medida.*—1. La medida de utilización de dispositivos técnicos de seguimiento y localización prevista en el artículo anterior tendrá una duración máxima de tres meses a partir de la fecha de su autorización. Excepcionalmente, el Juez podrá acordar prórrogas sucesivas por el mismo o inferior plazo hasta un máximo de dieciocho meses, si así estuviera justificado a la vista de los resultados obtenidos con la medida.

2. La Policía Judicial entregará al Juez los soportes originales o copias electrónicas auténticas que contengan la información recogida cuando éste se lo solicite y, en todo caso, cuando terminen las investigaciones.

3. La información obtenida a través de los dispositivos técnicos de seguimiento y localización a los que se refieren los artículos anteriores deberá ser debidamente custodiada para evitar su utilización indebida.

CAPÍTULO VIII*

REGISTRO DE DISPOSITIVOS DE ALMACENAMIENTO MASIVO DE INFORMACIÓN

Art. 588 sexies a. *Necesidad de motivación individualizada.*—1. Cuando con ocasión de la práctica de un registro domiciliario sea previsible la apre-

---

* Capítulo añadido por el art. único.diecisiete de la LO 13/2015, de 5 de octubre (*BOE* del 6), de modificación de la Ley de Enjuiciamiento Criminal para el fortaleci-

hensión de ordenadores, instrumentos de comunicación telefónica o telemática o dispositivos de almacenamiento masivo de información digital o el acceso a repositorios telemáticos de datos, la resolución del Juez de instrucción habrá de extender su razonamiento a la justificación, en su caso, de las razones que legitiman el acceso de los agentes facultados a la información contenida en tales dispositivos.

2. La simple incautación de cualquiera de los dispositivos a los que se refiere el apartado anterior, practicada durante el transcurso de la diligencia de registro domiciliario, no legitima el acceso a su contenido, sin perjuicio de que dicho acceso pueda ser autorizado ulteriormente por el Juez competente.

Art. 588 sexies b. *Acceso a la información de dispositivos electrónicos incautados fuera del domicilio del investigado.*—La exigencia prevista en el apartado 1 del artículo anterior será también aplicable a aquellos casos en los que los ordenadores, instrumentos de comunicación o dispositivos de almacenamiento masivo de datos, o el acceso a repositorios telemáticos de datos, sean aprehendidos con

independencia de un registro domiciliario. En tales casos, los agentes pondrán en conocimiento del Juez la incautación de tales efectos. Si éste considera indispensable el acceso a la información albergada en su contenido, otorgará la correspondiente autorización.

Art. 588 sexies c. *Autorización judicial.*—1. La resolución del Juez de instrucción mediante la que se autorice el acceso a la información contenida en los dispositivos a que se refiere la presente sección, fijará los términos y el alcance del registro y podrá autorizar la realización de copias de los datos informáticos. Fijará también las condiciones necesarias para asegurar la integridad de los datos y las garantías de su preservación para hacer posible, en su caso, la práctica de un dictamen pericial.

2. Salvo que constituyan el objeto o instrumento del delito o existan otras razones que lo justifiquen, se evitará la incautación de los soportes físicos que contengan los datos o archivos informáticos, cuando ello pueda causar un grave perjuicio a su titular o propietario y sea posible la obtención de una copia de ellos en

miento de las garantías procesales y la regulación de las medidas de investigación tecnológica.

condiciones que garanticen la autenticidad e integridad de los datos.

3. Cuando quienes lleven a cabo el registro o tengan acceso al sistema de información o a una parte del mismo conforme a lo dispuesto en este capítulo, tengan razones fundadas para considerar que los datos buscados están almacenados en otro sistema informático o en una parte de él, podrán ampliar el registro, siempre que los datos sean lícitamente accesibles por medio del sistema inicial o estén disponibles para éste. Esta ampliación del registro deberá ser autorizada por el Juez, salvo que ya lo hubiera sido en la autorización inicial. En caso de urgencia, la Policía Judicial o el Fiscal podrán llevarlo a cabo, informando al Juez inmediatamente, y en todo caso dentro del plazo máximo de veinticuatro horas, de la actuación realizada, la forma en que se ha efectuado y su resultado. El Juez competente, también de forma motivada, revocará o confirmará tal actuación en un plazo máximo de setenta y dos horas desde que fue ordenada la interceptación.

4. En los casos de urgencia en que se aprecie un interés constitucional legítimo que haga imprescindible la medida prevista en los apartados anteriores de este artículo, la Policía Judicial podrá llevar a cabo el examen directo de los datos contenidos en el dispositivo incautado, comunicándolo inmediatamente, y en todo caso dentro del plazo máximo de veinticuatro horas, por escrito motivado al Juez competente, haciendo constar las razones que justificaron la adopción de la medida, la actuación realizada, la forma en que se ha efectuado y su resultado. El Juez competente, también de forma motivada, revocará o confirmará tal actuación en un plazo máximo de setenta y dos horas desde que fue ordenada la medida.

5. Las autoridades y agentes encargados de la investigación podrán ordenar a cualquier persona que conozca el funcionamiento del sistema informático o las medidas aplicadas para proteger los datos informáticos contenidos en el mismo que facilite la información que resulte necesaria, siempre que de ello no derive una carga desproporcionada para el afectado, bajo apercibimiento de incurrir en delito de desobediencia.

Esta disposición no será aplicable al investigado o encausado, a las personas que están dispensadas de la obligación de declarar por razón de parentesco y a aquellas que, de conformidad con el artículo 416.2, no pueden declarar en virtud del secreto profesional.

CAPÍTULO IX*

REGISTROS REMOTOS SOBRE EQUIPOS INFORMÁTICOS

Art. 588 septies a. *Presupuestos.*—1. El Juez competente podrá autorizar la utilización de datos de identificación y códigos, así como la instalación de un software, que permitan, de forma remota y telemática, el examen a distancia y sin conocimiento de su titular o usuario del contenido de un ordenador, dispositivo electrónico, sistema informático, instrumento de almacenamiento masivo de datos informáticos o base de datos, siempre que persiga la investigación de alguno de los siguientes delitos:

a) Delitos cometidos en el seno de organizaciones criminales.

b) Delitos de terrorismo.

c) Delitos cometidos contra menores o personas con capacidad modificada judicialmente.

d) Delitos contra la Constitución, de traición y relativos a la defensa nacional.

e) Delitos cometidos a través de instrumentos informáticos o de cualquier otra tecnología de la información o la telecomunicación o servicio de comunicación.

2. La resolución judicial que autorice el registro deberá especificar:

a) Los ordenadores, dispositivos electrónicos, sistemas informáticos o parte de los mismos, medios informáticos de almacenamiento de datos o bases de datos, datos u otros contenidos digitales objeto de la medida.

b) El alcance de la misma, la forma en la que se procederá al acceso y aprehensión de los datos o archivos informáticos relevantes para la causa y el software mediante el que se ejecutará el control de la información.

c) Los agentes autorizados para la ejecución de la medida.

d) La autorización, en su caso, para la realización y conservación de copias de los datos informáticos.

e) Las medidas precisas para la preservación de la integridad de los datos almacenados, así como para la inaccesibilidad o supresión de dichos

---

* Capítulo añadido por el art. único.dieciocho de la LO 13/2015, de 5 de octubre (*BOE* del 6), de modificación de la Ley de Enjuiciamiento Criminal para el fortalecimiento de las garantías procesales y la regulación de las medidas de investigación tecnológica.

datos del sistema informático al que se ha tenido acceso.

3. Cuando los agentes que lleven a cabo el registro remoto tengan razones para creer que los datos buscados están almacenados en otro sistema informático o en una parte del mismo, pondrán este hecho en conocimiento del Juez, quien podrá autorizar una ampliación de los términos del registro.

Art. 588 septies b. *Deber de colaboración.*—1. Los prestadores de servicios y personas señaladas en el artículo 588 ter e y los titulares o responsables del sistema informático o base de datos objeto del registro están obligados a facilitar a los agentes investigadores la colaboración precisa para la práctica de la medida y el acceso al sistema. Asimismo, están obligados a facilitar la asistencia necesaria para que los datos e información recogidos puedan ser objeto de examen y visualización.

2. Las autoridades y los agentes encargados de la investigación podrán ordenar a cualquier persona que conozca el funcionamiento del sistema informático o las medidas aplicadas para proteger los datos informáticos contenidos en el mismo que facilite la información que resulte necesaria para el buen fin de la diligencia.

Esta disposición no será aplicable al investigado o encausado, a las personas que están dispensadas de la obligación de declarar por razón de parentesco, y a aquellas que, de conformidad con el artículo 416.2, no pueden declarar en virtud del secreto profesional.

3. Los sujetos requeridos para prestar colaboración tendrán la obligación de guardar secreto acerca de las actividades requeridas por las autoridades.

4. Los sujetos mencionados en los apartados 1 y 2 de este artículo quedarán sujetos a la responsabilidad regulada en el apartado 3 del artículo 588 ter e.

Art. 588 septies c. *Duración.*—La medida tendrá una duración máxima de un mes, prorrogable por iguales períodos hasta un máximo de tres meses.

CAPÍTULO X*

MEDIDAS DE ASEGURAMIENTO

Art. 588 octies. *Orden de conservación de datos.*—El Mi-

---

* Capítulo añadido por el art. único.diecinueve de la LO 13/2015, de 5 de octubre (*BOE* del 6), de modificación de la Ley de Enjuiciamiento Criminal para el fortalecimiento de las garantías procesales y la regulación de las medidas de investigación tecnológica.

nisterio Fiscal o la Policía Judicial podrán requerir a cualquier persona física o jurídica la conservación y protección de datos o informaciones concretas incluidas en un sistema informático de almacenamiento que se encuentren a su disposición hasta que se obtenga la autorización judicial correspondiente para su cesión con arreglo a lo dispuesto en los artículos precedentes.

Los datos se conservarán durante un período máximo de noventa días, prorrogable una sola vez hasta que se autorice la cesión o se cumplan ciento ochenta días.

El requerido vendrá obligado a prestar su colaboración y a guardar secreto del desarrollo de esta diligencia, quedando sujeto a la responsabilidad descrita en el apartado 3 del artículo 588 ter e.

TÍTULO IX

De las fianzas y embargos

Art. 589. Cuando del sumario resulten indicios de criminalidad contra una persona, se mandará por el Juez que preste fianza bastante para asegurar las responsabilidades pecuniarias que en definitiva puedan declararse procedentes, decretándose en el mismo auto el embargo de bienes suficientes para cubrir dichas responsabilidades si no prestare la fianza.

La cantidad de ésta se fijará en el mismo auto y no podrá bajar de la tercera parte más de todo el importe probable de las responsabilidades pecuniarias.

Art. 590. Todas las diligencias sobre fianzas y embargos se instruirán en pieza separada.

Art. 591. La fianza podrá ser personal, pignoraticia o hipotecaria, o mediante caución que podrá constituirse en dinero efectivo, mediante aval solidario de duración indefinida y pagadero a primer requerimiento emitido por entidad de crédito o sociedad de garantía recíproca o por cualquier medio que, a juicio del Juez o Tribunal, garantice la inmediata disponibilidad, en su caso, de la cantidad de que se trate.

Art. 591: Redactado conforme a la Ley 13/2009, de 3 de noviembre (*BOE* del 4), de reforma de la legislación procesal para la implantación de la nueva Oficina judicial.

Art. 592. Podrá ser fiador personal todo español de buena conducta y avecindado dentro del territorio del Tribunal que esté en el pleno goce de los derechos civiles y políticos y venga pagando con tres años de anticipación una contribución que, a juicio del instructor, corresponda a la propiedad de bienes o al ejercicio de industria, suficientes para acreditar su arraigo y su solvencia para el pago de las responsabilidades que eventualmente puedan exigirse.

No se admitirá como fiador al que lo sea o hubiese sido de otro hasta que esté cancelada la primera fianza, a no ser que tenga, a juicio del Juez o Tribunal, responsabilidad notoria para ambas.

Cuando se declare bastante la fianza personal, se fijará también la cantidad de que el fiador ha de responder.

Art. 593. La fianza hipotecaria podrá sustituirse por otra en metálico, efectos públicos, o valores y demás muebles de los enumerados en el artículo 591, en la siguiente proporción: el valor de los bienes de la hipoteca será doble que el del metálico señalado para la fianza, y una cuarta parte más que éste el de los efectos o valores al precio de cotización. Si la sustitución se hiciere por cualesquiera otros muebles dados en prenda, deberá ser el valor de éstos doble que el de la fianza constituida en metálico.

Art. 594. Los bienes de las fianzas hipotecaria y pignoraticia serán tasados por dos peritos nombrados por el Juez instructor o Tribunal que conozca de la causa, y los títulos de propiedad relativos a las fincas ofrecidas en hipoteca se examinarán por el Ministerio Fiscal, debiendo declararse suficientes por el mismo Juez o Tribunal cuando así proceda.

Art. 595. La fianza hipotecaria podrá otorgarse por escritura pública o *apud acta*, librándose en este último caso el correspondiente mandamiento para su inscripción en el Registro de la Propiedad.

Devuelto el mandamiento por el Registrador, se unirá a la causa.

También se unirá a ella el resguardo que acredite el depósito del metálico, así como el de los efectos públicos y demás valores en los casos en que se constituya de esta manera la fianza.

Art. 592, párr. 1.º: Redactado conforme a la Ley de 14 de abril de 1955 (*Gaceta* del 8).

Art. 596. Contra los autos que el Juez dicte calificando la suficiencia de las fianzas procederá el recurso de apelación.

Art. 597. Si en el día siguiente al de la notificación del auto dictado con arreglo a lo dispuesto en el artículo 589 no se prestase la fianza, se procederá al embargo de bienes del procesado, requiriéndose para que señale los suficientes a cubrir la cantidad que se hubiese fijado para las responsabilidades pecuniarias.

Art. 598. Cuando el procesado no fuere habido, se hará el requerimiento a su mujer, hijos, apoderado, criados o personas que se encuentren en su domicilio.

Si no se encontrare ninguna, o si las que se encontraren, o el procesado o apoderado en su caso no quisieren señalar bienes, se procederá a embargar los que se reputen de la pertenencia del procesado, guardándose el orden establecido en el artículo 592 de la Ley de Enjuiciamiento Civil, bajo la prohibición contenida en

---

Art. 598, párr. 2.º: Redactado conforme a la Ley 13/2009, de 3 de noviembre (*BOE* del 4), de reforma de la legislación procesal para la implantación de la nueva Oficina judicial.

Para la inembargabilidad por ser bienes de uso o dominio público, vid. arts. 132.1 de la Constitución; 339, 341 y 344 del Código Civil; 79 y 80 de la Ley de Bases de Régimen Local, de 2 de abril de 1985; art. 16 del Texto Refundido de la Ley de Puertos del Estado y de la Marina Mercante, aprobado por Real Decreto Legislativo 2/2011, de 5 de septiembre (*BOE* de 20 de octubre); art. 7.º de la Ley 22/1988, de 28 de julio (*BOE* del 29), de Costas; arts. 1.º de la Ley 10/1977, de 4 de enero, sobre mar territorial; de la Ley 15/1978, de 12 de febrero (*BOE* del 23), sobre zona económica, y del Texto Refundido de la Ley de Aguas, aprobado por Real Decreto Legislativo 1/2001, de 20 de julio (*BOE* del 24).

Por ser de interés público, vid. arts. 6.º de la Ley 33/2003, de 3 de noviembre (*BOE* del 4), del Patrimonio de las Administraciones Públicas; 6.º de la Ley 23/1982, de 16 de junio (*BOE* del 22), reguladora del Patrimonio Nacional; 13 de la Ley 49/1960, de 21 de julio (*BOE* del 23), sobre propiedad horizontal; 86 de la Ley 16/1987, de 30 de julio (*BOE* del 23), de Ordenación de los Transportes Terrestres; 28 de la Ley 8/1972, de 10 de mayo (*BOE* del 11), de construcción, conservación y explotación de autopistas en régimen de concesión; 11.4 y 14 de la Ley 43/2003, de 21 de noviembre (*BOE* del 22), de Montes; 115 de la Ley 22/1973, de 21 de julio (*BOE* del 24), de Minas, o 33 a 36 de la Ley 34/1998, de 7 de octubre (*BOE* del 8), del sector de hidrocarburos.

Por razones de interés social, vid. art. 27 del Texto Refundido del Estatuto de los Trabajadores, aprobado por Real Decreto Legislativo 2/2015, de 23 de octubre (*BOE* del 24), y art. 108 del Texto Refundido de la Ley General de la Seguridad Social, aprobado por Real Decreto Legislativo 8/2015, de 30 de octubre (*BOE* del 31).

Por estar prohibida su enajenación, vid. arts. 151 y 525 del Código Civil.

Por estar indisolublemente unidos a otros bienes, vid. arts. 396, 534, 1.522, 1.523, 1.528, 1.639 y 1.878 del Código Civil; 25 y 31 de la Ley 29/1994, de 24 de noviembre (*BOE* del 25), de Arrendamientos Urbanos, o 63 de la Ley 24/2015, de 24 de julio (*BOE* del 25), de Patentes.

Por otras causas, para la inembargabilidad, vid. arts. 1.807 del Código Civil o 83 de la Ley de Patentes.

los artículos 605 y 606 de la misma, y de conformidad con lo dispuesto en el artículo 584 de la citada Ley.

Art. 599. Cuando señalaren bienes y el alguacil encargado de hacer el embargo creyese que los señalados no son suficientes, embargará además los que considere necesarios, sujetándose a lo prescrito en el artículo anterior.

Art. 600. Las demás actuaciones que se practiquen en ejecución del auto a que se refiere el artículo 589 se regirán por los artículos 738.2 y 738.3 de la Ley de Enjuiciamiento Civil, con la especialidad establecida en el artículo 597 de la presente Ley respecto al requerimiento al procesado para que señale bienes.

Arts. 601 a 610. [...]

Art. 611. Si durante el curso del juicio sobrevinieren motivos bastantes para creer que las responsabilidades pecuniarias que en definitiva puedan exigirse excederán de la cantidad prefijada para asegurarlas, se mandará por auto ampliar la fianza o embargo.

Art. 612. También se dictará auto mandando reducir la fianza y el embargo a menor cantidad que la prefijada si resultasen motivos bastantes para creer que la cantidad mandada afianzar es superior a las responsabilidades pecuniarias que en definitiva pudieren imponerse al procesado.

Art. 613. Cuando llegue el caso de tener que hacer efectivas las responsabilidades pecuniarias a que se refiere este título, se procederá de la manera prescrita en el artículo 536.

Art. 614. En todo lo que no esté previsto en este título, los Jueces y Tribunales aplicarán lo dispuesto en la legislación civil sobre fianzas y embargos.

Art. 614 bis. Una vez iniciado el proceso penal por delito

Art. 600: Redactado conforme a la Ley 13/2009, de 3 de noviembre (*BOE* del 4), de reforma de la legislación procesal para la implantación de la nueva Oficina judicial. Vid. art. 435 CP.

Arts. 601 a 610: Dejados sin contenido por la Ley 13/2009, de 3 de noviembre (*BOE* del 4), de reforma de la legislación procesal para la implantación de la nueva Oficina judicial.

Art. 614: Vid. fundamentalmente los arts. 584 ss. de la Ley de Enjuiciamiento Civil del año 2000.

Art. 614 bis: Añadido por la Disp. Final 1.ªuno de la Ley 34/2015, de 21 de septiembre (*BOE* del 22), de modificación parcial de la Ley 58/2003, de 17 de diciembre, General Tributaria.

contra la Hacienda Pública, el
Juez de lo penal decidirá acerca
de las pretensiones referidas a

las medidas cautelares adoptadas al amparo del artículo 81 de
la Ley General Tributaria.

La Disp. Adic. 19.ª (*Competencias de investigación patrimonial en los procesos por delito contra la Hacienda Pública*) de la Ley 58/2003, de 17 de diciembre (*BOE* del 18), General Tributaria, establece:

«En los procesos por delito contra la Hacienda Pública, y sin perjuicio de las facultades que corresponden a las unidades de la Policía Judicial, los órganos de recaudación de la Agencia Estatal de Administración Tributaria mantendrán la competencia para investigar, bajo la supervisión de la autoridad judicial, el patrimonio que pueda resultar afecto al pago de las cuantías pecuniarias asociadas al delito.

»A tales efectos, podrán ejercer las facultades previstas en los artículos 93, 94 y 162 de esta Ley, realizar informes sobre la situación patrimonial de las personas relacionadas con el delito y adoptar las medidas cautelares previstas en el apartado 8 del artículo 81 de la misma.

»De tales actuaciones, sus incidencias y resultados se dará cuenta inmediata al Juez penal, que resolverá sobre la confirmación, modificación o levantamiento de las medidas adoptadas.

»Las actuaciones desarrolladas se someterán a lo previsto en la presente Ley y su normativa de desarrollo, sin perjuicio de la posibilidad de que el Juez decida la realización de otras actuaciones al amparo de lo previsto en el artículo 989 de la Ley de Enjuiciamiento Criminal.»

Asimismo, el art. 81.8 LGT, en la redacción dada por la Ley 34/2015, de 21 de septiembre (*BOE* del 22), establece:

«8. Cuando con motivo de un procedimiento de comprobación e investigación inspectora se haya formalizado denuncia o querella por delito contra la Hacienda Pública o se haya dirigido proceso judicial por dicho delito sin que se haya dictado la liquidación a que se refiere el artículo 250.2 de esta Ley, podrán adoptarse, por el órgano competente de la Administración Tributaria, las medidas cautelares reguladas en este artículo, sin perjuicio de lo dispuesto en la Disp. Adic. 19.ª.

»Si la investigación del presunto delito no tuviese origen en un procedimiento de comprobación e investigación inspectora, las medidas cautelares podrán adoptarse por el órgano competente de la Administración Tributaria con posterioridad a la incoación de las correspondientes diligencias de investigación desarrolladas por el Ministerio Fiscal o, en su caso, con posterioridad a la incoación de las correspondientes diligencias penales.

»En los supuestos a que se refieren los párrafos anteriores, las medidas cautelares podrán dirigirse contra cualquiera de los sujetos identificados en la denuncia o querella como posibles responsables, directos o subsidiarios, del pago de las cuantías a las que se refiere el artículo 126 del Código Penal.

»Adoptada, en su caso, la medida cautelar por el órgano competente de la Administración Tributaria, se notificará al interesado, al Ministerio Fiscal y al órgano judicial competente y se mantendrá hasta que este último adopte la decisión procedente sobre su conversión en medida jurisdiccional o levantamiento.»

TÍTULO X

De la responsabilidad civil de terceras personas*

Art. 615. Cuando en la instrucción del sumario aparezca indicada la existencia de la responsabilidad civil de un tercero con arreglo a los artículos respectivos del Código Penal, o por haber participado alguno por título lucrativo de los efectos del delito, el Juez, a instancia del actor civil, exigirá fianza a la persona contra quien resulte la responsabilidad. Si no se prestase, el Secretario judicial embargará con arreglo a lo dispuesto en el Título IX de este Libro los bienes que sean necesarios.

Art. 616. La persona a quien se exigiere la fianza o cuyos bienes fueren embargados podrá, durante el sumario, manifestar por escrito las razones que tenga para que no se la considere civilmente responsable y las pruebas que pueda ofrecer para el mismo objeto.

Art. 617. El Secretario judicial dará vista del escrito a la parte a quien interese, y ésta lo evacuará en el término de tres días, proponiendo también las pruebas que deban practicarse en apoyo de su pretensión.

Art. 618. Seguidamente, el Juez decretará la práctica de las pruebas propuestas, y resolverá sobre las pretensiones formuladas siempre que pudiere hacerlo sin retraso ni perjuicio del objeto principal de la instrucción.

Art. 619. Para todo lo relativo a la responsabilidad civil de un tercero y a los incidentes a que diere lugar la ocupación y en su día la restitución de cosas que se hallaren en su poder se

---

* El art. 117 del Código Penal dispone que «los aseguradores que hubieren asumido el riesgo de las responsabilidades pecuniarias derivadas del uso o explotación de cualquier bien, empresa, industria o actividad cuando, como consecuencia de un hecho previsto en este Código, se produzca el evento que determine el riesgo asegurado, serán responsables civiles directos hasta el límite de la indemnización legalmente establecida o convencionalmente pactada, sin perjuicio del derecho de repetición contra quien corresponda».

Vid. nota al art. 100.

Art. 615: Redactado conforme a la Ley 13/2009, de 3 de noviembre (*BOE* del 4), de reforma de la legislación procesal para la implantación de la nueva Oficina judicial.

Los arts. del CP referidos son del 116 al 122.

Art. 617: Redactado conforme a la Ley 13/2009, de 3 de noviembre (*BOE* del 4), de reforma de la legislación procesal para la implantación de la nueva Oficina judicial.

formará pieza separada, pero sin que por ningún motivo se entorpezca ni suspenda el curso de la instrucción.

Art. 620. Lo dispuesto en los artículos anteriores se observará también respecto a cualquier pretensión que tuviese por objeto la restitución a su dueño de alguno de los efectos e instrumentos del delito que se hallaren en poder de un tercero.

La restitución a su dueño de los instrumentos y objetos del delito no podrá verificarse en ningún caso hasta después que se haya celebrado el juicio oral, excepto en lo previsto en el artículo 844 de esta Ley.

Art. 621. Los autos dictados en estos incidentes se llevarán a efecto, sin perjuicio de que las partes a quienes perjudiquen puedan reproducir sus pretensiones en el juicio oral, o de la acción civil correspondiente, que podrán entablar en otro caso.

TÍTULO X BIS*

De las especialidades en los delitos contra la Hacienda Pública

Art. 621 bis. 1. En los delitos contra la Hacienda Pública, cuando la Administración Tributaria hubiera dictado un acto de liquidación, la existencia del procedimiento penal no paralizará la actuación administrativa y podrán iniciarse las actuaciones dirigidas al cobro salvo que el Juez, de oficio o a instancia de parte, hubiere acordado la suspensión de las actuaciones de ejecución conforme a lo dispuesto en el artículo 305.5 del Código Penal.

2. Solicitada la suspensión de la ejecución del acto de liquidación, el Juez o Tribunal, previa audiencia por el plazo de diez días al Ministerio Fiscal y a la Administración perjudicada, resolverá mediante auto, en el plazo de diez días, si accede a la suspensión solicitada, en cuyo caso habrá de fijar el alcance de la garantía que haya de prestarse y el plazo para hacerlo, que en ningún caso excederá de dos meses, salvo que concurran las cir-

---

* Añadido por la Disp. Final 1.ª dos de la Ley 34/2015, de 21 de septiembre (*BOE* del 22), de modificación parcial de la Ley 58/2003, de 17 de diciembre, General Tributaria.

cunstancias señaladas en el apartado 6.

3. La garantía así prestada deberá cubrir suficientemente el importe resultante de la liquidación administrativa practicada, los intereses de demora que genere la suspensión y los recargos que procederían en caso de ejecución de la misma.

4. El auto de concesión de la suspensión quedará sin efecto de forma automática y sin necesidad de pronunciamiento judicial ulterior, si transcurrido el plazo señalado en el apartado 2 para la formalización de la garantía, ésta no hubiese tenido lugar.

5. La suspensión sólo afectará al procedimiento seguido frente al encausado respecto del que se haya acordado y las actuaciones de cobro dirigidas frente al resto de encausados no se paralizarán hasta que la deuda resulte pagada o garantizada en su totalidad por el obligado tributario.

6. Si no se pudiese prestar garantía en todo o en parte, excepcionalmente el Juez podrá acordar la suspensión con dispensa total o parcial de garantías si apreciare que la ejecución pudiese ocasionar daños irreparables o de muy difícil reparación.

7. Contra los autos que resuelvan la solicitud de suspensión del acto de liquidación ca-

brá recurso de apelación, en un solo efecto.

Art. 621 ter. 1. La suspensión producirá efectos desde que, dictado el auto a que se refiere el artículo anterior, resulte constituida debidamente la garantía correspondiente conforme a lo dispuesto en el artículo anterior, en cuyo caso se entenderán retrotraídos sus efectos al momento de su solicitud, sin perjuicio de lo dispuesto en los apartados siguientes de este artículo.

2. Si, como consecuencia de las actuaciones desarrolladas por la Administración, hubiesen resultado embargados, bienes o derechos del encausado con anterioridad a la fecha del auto por el que se acuerde la suspensión, dichos embargos mantendrán su eficacia durante el plazo concedido a dicho encausado para formalizar la garantía que cubra las cantidades a que se refiere el apartado 3 del artículo anterior o, en su caso, las que le resulten exigibles al mismo.

En todo caso el Ministerio Fiscal o la Administración perjudicada podrán solicitar al Tribunal que se constituyan como garantía a efectos de la suspensión, los embargos ya realizados o derechos reales que puedan constituirse sobre los bienes afectados por los mismos, de considerarse que dichos bienes garantizan de forma más adecuada el cobro que las garantías ofrecidas por el encausado. Particularmente, podrá hacerse tal solicitud cuando la suspensión se hubiese solicitado con dispensa total o parcial de garantías.

En el supuesto en que se hubiese acordado la suspensión con dispensa total o parcial de garantías, mantendrán su eficacia los ingresos realizados que hubiesen minorado las cuantías adeudadas, sin que los mismos resulten afectados por la retroacción a que se refiere el apartado 1 del presente artículo.

3. La Administración no podrá proceder a la enajenación de los bienes y derechos embargados en el curso del procedimiento de apremio hasta que la sentencia condenatoria que confirme total o parcialmente la liquidación, sea firme, salvo en los supuestos que a continuación se indican, en los que la enajenación deberá autorizarse por el Tribunal.

a) Cuando sean perecederos.

b) Si su propietario hiciera abandono de ellos o, debidamente requerido sobre el destino del efecto judicial, no haga manifestación alguna.

c) De ser los gastos de conservación y depósito superiores al valor del objeto en sí.

d) Cuando su conservación pueda resultar peligrosa para la salud o seguridad pública.

e) Si se depreciaren por el transcurso del tiempo, aun cuando no sufran deterioro.

No serán susceptibles de enajenación los efectos que tengan el carácter de piezas de convicción y los que deban quedar a expensas del procedimiento, salvo que se encuentren comprendidos en los supuestos *a)* y *c)* anteriores.

4. Una vez acordada la suspensión, con o sin garantía, podrá ser modificada o revocada durante el curso del proceso si cambiaran las circunstancias en virtud de las cuales se hubiera adoptado.

TÍTULO XI

De la conclusión del sumario y del sobreseimiento

CAPÍTULO PRIMERO

DE LA CONCLUSIÓN DEL SUMARIO

Art. 622. Practicadas las diligencias decretadas de oficio o a instancia de parte por el Juez instructor, si éste considerase terminado el sumario, lo declarará así, mandando remitir los autos y las piezas de convicción al Tribunal competente para conocer del delito.

Cuando no haya acusador privado y el Ministerio Fiscal considere que en el sumario se han reunido los suficientes elementos para hacer la calificación de los hechos y poder entrar en el trámite del juicio oral, lo hará presente al Juez de instrucción para que sin más dilaciones se remita lo actuado al Tribunal competente.

La sustanciación de los recursos de apelación admitidos sólo en un efecto, no impedirá nunca la terminación del sumario, después de haber el Juez instructor cumplido lo que preceptúa el artículo 227 de esta Ley, y habérsele participado por el Tribunal superior el recibo del testimonio correspondiente.

En tales casos, al hacer el Secretario judicial la remisión del sumario a la Audiencia, cuidará de expresar los recursos de apelación en un efecto que haya pendientes. En la Audiencia quedará en suspenso la aplicación de los artículos 627 y siguientes hasta que sean resueltas las apelaciones pendientes. Si éstas fueran desestimadas, en cuanto la resolución en que así se acuerde sea firme, continuará la sustanciación de la causa conforme a los artículos citados; y si se diera lugar a alguna apelación, se revocará sin más trámite el auto del Juez declarando concluso el sumario y el

---

Art. 622: Vid. Circular de la Fiscalía del Tribunal Supremo de 13 de julio de 1926 (*Gaceta* del 18), sobre conclusión del sumario.

Vid. también la Orden de 23 de marzo de 1932, en nota al art. 306.

La Orden de 21 de marzo de 1932 (*Gaceta* del 24) dispone en su n.º 7.º que «los Jueces instructores expedirán los partes de incoación y terminación de los sumarios el mismo día en que dicten los correspondientes autos. Los Presidentes de las Audiencias vigilarán escrupulosamente el cumplimiento de esta obligación.»

Art. 622, párr. 3.º: Adicionado por el RD-ley de 14 de diciembre de 1925.

Art. 622, párr. 4.º: Redactado conforme a la Ley 13/2009, de 3 de noviembre (*BOE* del 4), de reforma de la legislación procesal para la implantación de la nueva Oficina judicial.

Secretario judicial le devolverá éste con testimonio del auto resolutorio de la apelación, para la práctica de las diligencias que sean consecuencia de tal resolución.

Art. 623. Tanto en uno como en otro caso se notificará el auto de conclusión del sumario al querellante particular, si lo hubiere, aun cuando sólo tenga el carácter de actor civil, al procesado y a las demás personas contra quienes resulte responsabilidad civil, emplazándoles para que comparezcan ante la respectiva Audiencia en el término de diez días, o en el de quince si el emplazamiento fuese ante el Supremo. A la vez se pondrá en conocimiento del Ministerio Fiscal cuando la causa verse sobre delito en que tenga intervención por razón de su cargo.

Art. 624. Si el Juez instructor reputare falta el hecho que hubiese dado lugar al sumario, mandará remitir el proceso al Juez municipal, consultando el auto en que así lo acuerde con el Tribunal superior competente.

Art. 625. Así que sea firme el auto por haberle aprobado dicho superior Tribunal, o por haberse desestimado el recurso de casación que en su caso haya podido interponerse, se emplazará a las partes para que en el término de cinco días comparezcan ante el Juez municipal a quien corresponda su conocimiento.

Recibidos los autos por el Juez municipal, se sustanciará el juicio con arreglo a lo dispuesto en el Libro VI de esta Ley.

Art. 626. Recibidos en el Tribunal los autos y piezas de convicción, el Secretario judicial designará al Magistrado ponente que por turno corresponda.

Fuera de los casos previstos en los dos artículos anteriores, y durante el tiempo que falte para cumplir el término del emplazamiento, el Magistrado ponente abrirá los pliegos y demás objetos cerrados y sellados que hu-

---

Art. 624: En su n.º 26, la Circular de la Fiscalía del Tribunal Supremo de 15 de septiembre de 1883 establece que «antes de que se dicte resolución confirmando o revocando el auto del inferior, en que se declare falta el hecho que hubiese dado lugar al sumario, debe ser oído el Ministerio Fiscal».

Art. 626: Redactado conforme a la Ley 13/2009, de 3 de noviembre (*BOE* del 4), de reforma de la legislación procesal para la implantación de la nueva Oficina judicial.

Vid. el n.º 6 de la Orden de 30 de marzo de 1957, en nota al pie del Capítulo II del Título IV de este Libro II. Vid. también lo que establece en el n.º 9 de la Orden de 21 de marzo de 1932, en nota al art. 214.

biere remitido el Juez de instrucción.

De la apertura se extenderá acta por el Secretario judicial, en la cual se hará constar el estado en que se hallaren.

Art. 627. Transcurrido dicho término, el Secretario judicial pasará los autos para instrucción por otro, que no bajará de tres días ni excederá de diez, según el volumen del proceso, al Ministerio Fiscal, si la causa versa sobre delito en que deba tener intervención, después al Procurador del querellante, si se hubiere personado, y por último a la defensa del procesado o procesados.

Si la causa excediere de mil folios, el Secretario judicial podrá prorrogar el término, sin que en ningún caso pueda exceder la prórroga de otro tanto más.

Al ser devuelta, se acompañará escrito conformándose con el auto del inferior que haya declarado terminado el sumario, o pidiendo la práctica de nuevas diligencias.

En el mismo escrito, si la opinión fuera de conformidad con el auto de terminación del sumario, se solicitará por el Ministerio Fiscal, cuando intervenga, por el Procurador del querellante, si lo hubiere, y por la defensa del procesado o procesados, lo que estimen conveniente a su derecho, respecto a la apertura del juicio oral o sobreseimiento de cualquier clase.

Art. 628. Devuelta la causa o recogida de poder del último que la hubiere recibido, el Secretario judicial la pasará inmediatamente al ponente, con los escritos presentados, por término de tres días.

Art. 627: Redactado conforme a la Ley 13/2009, de 3 de noviembre (*BOE* del 4), de reforma de la legislación procesal para la implantación de la nueva Oficina judicial.

Vid. Circular de la Fiscalía de Tribunal Supremo de 27 de abril de 1926 (*Gaceta* del 28), sobre identificación del procesado y participación en el delito, con referencia a este art. 627. Vid. art. 384, párr. 6.º, sobre producción de petición de procesamiento.

Art. 628: Redactado conforme a la Ley 13/2009, de 3 de noviembre (*BOE* del 4), de reforma de la legislación procesal para la implantación de la nueva Oficina judicial.

El n.º 7 de la Orden de 30 de marzo de 1957 (*BOE* de 8 de abril) dispone: «Transcurrido el término de emplazamiento se darán sin dilación los traslados de instrucción, y evacuados en los términos para ello fijados, examinarán los Ponentes, para dar cuenta a la Sala las peticiones formuladas, debiendo rechazarse las de revocación del auto de terminación del sumario para la práctica de nuevas diligencias, si no se consideran esenciales para la comprobación de los hechos o su calificación y las que puedan practicarse en el juicio oral.»

Art. 629. El Secretario judicial, al entregar la causa, dispondrá lo que considere conveniente para que el Fiscal, el querellante y el procesado o procesados en su caso puedan examinar la correspondencia, libros, papeles y demás piezas de convicción sin peligro de alteración en su estado.

Art. 630. Transcurrido el plazo del artículo 628, el Tribunal dictará auto, confirmando o revocando el del Juez de instrucción.

Art. 631. Si se revocare dicho auto, se mandará devolver el proceso al Juez que lo hubiere remitido, expresando las diligencias que hayan de practicarse.

Se devolverán también las piezas de convicción que el Tribunal considere necesarias para la práctica de las nuevas diligencias.

Art. 632. Si fuere confirmado el auto declarando terminado el sumario, el Tribunal resolverá, dentro del tercer día, respecto a la solicitud del juicio oral o de sobreseimiento.

Art. 633. En el auto en que el Tribunal acuerde la apertura de juicio oral se dispondrá el traslado a que se refiere el artículo 649, sin perjuicio de lo determinado en el capítulo II de este título.

CAPÍTULO II

DEL SOBRESEIMIENTO

Art. 634. El sobreseimiento puede ser libre o provisional, total o parcial.

Art. 629: Redactado conforme a la Ley 13/2009, de 3 de noviembre (*BOE* del 4), de reforma de la legislación procesal para la implantación de la nueva Oficina judicial.

Art. 632: El RD-ley de 13 de junio de 1927 (*Gaceta* del 14), dictando normas para el ejercicio de acciones penales dispone en su art. 3.º:

«Los que ejerciten acciones penales podrán en el acto de la vista previa a que se refiere el artículo 632 de la Ley, pedir el sobreseimiento de la causa, y el Tribunal ante quien formulen tal petición, al dictar la resolución procedente, les tendrán expresamente por desistidos del ejercicio de sus acciones penales, aun en el caso de que no se acceda al sobreseimiento por ellos solicitado.

»El desistimiento así declarado será definitivo cuando la petición de la parte acusadora a que aquél se refiera hubiera sido de sobreseimiento libre y cuando siendo de sobreseimiento provisional, se deniegue; pero si hubiera sido de sobreseimiento provisional y éste se acordase, si la causa vuelve a ser cubierta, podrá el interesado volver a pedir ser parte en la misma y ser admitido como tal.»

Este artículo ha sido redactado conforme a la Ley de 24 de junio de 1932.

Art. 633: Redactado conforme a la Ley de 24 de junio de 1932.

Art. 634: Vid. n.º 2 de la Real Orden de 25 de mayo de 1927, en nota al art. 301.

Si fuere el sobreseimiento parcial, se mandará abrir el juicio oral respecto de los procesados a quienes no favorezca.

Si fuere total, se mandará que se archiven la causa y piezas de convicción que no tengan dueño conocido, después de haberse practicado las diligencias necesarias para la ejecución de lo mandado.

Art. 635. Las piezas de convicción cuyo dueño fuere conocido continuarán retenidas si un tercero lo solicitare, hasta que se resuelva la acción civil que se propusiere entablar.

En este caso si el Tribunal accediere a la retención, fijará el plazo dentro del cual habrá de acreditarse que la acción se ha entablado.

Transcurrido el plazo que se fije según lo dispuesto en el párrafo anterior sin haberse acreditado el ejercicio de la acción civil, o si nadie hubiere reclamado que continúe la retención de las piezas de convicción, serán devueltas éstas a sus dueños.

Se reputará dueño el que estuviere poseyendo la cosa al tiempo de incautarse de ella el Juez de instrucción.

No obstante lo dispuesto en los párrafos anteriores, cuando las piezas de convicción entrañen, por su naturaleza, algún peligro grave para los intereses sociales o individuales, así respecto de las personas como de sus bienes, los Tribunales, en prevención de aquél, acordarán darles el destino que dispongan los Reglamentos o, en su caso, las inutilizarán previa la correspondiente indemnización, si procediera.

Art. 636. Contra los autos de sobreseimiento sólo procederá, en su caso, el recurso de casación.

El auto de sobreseimiento se comunicará a las víctimas del delito, en la dirección de correo electrónico y, en su defecto, por correo ordinario a la dirección postal o domicilio que hubieran designado en la solicitud prevista en el artículo 5.1.*m*) de la Ley del Estatuto de la Víctima del delito.

En los casos de muerte o desaparición ocasionada por un delito, el auto de sobreseimiento será comunicado de igual forma a las personas a las que se refiere el párrafo segundo del apartado 1 del artículo 109 bis, de cuya identidad y dirección de correo electrónico o postal se tuviera conocimiento. En estos

Art. 635, párr. 5.º: Adicionado por la Ley 3/1967, de 8 de abril (*BOE* del 11).
Art. 636: Redactado conforme a la Disp. Final 1.ª quince de la Ley 4/2015, de 27 de abril (*BOE* del 28), del Estatuto de la víctima del delito.

supuestos el Juez o Tribunal, podrá acordar, motivadamente, prescindir de la comunicación a todos los familiares cuando ya se haya dirigido con éxito a varios de ellos o cuando hayan resultado infructuosas cuantas gestiones se hubieren practicado para su localización.

Excepcionalmente, en el caso de ciudadanos residentes fuera de la Unión Europea, si no se dispusiera de una dirección de correo electrónico o postal en la que realizar la comunicación, se remitirá a la oficina diplomática o consular española en el país de residencia para que la publique.

Transcurridos cinco días desde la comunicación, se entenderá que ha sido efectuada válidamente y desplegará todos sus efectos, iniciándose el cómputo del plazo de interposición del recurso. Se exceptuarán de este régimen aquellos supuestos en los que la víctima acredite justa causa de la imposibilidad de acceso al contenido de la comunicación.

Las víctimas podrán recurrir el auto de sobreseimiento dentro del plazo de veinte días aunque no se hubieran mostrado como parte en la causa.

Art. 637. Procederá el sobreseimiento libre:

1.º Cuando no existan indicios racionales de haberse per-

Art. 637: La Circular de la Fiscalía del Tribunal Supremo de 2 de septiembre de 1885 señala entre otras cosas que: «Las Fiscalías de las Audiencias procurarán por punto general [...] abstenerse de pedir sobreseimiento en las causas criminales de que conozcan, fundado en el número 3.º del artículo 637 de la Ley de Enjuiciamiento Criminal [...]. Deberán, por el contrario, solicitar generalmente en ellas la apertura del juicio oral y público para depurar en el mismo el motivo de la exención si en tales números se fundase. En caso de duda, siempre que el término lo permita, consultarán a esta Fiscalía, y si no fuere posible y optasen por el sobreseimiento, darán inmediatamente noticia y razón del caso a la misma.»

Por su parte la Circular de la Fiscalía del Tribunal Supremo de 10 de octubre de 1887 (*Gaceta* del 11), en aclaración de los arts. 637 y 732 de la Ley de Enjuiciamiento Criminal, haciendo referencia también a la Circular más arriba reseñada dispone que los Fiscales observarán las reglas siguientes:

«1.ª Solicitarán el sobreseimiento con arreglo a los números 1.º y 2.º del artículo 637 de la Ley de Enjuiciamiento Criminal siempre que del sumario apareciere con claridad su procedencia, y en caso contrario solicitarán la apertura del juicio oral y formularán sus conclusiones en sentido acusatorio o por lo menos en forma alternativa que permita la prosecución del juicio, a reserva de modificarlas en el sentido procedente después de practicadas las pruebas.

»2.ª Para solicitar el sobreseimiento con arreglo al número 3.º del referido artículo 637, será indispensable que la exención aparezca del sumario de un modo "indudable"; mas si así no fuere, pedirán la apertura del juicio, teniendo presente lo dispuesto en la regla anterior.

»3.ª Cuando solicitado por el Ministerio público el sobreseimiento se hubiere abierto el juicio a instancia del acusador privado, los Fiscales formularán sus conclu-

petrado el hecho que hubiere dado motivo a la formación de la causa.

2.º Cuando el hecho no sea constitutivo de delito.

3.º Cuando aparezcan exentos de responsabilidad criminal los procesados como autores, cómplices o encubridores.

Art. 638. En los casos 1.º y 2.º del artículo anterior podrá declararse, al decretar el sobreseimiento, que la formación de la causa no perjudica a la reputación de los procesados.

Podrá también, a instancia del procesado, reservarse a éste su derecho de perseguir al querellante como calumniador.

El Tribunal podrá igualmente mandar proceder de oficio contra el querellante, con arreglo a lo dispuesto en el Código Penal.

Art. 639. En el caso 2.º del artículo 637, si resultare que el hecho constituye una falta, se mandará remitir la causa al Juez municipal competente, para la celebración del juicio que corresponda.

Art. 640. En el caso 3.º del artículo 637, se limitará el sobreseimiento a los autores, cómplices o encubridores que aparezcan indudablemente exentos de responsabilidad criminal, continuándose la causa respecto a los demás que no se hallen en igual caso. Es aplicable a los procesados a quienes se declare exentos de responsabilidad lo dispuesto en el artículo 638.

Art. 641. Procederá el sobreseimiento provisional:

1.º Cuando no resulte debidamente justificada la perpetración del delito que haya dado motivo a la formación de la causa.

2.º Cuando resulte del sumario haberse cometido un delito y no haya motivos suficientes para acusar a determinada o determinadas personas como autores, cómplices o encubridores.

Art. 642. Cuando el Ministerio Fiscal pida el sobreseimiento de conformidad con lo dispuesto en los artículos 637 y

---

siones en el sentido que estimen justo, sin perjuicio del derecho que les concede el artículo 732 de la Ley referida.»

Art. 638: Vid. arts. 205 y 456 ss. del Código Penal.

Art. 641: Sobre el particular la Circular de la Fiscalía del Tribunal Supremo de 15 de septiembre de 1883, en su apartado 31 señala que «cuando resulte del sumario haberse cometido un delito, pero se hayan desvanecido por completo los indicios de criminalidad que motivaron el procesamiento, no procederá el sobreseimiento libre, sino el provisional.

641, y no se hubiere presentado en la causa querellante particular dispuesto a sostener la acusación, podrá el Tribunal acordar que se haga saber la pretensión del Ministerio Fiscal a los interesados en el ejercicio de la acción penal, para que dentro del término prudencial que se les señale comparezcan a defender su acción si lo consideran oportuno.

Si no comparecieren en el término fijado, el Tribunal acordará el sobreseimiento solicitado por el Ministerio Fiscal.

Art. 643. Cuando en el caso a que se refiere el artículo anterior fuere desconocido el paradero de los interesados en el ejercicio de la acción penal, se les llamará por edictos que se publicarán en el Tablón Edictal Judicial Único.

Transcurrido el término del emplazamiento sin comparecer los interesados, se procederá como previene el artículo anterior.

Art. 644. Cuando el Tribunal conceptúe improcedente la petición del Ministerio Fiscal relativa al sobreseimiento y no hubiere querellante particular que sostenga la acción, antes de acceder al sobreseimiento podrá determinar que se remita la causa al Fiscal de la Audiencia territorial respectiva si se sigue en una Audiencia de lo criminal, o al del Supremo si se sustancia ante una Audiencia territorial, para que, con conocimiento de su resultado, resuelvan uno u otro funcionario si procede o no sostener la acusación. El Fiscal consultado pondrá la resolución en conocimiento del Tribunal consultante, con devolución de la causa.

Art. 645. Si se presentare querellante particular a sostener la acción, o cuando el Ministerio Fiscal opine que procede la apertura del juicio oral, podrá el Tribunal, esto no obstante, acordar el sobreseimiento a que se refiere el número 2.º del artículo 637 si así lo estima procedente.

En cualquier otro caso no podrá prescindir de la apertura del juicio.

Art. 643: Redactado conforme al art. 101.ocho del Real Decreto-ley 6/2023, de 19 de diciembre (*BOE* del 20), por el que se aprueban medidas urgentes para la ejecución del Plan de Recuperación, Transformación y Resiliencia en materia de servicio público de justicia, función pública, régimen local y mecenazgo.

TÍTULO XII

Disposiciones generales referentes a los anteriores títulos

Art. 646. Además de los testimonios de adelantos de las causas que el Secretario judicial está obligado a dirigir al Fiscal de la respectiva Audiencia, deberá remitirle también testimonio especial de todas las providencias o autos apelables, o que se refieran a diligencias periciales o de reconocimiento que le interese conocer para el ejercicio de su derecho como parte acusadora, cuando no pueda notificárselos directamente, sin que por esto se suspenda la práctica de dichas diligencias, a no ser que el Fiscal se hubiese reservado anticipadamente el derecho de intervenir en ellas, y no se irrogase perjuicio de la suspensión.

Art. 647. El término de la apelación para el Fiscal que no esté en el mismo lugar del Juez instructor empezará a contarse desde el siguiente día al en que reciba el testimonio de la providencia o auto apelables. El recurso se interpondrá por medio de escrito dirigido al Juez con atenta comunicación.

De todos modos acusará recibo de los testimonios de esta clase en el mismo día que los recibiere.

Art. 648. Los Fiscales llevarán un registro para anotar los partes de formación de causa que reciban, los testimonios de adelantos más notables que se les remitan por los Secretarios judiciales, especialmente los que expresa el artículo 646, y las contestaciones que a su vez emitan, o recursos que interpongan.

Art. 646: Redactado conforme a la Ley 13/2009, de 3 de noviembre (*BOE* del 4), de reforma de la legislación procesal para la implantación de la nueva Oficina judicial.
Art. 647, párr. 2.º: Redactado conforme a la Ley 13/2009, de 3 de noviembre (*BOE* del 4), de reforma de la legislación procesal para la implantación de la nueva Oficina judicial.
Art. 648: Redactado conforme a la Ley 13/2009, de 3 de noviembre (*BOE* del 4), de reforma de la legislación procesal para la implantación de la nueva Oficina judicial.

LIBRO III

*Del juicio oral**

TÍTULO PRIMERO

De la calificación del delito

Art. 649. Cuando se mande abrir el juicio oral, el Secretario judicial comunicará la causa al Fiscal, o al acusador privado si

---

* El art. 120.2 CE dispone: «El procedimiento será predominantemente oral, sobre todo en materia criminal.»

El RD-ley 16/2020, de 28 de abril (*BOE* del 29), de medidas procesales y organizativas para hacer frente al COVID-19 en el ámbito de la Administración de Justicia, establece:

«[...]

»*Art. 19. Celebración de actos procesales mediante presencia telemática.*—1. Durante la vigencia del estado de alarma y hasta tres meses después de su finalización, constituido el Juzgado o Tribunal en su sede, los actos de juicio, comparecencias, declaraciones y vistas y, en general, todos los actos procesales, se realizarán preferentemente mediante presencia telemática, siempre que los Juzgados, Tribunales y Fiscalías tengan a su disposición los medios técnicos necesarios para ello.

»2. No obstante lo dispuesto en el apartado anterior, en el orden jurisdiccional penal será necesaria la presencia física del acusado en los juicios por delito grave.

»3. Las deliberaciones de los tribunales tendrán lugar en régimen de presencia telemática cuando se cuente con los medios técnicos necesarios para ello.

»4. Lo dispuesto en el apartado primero será también aplicable a los actos que se practiquen en las fiscalías.

»*Art. 20. Acceso a las salas de vistas.*—Con el fin de garantizar la protección de la salud de las personas, durante la vigencia del estado de alarma y hasta tres meses después de su finalización, el órgano judicial ordenará, en atención a las características de las salas de vistas, el acceso del público a todas las actuaciones orales.

»[...]

»*Art. 22. Dispensa de la utilización de togas.*—Durante la vigencia del estado de alarma y hasta tres meses después de su finalización, las partes que asistan a actuaciones orales estarán dispensadas del uso de togas en las audiencias públicas.

»*Art. 23. Atención al público.*—1. Durante el estado de alarma y hasta tres meses después de su finalización, la atención al público en cualquier sede judicial o de la fiscalía se realizará por vía telefónica o a través del correo electrónico habilitado a tal efecto, que deberá ser objeto de publicación en la página web de la correspondiente Gerencia Territorial del Ministerio de Justicia o del órgano que determinen las Comunidades Autónomas con competencias en materia de Justicia y, que en el ámbito de la jurisdicción militar se encuentra publicado en la página web del Ministerio de Defensa, en el enlace correspondiente; todo ello siempre que sea posible en función de la naturaleza de la información requerida y, en todo caso, cumpliendo lo dispuesto en la Ley Orgánica 3/2018, de 5 de diciembre, de Protección de Datos Personales y garantía de los derechos digitales.

»2. Para aquellos casos en los que resulte imprescindible acudir a la sede judicial o de la fiscalía, será necesario obtener previamente la correspondiente cita, de conformidad con los protocolos que al efecto establezcan las administraciones competentes, que deberán prever las particularidades de las comparecencias ante los juzgados en funciones de guardia y los juzgados de violencia sobre la mujer.»

El estado de alarma finalizó a las 00.00 horas del día 21 de junio de 2020, conforme al art. 2 del RD 555/2020, de 5 de junio (*BOE* del 6), por el que se prorroga el estado de alarma.

No obstante, la Disp. Derog. única de la Ley 3/2020, de 18 de septiembre (*BOE* del 19), de medidas procesales y organizativas para hacer frente al COVID-19 en el ámbito de la Administración de Justicia, deroga el RD-ley 16/2020. Pero dentro de su contenido se establece:

«[...]

»*Art. 14. Celebración de actos procesales mediante presencia telemática.*—1. Hasta el 20 de junio de 2021 inclusive, constituido el juzgado o tribunal en su sede, los actos de juicio, comparecencias, declaraciones y vistas y, en general, todos los actos procesales, se realizarán preferentemente mediante presencia telemática, siempre que los juzgados, tribunales y fiscalías tengan a su disposición los medios técnicos necesarios para ello.

»2. No obstante lo dispuesto en el apartado anterior, en el orden jurisdiccional penal será necesaria la presencia física del acusado en los juicios por delito grave.

»También se requerirá la presencia física del investigado o acusado, a petición propia o de su defensa letrada, en la audiencia prevista en el artículo 505 de la Ley de Enjuiciamiento Criminal cuando cualquiera de las acusaciones interese su prisión provisional o en los juicios cuando alguna de las acusaciones solicite una pena de prisión superior a los dos años, salvo que concurran causas justificadas o de fuerza mayor que lo impidan.

»Cuando se disponga la presencia física del acusado o del investigado, será también necesaria la presencia física de su defensa letrada, a petición de esta o del propio acusado o investigado.

»3. Las deliberaciones de los tribunales tendrán lugar en régimen de presencia telemática cuando se cuente con los medios técnicos necesarios para ello.

»4. Lo dispuesto en el apartado primero será también aplicable a los actos que se practiquen en las fiscalías.

»5. Se adoptarán las medidas necesarias para asegurar que en el uso de métodos telemáticos se garantizan los derechos de todas las partes del proceso. En especial, deberá garantizarse en todo caso el derecho de defensa de los acusados e investigados en los procedimientos penales, en particular, el derecho a la asistencia letrada efectiva, a la interpretación y traducción y a la información y acceso a los expedientes judiciales.

»6. En los actos que se celebren mediante presencia telemática, el juez o Letrado de la Administración de Justicia ante quien se celebren podrá decidir la asistencia presencial a la sede del juzgado o tribunal de los comparecientes que estime necesarios.

»*Art. 15. Acceso a las salas de vistas.*—Con el fin de garantizar la protección de la salud de las personas, hasta el 20 de junio de 2021 inclusive, el órgano judicial ordenará, en atención a las características de las salas de vistas, el acceso del público a todas las actuaciones orales. Cuando se disponga de los medios materiales para ello, podrá acordar también la emisión de las vistas mediante sistemas de difusión telemática de la imagen y el sonido.

versa sobre delito que no pueda ser perseguido de oficio, para que en el término de cinco días califiquen por escrito los hechos.

»[...]

»*Art. 17. Dispensa de la utilización de togas.*—Hasta el 20 de junio de 2021 inclusive, las partes que asistan a actuaciones orales estarán dispensadas del uso de togas en las audiencias públicas.

»*Art. 18. Atención al público.*—1. Hasta el 20 de junio de 2021 inclusive, la atención al público en cualquier sede judicial o de la fiscalía se realizará por videoconferencia, por vía telefónica o a través del correo electrónico habilitado a tal efecto, que deberá ser objeto de publicación en la página web de la correspondiente Gerencia Territorial del Ministerio de Justicia o del órgano que determinen las Comunidades Autónomas con competencias en materia de Justicia, y que en el ámbito de la jurisdicción militar se encuentra publicado en la página web del Ministerio de Defensa en el enlace correspondiente. Todo ello siempre que sea posible en función de la naturaleza de la información requerida y, en todo caso, cumpliendo lo dispuesto en la Ley Orgánica 3/2018, de 5 de diciembre, de Protección de Datos Personales y garantía de los derechos digitales.

»2. Para aquellos casos en los que resulte imprescindible acudir a la sede judicial o de la fiscalía, será necesario para el público obtener previamente la correspondiente cita, de conformidad con los protocolos que al efecto establezcan las administraciones competentes, que deberán prever las particularidades de las comparecencias ante los juzgados en funciones de guardia y los juzgados de violencia sobre la mujer.

»[...]

»*Disp. Adic. 6.ª Indicaciones de las autoridades sanitarias.*—Las medidas organizativas previstas en el Capítulo III se ejecutarán por el Ministerio de Justicia o las Comunidades Autónomas que hayan asumido competencias en medios materiales y personales al servicio de la Administración de Justicia, siguiendo las indicaciones que en cada momento establezcan las autoridades sanitarias, previa consulta al Consejo General del Poder Judicial y a la Fiscalía General del Estado, oídos los colegios profesionales y, cuando proceda, con la participación de las organizaciones sindicales.

»[...]

»*Disp. Trans. 2.ª Previsiones en materia de medidas organizativas y tecnológicas.*— Las medidas contenidas en el Capítulo III de esta Ley serán de aplicación en todo el territorio nacional hasta el 20 de junio de 2021 inclusive. No obstante, si en dicha fecha se mantuviera la situación de crisis sanitaria, las medidas contenidas en el citado Capítulo III serán de aplicación en todo el territorio nacional hasta que el Gobierno declare de manera motivada y de acuerdo con la evidencia científica disponible, previo informe del Centro de Coordinación de Alertas y Emergencias Sanitarias, la finalización de la situación de crisis sanitaria ocasionada por el COVID19.»

Art. 649: Redactado conforme a la Ley 13/2009, de 3 de noviembre (*BOE* del 4), de reforma de la legislación procesal para la implantación de la nueva Oficina judicial.

El Acuerdo del Pleno no Jurisdiccional de la Sala II del TS (art. 264.1 LOPJ), de 2 de diciembre de 2014, sobre «Efectos de la pérdida de la condición de aforado como consecuencia de la renuncia del imputado», establece que: «En las causas con aforados la resolución judicial que acuerda la apertura del juicio oral constituye el momento en el que queda definitivamente fijada la competencia del Tribunal de enjuiciamiento aunque con posterioridad a dicha fecha se haya perdido la condición de aforado.»

El RD-ley de 13 de junio de 1927 (*Gaceta* del 14) dispone en el art. 4.º:

«El ejercitante de acciones penales que haya solicitado la apertura del juicio oral en una causa o sea admitido como parte después de haberse abierto el juicio oral, pero

Dictada que sea esta resolución, serán públicos todos los actos del proceso.

Art. 650. El escrito de calificación se limitará a determinar en conclusiones precisas y numeradas:

1.ª Los hechos punibles que resulten del sumario.

2.ª La calificación legal de los mismos hechos, determinando el delito que constituyan.

3.ª La participación que en ellos hubieren tenido el procesado o procesados, si fueren varios.

4.ª Los hechos que resulten del sumario y que constituyan circunstancias atenuantes o agravantes del delito o eximentes de responsabilidad criminal.

5.ª Las penas en que hayan incurrido el procesado o procesados, si fueren varios, por razón de su respectiva participación en el delito.

El acusador privado en su caso, y el Ministerio Fiscal cuando sostenga la acción civil, expresarán además:

1.º La cantidad en que aprecien los daños y perjuicios causados por el delito, o la cosa que haya de ser restituida.

2.º La persona o personas que aparezcan responsables de los daños y perjuicios o de la restitución de la cosa, y el hecho en virtud del cual hubieren contraído esta responsabilidad.

Art. 651. Devuelta la causa por el Fiscal, el Secretario judicial la pasará por igual término y con el mismo objeto al acusador particular, si lo hubiere, quien presentará el escrito de calificación, firmado por su Abogado y Procurador en la forma anteriormente indicada.

Si hubiere actor civil, se le pasará la causa en cuanto sea devuelta por el Fiscal o acusador particular para que a su vez, en término igual al fijado en los artículos anteriores y con

---

antes de la calificación, al evacuar el traslado a que se refiere el artículo 649 y formular el escrito de conclusiones provisionales que preceptúan el artículo 650 en relación con el 653 de la Ley de Enjuiciamiento Criminal, articulará conclusiones exclusivamente acusatorias; y si las formulase absolutorias, el Tribunal le declarará desistido de las acciones ejercitadas con imposición de costas.

»Al elevar en el acto del juicio oral las conclusiones provisionales a definitivas, podrá la parte ejercitante de acciones penales retirar su acusación y solicitar la absolución de los reos a quienes acusó provisionalmente, y desde luego, el Tribunal tendrá por desistido de sus acciones y su representación y defensa se retirarán de la Sala donde la vista se celebre, después de exponer el defensor, si quiere hacerlo, los fundamentos de su decisión, sin que vuelvan ya a intervenir en la causa.»

Art. 651, párr. 1.º: Redactado conforme a la Ley 13/2009, de 3 de noviembre (*BOE* del 4), de reforma de la legislación procesal para la implantación de la nueva Oficina judicial.

idéntica formalidad, presente conclusiones numeradas acerca de los dos últimos puntos del artículo precedente.

Art. 652. Seguidamente el Secretario judicial comunicará la causa a los procesados y a las terceras personas civilmente responsables, para que en igual término y por su orden manifiesten también, por conclusiones numeradas y correlativas a las de la calificación que a ellos se refiera, si están o no conformes con cada una, o en otro caso consignen los puntos de divergencia.

Por el Secretario judicial se interesará la designación al efecto de Abogado y Procurador, si no los tuviesen.

Art. 653. Las partes podrán presentar sobre cada uno de los puntos que han de ser objeto de la calificación dos o más conclusiones en forma alternativa, para que si no resultare del juicio la procedencia de la primera, pueda estimarse cualquiera de las demás en la sentencia.

Art. 654. El Secretario judicial, al dar traslado de la causa a las partes en cumplimiento de lo dispuesto en los artículos anteriores, dispondrá lo que considere conveniente para que éstas puedan examinar la correspondencia, libros, papeles y demás piezas de convicción, sin peligro de alteración en su estado.

Art. 655. 1. Al evacuar la representación del procesado el traslado de calificación, podrá manifestar su conformidad absoluta con aquella que más gravemente hubiere calificado, si hubiere más de una, y con la pena que se le pida; expresándose además por la asistencia letrada si esto, no obstante, conceptúa necesaria la continuación del juicio.

El letrado o la letrada facilitará por escrito a la persona a quien defiende la información sobre el acuerdo alcanzado.

Si el letrado o la letrada del procesado no conceptúa necesaria la continuación del juicio y, el tribunal, a partir de la des-

---

Art. 652: Redactado conforme a la Ley 13/2009, de 3 de noviembre (*BOE* del 4), de reforma de la legislación procesal para la implantación de la nueva Oficina judicial.

Art. 654: Redactado conforme a la Ley 13/2009, de 3 de noviembre (*BOE* del 4), de reforma de la legislación procesal para la implantación de la nueva Oficina judicial.

Art. 655: Modificado por el art. 20.Cuatro de la LO 1/2025, de 2 de enero (*BOE* del 3), de medidas en materia de eficiencia del Servicio Público de Justicia. Entra en vigor el 3 de abril de 2025 (Disp. Final 38.ª1 LOMESPJ). La Disp. Trans. 9.ª LOMESP, en su apartado primero indica que las reformas serán aplicables exclusivamente a los procedimientos incoados con posterioridad a su entrada en vigor.

cripción de los hechos aceptada por todas las partes, entendiere que la calificación aceptada es correcta y que la pena es procedente según dicha calificación, dictará sentencia de conformidad. Dicha conformidad podrá ser también prestada con el nuevo escrito de calificación que conjuntamente firmen las partes acusadoras y la parte acusada junto a su letrado o letrada, que no podrá referirse a hecho distinto, ni contener calificación más grave que la del escrito de acusación anterior. El tribunal oirá en todo caso al acusado acerca de si su conformidad ha sido prestada libremente y con conocimiento de sus consecuencias. En caso de que el tribunal considerare incorrecta la calificación formulada o entendiere que la pena solicitada no procede legalmente, requerirá a la parte que presentó el escrito de acusación más grave para que manifieste si se ratifica o no en él. Sólo cuando la parte requerida modificare su escrito de acusación en términos tales que la calificación sea correcta y la pena solicitada sea procedente y el acusado preste de nuevo su conformidad, podrá el juez, jueza o tribunal dictar sentencia de conformidad. En otro caso, ordenará la celebración del juicio. También continuará el juicio si fuesen varios los pro-

cesados y no todos manifestaren igual conformidad.

2. El Ministerio Fiscal oirá previamente a la víctima o perjudicado, aunque no estén personados en la causa, siempre que hubiera sido posible y se estime necesario para ponderar correctamente los efectos y el alcance de tal conformidad, y en todo caso cuando la gravedad o trascendencia del hecho o la intensidad o la cuantía sean especialmente significativos, así como en todos los supuestos en que víctimas o perjudicados se encuentren en situación de especial vulnerabilidad.

3. Una vez que la defensa del acusado manifieste su conformidad, el presidente o presidenta del tribunal informará a la persona acusada de sus consecuencias y a continuación la requerirá a fin de que manifieste si presta su conformidad. Cuando el tribunal albergue dudas sobre si la persona acusada ha prestado libremente su conformidad, acordará la celebración del juicio.

4. Cuando el procesado o procesados disintiesen únicamente respecto de la responsabilidad civil, se limitará el juicio a la prueba y discusión de los puntos relativos a dicha responsabilidad.

5. No vinculan al tribunal las conformidades sobre la adopción de medidas protecto-

ras en los casos de limitación de la responsabilidad penal. Previa ratificación del procesado, dictará sin más trámites la sentencia que proceda según la calificación mutuamente aceptada, sin que pueda imponer pena mayor que la solicitada.

6. La sentencia de conformidad se dictará oralmente y documentará en el acta con expresión del fallo y una sucinta motivación, sin perjuicio de su ulterior redacción. Si el fiscal y las partes, conocido el fallo, expresaran su decisión de no recurrir, el juez, en el mismo acto, declarará oralmente la firmeza de la sentencia y se pronunciará, previa audiencia de las partes, sobre la suspensión de la pena impuesta o su sustitución, cuando proceda. También resolverá el tribunal sobre los aplazamientos de las responsabilidades pecuniarias y se realizarán, en cuanto fuera posible, los requerimientos y liquidaciones de condena de las penas impuestas en la sentencia.

7. Únicamente serán recurribles las sentencias de conformidad cuando no hayan respetado los requisitos o términos de la conformidad, sin que la persona acusada pueda impugnar por razones de fondo su conformidad libremente prestada.

8. Cuando el acusado sea una persona jurídica, la conformidad deberá prestarla su representante especialmente designado, siempre que cuente con poder especial. Dicha conformidad, que se sujetará a los requisitos enunciados en los apartados anteriores, podrá realizarse con independencia de la posición que adopten las demás personas acusadas y su contenido no vinculará en el juicio que se celebre en relación con éstos.

Si ésta no fuese la procedente según dicha calificación, sino otra mayor, acordará el Tribunal la continuación del juicio.

También continuará el juicio si fuesen varios los procesados y no todos manifestaren igual conformidad.

Cuando el procesado o procesados disintiesen únicamente respecto de la responsabilidad civil, se limitará el juicio a la prueba y discusión de los puntos relativos a dicha responsabilidad.

Art. 656. El Ministerio Fiscal y las partes manifestarán en sus respectivos escritos de calificación las pruebas de que intenten valerse, presentando listas de peritos y testigos que hayan de declarar a su instancia.

En las listas de peritos y testigos se expresarán sus nombres y apellidos, el apodo, si por él fueren conocidos, y su domicilio o residencia; manifestando además la parte que los presente si los peritos y testigos han de ser citados judicialmente o si se encarga de hacerles concurrir.

Art. 657. Cada parte presentará tantas copias de las listas de peritos y testigos cuantas sean las demás personadas en la causa, a cada una de las cuales se entregará una de dichas copias en el mismo día en que fueren presentadas.

Las listas originales se unirán a la causa.

Podrán pedir además las partes que se practiquen desde luego aquellas diligencias de prueba que por cualquier causa fuere de temer que no se puedan practicar en el juicio oral, o que pudieren motivar su suspensión.

Art. 658. Presentados los escritos de calificación, o recogida la causa de poder de quien la tuviere después de transcurrido el término señalado en el artículo 649, el Secretario judicial dictará diligencia teniendo por hecha la calificación, y acordará pasar la causa al ponente, por término de tercer día, para el examen de las pruebas propuestas.

Art. 659. Devuelta que sea la causa por el Ponente, el Tribunal examinará las pruebas propuestas, e inmediatamente

---

Art. 658: Redactado conforme a la Ley 13/2009, de 3 de noviembre (*BOE* del 4), de reforma de la legislación procesal para la implantación de la nueva Oficina judicial.

Art. 659: La Real Orden de 3 de mayo de 1926 (*Gaceta* del 4), sobre señalamiento de vistas, refrendada por la Orden de 30 de marzo de 1957 (*BOE* de 8 abril), dispone:

«1.º Que dentro de los diez días siguientes al de la publicación de esta Real Orden en la *Gaceta de Madrid*, salvo en las islas Canarias, donde el plazo será de veinte días, queden hechos en todos los Juzgados y Tribunales, incluso en el Tribunal Supremo, los señalamientos de día para la vista, en todos cuantos pleitos, causas, incidentes y autos de cualquier clase estén pendientes del trámite de señalamiento, ateniéndose los funcionarios a los cuales incumbe hacer los señalamientos a lo expresado en los preceptos legales vigentes.

»2.º Que en lo sucesivo se hagan los señalamientos de día para la vista, en cada caso, en cuanto los autos correspondientes lleguen a tal trámite, bajo la responsabilidad de los Jueces y Presidentes de Salas de Justicia, quienes efectuarán todos los sábados, con los Secretarios respectivos, alardes de los asuntos que hayan llegado a tal estado.

»3.º Que el Presidente del Tribunal Supremo en éste y los de las Audiencias en cada una de ellas, vigilen el exacto cumplimiento de lo mandado, comunicando los Presidentes de las Audiencias al del Tribunal Supremo y éste al Ministro de Gracia y Justicia, antes del 15 de mayo (con excepción del de Las Palmas, que podrá hacerlo hasta el día 25), haber quedado completamente cumplido lo mandado en la disposición primera; y

»4.º Que los Fiscales del Tribunal Supremo y de las Audiencias, en cumplimiento de los deberes que les atribuyen los números 1.º y 11 del artículo 838 de la Ley Orgánica del Poder Judicial, vigilen también por el cumplimiento de cuanto queda ordenado, promoviendo las correcciones consiguientes en los casos de incumplimiento.»

dictará auto admitiendo las que considere pertinentes y rechazando las demás.

Para rechazar las propuestas por el acusador privado, habrá de ser oído el Fiscal si interviniere en la causa.

Contra la parte del auto admitiendo las pruebas o mandando practicar la que se hallare en el caso del párrafo tercero del artículo 657, no procederá recurso alguno.

Contra la en que fuere rechazada o denegada la práctica de las diligencias de prueba podrá interponerse en su día el recurso de casación, si se prepara oportunamente con la correspondiente protesta.

A la vista de este auto, el Secretario judicial establecerá el día y hora en que deban comenzar las sesiones del juicio oral, con sujeción a lo establecido en el artículo 182 de la Ley de Enjuiciamiento Civil.

Los criterios generales y las concretas y específicas instrucciones que fijen los Presidentes de Sala o Sección, con arreglo a los cuales se realizará el señalamiento, tendrán asimismo en cuenta:

1.º La prisión del acusado;
2.º El aseguramiento de su presencia a disposición judicial;
3.º Las demás medidas cautelares personales adoptadas;
4.º La prioridad de otras causas;
5.º La complejidad de la prueba propuesta o cualquier circunstancia modificativa, según hayan podido determinar una vez estudiado el asunto o pleito de que se trate.

En todo caso, aunque no sea parte en el proceso ni deba intervenir, el Secretario judicial deberá informar a la víctima por escrito de la fecha y lugar de celebración del juicio.

Art. 660. El Secretario judicial expedirá los exhortos o mandamientos necesarios para la citación de los peritos y testigos que la parte hubiese designado con este objeto.

Los exhortos o mandamientos serán remitidos de oficio para su cumplimiento, a no ser que la parte pida que se le entreguen.

En este caso, el Secretario judicial señalará un plazo dentro del cual habrá de devolverlos cumplimentados.

Art. 659, párrs. 5.º, 6.º y 7.º: Párr. 5.º redactado, y 6.º y 7.º añadidos conforme a la Ley 13/2009, de 3 de noviembre (*BOE* del 4), de reforma de la legislación procesal para la implantación de la nueva Oficina judicial.

Art. 660: Redactado conforme a la Ley 13/2009, de 3 de noviembre (*BOE* del 4), de reforma de la legislación procesal para la implantación de la nueva Oficina judicial.

Art. 661. Las citaciones de peritos y testigos se practicarán en la forma establecida en el Título VII del Libro I.

Los peritos y testigos citados que no comparezcan, sin causa legítima que se lo impida, incurrirán en la multa señalada en el número 5.º del artículo 175.

Si vueltos a citar dejaren también de comparecer, serán procesados por el delito de obstrucción a la Justicia, tipificado en el artículo 463.1 del Código Penal.

Art. 662. Las partes podrán recusar a los peritos expresados en las listas por cualquiera de las causas mencionadas en el artículo 468.

La recusación se hará dentro de los tres días siguientes al de la entrega al recusante de la lista que contenga el nombre del recusado.

Alegada la recusación, el Secretario judicial dará traslado del escrito por igual término a la parte que intente valerse del perito recusado.

Transcurrido el término y devueltos o recogidos los autos, se recibirán a prueba por seis días, durante los cuales cada una de las partes practicará la que le convenga.

Transcurrido el término de prueba, el Secretario judicial señalará día para la vista, a la que podrán asistir las partes y sus defensores, y dentro del término legal el Tribunal resolverá el incidente.

Contra el auto no se dará recurso alguno.

Art. 663. El perito que no sea recusado en el término fijado en el artículo anterior no podrá serlo después, a no ser que incurriera con posterioridad en alguna de las causas de recusación.

Art. 664. El Tribunal dispondrá también que los procesados que se hallen presos sean inmediatamente conducidos a la cárcel de la población en que haya de continuarse el

---

Art. 661: Vid. arts. 412 y 463.1 del Código Penal.
Art. 661, párr. 3.º: Redactado conforme a la Ley 38/2003, de 24 de octubre (*BOE* del 28).
Art. 662, párrs. 3.º y 5.º: Redactados conforme a la Ley 13/2009, de 3 de noviembre (*BOE* del 4), de reforma de la legislación procesal para la implantación de la nueva Oficina judicial.
Art. 664, párr. 1.º: Redactado conforme a la Ley 13/2009, de 3 de noviembre (*BOE* del 4), de reforma de la legislación procesal para la implantación de la nueva Oficina judicial.
Vid. arts. 31.3, 32, 33 y 34 del Reglamento Penitenciario, aprobado por RD 190/1996, de 9 de febrero (*BOE* del 15). Asimismo, vid. Decreto 2.355/1967, de 16 de septiembre (*BOE* de 9 de octubre), por el que se regulan las conducciones de detenidos, presos y penados, y Orden de 15 de junio de 1995 (*BOE* del 22).

juicio, citándoles el Secretario judicial para el mismo, así como a los que estuvieren en libertad provisional para que se presenten en el día señalado, e igualmente notificará el auto a los fiadores o dueños de los bienes dados en fianza, expidiéndose para todo ello los exhortos y mandamientos necesarios.

La falta de la citación expresada en el párrafo anterior será motivo de casación, si la parte que no hubiere sido citada no comparece en el juicio.

Art. 665. Cuando presentados los escritos de calificación y examinadas las pruebas propuestas entendiere el Presidente de la Audiencia o Sala de lo criminal que procede constituir una sección en determinada localidad para la celebración del juicio, lo acordará así, poniéndolo en conocimiento del Ministerio de *Gracia y Justicia*.

TÍTULO II

De los artículos de previo pronunciamiento

Art. 666. Serán tan sólo objeto de artículos de previo pronunciamiento las cuestiones o excepciones siguientes:

1.ª La de declinatoria de jurisdicción.

2.ª La de cosa juzgada.

3.ª La de prescripción del delito.

4.ª La de amnistía o indulto.

5.ª La falta de autorización administrativa para procesar en

Art. 665: El art. 269.2 LOPJ dispone que: «Sin embargo, el Consejo General del Poder Judicial, cuando las circunstancias o el buen servicio de la administración de justicia lo aconsejen, y a petición de las Salas de Gobierno de los Tribunales Superiores de Justicia, podrá disponer que los Juzgados y las Secciones o Salas de los Tribunales o Audiencias se constituyan en población distinta de su sede para despachar los asuntos correspondientes a un determinado ámbito territorial comprendido en la circunscripción de aquéllos.»

Art. 666.1.ª: Vid. arts. 19 ss. de esta Ley.

Art. 666.3.ª: Vid. arts. 130.6.ª y 131 del Código Penal. El Acuerdo de Pleno no jurisdiccional (art. 264.1 LOPJ), de 16 de diciembre de 2008, se ha planteado la determinación correcta de la declaración en sentencia de la prescripción del delito. El Acuerdo establece que: «Para la determinación del plazo de prescripción del delito habrá de atenderse a la pena en abstracto señalada al delito correspondiente por el legislador, teniendo plena vigencia el Acuerdo de fecha 29 de abril de 1997.»

Art. 666.4.ª: El art. 62.*i*) de la Constitución prohíbe los indultos generales; vid. art. 130.4.º CP. Sobre indulto, vid. Ley de 8 de junio de 1870, *infra*, Apéndice, § 1.

Art. 666.5.ª: Vid. arts. 309 y 384 de esta Ley, con sus correspondientes notas.

los casos en que sea necesaria, con arreglo a la Constitución y a Leyes especiales.

Art. 667. Las cuestiones expresadas en el artículo anterior podrán proponerse en el término de tres días, a contar desde el de la entrega de los autos para la calificación de los hechos.

Art. 668. El que haga la pretensión acompañará al escrito los documentos justificativos de los hechos en que la funde, y si no los tuviere a su disposición, designará clara y determinantemente el archivo u oficina donde se encuentren, pidiendo que el Tribunal los reclame a quien corresponda, originales o por compulsa, según proceda.

Presentará también tantas copias del escrito y de los documentos cuantos sean los representantes de las partes personadas. Dichas copias se entregarán a las mismas en el día de la presentación, haciéndolo así constar el Secretario por diligencia.

Art. 669. Los representantes de las partes a quienes se hayan entregado las referidas copias, contestarán en el término de tres días, acompañando también los documentos en que funden sus pretensiones, si los tuviesen en su poder, o designando el archivo u oficina en que se hallen, pidiendo en este caso que el Tribunal los reclame en los términos expresados en el artículo precedente.

Art. 670. Transcurrido el término de los tres días, el Tribunal estimará o denegará la reclamación de documentos, según que los considere o no necesarios para el fallo del artículo.

Si no se presentaren los documentos, o no se hiciere la designación del lugar en que se encuentren, no producirá efectos suspensivos la excepción alegada.

Art. 671. Si el Tribunal accede a la reclamación de documentos, recibirá el artículo a prueba por el término necesario, que no podrá exceder de ocho días.

El Tribunal mandará en el mismo auto dirigir las comunicaciones convenientes a los Jefes o encargados de los archivos u oficinas en que los documentos se hallen, determinando si han de remitir los originales o por compulsa.

Art. 672. Cuando los documentos hubieren de ser remitidos por compulsa, se advertirá a las partes el derecho que les asiste para personarse en el archivo u oficina, a fin de señalar la parte del documento que haya de compulsarse, si no les fuere necesaria la compulsa de todo él, y para presenciar el cotejo.

En los artículos de previo pronunciamiento no se admitirá prueba testifical.

Art. 673. Transcurrido el término de prueba, el Secretario judicial señalará inmediatamente día para la vista, en la que podrán informar lo que convenga a su derecho los defensores de las partes si éstas lo pidiesen.

Art. 674. En el día siguiente al de la vista, el Tribunal dictará auto resolviendo sobre las cuestiones propuestas.

Si una de ellas fuere la de declinatoria de jurisdicción, el Tribunal la resolverá antes que las demás.

Cuando lo estime procedente, mandará remitir los autos al Tribunal o Juez que considere competente, y se abstendrá de resolver sobre las demás.

Art. 675. Cuando se declare haber lugar a cualquiera de las excepciones comprendidas en los números 2.º, 3.º y 4.º del artículo 666, se sobreseerá libremente, mandando que se ponga en libertad al procesado o procesados que no estén presos por otra causa.

Art. 676. Si el Tribunal no estimare suficientemente justificada la declinatoria, declarará no haber lugar a ella, confirmando su competencia para conocer del delito.

Si no estima justificada cualquiera otra, declarará simplemente no haber lugar a su admisión, mandando en consecuencia continuar la causa según su estado.

Contra el auto resolutorio de la declinatoria y contra el que admita las excepciones 2.ª, 3.ª y

---

Art. 673: Redactado conforme a la Ley 13/2009, de 3 de noviembre (*BOE* del 4), de reforma de la legislación procesal para la implantación de la nueva Oficina judicial.

Art. 674: El TS, por Acuerdo del Pleno no jurisdiccional (art. 264.1 LOPJ) de 19 de diciembre de 2013, ha interpretado, en relación con el «recurso de casación ante autos de las Audiencias resolviendo una declinatoria de jurisdicción como artículo de previo pronunciamiento», que «los autos que resuelven una declinatoria de jurisdicción planteada como artículo de previo pronunciamiento son recurribles en casación siempre cualquiera que sea su sentido; es decir, tanto si estiman como si desestiman la cuestión».

Art. 676, párr. 3.º: Redactado conforme a la LO 5/1995, de 22 de mayo (*BOE* del 23), del Tribunal del Jurado. Pese a la dicción literal del art. 676, párr. 3.º, poniendo de manifiesto que el recurso posible es el de apelación (vid. Exp. Mot. de la Ley del Jurado, *infra*, Apéndice, § 1), el Tribunal Supremo ha interpretado

4.ª del artículo 666, procede el recurso de apelación. Contra el que las desestime no se da recurso alguno salvo el que proceda contra la sentencia, sin perjuicio de lo dispuesto en el artículo 678.

Art. 677. Si el Tribunal estima procedente el artículo por falta de autorización para procesar, mandará subsanar inmediatamente este defecto, quedando entretanto en suspenso la causa, que se continuará según su estado, una vez concedida la autorización.

Si solicitada ésta se denegare, quedará nulo todo lo actuado y se sobreseerá libremente la causa.

Contra el auto en que se desestime esta excepción no se dará recurso alguno, y se observará lo dispuesto en el párrafo segundo del artículo anterior.

Art. 678. Las partes podrán reproducir en el juicio oral, como medios de defensa, las cuestiones previas que se hubiesen desestimado, excepto la de declinatoria.

Lo anterior no será de aplicación en las causas competencia del Tribunal del Jurado, sin perjuicio de lo que pueda alegarse al recurrir contra la sentencia.

Art. 679. Siendo desestimadas las cuestiones propuestas, se comunicará nuevamente la causa por término de tres días a la parte que la hubiere alegado para el objeto prescrito en el artículo 649.

---

que «el actual artículo 676 de la LECrim, tras su modificación por LO 5/1995, debe interpretarse en el sentido de que la apelación que en él se contempla es únicamente admisible en el ámbito competencial que la LO 5/1995 atribuye al Jurado, y su decisión en este limitado campo corresponde al Tribunal Superior de Justicia correspondiente. Fuera de ese ámbito procesal el recurso que corresponde es el de casación ante la Sala Segunda del Tribunal Supremo, a través de lo dispuesto en el artículo 848 de la Ley de Enjuiciamiento Criminal» (STS 918/1998, de 6 de julio, dictada como consecuencia del acuerdo del Pleno no jurisdiccional —art. 264.1 LOPJ— de la Sala Segunda del TS, celebrado el 8 de mayo de 1998).

Art. 678, párr. 2.º: Párrafo añadido por la LO 5/1995, de 22 de mayo (*BOE* del 23), del Tribunal del Jurado.

TÍTULO III

De la celebración del juicio oral

CAPÍTULO PRIMERO

DE LA PUBLICIDAD DE LOS DEBATES*

Art. 680. Los debates del juicio oral serán públicos, bajo pena de nulidad, sin perjuicio de lo dispuesto en el artículo siguiente.

Art. 681. 1. El Juez o Tribunal podrá acordar, de oficio o a instancia de cualquiera de las partes, previa audiencia a las mismas, que todos o alguno de los actos o las sesiones del juicio se celebren a puerta cerrada, cuando así lo exijan razones de seguridad u orden público, o la adecuada protección de los derechos fundamentales de los intervinientes, en particular, el derecho a la intimidad de la víctima, el respeto debido a la misma o a su familia, o resulte necesario para evitar a las víctimas perjuicios relevantes que, de otro modo, podrían derivar del desarrollo ordinario del proceso. Sin embargo, el Juez o el Presidente del Tribunal podrán autorizar la presencia de personas que acrediten un especial interés en la causa. La anterior restricción, sin perjuicio de lo dispuesto en el artículo 707, no será aplicable al Ministerio Fiscal, a las personas lesionadas por el delito, a los procesados, al acusador privado, al actor civil y a los respectivos defensores.

2. Asimismo, podrá acordar la adopción de las siguientes medidas para la protección de la intimidad de la víctima y de sus familiares:

a) Prohibir la divulgación o publicación de información relativa a la identidad de la víctima, de datos que puedan facilitar su identificación de forma directa o indirecta, o de aque-

---

* El art. 120.1 y 2 de la Constitución dispone:

«1. Las actuaciones judiciales serán públicas, con las excepciones que prevean las leyes de procedimiento.

»2. El procedimiento será predominantemente oral, sobre todo en materia criminal.»

Sobre la utilización de videoconferencia en esta materia, vid. nota al art. 433, párr. 3.º

Art. 680: Redactado conforme a la Disp. Final 1.ª dieciséis de la Ley 4/2015, de 27 de abril (*BOE* del 28), del Estatuto de la víctima del delito.

Art. 681: Redactado conforme a la Disp. Final 1.ª diecisiete de la Ley 4/2015, de 27 de abril (*BOE* del 28), del Estatuto de la víctima del delito.

llas circunstancias personales que hubieran sido valoradas para resolver sobre sus necesidades de protección.

b) Prohibir la obtención, divulgación o publicación de imágenes de la víctima o de sus familiares.

3. Queda prohibida, en todo caso, la divulgación o publicación de información relativa a la identidad de víctimas menores de edad, de víctimas con discapacidad necesitadas de especial protección y de las víctimas de los delitos de violencia sexual referidos en el artículo 3 de la Ley Orgánica 10/2022, de 6 de septiembre, de garantía integral de la libertad sexual, así como de datos que puedan facilitar su identificación de forma directa o indirecta, o de aquellas circunstancias personales que hubieran sido valoradas para resolver sobre sus necesidades de protección, así como la obtención, divulgación o publicación de imágenes suyas o de sus familiares.

Art. 682. El Juez o Tribunal, previa audiencia de las par-

tes, podrá restringir la presencia de los medios de comunicación audiovisuales en las sesiones del juicio y prohibir que se graben todas o alguna de las audiencias cuando resulte imprescindible para preservar el orden de las sesiones y los derechos fundamentales de las partes y de los demás intervinientes, especialmente el derecho a la intimidad de las víctimas, el respeto debido a la misma o a su familia, o la necesidad de evitar a las víctimas perjuicios relevantes que, de otro modo, podrían derivar del desarrollo ordinario del proceso. A estos efectos, podrá:

a) Prohibir que se grabe el sonido o la imagen en la práctica de determinadas pruebas, o determinar qué diligencias o actuaciones pueden ser grabadas y difundidas.

b) Prohibir que se tomen y difundan imágenes de alguna o algunas de las personas que en él intervengan.

c) Prohibir que se facilite la identidad de las víctimas, de los testigos o peritos o de cualquier otra persona que intervenga en el juicio.

Art. 681.3: Apartado modificado por la Disp. Final 11.ªDos de la LO 2/2024, de 1 de agosto (*BOE* del 2), de representación paritaria y presencia equilibrada de mujeres y hombres. Entrará en vigor a los 20 días de su publicación.

Art. 682: Redactado conforme a la Disp. Final 1.ªdieciocho de la Ley 4/2015, de 27 de abril (*BOE* del 28), del Estatuto de la víctima del delito.

CAPÍTULO II

DE LAS FACULTADES DEL PRESIDENTE DEL TRIBUNAL

Art. 683. El Presidente dirigirá los debates cuidando de impedir las discusiones impertinentes y que no conduzcan al esclarecimiento de la verdad, sin coartar por esto a los defensores la libertad necesaria para la defensa.

Art. 684. El Presidente tendrá todas las facultades necesarias para conservar o restablecer el orden en las sesiones y mantener el respeto debido al Tribunal y a los demás poderes públicos, pudiendo corregir en el acto con multa de 5.000 a 25.000 pesetas las infracciones que no constituyan delito, o que no tengan señalada en la Ley una corrección especial.

El Presidente llamará al orden a todas las personas que lo alteren, y podrá hacerlas salir del local si lo considerare oportuno, sin perjuicio de la multa a que se refiere el artículo anterior.

Podrá también acordar que se detenga en el acto a cualquiera que delinquiere durante la sesión, poniéndole a disposición del Juzgado competente.

Todos los concurrentes al juicio oral, cualquiera que sea la clase a que pertenezcan, sin excluir a los militares, quedan sometidos a la jurisdicción disciplinaria del Presidente. Si turbaren el orden con un acto que constituya delito, serán expulsados del local y entregados a la Autoridad competente.

Art. 685. Toda persona interrogada o que dirija la palabra al Tribunal deberá hablar de pie.

Se exceptúan el Ministerio Fiscal, los defensores de las partes y las personas a quienes el Presidente dispense de esta obligación por razones especiales.

Art. 686. Se prohíben las muestras de aprobación o de desaprobación.

Art. 687. Cuando el acusado altere el orden con una conducta inconveniente y persista en ella a pesar de las advertencias del Presidente y del apercibimiento de hacerle abandonar

---

Art. 684: La cuantía de la multa ha sido elevada por la Ley 10/1992, de 30 de abril (*BOE* de 5 de mayo).

Vid. arts. 190 ss. de la Ley Orgánica del Poder Judicial. Vid. arts. 558 y 633 del Código Penal.

Art. 684, párr. 2.º: Donde el precepto dice «multa a que se refiere el artículo anterior», debe querer referirse al «párrafo anterior».

el local, el Tribunal podrá decidir que sea expulsado por cierto tiempo o por toda la duración de las sesiones, continuando éstas en su ausencia.

CAPÍTULO III

DEL MODO DE PRACTICAR LAS PRUEBAS DURANTE EL JUICIO ORAL

SECCIÓN 1.ª

De la confesión de los procesados y personas civilmente responsables

Art. 688.   En el día señalado para dar principio a las sesiones, el letrado o la letrada de la Administración de Justicia velará por que se encuentren en el local del Tribunal las piezas de convicción que se hubieren recogido, y el Presidente, en el momento oportuno, declarará abierta la sesión.

Preguntará el Presidente a cada uno de los acusados si se confiesa reo del delito que se le haya imputado en el escrito de calificación y responsable civilmente a la restitución de la cosa o al pago de la cantidad fijada en dicho escrito por razón de daños y perjuicios.

Art. 689.   Si en la causa hubiere, además de la calificación fiscal, otra del querellante particular o diversas calificaciones de querellantes de esta clase, se preguntará al procesado si se confiesa reo del delito, según la calificación más grave, y civilmente responsable por la cantidad mayor que se hubiese fijado.

Art. 690.   Si fueren más de uno los delitos imputados al procesado en el escrito de calificación, se le harán las mismas preguntas respecto de cada cual.

Art. 691.   Si los procesados fueren varios, se preguntará a cada uno sobre la participación que se le haya atribuido.

Art. 692.   Imputándose en la calificación responsabilidad civil a cualquiera otra persona, comparecerá también ante el Tribunal y declarará si se conforma con las conclusiones de la calificación que le interesen.

Art. 688: Modificado por el art. 20.Cinco de la LO 1/2025, de 2 de enero (*BOE* del 3), de medidas en materia de eficiencia del Servicio Público de Justicia. Entra en vigor el 3 de abril de 2025 (Disp. Final 38.ª1 LOMESPJ). La Disp. Trans. 9.ª LOMESP, en su apartado primero indica que las reformas serán aplicables exclusivamente a los procedimientos incoados con posterioridad a su entrada en vigor.

Art. 693. El Presidente hará las preguntas mencionadas en los artículos anteriores con toda claridad y precisión, exigiendo contestación categórica.

Art. 694. Si en la causa no hubiere más que un procesado y contestare afirmativamente, el Presidente del Tribunal preguntará al defensor si considera necesaria la continuación del juicio oral. Si éste contestare negativamente, el Tribunal procederá a dictar sentencia en los términos expresados en el artículo 655.

Art. 695. Si confesare su responsabilidad criminal, pero no la civil, o aun aceptando ésta, no se conformare con la cantidad fijada en la calificación, el Tribunal mandará que continúe el juicio.

Pero en este último caso, la discusión y la producción de pruebas se concretarán al extremo relativo a la responsabilidad civil que el procesado no hubiese admitido de conformidad con las conclusiones de la calificación.

Terminado el acto, el Tribunal dictará sentencia.

Art. 696. Si el procesado no se confesare culpable del delito que le fuere atribuido en la calificación, o su defensor considerase necesaria la continuación del juicio, se procederá a la celebración de éste.

Art. 697. Cuando fueren varios los procesados en una misma causa, se procederá conforme a lo dispuesto en el artículo 694 si todos se confiesan reos del delito o delitos que les hayan sido atribuidos en los escritos de calificación, y reconocen la participación que en las conclusiones se les haya señalado, a no ser que sus defensores consideren necesaria la continuación del juicio.

Si cualquiera de los procesados no se confiesa reo del delito que se le haya imputado en la calificación, o su defensor considera necesaria la continuación del juicio, se procederá con arreglo a lo dispuesto en el artículo anterior.

Si el disentimiento fuere tan sólo respecto de la responsabilidad civil, continuará el juicio en la forma y para los efectos determinados en el artículo 695.

Art. 698. Se continuará también el juicio cuando el procesado o procesados no quieran responder a las preguntas que les hiciere el Presidente.

Art. 699. De igual modo se procederá si en el sumario no hubiese sido posible hacer constar la existencia del cuerpo del delito cuando, de haberse éste cometido, no pueda menos de existir aquél, aunque hayan prestado su conformidad el procesado o procesados y sus defensores.

Art. 700. Cuando el procesado o procesados hayan confesado su responsabilidad de acuerdo con las conclusiones de la calificación, y sus defensores no consideren necesaria la continuación del juicio, pero la persona a quien sólo se hubiese atribuido responsabilidad civil no haya comparecido ante el Tribunal, o en su declaración no se conformase con las conclusiones del escrito de calificación a ella referentes, se procederá con arreglo a lo dispuesto en el artículo 695.

Si habiendo comparecido se negase a contestar a las preguntas del Presidente, le apercibirá éste con declararle confeso.

Si persistiere en su negativa, se le declarará confeso, y la causa se fallará de conformidad con lo dispuesto en el artículo 694.

Lo mismo se hará cuando el procesado, después de haber confesado su responsabilidad criminal, se negare a contestar sobre la civil.

SECCIÓN 2.ª

Del examen de los testigos

Art. 701. Cuando el juicio deba continuar, por falta de conformidad de los acusados con la acusación, se procederá del modo siguiente: Se dará cuenta del hecho que haya motivado la formación del sumario y del día en que éste se comenzó a instruir, expresando además si el procesado está en prisión o en libertad provisional, con o sin fianza. Se dará lectura a los escritos de calificación y a las listas de peritos y testigos que se hubiesen presentado oportunamente, haciendo relación de las pruebas propuestas y admitidas. Acto continuo se pasará a la práctica de las diligencias de prueba y al examen de los testigos, empezando por la que hubiere ofrecido el Ministerio Fiscal, continuando con la propuesta por los demás actores, y por último con la de los procesados.

Art. 701: Modificado por el art. 20.Seis de la LO 1/2025, de 2 de enero (*BOE* del 3), de medidas en materia de eficiencia del Servicio Público de Justicia. Entra en vigor el 3 de abril de 2025 (Disp. Final 38.ª1 LOMESPJ). La Disp. Trans. 9.ª LOMESP, en su apartado primero indica que las reformas serán aplicables exclusivamente a los procedimientos incoados con posterioridad a su entrada en vigor.

En el Acuerdo de Pleno no jurisdiccional (art. 264.1 LOPJ), de 16 de diciembre de 2008, se ha planteado la validez de la declaración en el plenario del coimputado juzgado con anterioridad que acude como testigo al juicio de otro acusado. Dicho Acuerdo señala que: «La persona que ha sido juzgado por unos hechos y con posterioridad acude al juicio de otro imputado para declarar sobre esos mismo hechos, declara en el plenario como testigo y, por tanto, su testimonio debe ser valorado en términos racionales para determinar su credibilidad.»

Las pruebas de cada parte se practicarán según el orden con que hayan sido propuestas en el escrito correspondiente. Los testigos serán examinados también por el orden con que figuren sus nombres en las listas. No obstante lo anterior, si a propuesta de su defensa el acusado solicitara declarar en último lugar, el Presidente así lo acordará expresamente. Sin perjuicio de lo previsto en el párrafo anterior, el Presidente, podrá alterar el orden a instancia de parte y aun de oficio cuando así lo considere conveniente para el mayor esclarecimiento de los hechos o para el más seguro descubrimiento de la verdad, sin revocar el derecho del acusado a testificar en último lugar.

Art. 702. Todos los que, con arreglo a lo dispuesto en los artículos 410 a 412 inclusive, están obligados a declarar, lo harán concurriendo ante el Tribunal, sin otra excepción que las personas mencionadas en el apartado 1 del 412, las cuales podrán hacerlo por escrito.

Art. 703. Sin embargo de lo dispuesto en el artículo anterior,

si las personas mencionadas en el apartado 2 del artículo 412 hubieren tenido conocimiento por razón de su cargo de los hechos de que se trate, podrán consignarlo por medio de informe escrito, de que se dará lectura inmediatamente antes de proceder al examen de los demás testigos.

No obstante lo anterior, tratándose de los supuestos previstos en los apartados 3 y 5 del artículo 412, la citación como testigos de las personas a que los mismos se refieren se hará de manera que no perturbe el adecuado ejercicio de sus cargos.

Art. 703 bis. Cuando en fase de instrucción, en aplicación de lo dispuesto en el artículo 449 bis y siguientes, se haya practicado como prueba preconstituida la declaración de un testigo, se procederá, a instancia de la parte interesada, a la reproducción en la vista de la grabación audiovisual, de conformidad con el artículo 730.2, sin que sea necesaria la presencia del testigo en la vista.

En los supuestos previstos en el artículo 449 ter, la autori-

---

Art. 702: Redactado conforme a la LO 12/1991, de 10 de julio (*BOE* de 11 de julio).
Art. 703: Redactado conforme a la LO 12/1991, de 11 de julio (*BOE* de 11 de julio).
Art. 703 bis: Añadido por la Disp. Final 1.ªdiez de la LO 8/2021, de 4 de junio (*BOE* del 5), de protección integral a la infancia y la adolescencia frente a la violencia.

dad judicial solo podrá acordar la intervención del testigo en el acto del juicio, con carácter excepcional, cuando sea interesada por alguna de las partes y considerada necesaria en resolución motivada, asegurando que la grabación audiovisual cuenta con los apoyos de accesibilidad cuando el testigo sea una persona con discapacidad.

En todo caso, la autoridad judicial encargada del enjuiciamiento, a instancia de parte, podrá acordar su intervención en la vista cuando la prueba preconstituida no reúna todos los requisitos previstos en el artículo 449 bis y cause indefensión a alguna de las partes.

Art. 704. Los testigos que hayan de declarar en el juicio oral permanecerán, hasta que sean llamados a prestar sus declaraciones, en un local a propósito, sin comunicación con los que ya hubiesen declarado, ni con otra persona.

Art. 705. El Presidente mandará que entren a declarar uno a uno, por el orden mencionado en el artículo 701.

Art. 706. Hallándose presente el testigo mayor de catorce años ante el Tribunal, el Presidente le recibirá juramento en la forma establecida en el artículo 434.

Art. 707. Todos los testigos están obligados a declarar lo que supieren sobre lo que les fuere preguntado, con excepción de las personas expresadas en los artículos 416, 417 y 418, en sus respectivos casos.

Fuera de los casos previstos en el artículo 703 bis, cuando una persona menor de dieciocho años o una persona con discapacidad necesitada de especial protección deba intervenir en el acto del juicio, su declaración se llevará a cabo, cuando resulte necesario para impedir o reducir los perjuicios que para ella puedan derivar del desarrollo del proceso o de la práctica de la diligencia, evitando la confrontación visual con la persona inculpada. Con este fin podrá ser utilizado cualquier medio técnico que haga posible la práctica de esta prueba, incluyéndose la posibilidad de que los testigos puedan ser oídos sin estar presentes en la sala mediante la utilización de tec-

---

Art. **706:** Vid. nota al art. 701.
Art. **707:** Redactado conforme a la Disp. Final 1.ªdiecinueve de la Ley 4/2015, de 27 de abril (*BOE* del 28), del Estatuto de la víctima del delito.
Art. **707, párr. 2.º:** Modificado por la Disp. Final 1.ªonce de la LO 8/2021, de 4 de junio (*BOE* del 5), de protección integral a la infancia y la adolescencia frente a la violencia.

343 LIBRO III ART. 711

nologías de la comunicación accesible.

Estas medidas serán igualmente aplicables a las declaraciones de las víctimas cuando de su evaluación inicial o posterior derive la necesidad de estas medidas de protección.

Art. 708. El Presidente preguntará al testigo acerca de las circunstancias expresadas en el primer párrafo del artículo 436, después de lo cual la parte que le haya presentado podrá hacerle las preguntas que tenga por conveniente. Las demás partes podrán dirigirle también las preguntas que consideren oportunas y fueren pertinentes en vista de sus contestaciones.

El Presidente, por sí o a excitación de cualquiera de los miembros del Tribunal, podrá dirigir a los testigos las preguntas que estime conducentes para depurar los hechos sobre los que declaren.

Art. 709. El Presidente no permitirá que el testigo conteste a preguntas o repreguntas capciosas, sugestivas o impertinentes.

El Presidente podrá adoptar medidas para evitar que se formulen a la víctima preguntas innecesarias relativas a la vida privada, en particular a la intimidad sexual, que no tengan relevancia para el hecho delictivo enjuiciado, salvo que, excepcionalmente y teniendo en cuenta las circunstancias particulares del caso, el Presidente considere que sean pertinentes y necesarias. Si esas preguntas fueran formuladas, el Presidente no permitirá que sean contestadas.

Contra la resolución que sobre este extremo adopte podrá interponerse en su día el recurso de casación, si se hiciere en el acto la correspondiente protesta.

En este caso, constará en el acta la pregunta o repregunta a que el Presidente haya prohibido contestar.

Art. 710. Los testigos expresarán la razón de su dicho y, si fueren de referencia, precisarán el origen de la noticia, designando con su nombre y apellido, o con las señas con que fuere conocida, a la persona que se la hubiere comunicado.

Art. 711. Los testigos sordomudos o que no conozcan el idioma español serán examina-

---

Art. 709: Redactado conforme a la Disp. Final 1.ª veinte de la Ley 4/2015, de 27 de abril (*BOE* del 28), del Estatuto de la víctima del delito.

Art. 709, párr. 2.º: Párrafo modificado por la Disp. Final 1.ª 5 de la LO 10/2022, de 6 de septiembre (*BOE* del 7), de garantía integral de la libertad sexual.

dos del modo prescrito en los artículos 440, párrafo primero del 441 y 442.

Art. 712. Podrán las partes pedir que el testigo reconozca los instrumentos o efectos del delito o cualquiera otra pieza de convicción.

Art. 713. En los careos del testigo con los procesados o de los testigos entre sí no permitirá el Presidente que medien insultos ni amenazas, limitándose la diligencia a dirigirse los careados los cargos y hacerse las observaciones que creyeren convenientes para ponerse de

acuerdo y llegar a descubrir la verdad.

No se practicarán careos con testigos que sean menores de edad salvo que el Juez o Tribunal lo considere imprescindible y no lesivo para el interés de dichos testigos, previo informe pericial.

Art. 714. Cuando la declaración del testigo en el juicio oral no sea conforme en lo sustancial con la prestada en el sumario podrá pedirse la lectura de ésta por cualquiera de las partes.

Después de leída, el Presidente invitará al testigo a que explique la diferencia o contradic-

---

Art. 713: Con relación al careo, vid. arts. 451 a 455 de esta Ley.

Art. 713, párr. 2.º: Introducido por la LO 14/1999, de 9 de junio (*BOE* del 10).

Art. 714: El TS, por Acuerdo del Pleno no jurisdiccional (art. 264.1 LOPJ) de 28 de noviembre de 2006, relativo al «Alcance del art. 714 LECrim, en relación con las declaraciones prestadas ante la Policía», ha establecido que:

«Las declaraciones válidamente prestadas ante la policía pueden ser objeto de valoración por el Tribunal, previa su incorporación al juicio oral en alguna de las formas admitidas por la jurisprudencia» (desarrollado: STS 1215/2006, de 4 de diciembre).

El TS, por Acuerdo del Pleno no jurisdiccional (art. 264.1 LOPJ) de 3 de junio de 2015, relativo al «Valor de las declaraciones en sede policial a efectos de valorar la presunción de inocencia», ha establecido que:

«Las declaraciones ante los funcionarios policiales no tienen valor probatorio.

»No pueden operar como corroboración de los medios de prueba, ni ser contrastadas por la vía del art. 714 de la LECrim, ni cabe su utilización como prueba preconstituida en los términos del art. 730 de la LECrim.

»Tampoco pueden ser incorporadas al acervo probatorio mediante la llamada como testigos de los agentes policiales que las recogieron.

»Sin embargo, cuando los datos objetivos contenidos en la autoinculpación son acreditados como veraces por verdaderos medios de prueba, el conocimiento de aquellos datos por el declarante evidenciado en la autoinculpación puede constituir un hecho base para legítimas y lógicas inferencias. Para constatar, a estos exclusivos efectos, la validez y el contenido de la declaración policial, deberán prestar testimonio en el juicio los agentes policiales que la presenciaron.

»Este acuerdo sustituye al que sobre la materia se había adoptado el 28 de noviembre de 2006» (desarrollado: SSTS 435/2015, de 9 de julio, y 487/2015, de 20 de julio).

ción que entre sus declaraciones se observe.

Art. 715. Siempre que los testigos que hayan declarado en el sumario comparezcan a declarar también sobre los mismos hechos en el juicio oral, sólo habrá lugar a mandar proceder contra ellos como presuntos autores del delito de falso testimonio, cuando éste sea dado en dicho juicio.

Fuera del caso previsto en el párrafo anterior, en los demás podrá exigirse a los testigos la responsabilidad en que incurran, con arreglo a las disposiciones del Código Penal.

Art. 716. El testigo que se niegue a declarar incurrirá en la multa de 200 a 5.000 euros que se impondrá en el acto.

Si a pesar de esto persiste en su negativa, se procederá contra él como autor del delito de desobediencia grave a la Autoridad.

Art. 717. Las declaraciones de las Autoridades y funcionarios de policía judicial tendrán el valor de declaraciones testificadas, apreciables como éstas según las reglas del criterio racional.

Art. 718. Cuando el testigo no hubiere comparecido por imposibilidad y el Tribunal considere de importancia su declaración para el éxito del juicio, el Presidente designará a uno de los individuos del mismo para que, constituyéndose en la residencia del testigo, si la tuviere en el lugar del juicio, puedan las partes hacerle las preguntas que consideren oportunas.

El Secretario extenderá diligencia, haciendo constar las preguntas y repreguntas que se hayan hecho al testigo, las contestaciones de éste y los incidentes que hubieran ocurrido en el acto.

Art. 719. Si el testigo imposibilitado de concurrir a la sesión no residiere en el punto en que la misma se celebre, el Secretario judicial librará exhorto o mandamiento para que sea examinado ante el Juez correspondiente, con sujeción a las prescripciones contenidas en esta sección.

Art. 715: Vid. arts. 458 ss. del Código Penal.
Art. 716: Vid. art. 556 del Código Penal.
Art. 716, párr. 1.º: Redactado conforme a la Ley 38/2003, de 24 de octubre (*BOE* del 28).
Art. 719, párr. 1.º: Redactado conforme a la Ley 13/2009, de 3 de noviembre (*BOE* del 4), de reforma de la legislación procesal para la implantación de la nueva Oficina judicial.

Cuando la parte o las partes prefieran que en el exhorto o mandamiento se consignen por escrito las preguntas o repreguntas, el Presidente accederá a ello si no fueren capciosas, sugestivas o impertinentes.

Art. 720. Lo dispuesto en los artículos anteriores tendrá también aplicación al caso en que el Tribunal ordene que el testigo declare o practique cualquier reconocimiento en un lugar determinado fuera de aquel en que se celebre la audiencia.

Art. 721. Cuando se desestime cualquiera pregunta por capciosa, sugestiva o impertinente en los casos de los tres artículos anteriores, podrá prepararse el recurso de casación del modo prescrito en el artículo 709.

Art. 722. Los testigos que comparezcan a declarar ante el Tribunal tendrán derecho a una indemnización, si la reclamaren.

El Secretario judicial la fijará él mediante decreto, teniendo en cuenta únicamente los gastos

---

Art. 722, párr. 2.º: Redactado conforme a la Ley 13/2009, de 3 de noviembre (*BOE* del 4), de reforma de la legislación procesal para la implantación de la nueva Oficina judicial.

El Real Decreto de 15 de octubre de 1900 (*Gaceta* del 16) dispone:

«*Art. 1.º* Los testigos y peritos que comparezcan a declarar o informar ante las Audiencias provinciales, podrán reclamar ante las mismas la indemnización a que tienen derecho con arreglo al artículo 722 de la Ley de Enjuiciamiento Criminal. La cuantía de dicha indemnización la fijará el Tribunal, teniendo en consideración los gastos de viaje que haya tenido necesidad de hacer el testigo o perito reclamante, y el importe de los jornales que haya podido perder por su comparecencia.

»*Art. 2.º* Será de cuenta del Estado el abono de las indemnizaciones correspondientes a los testigos y peritos presentados por el Ministerio Fiscal, y el de las reclamadas por los que presenten las defensas de los procesados declarados pobres o insolventes, salvo lo dispuesto en los siguientes artículos de este Decreto, y sin perjuicio del derecho a la indemnización, que se hará efectiva al hacerse el pago de las costas en los casos a que se refiere el art. 140 de la Ley de Enjuiciamiento Criminal.

»*Art. 3.º* Sólo tendrán derecho a la indemnización a que se refiere el artículo anterior, por lo que hace a los testigos de las defensas, aquellos que hubiesen ya prestado declaración en el sumario. El Tribunal, sin embargo, haciendo uso de la facultad discrecional que le concede el artículo 121 de la Ley de Enjuiciamiento Criminal, podrá otorgar dicho derecho a aquellos testigos que, sin haber intervenido en el sumario, sean presentados en el juicio oral, cuando en concepto de la Sala sus declaraciones resulten notoriamente útiles para esclarecer la verdad de los hechos que se discuten.

»*Art. 4.º* En ningún caso tendrá el Estado obligación de abonar indemnizaciones a los peritos y testigos que comparezcan en causas en que no sea parte el Ministerio público por tratarse de delitos no perseguibles de oficio.

del viaje y el importe de los jornales perdidos por el testigo con motivo de su comparecencia para declarar.

SECCIÓN 3.ª

Del informe pericial

Art. 723. Los peritos podrán ser recusados por las causas y en la forma prescritas en los artículos 468, 469 y 470.

La sustanciación de los incidentes de recusación tendrá lugar precisamente en el tiempo que media desde la admisión de las pruebas propuestas por las partes hasta la apertura de las sesiones.

Art. 724. Los peritos que no hayan sido recusados serán examinados juntos cuando deban declarar sobre unos mismos hechos y contestarán a las preguntas y repreguntas que las partes les dirijan.

Art. 725. Si para contestarlas considerasen necesaria la práctica de cualquier reconocimiento harán éste acto continuo, en el local de la misma Audiencia si fuere posible.

En otro caso se suspenderá la sesión por el tiempo necesario, a no ser que puedan continuar practicándose otras diligencias de prueba entre tanto que los peritos verifican el reconocimiento.

SECCIÓN 4.ª

De la prueba documental y de la inspección ocular

Art. 726. El Tribunal examinará por sí mismo los libros, documentos, papeles y demás piezas de convicción que puedan contribuir al esclarecimiento de los hechos o a la más segura investigación de la verdad.

Art. 727. Para la prueba de inspección ocular que no se haya practicado antes de la apertura de las sesiones, si el lugar que deba ser inspeccionado se hallase en la capital, se constituirá en él el Tribunal con las partes, y el Secretario extenderá diligencia expresiva del lugar o cosa inspeccionada, haciendo constar en ella las observaciones de las partes y demás incidentes que ocurran.

»*Art. 5.º* Tampoco será de cargo del Estado el satisfacer dieta alguna a los peritos y testigos presentados por las acusaciones privadas o representantes de la acción pública en las causas en que el Ministerio Fiscal esté representado.»

Vid. también la nota al art. 465 de esta Ley.

Art. 725: Vid. nota al art. 743.

Si el lugar estuviese fuera de la capital, se constituirá en él con las partes el individuo del Tribunal que el Presidente designe, practicándose las diligencias en la forma establecida en el párrafo anterior.

En todo lo demás se estará, en cuanto fuere necesario, a lo dispuesto en el Título V, Capítulo I del Libro II.

SECCIÓN 5.ª

*Disposiciones comunes
a las cuatro secciones
anteriores*

Art. 728. No podrán practicarse otras diligencias de prueba que las propuestas por las partes, ni ser examinados otros testigos que los comprendidos en las listas presentadas.

Art. 729. Se exceptúan de lo dispuesto en el artículo anterior:

1.º Los careos de los testigos entre sí o con los procesados o entre éstos, que el Presidente acuerde de oficio, o a propuesta de cualquiera de las partes.

2.º Las diligencias de prueba no propuestas por ninguna de las partes, que el Tribunal considere necesarias para la comprobación de cualquiera de los hechos que hayan sido objeto de los escritos de calificación.

3.º Las diligencias de prueba de cualquiera clase que en el acto ofrezcan las partes para acreditar alguna circunstancia que pueda influir en el valor probatorio de la declaración de un testigo, si el Tribunal las considera admisibles.

Art. 730. 1. Podrán también leerse o reproducirse a instancia de cualquiera de las partes las diligencias practicadas en el sumario, que, por causas independientes de la voluntad de aquellas, no puedan ser reproducidas en el juicio oral.

2. A instancia de cualquiera de las partes, se podrá reproducir la grabación audiovisual de la declaración de la víctima o testigo practicada como prueba preconstituida durante la fase de instrucción conforme a lo dispuesto en el artículo 449 bis.

Art. 731. El Tribunal adoptará las disposiciones convenientes para evitar que los procesados que se hallen en libertad provisional se ausenten o dejen de comparecer a las sesiones desde que éstas den principio hasta que se pronuncie la sentencia.

Art. 730: Modificado por la Disp. Final 1.ªdoce de la LO 8/2021, de 4 de junio (*BOE* del 5), de protección integral a la infancia y la adolescencia frente a la violencia.

Art. 731 bis. El Tribunal, de oficio o a instancia de parte, por razones de utilidad, seguridad o de orden público, así como en aquellos supuestos en que la comparecencia de quien haya de intervenir en cualquier tipo de procedimiento penal como imputado, testigo, perito, o en otra condición resulte gravosa o perjudicial, y, especialmente, cuando se trate de un menor, podrá acordar que su actuación se realice a través de videoconferencia u otro sistema similar que permita la comunicación bidireccional y simultánea de la imagen y el sonido, de acuerdo con lo dispuesto en el apartado 3 del artículo 229 de la Ley Orgánica del Poder Judicial.

CAPÍTULO IV

DE LA ACUSACIÓN, DE LA DEFENSA Y DE LA SENTENCIA

Art. 732. Practicadas las diligencias de la prueba, las partes podrán modificar las conclusiones de los escritos de calificación.

En este caso formularán por escrito las nuevas conclusiones y las entregarán al Presidente del Tribunal.

Las conclusiones podrán formularse en forma alternativa, según lo dispuesto en el artículo 653.

Art. 733. Si juzgando por el resultado de las pruebas entendiere el Tribunal que el hecho justiciable ha sido calificado con manifiesto error, podrá el Presidente emplear la siguiente fórmula:

«Sin que sea visto prejuzgar el fallo definitivo sobre las conclusiones de la acusación y la defensa, el Tribunal desea que el Fiscal y los defensores del procesado (o los defensores de las partes cuando fuesen varias) le ilustren acerca de si el hecho justiciable constituye el delito de... o si existe la circunstancia eximente de responsabilidad a que se refiere el número ... del artículo ... del Código Penal».

Esta facultad excepcional, de que el Tribunal usará con moderación, no se extiende a las causas por delitos que sólo pueden perseguirse a instancia de parte, ni tampoco es aplicable a los errores

---

Art. 731 bis: Modificado por la Disp. Final 1.ª de la LO 8/2006, de 4 de diciembre (*BOE* del 5), por la que se modifica la LO 5/2000, de 12 de enero, reguladora de la responsabilidad penal de los menores.

Sobre la utilización de videoconferencia en esta materia, vid. nota al art. 433, párr. 3.º

que hayan podido cometerse en los escritos de calificación, así respecto de la apreciación de las circunstancias atenuantes y agravantes, como en cuanto a la participación de cada uno de los procesados en la ejecución de delito público, que sea materia de juicio.

Si el Fiscal o cualquiera de los defensores de las partes indicaren que no están suficientemente preparados para discutir la cuestión propuesta por el Presidente, se suspenderá la sesión hasta el siguiente día.

Art. 734.   Llegado el momento de informar, el Presidente concederá la palabra al Fiscal si fuere parte en la causa, y después al defensor del acusador particular, si le hubiere.

En sus informes expondrán éstos los hechos que consideren probados en el juicio, su calificación legal, la participación que en ellos hayan tenido los procesados y la responsabilidad civil que hayan contraído los mismos u otras personas, así como las cosas que sean su objeto, o la cantidad en que deban ser reguladas cuando los informantes o sus representados ejerciten también la acción civil.

Art. 735.   El Presidente concederá después la palabra al defensor del actor civil si lo hubiere, quien limitará su informe a los puntos concernientes a la responsabilidad civil.

Art. 736.   Enseguida dará la palabra a los defensores de los procesados, y después de ellos a los de las personas civilmente responsables, si no se defendieren bajo una sola representación con aquéllos.

Art. 737.   Los informes de los defensores de las partes se acomodarán a las conclusiones que definitivamente hayan formulado, y en su caso a la propuesta por el Presidente del Tribunal con arreglo a lo dispuesto en el artículo 733.

Art. 738.   Después de estos informes sólo será permitido a las partes la rectificación de hechos y conceptos.

Art. 739.   Terminadas la acusación y la defensa, el Presidente preguntará a los procesados si tienen algo que manifestar al Tribunal.

Al que contestare afirmativamente, le será concedida la palabra.

El Presidente cuidará de que los procesados al usarla no ofendan la moral ni falten al respeto debido al Tribunal ni a las consideraciones correspondientes a todas las personas, y que se ciñan a lo que sea pertinente, retirándoles la palabra en caso necesario.

Art. 740. Después de hablar los defensores de las partes y los procesados en su caso, el Presidente declarará concluso el juicio para sentencia.

Art. 741. El Tribunal, apreciando, según su conciencia las pruebas practicadas en el juicio, las razones expuestas por la acusación y la defensa y lo manifestado por los mismos procesados, dictará sentencia dentro del término fijado en esta Ley.

Siempre que el Tribunal haga uso del libre arbitrio que para la calificación del delito o para la imposición de la pena le otorga el Código Penal, deberá consignar si ha tomado en consideración los elementos de juicio que el precepto aplicable de aquél obligue a tener en cuenta.

Art. 742. En la sentencia se resolverán todas las cuestiones que hayan sido objeto del juicio, condenando o absolviendo a los procesados, no sólo por el delito principal y sus conexos, sino también por las faltas incidentales de que se haya conocido en la causa, sin que pueda el Tribunal emplear en este estado la fórmula del sobreseimiento respecto de los acusados a quienes crea que no debe condenar.

También se resolverán en la sentencia todas las cuestiones referentes a la responsabilidad civil que hayan sido objeto del juicio.

Lo dispuesto en el párrafo quinto del artículo 635 sobre el destino de las piezas de convicción que entrañen, por su natu-

---

Art. 741: El último párrafo fue adicionado por el RD-ley de 8 de septiembre de 1928, reducido a simple precepto reglamentario por Decreto de 31 de mayo de 1931; por otra parte, el expresado párrafo se dictó como complemento del Código Penal de 1928, hoy derogado.

Art. 742: Sobre el destino de los bienes decomisados en procesos por delitos de tráfico de drogas y otros relacionados con ellos, vid. la Ley 17/2003, de 26 de mayo (*BOE* del 30), sobre la creación de un fondo procedente de los bienes decomisados por tráfico de drogas y otros delitos relacionados. Vid. art. 367 septies.

También hay que ponerlo en relación con los arts. 803 ter *a* y siguientes, relativos a la intervención en el proceso penal de los terceros que puedan resultar afectados por el decomiso; con los arts. 803 ter *e* y siguientes, relativos al procedimiento de decomiso autónomo, así como los arts. 367 bis a 367 septies, respecto a la destrucción y realización de bienes. También hay que tener presentes el RD 948/2015, de 23 de octubre (*BOE* del 24), por el que se regula la Oficina de Recuperación y Gestión de Activos, y la Orden JUS/188/2016, de 18 de febrero (*BOE* del 20), por la que se determinan el ámbito de actuación y la entrada en funcionamiento operativo de la Oficina de Recuperación y Gestión de Activos y la apertura de su cuenta de depósitos y consignaciones.

Vid. nota al art. 367 septies.

Art. 742, párr. 4.º: Añadido por la Ley 13/2009, de 3 de noviembre (*BOE* del 4), de reforma de la legislación procesal para la implantación de la nueva Oficina judicial.

raleza, algún peligro grave para los intereses que en el mismo se expresan, será aplicable a las sentencias absolutorias.

El Secretario judicial notificará la sentencia por escrito a los ofendidos y perjudicados por el delito, aunque no se hayan mostrado parte en la causa.

Art. 743. 1. El desarrollo de las sesiones del juicio oral y resto de actuaciones orales se documentarán conforme a lo preceptuado en los artículos 146 y 147 de la Ley de Enjuiciamiento Civil. La oficina judicial deberá asegurar la correcta incorporación de la grabación al expediente judicial electrónico. Si los sistemas no proveen expediente judicial electrónico, el letrado o letrada de la Administración de Justicia deberá custodiar el documento electrónico que sirva de soporte a la grabación.

Las partes podrán pedir a su costa copia o, en su caso, acceso electrónico de las grabaciones originales.

2. Siempre que se cuente con los medios tecnológicos necesarios, estos garantizarán la autenticidad e integridad de lo grabado o reproducido. A tal efecto, el letrado o letrada de la Administración de Justicia hará uso de la firma electrónica u otro sistema de seguridad que conforme a la ley ofrezca tales garantías. En este caso, la celebración del acto no requerirá la presencia en la sala del letrado o letrada de la Administración de Justicia salvo que lo hubieran solicitado las partes, al menos dos días antes de la celebración de la vista, o que excepcionalmente lo considere necesario el letrado o letrada de la Administración de Justicia atendiendo a la compleji-

---

Art. 743: El TS, por Acuerdo del Pleno no jurisdiccional (art. 264.1 LOPJ), de 12 de diciembre 2017, relativo a «El alcance que tienen las deficiencias en la documentación del juicio oral y su repercusión en el derecho de defensa en el ámbito del recurso de casación», ha establecido que:

«1. El actual sistema de documentación de los juicios orales es altamente insatisfactorio y debería ser complementado por un sistema de estenotipia.

»Dada la naturaleza de las deficiencias observadas en numerosos casos, habrá de garantizarse, en relación con lo dispuesto en el artículo 743 de la LECrim, la autenticidad, integridad y accesibilidad del contenido del soporte que se entregue a las partes y del que se remita a los Tribunales competentes para la resolución del recurso.

»2. Cuando la documentación relativa al juicio oral sea imprescindible para la resolución del recurso, su ausencia en relación con los aspectos controvertidos, que genere indefensión material, determinará la nulidad del juicio oral o, en su caso, la absolución.»

Art. 743.1 y 2: Apartados redactados conforme al art. 101.nueve del Real Decreto-ley 6/2023, de 19 de diciembre (*BOE* del 20), por el que se aprueban medidas urgentes para la ejecución del Plan de Recuperación, Transformación y Resiliencia en materia de servicio público de justicia, función pública, régimen local y mecenazgo.

dad del asunto, al número y naturaleza de las pruebas a practicar, al número de intervinientes, a la posibilidad de que se produzcan incidencias que no pudieran registrarse, o a la concurrencia de otras circunstancias igualmente excepcionales que lo justifiquen. En estos casos, el letrado o letrada de la Administración de Justicia extenderá acta sucinta en los términos previstos.

3. Si los mecanismos de garantía previstos en el apartado anterior no se pudiesen utilizar el Secretario judicial deberá consignar en el acta, al menos, los siguientes datos: número y clase de procedimiento; lugar y fecha de celebración; tiempo de duración, asistentes al acto; peticiones y propuestas de las partes; en caso de proposición de pruebas, declaración de pertinencia y orden en la práctica de las mismas; resoluciones que adopte el Juez o Tribunal; así como las circunstancias e incidencias que no pudieran constar en aquel soporte.

4. Cuando los medios de registro previstos en este artículo no se pudiesen utilizar por cualquier causa, el Secretario judicial extenderá acta de cada sesión, recogiendo en ella, con la extensión y detalle necesarios, el contenido esencial de la prueba practicada, las incidencias y reclamaciones producidas y las resoluciones adoptadas.

5. El acta prevista en los apartados 3 y 4 de este artículo, se extenderá por procedimientos informáticos, sin que pueda ser manuscrita más que en las ocasiones en que la sala en que se esté celebrando la actuación carezca de medios informáticos. En estos casos, al terminar la sesión el Secretario judicial leerá el acta, haciendo en ella las rectificaciones que las partes reclamen, si las estima procedentes. Esta acta se firmará por el Presidente y miembros del Tribunal, por el Fiscal y por los defensores de las partes.

CAPÍTULO V

DE LA SUSPENSIÓN DEL JUICIO ORAL

Art. 744. Abierto el juicio oral, continuará durante todas las sesiones consecutivas que sean necesarias hasta su conclusión.

Art. 745. No obstante lo dispuesto en el artículo anterior, el Presidente del Tribunal podrá suspender la apertura de las sesiones cuando las partes, por motivos independientes de su voluntad, no tuvieren preparadas las pruebas ofrecidas en sus respectivos escritos.

Art. 746. Procederá además la suspensión del juicio oral en los casos siguientes:

1.º Cuando el Tribunal tuviere que resolver durante los debates alguna cuestión incidental que por cualquier causa fundada no pueda decidirse en el acto.

2.º Cuando con arreglo a este Código el Tribunal o alguno de sus individuos tuviere que practicar alguna diligencia fuera del lugar de las sesiones y no pudiere verificarse en el tiempo intermedio entre una y otra sesión.

3.º Cuando no comparezcan los testigos de cargo y de descargo ofrecidos por las partes y el Tribunal considere necesaria la declaración de los mismos.

Podrá, sin embargo, el Tribunal acordar en este caso la continuación del juicio y la práctica de las demás pruebas; y después que se hayan hecho, suspenderlo hasta que comparezcan los testigos ausentes.

Si la no comparecencia del testigo fuere por el motivo expuesto en el artículo 718, se procederá como se determina en el mismo y en los dos siguientes.

4.º Cuando algún miembro del Tribunal, el Fiscal o el defensor de cualquiera de las partes, enfermare repentinamente hasta el punto de que no pueda continuar tomando parte en el juicio ni pueda ser reemplazado este último sin grave inconveniente para la defensa del interesado.

Lo mismo se aplicará, en el caso del defensor de cualquiera de las partes, en los supuestos de fallecimiento u hospitalización o intervención quirúrgica por causa grave, de un familiar hasta el segundo grado por consanguinidad o afinidad.

5.º Cuando alguno de los procesados se halle en el caso del número anterior, en términos de que no pueda estar presente en el juicio.

La suspensión no se acordará por esta causa sino después de haber oído a los facultativos nombrados de oficio para el reconocimiento del enfermo.

6.º Cuando revelaciones o retractaciones inesperadas produz-

Art. 746: Modificado por el art. 223.1 del RD-ley 5/2023, de 28 de junio (*BOE* del 29), por el que se adoptan y prorrogan determinadas medidas de respuesta a las consecuencias económicas y sociales de la Guerra de Ucrania, de apoyo a la reconstrucción de la isla de La Palma y a otras situaciones de vulnerabilidad; de transposición de Directivas de la Unión Europea en materia de modificaciones estructurales de sociedades mercantiles y conciliación de la vida familiar y la vida profesional de los progenitores y los cuidadores; y de ejecución y cumplimiento del Derecho de la Unión Europea.

En el procedimiento abreviado se permite no suspender el juicio ante la ausencia del acusado (art. 786.1); se prevé la suspensión o el aplazamiento excepcionalmente (art. 788.1), y se faculta para acordar un aplazamiento por cambio de las calificaciones (art. 788.4).

355 LIBRO III ART. 749

can alteraciones sustanciales en los juicios, haciendo necesarios nuevos elementos de prueba o alguna sumaria instrucción suplementaria.

No se suspenderá el juicio por la enfermedad o incomparecencia de alguno de los procesados citados personalmente, siempre que el Tribunal estimare, con audiencia de las partes y haciendo constar en el acta del juicio las razones de la decisión, que existen elementos suficientes para juzgarles con independencia.

Cuando el procesado sea una persona jurídica, se estará a lo dispuesto en el artículo 786 bis de esta Ley.

7.º Si se trata de un proceso en el que la persona profesional de la abogacía ha sido designada por el turno de oficio, solo se suspenderá el procedimiento por el tiempo que demore el Colegio profesional correspondiente en proveer la designación de nuevo profesional para evitar causar indefensión a la parte. Si la suspensión se solicita por haberse producido o iniciado el parto de manera repentina, o sin tiempo suficiente como para que otro abogado o abogada pueda hacerse cargo del asunto y prepararlo, se suspenderá el señalamiento por el tiempo mínimo imprescindible en atención a su complejidad.

Art. 747. En los casos 1.º, 2.º, 4.º y 5.º del artículo anterior, el Tribunal podrá decretar de oficio la suspensión. En los demás casos la decretará, siendo procedente, a instancia de parte.

Art. 748. En los autos de suspensión que se dicten se fijará el tiempo de la suspensión, si fuere posible, y se determinará lo que corresponda para la continuación del juicio.

Contra estos autos no se dará recurso alguno.

Art. 749. Cuando por razón de los casos previstos en los números 4.º y 5.º del artículo 746 haya de prolongarse indefinidamente la suspensión del juicio, o por un tiempo demasiado largo, se declarará sin efecto la parte del juicio celebrada.

Lo mismo podrá acordar el Tribunal en el caso del número 6.º, si la preparación de los elementos de prueba o la sumaria instrucción suplementaria exigiere algún tiempo.

En ambos casos, el Secretario judicial señalará día para nuevo juicio cuando desaparezca la causa de la suspensión o puedan ser reemplazadas las personas reemplazables.

Art. 749: Redactado conforme a la Ley 13/2009, de 3 de noviembre (*BOE* del 4), de reforma de la legislación procesal para la implantación de la nueva Oficina judicial.

LIBRO IV

De los procedimientos especiales

TÍTULO PRIMERO

Del modo de proceder cuando fuere procesado un Senador o Diputado a Cortes*

Art. 750. El Juez o Tribunal que encuentre méritos para procesar a un Senador o Diputado a Cortes por causa de delito, se abstendrá de dirigir el procedimiento contra él si las Cortes estuvieran abiertas, hasta obtener la correspondiente autorización del Cuerpo Colegislador a que pertenezca.

Art. 751. Cuando el Senador o Diputado fuere delincuente *in fraganti* podrá ser detenido y procesado sin la autorización a que se refiere el artículo anterior; pero en las veinticuatro horas siguientes a la detención o procesamiento deberá ponerse lo hecho en conocimiento del Cuerpo Colegislador a que corresponda.

Se pondrá también en conocimiento del Cuerpo Colegislador respectivo la causa que existiere pendiente contra el que, estando procesado, hubiese sido elegido Senador o Diputado a Cortes.

Art. 752. Si un Senador o Diputado a Cortes fuese procesado durante un interregno parlamentario, deberá el Juez o Tribunal que conozca de la causa ponerlo inmediatamente en co-

---

* Vid. la Ley de 9 de febrero de 1912 (*Gaceta* del 10) y los arts. 10 a 14 del Reglamento del Congreso de los Diputados de 10 de febrero de 1982 (*BOE* de 5 de marzo).

Vid. también arts. 21 y 22 del Reglamento del Senado, de 3 de mayo de 1994 (*BOE* del 13).

Art. 750: El TS, por Acuerdo del Pleno no jurisdiccional (art. 264.1 LOPJ) de 15 de diciembre de 2000, ha interpretado que «no es necesaria la petición de suplicatorio, para decidir un recurso de casación de quien adquiere la condición de aforado después de haberse dictado la sentencia definitiva de primer grado» (vid. STS 1952/2000, de 19 de diciembre).

Art. 751: Vid. art. 309, párr. 2.º de esta Ley.

357 LIBRO IV ART. 757

nocimiento del respectivo Cuerpo Colegislador.

Lo mismo se observará cuando haya sido procesado un Senador o Diputado a Cortes electo antes de reunirse éstas.

Art. 753. En todo caso, se suspenderán por el Secretario judicial los procedimientos desde el día en que se dé conocimiento a las Cortes, estén o no abiertas, permaneciendo las cosas en el estado en que entonces se hallen, hasta que el Cuerpo Colegislador respectivo resuelva lo que tenga por conveniente.

Art. 754. Si el Senado o el Congreso negasen la autoriza-

ción pedida, se sobreseerá respecto al Senador o Diputado a Cortes; pero continuará la causa contra los demás procesados.

Art. 755. La autorización se pedirá en forma de suplicatorio, remitiendo con éste, y con carácter de reservado, el testimonio de los cargos que resulten contra el Senador o Diputado, con inclusión de los dictámenes del Fiscal y de las peticiones particulares en que se haya solicitado la autorización.

Art. 756. El suplicatorio se remitirá por conducto del Ministro de *Gracia y Justicia.*

TÍTULO II*

Del procedimiento abreviado

CAPÍTULO PRIMERO

DISPOSICIONES GENERALES

Art. 757. Sin perjuicio de lo establecido para los proce-

sos especiales, el procedimiento regulado en este Título se aplicará al enjuiciamiento de los delitos castigados con pena privativa de libertad no superior a nueve años, o bien con

---

Art. 753: Redactado conforme a la Ley 13/2009, de 3 de noviembre (*BOE* del 4), de reforma de la legislación procesal para la implantación de la nueva Oficina judicial.

* Todos los preceptos incluidos dentro de este Título (salvo los arts. 759.1.ª, párr. 2.º; 759.2.ª, párr. 2.º; 760, párr. 3.º; 761.2; 766.3, 4 y 5; 771.1.ª, párr. 2.º; 773.1, párr. 4.º; 776.1 y 2; 778.6; 783.1, párr. 2.º; 784.1, párr. 1.º; 784.4 y 5; 785; 786.2; 787.4, 6 y 7; 788.1, 2, 5 y 6; 789.2, 4 y 5; 790.1 y 5; 791 y 794) han sido redactados conforme a la Ley 38/2002, de 24 de octubre (*BOE* del 28). Vid. la Instrucción 3/2003, de 9 de abril (*BOE* del 15), del Pleno del CGPJ, sobre normas de reparto penales y registro informático de violencia doméstica.

cualesquiera otras penas de distinta naturaleza bien sean únicas, conjuntas o alternativas, cualquiera que sea su cuantía o duración.

Art. 758. El enjuiciamiento de los delitos enumerados en el artículo anterior se acomodará a las normas comunes de esta Ley, con las modificaciones consignadas en el presente Título.

Art. 759. En las causas comprendidas en este Título, las cuestiones de competencia que se promuevan entre Juzgados y Tribunales de la jurisdicción ordinaria se sustanciarán según las reglas siguientes:

1.ª Cuando un Tribunal o Juzgado rehusare el conocimiento de una causa o reclamare el conocimiento de la que otro tuviere, y haya duda acerca de cuál de ellos es el competente, si no resulta acuerdo a la primera comunicación que con tal motivo se dirijan, pondrán el hecho, sin dilación, en conocimiento del superior jerárquico, por medio de exposición razonada, para que dicho superior, tras oír al Fiscal y a las partes personadas en comparecencia

que se celebrará dentro de las veinticuatro horas siguientes, decida en el acto lo que estime procedente, sin ulterior recurso.

Cuando la cuestión surja en la fase de instrucción, cada uno de los Juzgados continuará practicando en todo caso, hasta tanto se dirima definitivamente la controversia, las diligencias conducentes a la comprobación del delito, a la averiguación e identificación de los posibles culpables y a la protección de los ofendidos o perjudicados por el mismo, debiendo remitirse recíprocamente ambos Juzgados testimonio de lo actuado y comunicarse cuantas diligencias practiquen.

2.ª Ningún Juez de Instrucción, de lo Penal, o Central de Instrucción o de lo Penal, podrá promover cuestiones de competencia a las Audiencias respectivas, sino exponerles, oído el Ministerio Fiscal por plazo de un día, las razones que tenga para creer que le corresponde el conocimiento del asunto.

El Secretario judicial dará vista de la exposición y antecedentes al Ministerio Fiscal y a las partes personadas por plazo de dos días y, luego de oídos to-

---

Art. 759.1.ª, párr. 2.º: Modificado por la LO 15/2003, de 25 de noviembre (*BOE* del 26), por la que se modifica la LO 10/1995, de 23 de noviembre, del Código Penal.
Art. 759.2.ª, párr. 2.º: Redactado conforme a la Ley 13/2009, de 3 de noviembre (*BOE* del 4), de reforma de la legislación procesal para la implantación de la nueva Oficina judicial.

dos, el Tribunal, sin más trámites, resolverá dentro del tercer día lo que estime procedente, comunicando esta resolución al Juez que la haya expuesto para su cumplimiento.

3.ª Cuando algún Juez de Instrucción, de lo Penal, o Central de Instrucción o de lo Penal, viniere entendiendo de causa atribuida a la competencia de las Audiencias respectivas, se limitarán éstas a ordenar a aquél, oídos el Ministerio Fiscal y las partes personadas por plazo de dos días, que se abstenga de conocer y les remita las actuaciones.

Art. 760. Iniciado un proceso de acuerdo con las normas de este Título, en cuanto aparezca que el hecho no se halla comprendido en alguno de los supuestos del artículo 757, se continuará conforme a las disposiciones generales de esta Ley, sin retroceder en el procedimiento más que en el caso de que resulte necesario practicar diligencias o realizar actuaciones con arreglo a dichos preceptos legales. Por el contrario, iniciado un proceso conforme a las normas comunes de esta Ley, continuará su sustanciación de acuerdo con las del presente Título en cuanto conste que el hecho enjuiciado se halla comprendido en alguno de los supuestos del artículo 757. En ambos casos el cambio de procedimiento no implicará el de instructor.

Iniciado un proceso conforme a las normas de esta Ley, en cuanto aparezca que el hecho podría constituir un delito cuyo enjuiciamiento sea competencia del Tribunal del Jurado, se estará a lo dispuesto en el artículo 309 bis.

Acordado por el Juez o Tribunal el procedimiento que deba seguirse, el Secretario judicial lo hará saber inmediatamente al Ministerio Fiscal, al investigado y a las partes personadas.

Art. 761. 1. El ejercicio por particulares, sean o no ofendidos por el delito, de la acción penal o de la civil derivada del mismo habrá de efectuarse en la forma y con los requisitos seña-

---

Art. 760, párr. 2.º: Vid. *infra*, Apéndice, § 1.
Art. 760, párr. 3.º: Redactado conforme a la Ley 13/2009, de 3 de noviembre (*BOE* del 4), de reforma de la legislación procesal para la implantación de la nueva Oficina judicial.
El término «investigado» sustituye a «imputado» como consecuencia del art. único. veintiuno de la LO 13/2015, de 5 de octubre (*BOE* del 6), de modificación de la Ley de Enjuiciamiento Criminal para el fortalecimiento de las garantías procesales y la regulación de las medidas de investigación tecnológica.

lados en el Título II del Libro II, expresando la acción que se ejercite.

2. Sin perjuicio de lo que se dispone en el apartado anterior, el Secretario judicial instruirá al ofendido o perjudicado por el delito de los derechos que le asisten conforme a lo dispuesto en los artículos 109 y 110 y demás disposiciones, pudiendo mostrarse parte en la causa sin necesidad de formular querella. Asimismo le informará de la posibilidad y procedimiento para solicitar las ayudas que conforme a la legislación vigente puedan corresponderle.

Art. 762. Los Jueces y Tribunales observarán en la tramitación de las causas a que se refiere este Título las siguientes reglas:

1.ª El Juez o Tribunal que ordene la práctica de cualquier diligencia se entenderá directamente con el Juez, Tribunal, autoridad o funcionario encargado de su realización, aunque el mismo no le esté inmediatamente subordinado ni sea superior inmediato de aquéllos.

2.ª Para cursar los despachos que se expidan se utilizará siempre el medio más rápido, acreditando por diligencia las peticiones de auxilio que no se hayan solicitado por escrito.

3.ª Si el que hubiere de ser citado no tuviere domicilio conocido o no fuere encontrado por la Policía Judicial en el plazo señalado a ésta, el Juez o Tribunal mandará publicar la correspondiente cédula por el medio que estime más idóneo para que pueda llegar a conocimiento del interesado, y sólo cuando lo considere indispensable acordará su divulgación por los medios de comunicación social.

4.ª Las requisitorias que hayan de expedirse se insertarán en el fichero automatizado correspondiente de las Fuerzas y Cuerpos de Seguridad y, cuando se considere oportuno, en los medios de comunicación escrita.

5.ª A todo escrito y a los documentos que se presenten en la causa se acompañarán tantas copias literales de los mismos, realizadas por cualquier medio de reproducción, cuantas sean las otras partes y el Fiscal, a quienes se entregarán al notificarles la resolución que haya recaído en el escrito respectivo.

La omisión de las copias sólo dará lugar a su libramiento por el Secretario a costa del omiten-

---

Art. 761.2: Redactado conforme a la Ley 13/2009, de 3 de noviembre (*BOE* del 4), de reforma de la legislación procesal para la implantación de la nueva Oficina judicial.

te, si éste no las presenta en el plazo de una audiencia.

6.ª Para enjuiciar los delitos conexos comprendidos en este Título, cuando existan elementos para hacerlo con independencia, y para juzgar a cada uno de los encausados, cuando sean varios, podrá acordar el Juez la formación de las piezas separadas que resulten convenientes para simplificar y activar el procedimiento.

7.ª En las declaraciones se reseñará el documento nacional de identidad de las personas que las presten, salvo que se tratara de agentes de la autoridad, en cuyo caso bastará la reseña del número de carné profesional. Cuando por tal circunstancia o por cualquier otra no ofreciere duda la identidad del imputado y conocidamente tuviere la edad de dieciocho años, se prescindirá de traer a la causa el certificado de nacimiento. En otro caso, se unirá dicho certificado o la correspondiente ficha dactiloscópica. No se demorará la conclusión de la instrucción por falta del certificado de nacimiento, sin perjuicio de que cuando se reciba se aporte a las actuaciones.

8.ª Cuando los encausados o testigos no hablaren o no entendieren el idioma español, se procederá de conformidad con lo dispuesto en los artículos 398, 440 y 441, sin que sea preciso que el intérprete designado tenga título oficial.

9.ª La información prevenida en el artículo 364 sólo se verificará cuando a juicio del instructor hubiere duda acerca de la preexistencia de la cosa objeto de la sustracción o defraudación.

10.ª Los informes y declaraciones a que se refieren los artículos 377 y 378 únicamente se pedirán y recibirán cuando el Juez los considerase imprescindibles.

11.ª Cuando los hechos enjuiciados deriven del uso y circulación de vehículos de motor, se reseñará también, en la primera declaración que presten los conductores, los permisos de conducir de éstos y de circulación de aquéllos y el certificado del seguro obligatorio, así como el documento acreditativo de su

---

Art. 762.6.ª, párr. 2.º: El término «encausados» sustituye a «imputados» como consecuencia del art. único.veintiuno de la LO 13/2015, de 5 de octubre (*BOE* del 6), de modificación de la Ley de Enjuiciamiento Criminal para el fortalecimiento de las garantías procesales y la regulación de las medidas de investigación tecnológica.

Art. 762.8.ª: El término «encausados» sustituye a «imputados» como consecuencia del art. único.veintiuno de la LO 13/2015, de 5 de octubre (*BOE* del 6), de modificación de la Ley de Enjuiciamiento Criminal para el fortalecimiento de las garantías procesales y la regulación de las medidas de investigación tecnológica.

vigencia. También se reseñará el certificado del seguro obligatorio y el documento que acredite su vigencia en aquellos otros casos en que la actividad se halle cubierta por igual clase de seguro.

Art. 763. El Juez o Tribunal podrá acordar la detención o cualesquiera medidas privativas de libertad o restrictivas de derechos en los casos en que procedan conforme a las reglas generales de esta Ley. Las actuaciones que motiven la aplicación de estas medidas se contendrán en pieza separada.

Art. 764. 1. Asimismo, el Juez o Tribunal podrá adoptar medidas cautelares para el aseguramiento de las responsabilidades pecuniarias, incluidas las costas. Tales medidas se acorda-

rán mediante auto y se formalizarán en pieza separada.

2. A estos efectos se aplicarán las normas sobre contenido, presupuestos y caución sustitutoria de las medidas cautelares establecidas en la Ley de Enjuiciamiento Civil. La prestación de las cauciones que se acuerden se hará en la forma prevista en la Ley de Enjuiciamiento Civil y podrá ser realizada por la entidad en que tenga asegurada la responsabilidad civil la persona contra quien se dirija la medida.

3. En los supuestos en que las responsabilidades civiles estén total o parcialmente cubiertas por un seguro obligatorio de responsabilidad civil se requerirá a la entidad aseguradora o al Consorcio de Compensación de Seguros, en su caso, para que, hasta el límite del seguro obligatorio, afiance aquéllas. Si la fianza exi-

---

Art. 764.1: Vid. nota al art. 614.

Art. 764.2: El Acuerdo del Pleno no jurisdiccional (art. 264.1 LOPJ) de 30 de enero de 2007, se ha planteado la legitimación en el proceso penal de la actividad de la entidad aseguradora. Al respecto se ha señalado que: «Cuando la entidad aseguradora tenga concertado un contrato de seguro con el perjudicado por el delito y satisfaga cantidades en virtud de tal contrato, sí puede reclamar frente al responsable penal en el seno del proceso penal que se siga contra el mismo, como actor civil, subrogándose en la posición del perjudicado.»

El Acuerdo del Pleno no jurisdiccional (art. 264.1 LOPJ) de 24 de abril de 2007, se ha planteado si debe condenarse a la aseguradora, con la que el responsable civil tiene concertado el seguro obligatorio, cuando el origen de esa responsabilidad civil derive de una responsabilidad penal dolosa por el hecho que origina el daño a indemnizar. Al respecto se ha adoptado el Acuerdo de: «No responderá la aseguradora, con quien se tenga concertado el seguro obligatorio de responsabilidad civil, cuando el vehículo de motor sea el instrumento directamente buscado para causar daño personal o material derivado del delito. Responderá la aseguradora por los daños diferentes de los propuestos directamente por el autor.»

Vid. arts. 721 a 747 de la Ley de Enjuiciamiento Civil.

gida fuera superior al expresado límite, el responsable directo o subsidiario vendrá obligado a prestar fianza o aval por la diferencia, procediéndose en otro caso al embargo de sus bienes.

La entidad responsable del seguro obligatorio no podrá, en tal concepto, ser parte del proceso, sin perjuicio de su derecho de defensa en relación con la obligación de afianzar, a cuyo efecto se le admitirá el escrito que presentare, resolviéndose sobre su pretensión en la pieza correspondiente.

4. Se podrá acordar la intervención inmediata del vehículo y la retención del permiso de circulación del mismo, por el tiempo indispensable, cuando fuere necesario practicar alguna investigación en aquél o para asegurar las responsabilidades pecuniarias, en tanto no conste acreditada la solvencia del investigado o encausado o del tercero responsable civil.

También podrá acordarse la intervención del permiso de conducción requiriendo al investigado o encausado para que se abstenga de conducir vehículos de motor, en tanto subsista la medida, con la prevención de lo dispuesto en el artículo 556 del Código Penal.

Las medidas anteriores, una vez adoptadas, llevarán consigo la retirada de los documentos respectivos y su comunicación a los organismos administrativos correspondientes.

Art. 765. 1. En los procesos relativos a hechos derivados del uso y circulación de vehículos de motor el Juez o Tribunal podrá señalar y ordenar el pago de la pensión provisional que, según las circunstancias, considere necesaria en cuantía y du-

---

Art. 764.4: Los términos «investigado o encausado» sustituyen a «imputado» como consecuencia del art. único.veintiuno de la LO 13/2015, de 5 de octubre (*BOE* del 6), de modificación de la Ley de Enjuiciamiento Criminal para el fortalecimiento de las garantías procesales y la regulación de las medidas de investigación tecnológica.

Art. 765: El art. 13 (*Diligencias en el proceso penal preparatorias de la ejecución*) del Texto Refundido de la Ley sobre responsabilidad civil y seguro en la circulación de vehículos a motor, aprobado por Real Decreto Legislativo 8/2004, de 29 de octubre (*BOE* de 5 de noviembre), modificado por la Ley 35/2015, de 22 de septiembre (*BOE* del 23), establece que:

«Cuando en un proceso penal, incoado por hecho cubierto por el seguro de responsabilidad civil de suscripción obligatoria en la circulación de vehículos de motor, recayera sentencia absolutoria, si el perjudicado no hubiera renunciado a la acción civil ni la hubiera reservado para ejercitarla separadamente, el juez o tribunal que hubiera conocido de la causa dictará auto, a instancia de parte, en el que se determinará la cantidad líquida máxima que puede reclamarse como indemnización de los daños y perjuicios sufridos por cada perjudicado, amparados por dicho seguro de

ración para atender a la víctima y a las personas que estuvieren a su cargo. El pago de la pensión se hará anticipadamente en las fechas que discrecionalmente señale el Juez o Tribunal, a cargo del asegurador, si existiere, y hasta el límite del seguro obligatorio, o bien con cargo a la fianza o al Consorcio de Compensación de Seguros, en los supuestos de responsabilidad civil del mismo, conforme a las disposiciones que le son propias. Igual medida podrá acordarse cuando la responsabilidad civil derivada del hecho esté garantizada con cualquier seguro obligatorio. Todo lo relacionado con esta medida se actuará

en pieza separada. La interposición de recursos no suspenderá la obligación de pago de la pensión.

2. En los procesos relativos a hechos derivados del uso y circulación de vehículos de motor el Juez o Tribunal podrá autorizar, previa audiencia del Fiscal, a los investigados o encausados que no estén en situación de prisión preventiva y que tuvieran su domicilio o residencia habitual en el extranjero, para ausentarse del territorio español. Para ello será indispensable que dejen suficientemente garantizadas las responsabilidades pecuniarias de todo orden derivadas del he-

suscripción obligatoria y según la valoración que corresponda con arreglo al sistema de valoración del Anexo de esta Ley.

»Se procederá de la misma forma en los casos de fallecimiento en accidente de circulación y se dictará auto que determine la cantidad máxima a reclamar por cada perjudicado, a solicitud de éste, cuando recaiga resolución que ponga fin, provisional o definitivamente, al proceso penal incoado, sin declaración de responsabilidad.

»El auto referido se dictará a la vista de la oferta motivada o de la respuesta motivada del asegurador o del Consorcio de Compensación de Seguros, y contendrá la descripción del hecho, la indicación de las personas y vehículos que intervinieron y de los aseguradores de cada uno de éstos.

»En todo caso, antes de dictarse el auto, si en las actuaciones no consta oferta motivada o respuesta motivada según las prescripciones de esta Ley, el juez convocará a los perjudicados y posibles responsables y sus aseguradores, incluido, en su caso, el Consorcio de Compensación de Seguros, a una comparecencia en el plazo de cinco días, a fin de que pueda aportarse la oferta o la respuesta motivada, o hacerse las alegaciones que consideren convenientes.

»Si en la comparecencia se produjera acuerdo entre las partes, el mismo será homologado por el juez con los efectos de una transacción judicial.

»De no alcanzarse el acuerdo, se dictará auto de cuantía máxima en el plazo de tres días desde la terminación de la comparecencia y contra el mismo no podrá interponerse recurso alguno.»

Art. 765.2: Los términos «investigados o encausados» sustituyen a «imputados» como consecuencia del art. único.veintiuno de la LO 13/2015, de 5 de octubre (*BOE* del 6), de modificación de la Ley de Enjuiciamiento Criminal para el fortalecimiento de las garantías procesales y la regulación de las medidas de investigación tecnológica.

cho punible, designen persona con domicilio fijo en España que reciba las notificaciones, citaciones y emplazamientos que hubiere que hacerles, con la prevención contenida en el artículo 775 en cuanto a la posibilidad de celebrar el juicio en su ausencia, y que presten caución no personal, cuando no esté ya acordada fianza de la misma clase, para garantizar la libertad provisional y su presentación en la fecha o plazo que se les señale. Igual atribución y con las mismas condiciones corresponderá al Juez o Tribunal que haya de conocer de la causa. Si el investigado o encausado no compareciese, se adjudicará al Estado el importe de la caución y se le declarará en rebeldía, observándose lo dispuesto en el artículo 843, salvo que se cumplan los requisitos legales para celebrar el juicio en su ausencia.

Art. 766. 1. Contra los autos del Juez de instrucción y del Juez de lo Penal que no estén exceptuados de recurso podrán ejercitarse el de reforma y el de apelación. Salvo que la Ley disponga otra cosa, los recursos de reforma y apelación no suspenderán el curso del procedimiento.

2. El recurso de apelación podrá interponerse subsidiariamente con el de reforma o por separado. En ningún caso será necesario interponer previamente el de reforma para presentar la apelación.

3. El recurso de apelación se presentará dentro de los cinco días siguientes a la notificación del auto recurrido o del resolutorio del recurso de reforma, mediante escrito en el que se expondrán los motivos del recurso, se señalarán los particulares que hayan de testimoniarse y al que se acompañarán, en su caso, los documentos justificativos de las peticiones formuladas. Admitido a trámite el recurso por el Juez, el Secretario judicial dará traslado a las demás partes personadas por un plazo común de cinco días para que puedan alegar por escrito lo que estimen conveniente, señalar otros particulares que deban ser tes-

---

Art. 766.3, 4 y 5: Apartados redactados conforme a la Ley 13/2009, de 3 de noviembre (*BOE* del 4), de reforma de la legislación procesal para la implantación de la nueva Oficina judicial.

En el apartado 5, los términos «investigados o encausados» sustituyen a «imputados» como consecuencia del art. único.veintiuno de la LO 13/2015, de 5 de octubre (*BOE* del 6), de modificación de la Ley de Enjuiciamiento Criminal para el fortalecimiento de las garantías procesales y la regulación de las medidas de investigación tecnológica.

timoniados y presentar los documentos justificativos de sus pretensiones. En los dos días siguientes a la finalización del plazo, remitirá testimonio de los particulares señalados a la Audiencia respectiva que, sin más trámites, resolverá dentro de los cinco días siguientes. Excepcionalmente, la Audiencia podrá reclamar las actuaciones para su consulta siempre que con ello no se obstaculice la tramitación de aquéllas; en estos casos, deberán devolverse las actuaciones al Juez en el plazo máximo de tres días.

4. Si el recurso de apelación se hubiere interpuesto subsidiariamente con el de reforma, si éste resulta total o parcialmente desestimatorio, antes de dar traslado a las demás partes personadas, el Secretario judicial dará traslado al recurrente por un plazo de cinco días para que formule alegaciones y pueda presentar, en su caso, los documentos justificativos de sus peticiones.

5. Si en el auto recurrido en apelación se acordare la prisión provisional de alguno de los investigados o encausados, respecto de dicho pronunciamiento podrá el apelante solicitar en el escrito de interposición del recurso la celebración de vista, que acordará la Audiencia respectiva. Cuando el auto recurrido contenga otros pronunciamientos sobre medidas cautelares, la Audiencia podrá acordar la celebración de vista si lo estima conveniente. El Secretario judicial señalará la vista dentro de los diez siguientes a la recepción de la causa en dicha Audiencia.

Art. 767. Desde la detención o desde que de las actuaciones resultare la imputación de un delito contra persona determinada será necesaria la asistencia letrada. La Policía Judicial, el Ministerio Fiscal o la autoridad judicial recabarán de inmediato del Colegio de Abogados la designación de un abogado de oficio, si no lo hubiere nombrado ya el interesado.

Art. 768. El abogado designado para la defensa tendrá también habilitación legal para la representación de su defendido, no siendo necesaria la intervención de procurador hasta el trámite de apertura del juicio oral. Hasta entonces cumplirá el abogado el deber de señalamiento de domicilio a efectos de notificaciones y traslados de documentos.

CAPÍTULO II

DE LAS ACTUACIONES DE LA POLICÍA JUDICIAL Y DEL MINISTERIO FISCAL*

Art. 769. Sin perjuicio de lo establecido en el Título III del Libro II de esta Ley, tan pronto como tenga conocimiento de un hecho que revista caracteres de delito, la Policía Judicial observará las reglas establecidas en este capítulo.

Art. 770. La Policía Judicial acudirá de inmediato al lugar de los hechos y realizará las siguientes diligencias:

1.ª Requerirá la presencia de cualquier facultativo o personal sanitario que fuere habido para prestar, si fuere necesario, los oportunos auxilios al ofendido. El requerido, aunque sólo lo fuera verbalmente, que no atienda sin justa causa el requerimiento será sancionado con una multa de 500 a 5.000 euros, sin perjuicio de la responsabilidad criminal en que hubiera podido incurrir.

2.ª Acompañará al acta de constancia fotografías o cualquier otro soporte magnético o de reproducción de la imagen, cuando sea pertinente para el esclarecimiento del hecho punible y exista riesgo de desaparición de sus fuentes de prueba.

3.ª Recogerá y custodiará en todo caso los efectos, instrumentos o pruebas del delito de cuya desaparición hubiere peligro, para ponerlos a disposición de la autoridad judicial.

4.ª Si se hubiere producido la muerte de alguna persona y el cadáver se hallare en la vía pública, en la vía férrea o en otro lugar de tránsito, lo trasladará al lugar próximo que resulte más idóneo dentro de las circunstancias, restableciendo el servicio interrumpido y dando cuenta de inmediato a la autoridad judicial. En las situaciones excepcionales en que haya de adoptarse tal medida de urgencia, se reseñará previamente la posición del interfecto, obteniéndose fotografías y señalando sobre el lugar la situación exacta que ocupaba.

5.ª Tomará los datos personales y dirección de las personas que se encuentren en el lugar en que se cometió el hecho, así como cualquier otro dato que ayude a su identificación y localización, tales como lugar habitual de trabajo, números de teléfono fijo o móvil, número de fax o dirección de correo electrónico.

---

* Vid. nota al art. 764.1 sobre las funciones de investigación de la Hacienda Tributaria en los delitos contra la Hacienda Pública.

6.ª Intervendrá, de resultar procedente, el vehículo y retendrá el permiso de circulación del mismo y el permiso de conducir de la persona a la que se impute el hecho.

Art. 771. En el tiempo imprescindible y, en todo caso, durante el tiempo de la detención, si la hubiere, la Policía Judicial practicará las siguientes diligencias:

1.ª Cumplirá con los deberes de información a las víctimas que prevé la legislación vigente. En particular, informará al ofendido y al perjudicado por el delito de forma escrita de los derechos que les asisten de acuerdo con lo establecido en los artículos 109 y 110. Se instruirá al ofendido de su derecho a mostrarse parte en la causa sin necesidad de formular querella y, tanto al ofendido como al perjudicado, de su derecho a nombrar Abogado o instar el nombramiento de Abogado de oficio en caso de ser titulares del derecho a la asistencia jurídica gratuita, de su derecho a, una vez personados en la causa, tomar conocimiento de lo actuado, sin perjuicio de lo dispuesto en los artículos 301 y 302, e instar lo que a su derecho convenga. Asimismo, se les informará de que, de no personarse en la causa y no hacer renuncia ni reserva de acciones civiles, el Ministerio Fiscal las ejercitará si correspondiere.

Informará asimismo a la persona ofendida o perjudicada de que puede optar por relacionarse con la Administración de Justicia por los medios del artículo 162 de la Ley 1/2000, de 7 de enero, de Enjuiciamiento Civil, recabando y consignando sucintamente su respuesta.

La información de derechos al ofendido o perjudicado regulada en este artículo, cuando se refiera a los delitos contra la propiedad intelectual o industrial, y, en su caso, su citación o emplazamiento en los distintos trámites del proceso, se realiza-

---

Art. 771.1.ª, párr. 2.º: Añadido por el art. 20.Siete de la LO 1/2025, de 2 de enero (*BOE* del 3), de medidas en materia de eficiencia del Servicio Público de Justicia. El anterior párrafo 2.º pasa a ser el 3.º. Entra en vigor el 3 de abril de 2025 (Disp. Final 38.ª1 LOMESPJ). La Disp. Trans. 9.ª LOMESP, en su apartado primero indica que las reformas serán aplicables exclusivamente a los procedimientos incoados con posterioridad a su entrada en vigor.

«Informará asimismo a la persona ofendida o perjudicada de que puede optar por relacionarse con la Administración de Justicia por los medios del artículo 162 de la Ley 1/2000, de 7 de enero, de Enjuiciamiento Civil, recabando y consignando sucintamente su respuesta.»

Art. 771.1.ª, párr. 3.º: Adición realizada por la LO 15/2003, de 25 de noviembre (*BOE* del 26), por la que se modifica la LO 10/1995, de 23 de noviembre, del Código Penal.

rá a aquellas personas, entidades u organizaciones que ostenten la representación legal de los titulares de dichos derechos.

2.ª Informará en la forma más comprensible al investigado no detenido de cuáles son los hechos que se le atribuyen y de los derechos que le asisten. En particular, le instruirá de los derechos reconocidos en los apartados a), b), c) y e) del artículo 520.2.

Art. 772. 1. Los miembros de la Policía Judicial requerirán el auxilio de otros miembros de las Fuerzas y Cuerpos de Seguridad cuando fuera necesario para el desempeño de las funciones que por esta Ley se les encomiendan.

2. La Policía extenderá el atestado de acuerdo con las normas generales de esta Ley y lo entregará al Juzgado competente, pondrá a su disposición a los detenidos, si los hubiere, y remitirá copia al Ministerio Fiscal.

Art. 773. 1. El Fiscal se constituirá en las actuaciones para el ejercicio de las acciones penal y civil conforme a la Ley. Velará por el respeto de las garantías procesales del investigado o encausado y por la protección de los derechos de la víctima y de los perjudicados por el delito.

En este procedimiento corresponde al Ministerio Fiscal, de manera especial, impulsar y simplificar su tramitación sin merma del derecho de defensa de las partes y del carácter contradictorio del mismo, dando a la Policía Judicial instrucciones generales o particulares para el más eficaz cumplimiento de sus funciones, interviniendo en las actuaciones, aportando los medios de prueba de que pueda disponer o solici-

---

Art. 771.2.ª: El término «investigado» sustituye a «imputado» como consecuencia del art. único.veintiuno de la LO 13/2015, de 5 de octubre (*BOE* del 6), de modificación de la Ley de Enjuiciamiento Criminal para el fortalecimiento de las garantías procesales y la regulación de las medidas de investigación tecnológica.

Art. 772: Conforme al art. 25.1.e) de la Ley 5/2014, de 4 de abril (*BOE* del 5), de Seguridad Privada, los Despachos de Detectives Privados y sus sucursales tienen la obligación de «Acudir, cuando sean requeridos para ello por los órganos competentes de la Administración de Justicia y de las Fuerzas y Cuerpos de Seguridad, a su llamamiento, tan pronto como resulte posible, y facilitar las informaciones de que tuvieren conocimiento en relación con las investigaciones que tales organismos se encontraran llevando a cabo». En el caso de los prestadores de servicios de seguridad habrá que tener en cuenta los arts. 8.º2, 14 y 15 del mismo cuerpo legal.

Art. 773: V. la Circular 2/2022, de 20 de diciembre, sobre la actividad extraprocesal del Ministerio Fiscal en el ámbito de la investigación penal.

Art. 773.1: Los términos «investigado o encausado» sustituyen a «imputado» como consecuencia del art. único.veintiuno de la LO 13/2015, de 5 de octubre (*BOE* del 6), de modificación de la Ley de Enjuiciamiento Criminal para el fortalecimiento de las garantías procesales y la regulación de las medidas de investigación tecnológica.

tando del Juez de instrucción la práctica de los mismos, así como instar de éste la adopción de medidas cautelares o su levantamiento y la conclusión de la investigación tan pronto como estime que se han practicado las actuaciones necesarias para resolver sobre el ejercicio de la acción penal.

El Fiscal General del Estado impartirá cuantas órdenes e instrucciones estime convenientes respecto a la actuación del Fiscal en este procedimiento, y en especial, respecto a la aplicación de lo dispuesto en el apartado 1 del artículo 780.

Tan pronto como el Juez ordene la incoación del procedimiento para las causas ante el Tribunal del Jurado, el Secretario judicial lo pondrá en conocimiento del Ministerio Fiscal, quien comparecerá e intervendrá en cuantas actuaciones se lleven a cabo ante aquél.

2.   Cuando el Ministerio Fiscal tenga noticia de un hecho aparentemente delictivo, bien directamente o por serle presentada una denuncia o atestado, informará a la víctima de los derechos recogidos en la legislación vigente; efectuará la evaluación y resolución provisionales de las necesidades de la víctima de conformidad con lo dispuesto en la legislación vigente y practicará él mismo u ordenará a la Policía Judicial que practique las diligencias que estime pertinentes para la comprobación del hecho o de la responsabilidad de los partícipes en el mismo. El Fiscal decretará el archivo de las actuaciones cuando el hecho no revista los caracteres de delito, comunicándolo con expresión de esta circunstancia a quien hubiere alegado ser perjudicado u ofendido, a fin de que pueda reiterar su denuncia ante el Juez de instrucción. En otro caso instará del Juez de instrucción la incoación del procedimiento que corresponda con remisión de lo actuado, poniendo a su disposición al detenido, si lo hubiere, y los efectos del delito.

El Ministerio Fiscal podrá hacer comparecer ante sí a cualquier persona en los términos establecidos en la ley para la citación judicial, a fin de recibirle declaración, en la cual se observarán las mismas garantías señaladas en esta Ley para la prestada ante el Juez o Tribunal.

Cesará el Fiscal en sus diligencias tan pronto como tenga conocimiento de la existencia de un procedimiento judicial sobre los mismos hechos.

Art. 773.1, párr. 4.º: Redactado conforme a la Ley 13/2009, de 3 de noviembre (*BOE* del 4), de reforma de la legislación procesal para la implantación de la nueva Oficina judicial.

Art. 773.2: Redactado conforme a la Disp. Final 1.ª veintidós de la Ley 4/2015, de 27 de abril (*BOE* del 28), del Estatuto de la víctima del delito.

CAPÍTULO III

DE LAS DILIGENCIAS PREVIAS

Art. 774. Todas las actuaciones judiciales relativas a delitos de los comprendidos en este Título se registrarán como diligencias previas y les será de aplicación lo dispuesto en los artículos 301 y 302.

Art. 775. 1. En la primera comparecencia el Juez informará al imputado, en la forma más comprensible, de los hechos que se le imputan. Previamente, el Secretario judicial le informará de sus derechos, en particular de los enumerados en el apartado 1 del artículo 118, y le requerirá para que designe un domicilio en España en el que se harán las notificaciones, o una persona que las reciba en su nombre, con la advertencia de que la citación realizada en dicho domicilio o a la persona designada permitirá la celebración del juicio en su ausencia en los supuestos previstos en el artículo 786.

Tanto antes como después de prestar declaración se le permitirá entrevistarse reservadamente con su Abogado, sin perjuicio de lo establecido en la letra *c*) del artículo 527.

2. Cuando del resultado de las diligencias se produzca algún cambio relevante en el objeto de la investigación y de los hechos imputados, el Juez informará con prontitud de ello al investigado.

Esta información podrá ser facilitada mediante una exposición sucinta que resulte suficiente para permitir el ejercicio del derecho a la defensa, comunicada por escrito al Abogado defensor del investigado.

Art. 776. 1. El letrado o la letrada de la Administración de

Art. 775: Redactado conforme al art. 2.ºcinco de la LO 5/2015, de 27 de abril (*BOE* del 28), por la que se modifican la Ley de Enjuiciamiento Criminal y la LO 6/1985, de 1 de julio, del Poder Judicial, para transponer la Directiva 2010/64/UE, de 20 de octubre de 2010, relativa al derecho a interpretación y a traducción en los procesos penales, y la Directiva 2012/13/UE, de 22 de mayo de 2012, relativa al derecho a la información en los procesos penales.

El término «investigado» sustituye a «imputado» como consecuencia del art. único. veintiuno de la LO 13/2015, de 5 de octubre (*BOE* del 6), de modificación de la Ley de Enjuiciamiento Criminal para el fortalecimiento de las garantías procesales y la regulación de las medidas de investigación tecnológica.

Art. 776.1 y 2: Modificados por el art. 20.Ocho de la LO 1/2025, de 2 de enero (*BOE* del 3), de medidas en materia de eficiencia del Servicio Público de Justicia. Entra en vigor el 3 de abril de 2025 (Disp. Final 38.ª1 LOMESPJ). La Disp. Trans. 9.ª LOMESP, en su apartado primero indica que las reformas serán aplicables exclusivamente a los procedimientos incoados con posterioridad a su entrada en vigor.

Justicia informarán al ofendido y al perjudicado de sus derechos, en los términos previstos en los artículos 109 y 110, cuando previamente no lo hubiera hecho la Policía Judicial. En particular, se instruirá de las medidas de asistencia a las víctimas que prevé la legislación vigente y de los derechos mencionados en la regla 1.ª del artículo 771.

Cuando la Policía Judicial hubiera efectuado esta información, el letrado o la letrada de la Administración de Justicia notificarán al ofendido o al perjudicado el número del procedimiento a que hubiera dado lugar y el juzgado que lo tramita y las posibles vías de contacto con el mismo, sin que sea precisa su comparecencia en el Juzgado de Instrucción para realizar un nuevo ofrecimiento de acciones, sin perjuicio del derecho de la víctima a la información actualizada del estado en el que se encuentra el proceso, en los términos previstos en la Ley 4/2015, de 27 de abril, del Estatuto de la víctima del delito.

2. La imposibilidad de practicar esta información por la Policía Judicial o por el letrado o la letrada de la Administración de Justicia en comparecencia no impedirá la continuación del procedimiento, sin perjuicio de que se proceda a realizarla por el medio más rápido posible, incluidos los medios del ar-

tículo 162 de la Ley 1/2000, de 7 de enero, de Enjuiciamiento Civil, cuando se trate de personas obligadas a su utilización o que hubieran optado por estos.

3. Los que se personaren podrán desde entonces tomar conocimiento de lo actuado e instar la práctica de diligencias y cuanto a su derecho convenga, acordando el Juez lo procedente en orden a la práctica de estas diligencias.

Art. 777. 1. El Juez ordenará a la Policía Judicial o practicará por sí las diligencias necesarias encaminadas a determinar la naturaleza y circunstancias del hecho, las personas que en él hayan participado y el órgano competente para el enjuiciamiento, dando cuenta al Ministerio Fiscal de su incoación y de los hechos que la determinen. Se emplearán para ello los medios comunes y ordinarios que establece esta Ley, con las modificaciones establecidas en el presente Título.

2. Cuando, por razón del lugar de residencia de un testigo o víctima, o por otro motivo, fuere de temer razonablemente que una prueba no podrá practicarse en el juicio oral, o pudiera motivar su suspensión, el Juez de instrucción practicará inmediatamente la misma asegurando en todo caso la posibilidad de contradicción de las partes.

Dicha diligencia deberá documentarse en soporte apto para la grabación y reproducción del sonido y de la imagen o por medio de acta autorizada por el Secretario judicial, con expresión de los intervinientes.

A efectos de su valoración como prueba en sentencia, la parte a quien interese deberá instar en el juicio oral la reproducción de la grabación o la lectura literal de la diligencia, en los términos del artículo 730.

3. Cuando una persona menor de catorce años o una persona con discapacidad necesitada de especial protección deba intervenir en condición de testigo, será de aplicación lo dispuesto en el artículo 449 ter, debiendo la autoridad judicial practicar prueba preconstituida, siempre que el objeto del procedimiento sea la instrucción de alguno de los delitos relacionados en tal artículo.

A efectos de su valoración como prueba en sentencia, la parte a quien interese deberá instar en el juicio oral la reproducción de la grabación audiovisual, en los términos del artículo 730.2.

Art. 778. 1. El informe pericial podrá ser prestado sólo por un perito cuando el Juez lo considere suficiente.

2. En los casos de lesiones no será preciso esperar a la sanidad del lesionado cuando fuera procedente el archivo o el sobreseimiento. En cualquier otro supuesto podrá proseguirse la tramitación sin haberse alcanzado tal sanidad, si fuera posible formular escrito de acusación.

3. El Juez podrá acordar, cuando lo considere necesario, que por el médico forense u otro perito se proceda a la obtención de muestras o vestigios cuyo análisis pudiera facilitar la mejor calificación del hecho, acreditándose en las diligencias su remisión al laboratorio correspondiente, que enviará el resultado en el plazo que se le señale.

4. El Juez podrá acordar que no se practique la autopsia cuando por el médico forense o quien haga sus veces se dictaminen cumplidamente la causa y las circunstancias relevantes de la muerte sin necesidad de aquélla.

5. El Juez podrá ordenar que se preste la asistencia debi-

Art. 777.3: Añadido por la Disp. Final 1.ª trece de la LO 8/2021, de 4 de junio (*BOE* del 5), de protección integral a la infancia y la adolescencia frente a la violencia.

Art. 778.3: El TS, por Acuerdo de Pleno no jurisdiccional (art. 264.1 LOPJ) de 3 de octubre de 2005 se ha planteado la siguiente cuestión: ¿es suficiente la autorización judicial para extraer muestras para un análisis de ADN a una persona detenida a la que no se informa de su derecho a no autoinculparse y que carece de asistencia letrada? Y ha interpretado que el art. 778.3 LECrim constituye habilitación legal suficiente para la práctica de esta diligencia.

da a los heridos, enfermos y cualquier otra persona que con motivo u ocasión de los hechos necesite asistencia facultativa, haciendo constar, en su caso, el lugar de su tratamiento, internamiento u hospitalización.

6. El Juez podrá autorizar al médico forense que asista en su lugar al levantamiento del cadáver, adjuntándose en este caso a las actuaciones un informe que incorporará una descripción detallada de su estado, identidad y circunstancias, especialmente todas aquellas que tuviesen relación con el hecho punible.

Art. 779. 1. Practicadas sin demora las diligencias pertinentes, el Juez adoptará mediante auto alguna de las siguientes resoluciones:

1.ª Si estimare que el hecho no es constitutivo de infracción penal o que no aparece suficientemente justificada su perpetración, acordará el sobreseimiento que corresponda. Si, aun estimando que el hecho puede ser constitutivo de delito, no hubiere autor conocido, acordará el sobreseimiento provisional y ordenará el archivo.

El auto de sobreseimiento será comunicado a las víctimas del delito, en la dirección de correo electrónico y, en su defecto, dirección postal o domicilio que hubieran designado en la solicitud prevista en el artículo 5.1.*m*) de la Ley del Estatuto de la víctima del delito.

En los casos de muerte o desaparición ocasionada por un delito, el auto de sobreseimien-

El Acuerdo del Pleno no Jurisdiccional de la Sala II del TS (art. 264.1 LOPJ) de 24 de septiembre de 2014, sobre «Si la toma biológica de muestras para la práctica de la prueba de ADN con el consentimiento del imputado necesita la asistencia del Letrado cuando el imputado se encuentre detenido» y «Si es válido el contraste de muestras obtenidas en la causa objeto de enjuiciamiento con los datos obrantes en la base de datos policial procedentes de una causa distinta, cuando el acusado no ha cuestionado la ilicitud y validez de esos datos hasta el momento del juicio oral», establece que «La toma biológica de muestras para la práctica de la prueba de ADN con el consentimiento del imputado, necesita la asistencia de letrado, cuando el imputado se encuentre detenido y en su defecto autorización judicial», pero «Sin embargo, es válido el contraste de muestras obtenidas en la causa objeto de enjuiciamiento con los datos obrantes en la base de datos policial procedentes de una causa distinta, aunque en la prestación del consentimiento no conste la asistencia de letrado, cuando el acusado no ha cuestionado la licitud y validez de esos datos en fase de instrucción». No obstante, y con carácter general, vid. nota al art. 363, párr. 2.º

Vid. últimos párrafos de la nota del art. 340.

Art. 778.6: Adición realizada por la LO 15/2003, de 25 de noviembre (*BOE* del 26), por la que se modifica la LO 10/1995, de 23 de noviembre, del Código Penal.

Art. 779.1.1.ª: Regla redactada conforme a la Disp. Final 1.ªveintitrés de la Ley 4/2015, de 27 de abril (*BOE* del 28), del Estatuto de la víctima del delito.

375 LIBRO IV **ART. 779**

to será comunicado de igual forma, a las personas a las que se refiere el párrafo segundo del apartado 1 del artículo 109 bis, de cuya identidad y dirección de correo electrónico o postal se tuviera conocimiento. En estos supuestos el Juez o Tribunal, podrá acordar, motivadamente, prescindir de la comunicación a todos los familiares cuando ya se haya dirigido con éxito a varios de ellos o cuando hayan resultado infructuosas cuantas gestiones se hubieren practicado para su localización.

Excepcionalmente, en el caso de ciudadanos residentes fuera de la Unión Europea, si no se dispusiera de una dirección de correo electrónico o postal en la que realizar la comunicación, se remitirá a la oficina diplomática o consular española en el país de residencia para que la publique. Transcurridos cinco días desde la comunicación, se entenderá que ha sido efectuada válidamente y desplegará todos sus efectos. Se exceptuarán de este régimen aquellos supuestos en los que la víctima acredite justa causa de la imposibilidad de acceso al contenido de la comunicación.

Las víctimas podrán recurrir el auto de sobreseimiento dentro del plazo de veinte días aunque no se hubieran mostrado como parte en la causa.

2.ª Si reputare falta el hecho que hubiere dado lugar a la formación de las diligencias, mandará remitir lo actuado al Juez competente, cuando no le corresponda su enjuiciamiento.

3.ª Si el hecho estuviese atribuido a la jurisdicción militar, se inhibirá a favor del órgano competente. Si todos los imputados fuesen menores de edad penal, se dará traslado de lo actuado al Fiscal de Menores para que inicie los trámites de la Ley de Responsabilidad Penal del Menor.

4.ª Si el hecho constituyera delito comprendido en el artículo 757, seguirá el procedimiento ordenado en el capítulo siguiente. Esta decisión, que contendrá la determinación de los hechos punibles y la identificación de la persona a la que se le imputan, no podrá adoptarse sin haber tomado declaración a aquélla en los términos previstos en el artículo 775.

5.ª Si, en cualquier momento anterior, el investigado asistido de su abogado hubiere reconocido los hechos a presencia judicial, y éstos fueran constitutivos de delito castigado con

---

Art. 779.5.ª: El término «investigado» sustituye a «imputado» como consecuencia del art. único.veintiuno de la LO 13/2015, de 5 de octubre (*BOE* del 6), de modificación de la Ley de Enjuiciamiento Criminal para el fortalecimiento de las garantías procesales y la regulación de las medidas de investigación tecnológica.

pena incluida dentro de los límites previstos en el artículo 801, mandará convocar inmediatamente al Ministerio Fiscal y a las partes personadas a fin de que manifiesten si formulan escrito de acusación con la conformidad del acusado. En caso afirmativo, incoará diligencias urgentes y ordenará la continuación de las actuaciones por los trámites previstos en los artículos 800 y 801.

2. En los tres primeros supuestos, si no hubiere miembro del Ministerio Fiscal constituido en el Juzgado, ni hubieren interpuesto recurso las partes, se remitirán las diligencias al Fiscal de la Audiencia, el que, dentro de los tres días siguientes a su recepción, las devolverá al Juzgado con el escrito de interposición del recurso o con la fórmula de «visto», procediéndose seguidamente en este caso a la ejecución de lo resuelto.

CAPÍTULO IV

DE LA PREPARACIÓN DEL JUICIO ORAL

Art. 780. 1. Si el Juez de instrucción acordare que debe seguirse el trámite establecido en este capítulo, en la misma resolución ordenará que se dé traslado de las diligencias previas, originales o mediante fotocopia, al Ministerio Fiscal y a las acusaciones personadas, para que, en el plazo común de diez días, soliciten la apertura del juicio oral formulando escrito de acusación o el sobreseimiento de la causa o, excepcionalmente, la práctica de diligencias complementarias, en el caso del apartado siguiente.

2. Cuando el Ministerio Fiscal manifieste la imposibilidad de formular escrito de acusación por falta de elementos esenciales para la tipificación de los hechos, se podrá instar, con carácter previo, la práctica de aquellas diligencias indispensables para formular acusación, en cuyo caso acordará el Juez lo solicitado.

El Juez acordará lo que estime procedente cuando tal solicitud sea formulada por la acusación o acusaciones personadas.

En todo caso se citará para su práctica al Ministerio Fiscal, a las partes personadas y siempre al encausado, dándose luego nuevo traslado de las actuaciones.

Art. 780.2, párr. 3.º: El término «encausado» sustituye a «imputado» como consecuencia del art. único.veintiuno de la LO 13/2015, de 5 de octubre (*BOE* del 6), de modificación de la Ley de Enjuiciamiento Criminal para el fortalecimiento de las garantías procesales y la regulación de las medidas de investigación tecnológica.

Art. 781. 1. El escrito de acusación comprenderá, además de la solicitud de apertura del juicio oral ante el órgano que se estime competente y de la identificación de la persona o personas contra las que se dirige la acusación, los extremos a que se refiere el artículo 650. La acusación se extenderá a las faltas imputables al acusado del delito o a otras personas, cuando la comisión de la falta o su prueba estuviera relacionada con el delito. También se expresará la cuantía de las indemnizaciones o se fijarán las bases para su determinación y las personas civilmente responsables, así como los demás pronunciamientos sobre entrega y destino de cosas y efectos e imposición de costas procesales.

En el mismo escrito se propondrán las pruebas cuya práctica se interese en el juicio oral, expresando si la reclamación de documentos o las citaciones de peritos y testigos deben realizarse por medio de la oficina judicial.

En el escrito de acusación se podrá solicitar la práctica anticipada de aquellas pruebas que no puedan llevarse a cabo durante las sesiones del juicio oral, así como la adopción, modificación o suspensión de las medidas a que se refieren los artículos 763, 764 y 765, o cualesquiera otras que resulten procedentes o se hubieren adoptado, así como la cancelación de las tomadas frente a personas contra las que no se dirija acusación.

2. El Ministerio Fiscal, previa información a su superior jerárquico, y las acusaciones personadas podrán solicitar justificadamente la prórroga del plazo establecido en el artículo anterior. El Juez de instrucción, atendidas las circunstancias, podrá acordar la prórroga de dicho plazo por un máximo de otros diez días.

3. Si el Ministerio Fiscal no presentare su escrito en el plazo establecido en el artículo anterior, el Juez de instrucción requerirá al superior jerárquico

---

Art. 781.1: El TS, por Acuerdo del Pleno no jurisdiccional (art. 264.1 LOPJ) de 27 de noviembre de 1998, ha interpretado, al hilo del antiguo art. 790.5 (actual 781.1), que «con carácter excepcional, cabe la posibilidad de que una misma persona asuma la doble condición de acusador y acusado, en un proceso en el que se enjuician acciones distintas, enmarcadas en un mismo suceso, cuando, por su relación entre sí, el enjuiciamiento separado, de cada una de las acciones que ostentan como acusados y perjudicados, produjese la división de la continencia de la causa, con riesgo de sentencias contradictorias, y siempre que así lo exija la salvaguarda del derecho de defensa y de la tutela judicial efectiva» (vid. STS 1178/1998, de 10 de diciembre).

del Fiscal actuante, para que en el plazo de diez días presente el escrito que proceda, dando razón de los motivos de su falta de presentación en plazo.

Art. 782. 1. Si el Ministerio Fiscal y el acusador particular solicitaren el sobreseimiento de la causa por cualquiera de los motivos que prevén los artículos 637 y 641, lo acordará el Juez, excepto en los supuestos de los números 1.º, 2.º, 3.º, 5.º y 6.º del artículo 20 del Código Penal, en que devolverá las actuaciones a las acusaciones para calificación, continuando el juicio hasta sentencia, a los efectos de la imposición de medidas de seguridad y del enjuiciamiento de la acción civil, en los supuestos previstos en el Código Penal.

Al acordar el sobreseimiento, el Juez de instrucción dejará sin efecto la prisión y demás medidas cautelares acordadas.

2. Si el Ministerio Fiscal solicitare el sobreseimiento de la causa y no se hubiere personado en la misma acusador particular dispuesto a sostener la acusación, antes de acordar el sobreseimiento el Juez de instrucción:

a) Podrá acordar que se haga saber la pretensión del Ministerio Fiscal a los directamente ofendidos o perjudicados conocidos, no personados, para que dentro del plazo máximo de quince días comparezcan a defender su acción si lo consideran oportuno. Si no lo hicieren en el plazo fijado, se acordará el sobreseimiento solicitado por el Ministerio Fiscal, sin perjuicio de lo dispuesto en el párrafo siguiente.

b) Podrá remitir la causa al superior jerárquico del Fiscal para que resuelva si procede o no sostener la acusación, quien comunicará su decisión al Juez de instrucción en el plazo de diez días.

Art. 783. 1. Solicitada la apertura del juicio oral por el Ministerio Fiscal o la acusación particular, el Juez de instrucción la acordará, salvo que estimare que concurre el supuesto del número 2 del artículo 637 o que no existen indicios racionales de criminalidad contra el acusado, en cuyo caso acordará el sobre-

---

Art. 783.1: El Acuerdo del Pleno no Jurisdiccional de la Sala II del TS (art. 264.1 LOPJ), de 2 de diciembre de 2014, sobre «Efectos de la pérdida de la condición de aforado como consecuencia de la renuncia del imputado», establece que: «En las causas con aforados la resolución judicial que acuerda la apertura del juicio oral constituye el momento en el que queda definitivamente fijada la competencia del Tribunal de enjuiciamiento aunque con posterioridad a dicha fecha se haya perdido la condición de aforado.»

seimiento que corresponda conforme a los artículos 637 y 641.

Cuando el Juez de instrucción decrete la apertura del juicio oral sólo a instancia del Ministerio Fiscal o de la acusación particular, el Secretario judicial dará nuevo traslado a quien hubiere solicitado el sobreseimiento por plazo de tres días para que formule escrito de acusación, salvo que hubiere renunciado a ello.

2. Al acordar la apertura del juicio oral, resolverá el Juez de instrucción sobre la adopción, modificación, suspensión o revocación de las medidas interesadas por el Ministerio Fiscal o la acusación particular, tanto en relación con el acusado como respecto de los responsables civiles, a quienes, en su caso, exigirá fianza, si no la prestare el acusado en el plazo que se le señale, así como sobre el alzamiento de las medidas adoptadas frente a quienes no hubieren sido acusados.

En el mismo auto señalará el Juez de instrucción el órgano competente para el conocimiento y fallo de la causa.

3. Contra el auto que acuerde la apertura del juicio oral no se dará recurso alguno, excepto en lo relativo a la situación personal, pudiendo el acusado reproducir ante el órgano de enjuiciamiento las peticiones no atendidas.

Art. 784. 1. Abierto el juicio oral, el Secretario judicial emplazará al encausado, con entrega de copia de los escritos de acusación, para que en el plazo de tres días comparezca en la causa con Abogado que le defienda y Procurador que le represente. Si no ejercitase su derecho a designar Procurador o a solicitar uno de oficio, el Secretario judicial interesará, en todo caso, su nombramiento. Cumplido ese trámite, el Secretario judicial dará traslado de las actuaciones originales, o mediante fotocopia, a los designados como acusados y terceros responsables en los escritos de acusación, para que en plazo

---

Art. 783.1, párr. 2.º: Redactado conforme a la Ley 13/2009, de 3 de noviembre (*BOE* del 4), de reforma de la legislación procesal para la implantación de la nueva Oficina judicial.

Art. 784.1, párr. 1.º: Redactado conforme a la Ley 13/2009, de 3 de noviembre (*BOE* del 4), de reforma de la legislación procesal para la implantación de la nueva Oficina judicial.

El término «encausado» sustituye a «imputado» como consecuencia del art. único. veintiuno de la LO 13/2015, de 5 de octubre (*BOE* del 6), de modificación de la Ley de Enjuiciamiento Criminal para el fortalecimiento de las garantías procesales y la regulación de las medidas de investigación tecnológica.

común de diez días presenten escrito de defensa frente a las acusaciones formuladas.

Si la defensa no presentare su escrito en el plazo señalado, se entenderá que se opone a las acusaciones y seguirá su curso el procedimiento, sin perjuicio de la responsabilidad en que pueda incurrirse de acuerdo con lo previsto en el Título V del Libro V de la Ley Orgánica del Poder Judicial.

Una vez precluido el trámite para presentar su escrito, la defensa sólo podrá proponer la prueba que aporte en el acto del juicio oral para su práctica en el mismo, sin perjuicio de que, además, pueda interesar previamente que se libren las comunicaciones necesarias, siempre que lo haga con antelación suficiente respecto de la fecha señalada para el juicio, y de lo previsto en el párrafo segundo del apartado 1 del artículo 785. Todo ello se entiende sin perjuicio de que si los afectados consideran que se ha producido indefensión puedan aducirlo de acuerdo con lo previsto en el apartado 2 del artículo 786.

2. En el escrito de defensa se podrá solicitar del órgano judicial que recabe la remisión de documentos o cite a peritos o testigos, a los efectos de la práctica de la correspondiente prueba en las sesiones del juicio oral o, en su caso, de la práctica de prueba anticipada.

3. En su escrito, firmado también por el acusado, la defensa podrá manifestar su conformidad con la acusación en los términos previstos en el artículo 787.

Dicha conformidad podrá ser también prestada con el nuevo escrito de calificación que conjuntamente firmen las partes acusadoras y el acusado junto con su Letrado, en cualquier momento anterior a la celebración de las sesiones del juicio oral, sin perjuicio de lo dispuesto en el artículo 787.1.º

4. Si, abierto el juicio oral, los acusados se hallaren en ignorado paradero y no hubieren hecho la designación de domicilio a que se refiere el artículo 775 y, en cualquier caso, si la pena solicitada excediera de los límites establecidos en el párrafo segundo del apartado 1 del artículo 786, el Juez mandará expedir requisitoria para su llamamiento y busca, declarándolos rebeldes, si no comparecieran o no fueren hallados, con los efectos prevenidos en esta Ley.

Art. 784.4 y 5: Apartados redactados conforme a la Ley 13/2009, de 3 de noviembre (*BOE* del 4), de reforma de la legislación procesal para la implantación de la nueva Oficina judicial.

5. Presentado el escrito de defensa o transcurrido el plazo para hacerlo, el Secretario judicial acordará remitir lo actuado al órgano competente para el enjuiciamiento, notificándoselo a las partes, salvo cuando el enjuiciamiento corresponda al Juez de lo Penal y éste se desplazara periódicamente a la sede del Juzgado instructor para la celebración de los juicios procedentes del mismo, en cuyo caso permanecerán las actuaciones en la Oficina judicial a disposición del Juez de lo Penal.

CAPÍTULO V

DE LA AUDIENCIA PRELIMINAR, DEL JUICIO ORAL Y DE LA SENTENCIA*

Art. 785. 1. En cuanto las actuaciones se encontraren a disposición del órgano competente para el enjuiciamiento, el juez, jueza o tribunal convocará al fiscal y a las partes a una audiencia preliminar en la que podrán exponer lo que estimen oportuno acerca de la posibilidad de conformidad del acusado o acusados, la competencia del órgano judicial, la vulneración de algún derecho fundamental, la existencia de artículos de previo pronunciamiento, causas de la suspensión de juicio oral, nulidad de actuaciones, así como sobre el contenido, finalidad o nulidad de las pruebas propuestas.

Podrán igualmente proponer la incorporación de informes, certificaciones y otros documentos. También podrán proponer la práctica de pruebas de las que las partes no hubieran tenido conocimiento en el momento de formular sus escritos de acusación o defensa.

2. La celebración de la audiencia preliminar requiere la asistencia del acusado y del abogado defensor.

La celebración de la audiencia preliminar no se suspenderá

---

* Rúbrica modificada por el art. 20.Nueve de la LO 1/2025, de 2 de enero (*BOE* del 3), de medidas en materia de eficiencia del Servicio Público de Justicia. Entra en vigor el 3 de abril de 2025 (Disp. Final 38.ª1 LOMESPJ). La Disp. Trans. 9.ª LOMESP, en su apartado primero indica que las reformas serán aplicables exclusivamente a los procedimientos incoados con posterioridad a su entrada en vigor.

Art. 785: Modificado por el art. 20.Diez de la LO 1/2025, de 2 de enero (*BOE* del 3), de medidas en materia de eficiencia del Servicio Público de Justicia. Entra en vigor el 3 de abril de 2025 (Disp. Final 38.ª1 LOMESPJ). La Disp. Trans. 9.ª LOMESP, en su apartado primero indica que las reformas serán aplicables exclusivamente a los procedimientos incoados con posterioridad a su entrada en vigor. Sin embargo, en el apartado tercero indica que las modificaciones del apartado 9 del art. 785 «serán de aplicación a los procedimientos en los que no se haya celebrado juicio oral a la entrada en vigor» de la LOMESPJ.

por la inasistencia injustificada de la persona acusada que haya sido debidamente citada ni tampoco por la incomparecencia injustificada de las demás partes citadas en forma, celebrándose a los efectos de sustanciar las cuestiones que puedan resolverse en ausencia. En la citación se informará al acusado y a las partes que su injustificada incomparecencia no suspenderá la audiencia preliminar.

3. El juez, jueza o tribunal examinará las pruebas propuestas y resolverá admitiendo las que considere pertinentes y rechazando las demás, prevendrá lo necesario para la práctica de la prueba anticipada y resolverá sobre el resto de cuestiones planteadas de forma oral, salvo que, por la complejidad de las cuestiones planteadas, hubiera de serlo por escrito, en cuyo caso el auto habrá de ser dictado en el plazo de diez días.

Contra la resolución adoptada no cabrá recurso alguno, sin perjuicio de la pertinente protesta y de que la cuestión pueda ser reproducida, en su caso, en el recurso frente a la sentencia, salvo que dicha resolución ponga fin al procedimiento, en cuyo caso será susceptible de recurso de apelación, en el plazo y con las formalidades prevenidas en los artículos 790 y siguientes.

4. En la misma comparecencia, las partes podrán pedir al juez, jueza o tribunal que proceda a dictar sentencia de conformidad con el escrito de acusación que contenga pena de mayor gravedad, o con el que se presentara en ese acto, que no podrá referirse a hecho distinto ni contener calificación más grave que la del escrito de acusación anterior. El juez, jueza o tribunal dictará sentencia de conformidad con la pena manifestada por la defensa y el acusado, si concurren los requisitos establecidos en los apartados siguientes.

El Ministerio Fiscal oirá previamente a la víctima o perjudicado, aunque no estén personados en la causa, siempre que hubiera sido posible y se estime necesario para ponderar correctamente los efectos y el alcance de tal conformidad, y en todo caso cuando la gravedad o trascendencia del hecho o la intensidad o la cuantía sean especialmente significativos, así como en todos los supuestos en que víctimas o perjudicados se encuentren en situación de especial vulnerabilidad.

5. Si, a partir de la descripción de los hechos aceptada por todas las partes, el juez, jueza o tribunal entendiere que la calificación aceptada es correcta y que la pena es procedente según dicha calificación, dictará sentencia de conformidad. El juez, jueza o tribunal habrá oído en

todo caso al acusado acerca de si su conformidad ha sido prestada libremente y con conocimiento de sus consecuencias.

6. En caso de que el juez, jueza o tribunal considerare incorrecta la calificación formulada o entendiere que la pena solicitada no procede legalmente, requerirá a la parte que presentó el escrito de acusación más grave para que manifieste si se ratifica o no en él. Sólo cuando la parte requerida modificare su escrito de acusación en términos tales que la calificación sea correcta y la pena solicitada sea procedente y el acusado preste de nuevo su conformidad, podrá el juez, jueza o tribunal dictar sentencia de conformidad. En otro caso, ordenará la celebración del juicio.

7. Una vez que la defensa del acusado manifieste su conformidad, el juez, jueza, presidente o presidenta del tribunal informará a la persona acusada de sus consecuencias y a continuación le requerirá a fin de que manifieste si presta su conformidad. Cuando el juez, jueza o tribunal albergue dudas sobre si la persona acusada ha prestado libremente su conformidad, acordará la celebración del juicio.

También podrá acordar la continuación del juicio cuando, no obstante la conformidad de la persona acusada, su defensor o defensora lo considere necesa-

rio y el juez, jueza o tribunal estime fundada su petición.

El letrado o la letrada facilitará por escrito a la persona a quien defiende la información sobre el acuerdo alcanzado.

8. No vinculan al juez, jueza o tribunal las conformidades sobre la adopción de medidas protectoras en los casos de limitación de la responsabilidad penal.

9. La sentencia de conformidad se dictará oralmente y documentará conforme a lo previsto en el apartado 2 del artículo 789, sin perjuicio de su ulterior redacción. Si el fiscal y las partes, conocido el fallo, expresaran su decisión de no recurrir, el juez, en el mismo acto, declarará oralmente la firmeza de la sentencia, y se pronunciará, previa audiencia de las partes, sobre la suspensión de la pena impuesta o su sustitución, cuando proceda. También resolverá el juez, jueza o tribunal sobre los aplazamientos de las responsabilidades pecuniarias y se realizarán, en cuanto fuera posible, los requerimientos y liquidaciones de condena de las penas impuestas en la sentencia.

10. Únicamente serán recurribles las sentencias de conformidad cuando no hayan respetado los requisitos o términos de la conformidad, sin que la persona acusada pueda impugnar por razones de fondo su

conformidad libremente prestada.

11. Cuando el acusado sea una persona jurídica, la conformidad deberá prestarla su representante especialmente designado, siempre que cuente con poder especial. Dicha conformidad, que se sujetará a los requisitos enunciados en los apartados anteriores, podrá realizarse con independencia de la posición que adopten las demás personas acusadas, y su contenido no vinculará en el juicio que se celebre en relación con estas.

12. La comparecencia se registrará en el modo previsto en el artículo 743.

Art. 786. 1. Si no hubiera conformidad de las partes, una vez que el juez, la jueza o el tribunal hubiera resuelto de forma oral conforme al apartado 3 del artículo anterior, siempre que el señalamiento pueda hacerse en el mismo acto, se establecerá el día y la hora en que deban comenzar las sesiones del juicio oral, con sujeción a lo dispuesto en el artículo 182 de la Ley 1/2000, de 7 de enero, de Enjuiciamiento Civil. Las partes, sus letrados o letradas y el Ministe-

rio Fiscal deberán manifestar la coincidencia con otros señalamientos u otros motivos que pudieran impedir la celebración de juicio en la fecha señalada.

En los demás casos se fijará el día y hora por el letrado o la letrada de la Administración de Justicia conforme a los criterios generales y las concretas y específicas instrucciones a que se refiere dicho precepto de la Ley 1/2000, de 7 de enero.

En el caso de que el juez, la jueza o el tribunal no hubiera resuelto oralmente, el señalamiento deberá ser efectuado por el letrado o la letrada de la Administración de Justicia inmediatamente después de que sea dictado el auto a que se refiere el apartado 3 del artículo anterior.

2. Los criterios generales y las concretas y específicas instrucciones que fijen los Presidentes o Presidentas de Sala o Sección, y los jueces y juezas de lo Penal, con arreglo a los cuales se realizará el señalamiento, tendrán asimismo en cuenta:

1.º La prisión del acusado.

2.º El aseguramiento de su presencia a disposición judicial.

3.º Las demás medidas cautelares personales adoptadas.

Art. 786: Modificado por el art. 20.Once de la LO 1/2025, de 2 de enero (*BOE* del 3), de medidas en materia de eficiencia del Servicio Público de Justicia. Entra en vigor el 3 de abril de 2025 (Disp. Final 38.ª1 LOMESPJ). La Disp. Trans. 9.ª LOMESP, en su apartado primero indica que las reformas serán aplicables exclusivamente a los procedimientos incoados con posterioridad a su entrada en vigor.

4.º La prioridad de otras causas.

5.º La complejidad de la prueba propuesta o cualquier circunstancia modificativa, según hayan podido determinar una vez estudiado el asunto o pleito de que se trate.

3. Cuando la víctima lo haya solicitado, aunque no sea parte en el proceso ni deba intervenir, el letrado o letrada de la Administración de Justicia deberá informarle, por escrito y sin retrasos innecesarios, de la fecha, hora y lugar del juicio, así como del contenido de la acusación dirigida contra la persona infractora.

Art. 787. 1. La celebración del juicio oral requiere preceptivamente la asistencia de la persona acusada y del abogado o abogada defensor. No obstante, si hubiere varias personas acusadas y alguna de ellas deja de comparecer sin motivo legítimo, apreciado por el juez, la jueza o el tribunal, podrá este acordar, oídas las partes, la continuación del juicio para los restantes.

La ausencia injustificada de la persona acusada que hubiera sido citada personalmente, o en el domicilio o en la persona a que se refiere el artículo 775, no será causa de suspensión del juicio oral si el juez, la jueza o el tribunal, a solicitud del Ministerio Fiscal o de la parte acusadora, y oída la defensa, estima que existen elementos suficientes para el enjuiciamiento, cuando concurran los siguientes requisitos:

a) Que la pena más grave solicitada no exceda de dos años de privación de libertad, que no exceda de seis años si se trata de pena de distinta naturaleza o que se trate de pena de multa cualquiera que sea su cuantía o duración.

b) Que, en todo caso, tratándose de penas privativas de libertad, la suma total de las penas solicitadas no exceda de cinco años.

La ausencia injustificada del tercero responsable civil citado en debida forma no será por sí misma causa de suspensión del juicio.

Las acusaciones particular o popular podrán ser representadas en el acto de juicio por procurador de los tribunales, salvo en el caso de que proceda

---

Art. 787: Modificado por el art. 20.Doce de la LO 1/2025, de 2 de enero (*BOE* del 3), de medidas en materia de eficiencia del Servicio Público de Justicia. Entra en vigor el 3 de abril de 2025 (Disp. Final 38.ª1 LOMESPJ). La Disp. Trans. 9.ª LOMESP, en su apartado primero indica que las reformas serán aplicables exclusivamente a los procedimientos incoados con posterioridad a su entrada en vigor.

practicar la declaración de los mismos.

2. El juicio oral comenzará con la lectura de los escritos de acusación y de defensa.

3. Al inicio de las sesiones del juicio, únicamente podrá solicitarse la incorporación de informes, certificaciones y otros documentos. También podrá proponerse la práctica de pruebas de las que las partes no hubieran tenido conocimiento al momento de celebrar la comparecencia prevista en el artículo 785.

Art. 787 bis. 1. Cuando el acusado sea una persona jurídica, ésta podrá estar representada para un mejor ejercicio del derecho de defensa por una persona que especialmente designe, debiendo ocupar en la Sala el lugar reservado a los acusados. Dicha persona podrá declarar en nombre de la persona jurídica si se hubiera propuesto y admitido esa prueba, sin perjuicio del derecho a guardar silencio, a no declarar contra sí mismo y a no confesarse culpable, así como ejercer el derecho a la última palabra al finalizar el acto del juicio.

No se podrá designar a estos efectos a quien haya de declarar en el juicio como testigo.

2. No obstante lo anterior, la incomparecencia de la persona especialmente designada por la persona jurídica para su representación no impedirá en ningún caso la celebración de la vista, que se llevará a cabo con la presencia del Abogado y el Procurador de ésta.

Art. 787 ter. 1. Antes de iniciarse la práctica de la prueba, la defensa, con la conformidad del acusado presente, podrá pedir al juez, jueza o tribunal que proceda a dictar sentencia de conformidad con el escrito de acusación que contenga pena de mayor gravedad, o con el que se presentara en ese acto,

---

Art. 787 bis: Antiguo art. 786 bis, renumerado por el art. 20.Trece de la LO 1/2025, de 2 de enero (*BOE* del 3), de medidas en materia de eficiencia del Servicio Público de Justicia. Entra en vigor el 3 de abril de 2025 (Disp. Final 38.ª1 LOMESPJ). La Disp. Trans. 9.ª LOMESP, en su apartado primero indica que las reformas serán aplicables exclusivamente a los procedimientos incoados con posterioridad a su entrada en vigor.

Art. 787 ter: Añadido por el art. 20.Catorce de la LO 1/2025, de 2 de enero (*BOE* del 3), de medidas en materia de eficiencia del Servicio Público de Justicia. Entra en vigor el 3 de abril de 2025 (Disp. Final 38.ª1 LOMESPJ). La Disp. Trans. 9.ª LOMESP, en su apartado primero indica que las reformas serán aplicables exclusivamente a los procedimientos incoados con posterioridad a su entrada en vigor. Sin embargo, el apartado tercero indica que las modificaciones del apartado 6 del art. 787 ter «serán de aplicación a los procedimientos en los que no se haya celebrado juicio oral a la entrada en vigor» de la LOMESPJ.

que no podrá referirse a hecho distinto, ni contener calificación más grave que la del escrito de acusación anterior. El juez, la jueza o el tribunal dictará sentencia de conformidad con la manifestada por la defensa y el acusado, si concurren los requisitos establecidos en los apartados siguientes.

El Ministerio Fiscal oirá previamente a la víctima o perjudicado, aunque no estén personados en la causa, siempre que hubiera sido posible y se estime necesario para ponderar correctamente los efectos y el alcance de tal conformidad, y en todo caso cuando la gravedad o trascendencia del hecho o la cuantía sean especialmente significativos, así como en todos los supuestos en que víctimas o perjudicados se encuentren en situación de especial vulnerabilidad.

2. Si a partir de la descripción de los hechos aceptada por todas las partes, el juez, la jueza o el tribunal entendiere que la calificación aceptada es correcta y que la pena es procedente según dicha calificación, dictará sentencia de conformidad. El juez, la jueza o el tribunal habrá oído en todo caso al acusado acerca de si su conformidad ha sido prestada libremente y con conocimiento de sus consecuencias.

3. En caso de que el juez, la jueza o el tribunal considerare incorrecta la calificación formulada o entendiere que la pena solicitada no procede legalmente, requerirá a la parte que presentó el escrito de acusación más grave para que manifieste si se ratifica o no en él. Sólo cuando la parte requerida modificare su escrito de acusación en términos tales que la calificación sea correcta y la pena solicitada sea procedente, y el acusado preste de nuevo su conformidad, podrá el juez, la jueza o el tribunal dictar sentencia de conformidad. En otro caso, ordenará la continuación del juicio.

4. Una vez que la defensa manifieste su conformidad, el juez, la jueza o el tribunal informará al acusado de sus consecuencias y a continuación le requerirá a fin de que manifieste si presta su conformidad. Cuando el juez, la jueza o el tribunal albergue dudas sobre si el acusado ha prestado libremente su conformidad, acordará la continuación del juicio.

También podrá acordar la continuación del juicio cuando, no obstante la conformidad de la persona acusada, su defensor o defensora lo considere necesario y el juez, la jueza o el tribunal estime fundada su petición.

El letrado o la letrada facilitará por escrito a la persona a quien defiende la información sobre el acuerdo alcanzado.

5. No vinculan al juez, jueza o tribunal las conformidades

sobre la adopción de medidas protectoras en los casos de limitación de la responsabilidad penal.

6.   La sentencia de conformidad se dictará oralmente y documentará conforme a lo previsto en el apartado 2 del artículo 789, sin perjuicio de su ulterior redacción. Si el o la fiscal y las partes, conocido el fallo, expresaran su decisión de no recurrir, el juez, en el mismo acto, declarará oralmente la firmeza de la sentencia y se pronunciará, previa audiencia de las partes, sobre la suspensión o la sustitución de la pena impuesta, cuando proceda. También resolverá el juez, la jueza o el tribunal sobre los aplazamientos de las responsabilidades pecuniarias y se realizarán, en cuanto fuera posible, los requerimientos y liquidaciones de condena de las penas impuestas en la sentencia.

7.   Únicamente serán recurribles las sentencias de conformidad cuando no hayan respetado los requisitos o términos de la conformidad, sin que la persona acusada pueda impugnar por razones de fondo su conformidad libremente prestada.

8.   Cuando la persona acusada sea una persona jurídica, la conformidad deberá prestarla su representante especialmente designado, siempre que cuente con poder especial. Dicha conformidad, que se sujetará a los requisitos enunciados en los apartados anteriores, podrá realizarse con independencia de la posición que adopten las demás personas acusadas, y su contenido no vinculará en el juicio que se celebre en relación con estas.

Art. 788.   1.   La práctica de la prueba se realizará concentradamente, en las sesiones consecutivas que sean necesarias.

Excepcionalmente, podrá acordar el Juez o Tribunal la suspensión o aplazamiento de la sesión, hasta el límite máximo de treinta días, en los supuestos del artículo 746, conservando su validez los actos realizados, salvo que se produzca la sustitución del Juez o miembro del Tribunal en el caso del número 4 de dicho artículo. En esos casos siempre que el señalamiento de la reanudación pueda realizarse al mismo tiempo en que se acuerde la suspensión, se hará por el Juez o Presidente, que tendrá en cuenta las necesidades de la agenda programada de señalamientos y las demás circunstancias contenidas en los artículos 182.4 de la Ley de En-

---

Art. 788.1: Redactado conforme a la Ley 13/2009, de 3 de noviembre (*BOE* del 4), de reforma de la legislación procesal para la implantación de la nueva Oficina judicial.

juiciamiento Civil y 785.2 de la presente Ley.

Del mismo modo se actuará en los casos en que se interrumpa o suspenda un juicio oral ya iniciado y el nuevo señalamiento de vista pueda realizarse al mismo tiempo en que se acuerde la interrupción o suspensión.

En los restantes casos, el señalamiento de fecha para el nuevo juicio oral se hará por el Secretario judicial, para la fecha más inmediata posible, ajustándose a lo previsto en el artículo 785.2 de la presente Ley.

No será causa de suspensión del juicio la falta de acreditación de la sanidad, de la tasación de daños o de la verificación de otra circunstancia de análoga significación, siempre que no sea requisito imprescindible para la calificación de los hechos. En tal caso, la determinación cuantitativa de la responsabilidad civil quedará diferida al trámite de ejecución, fijándose en la sentencia las bases de la misma.

2. Será de aplicación lo dispuesto en el artículo 703 bis en cuanto a la no intervención en el acto del juicio del testigo, cuando se haya practicado prueba preconstituida de conformidad con lo dispuesto en los artículos 449 bis y siguientes.

3. El informe pericial podrá ser prestado sólo por un perito.

En el ámbito de este procedimiento, tendrán carácter de prueba los informes emitidos por laboratorios oficiales sobre la naturaleza, cantidad sy pureza de sustancias estupefacientes cuando en ellos conste que se han realizado siguiendo los protocolos científicos aprobados por las correspondientes normas.

4. Terminada la práctica de la prueba, el Juez o Presidente del Tribunal requerirá a la acusa-

---

Art. 788.2: Modificado por la Disp. Final 1.ªcatorce de la LO 8/2021, de 4 de junio (*BOE* del 5), de protección integral a la infancia y la adolescencia frente a la violencia.

Art. 788.3 al 6: Antiguos apartados 2 al 6, renumerados por la Disp. Final 1.ªcatorce de la LO 8/2021, de 4 de junio (*BOE* del 5), de protección integral a la infancia y la adolescencia frente a la violencia.

Art. 788.3, párr. 2.º: Añadido por la LO 9/2002, de 10 de diciembre (*BOE* del 11), de modificación de la LO 10/1995, de 23 de diciembre, del Código Penal y del Código Civil, sobre sustracción de menores (y renumerado conforme a la nota anterior).

El TS, por Acuerdo de Pleno no jurisdiccional (art. 264.1 LOPJ) de 25 de mayo de 2005, ha interpretado que la manifestación de la defensa consistente en la mera impugnación de los análisis sobre drogas elaborados por centros oficiales no impide la valoración del resultado de aquéllos como prueba de cargo, cuando haya sido introducido en el juicio oral como prueba documental, siempre que se cumplan las condiciones previstas en el art. 788.2 LECrim. La proposición de pruebas periciales se sujetará a las reglas generales sobre pertinencia y necesidad. Las previsiones del art. 788.2 LECrim son aplicables exclusivamente a los casos expresamente contemplados en el mismo. La aplicación de este artículo no es extensible a otros procesos o pruebas.

ción y a la defensa para que manifiesten si ratifican o modifican las conclusiones de los escritos inicialmente presentados y para que expongan oralmente cuanto estimen procedente sobre la valoración de la prueba y la calificación jurídica de los hechos.

El requerimiento podrá extenderse a solicitar del Ministerio Fiscal y de los letrados un mayor esclarecimiento de hechos concretos de la prueba y la valoración jurídica de los hechos, sometiéndoles a debate una o varias preguntas sobre puntos determinados.

5.   Cuando, en sus conclusiones definitivas, la acusación cambie la tipificación penal de los hechos o se aprecien un mayor grado de participación o de ejecución o circunstancias de agravación de la pena, el Juez o Tribunal podrá considerar un aplazamiento de la sesión, hasta el límite de diez días, a petición de la defensa, a fin de que ésta pueda preparar adecuadamente sus alegaciones y, en su caso, aportar los elementos probatorios y de descargo que estime convenientes. Tras la práctica de una nueva prueba que pueda solicitar la defensa, las

partes acusadoras podrán, a su vez, modificar sus conclusiones definitivas.

6.   Cuando todas las acusaciones califiquen los hechos como delitos castigados con pena que exceda de la competencia del Juez de lo Penal, se declarará éste incompetente para juzgar, dará por terminado el juicio y el Secretario judicial remitirá las actuaciones a la Audiencia competente. Fuera del supuesto anterior, el Juez de lo Penal resolverá lo que estime pertinente acerca de la continuación o finalización del juicio, pero en ningún caso podrá imponer una pena superior a la correspondiente a su competencia.

7.   En cuanto se refiere a la grabación de las sesiones del juicio oral y a su documentación, serán aplicables las disposiciones contenidas en el artículo 743 de la presente Ley.

Art. 789. 1.   La sentencia se dictará dentro de los cinco días siguientes a la finalización del juicio oral.

2.   El Juez de lo Penal podrá dictar sentencia oralmente en el acto del juicio, documentándose en el acta con expresión del

---

Art. 788.6 y 7: Apartados redactados conforme a la Ley 13/2009, de 3 de noviembre (*BOE* del 4), de reforma de la legislación procesal para la implantación de la nueva Oficina judicial (y renumerados conforme a la nota del art. 788.3 al 6).

Art. 789.2: Redactado conforme a la Ley 13/2009, de 3 de noviembre (*BOE* del 4), de reforma de la legislación procesal para la implantación de la nueva Oficina judicial.

fallo y una sucinta motivación, sin perjuicio de la ulterior redacción de aquélla. Si el Fiscal y las partes, conocido el fallo, expresasen su decisión de no recurrir, el Juez, en el mismo acto, declarará la firmeza de la sentencia, y se pronunciará, previa audiencia de las partes, sobre la suspensión o la sustitución de la pena impuesta.

3. La sentencia no podrá imponer pena más grave de la solicitada por las acusaciones, ni condenar por delito distinto cuando éste conlleve una diversidad de bien jurídico protegido o mutación sustancial del hecho enjuiciado, salvo que alguna de las acusaciones haya asumido el planteamiento previamente expuesto por el Juez o Tribunal dentro del trámite previsto en el párrafo segundo del artículo 788.3.

4. El Secretario judicial notificará la sentencia por escrito a los ofendidos y perjudicados por el delito, aunque no se hayan mostrado parte en la causa.

5. Cuando la instrucción de la causa hubiera correspon-

Art. 789.3: El TS, por Acuerdo del Pleno no jurisdiccional (art. 264.1 LOPJ) de 14 de julio de 1993, ha manifestado, en relación con el antiguo art. 794.3 (actual 789.3), un criterio mayoritario favorable a la posibilidad de que se imponga una pena privativa de libertad de duración real superior a la pedida por las acusaciones, pero dentro de la señalada por la Ley al delito y siempre que se motive esa discrepancia (vid. STS 937/1999, de 11 de junio).

Por otro lado, también el TS, por Acuerdo del Pleno no jurisdiccional (art. 264.1 LOPJ) de 9 de abril de 1999, ha interpretado que «si en una sentencia se incorporan hechos nuevos o se aplican unos tipos heterogéneos que no han sido objeto de acusación, se ha producido una indefensión cuyo remedio será la absolución o una segunda sentencia, absolviendo el exceso. Por el contrario, cuando no se hayan introducido por el juzgador hechos nuevos y se condena por delito más grave o por delito distinto, la solución será la devolución al Tribunal de instancia o dictar nueva sentencia según proceda en cada caso concreto».

El Acuerdo del Pleno no jurisdiccional de 20 de diciembre de 2006 ha establecido que:

«El Tribunal sentenciador no puede imponer pena superior a la más grave de las pedidas en concreto por las acusaciones, cualquiera que sea el tipo de procedimiento por el que se sustancia la causa.»

Finalmente, el TS, por Acuerdo del Pleno no jurisdiccional (art. 264.1 LOPJ) de 27 de noviembre de 2007, ha interpretado que: «El anterior Acuerdo de esta Sala, de fecha 20 de diciembre de 2006, debe ser entendido en el sentido de que el Tribunal no puede imponer pena superior a la más grave de las pedidas por las acusaciones, siempre que la pena solicitada se corresponda con las previsiones legales al respecto, de modo que cuando la pena se omite o no alcanza el mínimo previsto en la Ley, la sentencia debe imponer, en todo caso, la pena mínima establecida para el delito objeto de condena.»

Art. 789.4 y 5: Apartados redactados conforme a la Ley 13/2009, de 3 de noviembre (*BOE* del 4), de reforma de la legislación procesal para la implantación de la nueva Oficina judicial.

dido a un Juzgado de Violencia sobre la Mujer el Secretario judicial remitirá al mismo la sentencia por testimonio de forma inmediata. Igualmente le remitirá la declaración de firmeza y la sentencia de segunda instancia cuando la misma fuera revocatoria, en todo o en parte, de la sentencia previamente dictada.

CAPÍTULO VI

DE LA IMPUGNACIÓN DE LA SENTENCIA

Art. 790. 1. La sentencia dictada por el Juez de lo Penal es apelable ante la Audiencia Provincial correspondiente, y la del Juez Central de lo penal, ante la Sala de lo Penal de la Audiencia Nacional. El recurso podrá ser interpuesto por cualquiera de las partes, dentro de los diez días siguientes a aquel en que se les hubiere notificado la sentencia. Durante este período se hallarán las actuaciones en la Oficina judicial a disposición de las partes, las cuales en el plazo de los tres días siguientes a la notificación de la sentencia podrán solicitar copia de los soportes en los que se hayan grabado las sesiones, con suspensión del plazo para la interposición del recurso. El cómputo del plazo se reanudará una vez hayan sido entregadas las copias solicitadas.

La parte que no hubiera apelado en el plazo señalado podrá adherirse a la apelación en el trámite de alegaciones previsto en el apartado 5, ejercitando las pretensiones y alegando los motivos que a su derecho convengan. En todo caso, este recurso quedará supeditado a que el apelante mantenga el suyo.

Las demás partes podrán impugnar la adhesión, en el plazo de dos días, una vez conferido el traslado previsto en el apartado 6.

2. El escrito de formalización del recurso se presentará ante el órgano que dictó la resolución que se impugne, y en él se expondrán, ordenadamente, las alegaciones sobre quebrantamiento de las normas y garantías procesales, error en la

---

Art. 790.1: Redactado conforme a la Ley 13/2009, de 3 de noviembre (*BOE* del 4), de reforma de la legislación procesal para la implantación de la nueva Oficina judicial.
Art. 790.2: El TS, por Acuerdo del Pleno no jurisdiccional —art. 264.1 LOPJ— de 11 de julio de 2003, ha interpretado, respecto de las sentencias absolutorias en casos de pequeño tráfico de drogas, recurridas por el Ministerio Fiscal, que «cuando la sentencia absolutoria se basa en la falta de credibilidad de los testigos, la vía de la tutela judicial efectiva alegada por la acusación no permite modificar los hechos probados».

apreciación de las pruebas o infracción de normas del ordenamiento jurídico en las que se base la impugnación. El recurrente también habrá de fijar un domicilio para notificaciones en el lugar donde tenga su sede la Audiencia.

Si en el recurso se pidiera la declaración de nulidad del juicio por infracción de normas o garantías procesales que causaren la indefensión del recurrente, en términos tales que no pueda ser subsanada en la segunda instancia, se citarán las normas legales o constitucionales que se consideren infringidas y se expresarán las razones de la indefensión. Asimismo, deberá acreditarse haberse pedido la subsanación de la falta o infracción en la primera instancia, salvo en el caso de que se hubieren cometido en momento en el que fuere ya imposible la reclamación.

Cuando la acusación alegue error en la valoración de la prueba para pedir la anulación de la sentencia absolutoria o el agravamiento de la condenatoria, será preciso que se justifique la insuficiencia o la falta de racionalidad en la motivación fáctica, el apartamiento manifiesto de las máximas de experiencia o la omisión de todo razonamiento sobre alguna o algunas de las pruebas practicadas que pudieran tener relevancia o cuya nulidad haya sido improcedentemente declarada.

3. En el mismo escrito de formalización podrá pedir el recurrente la práctica de las diligencias de prueba que no pudo proponer en la primera instancia, de las propuestas que le fueron indebidamente denegadas, siempre que hubiere formulado en su momento la oportuna protesta, y de las admitidas que no fueron practicadas por causas que no le sean imputables.

4. Recibido el escrito de formalización, el Juez, si reúne los requisitos exigidos, admitirá el recurso. En caso de apreciar la concurrencia de algún defecto subsanable, concederá al recurrente un plazo no superior a tres días para la subsanación.

5. Admitido el recurso, el Secretario judicial dará traslado del escrito de formalización a las demás partes por un plazo común de diez días. Dentro de este plazo habrán de presentarse los escritos de alegaciones de las demás partes, en los que po-

---

Art. 790.2, párr. 3.º: Añadido por el art. único.siete de la Ley 41/2015, de 5 de octubre (*BOE* del 6), de modificación de la Ley de Enjuiciamiento Criminal para la agilización de la justicia penal y el fortalecimiento de las garantías procesales.

Art. 790.5: Redactado conforme a la Ley 13/2009, de 3 de noviembre (*BOE* del 4), de reforma de la legislación procesal para la implantación de la nueva Oficina judicial.

drá solicitarse la práctica de prueba en los términos establecidos en el apartado 3 y en los que se fijará un domicilio para notificaciones.

6. Presentados los escritos de alegaciones o precluido el plazo para hacerlo, el Secretario, en los dos días siguientes, dará traslado de cada uno de ellos a las demás partes y elevará a la Audiencia los autos originales con todos los escritos presentados.

Art. 791. 1. Si los escritos de formalización o de alegaciones contienen proposición de prueba o reproducción de la grabada, el Tribunal resolverá en tres días sobre la admisión de la propuesta y acordará, en su caso, que el Secretario judicial señale día para la vista. También podrá celebrarse vista cuando, de oficio o a petición de parte, la estime el Tribunal necesaria para la correcta formación de una convicción fundada.

2. El Secretario judicial señalará la vista dentro de los quince días siguientes y a ella serán citadas todas las partes. Cuando la víctima lo haya solicitado, será informada por el Secretario judicial, aunque no se haya mostrado parte ni sea necesaria su intervención.

La vista se celebrará empezando, en su caso, por la práctica de la prueba y por la reproducción de las grabaciones si hay lugar a ella. A continuación, las partes resumirán oralmente el resultado de la misma y el fundamento de sus pretensiones.

3. En cuanto se refiere a la grabación de la vista y a su documentación, serán aplicables las disposiciones contenidas en el artículo 743.

Art. 792. 1. La sentencia de apelación se dictará dentro de los cinco días siguientes a la vista oral, o dentro de los diez días siguientes a la recepción de las actuaciones por la Audiencia cuando no hubiere resultado procedente su celebración.

2. La sentencia de apelación no podrá condenar al encausado que resultó absuelto en primera instancia ni agravar la sentencia condenatoria que le hubiera sido impuesta por error en la apreciación de las pruebas en los términos previstos en el tercer párrafo del artículo 790.2.

Art. 791: Redactado conforme a la Ley 13/2009, de 3 de noviembre (*BOE* del 4), de reforma de la legislación procesal para la implantación de la nueva Oficina judicial.
Art. 791.2: Redactado conforme a la Disp. Final 1.ªveinticinco de la Ley 4/2015, de 27 de abril (*BOE* del 28), del Estatuto de la víctima del delito.
Art. 792: Redactado conforme al art. único.ocho de la Ley 41/2015, de 5 de octubre (*BOE* del 6), de modificación de la Ley de Enjuiciamiento Criminal para la agilización de la justicia penal y el fortalecimiento de las garantías procesales.

No obstante, la sentencia, absolutoria o condenatoria, podrá ser anulada y, en tal caso, se devolverán las actuaciones al órgano que dictó la resolución recurrida. La sentencia de apelación concretará si la nulidad ha de extenderse al juicio oral y si el principio de imparcialidad exige una nueva composición del órgano de primera instancia en orden al nuevo enjuiciamiento de la causa.

3. Cuando la sentencia apelada sea anulada por quebrantamiento de una forma esencial del procedimiento, el Tribunal, sin entrar en el fondo del fallo, ordenará que se reponga el procedimiento al estado en que se encontraba en el momento de cometerse la falta, sin perjuicio de que conserven su validez todos aquellos actos cuyo contenido sería idéntico no obstante la falta cometida.

4. Contra la sentencia dictada en apelación sólo cabrá recurso de casación por infracción de ley y por quebrantamiento de forma en los supuestos previstos en el artículo 847, sin perjuicio de lo establecido respecto de la revisión de sentencias firmes, o

en el artículo siguiente para la impugnación de sentencias firmes dictadas en ausencia del acusado. Cuando no se interponga recurso contra la sentencia dictada en apelación los autos se devolverán al Juzgado a los efectos de la ejecución del fallo.

5. La sentencia se notificará a los ofendidos y perjudicados por el delito, aunque no se hayan mostrado parte en la causa.

Art. 793. 1. En cualquier momento en que comparezca o sea habido el que hubiere sido condenado en ausencia conforme a lo dispuesto en el párrafo segundo del apartado 1 del artículo 786, le será notificada la sentencia dictada en primera instancia o en apelación a efectos de cumplimiento de la pena aún no prescrita. Al notificársele la sentencia se le hará saber su derecho a interponer el recurso a que se refiere el apartado siguiente, con indicación del plazo para ello y del órgano competente.

2. La sentencia dictada en ausencia, haya sido o no apelada, es susceptible de ser recurri-

---

Art. 793.2: El TS, por Acuerdo del Pleno no jurisdiccional (art. 264.1 LOPJ) de 25 de febrero de 2000, ha interpretando, que:

«1.° Corresponde a la Sala Segunda del Tribunal Supremo la competencia para el conocimiento de los recursos de anulación previstos en el artículo 797.2.° de la LECrim [actual 793.2], cuando se interpongan contra Sentencias, que, excepcionalmente, hayan dictado en ausencia las Audiencias Provinciales (o, en su caso, la Audiencia Nacional o los Tribunales Superiores de Justicia), en los supuestos legalmente prevenidos en el artículo 793.1.°2 de la citada Ley [actual 786.1, párr. 2.°].

da en anulación por el condenado en el mismo plazo y con iguales requisitos y efectos que los establecidos en el recurso de apelación. El plazo se contará desde el momento en que se acredite que el condenado tuvo conocimiento de la sentencia.

CAPÍTULO VII

DE LA EJECUCIÓN DE SENTENCIAS

Art. 794. Tan pronto como sea firme la sentencia, se procederá a su ejecución por el Juez o por la Audiencia que la hubiere dictado, conforme a las disposiciones generales de la Ley, observándose las siguientes reglas:

1.ª Si no se hubiere fijado en el fallo la cuantía indemnizatoria, cualquiera de las partes podrá instar, durante la ejecución de la sentencia, la práctica de las pruebas que estime oportunas para su precisa determinación. De esta pretensión el Secretario judicial dará traslado a las demás para que, en el plazo común de diez días, pidan por escrito lo que a su derecho convenga. El Juez o Tribunal rechazará la práctica de pruebas que no se refieran a las bases fijadas en la sentencia.

Practicada la prueba, y oídas las partes por un plazo común de cinco días, se fijará mediante auto, en los cinco días siguientes, la cuantía de la responsabilidad civil. El auto dictado por el Juez de lo Penal será apelable ante la Audiencia respectiva.

2.ª En los casos en que se haya impuesto la pena de priva-

»2.º El recurso tiene naturaleza rescidente y su contenido se limitará a controlar si el Tribunal sentenciador ha respetado escrupulosamente los requisitos legales que exige el juicio en ausencia, dado que cualquier otra cuestión ha podido plantearse por la representación legal del condenado a través del recurso de casación dentro del plazo ordinario prevenido para recurrir contra la sentencia. En el caso de incumplimiento de dichos requisitos se declarará la nulidad del juicio respecto del ausente, que deberá repetirse ante el Tribunal competente.

»3.º Únicamente podrá acordarse la práctica de pruebas referidas específicamente a la concurrencia o no de los requisitos legalmente prevenidos para la celebración del juicio en ausencia. La prueba podrá practicarse, por auxilio jurisdiccional, en la sede del Órgano Jurisdiccional de instancia.

»4.º El límite punitivo legalmente prevenido para el juicio en ausencia (pena que no exceda de un año de privación de libertad o de seis años, si fuese de otra naturaleza), se refiere a la pena solicitada en la calificación provisional acusatoria, que es aquella de la que ha sido informado el acusado, estimándose que constituye un fraude de ley eludir dicha limitación legal mediante la modificación inmediatamente anterior al juicio de la calificación acusatoria, sin conocimiento del ausente.»

Art. 794: Redactado conforme a la Ley 13/2009, de 3 de noviembre (*BOE* del 4), de reforma de la legislación procesal para la implantación de la nueva Oficina judicial.

ción del derecho a conducir vehículos a motor y ciclomotores, el Secretario judicial procederá a la inmediata retirada del permiso y licencia habilitante, si tal medida no estuviera ya acordada, dejando unido el documento a los autos y remitirá mandamiento a la Jefatura Central de Tráfico para que lo deje sin efecto y no expida otro nuevo hasta la extinción de la condena.

TÍTULO III*

Del procedimiento para el enjuiciamiento rápido de determinados delitos

CAPÍTULO PRIMERO

ÁMBITO DE APLICACIÓN

Art. 795. 1. Sin perjuicio de lo establecido para los demás procesos especiales, el procedimiento regulado en este Título se aplicará a la instrucción y al enjuiciamiento de delitos castigados con pena privativa de libertad que no exceda de cinco años, o con cualesquiera otras penas, bien sean únicas, conjuntas o alternativas, cuya duración no exceda de diez años, cualquiera que sea su cuantía, siempre que el proceso penal se incoe en virtud de un atestado policial y que la Policía Judicial haya detenido a una persona y la haya puesto a disposición del Juzgado de guardia o que, aun sin detenerla, la haya citado para comparecer ante el Juzgado de guardia por tener la calidad de denunciado en el atestado policial y, además, concurra cualquiera de las circunstancias siguientes:

1.ª Que se trate de delitos flagrantes. A estos efectos, se considerará delito flagrante el que se estuviese cometiendo o se acabare de cometer cuando el delincuente sea sorprendido en el acto. Se entenderá sorprendido en el acto no sólo al delincuente que fuere detenido en el momento de estar cometiendo el delito, sino también al detenido o perseguido inmediatamente después de cometerlo, si la

---

* Todos los preceptos incluidos dentro de este Título (salvo los arts. 795.1.2.ª; 796.1.4.ª y 7.ª; 796.4; 797.1, párr. 1.º; 797.1.5.ª y 8.ª; 797.3; 797 bis; 798.2.1.º; 800.2 y 3; 801 y 802.2) han sido redactados conforme a la Ley 38/2002, de 24 de octubre (*BOE* del 28). Vid. la Instrucción 3/2003, de 9 de abril (*BOE* del 15), del Pleno del CGPJ, sobre normas de reparto penales y registro informático de violencia doméstica.

persecución durare o no se suspendiere mientras el delincuente no se ponga fuera del inmediato alcance de los que le persiguen. También se considerará delincuente *in fraganti* aquel a quien se sorprendiere inmediatamente después de cometido un delito con efectos, instrumentos o vestigios que permitan presumir su participación en él.

2.ª   Que se trate de alguno de los siguientes delitos:

a)   Delitos de lesiones, coacciones, amenazas o violencia física o psíquica habitual, cometidos contra las personas a que se refiere el artículo 173.2 del Código Penal.

b)   Delitos de hurto.

c)   Delitos de robo.

d)   Delitos de hurto y robo de uso de vehículos.

e)   Delitos contra la seguridad del tráfico.

f)   Delitos de daños referidos en el artículo 263 del Código Penal.

g)   Delitos contra la salud pública previstos en el artículo 368, inciso segundo, del Código Penal.

h)   Delitos flagrantes relativos a la propiedad intelectual e industrial previstos en los artículos 270, 273, 274 y 275 del Código Penal.

i)   Delitos de allanamiento de morada del artículo 202 del Código Penal.

j)   Delitos de usurpación del artículo 245 del Código Penal.

3.ª   Que se trate de un hecho punible cuya instrucción sea presumible que será sencilla.

2.   El procedimiento regulado en este Título no será de aplicación a la investigación y enjuiciamiento de aquellos delitos que fueren conexos con otro u otros delitos no comprendidos en el apartado anterior.

3.   No se aplicará este procedimiento en aquellos casos en que sea procedente acordar el secreto de las actuaciones conforme a lo establecido en el artículo 302.

4.   En todo lo no previsto expresamente en el presente Título se aplicarán supletoriamente las normas del Título II de este mismo Libro, relativas al procedimiento abreviado.

Art. 795.1.2.ª: Redactado por la LO 15/2003, de 25 de noviembre (*BOE* del 26), por la que se modifica la LO 10/1995, de 23 de noviembre, del Código Penal.
Art. 795.1.2.ª.i) y j): Letras añadidas por el art. 20.Quince de la LO 1/2025, de 2 de enero (*BOE* del 3), de medidas en materia de eficiencia del Servicio Público de Justicia. Entra en vigor el 3 de abril de 2025 (Disp. Final 38.ª1 LOMESPJ). La Disp. Trans. 9.ª LOMESP, en su apartado primero indica que las reformas serán aplicables exclusivamente a los procedimientos incoados con posterioridad a su entrada en vigor.

CAPÍTULO II

DE LAS ACTUACIONES DE LA POLICÍA JUDICIAL

Art. 796. 1. Sin perjuicio de cuanto se establece en el Título III del Libro II y de las previsiones del capítulo II del Título II de este Libro, la Policía Judicial deberá practicar, en el tiempo imprescindible y, en todo caso, durante el tiempo de la detención, las siguientes diligencias:

1.ª Sin perjuicio de recabar los auxilios a que se refiere el ordinal 1.ª del artículo 770, solicitará del facultativo o del personal sanitario que atendiere al ofendido copia del informe relativo a la asistencia prestada para su unión al atestado policial. Asimismo, solicitará la presencia del médico forense cuando la persona que tuviere que ser reconocida no pudiera desplazarse al Juzgado de guardia dentro del plazo previsto en el artículo 799.

2.ª Informará a la persona a la que se atribuya el hecho, aun en el caso de no procederse a su detención, del derecho que le asiste de comparecer ante el Juzgado de guardia asistido de abogado. Si el interesado no manifestare expresamente su voluntad de comparecer asistido de abogado, la Policía Judicial recabará del Colegio de Abogados la designación de un letrado de oficio.

3.ª Citará a la persona que resulte denunciada en el atestado policial para comparecer en el Juzgado de guardia en el día y hora que se le señale, cuando no se haya procedido a su detención. El citado será apercibido de las consecuencias de no comparecer a la citación policial ante el Juzgado de guardia.

4.ª Citará también a los testigos para que comparezcan en el Juzgado de guardia en el día y hora que se les indique, apercibiéndoles de las consecuencias de no comparecer a la citación policial en el Juzgado de guardia. No será necesaria la citación de miembros de las Fuerzas y Cuerpos de Seguridad que hubieren intervenido en el atestado cuando su declaración conste en el mismo.

5.ª Citará para el mismo día y hora a las entidades a que se refiere el artículo 117 del Código Penal, en el caso de que conste su identidad.

6.ª Remitirá al Instituto de Toxicología, al Instituto de Medicina Legal o al laboratorio correspondiente las sustancias aprehendidas cuyo análisis resulte pertinente. Estas entidades

---

Art. **796.1.4.ª**: Redactado por la LO 15/2003, de 25 de noviembre (*BOE* del 26), por la que se modifica la LO 10/1995, de 23 de noviembre, del Código Penal.

procederán de inmediato al análisis solicitado y remitirán el resultado al Juzgado de guardia por el medio más rápido y, en todo caso, antes del día y hora en que se haya citado a las personas indicadas en las reglas anteriores. Si no fuera posible la remisión del análisis en dicho plazo, la Policía Judicial podrá practicar por sí misma dicho análisis, sin perjuicio del debido control judicial del mismo.

7.ª La práctica de las pruebas de alcoholemia se ajustará a lo establecido en la legislación de seguridad vial.

Las pruebas para detectar la presencia de drogas tóxicas, estupefacientes y sustancias psicotrópicas en los conductores de vehículos a motor y ciclomotores serán realizadas por agentes de la policía judicial de tráfico con formación específica y sujeción, asimismo, a lo previsto en las normas de seguridad vial. Cuando el test indiciario salival, al que obligatoriamente deberá someterse el conductor, arroje un resultado positivo o el conductor presente signos de haber consumido las sustancias referidas, estará obligado a facilitar saliva en cantidad suficiente, que será analizada en laboratorios homologados, garantizándose la cadena de custodia.

Todo conductor podrá solicitar prueba de contraste consistente en análisis de sangre, orina u otras análogas. Cuando se practicaren estas pruebas, se requerirá al personal sanitario que lo realice para que remita el resultado al Juzgado de guardia por el medio más rápido y, en todo caso, antes del día y hora de la citación a que se refieren las reglas anteriores.

8.ª Si no fuera posible la remisión al Juzgado de guardia de algún objeto que debiera ser tasado, se solicitará inmediatamente la presencia del perito o servicio correspondiente para que lo examine y emita informe pericial. Este informe podrá ser emitido oralmente ante el Juzgado de guardia.

2. Para la realización de las citaciones a que se refiere el

Art. 796.1.7.ª: Ordinal modificado por la Disp. Final 1.ª cuatro de la LO 5/2010, de 22 de junio (*BOE* del 23), por la que se modifica la LO 10/1995, de 23 de noviembre, del Código Penal.

Vid. Resolución de 21 de enero de 2010 (*BOE* de 1 de febrero), de la Secretaría de Estado de Justicia, por la que se publica el Convenio de colaboración, entre el Ministerio de Justicia, y la Generalidad de Cataluña, para el desarrollo del proyecto «Ejercicio de intercomparación de alcohol etílico en sangre».

Art. 796.2: Vid. los arts. 38 a 63 del Reglamento 1/2005, de los aspectos accesorios de las actuaciones judiciales, aprobado por Acuerdo de 15 de septiembre de 2005 (*BOE* de 27), del Pleno del Consejo General del Poder Judicial.

apartado anterior, la Policía Judicial fijará el día y la hora de la comparecencia coordinadamente con el Juzgado de guardia. A estos efectos, el Consejo General del Poder Judicial, de acuerdo con lo establecido en el artículo 110 de la Ley Orgánica del Poder Judicial, dictará los Reglamentos oportunos para la ordenación de los servicios de guardia de los Juzgados de Instrucción en relación con la práctica de estas citaciones, coordinadamente con la Policía Judicial.

3. Si la urgencia lo requiriere, las citaciones podrán hacerse por cualquier medio de comunicación, incluso verbalmente, sin perjuicio de dejar constancia de su contenido en la pertinente acta.

4. A los efectos de la aplicación del procedimiento regulado en este título, cuando la Policía Judicial tuviera conocimiento de la comisión de un hecho incardinable en alguna de las circunstancias previstas en el apartado 1 del artículo 795, respecto del cual, no habiendo sido detenido ni localizado el presunto responsable, fuera no obstante previsible su rápida identificación y localización, continuará las investigaciones iniciadas, que se harán constar en un único atestado, el cual se remitirá al Juzgado de guardia tan pronto como el presunto responsable sea detenido o citado de acuerdo con lo previsto en los apartados anteriores, y en cualquier caso, dentro de los cinco días siguientes. En estos casos la instrucción de la causa corresponderá en exclusiva al Juzgado de guardia que haya recibido el atestado.

Lo dispuesto en este apartado se entiende sin perjuicio de dar conocimiento inmediatamente al Juez de guardia y al Ministerio Fiscal de la comisión del hecho y de la continuación de las investigaciones para su debida constancia.

CAPÍTULO III

DE LAS DILIGENCIAS URGENTES ANTE EL JUZGADO DE GUARDIA

Art. 797. 1. El Juzgado de guardia, tras recibir el atestado

Art. 796.4: Adición realizada por la LO 15/2003, de 25 de noviembre (*BOE* del 26), por la que se modifica la LO 10/1995, de 23 de noviembre, del Código Penal.
Art. 797.1, párr. 1.º: Redactado por la LO 13/2003, de 24 de octubre (*BOE* del 27), de reforma de la Ley de Enjuiciamiento Criminal en materia de prisión provisional.
Art. 797.1.1.ª, 3.ª, 6.ª y 7.ª: El término «investigado» sustituye a «imputado», y el adjetivo «investigada» a «imputada», como consecuencia del art. único.veintiuno de la LO 13/2015, de 5 de octubre (*BOE* del 6), de modificación de la Ley de Enjuicia-

policial, junto con los objetos, instrumentos y pruebas que, en su caso, lo acompañen, incoará, si procede, diligencias urgentes. Contra este auto no cabrá recurso alguno. Sin perjuicio de las demás funciones que tiene encomendadas, practicará, cuando resulten pertinentes, las siguientes diligencias, en el orden que considere más conveniente o aconsejen las circunstancias, con la participación activa del Ministerio Fiscal:

1.ª Recabará por el medio más rápido los antecedentes penales del detenido o persona investigada.

2.ª Si fuere necesario para la calificación jurídica de los hechos imputados:

a) Recabará, de no haberlos recibido, los informes periciales solicitados por la Policía Judicial.

b) Ordenará, cuando resulte pertinente y proporcionado, que el médico forense, si no lo hubiese hecho con anterioridad, examine a las personas que hayan comparecido a presencia judicial y emita el correspondiente informe pericial.

c) Ordenará la práctica por un perito de la tasación de bienes u objetos aprehendidos o intervenidos y puestos a disposición judicial, si no se hubiese hecho con anterioridad.

3.ª Tomará declaración al detenido puesto a disposición judicial o a la persona que, resultando imputada por los términos del atestado, haya comparecido a la citación policial, en los términos previstos en el artículo 775. Ante la falta de comparecencia del investigado a la citación policial ante el Juzgado de guardia, podrá éste aplicar lo previsto en el artículo 487.

4.ª Tomará declaración a los testigos citados por la Policía Judicial que hayan comparecido. Ante la falta de comparecencia de cualquier testigo a la citación policial ante el Juzgado de guardia, podrá éste aplicar lo previsto en el artículo 420.

5.ª Llevará a cabo, en su caso, las informaciones previstas en el artículo 776.

6.ª Practicará el reconocimiento en rueda del investigado, de resultar pertinente y haber comparecido el testigo.

7.ª Ordenará, de considerarlo necesario, el careo entre testigos, entre testigos e investigados o investigados entre sí.

miento Criminal para el fortalecimiento de las garantías procesales y la regulación de las medidas de investigación tecnológica.

Art. 797.1.5.ª y 8.ª: Modificadas por la LO 15/2003, de 25 de noviembre (*BOE* del 26), por la que se modifica la LO 10/1995, de 23 de noviembre, del Código Penal.

8.ª Ordenará la citación, incluso verbal, de las personas que considere necesario que comparezcan ante él. A estos efectos no procederá la citación de miembros de las Fuerzas y Cuerpos de Seguridad que hubieren intervenido en el atestado cuya declaración obre en el mismo, salvo que, excepcionalmente y mediante resolución motivada, considere imprescindible su nueva declaración antes de adoptar alguna de las resoluciones previstas en el artículo siguiente.

9.ª Ordenará la práctica de cualquier diligencia pertinente que pueda llevarse a cabo en el acto o dentro del plazo establecido en el artículo 799.

2. Cuando, por razón del lugar de residencia de un testigo o víctima o por otro motivo, fuere de temer razonablemente que una prueba no podrá practicarse en el juicio oral, o pudiera motivar su suspensión, el Juez de guardia practicará inmediatamente la misma asegurando, en todo caso, la posibilidad de contradicción de las partes.

Dicha diligencia deberá documentarse en soporte apto para la grabación y reproducción del sonido y de la imagen o por medio de acta autorizada por el Secretario judicial, con expresión de los intervinientes.

A efectos de su valoración como prueba en sentencia, la parte a quien interese deberá instar en el juicio oral la reproducción de la grabación o la lectura literal de la diligencia, en los términos del artículo 730.

3. El Abogado designado para la defensa tendrá también habilitación legal para la representación de su defendido en todas las actuaciones que se verifiquen ante el Juez de guardia.

Para garantizar el ejercicio del derecho de defensa, el Juez, una vez incoadas diligencias urgentes, dispondrá que se le dé traslado de copia del atestado y de cuantas actuaciones se hayan realizado o se realicen en el Juzgado de guardia.

Art. 797 bis. 1. En el supuesto de que la competencia corresponda al Juzgado de Violencia sobre la Mujer, las dili-

---

Art. 797.2: Sobre la utilización de videoconferencia en esta materia, vid. nota al art. 433, párr. 3.º

Art. 797.3: Redactado conforme a la Ley 13/2009, de 3 de noviembre (*BOE* del 4), de reforma de la legislación procesal para la implantación de la nueva Oficina judicial.

Art. 797 bis: Adición realizada por el art. 54 de la LO 1/2004, de 28 de diciembre (*BOE* del 29; corrección de errores en *BOE* de 12 de abril de 2005), de Medidas de Protección Integral contra la Violencia de Género. Vid. arts. 38 a 63 ter del Reglamento 1/2005, de los aspectos accesorios de las actuaciones judiciales. El Acuerdo de 28

gencias y resoluciones señaladas en los artículos anteriores deberán ser practicadas y adoptadas durante las horas de audiencia.

2. La Policía Judicial habrá de realizar las citaciones a que se refiere el artículo 796, ante el Juzgado de Violencia sobre la Mujer, en el día hábil más próximo, entre aquellos que se fijen reglamentariamente.

No obstante el detenido, si lo hubiere, habrá de ser puesto a disposición del Juzgado de Instrucción de Guardia, a los solos efectos de regularizar su situación personal, cuando no sea posible la presentación ante el Juzgado de Violencia sobre la Mujer que resulte competente.

3. Para la realización de las citaciones antes referidas, la Policía Judicial fijará el día y la hora de la comparecencia coordinadamente con el Juzgado de Violencia sobre la Mujer. A estos efectos el Consejo General del Poder Judicial, de acuerdo con lo establecido en el artículo 110 de la Ley Orgánica del Poder Judicial, dictará los Reglamentos oportunos para asegurar esta coordinación.

Art. 798. 1. A continuación, el Juez oirá a las partes personadas y al Ministerio Fiscal sobre cuál de las resoluciones previstas en el apartado siguiente procede adoptar. Además, las partes acusadoras y el Ministerio Fiscal podrán solicitar cualesquiera medidas cautelares frente al investigado o, en su caso, frente al responsable civil, sin perjuicio de las que se hayan podido adoptar anteriormente.

2. El Juez de guardia dictará resolución con alguno de estos contenidos:

1.º En el caso de que considere suficientes las diligencias practicadas, dictará auto en forma oral, que deberá documentarse y no será susceptible de recurso alguno, ordenando seguir el procedimiento del capítulo siguiente, salvo que estime procedente alguna de las decisiones previstas en las reglas 1.ª y 3.ª del apartado 1 del artículo 779, en cuyo caso dictará el correspondiente auto. Si el Juez de

de noviembre de 2007 (*BOE* de 12 de diciembre) ha modificado el art. 42.5, y el Acuerdo de 17 de julio de 2008 (*BOE* del 29) ha modificado el Reglamento en materia de Servicio de Guardia en los Juzgados de Violencia sobre la Mujer.

Art. 798: El término «investigado» sustituye a «imputado» como consecuencia del art. único.veintiuno de la LO 13/2015, de 5 de octubre (*BOE* del 6), de modificación de la Ley de Enjuiciamiento Criminal para el fortalecimiento de las garantías procesales y la regulación de las medidas de investigación tecnológica.

Art. 798.2.1.º: Redactado por la LO 15/2003, de 25 de noviembre (*BOE* del 26), por la que se modifica la LO 10/1995, de 23 de noviembre, del Código Penal.

guardia reputa falta el hecho que hubiera dado lugar a la formación de las diligencias, procederá a su enjuiciamiento inmediato conforme a lo previsto en el artículo 963.

2.° En el caso de que considere insuficientes las diligencias practicadas, ordenará que el procedimiento continúe como diligencias previas del procedimiento abreviado. El Juez deberá señalar motivadamente cuáles son las diligencias cuya práctica resulta necesaria para concluir la instrucción de la causa o las circunstancias que lo hacen imposible.

3. Cuando el Juez de guardia dicte el auto acordando alguna de las decisiones previstas en los tres primeros ordinales del apartado 1 del artículo 779, en el mismo acordará lo que proceda sobre la adopción de medidas cautelares frente al investigado y, en su caso, frente al responsable civil. Frente al pronunciamiento del Juez sobre medidas cautelares, cabrán los recursos previstos en el artículo 766. Cuando el Juez de guardia dicte auto en forma oral ordenando la continuación del procedimiento, sobre la adopción de medidas cautelares se estará a lo dispuesto en el apartado 1 del artículo 800.

4. Asimismo, ordenará, si procede, la devolución de objetos intervenidos.

Art. 799. 1. Las diligencias y resoluciones señaladas en los artículos anteriores deberán ser practicadas y adoptadas durante el servicio de guardia del Juzgado de Instrucción.

2. No obstante lo dispuesto, en aquellos partidos judiciales en que el servicio de guardia no sea permanente y tenga una duración superior a veinticuatro horas, el plazo establecido en el apartado anterior podrá prorrogarse por el Juez por un período adicional de setenta y dos horas en aquellas actuaciones en las que el atestado se hubiera recibido dentro de las cuarenta y ocho anteriores a la finalización del servicio de guardia.

CAPÍTULO IV

DE LA PREPARACIÓN DEL JUICIO ORAL

Art. 800. 1. Cuando el Juez de guardia hubiere acordado continuar este procedimiento, en el mismo acto oirá al Ministerio Fiscal y a las partes personadas para que se pronuncien sobre si procede la apertura del juicio oral o el sobreseimiento y para que, en su caso, soliciten o se ratifiquen en lo solicitado respecto de la adopción de medidas cautelares. En todo caso, si el Ministerio Fiscal y el acusador particular, si lo hubiera, solicitaren el sobreseimiento, el Juez procederá conforme a lo previsto en el artículo 782. Cuando el Ministerio Fiscal o la acusación particular soliciten la apertura del juicio oral, el Juez de guardia procederá conforme a lo previsto en el apartado 1 del artículo 783, resolviendo mediante auto lo que proceda. Cuando se acuerde la apertura del juicio oral, dictará en forma oral auto motivado, que deberá documentarse y no será susceptible de recurso alguno.

2.   Abierto el juicio oral, si no se hubiere constituido acusación particular, el Ministerio Fiscal presentará de inmediato su escrito de acusación, o formulará ésta oralmente. El acusado, a la vista de la acusación formulada, podrá en el mismo acto prestar su conformidad con arreglo a lo dispuesto en el artículo siguiente. En otro caso, presentará inmediatamente su escrito de defensa o formulará ésta oralmente, procediendo entonces el Secretario del Juzgado de guardia sin más trámites a la citación de las partes para la celebración del juicio oral.

Si el acusado solicitara la concesión de un plazo para la presentación de escrito de defensa, el Juez fijará prudencialmente el mismo dentro de los cinco días siguientes, atendidas las circunstancias del hecho imputado y los restantes datos que se hayan puesto de manifiesto en la investigación, procediendo en el acto el Secretario judicial a la citación de las partes para la celebración del juicio oral y al emplazamiento del acusado y, en su caso, del responsable civil para que presenten sus escritos ante el órgano competente para el enjuiciamiento.

3.   El Secretario del Juzgado de guardia hará el señalamiento para la celebración del juicio oral en la fecha más próxima posible y, en cualquier caso, dentro de los quince días siguientes, en los días y horas predeterminados a tal fin en los órganos judiciales enjuiciadores y ajustándose a lo prevenido en el artículo 785.2 de la presente Ley. A estos efectos, el Consejo General del Poder Judicial, de acuerdo con lo establecido en el artículo 110 de la Ley Orgánica del Poder Judicial, dictará los Reglamentos oportunos para la ordenación, coordinadamente con el Ministerio Fiscal, de los señalamientos de juicios orales que realicen los Juzgados de guardia ante los Juzgados de lo Penal.

Art. 800.2 y 3: Apartados redactado conforme a la Ley 13/2009, de 3 de noviembre (*BOE* del 4), de reforma de la legislación procesal para la implantación de la nueva Oficina judicial.

También se acordará la práctica de las citaciones propuestas por el Ministerio Fiscal, llevando a cabo en el acto el Secretario judicial las que sean posibles, sin perjuicio de la decisión que sobre la admisión de pruebas adopte el órgano enjuiciador.

4. Si se hubiere constituido acusación particular que hubiere solicitado la apertura del juicio oral y así lo hubiere acordado el Juez de guardia, éste emplazará en el acto a aquélla y al Ministerio Fiscal para que presenten sus escritos dentro de un plazo improrrogable y no superior a dos días. Presentados dichos escritos ante el mismo Juzgado, procederá éste de inmediato conforme a lo dispuesto en el apartado 2.

5. Si el Ministerio Fiscal no presentare su escrito de acusación en el momento establecido en el apartado 2 o en el plazo establecido en el apartado 4, respectivamente, el Juez, sin perjuicio de emplazar en todo caso a los directamente ofendidos y perjudicados conocidos en los términos previstos en el apartado 2 del artículo 782, requerirá inmediatamente al supe-

rior jerárquico del Fiscal para que, en el plazo de dos días, presente el escrito que proceda. Si el superior jerárquico tampoco presentare dicho escrito en plazo, se entenderá que no pide la apertura de juicio oral y que considera procedente el sobreseimiento libre.

6. Una vez recibido el escrito de defensa o precluido el plazo para su presentación, el órgano enjuiciador procederá conforme a lo previsto en el apartado 1 del artículo 785, salvo en lo previsto para el señalamiento y las citaciones que ya se hubieran practicado.

7. En todo caso, las partes podrán solicitar al Juzgado de guardia, que así lo acordará, la citación de testigos o peritos que tengan la intención de proponer para el acto del juicio, sin perjuicio de la decisión que sobre la admisión de pruebas adopte el órgano enjuiciador.

Art. 801. 1. Sin perjuicio de la aplicación en este procedimiento del artículo 787, el acusado podrá prestar su conformidad ante el Juzgado de guardia y dictar éste sentencia de con-

---

Vid. arts. 38 a 63 ter del Reglamento 1/2005, de los aspectos accesorios de las actuaciones judiciales. El Acuerdo de 28 de noviembre de 2007 (*BOE* de 12 de diciembre) ha modificado el art. 42.5, y el Acuerdo de 17 de julio de 2008 (*BOE* del 29) ha modificado el Reglamento en materia de Servicio de Guardia en los Juzgados de Violencia sobre la Mujer.
Art. 801: Redactado por la LO 15/2003, de 25 de noviembre (*BOE* del 26), por la que se modifica la LO 10/1995, de 23 de noviembre, del Código Penal.

formidad, cuando concurran los siguientes requisitos:

1.º Que no se hubiera constituido acusación particular y el Ministerio Fiscal hubiera solicitado la apertura del juicio oral y, así acordada por el Juez de guardia, aquél hubiera presentado en el acto escrito de acusación.

2.º Que los hechos objeto de acusación hayan sido calificados como delito castigado con pena de hasta tres años de prisión, con pena de multa cualquiera que sea su cuantía o con otra pena de distinta naturaleza cuya duración no exceda de diez años.

3.º Que, tratándose de pena privativa de libertad, la pena solicitada o la suma de las penas solicitadas no supere, reducida en un tercio, los dos años de prisión.

2. Dentro del ámbito definido en el apartado anterior, el Juzgado de guardia realizará el control de la conformidad prestada en los términos previstos en el artículo 787 y, en su caso, dictará oralmente sentencia de conformidad que se documentará con arreglo a lo previsto en el apartado 2 del artículo 789, en la que impondrá la pena solicitada reducida en un tercio, aun cuando suponga la imposición de una pena inferior al límite mínimo previsto en el Código Penal. Si el Fiscal y las partes personadas expresasen su decisión de no recurrir, el Juez, en el mismo acto, declarará oralmente la firmeza de la sentencia y, si la pena impuesta fuera privativa de libertad, resolverá lo procedente sobre su suspensión o sustitución.

3. Para acordar, en su caso, la suspensión de la pena privativa de libertad bastará, a los efectos de lo dispuesto en el artículo 81.3.ª del Código Penal, con el compromiso del acusado de satisfacer las responsabilidades civiles que se hubieren originado en el plazo prudencial que el Juzgado de guardia fije. Asimismo, en los casos en que de conformidad con el artículo 87.1.1.ª del Código Penal sea necesaria una certificación suficiente por centro o servicio público o privado debidamente acreditado u homologado de que el acusado se encuentra deshabituado o sometido a tratamiento para tal fin, bastará para aceptar la conformidad y acordar la suspensión de la pena privativa de libertad el compromiso del acusado de obtener dicha certificación

---

Art. 801.3: Vid. Ley 36/1999, de 18 de octubre (*BOE* del 19), de concesión del subsidio de desempleo y de garantías de integración sociolaboral para los delincuentes toxicómanos que hayan visto suspendida la ejecución de su pena de conformidad con lo previsto en la legislación penal (modificación del art. 215 —actual art. 166— de la Ley General de la Seguridad Social).

409 LIBRO IV **ART. 803**

en el plazo prudencial que el Juzgado de guardia fije.

4. Dictada sentencia de conformidad y practicadas las actuaciones a que se refiere el apartado 2, el Juez de guardia acordará lo procedente sobre la puesta en libertad o el ingreso en prisión del condenado y realizará los requerimientos que de ella se deriven, remitiendo el Secretario judicial seguidamente las actuaciones junto con la sentencia redactada al Juzgado de lo Penal que corresponda, que continuará su ejecución.

5. Si hubiere acusador particular en la causa, el acusado podrá, en su escrito de defensa, prestar su conformidad con la más grave de las acusaciones según lo previsto en los apartados anteriores.

CAPÍTULO V

DEL JUICIO ORAL Y DE LA SENTENCIA

Art. 802. 1. El juicio oral se desarrollará en los términos previstos para el enjuiciamiento del procedimiento abreviado, salvo en lo que se refiere a la audiencia preliminar previa del artículo 785.

2. En el caso de que, por motivo justo valorado por el juez o la jueza, no pueda celebrarse el juicio oral en el día señalado, o de que no pueda concluirse en un solo acto, señalará fecha para su celebración o continuación el día más inmediato posible y, en todo caso, dentro de los quince siguientes, teniendo en cuenta las necesidades de la agenda programada de señalamientos y las demás circunstancias contenidas en el atículo 182 de la Ley 1/2000, de 7 de enero, de Enjuiciamiento Civil, y en el artículo 786 de la presente ley, lo que se hará saber a las personas interesadas.

3. La sentencia se dictará dentro de los tres días siguientes a la terminación de la vista, en los términos previstos por el artículo 789.

CAPÍTULO VI

DE LA IMPUGNACIÓN DE LA SENTENCIA

Art. 803. 1. Frente a la sentencia dictada por el Juzgado

Art. 801.4: Redactado conforme a la Ley 13/2009, de 3 de noviembre (*BOE* del 4), de reforma de la legislación procesal para la implantación de la nueva Oficina judicial.

Art. 802: Modificado por el art. 20.Dieciséis de la LO 1/2025, de 2 de enero (*BOE* del 3), de medidas en materia de eficiencia del Servicio Público de Justicia. Entra en vigor el 3 de abril de 2025 (Disp. Final 38.ª1 LOMESPJ). La Disp. Trans. 9.ª LOMESP, en su apartado primero indica que las reformas serán aplicables exclusivamente a los procedimientos incoados con posterioridad a su entrada en vigor.

de lo Penal podrá interponerse recurso de apelación, que se sustanciará conforme a lo previsto en los artículos 790 a 792, con las siguientes especialidades:

1.ª El plazo para presentar el escrito de formalización será de cinco días.

2.ª El plazo de las demás partes para presentar escrito de alegaciones será de cinco días.

3.ª La sentencia habrá de dictarse dentro de los tres días siguientes a la celebración de la vista, o bien dentro de los cinco días siguientes a la recepción de las actuaciones, si no se celebrare vista.

4.ª La tramitación y resolución de estos recursos de apelación tendrán carácter preferente.

2. Respecto de las sentencias dictadas en ausencia del acusado se estará a lo dispuesto en el artículo 793.

3. Tan pronto como la sentencia sea firme se procederá a su ejecución, conforme a las reglas generales y a las especiales del artículo 794.

TÍTULO III BIS*

Proceso por aceptación de decreto

Art. 803 bis a. *Requisitos del proceso por aceptación de decreto.*—En cualquier momento después de iniciadas diligencias de investigación por la Fiscalía o diligencias previas por el Juzgado y hasta la finalización de las diligencias previas, aunque no haya sido llamado a declarar el investigado, podrá seguirse el proceso por aceptación de decreto cuando se cumplan cumulativamente los siguientes requisitos:

1.º Que el delito esté castigado con pena de multa, trabajos en beneficio de la comunidad o con pena de prisión que no exceda de un año y que pueda ser suspendida de conformidad con lo dispuesto en el artículo 80 del Código Penal, con o sin privación del derecho a conducir vehículos a motor y ciclomotores.

2.º Que el Ministerio Fiscal entienda que la pena en concreto aplicable es la pena de multa o trabajos en beneficio de la comunidad y, en su caso, la pena de privación del derecho a conducir vehículos a motor y ciclomotores.

---

* Título añadido, junto con los arts. 803 bis *a* a 803 bis *j*, por el art. único.nueve de la Ley 41/2015, de 5 de octubre (*BOE* del 6), de modificación de la Ley de Enjuiciamiento Criminal para la agilización de la justicia penal y el fortalecimiento de las garantías procesales.

3.º Que no esté personada acusación popular o particular en la causa.

Art. 803 bis b. *Objeto.—*
1. El proceso por aceptación de decreto dictado por el Ministerio Fiscal tiene por objeto una acción penal ejercitada para la imposición de una pena de multa o trabajos en beneficio de la comunidad y, en su caso, de privación del derecho a conducir vehículos a motor y ciclomotores.
2. Además puede tener por objeto la acción civil dirigida a la obtención de la restitución de la cosa y la indemnización del perjuicio.

Art. 803 bis c. *Contenido del decreto de propuesta de imposición de pena.—*El decreto de propuesta de imposición de pena emitido por el Ministerio Fiscal tendrá el siguiente contenido:
1.º Identificación del encausado.
2.º Descripción del hecho punible.
3.º Indicación del delito cometido y mención sucinta de la prueba existente.
4.º Breve exposición de los motivos por los que entiende, en su caso, que la pena de prisión debe ser sustituida.
5.º Penas propuestas. A los efectos de este procedimiento, el Ministerio Fiscal podrá proponer la pena de multa o trabajos

en beneficio de la comunidad, y, en su caso, la de privación del derecho a conducir vehículos a motor y ciclomotores, reducida hasta en un tercio respecto de la legalmente prevista, aun cuando suponga la imposición de una pena inferior al límite mínimo previsto en el Código Penal.
6.º Peticiones de restitución e indemnización, en su caso.

Art. 803 bis d. *Remisión al Juzgado de Instrucción.—*El decreto de propuesta de imposición de pena dictado por el Ministerio Fiscal se remitirá al Juzgado de Instrucción para su autorización y notificación al encausado.

Art. 803 bis e. *Auto de autorización.—*1. El Juzgado de Instrucción autorizará el decreto de propuesta de imposición de pena cuando se cumplan los requisitos establecidos en el artículo 803 bis a.
2. Si el Juzgado de Instrucción no autoriza el decreto, éste quedará sin efecto.

Art. 803 bis f. *Notificación del auto y citación de comparecencia.—*1. Dictado auto de autorización del decreto por el Juzgado de Instrucción, lo notificará junto con el decreto al encausado, a quien citará para que comparezca ante el Tribunal en la fecha y en el día que se señale.

2. En la notificación del decreto se informará al encausado de la finalidad de la comparecencia, de la preceptiva asistencia de letrado para su realización y de los efectos de su incomparecencia o, caso de comparecer, de su derecho a aceptar o rechazar la propuesta contenida en el decreto. También se le informará de que, en caso de no encontrarse defendido por letrado en la causa, debe asesorarse con un abogado de confianza o solicitar un abogado de oficio antes del término previsto en el artículo siguiente.

Art. 803 bis g. *Solicitud de asistencia letrada.*—Si el encausado carece de asistencia letrada se le designará abogado de oficio para su asesoramiento y asistencia.

Para que la comparecencia pueda celebrarse, la solicitud de designación de abogado de oficio debe realizarse en el término de cinco días hábiles antes de la fecha para la que esté señalada.

Art. 803 bis h. *Comparecencia.*—1. Para la aceptación de la propuesta de sanción el encausado habrá de comparecer en el Juzgado de Instrucción asistido de letrado.

2. Si el encausado no comparece o rechaza la propuesta del Ministerio Fiscal, total o parcialmente en lo relativo a las penas o a la restitución o indemnización, quedará la misma sin efecto. Si el encausado comparece sin letrado, el Juez suspenderá la comparecencia de acuerdo con lo dispuesto en el artículo 746 y señalará nueva fecha para su celebración.

3. En la comparecencia el Juez, en presencia del letrado, se asegurará de que el encausado comprende el significado del decreto de propuesta de imposición de pena y los efectos de su aceptación.

Art. 803 bis i. *Conversión del decreto en sentencia condenatoria.*—Si el encausado acepta en la comparecencia la propuesta de pena en todos sus términos el Juzgado de Instrucción le atribuirá el carácter de resolución judicial firme, que en el plazo de tres días documentará en la forma y con todos los efectos de sentencia condenatoria, la cual no será susceptible de recurso alguno.

Art. 803 bis j. *Ineficacia del decreto de propuesta de pena.*—Si el decreto de propuesta de pena deviene ineficaz por no ser autorizado por el Juzgado de Instrucción, por incomparecencia o por falta de aceptación del encausado, el Ministerio Fiscal no se encontrará vinculado por su contenido y proseguirá la causa por el cauce que corresponda.

TÍTULO III TER*

De la intervención de terceros afectados por el decomiso y del procedimiento de decomiso autónomo

CAPÍTULO PRIMERO

DE LA INTERVENCIÓN EN EL PROCESO PENAL DE LOS TERCEROS QUE PUEDAN RESULTAR AFECTADOS POR EL DECOMISO

Art. 803 ter a. *Resolución judicial de llamada al proceso.*—1. El Juez o Tribunal acordará, de oficio o a instancia de parte, la intervención en el proceso penal de aquellas personas que puedan resultar afectadas por el decomiso cuando consten hechos de los que pueda derivarse razonablemente:

a) que el bien cuyo decomiso se solicita pertenece a un tercero distinto del investigado o encausado, o

b) que existen terceros titulares de derechos sobre el bien cuyo decomiso se solicita que podrían verse afectados por el mismo.

2. Se podrá prescindir de la intervención de los terceros afectados en el procedimiento cuando:

a) no se haya podido identificar o localizar al posible titular de los derechos sobre el bien cuyo decomiso se solicita, o

b) existan hechos de los que pueda derivarse que la información en que se funda la pretensión de intervención en el procedimiento no es cierta, o que los supuestos titulares de los bienes cuyo decomiso se solicita son personas interpuestas vinculadas al investigado o encausado o que actúan en connivencia con él.

3. Contra la resolución por la que el Juez declare improcedente la intervención del tercero en el procedimiento podrá interponerse recurso de apelación.

4. Si el afectado por el decomiso hubiera manifestado al Juez o Tribunal que no se opone al decomiso, no se acordará su intervención en el procedimiento o se pondrá fin a la que ya hubiera sido acordada.

5. En el caso de que se acordare recibir declaración del afectado por el decomiso, se le

---

* Título añadido, junto con sus dos Capítulos y los arts. 803 ter *a* a 803 ter *u*, por el art. único.diez de la Ley 41/2015, de 5 de octubre (*BOE* del 6), de modificación de la Ley de Enjuiciamiento Criminal para la agilización de la justicia penal y el fortalecimiento de las garantías procesales.

instruirá del contenido del artículo 416.

Art. 803 ter b. *Especialidades de la intervención y citación a juicio del tercero afectado.*—1. La persona que pueda resultar afectada por el decomiso podrá participar en el proceso penal desde que se hubiera acordado su intervención, aunque esta participación vendrá limitada a los aspectos que afecten directamente a sus bienes, derechos o situación jurídica y no se podrá extender a las cuestiones relacionadas con la responsabilidad penal del encausado.

2. Para la intervención del tercero afectado por el decomiso será preceptiva la asistencia letrada.

3. El afectado por el decomiso será citado al juicio de conformidad con lo dispuesto en esta Ley. En la citación se indicará que el juicio podrá ser celebrado en su ausencia y que en el mismo podrá resolverse, en todo caso, sobre el decomiso solicitado.

El afectado por el decomiso podrá actuar en el juicio por medio de su representación legal, sin que sea necesaria su presencia física en el mismo.

4. La incomparecencia del afectado por el decomiso no impedirá la continuación del juicio.

Art. 803 ter c. *Notificación e impugnación de la sentencia.*— La sentencia en la que se acuerde el decomiso será notificada a la persona afectada por el mismo aunque no hubiera comparecido en el proceso, sin perjuicio de lo dispuesto en el apartado 2 del artículo 803 ter a. La persona afectada podrá interponer contra la sentencia los recursos previstos en esta Ley, aunque deberá circunscribir su recurso a los pronunciamientos que afecten directamente a sus bienes, derechos o situación jurídica, y no podrá extenderlo a las cuestiones relacionadas con la responsabilidad penal del encausado.

Art. 803 ter d. *Incomparecencia del tercero afectado por el decomiso.*—1. La incomparecencia del tercero afectado por el decomiso que fue citado de conformidad con lo dispuesto en esta Ley tendrá como efecto su declaración en rebeldía. La rebeldía del tercero afectado se regirá por las normas establecidas por la Ley de Enjuiciamiento Civil respecto al demandado rebelde, incluidas las previstas para las notificaciones, los recursos frente a la sentencia y la rescisión de la sentencia firme a instancia del rebelde, si bien, en caso de rescisión de la sentencia, la misma se limitará a los pronunciamientos que afecten directamente al tercero en sus bienes, derechos o situación jurídica. En tal caso, se remitirá certificación al Tribunal que hubiera dictado sentencia en primera instancia, si es distinto al que hubiera dictado la sentencia rescindente y, a continuación, se seguirán las reglas siguientes:

a) Se otorgará al tercero un plazo de diez días para presentar escrito de contestación a la demanda de decomiso, con proposición de prueba, en relación con los hechos relevantes para el pronunciamiento que le afecte.

b) Presentado el escrito en plazo, el órgano jurisdiccional resolverá sobre la admisibilidad de prueba mediante auto y señalará fecha para la vista, cuyo objeto se ceñirá al enjuiciamiento de la acción civil planteada contra el tercero o de la afección de sus bienes, derechos o situación jurídica por la acción penal.

c) Frente a la sentencia se podrán interponer los recursos previstos en esta Ley.

Si no se presenta escrito de contestación a la demanda en plazo o el tercero no comparece en la vista debidamente representado se dictará, sin más trámite, sentencia coincidente con la rescindida en los pronunciamientos afectados.

2. Los mismos derechos previstos en el apartado anterior se reconocen al tercero afectado que no hubiera tenido la oportunidad de oponerse al decomiso por desconocer su existencia.

CAPÍTULO II

PROCEDIMIENTO DE DECOMISO AUTÓNOMO

Art. 803 ter e. *Objeto.—* 1. Podrá ser objeto del procedimiento de decomiso autónomo regulado en el presente Título la acción mediante la cual se solicita el decomiso de bienes, efectos o ganancias, o un valor equivalente a los mismos, cuando no hubiera sido ejercitada con anterioridad, salvo lo dispuesto en el artículo 803 ter p.

2. En particular, será aplicable este procedimiento en los siguientes casos:

a) Cuando el fiscal se limite en su escrito de acusación a solicitar el decomiso de bienes reservando expresamente para este procedimiento su determinación.

b) Cuando se solicite como consecuencia de la comisión de un hecho punible cuyo autor haya fallecido o no pueda ser enjuiciado por hallarse en rebeldía o incapacidad para comparecer en juicio.

3. En el caso de reserva de la acción por el fiscal, el proce-

dimiento de decomiso autónomo solamente podrá ser iniciado cuando el proceso en el que se resuelva sobre las responsabilidades penales del encausado ya hubiera concluido con sentencia firme.

Art. 803 ter f. *Competencia.*—Será competente para el conocimiento del procedimiento de decomiso autónomo:

a) el Juez o Tribunal que hubiera dictado la sentencia firme,

b) el Juez o Tribunal que estuviera conociendo de la causa penal suspendida, o

c) el Juez o Tribunal competente para el enjuiciamiento de la misma cuando ésta no se hubiera iniciado, en las circunstancias previstas en el artículo 803 ter e.

Art. 803 ter g. *Procedimiento.*—Serán aplicables al procedimiento de decomiso autónomo las normas que regulan el juicio verbal regulado en el Título III del Libro II de la Ley de Enjuiciamiento Civil en lo que no sean contradictorias con las establecidas en este capítulo.

Art. 803 ter h. *Exclusividad del Ministerio Fiscal en el ejercicio de la acción.*—La acción de decomiso en el procedimiento de decomiso autónomo será ejercitada exclusivamente por el Ministerio Fiscal.

Art. 803 ter i. *Asistencia letrada.*—Serán aplicables a todas las personas cuyos bienes o derechos pudieren verse afectados por el decomiso las normas reguladoras del derecho a la asistencia letrada del encausado previstas en esta Ley.

Art. 803 ter j. *Legitimación pasiva y citación a juicio.*—
1. Serán citados a juicio como demandados los sujetos contra los que se dirija la acción por su relación con los bienes a decomisar.

2. El encausado rebelde será citado mediante notificación dirigida a su representación procesal en el proceso suspendido y la fijación de edicto en el tablón de anuncios del Tribunal.

3. El tercero afectado por el decomiso será citado de conformidad con lo previsto en el apartado 3 del artículo 803 ter b.

Art. 803 ter k. *Comparecencia del encausado rebelde o con la capacidad modificada judicialmente.*—1. Si el encausado declarado rebelde en el proceso suspendido no comparece en el procedimiento autónomo de decomiso se le nombrará procurador y abogado de oficio que asumirán su representación y defensa.

2. La comparecencia en el procedimiento de decomiso autónomo del encausado con la capacidad modificada judicialmente para comparecer en el proceso penal suspendido se regirá por las normas de la Ley de Enjuiciamiento Civil.

Art. 803 ter l. *Demanda de solicitud de decomiso autónomo.*—1. La demanda de decomiso autónomo se presentará por escrito que expresará en apartados separados y numerados:

a) Las personas contra las que se dirige la solicitud y sus domicilios.

b) El bien o bienes cuyo decomiso se pretende.

c) El hecho punible y su relación con el bien o bienes.

d) La calificación penal del hecho punible.

e) La situación de la persona contra la que se dirige la solicitud respecto al bien.

f) El fundamento legal del decomiso.

g) La proposición de prueba.

h) La solicitud de medidas cautelares, justificando la conveniencia de su adopción para garantizar la efectividad del decomiso, si procede.

2. Admitida la demanda, el órgano competente adoptará las siguientes resoluciones:

1.º Acordará o no las medidas cautelares solicitadas.

2.º Notificará la demanda de decomiso a las partes pasivamente legitimadas, a quienes otorgará un plazo de veinte días para personarse en el proceso y presentar escrito de contestación a la demanda de decomiso.

3. Adoptadas las medidas cautelares, la oposición, modificación o alzamiento de las mismas y la prestación de caución sustitutoria se desarrollará de acuerdo con lo previsto en el Título VI del Libro III de la Ley de Enjuiciamiento Civil en lo que no sea contradictorio con las normas establecidas en este capítulo.

Art. 803 ter m. *Escrito de contestación a la demanda de decomiso.*—1. El escrito de contestación a la demanda de decomiso contendrá, en relación con los correlativos del escrito de demanda, las alegaciones de la parte demandada.

2. Si el demandado no interpusiera su escrito de contestación en el plazo conferido o si desistiera del mismo, el órgano competente acordará el decomiso definitivo de los bienes, efectos o ganancias, o de un valor equivalente a los mismos.

Art. 803 ter n. *Resolución sobre prueba y vista.*—El órgano competente resolverá sobre la prueba propuesta por auto, en el que señalará fecha y hora para la vista. Esta resolución no será recurrible, aunque la solicitud de prueba podrá reiterarse en el juicio.

Art. 803 ter o. *Juicio y sentencia.*—1. El juicio se desarrollará conforme a lo dispuesto en el artículo 433 de la Ley de Enjuiciamiento Civil y el Juez o Tribunal resolverá mediante sentencia en el plazo de veinte días desde su finalización, con alguno de los siguientes pronunciamientos:

1.º Estimar la demanda de decomiso y acordar el decomiso definitivo de los bienes.

2.º Estimar parcialmente la demanda de decomiso y acordar el decomiso definitivo por la cantidad que corresponda. En este caso, se dejarán sin efecto las medidas cautelares que hubieran sido acordadas respecto al resto de los bienes.

3.º Desestimar la demanda de decomiso y declarar que no procede por concurrir alguno de los motivos de oposición. En este caso, se dejarán sin efecto todas las medidas cautelares que hubieran sido acordadas.

2. Cuando la sentencia estime total o parcialmente la demanda de decomiso, identificará a los perjudicados y fijará las indemnizaciones que fueran procedentes.

3. El pronunciamiento en costas se regirá por las normas generales previstas en esta Ley.

Art. 803 ter p. *Efectos de la sentencia de decomiso.*—1. La sentencia desplegará los efectos materiales de la cosa juzgada en relación con las personas contra las que se haya dirigido la acción y la causa de pedir planteada, consistente en los hechos relevantes para la adopción del decomiso, relativos al hecho punible y la situación frente a los bienes del demandado.

2. Más allá del efecto material de la cosa juzgada establecido en el apartado anterior, el contenido de la sentencia del procedimiento de decomiso autónomo no vinculará en el posterior enjuiciamiento del encausado, si se produce.

En el proceso penal posterior contra el encausado, si se produce, no se solicitará ni será objeto de enjuiciamiento el decomiso de bienes sobre el que se haya resuelto con efecto de cosa juzgada en el procedimiento de decomiso autónomo.

3. A los bienes decomisados se les dará el destino previsto en esta Ley y en el Código Penal.

4. Cuando el decomiso se hubiera acordado por un valor determinado, se requerirá a la persona con relación a la cual se hubiera acordado para que proceda al pago de la cantidad co-

rrespondiente dentro del plazo que se le determine; o, en otro caso, designe bienes por un valor suficiente sobre los que la orden de decomiso pueda hacerse efectiva.

Si el requerimiento no fuera atendido, se procederá del modo previsto en el artículo siguiente para la ejecución de la orden de decomiso.

Art. 803 ter q. *Investigación del Ministerio Fiscal.*—1. El Ministerio Fiscal podrá llevar a cabo, por sí mismo, a través de la Oficina de Recuperación y Gestión de Activos o por medio de otras autoridades o de los funcionarios de la Policía Judicial, las diligencias de investigación que resulten necesarias para localizar los bienes o derechos de titularidad de la persona con relación a la cual se hubiera acordado el decomiso.

Las autoridades y funcionarios de quienes el Ministerio Fiscal recabase su colaboración vendrán obligadas a prestarla bajo apercibimiento de incurrir en un delito de desobediencia, salvo que las normas que regulen su actividad dispongan otra cosa o fijen límites o restricciones que deban ser atendidos. En estos casos, suspenderán el cumplimiento de la petición recibida y trasladarán al fiscal los motivos de su decisión.

2. Cuando el fiscal considere necesario llevar a cabo alguna diligencia de investigación que deba ser autorizada judicialmente, presentará la solicitud al Juez o Tribunal que hubiera conocido el procedimiento de decomiso.

3. Asimismo, el Secretario judicial, a instancia del Ministerio Fiscal, acordará por diligencia de ordenación, dirigirse a las entidades financieras, organismos y registros públicos y personas físicas o jurídicas que el Ministerio Fiscal indique, para que faciliten la relación de bienes o derechos del ejecutado de los que tengan constancia.

Art. 803 ter r. *Recursos y revisión de la sentencia firme.*—1. Son aplicables en el procedimiento de decomiso autónomo las normas reguladoras de los recursos aplicables al proceso penal abreviado.

2. Son aplicables al procedimiento de decomiso autónomo las normas reguladoras de la revisión de sentencias firmes.

Art. 803 ter s. *Incomparecencia del encausado rebelde y del tercero afectado.*—La incomparecencia del encausado rebelde y del tercero afectado en el procedimiento de decomiso autónomo se regirá por lo dispuesto en el artículo 803 ter d.

Art. 803 ter t.　*Acumulación de solicitud de decomiso contra el encausado rebelde o persona con la capacidad modificada judicialmente en la causa seguida contra otro encausado.*—En el supuesto en que la causa seguida contra el encausado rebelde o persona con la capacidad modificada judicialmente continúe para el enjuiciamiento de uno o más encausados, podrá acumularse en la misma causa la acción de decomiso autónomo contra los primeros.

Art. 803 ter u.　*Presentación de nueva solicitud de decomiso.*—El Ministerio Fiscal podrá solicitar al Juez o Tribunal que dicte una nueva orden de decomiso cuando:

a)　se descubra la existencia de bienes, efectos o ganancias a los que deba extenderse el decomiso pero de cuya existencia o titularidad no se hubiera tenido conocimiento cuando se inició el procedimiento de decomiso, y

b)　no se haya resuelto anteriormente sobre la procedencia del decomiso de los mismos.

TÍTULO IV

Del procedimiento por delitos de injuria y calumnia contra particulares*

Art. 804.　No se admitirá querella por injuria o calumnia inferidas a particulares si no se presenta certificación de haber celebrado el querellante acto de conciliación con el querellado, o de haberlo intentado sin efecto.

Art. 805.　Si la querella fuere por injuria o calumnia vertidas

en juicio, será necesario acreditar además la autorización del Juez o Tribunal ante quien hubiesen sido inferidas.

Esta autorización no se estimará prueba bastante de la imputación.

Art. 806.　Si la injuria y calumnia se hubieren inferido por escrito, se presentará, siendo

---

* Vid. arts. 205 ss. del Código Penal. El TS, por Acuerdo del Pleno no jurisdiccional (art. 264.1 LOPJ) de 10 de mayo de 1994, ha interpretado, que la competencia funcional en los delitos de calumnias e injurias corresponde al Juzgado de lo Penal, conforme a las reglas competenciales establecidas en el art. 14 de la LECrim, puesto que debe darse preferencia a dichas normas frente a las que regulan el procedimiento especial (vid. STS de 24 de enero de 1994).

Art. 805: Vid. art. 215.2 del Código Penal.

posible, el documento que la contenga.

Art. 807. Cuando se trate de injurias o calumnias inferidas por escrito, reconocido éste por la persona legalmente responsable y comprobado si ha existido o no la publicidad a que se refiere el respectivo artículo del Código Penal, se dará por terminado el sumario, previo el procesamiento del querellado.

Art. 808. Si se tratare de injurias o calumnias inferidas verbalmente, presentada la querella, el Juez instructor mandará convocar a juicio verbal al querellante, al querellado y a los testigos que puedan dar razón de los hechos, señalando el Secretario judicial día y hora para la celebración del juicio.

Art. 809. El juicio deberá celebrarse dentro de los tres días siguientes al de la presentación de la querella ante el Juez instructor a quien corresponda su conocimiento.

Si hubiere causa justa y se hiciere constar por certificación del Secretario, podrá ampliarse hasta ocho días el término para la celebración del juicio verbal.

Art. 810. De las reglas establecidas en los tres artículos anteriores se exceptúan las injurias dirigidas contra funcionarios públicos sobre hechos concernientes al ejercicio de sus cargos, así como también la calumnia, cuando los acusados manifiesten querer probar antes del juicio oral la certeza de la imputación injuriosa o del hecho criminal que hubiesen imputado.

En uno y otro caso no podrá darse por terminado el sumario hasta que el querellante determine con toda precisión y claridad los hechos y las circunstancias de la imputación, para que el procesado pueda preparar sus pruebas y suministrarlas en el juicio oral. Si no lo hiciere en el plazo que el Juez le señale, se dará por terminado el sumario, teniendo en cuenta su falta u omisión para que no perjudique al acusado.

Art. 811. El que se querelle por injuria o calumnia deberá acompañar copia de la querella, que se entregará al querellado al tiempo de ser citado para el juicio.

Art. 812. Celebrado el juicio en el día señalado y presentadas por el querellante las pruebas de los hechos que constituyan la in-

---

Art. 807: Vid. art. 211 del Código Penal.
Art. 808: Redactado conforme a la Ley 13/2009, de 3 de noviembre (*BOE* del 4), de reforma de la legislación procesal para la implantación de la nueva Oficina judicial.

juria o calumnia verbal, el Juez acordará lo que corresponda respecto al procesamiento del querellado, dando seguidamente por terminado el sumario.

Art. 813. No se admitirán testigos de referencia en las causas por injuria o calumnia vertidas de palabra.

Art. 814. La ausencia del querellado no suspenderá la celebración ni la resolución del juicio, siempre que resulte habérsele citado en forma.

Art. 815. Las sesiones del juicio se documentarán en el acta conforme a lo dispuesto en el artículo 743 de esta Ley.

TÍTULO V

Del procedimiento por delitos cometidos por medio de la imprenta, el grabado u otro medio mecánico de publicación

Art. 816. Inmediatamente que se dé principio a un procedimiento por delito cometido por medio de la imprenta, el grabado u otro medio mecánico de publicación, el Juez o Tribunal acordará el secuestro de los ejemplares del impreso o de la estampa donde quiera que se hallaren y del molde de ésta.

Se procederá asimismo inmediatamente a averiguar quién haya sido el autor real del escrito o estampa con cuya publicación se hubiese cometido el delito.

Art. 817. Si el escrito o estampa se hubiese publicado en periódico, bien en el texto del mismo, bien en hoja aparte, se tomará declaración para averiguar quién haya sido el autor al Director o redactores de aquél y al Jefe o Regente del estableci-

---

Art. 815: Redactado conforme a la Ley 13/2009, de 3 de noviembre (*BOE* del 4), de reforma de la legislación procesal para la implantación de la nueva Oficina judicial.

Art. 816: Vid. Real Orden de 7 de septiembre de 1906 (*Gaceta* del 9), sobre secuestro de periódicos en que se publiquen artículos, noticias o estampas que se estimen punibles: aclaración del art. 816.

Art. 816, párr. 1.º: Redactado conforme a la Ley 13/2009, de 3 de noviembre (*BOE* del 4), de reforma de la legislación procesal para la implantación de la nueva Oficina judicial.

Vid. Real Orden de 7 de septiembre de 1906 (*Gaceta* del 9), sobre secuestro de periódicos en que se publiquen artículos, noticias o estampas que se estimen punibles: aclaración del 816.

miento tipográfico en que se haya hecho la impresión o grabado.

Para ello se reclamará el original de cualquiera de las personas que lo tengan en su poder, la cual, si no lo pusiere a disposición del Juez, manifestará la persona a quien lo haya entregado.

Art. 818. Si el delito se hubiese cometido por medio de la publicación de un escrito o de una estampa sueltos, se tomará la declaración expresada en el artículo anterior al Jefe y dependientes del establecimiento en que se haya hecho la impresión o estampación.

Art. 819. Cuando no pudiere averiguarse quién sea el autor real del escrito o estampa, o cuando por hallarse domiciliado en el extranjero o por cualquier otra causa de las especificadas en el Código Penal no pudiere ser perseguido, se dirigirá el procedimiento contra las personas subsidiariamente responsables, por el orden establecido en el artículo respectivo del expresado Código.

Art. 820. No será bastante la confesión de un supuesto autor para que se le tenga como

tal y para que no se dirija el procedimiento contra otras personas, si de las circunstancias de aquél o de las del delito resultaren indicios bastantes para creer que el confeso no fue el autor real del escrito o estampa publicados.

Pero una vez dictada sentencia firme en contra de los subsidiariamente responsables, no se podrá abrir nuevo procedimiento contra el responsable principal si llegare a ser conocido.

Art. 821. Si durante el curso de la causa apareciere alguna persona que, por el orden establecido en el artículo respectivo del Código Penal, deba responder criminalmente del delito antes que el procesado, se sobreseerá la causa respecto a éste, dirigiéndose el procedimiento contra aquélla.

Art. 822. No se considerarán como instrumentos o efectos del delito más que los ejemplares impresos del escrito o estampa y el molde de ésta.

Art. 823. Unidos a la causa el impreso, grabado u otro medio mecánico de publicación que haya servido para la comisión del delito, y averiguado el autor o la persona

---

Art. 819: Vid. art. 30 del Código Penal.

subsidiariamente responsable, se dará por terminado el sumario.

Art. 823 bis. Las normas del presente Título serán también aplicables al enjuiciamiento de los delitos cometidos a través de medios sonoros o fotográficos, difundidos por escrito, radio, televisión, cinematógrafo u otros similares.

Los Jueces, al iniciar el procedimiento, podrán acordar, según los casos, el secuestro de la publicación o la prohibición de difundir o proyectar el medio a través del cual se produjo la actividad delictiva. Contra dicha resolución podrá interponerse directamente recurso de apelación, que deberá ser resuelto en el plazo de cinco días.

TÍTULO VI

Del procedimiento para la extradición*

Art. 824. Los Fiscales de las Audiencias y el del Tribunal Supremo, cada uno en su caso y lugar, pedirán que el Juez o Tribunal proponga al Gobierno que solicite la extradición de los procesados o condenados por sentencia firme, cuando sea procedente con arreglo a Derecho.

Art. 825. Para que pueda pedirse o proponerse la extradición, será requisito necesario que se haya dictado auto motivado de prisión o recaído sentencia firme contra los acusados a que se refiera.

Art. 826. Sólo podrá pedirse o proponerse la extradición:

Art. 823 bis: Redactado conforme a la LO 8/2002, de 24 de octubre (*BOE* del 28).
    * Vid. art. 13.3 de la Constitución. Además téngase en cuenta que la Ley 4/1985, de 21 de marzo (*BOE* del 26), de extradición pasiva, sólo se refiere a los supuestos de extradición pasiva, habiéndose de considerar subsistentes los preceptos de este título. Vid. el Convenio europeo de extradición de 13 de diciembre de 1957, ratificado el 21 de abril de 1982 (*BOE* de 8 de junio), así como el Convenio establecido sobre la base del art. K.3 del Tratado de la Unión Europea relativo al procedimiento simplificado de extradición entre los Estados miembros de la Unión Europea, hecho en Bruselas el 10 de marzo de 1995 (*BOE* de 14 de abril de 1999). Téngase en cuenta la Ley 23/2014, de 20 de noviembre, de reconocimiento mutuo de resoluciones penales en la Unión Europea.
    Art. 826: Vid. art. 13.4 de la Constitución sobre derecho de asilo así como el art. 3.º LEC y el art. 23 de la Ley Orgánica del Poder Judicial.

1.º De los españoles que habiendo delinquido en España se hayan refugiado en país extranjero.

2.º De los españoles que habiendo atentado en el extranjero contra la seguridad exterior del Estado, se hubiesen refugiado en país distinto del en que delinquieron.

3.º De los extranjeros que debiendo ser juzgados en España se hubiesen refugiado en un país que no sea el suyo.

Art. 827. Procederá la petición de extradición:

1.º En los casos que se determinen en los Tratados vigentes con la potencia en cuyo territorio se hallare el individuo reclamado.

2.º En defecto de Tratado, en los casos en que la extradición proceda según el derecho escrito o consuetudinario vigente en el territorio a cuya nación se pida la extradición.

3.º En defecto de los dos casos anteriores, cuando la extradición sea procedente según el principio de reciprocidad.

Art. 828. El Juez o Tribunal que conozca de la causa en que estuviese procesado el reo au-

sente en territorio extranjero, será el competente para pedir su extradición.

Art. 829. El Juez o Tribunal que conociere de la causa acordará de oficio o a instancia de parte, en resolución fundada, pedir la extradición desde el momento en que, por el estado del proceso y por su resultado, sea procedente con arreglo a cualquiera de los números de los artículos 826 y 827.

Art. 830. Contra el auto acordando o denegando pedir la extradición podrá interponerse el recurso de apelación, si lo hubiese dictado un Juez de instrucción.

Art. 831. La petición de extradición se hará en forma de suplicatorio dirigido al Ministro de *Gracia y Justicia*.

Se exceptúa el caso en que por el Tratado vigente con la nación en cuyo territorio se hallare el procesado, pueda pedir directamente la extradición el Juez o Tribunal que conozcan de la causa.

Art. 832. Con el suplicatorio o comunicación que hayan

Art. 831: Vid. arts. 276 a 278 de la Ley Orgánica del Poder Judicial, sobre cooperación judicial internacional, así como el Acuerdo Reglamentario 1/2005, de los aspectos accesorios de las actuaciones judiciales, en lo relativo a la cooperación jurisdiccional internacional (arts. 74 a 85).

de expedirse, según lo dispuesto en el artículo anterior, se remitirá testimonio en que se inserte literalmente el auto de extradición y en relación la pretensión o dictamen fiscal en que se haya pedido, y todas las diligencias de la causa necesarias para justificar la procedencia de la extradición con arreglo al número correspondiente del artículo 826 en que aquélla se funde.

Art. 833. Cuando la extradición haya de pedirse por conducto del Ministro de *Gracia y Justicia*, se le remitirá el suplicatorio y testimonio por medio del Presidente de la Audiencia respectiva.

Si el Tribunal que conociere de la causa fuese el Supremo o su Sala Segunda, los documentos mencionados se remitirán por medio del Presidente de dicho Tribunal.

TÍTULO VII

Del procedimiento contra reos ausentes

Art. 834. Será declarado rebelde el procesado que en el término fijado en la requisitoria no comparezca, o que no fuere habido y presentado ante el Juez o Tribunal que conozca de la causa.

Art. 835. Será llamado y buscado por requisitoria:

1.º El procesado que al ir a notificársele cualquiera resolución judicial no fuere hallado en su domicilio por haberse ausentado, si se ignorase su paradero, y el que no tuviese domicilio conocido. El que practique la diligencia interrogará sobre el punto en que se hallare el procesado a la persona con quien dicha diligencia deba entenderse con arreglo a lo dispuesto en el artículo 172 de esta Ley.

2.º El que se hubiere fugado del establecimieno en que se hallase detenido o preso.

3.º El que, hallándose en libertad provisional, dejare de concurrir a la presencia judicial el día que le esté señalado o cuando sea llamado.

Art. 836. Inmediatamente que un procesado se halle en cualquiera de los casos del artículo anterior, el Juez o Tribunal que conozca de la causa

---

Art. 835: Vid. arts. 468 a 470 del Código Penal.

mandará expedir requisitorias para su llamamiento y busca.

Art. 837. La requisitoria expresará todas las circunstancias mencionadas en el artículo 513, excepto la última, cuando no se haya decretado la prisión o detención del procesado; y además las siguientes:

1.ª La del número del artículo 835 que diere lugar a la expedición de la requisitoria.

2.ª El término dentro del cual el procesado ausente deberá presentarse, bajo apercibimiento de que en otro caso será declarado rebelde y le parará el perjuicio a que hubiere lugar con arreglo a la Ley.

Art. 838. La requisitoria se remitirá a los Jueces, se publicará en los periódicos y se fijará en los sitios públicos mencionados en el artículo 512, uniéndose a los autos la original y un ejemplar de cada periódico en que se haya publicado.

Art. 839. Transcurrido el plazo de la requisitoria sin haber comparecido o sin haber sido presentado el ausente, se le declarará rebelde.

Art. 839 bis. 1. La persona jurídica imputada únicamente será llamada mediante requisitoria cuando no haya sido posible su citación para el acto de primera comparecencia por falta de un domicilio social conocido.

2. En la requisitoria de la persona jurídica se harán constar los datos identificativos de la entidad, el delito que se le imputa y su obligación de comparecer en el plazo que se haya fijado, con Abogado y Procurador, ante el Juez que conoce de la causa.

3. La requisitoria de la persona jurídica se publicará en el *Boletín Oficial del Estado* y, en su caso, en el *Boletín Oficial del Registro Mercantil* o en cualquier otro periódico o diario oficial relacionado con la naturaleza, el objeto social o las actividades del ente imputado.

4. Transcurrido el plazo fijado sin haber comparecido la persona jurídica, se la declarará rebelde, continuando los trámites procesales hasta su conclusión.

Art. 840. Si la causa estuviere en sumario, se continuará hasta que se declare terminado por el Juez o Tribunal competente, suspendiéndose después su curso y archivándose los autos y las

---

Art. 839 bis: Adición realizada por el art. 1.º de la Ley 37/2011, de 10 de octubre (*BOE* del 11), de medidas de agilización procesal.

piezas de convicción que pudieren conservarse y no fueren de un tercero irresponsable.

Art. 841. Si al ser declarado en rebeldía el procesado se hallare pendiente el juicio oral, se suspenderá éste y se archivarán los autos.

Art. 842. Si fueren dos o más los procesados y no a todos se les hubiese declarado en rebeldía, se suspenderá el curso de la causa respecto a los rebeldes hasta que sean hallados, y se continuará respecto a los demás.

Art. 843. En cualquiera de los casos de los tres artículos anteriores, se reservará, en el auto de suspensión, a la parte ofendida por el delito la acción que le corresponda para la restitución de la cosa, la reparación del daño y la indemnización de perjuicios, a fin de que pueda ejercitarla, independientemente de la causa, por la vía civil contra los que fueren responsables; a cuyo efecto no se alzarán los embargos hechos ni se cancelarán las fianzas prestadas.

Art. 844. Cuando la causa se archive por estar en rebeldía todos los procesados, se mandará devolver a los dueños, que no resulten civil ni criminalmente responsables del delito, los efectos o instrumentos del mismo o las demás piezas de convicción que hubiesen sido recogidas durante la causa; pero antes de hacerse la devolución, el Secretario extenderá diligencia consignando descripción minuciosa de todo lo que se devuelva.

Asimismo se verificará el reconocimiento pericial que habría de practicarse si la causa continuara su curso ordinario.

Para la devolución de los efectos y piezas de convicción pertenecientes a un tercero irresponsable, se observará lo que se dispone en los artículos 634 y 635.

Art. 845. Si el reo se hubiere fugado u ocultado después de notificada la sentencia y estando pendiente recurso de casación, éste se sustanciará hasta definitiva, interesando el Secretario judicial que se nombre al rebelde Abogado y Procurador de oficio.

La sentencia que recaiga será firme.

Lo mismo sucederá si habiéndose ausentado u ocultado el

Art. 845, párr. 1.º: Redactado conforme a la Ley 13/2009, de 3 de noviembre (*BOE* del 4), de reforma de la legislación procesal para la implantación de la nueva Oficina judicial.

reo después de haberle sido notificada la sentencia, se interpusiese el recurso por su representación o por el Ministerio Fiscal después de su ausencia u ocultación.

Art. 846. Cuando el declarado rebelde en los casos de los artículos 840 y 841 se presente o sea habido, el Juez o Tribunal abrirá nuevamente la causa para continuarla según su estado.

Art. 846: Redactado conforme a la Ley 13/2009, de 3 de noviembre (*BOE* del 4), de reforma de la legislación procesal para la implantación de la nueva Oficina judicial.

LIBRO V

De los recursos de apelación, casación y revisión

TÍTULO PRIMERO

Del recurso de apelación contra las sentencias y determinados autos*

Art. 846 bis a). Las sentencias dictadas, en el ámbito de la Audiencia Provincial y en primera instancia, por el Magistrado-Presidente del Tribunal del Jurado, serán apelables para ante la Sala de lo Civil y Penal del Tribunal Superior de Justicia de la correspondiente Comunidad Autónoma.

Serán también apelables los autos dictados por el Magistrado-Presidente del Tribunal del Jurado que se dicten resolviendo cuestiones a que se refiere el artículo 36 de la Ley Orgánica del Tribunal del Jurado, así como en los casos señalados en el artículo 676 de la presente Ley.

La Sala de lo Civil y Penal se compondrá, para conocer de ese recurso, de tres Magistrados.

Art. 846 bis b). Pueden interponer el recurso tanto el Ministerio Fiscal como el condenado y las demás partes, dentro de los diez días siguientes a la

---

* Todo este Título ha sido incorporado por la LO 5/1995, de 22 de mayo (*BOE* del 23), del Tribunal del Jurado, modificada por la LO 8/1995, de 16 de noviembre (*BOE* de 17).

Art. 846 bis a): El TS, por Acuerdo del Pleno no jurisdiccional (art. 264.1 LOPJ) de 21 de julio de 2009, ha determinado el órgano que debe resolver las incidencias que aparezcan en ejecución de sentencia dictada por el Tribunal del Jurado. Recurribilidad de los autos de liquidación y admisibilidad del recurso de casación. Ha interpretado que: «Para la resolución de las incidencias en ejecución derivadas del Jurado es competente el Magistrado que presidió el Tribunal del Jurado o en su caso quien orgánicamente le sustituya.» «Las decisiones adoptadas en ejecución de sentencia por el Presidente del Tribunal del Jurado serán resueltas en apelación por el Tribunal Superior de Justicia.»

Vid. *infra*, Apéndice, § 1.

última notificación de la sentencia.

También podrá recurrir el declarado exento de responsabilidad criminal, si se le impusiere una medida de seguridad o se declarase su responsabilidad civil conforme a lo dispuesto en el Código Penal.

La parte que no haya apelado en el plazo indicado podrá formular apelación en el trámite de impugnación, pero este recurso quedará supeditado a que el apelante principal mantenga el suyo.

Art. 846 bis c). El recurso de apelación deberá fundamentarse en alguno de los motivos siguientes:

a) Que en el procedimiento o en la sentencia se ha incurrido en quebrantamiento de las normas y garantías procesales, que causare indefensión, si se hubiere efectuado la oportuna reclamación de subsanación. Esta reclamación no será necesaria si la infracción denunciada implicase la vulneración de un derecho fundamental constitucionalmente garantizado.

A estos efectos podrán alegarse, sin perjuicio de otros: los relacionados en los artículos 850 y 851, entendiéndose las referencias a los Magistrados de los números 5 y 6 de este último como también hechas a los jurados; la existencia de defectos en el veredicto, bien por parcialidad en las instrucciones dadas al Jurado o defecto en la proposición del objeto de aquél, siempre que de ello se derive indefensión, bien por concurrir motivos de los que debieran haber dado lugar a su devolución al Jurado y ésta no hubiera sido ordenada.

b) Que la sentencia ha incurrido en infracción de precepto constitucional o legal en la calificación jurídica de los hechos o en la determinación de la pena, o de las medidas de seguridad o de la responsabilidad civil.

c) Que se hubiese solicitado la disolución del Jurado por inexistencia de prueba de cargo, y tal petición se hubiere desestimado indebidamente.

d) Que se hubiese acordado la disolución del Jurado y no procediese hacerlo.

e) Que se hubiese vulnerado el derecho a la presunción de inocencia porque, atendida la prueba practicada en el juicio, carece de toda base razonable la condena impuesta.

En los supuestos de las letras *a), c)* y *d)*, para que pueda admitirse a trámite el recurso, deberá haberse formulado la oportuna protesta al tiempo de producirse la infracción denunciada.

Art. 846 bis d). Del escrito interponiendo recurso de apelación el Secretario judicial dará traslado, una vez concluido el término para recurrir, a las demás partes, las que, en término de cinco días, podrán impugnar el recurso o formular recurso supeditado de apelación. Si lo interpusieren se dará traslado a las demás partes.

Concluido el término de cinco días sin que se impugne o se formule apelación supeditada o, en su caso, efectuado el traslado a las demás partes, el Secretario judicial emplazará a todas ante la Sala de lo Civil y Penal del Tribunal Superior de Justicia para que se personen en plazo de diez días.

Si el apelante principal no se personare o manifestare su renuncia al recurso, se devolverán por el Secretario judicial los autos a la Audiencia Provincial, que declarará firme la sentencia y procederá a su ejecución.

Art. 846 bis e). Personado el apelante, el Secretario judicial señalará día para la vista del recurso citando a las partes personadas y, en todo caso, al condenado y tercero responsable civil.

La vista se celebrará en audiencia pública, comenzando por el uso de la palabra la parte apelante seguido del Ministerio Fiscal, si éste no fuese el que apeló, y demás partes apeladas.

Si se hubiese formulado recurso supeditado de apelación, esta parte intervendrá después del apelante principal que, si no renunciase, podrá replicarle.

Art. 846 bis f). Dentro de los cinco días siguientes a la vista, deberá dictarse sentencia, la cual, si estimase el recurso por algunos de los motivos a que se refieren las letras *a*) y *d*) del artículo 846 bis c), mandará devolver la causa a la Audiencia para celebración de nuevo juicio.

En los demás supuestos dictará la resolución que corresponda.

Art. 846 ter. 1. Los autos que supongan la finalización del proceso por falta de jurisdicción

---

Art. 846 bis d): Redactado conforme a la Ley 13/2009, de 3 de noviembre (*BOE* del 4), de reforma de la legislación procesal para la implantación de la nueva Oficina judicial.

Art. 846 bis e), párr. 1.°: Redactado conforme a la Ley 13/2009, de 3 de noviembre (*BOE* del 4), de reforma de la legislación procesal para la implantación de la nueva Oficina judicial.

Art. 846 ter: Añadido por el art. único.once de la Ley 41/2015, de 5 de octubre (*BOE* del 6), de modificación de la Ley de Enjuiciamiento Criminal para la agilización de la justicia penal y el fortalecimiento de las garantías procesales.

o sobreseimiento libre y las sentencias dictadas por las Audiencias Provinciales o la Sala de lo Penal de la Audiencia Nacional en primera instancia son recurribles en apelación ante las Salas de lo Civil y Penal de los Tribunales Superiores de Justicia de su territorio y ante la Sala de Apelación de la Audiencia Nacional, respectivamente, que resolverán las apelaciones en sentencia.

2. La Sala de lo Civil y Penal de los Tribunales Superiores de Justicia y la Sala de Apelación de la Audiencia Nacional se constituirán con tres magistrados para el conocimiento de los recursos de apelación previstos en el apartado anterior.

3. Los recursos de apelación contra las resoluciones previstas en el apartado 1 de este artículo se regirán por lo dispuesto en los artículos 790, 791 y 792 de esta Ley, si bien las referencias efectuadas a los Juzgados de lo Penal se entenderán realizadas al órgano que haya dictado la resolución recurrida y las referencias a las Audiencias al que sea competente para el conocimiento del recurso.

TÍTULO II

Del recurso de casación

CAPÍTULO PRIMERO

DE LOS RECURSOS
DE CASACIÓN
POR INFRACCIÓN DE LEY
Y POR QUEBRANTAMIENTO
DE FORMA*

SECCIÓN 1.ª

*De la procedencia
del recurso*

Art. 847.   1.   Procede recurso de casación:

a)   Por infracción de ley y por quebrantamiento de forma contra:

1.º   Las sentencias dictadas en única instancia o en apelación por la Sala de lo Civil y Penal de los Tribunales Superiores de Justicia.

2.º   Las sentencias dictadas por la Sala de Apelación de la Audiencia Nacional.

b)   Por infracción de ley del motivo previsto en el número 1.º del artículo 849 contra las sentencias dictadas en

---

* Epígrafe redactado conforme a la Ley de 16 de julio de 1949 (*BOE* del 17). El TS, por Acuerdo del Pleno no jurisdiccional (art. 264.1 LOPJ) de 13 de septiembre de 2000, ha interpretado, que «la Sala de lo Penal del Tribunal Supremo ha tomado conocimiento de dictamen del Comité de Derechos Humanos de las Naciones Unidas, presentado por la defensa del recurrente en el recurso de casación n.º 2.087/92.

La Sala General acordó dar cumplimiento al referido dictamen y que sea el Tribunal que conoció del recurso de casación el que dé respuesta concreta a las pretensiones del recurrente. Asimismo, la Sala de lo Penal del Tribunal Supremo ha puesto de manifiesto que, en la evolución actual de la jurisprudencia en España, el recurso de casación previsto en las leyes vigentes en nuestro país, similar al existente en otros Estados Miembros de la Unión Europea, ya constituye un recurso efectivo en el sentido del art. 14.5 del Pacto Internacional de Derechos Civiles y Políticos de 1966. Por tal razón, el Pleno de la Sala de lo Penal ha decidido no suspender el trámite de los recursos de casación pendientes». Ante la petición de la defensa del condenado de que se anule la sentencia dictada por el TS, vuelve a ser objeto de interpretación el dictamen del Comité, a través de Acuerdo del Pleno no jurisdiccional de 28 de septiembre de 2001 (vid. STS 654/2001, de 18 de abril), en el que se acuerda que no ha lugar a la anulación, puesto que se da satisfacción al postulante de nulidad a través de un auto fundado, sin necesidad de anular la sentencia (vid. ATS de 14 de diciembre de 2001).

España ya ha ratificado el Protocolo n.º 7 al Convenio para la protección de los Derechos Humanos y de las Libertades Fundamentales (Convenio n.º 117 del Consejo de Europa), hecho en Estrasburgo el 22 de noviembre de 1984. V. *BOE* de 15 de octubre de 2009, con entrada en vigor el 1 de diciembre de 2009.

Art. 847: Redactado conforme al art. único.doce de la Ley 41/2015, de 5 de octubre (*BOE* del 6), de modificación de la Ley de Enjuiciamiento Criminal para la agilización de la justicia penal y el fortalecimiento de las garantías procesales.

apelación por las Audiencias Provinciales y la Sala de lo Penal de la Audiencia Nacional.

2. Quedan exceptuadas aquellas que se limiten a declarar la nulidad de las sentencias recaídas en primera instancia.

El Acuerdo del Pleno no Jurisdiccional (art. 264.1 LOPJ), de 9 de junio de 2016, relativo a la «Unificación de criterios sobre el alcance de la reforma de la Ley de Enjuiciamiento Criminal de 2015, en el ámbito del recurso de casación», ha interpretado que:

«PRIMERO: Interpretación del art. 847.1, letra *b*), de la Ley de Enjuiciamiento Criminal.

»ACUERDO:

»*a*) El art. 847.1.°, letra *b*), LECrim debe ser interpretado en sus propios términos. Las sentencias dictadas en apelación por las Audiencias Provinciales y la Sala de lo Penal de la Audiencia Nacional sólo podrán ser recurridas en casación por el motivo de infracción de ley previsto en el número 1.° del art. 849 LECrim, debiendo ser inadmitidos los recursos de casación que se formulen por los arts. 849.2.°, 850, 851 y 852.

»*b*) Los recursos articulados por el art. 849.1.° deberán fundarse necesariamente en la infracción de un precepto penal de carácter sustantivo u otra norma jurídica del mismo carácter (sustantivo) que deba ser observada en la aplicación de la Ley Penal (normas determinantes de subsunción), debiendo ser inadmitidos los recursos de casación que aleguen infracciones procesales o constitucionales. Sin perjuicio de ello, podrán invocarse normas constitucionales para reforzar la alegación de infracción de una norma penal sustantiva.

»*c*) Los recursos deberán respetar los hechos probados, debiendo ser inadmitidos los que no los respeten, o efectúen alegaciones en notoria contradicción con ellos pretendiendo reproducir el debate probatorio (art. 884 LECrim).

»*d*) Los recursos deben tener interés casacional. Deberán ser inadmitidos los que carezcan de dicho interés (art. 889.2.°), entendiéndose que el recurso tiene interés casacional, conforme a la exposición de motivos: *a*) si la sentencia recurrida se opone abiertamente a la doctrina jurisprudencial emanada del Tribunal Supremo, *b*) si resuelve cuestiones sobre las que exista jurisprudencia contradictoria de las Audiencias Provinciales, *c*) si aplica normas que no lleven más de cinco años en vigor, siempre que, en este último caso, no existiese una doctrina jurisprudencial del Tribunal Supremo ya consolidada relativa a normas anteriores de igual o similar contenido.

»*e*) La providencia de inadmisión es irrecurrible (art. 892 LECrim).

»SEGUNDO: Posibilidad de recurso de casación contra sentencias recaídas en procesos de delitos leves.

»ACUERDO: El art. 847.*b*) LECrim debe ser interpretado en relación con los arts. 792.4.° y 977, que establecen respectivamente los recursos prevenidos para las sentencias dictadas en apelación respecto de delitos menos graves y respecto de los delitos leves (antiguas faltas). Mientras el art. 792 establece que contra la sentencia de apelación corresponde el recurso de casación previsto en el art. 847, en el art. 977 se establece taxativamente que contra la sentencia de segunda instancia no procede recurso alguno.

»En consecuencia el recurso de casación no se extiende a las sentencias de apelación dictadas en el procedimiento por delitos leves.»

Art. 848. Podrán ser recurridos en casación, únicamente por infracción de ley, los autos para los que la ley autorice dicho recurso de modo expreso y los autos definitivos dictados en primera instancia y en apelación por las Audiencias Provinciales o por la Sala de lo Penal de la Audiencia Nacional cuando supongan la finalización del proceso por falta de jurisdicción o sobreseimiento libre y la causa se haya dirigido contra el encausado mediante una resolución judicial que suponga una imputación fundada.

Art. 849. Se entenderá que ha sido infringida la ley para el efecto de que pueda interponerse el recurso de casación:

1.º Cuando, dados los hechos que se declaren probados en las resoluciones comprendidas en los dos artículos anteriores, se hubiere infringido un precepto penal de carácter sustantivo u otra norma jurídica del mismo carácter que deba ser observada en la aplicación de ley penal.

2.º Cuando haya existido error en la apreciación de la prueba, basado en documentos que obren en autos, que demuestren la equivocación del juzgador sin resultar contradichos por otros elementos probatorios.

Art. 848: Redactado conforme al art. único.trece de la Ley 41/2015, de 5 de octubre (*BOE* del 6), de modificación de la Ley de Enjuiciamiento Criminal para la agilización de la justicia penal y el fortalecimiento de las garantías procesales.

El TS, por Acuerdo del Pleno no jurisdiccional —art. 264.1 LOPJ— de 9 de febrero de 2005, ha interpretado que «Los autos de sobreseimiento dictados en apelación en un procedimiento abreviado sólo son recurribles en casación cuando concurran estas tres condiciones: 1) Se trata de un auto de sobreseimiento libre. 2) Haya recaído imputación judicial equivalente a procesamiento, entendiéndose por tal resolución judicial en la que se describa el hecho, se consigne el derecho aplicable y se indiquen las personas responsables. 3) El auto haya sido dictado en procedimiento cuya sentencia sea recurrible en casación.»

El TS, por Acuerdo del Pleno no jurisdiccional (art. 264.1 LOPJ) de 4 de marzo de 2015, relativo a la «Viabilidad del recurso de casación frente a determinados autos de sobreseimiento dictados por Tribunales Superiores de Justicia», vuelve a reiterar el mismo criterio del Acuerdo de 9 de febrero de 2005 ya señalado anteriormente (desarrollado en la STS 553/2015, de 6 de octubre).

El TS, por Acuerdo del Pleno no jurisdiccional (art. 264.1 LOPJ) de 28 de febrero de 2018, relativo al «Recurso de casación contra autos que resuelven jurisdicción», ha interpretado que: «Conforme a lo establecido en el art. 848 LECrim solo cabe recurso de casación contra autos que acuerden el sobreseimiento por falta de jurisdicción; y no contra los que la afirmen».

Art. 849: Redactado conforme a la Ley de 16 de julio de 1949 (*BOE* del 17).

Art. 849.2.º: Redactado por la Ley 6/1985, de 27 de marzo (*BOE* del 30).

Art. 850. El recurso de casación podrá interponerse por quebrantamiento de forma:

1.º Cuando se haya denegado alguna diligencia de prueba que, propuesta en tiempo y forma por las partes, se considere pertinente.

2.º Cuando se haya omitido la citación del procesado, la del responsable civil subsidiario, la de la parte acusadora o la del actor civil para su comparecencia en el acto del juicio oral, a no ser que estas partes hubiesen comparecido en tiempo, dándose por citadas.

3.º Cuando el Presidente del Tribunal se niegue a que un testigo conteste, ya en audiencia pública, ya en alguna diligencia que se practique fuera de ella, a la pregunta o preguntas que se le dirijan siendo pertinentes y de manifiesta influencia en la causa.

4.º Cuando se desestime cualquier pregunta por capciosa, sugestiva o impertinente, no siéndolo en realidad, siempre que tuviese verdadera importancia para el resultado del juicio.

5.º Cuando el Tribunal haya decidido no suspender el juicio para los procesados comparecidos, en el caso de no haber concurrido algún acusado, siempre que hubiere causa fundada que se oponga a juzgarles con independencia y no haya recaído declaración de rebeldía.

Art. 851. Podrá también interponerse el recurso de casación por la misma causa:

1.º Cuando en la sentencia no se exprese clara y terminantemente cuáles son los hechos que se consideren probados, o resulte manifiesta contradicción entre ellos, o se consignen como hechos probados conceptos que, por su carácter jurídico, impliquen la predeterminación del fallo.

2.º Cuando en la sentencia sólo se exprese que los hechos alegados por las acusaciones no se han probado, sin hacer expresa relación de los que resultaren probados.

3.º Cuando no se resuelva en ella sobre todos los puntos que hayan sido objeto de la acusación y defensa.

Art. 850: Redactado conforme a la Ley de 16 de julio de 1949 (*BOE* del 17). El párr. 5.º fue adicionado por la Ley 28/1978, de 26 de mayo (*BOE* del 30).
Art. 850.2.º: Vid. art. 664, párr. 2.º, de esta Ley.
Art. 850.3.º: Vid. art. 721.
Art. 851: Redactado conforme a la Ley de 16 de julio de 1949 (*BOE* del 17).
Art. 851.1.º: Vid. art. 142.2.ª

4.º Cuando se pene un delito más grave que el que haya sido objeto de la acusación, si el Tribunal no hubiere procedido previamente como determina el artículo 733.

5.º Cuando la sentencia haya sido dictada por menor número de Magistrados que el señalado en la Ley o sin la concurrencia de votos conformes que por la misma se exigen.

6.º Cuando haya concurrido a dictar sentencia algún Magistrado cuya recusación, intentada en tiempo y forma, y fundada en causa legal, se hubiese rechazado.

Art. 852. En todo caso, el recurso de casación podrá interponerse fundándose en la infracción de precepto constitucional.

Art. 853. [...]

Art. 854. Podrán interponer el recurso de casación: el Ministerio Fiscal, los que hayan sido parte en los juicios criminales, y los que sin haberlo sido resulten condenados en la sentencia y los herederos de unos y otros.

Los actores civiles no podrán interponer el recurso sino en cuanto pueda afectar a las restituciones, reparaciones e indemnizaciones que hayan reclamado.

SECCIÓN 2.ª

De la preparación del recurso

Art. 855. El que se proponga interponer recurso de casa-

<hr />

Art. 852: Redactado por la Disp. Final 12.ª de la Ley 1/2000, de 7 de enero, de Enjuiciamiento Civil (*BOE* del 8). El TS, por Acuerdo del Pleno no jurisdiccional (art. 264.1 LOPJ) de 29 de abril de 1997, viene interpretando que «las vulneraciones de derechos constitucionales deberán alegarse previamente ante el Tribunal juzgador, para que puedan luego esgrimirse ante el Tribunal Supremo como motivos de casación, salvo que la vulneración se haya producido en la misma sentencia» (vid. STS 654/2001, de 18 de abril).

Art. 853: Derogado por la Ley de 28 de junio de 1933.

Art. 854: El TS, por Acuerdo del Pleno no jurisdiccional (art. 264.1 LOPJ) de 27 de febrero de 1998, ha interpretado que el Ministerio Fiscal puede recurrir en casación, al amparo del art. 5.º4 LOPJ (art. 852 LECrim), por vulneración de los derechos constitucionales que le corresponde como parte en el proceso (vid. STS 79/1998, de 22 de enero).

Art. 855: Modificado por el art. 223.2 del RD-ley 5/2023, de 28 de junio (*BOE* del 29), por el que se adoptan y prorrogan determinadas medidas de respuesta a las consecuencias económicas y sociales de la Guerra de Ucrania, de apoyo a la reconstrucción de la isla de La Palma y a otras situaciones de vulnerabilidad; de transposición de Directivas de la Unión Europea en materia de modificaciones estructurales de sociedades mercantiles y conciliación de la vida familiar y la vida profesional de los progenitores y los cuidadores; y de ejecución y cumplimiento del Derecho de la Unión Europea. La Disp. Trans. 10.ª1 del RDL establece que «Los recursos de casación penal que se hubieren presentado antes de la entrada en vigor del presente real decreto-ley se continuarán sustanciando conforme a la legislación procesal anterior».

ción pedirá, ante el Tribunal que haya dictado la resolución definitiva, un testimonio de la misma, y manifestará la clase o clases de recurso que trate de utilizar.

Cuando se pretenda interponer recurso de casación contra sentencia dictada en apelación por una Audiencia Provincial o la Sala de lo Penal de la Audiencia Nacional por infracción de ley, el recurrente deberá presentar escrito consignando, en párrafos separados, con la mayor claridad y concisión, la concurrencia de los requisitos exigidos, identificando el precepto o preceptos sustantivos que se consideran infringidos y explicando de modo sucinto las razones que fundan tal infracción.

Cuando el recurrente se proponga fundar el recurso en el número 2.º del artículo 849, deberá designar, sin razonamiento alguno, los particulares del documento que muestren el error en la apreciación de la prueba.

Si se propusiere utilizar el de quebrantamiento de forma, designará también, sin razonamiento alguno, la falta o faltas que se supongan cometidas, y, en su

caso, la reclamación practicada para subsanarlas y su fecha.

Art. 856. La petición expresada en el precedente artículo se formulará mediante escrito autorizado por Abogado y Procurador, dentro de los cinco días siguientes al de la última notificación de la sentencia o auto contra el que se intente entablar el recurso.

Art. 857. En dicho escrito se consignará la promesa solemne de constituir el depósito que establece el artículo 875 de la presente Ley.

Si la parte que prepare el recurso hubiera sido declarada insolvente, total o parcial, o se le hubiera reconocido el derecho a la asistencia jurídica gratuita, pedirá al Tribunal que se haga constar expresamente esta circunstancia en la certificación de la sentencia que deberá librarse, y se obligará además a responder, si llegare a mejor fortuna, del importe del depósito que, según los casos, deba constituir.

Art. 858. El Tribunal, dentro de los tres días siguientes, sin oír a las partes, tendrá por

Art. 856: Redactados conforme a la Ley de 16 de julio de 1949 (*BOE* del 17).
Art. 857, párr. 1.º: Redactado conforme a la Ley de 16 de julio de 1949 (*BOE* del 17).
Art. 857, párr. 2.º: Redactado conforme a la Ley 13/2009, de 3 de noviembre (*BOE* del 4), de reforma de la legislación procesal para la implantación de la nueva Oficina judicial. Vid. Ley 1/1996, de 10 de enero (*BOE* del 12), de asistencia jurídica gratuita.
Art. 858: Modificado por el art. 223.3 RD-ley 5/2023, de 28 de junio (*BOE* del 29), por el que se adoptan y prorrogan determinadas medidas de respuesta a las consecuen-

preparado el recurso si la resolución reclamada es recurrible en casación y se han cumplido todos los requisitos exigidos en los artículos anteriores, y, en el caso contrario, lo denegará por auto motivado.

Cuando se trate de recurso de casación contra sentencia dictada en apelación por una Audiencia Provincial o la Sala de lo Penal de la Audiencia Nacional, el Tribunal denegará, por auto motivado, la preparación cuando se aleguen motivos distintos del previsto en el artículo 849.1, no se identifique un precepto sustantivo supuestamente infringido, no se consigne el breve extracto exigido, o su contenido se aparte del ámbito del artículo 849.1.ª

De los autos que se deniegue tener por preparada la resolución, se dará copia certificada en el acto de la notificación a la parte recurrente.

Art. 859. En la misma resolución en que se tenga por preparado el recurso se mandará que el Secretario judicial expida, en el plazo de tres días, el testimonio de la sentencia, con los votos particulares si los hubiere y una vez librado, el Secretario judicial emplazará a las partes para que comparezcan ante la Sala Segunda del Tribunal Supremo, dentro del término improrrogable de quince días, si se refiere a resoluciones dictadas por Tribunales con sede en la Península; de veinte días, si tienen sede en la Comunidad Autónoma de las Illes Balears, y de treinta, si tienen sede en la Comunidad Autónoma de Canarias o en las ciudades autónomas de Ceuta o Melilla.

Art. 860. El recurrente a quien, para su defensa, se hubiera reconocido el derecho a la

---

cias económicas y sociales de la Guerra de Ucrania, de apoyo a la reconstrucción de la isla de La Palma y a otras situaciones de vulnerabilidad; de transposición de Directivas de la Unión Europea en materia de modificaciones estructurales de sociedades mercantiles y conciliación de la vida familiar y la vida profesional de los progenitores y los cuidadores; y de ejecución y cumplimiento del Derecho de la Unión Europea. La Disp. Trans. 10.ª1 del RDL establece que «Los recursos de casación penal que se hubieren presentado antes de la entrada en vigor del presente real decreto-ley se continuarán sustanciando conforme a la legislación procesal anterior».

En el segundo párrafo del precepto se cita el art. 849.1, cuando dicho precepto carece de apartados, ya que solo tiene numerales (art. 849.1.º). Del mismo modo, al final se cita, de nuevo, el mismo precepto como el art. 849.1.ª, en femenino, cuando el original es art. 849.1.º, en masculino. La norma ha sido objeto de corrección de errores (*BOE* de 1 de julio), pero el citado no ha sido objeto de modificación.

Art. 859: Nueva redacción dada por la Ley 13/2009, de 3 de noviembre (*BOE* del 4), de reforma de la legislación procesal para la implantación de la nueva Oficina judicial.

Art. 860: Redactado conforme a la Ley 13/2009, de 3 de noviembre (*BOE* del 4), de reforma de la legislación procesal para la implantación de la nueva Oficina judicial.

asistencia jurídica gratuita o hubiera sido declarado insolvente, total o parcial, podrá solicitar del Tribunal sentenciador que remita directamente a la Sala Segunda del Supremo el testimonio necesario para la interposición del recurso, o, en su caso, la certificación del auto denegatorio del mismo.

La Sala acordará que el Secretario judicial interese el nombramiento de Abogado y Procurador que puedan interponer el recurso que corresponda, si el recurrente no les hubiera designado. En uno y otro caso, la Sala señalará el plazo dentro del cual haya de interponerse.

Art. 861. El Tribunal sentenciador, en el mismo día en que entregue o remita el testimonio de la sentencia o del auto, enviará a la Sala Segunda del Tribunal Supremo certificación de los votos reservados, si los hubiere, o negativa en su caso, y dispondrá que se notifique a los que hayan sido parte en la causa, además del recurrente, la entrega o remesa del testimonio, emplazándoles para que puedan comparecer, ante la

referida Sala, a hacer valer su derecho dentro de los términos fijados en el artículo 859.

A la vez que la certificación expresada, el Secretario judicial remitirá otra en la que expresará sucintamente la causa, los nombres de las partes, el delito, la fecha de entrega del testimonio al recurrente y, si el acusado se encuentra en prisión provisional, la fecha en que concluye tal situación, así como la del emplazamiento a las partes.

También remitirá la causa o el ramo de ella en que se suponga cometida la falta, o que contenga el documento auténtico, cuando el recurso se haya preparado por quebrantamiento de forma o al amparo del número 2.º del artículo 849.

La parte que no haya preparado el recurso podrá adherirse a él en el término del emplazamiento, o al instruirse del formulado por la otra, alegando los motivos que le convengan.

Art. 861 bis a). Las sentencias contra las cuales pueda interponerse recurso de casación no se ejecutarán hasta que

---

Vid. Ley 1/1996, de 10 de enero (*BOE* del 12), de asistencia jurídica gratuita.
Art. 861: Redactado conforme a la Ley de 16 de julio de 1949 (*BOE* del 17). Los votos reservados desaparecieron con el art. 260 LOPJ, de 1 de julio de 1985.
Art. 861, párr. 2.º: Redactado conforme a la Ley 13/2009, de 3 de noviembre (*BOE* del 4), de reforma de la legislación procesal para la implantación de la nueva Oficina judicial.
Art. 861 bis a): Incorporado por la Ley de 16 de julio de 1949 (*BOE* del 17).

transcurra el término señalado para prepararlo.

Si en dicho término se preparare el recurso, el Tribunal dispondrá, el remitir la causa o ramo, que se contraiga testimonio de resguardo de la resolución recurrida, que conservará con las piezas separadas de la causa para ejecución de aquélla en su caso.

También acordará en la misma resolución que continúe o se modifique la situación del reo o reos y lo pertinente en cuanto a responsabilidades pecuniarias, así como adoptará en las mismas piezas los acuerdos procedentes durante la tramitación del recurso para asegurar en todo caso la ejecución de la sentencia que recayere.

Si la sentencia recurrida fuera absolutoria y el reo estuviere preso, será puesto en libertad.

Art. 861 bis b).   Cuando el recurso hubiera sido preparado por uno de los procesados, podrá llevarse a efecto la sentencia, desde luego, en cuanto a los demás, sin perjuicio de lo dispuesto en el artículo 903.

Art. 861 bis c).   El desistimiento del recurso podrá hacerse en cualquier estado del procedimiento, previa ratificación del interesado, o presentando su Procurador poder suficiente para ello. Si las partes estuvieren citadas para la decisión del recurso, perderá el particular que desista la mitad del depósito, si lo hubiere constituido, y pagará las costas procesales que se hubiesen ocasionado por su culpa.

SECCIÓN 3.ª

*Del recurso de queja
por denegación del testimonio
pedido para interponer
el de casación*

Art. 862.   Si el recurrente se creyere agraviado por el auto denegatorio de que se habla en el artículo 858, podrá acudir en queja a la Sala segunda del Tribunal Supremo, haciéndolo presente al Tribunal sentenciador, dentro de los dos días siguientes al de la notificación de dicho auto, a los efectos de lo dispuesto en el artículo 863.

Art. 863.   El Tribunal dispondrá que se remita copia certificada del auto denegatorio a la Sala segunda del Tribunal Su-

Art. 861 bis b): Incorporado por la Ley de 16 de julio de 1949 (*BOE* del 17).
Art. 861 bis c): Incorporado conforme a la Ley de 16 de julio de 1949 (*BOE* del 17).
Art. 862: Redactado conforme a la Ley de 16 de julio de 1949 (*BOE* del 17).
Art. 863: Redactado conforme a la Ley de 16 de julio de 1949 (*BOE* del 17).

premo y mandará emplazar a las partes para que comparezcan ante la misma en los términos que previene el artículo 859, según los respectivos casos.

Art. 864. En las copias certificadas de los autos denegatorios previstas en los artículos anteriores, el Secretario judicial hará constar también la situación económica de los que intenten la queja en los términos que previene el artículo 858.

Art. 865. [...]

Art. 866. Transcurrido el término del emplazamiento sin que haya comparecido el recurrente en queja, el Secretario judicial dictará decreto declarando desierto el recurso, con las costas, y lo comunicará al Tribunal sentenciador para los efectos que correspondan, y quedará firme y consentido el auto denegatorio. Contra este decreto cabrá recurso directo de revisión.

Art. 867. Si el recurrente compareciera en tiempo, al verificarlo formulará, en escrito firmado por Abogado y Procurador, con la mayor concisión y claridad, los fundamentos de la queja.

De dicho escrito y del auto denegatorio acompañará copias autorizadas para las demás partes personadas en la causa; una de dichas copias se entregará al Ministerio Fiscal, y transcurridos tres días, durante los cuales deberá éste exponer a la Sala lo que estime conveniente sobre la procedencia o improcedencia de la queja, se pasará el rollo al Magistrado ponente.

Art. 867 bis. Cuando alguna de las partes emplazadas comparezca en forma legal, dentro del término de emplazamiento, se le entregará copia del escrito del recurso y del auto denegatorio para que, si lo estima conducente, pueda impugnarlo en el mismo término de tercero día que se concede al Ministerio Fiscal.

Art. 868. Cuando el recurrente fuere insolvente total o

Art. 864: Redactado conforme a la Ley 13/2009, de 3 de noviembre (*BOE* del 4), de reforma de la legislación procesal para la implantación de la nueva Oficina judicial.
Art. 865: Derogado por la Ley de 16 de julio de 1949 (*BOE* del 17).
Art. 866: Redactado conforme a la Ley 13/2009, de 3 de noviembre (*BOE* del 4), de reforma de la legislación procesal para la implantación de la nueva Oficina judicial.
Art. 867: Redactado conforme a la Ley de 16 de julio de 1949 (*BOE* del 17).
Art. 867 bis: Incorporado por la Ley de 16 de julio de 1949 (*BOE* del 17).
Art. 868: Redactado conforme a la Ley 13/2009, de 3 de noviembre (*BOE* del 4), de reforma de la legislación procesal para la implantación de la nueva Oficina judicial.

parcial o cuando tuviere reconocido el derecho a la asistencia jurídica gratuita, y durante el término del emplazamiento compareciere ante la Sala Segunda del Tribunal Supremo en la forma que previene el artículo 874, la sala acordará que el Secretario judicial interese el nombramiento de Abogado y Procurador de oficio para su defensa, y que les entregue la copia certificada del auto denegatorio para que, en el término de tres días, formalicen el recurso de queja, si lo consideraren procedente, o se excuse el Abogado en el caso de no hallar méritos para ello.

Art. 869. La Sala Segunda del Tribunal Supremo, previo informe del Magistrado ponente, y sin más trámites, dictará, en vista de los escritos presentados, la resolución que proceda.

Art. 870. Cuando la Sala estime fundada la queja revocará el auto denegatorio y mandará al Tribunal sentenciador que expida la certificación de la resolución reclamada y practique lo demás que se previene en los artículos 858 y 861.

Cuando la queja no sea procedente, a juicio de la Sala, la desestimará con las costas y lo comunicará al Tribunal sentenciador para los efectos correspondientes.

Cuando resulten falsos los hechos alegados como fundamento de la queja, la sala podrá imponer al particular recurrente, de forma motivada, una multa que podrá oscilar de 180 a 6.000 euros respetando en todo caso el principio de proporcionalidad y teniendo en cuenta las circunstancias del hecho de que se trate, así como los perjuicios que se hubieren podido causar al procedimiento o al resto de partes procesales.

Ante la falsedad de los hechos alegados en la queja y sin perjuicio de lo dispuesto en el párrafo anterior, el Tribunal acordará dar traslado de la actuación realizada contra las normas de la buena fe procesal a los colegios profesionales competentes por si pudiera proceder la imposición de algún tipo de sanción disciplinaria.

Art. 871. Contra la decisión de la Sala Segunda del Tribunal Supremo, resolviendo la queja, no se da recurso alguno.

Vid. Ley 1/1996, de 10 de enero (*BOE* del 12), de asistencia jurídica gratuita.
Art. 869: Redactado conforme a la Ley de 16 de julio de 1949 (*BOE* del 17).
Art. 870: Redactado conforme a la Ley 13/2009, de 3 de noviembre (*BOE* del 4), de reforma de la legislación procesal para la implantación de la nueva Oficina judicial.
Art. 871: Redactado conforme a la Ley de 16 de julio de 1949 (*BOE* del 17).

Art. 872. [...]

SECCIÓN 4.ª

De la interposición del recurso

Art. 873. El recurso de casación se interpondrá ante la Sala Segunda del Tribunal Supremo dentro de los términos señalados en el artículo 859. Transcurridos estos términos sin interponerlo, o en su caso el que hubiese concedido la Sala, de conformidad con lo dispuesto en el artículo 860, el Secretario judicial dictará decreto declarando desierto el recurso, y quedará firme y consentida dicha resolución. Contra este decreto cabrá recurso directo de revisión.

En los mismos términos podrán adherirse al recurso las demás partes, conforme a lo dispuesto en el artículo 861.

Art. 874. Este recurso se interpondrá en escrito, firmado por Abogado y Procurador autorizado con poder bastante, sin que en ningún caso pueda admitirse la protesta de presentarlo. En dicho escrito se consignará, en párrafos numerados, con la mayor concisión y claridad:

1.º El fundamento o los fundamentos doctrinales y legales aducidos como motivos de casación por quebrantamiento de la forma, por infracción de ley, o por ambas causas, encabezados con un breve extracto de su contenido.

2.º El artículo de esta Ley que autorice cada motivo de casación.

3.º La reclamación o reclamaciones practicadas para subsanar el quebrantamiento de forma que se suponga cometido y su fecha, si la falta fuese de las que exigen este requisito.

Con este escrito se presentará el testimonio a que se refiere el artículo 859, si hubiere sido entregado al recurrente, y copia literal del mismo y del recurso, autorizada por su representación, para cada una de las demás partes emplazadas.

La falta de presentación de copias producirá la desestima-

Art. 872: Derogado por la Ley de 16 de julio de 1949 (*BOE* del 17).

Art. 873, párr. 1.º: Redactado conforme a la Ley 13/2009, de 3 de noviembre (*BOE* del 4), de reforma de la legislación procesal para la implantación de la nueva Oficina judicial.

Art. 873, párr. 2.º: Redactado conforme a la Ley de 16 de julio de 1949 (*BOE* del 17).

Art. 874: Redactado conforme a la Ley de 16 de julio de 1949 (*BOE* del 17). El último párrafo ha sido suprimido por la Ley 1/1996, de 10 de enero (*BOE* del 12).

ción del escrito y, en su caso, se considerará comprendida en el número 4.º del artículo 884.

La adhesión al recurso se interpondrá en la forma expresa-

da en los párrafos anteriores de este artículo.

Art. 875. Cuando el recurrente fuese el acusador privado

Art. 875: Redactado conforme a la Ley de 16 de julio de 1949 (*BOE* del 17). El párrafo cuarto ha sido suprimido por la Ley 10/1992, de 30 de abril (*BOE* de 5 de mayo). Sobre depósitos y consignaciones judiciales, véase el RD 467/2006, de 21 de abril (*BOE* de 12 de mayo), por el que se regulan los depósitos y consignaciones judiciales en metálico, de efectos o valores. Ahora, también, la Orden JUS/1.623/2007, de 4 de abril (*BOE* de 8 de junio), por la que se aprueban los modelos de formularios de ingreso, de mandamientos de pago y de órdenes de transferencia, así como los requisitos que éstas han de reunir para su correcta recepción en las cuentas de depósitos y consignaciones judiciales.

Art. 875, párr. 1.º: En orden al depósito para interponer el recurso de casación, v. el Real Decreto de 11 de marzo de 1924 (*Gaceta* del 13), teniendo en cuenta que por el art. 2 del Real Decreto de 31 de mayo de 1931 (*Gaceta* de 6 de junio) se conceptúa reducido al rango de precepto meramente reglamentario dicho Real Decreto estableciendo un fondo con los depósitos. El Real Decreto citado establece:

«*Art. 1.º* Los depósitos que con arreglo a las Leyes de Enjuiciamiento Criminal han de constituirse para interponer el recurso extraordinario de casación, serán impuestos en la Caja General de Depósitos o en sus Sucursales, o en su caso en las del Banco de España, a los fines procesales que se correspondan y a disposición del Presidente del Tribunal Supremo, al que corresponderá ordenar su aplicación y, en su consecuencia, dictar las disposiciones necesarias para llevarla a efecto [...].

»[...]

»*Art. 3.º* Con el importe de las cantidades existentes en la actualidad por los conceptos expresados en los dos artículos anteriores y de las que se consignen en lo sucesivo, se constituirá un solo fondo, cuya administración estará a cargo del Presidente del Tribunal Supremo, quien ordenará los pagos que con cargo al mismo hayan de hacerse, dando cuenta de ello a la Sala de Gobierno, que actuará en esta materia en funciones de Junta Económica del Tribunal, en cuyo concepto dictará las instrucciones oportunas para la conservación, custodia y contabilidad de los expresados fondos.

»*Art. 4.º* Se atenderá, en primer término, con el expresado fondo al pago de los costas que se impongan al Fiscal o a la representación del Estado o de la Administración en los respectivos procedimientos civiles o contencioso-administrativos, y el sobrante, si resultare, lo aplicará el Presidente del Tribunal Supremo a las atenciones previstas en el artículo 890 de la Ley de Enjuiciamiento Criminal y a las de representación del Tribunal.

»*Art. 5.º* Para que el pago de las obligaciones primordiales expresadas quede garantizado, se hará cada año judicial un alarde del importe a que ascienda el total de las condenas de costas decretadas el año anterior en los distintos procedimientos, y no se satisfará atención ni necesidad de ninguna otra clase mientras exista alguna de ellas sin solventar, y además una suma recaudada y en reserva, igual, por lo menos, a la que resulte del alarde con cargo, a la que sólo podrán pagarse aquellas obligaciones, en tanto no esté finado y liquidado el ejercicio corriente.

»*Art. 6.º* Las respectivas Salas del Tribunal Supremo, cuando decreten la pérdida de los depósitos o acuerden el pago de las costas impuestas al Fiscal o al representante de la Administración, lo pondrán en conocimiento de la Presidencia, para que por

y el delito sea de los que pueden perseguirse de oficio presentará su Procurador, con el escrito de interposición, el documento que acredite haber depositado 12.000 pesetas en el establecimiento público destinado al efecto, debiendo consignarse tantos depósitos como acusadores recurrentes haya, a no ser que todos ellos hubiesen comparecido bajo la misma representación.

Cuando el delito fuere de los que sólo pueden perseguirse a instancia de parte, el depósito será de 6.000 pesetas.

Cuando el recurrente fuese el actor civil, el depósito será de 7.500 pesetas.

Cuando el recurso se interponga el último día se considerará cumplido el requisito del depósito si se acompaña al escrito el importe correspondiente en dinero de curso legal, y en el plazo de las cuarenta y ocho horas siguientes se sustituye por el resguardo acreditativo de haber efectuado el depósito en el establecimiento destinado al efecto.

Si el recurrente tuviese reconocido el derecho a la asistencia jurídica gratuita o apareciese declarado insolvente total o parcial, quedará obligado a responder de la cantidad referida, si viniere a mejor fortuna, en la forma que dispone el artículo 857.

Art. 876. Cuando dentro del emplazamiento o al día siguiente de la designación manifieste el Procurador del recurrente su propósito de interponer el recurso, o el Fiscal lo solicitare, se mandará por la Sala abrir el pliego que contenga la certificación de votos reservados y comunicarle con los autos a las partes. En otro caso no se abrirá hasta que el recurso sea interpuesto, y desde el día de su señalamiento para la vista hasta su celebración lo podrán examinar las partes en la Oficina judicial.

---

la misma se adopten las disposiciones oportunas, a fin de hacer efectivas sus resoluciones, a la que acompañarán certificación bastante o resguardo original de la constitución del respectivo depósito, del que se quedará con la oportuna nota.

»*Art. 7.º* Sin perjuicio del conocimiento que trimestralmente habrá de darse a la Sala de Gobierno del estado del referido fondo, a la terminación de cada año judicial se formará cuenta general de lo recaudado y pagado por todos los conceptos que se someterá, con los justificantes correspondientes, al examen y sanción de la referida Sala de Gobierno [...].

»[...]»

Art. 875, párr. 5.º: Redactado conforme a la Ley 1/1996, de 10 de enero (*BOE* del 12).

Art. 876: Redactado conforme a la Ley 13/2009, de 3 de noviembre (*BOE* del 4), de reforma de la legislación procesal para la implantación de la nueva Oficina judicial.

Art. 877. Los recursos se numerarán correlativamente por el orden de su presentación, y del número que corresponda a cada uno se dará certificación a la parte que lo pidiere.

Se establecerá, además de la general, una numeración separada para los recursos interpuestos contra las resoluciones dimanantes de causas en que los condenados se hallen en prisión.

Art. 878. Transcurrido el término de emplazamiento sin que haya comparecido el recurrente en la forma que, según los casos, previene esta Ley, el Secretario judicial dictará sin más trámites decreto declarando desierto el recurso con imposición de las costas al particular recurrente comunicándolo así al Tribunal de instancia para los efectos que procedan. Contra este decreto cabrá recurso directo de revisión.

Art. 879. El Ministerio Fiscal se ajustará, para la preparación e interposición del recurso, a los términos y formas prescritos en los artículos 855, 873 y 874, en cuanto le sean aplicables.

SECCIÓN 5.ª

De la sustanciación del recurso

Art. 880. Interpuesto el recurso y transcurrido el término del emplazamiento el Secretario judicial designará al Magistrado ponente que por turno corresponda y formará nota autorizada del recurso en término de diez días. Dicha nota contendrá copia literal de la parte dispositiva de la resolución recurrida, del fundamento de hecho de la misma y del extracto de los motivos de casación prevenido en el número primero del artículo 874, y en relación de los antecedentes de la causa y de cualquier otro particular que se considere necesario para la resolución del recurso.

El Secretario judicial entregará a las respectivas partes las copias del recurso.

Art. 877, párr. 1.º: Redactado conforme a la Ley de 16 de julio de 1949 (*BOE* del 17).

Art. 877, párr. 2.º: Redactado conforme a la Ley 13/2009, de 3 de noviembre (*BOE* del 4), de reforma de la legislación procesal para la implantación de la nueva Oficina judicial.

Art. 878: Redactado conforme a la Ley 13/2009, de 3 de noviembre (*BOE* del 4), de reforma de la legislación procesal para la implantación de la nueva Oficina judicial.

Art. 880: Redactado conforme a la Ley 13/2009, de 3 de noviembre (*BOE* del 4), de reforma de la legislación procesal para la implantación de la nueva Oficina judicial.

Art. 881. Igualmente, el Secretario judicial interesará el nombramiento de Abogado y Procurador para la defensa del procesado, condenado o absuelto por la sentencia, cuando no fuese el recurrente ni hubiese comparecido.

El Abogado así nombrado no podrá excusarse de aceptar la defensa del procesado, como no sea por razón de alguna incompatibilidad, en cuyo caso se procederá al nombramiento de otro Letrado.

Art. 882. Dentro del término señalado para formación de la nota por el artículo 880, el Fiscal y las partes se instruirán y podrán impugnar la admisión del recurso o la adhesión al mismo.

Si la impugnaren, acompañarán con el escrito de impugnación tantas copias del mismo cuantas sean las demás partes a quienes el letrado o letrada de la Administración de Justicia hará inmediatamente entrega.

Art. 882 bis. En su escrito de interposición, el recurrente podrá solicitar la celebración de vista; la misma solicitud podrán hacer las demás partes al instruirse del recurso.

Art. 883. Formada la nota, se unirá al rollo, y pasarán los autos al Magistrado ponente para instrucción, por término de diez días.

Previo informe del Ponente, la Sala dictará la resolución que

---

Art. 881, párr. 1.°: Redactado conforme a la Ley 13/2009, de 3 de noviembre (*BOE* del 4), de reforma de la legislación procesal para la implantación de la nueva Oficina judicial.

Art. 882: Modificado por el art. 223.4 del RD-ley 5/2023, de 28 de junio (*BOE* del 29), por el que se adoptan y prorrogan determinadas medidas de respuesta a las consecuencias económicas y sociales de la Guerra de Ucrania, de apoyo a la reconstrucción de la isla de La Palma y a otras situaciones de vulnerabilidad; de transposición de Directivas de la Unión Europea en materia de modificaciones estructurales de sociedades mercantiles y conciliación de la vida familiar y la vida profesional de los progenitores y los cuidadores; y de ejecución y cumplimiento del Derecho de la Unión Europea. La Disp. Trans. 10.ª1 del RDL establece que «Los recursos de casación penal que se hubieren presentado antes de la entrada en vigor del presente real decreto-ley se continuarán sustanciando conforme a la legislación procesal anterior».

El TS por Acuerdo de Pleno no jurisdiccional (art. 264.1 LOPJ) de 27 de abril de 2005, ha interpretado admitir la adhesión en casación, supeditada en los términos previstos por la Ley del Jurado, arts. 846 bis, bis *d*) y bis *e*) LECrim.

Art. 882 bis: Incorporado por la Ley de 16 de julio de 1949 (*BOE* del 17). Redactado conforme a la Ley 21/1988, de 19 de julio (*BOE* del 20).

Art. 883: Redactado conforme a la Ley de 16 de julio de 1949 (*BOE* del 17).

proceda sobre la admisión o inadmisión del recurso.

Art. 884. El recurso será inadmisible:

1.º Cuando se interponga por causas distintas de las expresadas en los artículos 849 a 851.

2.º Cuando se interponga contra resoluciones distintas de las comprendidas en los artículos 847 y 848.

3.º Cuando no se respeten los hechos que la sentencia declare probados o se hagan alegaciones jurídicas en notoria contradicción o incongruencia con aquéllos, salvo lo dispuesto en el número 2.º del artículo 849.

4.º Cuando no se hayan observado los requisitos que la Ley exige para su preparación o interposición.

5.º En los casos del artículo 850, cuando la parte que intente interponerlo no hubiese reclamado la subsanación de la falta mediante los recursos procedentes o la oportuna protesta.

6.º En el caso del número 2.º del artículo 849, cuando el documento o documentos no hubieran figurado en el proceso o no se designen concretamente las declaraciones de aquellos que se opongan a las de la resolución recurrida.

Art. 885. Podrá, igualmente, inadmitirse el recurso:

1.º Cuando carezca manifiestamente de fundamento.

2.º Cuando el Tribunal Supremo hubiese ya desestimado en el fondo otros recursos sustancialmente iguales.

La inadmisión de recurso podrá afectar a todos los motivos aducidos o referirse solamente a algunos de ellos.

Art. 886. [...]

Art. 887. La resolución se formulará de uno de los dos modos siguientes:

1.º Admitido y concluso para la vista o fallo.

2.º No ha lugar a la admisión y comuníquese al Tribunal sentenciador para los efectos correspondientes.

Art. 888. La resolución en que se deniegue la admisión del recurso adoptará la forma de

---

Art. 884: Redactado conforme a la Ley de 16 de julio de 1949 (*BOE* del 17).
Art. 884.6.º: Redactado conforme a la Ley 21/1988, de 19 de julio (*BOE* del 20).
Art. 885: Redactado conforme a la Ley 21/1988, del 9 de julio (*BOE* del 20).
Art. 886: Derogado por la Ley de 28 de junio de 1933.
Art. 887: Redactado conforme a la Ley de 16 de julio de 1949 (*BOE* del 17).
Art. 888: Redactado conforme a la Ley 13/2009, de 3 de noviembre (*BOE* del 4), de reforma de la legislación procesal para la implantación de la nueva Oficina judicial.

auto y se publicará en la *Colección Legislativa*, expresando el nombre del ponente. La resolución en que se admita no se publicará.

Los antecedentes de hecho y los fundamentos de derecho de las decisiones se limitarán a los puntos pertinentes a la cuestión resuelta.

Cuando en una misma resolución se deniegue la admisión del recurso por alguno de sus fundamentos y se admita en cuanto a otros, o cuando se admita el recurso interpuesto por un interesado y se deniegue respecto de otro, deberá fundarse aquélla en cuanto a la parte denegatoria y publicarse en la *Colección Legislativa*.

Art. 889. Para denegar la admisión del recurso será necesario que el acuerdo se adopte por unanimidad.

La inadmisión a trámite del recurso de casación en el supuesto previsto en el artículo 847.1.*b*) podrá acordarse por

providencia sucintamente motivada siempre que haya unanimidad por carencia de interés casacional.

La inadmisión a trámite del recurso de casación en el supuesto previsto en el artículo 847.1.*a*) podrá acordarse por providencia sucintamente motivada siempre que haya unanimidad por carencia de relevancia casacional y la pena privativa de libertad impuesta, o la suma de las penas privativas de libertad impuestas, no sea superior a cinco años, o bien se hayan impuesto cualesquiera otras penas de distinta naturaleza bien sean únicas, conjuntas o alternativas, cualquiera que sea su cuantía o duración.

Art. 890. Cuando la Sala deniegue la admisión del recurso y el recurrente haya constituido depósito, se le condenará a perderlo y se aplicará por la Sala de Gobierno para atender exclusivamente con su importe a las necesidades imprevistas de

---

Art. 889: Modificado por el art. 223.5 del RD-ley 5/2023, de 28 de junio (*BOE* del 29), por el que se adoptan y prorrogan determinadas medidas de respuesta a las consecuencias económicas y sociales de la Guerra de Ucrania, de apoyo a la reconstrucción de la isla de La Palma y a otras situaciones de vulnerabilidad; de transposición de Directivas de la Unión Europea en materia de modificaciones estructurales de sociedades mercantiles y conciliación de la vida familiar y la vida profesional de los progenitores y los cuidadores; y de ejecución y cumplimiento del Derecho de la Unión Europea. La Disp. Trans. 10.ª1 del RDL establece que «Los recursos de casación penal que se hubieren presentado antes de la entrada en vigor del presente real decreto-ley se continuarán sustanciando conforme a la legislación procesal anterior».

Art. 890: Redactado conforme a la Ley de 16 de julio de 1949 (*BOE* del 17). Vid. Real Decreto de 11 de marzo de 1924, en nota al pie del art. 875.1.

la Administración de Justicia, de personal y material.

Si el recurrente no hubiere constituido depósito por su pobreza o insolvencia, total o parcial, se dictará la misma resolución para cuando mejore de fortuna.

Art. 891. [...]

Art. 892. Contra la resolución de la Sala, admitiendo o denegando la admisión del recurso y la adhesión, no se dará ningún otro.

Art. 893. Si a juicio de la Sala fuere admisible el recurso y, en su caso, la adhesión al mismo, lo acordará de plano mediante providencia. La providencia en que se acuerde la admisión del recurso dispondrá igualmente que por el Secretario judicial se proceda al señalamiento para la vista, en su caso. De no celebrarse vista, la sala señalará día para el fallo.

Si se decidiera la celebración de vista, el Secretario judicial hará el señalamiento.

SECCIÓN 6.ª

De la decisión del recurso

Art. 893 bis a). La Sala podrá decidir el fondo del recurso, sin celebración de vista, señalando día para fallo, salvo cuando las partes solicitaran la celebración de aquélla y la duración de la pena impuesta o que pueda imponerse fuese superior a seis años o cuando el Tribunal, de oficio o a instancia de parte, estime necesaria la vista.

El Tribunal acordará en todo caso la vista cuando las circunstancias concurrentes o la trascendencia del asunto hagan aconsejable la publicidad de los debates o cuando, cualquiera que sea la pena, se trate de delitos comprendidos en los Títulos I, II, IV o VII del Libro II del Código Penal.

Art. 893 bis b). Si la Sala hiciere uso de la facultad que le otorga el artículo anterior, dictará sentencia en los términos que prescriben los artículos 899 y 900.

Art. 890, párr. 2.º: Vid. Ley 1/1996, de asistencia jurídica gratuita.
Art. 891: Derogado por la Ley de 16 de julio de 1949.
Art. 892: Redactado conforme a la Ley de 16 de julio de 1949 (*BOE* del 17).
Art. 893: Redactado conforme a la Ley 13/2009, de 3 de noviembre (*BOE* del 4), de reforma de la legislación procesal para la implantación de la nueva Oficina judicial.
Art. 893 bis a): Incorporado por la Ley de 16 de julio de 1949 (*BOE* del 17). Redactado conforme a la Ley 21/1988, de 19 de julio (*BOE* del 20). En la actualidad habría que referirse a los Títulos XIX a XXIII.
Art. 893 bis b): Incorporado por la Ley de 16 de julio de 1949 (*BOE* del 17).

Art. 894. Admitido el recurso y señalado día para la vista por el Secretario judicial, se verificará ésta en audiencia pública, con asistencia del Ministerio Fiscal y de los defensores de las partes.

La incomparecencia injustificada de estos últimos no será, sin embargo, motivo de suspensión de la vista si la Sala así lo estima.

La Sala podrá imponer a los letrados que no concurran las correcciones disciplinarias que estime necesarias, atendida la gravedad e importancia del asunto. En todo caso, la Sala acordará que el Secretario judicial comunique dicha inasistencia al Colegio de Abogados correspondiente a efectos de la responsabilidad disciplinaria a la que, en su caso, hubiere lugar.

Art. 895. La Sala mandará traer a la vista los recursos por el orden de su admisión, estableciendo turnos especiales de preferencia para los comprendidos en el artículo 877.

Si por cualquier causa no pudiese tener lugar la vista en el día señalado, el Secretario judicial designará otro a la mayor brevedad, cuidando de no alterar en lo posible el orden establecido.

Art. 896. La vista comenzará dando cuenta el Secretario del asunto de que se trate.

Informará primero el Abogado del recurrente; después, el de la parte que se haya adherido al recurso, y, por último, el de la parte recurrida que lo impugnare. Si el Ministerio Fiscal fuere el recurrente, hablará el primero, y si apoyare el recurso, informará a continuación de quien lo hubiere interpuesto.

Art. 897. El Ministerio Fiscal y los Letrados podrán rectificar brevemente, por el orden mismo en que hayan usado de la palabra.

El Presidente, por propia iniciativa o a requerimiento de cualquier Magistrado, podrá solicitar del Ministerio Fiscal y

---

Art. 894: Redactado conforme a la Ley 13/2009, de 3 de noviembre (*BOE* del 4), de reforma de la legislación procesal para la implantación de la nueva Oficina judicial.

Art. 895, párr. 1.º: Redactado conforme a la Ley de 16 de julio de 1949 (*BOE* del 17).

Art. 895, párr. 2.º: Redactado conforme a la Ley 13/2009, de 3 de noviembre (*BOE* del 4), de reforma de la legislación procesal para la implantación de la nueva Oficina judicial.

Art. 896: Redactado conforme a la Ley de 28 de junio de 1993 (*Gaceta* de 7 de julio).

Art. 897: Redactado conforme a la Ley de 28 de junio de 1993 (*Gaceta* de 7 de julio).

de los Letrados un mayor esclarecimiento de la cuestión debatida, formulando concretamente la tesis que ofrezca duda al Tribunal.

No permitirá el Presidente discusión alguna sobre la existencia de los hechos consignados en la resolución recurrida, salvo cuando el recurso se hubiere interpuesto por el motivo del párrafo 2.° del artículo 849, y llamará al orden al que intente discutirlos, pudiendo llegar a retirarle la palabra.

Art. 898. Constituirán la Sala tres Magistrados, salvo cuando la duración de la pena impuesta o la que pudiere imponerse, caso de que prosperasen los motivos articulados por las partes acusadoras, sea superior a doce años, en cuyo caso se formará por cinco.

Art. 899. Concluida la audiencia pública, la Sala resolverá el recurso dentro de los diez días siguientes.

Antes de dictar sentencia, si la Sala lo estimare necesario para la mejor comprensión de los hechos relatados en la resolución recurrida, podrá recla-

mar del Tribunal sentenciador la remisión de los autos, con suspensión del término fijado en el plazo anterior.

También podrá el Magistrado ponente, al instruirse del recurso, proponer a la Sala que la causa sea reclamada desde luego.

Art. 900. Las sentencias se redactarán de la manera siguiente:

1.° Encabezamiento. Se expresará la fecha, el delito sobre que versa la causa, los nombres de los recurrentes, procesados y acusadores particulares que en ella hayan intervenido; el Tribunal de donde proceda, las demás circunstancias generales que sirvan para determinar el asunto objeto del recurso y el nombre del Magistrado ponente.

2.° Antecedentes del hecho. Con separación se transcribirán literalmente los hechos declarados probados en la sentencia o auto recurrido, excepto aquellos que sean de manifiesta impertinencia, así como la parte dispositiva de la misma resolución.

3.° Motivos de casación. Se relacionarán los motivos de ca-

Art. 898: Redactado conforme a la Ley 21/1988, de 19 de julio (*BOE* del 20). Ver nota al Capítulo IV.
Art. 899: Redactado conforme a la Ley de 28 de junio de 1993 (*Gaceta* de 7 de julio).
Art. 900: Redactado conforme a la Ley de 16 de julio de 1949 (*BOE* del 17).

sación alegados por las respectivas partes.

4.º Fundamentos de derecho. Separadamente se consignarán los fundamentos de derecho de la resolución.

5.º El fallo.

Art. 901. Cuando la Sala estime cualquiera de los motivos de casación alegados, declarará haber lugar al recurso y casará y anulará la resolución sobre que verse, mandando devolver el depósito al que lo hubiere constituido y declarando de oficio las costas.

Si lo desestimare, declarará no haber lugar al recurso y condenará al recurrente en costas y a la pérdida del depósito con destino a las atenciones determinadas en el artículo 890, o satisfacer la cantidad equivalente, si tuviese reconocido el derecho de asistencia jurídica gratuita, para cuando mejore su fortuna.

Art. 901 bis a). Cuando la Sala estime haberse cometido el quebrantamiento de forma en que se funda el recurso, declarará haber lugar a él y ordenará la devolución de la causa al Tribunal de que proceda para que, reponiéndola al estado que tenía cuando se cometió la falta, la sustancie y termine con arreglo a derecho.

Art. 901 bis b). Si la Sala estima no haberse cometido el quebrantamiento de forma alegado, declarará no haber lugar al mismo y procederá en la propia sentencia a resolver los motivos de casación por infracción de ley.

En todo caso mandará devolver la causa al Tribunal sentenciador.

Art. 901, párr. 1.º: Redactado conforme a la Ley de 16 de julio de 1949 (*BOE* del 17).

Art. 901, párr. 2.º: Redactado conforme a la Ley 13/2009, de 3 de noviembre (*BOE* del 4), de reforma de la legislación procesal para la implantación de la nueva Oficina judicial.

Vid. Ley 1/1996, de 10 de enero (*BOE* del 12), de asistencia jurídica gratuita.

Art. 901 bis a): Incorporado por la Ley de 16 de julio de 1949 (*BOE* del 17).

El TS, por Acuerdo del Pleno no jurisdiccional (art. 264.1 LOPJ) de 29 de enero de 2008, ha interpretado, en relación con la competencia del Tribunal del Jurado en los supuestos de conexión procesal de los delitos, que: «Conforme al art. 240.2, apartado 2, de la LOPJ, en todos los recursos de casación promovidos contra sentencias dictadas por las Audiencias Provinciales o los Tribunales Superiores de Justicia, en el procedimiento del Jurado, la Sala sólo examinará de oficio su propia competencia. Las alegaciones sobre la falta de competencia objetiva o la inadecuación de procedimiento, basadas en la vulneración del art. 5 de la LOTJ, habrán de hacerse valer por los medios establecidos, con carácter general, en la Ley de Enjuiciamiento Criminal y en la LO 5/1995, reguladora del Tribunal del Jurado.» Este acuerdo debe ser tenido en cuenta, también, al hilo de los trámites del art. 884 LECrim.

Art. 901 bis b): Incorporado por la Ley de 16 de julio de 1949 (*BOE* del 17).

Art. 902. Si la Sala casa la resolución objeto del recurso a virtud de algún motivo fundado en la infracción de la Ley, dictará a continuación, pero separadamente, la sentencia que proceda conforme a derecho, sin más limitación que la de no imponer pena superior a la señalada en la sentencia casada o a la que correspondería conforme a las peticiones del recurrente, en el caso de que se solicitase pena mayor.

Cuando la Sala crea indicado proponer el indulto, lo razonará debidamente en la sentencia.

Art. 903. Cuando sea recurrente uno de los procesados, la nueva sentencia aprovechará a los demás en lo que les fuere favorable, siempre que se encuentren en la misma situación que el recurrente y les sean aplicables los motivos alegados por los que se declare la casación de la sentencia. Nunca les perjudicará en lo que les fuere adverso.

Art. 904. Contra la sentencia de casación y la que se dicte en virtud de la misma, no se dará recurso alguno.

Art. 905. Las sentencias en que se declare haber o no lugar al recurso de casación se publicarán en la *Colección Legislativa*.

Art. 906. Si las sentencias de que se trata en el artículo anterior recayeren en causas seguidas por cualquiera de los delitos contra la libertad e indemnidad sexuales o contra el honor o concurriesen circunstancias especiales a juicio de la Sala, se publicarán suprimiendo los nombres propios de las personas, los de los lugares y las circunstancias que puedan dar a conocer a los acusadores y a los

---

Art. 902: Redactado conforme a la Ley de 16 de julio de 1949 (*BOE* del 17).

Vid. arts. 4.º del Código Penal y 20 de la Ley de indulto de 18 de junio de 1870 (*Gaceta* del 21).

Art. 904: Asumiendo lo que expresa el precepto, pero teniendo en cuenta que es posible la interposición de revisión o recurso de amparo, el TS, respecto de este último, ha interpretado, en Acuerdo del Pleno no jurisdiccional (art. 264.1 LOPJ) de 15 de diciembre de 2000, que «en los procesos penales en que se haya dictado Sentencia de casación, anulada por el Tribunal Constitucional en recurso de amparo por vulneración de derechos fundamentales, necesariamente el Tribunal Supremo, máximo órgano jurisdiccional en el orden penal, habrá de finalizar el proceso dictando la Sentencia que corresponda en los términos que habrían sido procedentes de haber sido apreciada en la casación la vulneración estimada por el Tribunal Constitucional consecuentemente con la nulidad y los efectos decididos por el Tribunal Constitucional».

Art. 905: Redactado conforme a la Ley de 16 de julio de 1949 (*BOE* del 17).

Art. 906: Redactado conforme a la Ley 13/2009, de 3 de noviembre (*BOE* del 4), de reforma de la legislación procesal para la implantación de la nueva Oficina judicial.

acusados y a los Tribunales que hayan fallado el proceso.

Si estimare la Sala que la publicación de la sentencia afecta al derecho al honor, a la intimidad personal o familiar o a la propia imagen de la víctima o bien a la seguridad pública, podrá ordenar en la propia sentencia que no se publique total o parcialmente.

Arts. 907 a 909. [...]

CAPÍTULO II

DE LOS RECURSOS DE CASACIÓN
POR QUEBRANTAMIENTO
DE FORMA

Arts. 910 a 933. [...]

CAPÍTULO III

DE LA INTERPOSICIÓN,
SUSTANCIACIÓN
Y RESOLUCIÓN DEL RECURSO
DE CASACIÓN
POR INFRACCIÓN DE LEY
Y POR QUEBRANTAMIENTO
DE FORMA

Arts. 934 a 946. [...]

CAPÍTULO IV*

DEL RECURSO
DE CASACIÓN
EN LAS CAUSAS
DE MUERTE

Arts. 947 a 953. [...]

Arts. 907 a 909: Dejados sin contenido por la Ley de 16 de julio de 1949 (*BOE* del 17).

Arts. 910 a 933: Dejados sin contenido por la Ley de 16 de julio de 1949 (*BOE* del 17).

Arts. 934 a 946: Dejados sin contenido por la Ley de 16 de julio de 1949 (*BOE* del 17).

* El art. 15 de la Constitución declara abolida la pena de muerte, «salvo lo que puedan disponer las leyes penales militares para tiempos de guerra». La LO 11/1995, de 27 de noviembre (*BOE* del 28), declara abolida la pena de muerte también en tiempo de guerra. Por ello este Capítulo no tenía aplicación y se podía considerar tácitamente derogado. No obstante, ahora la Ley 13/2009, de 3 de noviembre (*BOE* del 4), de reforma de la legislación procesal para la implantación de la nueva Oficina judicial, lo deja sin contenido, con efectos desde el 4 de mayo de 2010 (Disp. Final 3.ª). Ahora, también habría que tener en cuenta que España ha suscrito el Protocolo n.º 13 al Convenio para la protección de los Derechos Humanos y la Libertades Fundamentales, relativo a la abolición de la pena de muerte. Vid. el Instrumento de Ratificación publicado en el *BOE* del 30 de marzo de 2010, con entrada en vigor el 1 de abril de 2010.

Arts. 947 a 953: Dejados sin contenido por la Ley 13/2009, de 3 de noviembre (*BOE* del 4), de reforma de la legislación procesal para la implantación de la nueva Oficina judicial.

TÍTULO III

Del recurso de revisión

Art. 954. 1. Se podrá solicitar la revisión de las sentencias firmes en los casos siguientes:

a) Cuando haya sido condenada una persona en sentencia penal firme que haya valorado como prueba un documento o testimonio declarados después falsos, la confesión del encausado arrancada por violencia o coacción o cualquier otro hecho punible ejecutado por un tercero, siempre que tales extremos resulten declarados por sentencia firme en procedimiento penal seguido al efecto. No será exigible la sentencia condenatoria cuando el proceso penal iniciado a tal fin sea archivado por prescripción, rebeldía, fallecimiento del encausado u otra causa que no suponga una valoración de fondo.

b) Cuando haya recaído sentencia penal firme condenando por el delito de prevaricación a alguno de los magistrados o jueces intervinientes en virtud de alguna resolución recaída en el proceso en el que recayera la sentencia cuya revisión se pretende, sin la que el fallo hubiera sido distinto.

c) Cuando sobre el mismo hecho y encausado hayan recaído dos sentencias firmes.

d) Cuando después de la sentencia sobrevenga el conocimiento de hechos o elementos de prueba, que, de haber sido aportados, hubieran determinado la absolución o una condena menos grave.

Art. 954: Redactado conforme al art. único.quince de la Ley 41/2015, de 5 de octubre (*BOE* del 6), de modificación de la Ley de Enjuiciamiento Criminal para la agilización de la justicia penal y el fortalecimiento de las garantías procesales.

El TS, por Acuerdo del Pleno no jurisdiccional (art. 264.1 LOPJ) de 30 de abril de 1999, ha interpretado que el cambio jurisprudencial no debe ser incluido como hecho nuevo en la aplicación del art. 954 de la Ley procesal. Dicho Acuerdo fue ratificado por el celebrado el 19 de julio de 2000 (vid. ATS de 16 de julio de 1999).

El Acuerdo de Pleno no jurisdiccional (art. 264.1 LOPJ) de 26 de febrero de 2009 ha establecido el alcance que debe darse a la doctrina constitucional posterior a la sentencia a revisar, en cuanto al acceso a la tutela judicial efectiva concernida por la pretensión de revisión. El Acuerdo señala que: «La Sentencia del Tribunal Constitucional proclamando cómo se integra el contenido de una norma legal, acerca del momento interruptivo de la prescripción, que resulta diversa como venía siendo entendido, no constituye un hecho nuevo de aquellos a los que se refiere el art. 954 de la Ley de Enjuiciamiento Criminal, como requisito del recurso de revisión.»

e) Cuando, resuelta una cuestión prejudicial por un Tribunal penal, se dicte con posterioridad sentencia firme por el Tribunal no penal competente para la resolución de la cuestión que resulte contradictoria con la sentencia penal.

2. Será motivo de revisión de la sentencia firme de decomiso autónomo la contradicción entre los hechos declarados probados en la misma y los declarados probados en la sentencia firme penal que, en su caso, se dicte.

3. Se podrá solicitar la revisión de una resolución judicial firme cuando el Tribunal Europeo de Derechos Humanos haya declarado que dicha resolución fue dictada en violación de alguno de los derechos reconocidos en el Convenio Europeo para la Protección de los Derechos Humanos y libertades Fundamentales y sus Protocolos, siem-

---

Art. 954.3: Redactado conforme al art. 101.diez del Real Decreto-ley 6/2023, de 19 de diciembre (*BOE* del 20), por el que se aprueban medidas urgentes para la ejecución del Plan de Recuperación, Transformación y Resiliencia en materia de servicio público de justicia, función pública, régimen local y mecenazgo.

El Acuerdo del Pleno no Jurisdiccional de la Sala II (art. 264.1 LOPJ) de 12 de noviembre de 2013, relativo a la «Aplicación y efectos de la sentencia dictada por la Gran Sala del Tribunal de Estrasburgo, en el asunto *Del Río Prada c. España*», ha establecido que:

«Tras la STEDH de 21 de octubre de 2013, *Caso Del Río Prada c. España*, y en relación con las condenas que se estén ejecutando con arreglo al CP derogado de 1973, se acuerda lo siguiente:

»1. En los casos de sentencias condenatorias, en ejecución, dictadas con anterioridad al día 28 de febrero de 2006, en las que se aplique el CP derogado de 1973, por no resultar más favorables el CP de 1995, las redenciones ordinarias y extraordinarias que procedan se harán efectivas sobre el límite máximo de cumplimiento establecido conforme al art. 70 del referido Código de 1973, en la forma que se venía haciendo con anterioridad a la sentencia de esta Sala no 197/2006, de 28 de febrero.

»2. Las resoluciones relativas a las acumulaciones y liquidaciones de condena que resulten procedentes con arreglo al punto anterior, se acordarán en cada caso por el Tribunal sentenciador, oyendo a las partes, siendo susceptibles de recurso de casación ante esta Sala.

»3. El Tribunal considera necesario que el Poder legislativo regule con la necesaria claridad y precisión el cauce procesal adecuado en relación con la efectividad de las resoluciones del TEDH.»

El Acuerdo del Pleno no Jurisdiccional de la Sala II del TS (art. 264.1 LOPJ) de 21 de octubre 2014, sobre «La viabilidad del recurso de revisión como vía procesal para dar cumplimiento a las resoluciones del TEDH en el que se haya declarado una vulneración de derechos fundamentales que afecten a la inocencia de la persona concernida», establece que:

«En tanto no exista en el ordenamiento jurídico una expresa previsión legal para la efectividad de las sentencias dictadas por el TEDH que aprecien la violación de un derecho fundamental del condenado por los Tribunales españoles, el recurso de revisión del art. 954 LECrim cumple este cometido.»

pre que la violación, por su naturaleza y gravedad, entrañe efectos que persistan y no puedan cesar de ningún otro modo que no sea mediante esta revisión.

En este supuesto, la revisión solo podrá ser solicitada por quien, estando legitimado para interponer este recurso, hubiera sido demandante ante el Tribunal Europeo de Derechos Humanos. La solicitud deberá formularse en el plazo de un año desde que adquiera firmeza la sentencia del referido Tribunal.

En estos supuestos, salvo en aquellos procedimientos en que alguna de las partes esté representada y defendida por el abogado o abogada del Estado, el letrado o letrada de la Administración de Justicia dará traslado a la Abogacía General del Estado de la presentación de la demanda de revisión, así como de la decisión sobre su admisión. La Abogacía del Estado podrá intervenir, sin tener la condición de parte, por propia iniciativa o a instancia del órgano judicial, mediante la aportación de información o presentación de observaciones escritas sobre cuestiones relativas a la ejecución de la Sentencia del Tribunal Europeo de Derechos Humanos.

El letrado o letrada de la Administración de Justicia notifica-rá igualmente la decisión de la revisión a la Abogacía General del Estado. Del mismo modo, en caso de estimarse la revisión, los letrados o letradas de la Administración de Justicia de los tribunales correspondientes informarán a la Abogacía General del Estado de las principales actuaciones que se lleven a cabo como consecuencia de la revisión.

Art. 955. Están legitimados para promover e interponer, en su caso, el recurso de revisión el penado y, cuando éste haya fallecido, su cónyuge o quien haya mantenido convivencia como tal, ascendientes y descendientes, con objeto de rehabilitar la memoria del difunto y de que se castigue, en su caso, al verdadero culpable.

Art. 956. El Ministerio de *Gracia y Justicia*, previa formación del expediente, podrá ordenar al Fiscal del Tribunal Supremo que interponga el recurso, cuando a su juicio hubiere fundamento bastante para ello.

Art. 957. La Sala, previa audiencia del Ministerio Fiscal, autorizará o denegará la interposición del recurso. Antes de dictar la resolución, la Sala podrá ordenar, si lo entiende oportuno y da-

---

Art. 955: Redactado conforme a la Ley 10/1992, de 30 de abril (*BOE* de 5 de mayo).
Art. 957: Redactado conforme a la Ley 10/1992, de 30 de abril (*BOE* de 5 de mayo).

das las dudas razonables que sus-
cite el caso, la práctica de las
diligencias que estime pertinentes, a cuyo efecto podrá solicitar
la cooperación judicial necesaria.
Los autos en los que se acuerde
la autorización o denegación a
efectos de la interposición, no
son susceptibles de recurso alguno. Autorizado el recurso, el pro-
movente dispondrá de quince
días para su interposición.

Art. 958. En el caso del número 1.º del artículo 954, la Sala
declarará la contradicción entre
las sentencias, si en efecto existiere, anulando una y otra, y mandará instruir de nuevo la causa al
Tribunal a quien corresponda el
conocimiento del delito.

En el caso del número 2.º del
mismo artículo, la Sala, compro-
bada la identidad de la persona
cuya muerte hubiese sido pena-
da, anulará la sentencia firme.

En el caso del número 3.º del
referido artículo, dictará la Sala
la misma resolución, con vista
de la ejecutoria que declare la
falsedad del documento, y mandará al Tribunal a quien corresponda el conocimiento del delito, instruir de nuevo la causa.

En el caso del número 4.º del
citado artículo, la Sala instruirá
una información supletoria, de

la que dará vista al Fiscal, y si
en ella resultara evidenciada la
inocencia del condenado, se
anulará la sentencia y mandará,
en su caso, a quien corresponda
el conocimiento del delito instruir de nuevo la causa.

Art. 959. El recurso de revisión se sustanciará oyendo por
escrito una sola vez al Fiscal y
otra a los penados, que deberán
ser citados, si antes no comparecieren. Cuando pidieren la
unión de antecedentes a los autos, la Sala acordará sobre este
particular lo que estime más
oportuno. Después seguirá el
recurso los trámites establecidos
para el de casación por infracción de ley, y la Sala, con informe oral o sin él, según acuerde
en vista de las circunstancias del
caso, dictará sentencia, que será
irrevocable.

Art. 960. Cuando por consecuencia de la sentencia firme anulada hubiese sufrido el condenado alguna pena corporal, si en la
nueva sentencia se le impusiese
alguna otra, se tendrá en cuenta
para el cumplimiento de ésta
todo el tiempo de la anteriormente sufrida y su importancia.

Cuando en virtud del recurso
de revisión se dicte sentencia ab-

Art. 958, párr. 4.º: Adicionado por la Ley de 24 de junio de 1933 (*Gaceta* del 30).
    Art. 960, párr. 2.º: Adicionado por la Ley de 24 de junio de 1933 (*Gaceta* del 30).
Vid. nota al art. 954.3.º

solutoria, los interesados en ella o sus herederos tendrán derecho a las indemnizaciones civiles a que hubiere lugar según el derecho común, las cuales serán satisfechas por el Estado, sin perjuicio del derecho de éste de repetir contra el Juez o Tribunal sentenciador que hubieren incurrido en responsabilidad o contra la persona directamente declarada responsable o sus herederos.

Art. 961. El Fiscal General del Estado podrá también interponer el recurso siempre que tenga conocimiento de algún caso en el que proceda y que, a su juicio, haya fundamento bastante para ello, de acuerdo con la información que haya practicado.

Art. 961: Redactado conforme a la Ley 10/1992, de 30 de abril (*BOE* de 5 de mayo).

LIBRO VI

Del procedimiento para el juicio sobre delitos leves*

Art. 962. 1. Cuando la Policía Judicial tenga noticia de un hecho que presente los caracteres de delito leve de lesiones o maltrato de obra, de hurto flagrante, de amenazas, de coacciones o de injurias, cuyo enjuiciamiento corresponda al Juzgado de Instrucción al que se debe entregar el atestado o a otro del mismo partido judicial, procederá de forma inmediata a citar ante el Juzgado de guardia a los ofendidos y perjudicados, al denunciante, al denunciado y a los testigos que puedan dar razón de los hechos. Al hacer dicha citación se apercibirá a las personas citadas de las respectivas consecuencias de no comparecer ante el Juzgado de guardia. Asimismo, se les apercibirá de que podrá celebrarse el juicio de forma inmediata en el Juzgado de guardia, incluso aunque no comparezcan, y de que han de comparecer con los medios de prueba de que intenten valerse. Al denunciante y al ofendido o perjudicado se les informará de sus derechos en los términos previstos en los artículos 109, 110 y 967.

En el momento de la citación se les solicitará que designen, si disponen de ellos, una dirección de correo electrónico y un número de teléfono a los que serán

_____

* Rúbrica redactada conforme a la Disp. Final 2.ªocho de la LO 1/2015, de 30 de marzo (*BOE* del 31), por la que se modifica la LO 10/1995, de 23 de noviembre, del Código Penal.

Establece la Disp. Adic. 2.ª de dicha Ley de reforma que: «La instrucción y el enjuiciamiento de los delitos leves cometidos tras la entrada en vigor de la presente Ley se sustanciarán conforme al procedimiento previsto en el Libro VI de la vigente Ley de Enjuiciamiento Criminal, cuyos preceptos se adaptarán a la presente reforma en todo aquello que sea necesario. Las menciones contenidas en las leyes procesales a las faltas se entenderán referidas a los delitos leves.»

Los arts. 962.3 y 4, 964.2 y 3, 967, 969 a 971, 973, 974 y 976, incluidos dentro de este Libro, han sido redactados conforme a la Ley 38/2002, de 24 de octubre (*BOE* del 28). Vid. la Instrucción 3/2003, de 9 de abril (*BOE* del 15), del Pleno del CGPJ, sobre normas de reparto penales y registro informático de violencia doméstica.

Art. 962.1: Redactado conforme a la Disp. Final 2.ªnueve de la LO 1/2015, de 30 de marzo (*BOE* del 31), por la que se modifica la LO 10/1995, de 23 de noviembre, del Código Penal.

remitidas las comunicaciones y notificaciones que deban realizarse. Si no los pudieran facilitar o lo solicitaren expresamente, las notificaciones les serán remitidas por correo ordinario al domicilio que designen.

2. A la persona denunciada se le informará sucintamente de los hechos en que consista la denuncia y del derecho que le asiste de comparecer asistido de abogado. Dicha información se practicará en todo caso por escrito.

3. En estos casos, la Policía Judicial hará entrega del atestado al Juzgado de guardia, en el que consten las diligencias y citaciones practicadas y, en su caso, la denuncia del ofendido.

4. Para la realización de las citaciones a que se refiere este artículo, la Policía Judicial fijará la hora de la comparecencia coordinadamente con el Juzgado de guardia. A estos efectos,

el Consejo General del Poder Judicial, de acuerdo con lo establecido en el artículo 110 de la Ley Orgánica del Poder Judicial, dictará los Reglamentos oportunos para la ordenación de los servicios de guardia de los Juzgados de Instrucción en relación con la práctica de estas citaciones, coordinadamente con la Policía Judicial.

5. En el supuesto de que la competencia para conocer corresponda al Juzgado de Violencia sobre la Mujer, la Policía Judicial habrá de realizar las citaciones a que se refiere este artículo ante dicho Juzgado en el día hábil más próximo. Para la realización de las citaciones antes referidas, la Policía Judicial fijará el día y la hora de la comparecencia coordinadamente con el Juzgado de Violencia sobre la Mujer.

A estos efectos el Consejo General del Poder Judicial, de

Art. 962.2: Redactado por la LO 5/2003, de 27 de mayo (*BOE* del 28), por la que se modifican la LOPJ, LGP y LDYPJ.

Art. 962.4: Vid. arts. 38 a 63 ter del Reglamento 1/2005, de los aspectos accesorios de las actuaciones judiciales. El Acuerdo de 28 de noviembre de 2007 (*BOE* de 12 de diciembre) ha modificado el art. 42.5, y el Acuerdo de 17 de julio de 2008 (*BOE* del 29) ha modificado el Reglamento en materia de Servicio de Guardia en los Juzgados de Violencia sobre la Mujer.

Art. 962.5: Adición realizada por el art. 56 de la LO 1/2004, de 28 de diciembre (*BOE* del 29; corrección de errores en *BOE* de 12 de abril de 2005), de Medidas de Protección Integral contra la Violencia de Género.

Vid. arts. 38 a 63 ter del Reglamento 1/2005, de los aspectos accesorios de las actuaciones judiciales. El Acuerdo de 28 de noviembre de 2007 (*BOE* de 12 de diciembre) ha modificado el art. 42.5, y el Acuerdo de 17 de julio de 2008 (*BOE* del 29) ha modificado el Reglamento en materia de Servicio de Guardia en los Juzgados de Violencia sobre la Mujer.

acuerdo con lo establecido en el artículo 110 de la Ley Orgánica del Poder Judicial, dictará los Reglamentos oportunos para asegurar esta coordinación.

Art. 963. 1. Recibido el atestado conforme a lo previsto en el artículo anterior, si el Juez estima procedente la incoación del juicio, adoptará alguna de las siguientes resoluciones:

1.ª Acordará el sobreseimiento del procedimiento y el archivo de las diligencias cuando lo solicite el Ministerio Fiscal a la vista de las siguientes circunstancias:

a) el delito leve denunciado resulte de muy escasa gravedad a la vista de la naturaleza del hecho, sus circunstancias, y las personales del autor, y

b) no exista un interés público relevante en la persecución del hecho. En los delitos leves patrimoniales, se entenderá que no existe interés público relevante en su persecución cuando se hubiere procedido a la reparación del daño y no exista denuncia del perjudicado.

En este caso comunicará inmediatamente la suspensión del juicio a todos aquellos que hubieran sido citados conforme al apartado 1 del artículo anterior.

El sobreseimiento del procedimiento será notificado a los ofendidos por el delito.

2.ª Acordará la inmediata celebración del juicio en el caso de que hayan comparecido las personas citadas o de que, aun no habiendo comparecido alguna de ellas, el Juzgado reputare innecesaria su presencia. Asimismo, para acordar la inmediata celebración del juicio, el Juzgado de guardia tendrá en cuenta si ha de resultar imposible la práctica de algún medio de prueba que se considere imprescindible.

2. Para acordar la celebración inmediata del juicio, será necesario que el asunto le corresponda al Juzgado de guardia en virtud de las normas de competencia y de reparto.

Art. 964. 1. En los supuestos no contemplados por el artículo 962, cuando la Poli-

Art. 963: Redactado conforme a la Disp. Final 2.ªdiez de la LO 1/2015, de 30 de marzo (*BOE* del 31), por la que se modifica la LO 10/1995, de 23 de noviembre, del Código Penal.
    Art. 964: El apartado 1, redactado conforme al art. único.dieciséis de la Ley 41/2015, de 5 de octubre (*BOE* del 6), de modificación de la Ley de Enjuiciamiento Criminal para la agilización de la justicia penal y el fortalecimiento de las garantías procesales. El resto del artículo, redactado conforme a la Disp. Final 2.ªonce de la LO 1/2015, de 30 de marzo (*BOE* del 31), por la que se modifica la LO 10/1995, de 23 de noviembre, del Código Penal.

cía Judicial tenga noticia de un hecho que presente los caracteres de algún delito leve, formará de manera inmediata el correspondiente atestado que remitirá sin dilación al Juzgado de guardia salvo para aquellos supuestos exceptuados en el artículo 284 de esta Ley. Dicho atestado recogerá las diligencias practicadas, así como el ofrecimiento de acciones al ofendido o perjudicado, practicado conforme a los artículos 109, 110 y 967, y la designación, si disponen de ellos, de una dirección de correo electrónico y un número de teléfono a los que serán remitidas las comunicaciones y notificaciones que deban realizarse. Si no los pudieran facilitar o lo solicitaren expresamente, las notificaciones les serán remitidas por correo ordinario al domicilio que designen.

2. Recibido el atestado conforme a lo previsto en el párrafo anterior, y en todos aquellos casos en que el procedimiento se hubiere iniciado en virtud de denuncia presentada directamente por el ofendido ante el órgano judicial, el Juez podrá adoptar alguna de las siguientes resoluciones:

a) Acordará el sobreseimiento del procedimiento y el archivo de las diligencias cuando resulte procedente conforme a lo dispuesto en el numeral 1.ª del apartado 1 del artículo anterior.

La resolución de sobreseimiento será notificada a los ofendidos por el delito.

b) Acordará celebrar de forma inmediata el juicio si, estando identificado el denunciado, fuere posible citar a todas las personas que deban ser convocadas para que comparezcan mientras dure el servicio de guardia y concurran el resto de requisitos exigidos por el artículo 963.

3. Las citaciones se harán al Ministerio Fiscal, salvo que el delito leve fuere perseguible sólo a instancia de parte, al querellante o denunciante, si lo hubiere, al denunciado y a los testigos y peritos que puedan dar razón de los hechos. Al practicar las citaciones, se apercibirá a las personas citadas de las respectivas consecuencias de no comparecer ante el Juzgado de guardia, se les informará que podrá celebrarse el juicio aunque no asistan, y se les indicará que han de comparecer con los medios de prueba de que intenten valerse. Asimismo, se practicarán con el denunciado las actuaciones señaladas en el apartado 2 del artículo 962.

Art. 965. 1. Si no fuere posible la celebración del juicio durante el servicio de guardia, se seguirán las reglas siguientes:

1.ª Si el Juez estimare que la competencia para el enjuiciamiento corresponde al propio Juzgado de Instrucción y que no procede el sobreseimiento conforme a lo dispuesto en el numeral 1.ª del apartado 1 del artículo 963, el Secretario judicial procederá en todo caso al señalamiento para la celebración del juicio y a las citaciones procedentes para el día hábil más próximo posible dentro de los predeterminados a tal fin, y en cualquier caso en un plazo no superior a siete días.

2.ª Si el Juez estimare que la competencia para el enjuiciamiento corresponde a otro Juzgado, el Secretario judicial le remitirá lo actuado para que se proceda a realizar el señalamiento del juicio y las citaciones con arreglo a lo dispuesto en la regla anterior.

2. El Consejo General del Poder Judicial, de acuerdo con lo establecido en el artículo 110 de la Ley Orgánica del Poder Judicial, dictará los reglamentos oportunos para la ordenación, coordinadamente con el Ministerio Fiscal, de los señalamientos de juicios de faltas.

Art. 966. Las citaciones para la celebración del juicio previsto en el artículo anterior se harán al Ministerio Fiscal, al querellante o denunciante, si lo hubiere, al denunciado y a los testigos y peritos que puedan dar razón de los hechos.

A tal fin, se solicitará a cada uno de ellos en su primera comparecencia ante la Policía Judicial o el Juez de instrucción que designen, si disponen de ellos, una dirección de correo electrónico y un número de teléfono a los que serán remitidas las co-

---

Art. 965.1: Redactado conforme a la Disp. Final 2.ªdoce de la LO 1/2015, de 30 de marzo (*BOE* del 31), por la que se modifica la LO 10/1995, de 23 de noviembre, del Código Penal.

Art. 965.2: Redactado conforme a la LO 15/2003, de 25 de noviembre (*BOE* del 26), por la que se modifica la LO 10/1995, de 23 de noviembre, del Código Penal.

Vid. arts. 38 a 63 ter del Reglamento 1/2005, de los aspectos accesorios de las actuaciones judiciales. El Acuerdo de 28 de noviembre de 2007 (*BOE* de 12 de diciembre) ha modificado el art. 42.5, y el Acuerdo de 17 de julio de 2008 (*BOE* del 29) ha modificado el Reglamento en materia de Servicio de Guardia en los Juzgados de Violencia sobre la Mujer.

Art. 966: Redactado conforme a la Disp. Final 2.ªtrece de la LO 1/2015, de 30 de marzo (*BOE* del 31), por la que se modifica la LO 10/1995, de 23 de noviembre, del Código Penal.

municaciones y notificaciones que deban realizarse. Si no los pudieran facilitar o lo solicitaren expresamente, las notificaciones les serán remitidas por correo ordinario al domicilio que designen.

Art. 967. 1. En las citaciones que se efectúen al denunciante, al ofendido o perjudicado y al investigado para la celebración del juicio, se les informará de que pueden ser asistidos por abogado si lo desean y de que deberán acudir al juicio con los medios de prueba de que intenten valerse. A la citación del investigado se acompañará copia de la querella o de la denuncia que se haya presentado.

Sin perjuicio de lo dispuesto en el párrafo anterior, para el enjuiciamiento de delitos leves que lleven aparejada pena de multa cuyo límite máximo sea de al menos seis meses, se aplicarán las reglas generales de defensa y representación.

2. Cuando los citados como partes, los testigos y los peritos no comparezcan ni aleguen justa causa para dejar de hacerlo,

podrán ser sancionados con una multa de 200 a 2.000 euros.

Art. 968. En el caso de que por motivo justo no pueda celebrarse el juicio oral en el día señalado o de que no pueda concluirse en un solo acto, el Secretario judicial señalará para su celebración o continuación el día más inmediato posible y, en todo caso, dentro de los siete siguientes, haciéndolo saber a los interesados.

Art. 969. 1. El juicio será público, dando principio por la lectura de la querella o de la denuncia, si las hubiere, siguiendo a esto el examen de los testigos convocados, y practicándose las demás pruebas que propongan el querellante, el denunciante y el Fiscal, si asistiere, siempre que el Juez las considere admisibles. La querella habrá de reunir los requisitos del artículo 277, salvo que no necesite firma de abogado ni de procurador. Seguidamente, se oirá al acusado, se examinarán los testigos que presente en su descargo y se practicarán las demás pruebas que ofrezca y fueren

---

Art. 967.1: Redactado conforme al art. único.veinte de la LO 13/2015, de 5 de octubre (*BOE* del 6), de modificación de la Ley de Enjuiciamiento Criminal para el fortalecimiento de las garantías procesales y la regulación de las medidas de investigación tecnológica.

Art. 968: Redactado conforme a la Ley 13/2009, de 3 de noviembre (*BOE* del 4), de reforma de la legislación procesal para la implantación de la nueva Oficina judicial.

pertinentes, observándose las prescripciones de esta Ley en cuanto sean aplicables. Acto continuo expondrán de palabra las partes lo que crean conveniente en apoyo de sus respectivas pretensiones, hablando primero el Fiscal, si asistiere, después el querellante particular o el denunciante y, por último, el acusado.

2. El Fiscal asistirá a los juicios por delito leve siempre que a ellos sea citado. Sin embargo, el Fiscal General del Estado impartirá instrucciones sobre los supuestos en los que, en atención al interés público, los fiscales podrían dejar de asistir al juicio y de emitir los informes a que se refieren los artículos 963.1 y 964.2, cuando la persecución del delito leve exija la denuncia del ofendido o perjudicado. En estos casos, la declaración del denunciante en el juicio afirmando los hechos denunciados tendrá valor de acusación, aunque no los califique ni señale pena.

Art. 970. Si el denunciado reside fuera de la demarcación del Juzgado, no tendrá obligación de concurrir al acto del jui-

cio, y podrá dirigir al Juez escrito alegando lo que estime conveniente en su defensa, así como apoderar a abogado o procurador que presente en aquel acto las alegaciones y las pruebas de descargo que tuviere.

Art. 971. La ausencia injustificada del acusado no suspenderá la celebración ni la resolución del juicio, siempre que conste habérsele citado con las formalidades prescritas en esta Ley, a no ser que el Juez, de oficio o a instancia de parte, crea necesaria la declaración de aquél.

Art. 972. En cuanto se refiere a la grabación de la vista y a su documentación, serán aplicables las disposiciones contenidas en el artículo 743.

Art. 973. 1. El Juez, en el acto de finalizar el juicio, y a no ser posible dentro de los tres días siguientes, dictará sentencia apreciando, según su conciencia, las pruebas practicadas, las razones expuestas por el Fiscal y por las demás partes o sus defensores y lo manifestado por los propios acusados, y siempre que haga uso del libre arbitrio que para la

---

Art. 969.2: Redactado conforme a la Disp. Final 2.ªquince de la LO 1/2015, de 30 de marzo (*BOE* del 31), por la que se modifica la LO 10/1995, de 23 de noviembre, del Código Penal.
Art. 972: Redactado conforme a la Ley 13/2009, de 3 de noviembre (*BOE* del 4), de reforma de la legislación procesal para la implantación de la nueva Oficina judicial.

calificación de la falta o para la imposición de la pena le otorga el Código Penal, deberá expresar si ha tomado en consideración los elementos de juicio que el precepto aplicable de aquél obligue a tener en cuenta.

2. La sentencia se notificará a los ofendidos y perjudicados por el delito leve, aunque no se hayan mostrado parte en el procedimiento. En la notificación se harán constar los recursos procedentes contra la resolución comunicada, así como el plazo para su presentación y órgano judicial ante quien deba interponerse.

Art. 974. 1. La sentencia se llevará a efecto inmediatamente transcurrido el término fijado en el párrafo tercero del artículo 212, si no hubiere apelado ninguna de las partes y hubiere transcurrido, también, el plazo de impugnación para los ofendidos y perjudicados no comparecidos en el juicio.

2. Si en la sentencia se hubiere condenado al pago de la responsabilidad civil, sin fijar su importe en cantidad líquida, se estará a lo que dispone el artículo 984.

Art. 975. Si las partes, conocido el fallo, expresan su decisión de no recurrir, el Juez, en el mismo acto, declarará la firmeza de la sentencia.

Art. 976. 1. La sentencia es apelable en el plazo de los cinco días siguientes al de su notificación. Durante este período se hallarán las actuaciones en secretaría a disposición de las partes.

2. El recurso se formalizará y tramitará conforme a lo dispuesto en los artículos 790 y 792.

3. La sentencia de apelación se notificará a los ofendidos y perjudicados por el delito leve, aunque no se hayan mostrado parte en el procedimiento.

Art. 977. Contra la sentencia que se dicte en segunda instancia

Art. 973.2: Redactado conforme a la Disp. Final 2.ªdieciséis de la LO 1/2015, de 30 de marzo (*BOE* del 31), por la que se modifica la LO 10/1995, de 23 de noviembre, del Código Penal.

Art. 975: Redactado conforme a la Ley 10/1992, de 30 de abril (*BOE* de 5 de mayo).

Art. 976.3: Redactado conforme a la Disp. Final 2.ªdiecisiete de la LO 1/2015, de 30 de marzo (*BOE* del 31), por la que se modifica la LO 10/1995, de 23 de noviembre, del Código Penal.

Art. 977: Redactado conforme a la Ley 10/1992, de 30 de abril (*BOE* de 5 de mayo).

El Acuerdo del Pleno no Jurisdiccional (art. 264.1 LOPJ), de 9 de junio de 2016, relativo a la «Unificación de criterios sobre el alcance de la reforma de la Ley de En-

no habrá lugar a recurso alguno. El órgano que la hubiese dictado mandará devolver al Juez los autos originales, con certificación de la sentencia dictada, para que proceda a su ejecución.

Arts. 978 a 982. [...]

---

juiciamiento Criminal de 2015, en el ámbito del recurso de casación», ha interpretado que:

«SEGUNDO: Posibilidad de recurso de casación contra sentencias recaídas en procesos de delitos leves.

»ACUERDO: El art. 847.*b*) LECrim debe ser interpretado en relación con los arts. 792.4.° y 977, que establecen respectivamente los recursos prevenidos para las sentencias dictadas en apelación respecto de delitos menos graves y respecto de los delitos leves (antiguas faltas). Mientras el art. 792 establece que contra la sentencia de apelación corresponde el recurso de casación previsto en el art. 847, en el art. 977 se establece taxativamente que contra la sentencia de segunda instancia no procede recurso alguno.

En consecuencia el recurso de casación no se extiende a las sentencias de apelación dictadas en el procedimiento por delitos leves.»

Arts. 978 a **982:** Dejados sin contenido por la Ley 10/1992, de 30 de abril (*BOE* de 5 de mayo).

LIBRO VII

De la ejecución de las sentencias*

Art. 983. Todo procesado absuelto por la sentencia será puesto en libertad inmediatamente, a menos que el ejercicio de un recurso que produzca efectos suspensivos o la existencia de otros motivos legales hagan necesario el aplazamiento de la excarcelación, lo cual se ordenará por auto motivado.

Art. 984. La ejecución de la sentencia en los juicios sobre faltas corresponde al órgano que haya conocido del juicio. Cuando no pudiera practicar por sí mismo todas las diligencias necesarias se dirigirá al órgano judicial de la circunscripción en que deban tener efecto, para que las practique.

El Juez de instrucción que haya conocido en apelación de un juicio de faltas mandará remitir los autos originales, acompañándolos con certificación de la sentencia firme, al Juez que haya conocido del juicio en primera instancia para los efectos del párrafo anterior.

Para la ejecución de la sentencia, en cuanto se refiere a la reparación del daño causado e indemnización de perjuicios, se aplicarán las disposiciones establecidas en la Ley de Enjuiciamiento Civil, si bien será en todo caso promovida de oficio por el Juez que la dictó.

Art. 985. La ejecución de las sentencias en causas por

---

* Vid. arts. 35 ss. del Código Penal.

Art. 984: Redactado conforme a la Ley 13/2009, de 3 de noviembre (*BOE* del 4), de reforma de la legislación procesal para la implantación de la nueva Oficina judicial.

La Disp. Adic. 9.ª de la Ley 26/2007, de 23 de octubre (*BOE* del 24), de Responsabilidad Medioambiental, establece que: «Las normas del anexo II [*Reparación del daño medioambiental*] o las dispuestas con carácter complementario por la normativa autonómica con el mismo objetivo se aplicarán en la determinación de la obligación de reparación de daños medioambientales, con independencia de que tal obligación se exija en un proceso judicial civil, penal o contencioso-administrativo o en un procedimiento administrativo.»

Art. 985: Redactado conforme al art. único.diecisiete de la Ley 41/2015, de 5 de octubre (*BOE* del 6), de modificación de la Ley de Enjuiciamiento Criminal para la agilización de la justicia penal y el fortalecimiento de las garantías procesales.

delito corresponde al Tribunal que haya dictado la que sea firme.

La ejecución de las sentencias recaídas en el proceso por aceptación de decreto, cuando el delito sea leve, corresponde al Juzgado que la hubiera dictado.

Art. 986. Sin embargo de lo dispuesto en el artículo anterior, la sentencia dictada a continuación de la de casación por la Sala Segunda del Tribunal Supremo se ejecutará por el Tribunal que hubiese pronunciado la sentencia casada, en vista de la certificación que al efecto le remitirá la referida Sala.

Art. 987. Cuando el Tribunal a quien corresponda la ejecución de la sentencia no pudiere practicar por sí mismo todas las diligencias necesarias, se dirigirá al órgano judicial competente del partido o demarcación en que deban tener efecto para que las practique.

Art. 988. Cuando una sentencia sea firme, con arreglo a lo dispuesto en el artículo 141 de esta Ley, lo declarará así el Juez o Tribunal que la hubiera dictado.

Hecha esta declaración, se procederá a ejecutar la sentencia aunque el reo esté sometido a otra causa, en cuyo caso se le

---

El TS, por Acuerdo del Pleno no jurisdiccional (art. 264.1 LOPJ) de 21 de julio de 2009, ha determinado el órgano que debe resolver las incidencias que aparezcan en ejecución de sentencia dictada por el Tribunal del Jurado. Recurribilidad de los autos de liquidación y admisibilidad del recurso de casación. Ha interpretado que: «Para la resolución de las incidencias en ejecución derivadas del Jurado es competente el Magistrado que presidió el Tribunal del Jurado o en su caso quien orgánicamente le sustituya.» «Las decisiones adoptadas en ejecución de sentencia por el Presidente del Tribunal del Jurado serán resueltas en apelación por el Tribunal Superior de Justicia.»

El TS, por Acuerdo del Pleno no jurisdiccional (art. 264.1 LOPJ), de 24 de octubre de 2018, relativo a la «Competencia en caso de incumplimiento de trabajos en beneficio de la comunidad», ha interpretado que:

«El control de la ejecución de los trabajos en beneficio de la comunidad impuestos como condición de la suspensión de la pena de prisión, conforme a los artículos 80 y 84 del Código Penal, corresponde al órgano sentenciador.

»Para propiciar una solución uniforme respecto de los trabajos en beneficio de la comunidad impuestos como pena sustitutiva bajo la vigencia del derogado artículo 88 del CP, cabe estimar que la competencia para declarar el incumplimiento también corresponde al órgano sentenciador. Ello en la medida en que la nueva regulación del artículo 86 del Código Penal introduce criterios más amplios que pueden favorecer al penado, y no impone en cambio el automatismo de la regulación precedente, donde el incumplimiento determinaba la revocación de la sustitución (art. 88.2 Código Penal).»

Art. 987: Redactado conforme a la Ley 13/2009, de 3 de noviembre (*BOE* del 4), de reforma de la legislación procesal para la implantación de la nueva Oficina judicial.

Art. 988, párrs. 1.º y 2.º: Redactados conforme a la Ley 3/1967, de 8 de abril (*BOE* del 11).

conducirá, cuando sea necesario, desde el establecimiento penal en que se halle cumpliendo la condena al lugar donde se esté instruyendo la causa pendiente.

Cuando el culpable de varias infracciones penales haya sido

Art. 988, párr. 3.º: Redactado conforme a la Ley 13/2009, de 3 de noviembre (*BOE* del 4), de reforma de la legislación procesal para la implantación de la nueva Oficina judicial.

Sobre refundición de condenas, vid. arts. 76 a 78 CP. El TS, por Acuerdo del Pleno no jurisdiccional (art. 264.1 LOPJ) de 27 de marzo de 1998, ha interpretado que el órgano jurisdiccional competente para conocer de la acumulación o refundición de condenas por haber sido el que dictó la última sentencia debe ser igualmente competente para conocer de la refundición entre condenas anteriores en las que no se incluye la sentencia dictada por ese Juzgado o Tribunal (vid. STS 379/1998, de 13 de abril).

El TS, por Acuerdo del Pleno no jurisdiccional (art. 264.1 LOPJ) de 3 de febrero de 2016, relativo a la «Continuación del Pleno no Jurisdiccional de fecha 08/07/15, relativo a fijación del criterio del cómputo del máximo de cumplimiento en los supuestos de acumulación de condenas (arts. 76 CP y 988 LECrim)», ha establecido que:

«La acumulación de penas deberá realizarse partiendo de la sentencia más antigua, pues al contenerse en ella los hechos enjuiciados en primer lugar, servirá de referencia respecto de los demás hechos enjuiciados en las otras sentencias. A esa condena se acumularán todas las posteriores relativas a hechos cometidos antes de esa primera sentencia.

»Las condenas cuya acumulación proceda respecto de esta sentencia más antigua, ya no podrán ser objeto de posteriores operaciones de acumulación en relación con las demás sentencias restantes. Sin embargo, si la acumulación no es viable, nada impediría su reconsideración respecto de cualquiera de las sentencias posteriores, acordando su acumulación si entre sí son susceptibles de ello.

»A efectos del artículo 76.2 CP hay que estar a la fecha de la sentencia en la instancia y no la de juicio» (desarrollado: STS 139/2016, de 25 de febrero).

El TS, por Acuerdo del Pleno no Jurisdiccional (art. 264.1 LOPJ), de 27 de junio de 2018, relativo a la «Fijación de criterios en casos de acumulación de condenas», ha interpretado que:

«1.   Las resoluciones sobre acumulación de condena solo serán revisables en caso de una nueva condena (o anterior no tenida en cuenta).

»2.   La nulidad como solución al recurso casacional, debe evitarse cuando sea dable conocer la solución adecuada, sin generar indefensión.

»3.   Cuando la sentencia inicial es absolutoria y la condena se produce *ex novo* en apelación o casación entonces, solo entonces, esta segunda fecha será la relevante a efectos de acumulación.

»4.   En la conciliación de la interpretación favorable del artículo 76.2 con el artículo 76.1 C.P., cabe elegir la sentencia inicial, base de la acumulación, también la última, siempre que todo el bloque cumpla el requisito cronológico exigido; pero no es dable excluir una condena intermedia del bloque que cumpla el requisito cronológico elegido.

»5.   Las condenas con la suspensión de la ejecución reconocida, deben incluirse en la acumulación si ello favoreciere al condenado y se considerarán las menos graves, para el sucesivo cumplimiento, de modo que resultarán extinguidas cuando se alcance el período máximo de cumplimiento.

»Favorece al condenado, cuando la conclusión es que se extinguen, sin necesidad de estar sometidas al período de prueba.

condenado en distintos procesos por hechos que pudieron ser objeto de uno solo, conforme a lo previsto en el artículo 17 de esta Ley, el Juez o Tribunal que hubiera dictado la última sentencia, de oficio, a instancia del Ministerio Fiscal o del condenado, procederá a fijar el límite del cumplimiento de las penas impuestas conforme a lo dispuesto en el artículo 76 del Código Penal. Para ello, el Secretario judicial reclamará la hoja histórico-penal del Registro Central de Penados y Rebeldes y testimonio de las sentencias condenatorias y previo dictamen del Ministerio Fiscal, cuando no sea el solicitante, el Juez o Tribunal dictará auto en el que se relacionarán todas las penas impuestas al reo, determinando el máximo de cumplimiento de las mismas. Contra tal auto podrán el Ministerio Fiscal y el condenado interponer recurso de casación por infracción de Ley.

»6. No cabe incluir en la acumulación, el período de prisión sustituido por expulsión; salvo si la expulsión se frustra y se inicia o continúa a la ejecución de la pena de prisión inicial, que dará lugar a una nueva liquidación.

»7. La pena de multa solo se acumula una vez que ha sido transformada en responsabilidad personal subsidiaria. Ello no obsta a la acumulación condicionada cuando sea evidente el impago de la multa.

»8. La pena de localización permanente, como pena privativa de libertad que es, es susceptible de acumulación con cualquier otra pena de esta naturaleza.

»9. A efectos de acumulación los meses son de treinta días y los años de trescientos sesenta y cinco días.

»10. La competencia para el incidente de acumulación, la otorga la norma al Juez o Tribunal que hubiera dictado la última sentencia; sin excepción alguna, por tanto, aunque fuere Juez de Instrucción (salvo en el caso del art. 801 LECr), aunque la pena que se imponga no sea susceptible de acumulación e incluso cuando no fuere privativa de libertad.

»11. Contra los autos que resuelven los incidentes de acumulación, solo cabe recurso de casación».

En cuanto al Registro Central de Penados y Rebeldes, ahora habrá que estar a lo previsto en el RD 95/2009, de 6 de febrero (*BOE* del 7), por el que se regula el Sistema de registros administrativos de apoyo a la Administración de Justicia. El Registro Central de Penados, pasó a ser el Registro Central de Penados y Rebeldes, para volver a ser el Registro Central de Penados en el año 2015. Ahora la Disp. Adic. Única de la LO 4/2024, de 18 de octubre (*BOE* del 19), por la que se modifica la LO 7/2014, de 12 de noviembre, sobre intercambio de información de antecedentes penales y consideración de resoluciones judiciales penales en la Unión Europea, para su adecuación a la normativa de la Unión Europea sobre el Sistema Europeo de Información de Antecedentes Penales (ECRIS), establece que, a su entrada en vigor (20 días de su publicación en el *BOE*), «las referencias que se encuentren en cualquier norma referidas al Registro Central de Penados y Rebeldes se entenderán hechas al Registro Central de Penados.»

Art. 988 bis. 1. El juez o tribunal dará traslado del auto de incoación de la ejecutoria a la representación de cada uno de los condenados para que, en el plazo de diez días, se pronuncien en un mismo escrito sobre las siguientes circunstancias:

a) Cuando hubieran sido impuestas penas privativas de libertad susceptibles de ser suspendidas conforme al Código Penal y la sentencia no se hubiera pronunciado acerca de su suspensión, sobre la modalidad o modalidades de suspensión de la ejecución de las penas privativas de libertad que solicite.

b) Para el caso de haber sido impuestas responsabilidades pecuniarias, sobre la forma de cumplimiento y, en particular, si solicita su aplazamiento y en qué términos, así como el plazo máximo para su cumplimiento.

c) Cualquier otra solicitud relativa a la ejecución de los pronunciamientos de la sentencia, incluida la sustitución de la pena en los casos en que proceda.

2. Presentado el escrito, al que deberán acompañarse los informes o la documentación en que se funden las peticiones, el juez o tribunal realizará, en su caso, las comprobaciones necesarias sobre la concurrencia de los requisitos de la suspensión y del resto de peticiones realizadas, tras lo cual dará traslado de la solicitud y de lo practicado al Ministerio Fiscal, a las partes acusadoras personadas y víctimas, directamente afectadas por la decisión, para que, en el plazo de diez días, formulen alegaciones. Transcurrido el plazo, en el término de cinco días el juez, la jueza o el tribunal resolverán mediante auto sobre todas las peticiones.

3. La tramitación descrita en los apartados anteriores podrá ser sustituida, a criterio del juez, la jueza o el tribunal, por una vista que habrá de celebrarse en el plazo de diez días y a la que deberá citarse al acusado y su defensa, al Ministerio Fiscal, a las partes acusadoras y víctimas, directamente afectadas por la decisión.

Celebrada la vista, el juez, la jueza o el tribunal resolverá en el acto o, de no ser posible, en

---

Art. 988 bis: Añadido por el art. 20.Diecisiete de la LO 1/2025, de 2 de enero (*BOE* del 3), de medidas en materia de eficiencia del Servicio Público de Justicia. Entra en vigor el 3 de abril de 2025 (Disp. Final 38.ª1 LOMESPJ). La Disp. Trans. 9.ª LOMESP, en su apartado primero indica que las reformas serán aplicables exclusivamente a los procedimientos incoados con posterioridad a su entrada en vigor. Sin embargo, en el apartado tercero indica que las modificaciones del apartado 9 del art. 785 «serán de aplicación a los procedimientos en los que no se haya celebrado juicio oral a la entrada en vigor» de la LOMESPJ.

los tres días siguientes, sobre todas las cuestiones planteadas.

4. El letrado o la letrada de la Administración de Justicia citará al condenado a una comparecencia en la que le requerirá de cumplimiento de las penas, decomiso y responsabilidades civiles que le hubieran sido impuestas y le informará de las responsabilidades en que pueda incurrir en el supuesto de incumplimiento.

Asimismo, practicará las liquidaciones de condena, que comprenderán, en todo caso, los siguientes particulares:

a) la fecha de inicio del cumplimiento,

b) el tiempo abonable por haber estado privado de libertad provisionalmente en la causa o por la aplicación de cualquier otra medida cautelar,

c) el tiempo de duración de la condena, y

d) el tiempo de cumplimiento.

A tales efectos, el cómputo se hará por años, meses y días, de acuerdo con las siguientes reglas: los meses completos serán de treinta días y los años completos serán de trescientos sesenta y cinco días.

De dichas liquidaciones, que se notificarán personalmente al condenado, se dará traslado al Ministerio Fiscal y a las partes, que podrán impugnarlas en el plazo de dos días. Transcurrido el plazo sin impugnación, el letrado o la letrada de la Administración de Justicia la aprobará mediante decreto.

Si fueran impugnadas por alguna de las partes, se dará traslado al resto para alegaciones por dos días. Transcurrido el mismo, hubieren o no presentado escrito las demás partes, el juez, la jueza o el tribunal resolverá mediante auto, que será dictado en el plazo de dos días. Una vez firme éste, si corrigiere la liquidación de condena será notificado personalmente al condenado.

Art. 989. 1. Los pronunciamientos sobre responsabilidad civil serán susceptibles de ejecución provisional con arreglo a lo dispuesto en la Ley 1/2000, de 7 de enero, de Enjuiciamiento Civil.

Art. 989: Modificado por el art. 20.Dieciocho de la LO 1/2025, de 2 de enero (*BOE* del 3), de medidas en materia de eficiencia del Servicio Público de Justicia. Entra en vigor el 3 de abril de 2025 (Disp. Final 38.ª1 LOMESPJ). La Disp. Trans. 9.ª LOMESP, en su apartado primero indica que las reformas serán aplicables exclusivamente a los procedimientos incoados con posterioridad a su entrada en vigor.

Establece el art. 95.1.*h*) de la Ley 58/2003, de 17 de diciembre (*BOE* del 18), General Tributaria: «La colaboración [de la Administración Tributaria] con los Jueces y Tribunales para la ejecución de resoluciones judiciales firmes. La solicitud judicial de

2. En todo lo que no estuviera regulado en el Código Penal o en otra norma penal, sustantiva o procesal, para la ejecución de la responsabilidad civil derivada del delito se aplicarán las disposiciones sobre ejecución de la Ley 1/2000, de 7 de enero. El letrado de la Administración de Justicia podrá encomendar a la Agencia Estatal de Administración Tributaria o, en su caso, a los organismos tributarios de las Haciendas forales, las actuaciones de investigación patrimonial necesarias para poner de manifiesto las rentas y el patrimonio presente y los que vaya adquiriendo el condenado hasta tanto no se haya satisfecho la responsabilidad civil determinada en sentencia.

Cuando dichas entidades alegaren razones legales o de respeto a los derechos fundamentales para no realizar la entrega o atender a la colaboración que les hubiese sido requerida por el letrado de la Administración de Justicia, éste dará cuenta al juez o tribunal para resolver lo que proceda.

Art. 990. Las penas se ejecutarán en la forma y tiempo prescritos en el Código Penal y en los reglamentos.

---

información exigirá resolución expresa en la que, previa ponderación de los intereses públicos y privados afectados en el asunto de que se trate y por haberse agotado los demás medios o fuentes de conocimiento sobre la existencia de bienes y derechos del deudor, se motive la necesidad de recabar datos de la administración tributaria.» Por otro lado, la Disp. Adic. 10.ª («Exacción de la responsabilidad civil por delito contra la Hacienda Pública») señala que:

«1. En los procedimientos por delito contra la Hacienda Pública, la responsabilidad civil comprenderá la totalidad de la deuda tributaria no ingresada, incluidos sus intereses de demora, y se exigirá por el procedimiento administrativo de apremio.

»2. Una vez que sea firme la sentencia, el Juez o Tribunal al que competa la ejecución remitirá testimonio a los órganos de la Administración Tributaria, ordenando que se proceda a su exacción. En la misma forma se procederá cuando el Juez o Tribunal hubieran acordado la ejecución provisional de una sentencia recurrida.

»3. Cuando se hubiera acordado el fraccionamiento de pago de la responsabilidad civil conforme al art. 125 del Código Penal, el Juez o Tribunal la comunicará a la Administración Tributaria. En este caso, el procedimiento de apremio se iniciará si el responsable civil del delito incumpliera los términos del fraccionamiento.

»4. La Administración Tributaria informará al Juez o Tribunal sentenciador, a los efectos del art. 117.3 de la Constitución Española, de la tramitación y, en su caso, de los incidentes relativos a la ejecución encomendada.»

Art. 990: Vid., con carácter general, lo dispuesto en la LO 1/1979, de 26 de septiembre (*BOE* de 5 de octubre), General Penitenciaria, y en particular sus arts. 76 a 78, así como lo dispuesto en el CP, en el Reglamento Penitenciario y en el RD 840/2011, de 17 de junio (*BOE* del 18), por el que se establecen las circunstancias de ejecución de las penas de trabajo en beneficio de la comunidad y de localización permanente en centro penitenciario, de determinadas medidas de seguridad, así como de la suspensión de la ejecución de la penas privativas de libertad y sustitución de penas.

Corresponde al Juez o Tribunal a quien el presente Código impone el deber de hacer ejecutar la sentencia adoptar sin dilación las medidas necesarias para que el condenado ingrese en el establecimiento penal destinado al efecto, a cuyo fin requerirá el auxilio de las Autoridades administrativas, que deberán prestárselo sin excusa ni pretexto alguno.

La competencia del Juez o Tribunal para hacer cumplir la sentencia excluye la de cualquier Autoridad gubernativa hasta que el condenado tenga ingreso en el establecimiento penal o se traslade al lugar en donde deba cumplir la condena.

En los supuestos de delitos contra la Hacienda Pública, contrabando y contra la Seguridad Social, los órganos de recaudación de la Administración Tributaria o, en su caso, de la Seguridad Social, tendrán competencia para investigar, bajo la supervisión de la autoridad judicial, el patrimonio que pueda llegar a resultar afecto al pago de las responsabilidades civiles derivadas del delito, ejercer las facultades previstas en la legislación tributaria o de Seguridad Social, remitir informes sobre la situación patrimonial, y poner en conocimiento del Juez o Tribunal las posibles modificaciones de las circunstancias de que puedan llegar a tener conocimiento y que sean relevantes para que el Juez o Tribunal resuelvan sobre la ejecución de la pena, su suspensión o la revocación de la misma.

Los Tribunales ejercerán además las facultades de inspección que las Leyes y Reglamentos les atribuyan sobre la manera de cumplirse las penas.

Corresponde al Secretario judicial impulsar el proceso de ejecución de la sentencia dictando al efecto las diligencias necesarias, sin perjuicio de la competencia del Juez o Tribunal para hacer cumplir la pena.

El Secretario judicial pondrá en conocimiento de los directamente ofendidos y perjudicados por el delito y, en su caso a los testigos, todas aquellas resoluciones relativas al penado que puedan afectar a su seguridad.

Art. 990, párr. 4.º: Añadido por la Disp. Final 2.ªdieciocho de la LO 1/2015, de 30 de marzo (*BOE* del 31), por la que se modifica la LO 10/1995, de 23 de noviembre, del Código Penal.

Art. 990, párrs. 6.º y 7.º: Añadidos por la Ley 13/2009, de 3 de noviembre (*BOE* del 4), de reforma de la legislación procesal para la implantación de la nueva Oficina judicial.

Art. 991. Los confinados que se supongan en estado de demencia serán constituidos en observación, instruyéndose al efecto por la Comandancia del presidio en que aquéllos se encuentren un expediente informativo de los hechos y motivos que hayan dado lugar a la sospecha de la demencia, en el que se consigne el primer juicio, o por lo menos la certificación de los facultativos que los hayan examinado y observado.

Art. 992. Consignada la gravedad de la sospecha, el Comandante del presidio dará cuenta inmediatamente, con copia literal del expediente instruido, al Presidente del Tribunal sentenciador de que procedan los confinados, sin perjuicio de ponerlo en conocimiento de la Dirección General de Establecimientos Penales.

Art. 993. El Presidente pasará el expediente a que se refiere el artículo anterior al Tribunal sentenciador, el cual, con preferencia, oirá al Fiscal y al acusador particular de la causa, si lo hubiere, y dándose intervención y audiencia al defensor del penado, o nombrándosele de oficio para este caso si no lo tuviese, acordará la instrucción más amplia y formal sobre los hechos y el estado físico y moral de los pacientes, por los mismos medios legales de prueba que se hubieran empleado si el incidente hubiese ocurrido durante el seguimiento de la causa, comisionando al efecto al Juez de instrucción del partido en que se hallen los confinados.

Art. 994. Sustanciado el incidente a que se refieren los artículos anteriores en juicio contradictorio si hubiese oposición y en forma ordinaria si no la hubiese, y después de oír las declaraciones juradas de los peritos en el arte de curar, y en su caso de la Academia de Medicina y Cirugía, se dictará el fallo que proceda. El fallo se comunicará al Comandante del presidio quien, si se hubiese declarado la demencia, trasladará al penado demente al establecimiento que corresponda, todo sin perjuicio de cumplir con lo

---

Art. 991: Vid. arts. 183 ss. del Reglamento Penitenciario, aprobado por el RD 190/1996, de 9 de febrero (*BOE* del 15), donde se regulan los Centros psiquiátricos, y los arts. 20 y 21 del Código Penal, sobre exención y atenuación de responsabilidad criminal.

Art. 992: Hoy Secretaría General de Instituciones Penitenciarias (RD 758/1996, de 5 de mayo, que la integra en el Ministerio del Interior) y Director del Centro Penitenciario.

Art. 994: Vid. arts. 8.º1.º y 82 del Código Penal.

que el Código Penal previene si en cualquier tiempo el demente recobrase su juicio.

Art. 995. [...]

Art. 996. Las tercerías de dominio o de mejor derecho que puedan deducirse se sustanciarán y decidirán con sujeción a las disposiciones establecidas en la Ley de Enjuiciamiento Civil.

Art. 997. El Juez de instrucción a quien se hubiere cometido la práctica de algunas diligencias para la ejecución de la sentencia dará inmediatamente cuenta del cumplimiento de las mismas al Tribunal sentenciador, con testimonio en relación de las practicadas al intento, el cual se unirá a la causa.

Art. 998. Las referidas diligencias se archivarán por el Secretario judicial que en ellas haya intervenido.

Art. 999. 1. En la ejecución de sentencias por delitos contra la Hacienda Pública, la disconformidad del obligado al pago con las modificaciones que con arreglo a lo previsto en la Ley General Tributaria lleve a cabo la Administración Pública se pondrá de manifiesto al Tribunal competente para la ejecución, en el plazo de treinta días desde su notificación, que, previa audiencia de la Administración ejecutante y del Ministerio Fiscal por idéntico plazo, resolverá mediante auto si la modificación practicada es conforme a lo declarado en sentencia o si se ha apartado de la misma, en cuyo caso, indicará con claridad los términos en que haya de modificarse la liquidación.

2. Contra el auto que resuelva este incidente cabrá recurso de apelación en un solo efecto o, en su caso, el correspondiente de súplica.

Art. 995: Suprimido por la Ley 6/1984, de 31 de marzo.

Art. 996: Vid. arts. 593 a 604 de la Ley de Enjuiciamiento Civil, para la tercería de dominio, y arts. 613 a 620, para la tercería de mejor derecho.

Art. 998: Redactado conforme a la Ley 13/2009, de 3 de noviembre (*BOE* del 4), de reforma de la legislación procesal para la implantación de la nueva Oficina judicial.

Art. 999: Añadido por la Disp. Final 1.ªtres de la Ley 34/2015, de 21 de septiembre (*BOE* del 22), de modificación parcial de la Ley 58/2003, de 17 de diciembre, General Tributaria.

DISPOSICIONES ADICIONALES

1.ª En los supuestos de amenazas o coacciones previstos en el artículo 572.1.3.º del Código Penal, el Juez o Tribunal adoptará, al iniciar las primeras diligencias, las medidas necesarias para garantizar la confidencialidad de los datos que figuren en los distintos registros públicos que afecten a la víctima de las amenazas o coacciones, de tal forma que dichos datos no puedan servir como información para la comisión de delitos de terrorismo contra dichas personas.

2.ª Las medidas cautelares de prisión provisional, su duración máxima y su cesación, así como las demás medidas cautelares adoptadas en el curso de los procedimientos penales, se anotarán en un registro central, de ámbito nacional, que existirá en el Ministerio de Justicia.

El Gobierno, a propuesta del Ministerio de Justicia, oídos el Consejo General del Poder Judicial y la Agencia de Protección de Datos, dictará las disposiciones reglamentarias oportunas relativas a la organización y competencias de dicho registro central, determinando el momento de su entrada en funcionamiento, así como el régimen de inscripción y cancelación de sus asientos y el acceso a la información contenida en el mismo, asegurando en todo caso su confidencialidad.

3.ª El Gobierno, a propuesta conjunta de los Ministerios de Justicia y de Interior, y previos los informes legalmente procedentes, regulará mediante real decreto la estructura, com-

---

Disp. Adic. 1.ª: Añadida por la LO 1/2003, de 10 de marzo (*BOE* del 11), para la garantía de la democracia en los Ayuntamientos y la seguridad de los Concejales, y renumerada por la LO 15/2003, de 25 de noviembre (*BOE* del 26), por la que se modifica la LO 10/1995, de 23 de noviembre, del Código Penal.

Disp. Adic. 2.ª: Adición realizada por la LO 15/2003, de 25 de noviembre (*BOE* del 26), por la que se modifica la LO 10/1995, de 23 de noviembre, del Código Penal.

Vid. RD 95/2009, de 6 de febrero (*BOE* del 7), por el que se regula el Sistema de registros administrativos de apoyo a la Administración de Justicia.

Disp. Adic. 3.ª: Adición realizada por la LO 15/2003, de 25 de noviembre (*BOE* del 26), por la que se modifica la LO 10/1995, de 23 de noviembre, del Código Penal.

Vid. RD 1.977/2008, de 28 de noviembre (*BOE* de 11 de diciembre), por el que se regula la composición y funciones de la Comisión Nacional para el uso forense del ADN, modificado por RD 851/2015, de 28 de septiembre (*BOE* del 6 de octubre).

posición, organización y funcionamiento de la Comisión nacional sobre el uso forense del ADN, a la que corresponderá la acreditación de los laboratorios facultados para contrastar perfiles genéticos en la investigación y persecución de delitos y la identificación de cadáveres, el establecimiento de criterios de coordinación entre ellos, la elaboración de los protocolos técnicos oficiales sobre la obtención, conservación y análisis de las muestras, la determinación de las condiciones de seguridad en su custodia y la fijación de todas aquellas medidas que garanticen la estricta confidencialidad y reserva de las muestras, los análisis y los datos que se obtengan de los mismos, de conformidad con lo establecido en las leyes.

4.ª 1. Las referencias que se hacen al Juez de instrucción y al Juez de Primera Instancia en los apartados 1 y 7 del artículo 544 ter de esta Ley, en la redacción dada por la Ley 27/2003, de 31 de julio, reguladora de la Orden de Protección de las Víctimas de la Violencia Doméstica se entenderán hechas, en su caso, al Juez de Violencia sobre la Mujer.

2. Las referencias que se hacen al Juez de guardia en el Título III del Libro IV, y en los artículos 962 a 971 de esta Ley, se entenderán hechas, en su caso, al Juez de Violencia sobre la Mujer.

5.ª *Comunicación de actuaciones al Instituto Nacional de la Seguridad Social y al Instituto Social de la Marina.*—Los Letrados de la Administración de Justicia de los juzgados y tribunales comunicarán al Instituto Nacional de la Seguridad Social y al Instituto Social de la Marina cualquier resolución judicial de la que se deriven indicios racionales de criminalidad por la comisión de un delito doloso de homicidio en cualquiera de sus formas, en que la víctima fuera ascendiente, descendiente, hermano, cónyuge o excónyuge del investigado, o estuviera o hubiese estado ligada a él por una relación de afectividad análoga a la conyugal. Asimismo, comunicarán a dichos organismos oficiales las resoluciones judiciales firmes que pongan

---

Disp. Adic. 4.ª: Adición realizada por la Disp. Adic. 12.ª de la LO 1/2004, de 28 de diciembre (*BOE* del 29; corrección de errores en *BOE* de 12 de abril de 2005), de Medidas de Protección Integral contra la Violencia de Género.
    Disp. Adic. 5.ª: Modificada por la Disp. Final 1.ª del RD-ley 30/2020, de 29 de septiembre (*BOE* del 30), de medidas sociales en defensa del empleo.

fin a los procedimientos penales. Dichas comunicaciones se realizarán, a los efectos previstos en los artículos 231, 232, 233 y 234 del texto refundido de la Ley General de la Seguridad Social, aprobado por el Real Decreto Legislativo 8/2015, de 30 de octubre, en los artículos 37 bis y 37 ter del texto refundido de la Ley de Clases Pasivas del Estado, aprobado por el Real Decreto Legislativo 670/1987, de 30 de abril, y en los artículos 4, 5, 6, 7 y 10 del Real Decreto-ley 20/2020, de 29 de mayo, por el que se establece el ingreso mínimo vital.

6.ª *Oficina de Recuperación y Gestión de Activos.*—1.   La Ofi-

---

Disp. Adic. 6.ª: Añadida por el art. único.dieciocho de la Ley 41/2015, de 5 de octubre (*BOE* del 6), de modificación de la Ley de Enjuiciamiento Criminal para la agilización de la justicia penal y el fortalecimiento de las garantías procesales, como Disp. Adic. 5.ª, luego corregida como 6.ª por la corrección de errores (*BOE* de 11 de noviembre de 2015) con la actual numeración.

También hay que tener presentes el RD 948/2015, de 23 de octubre (*BOE* del 24), por el que se regula la Oficina de Recuperación y Gestión de Activos, y la Orden JUS/188/2016, de 18 de febrero (*BOE* del 20), por la que se determina el ámbito de actuación y la entrada en funcionamiento operativo de la Oficina de Recuperación y Gestión de Activos y la apertura de su cuenta de depósitos y consignaciones. Por otro lado, habrá que tener en cuenta la Resolución de 5 de abril de 2018 (*BOE* del 13), de la Secretaría de Estado de Justicia, por la que se publica el Convenio con el CGPJ, en materia de colaboración y apoyo al funcionamiento de la Oficina de Recuperación y Gestión de Activos y la Resolución de 5 de abril de 2018 (*BOE* del 13), de la Secretaría de Estado de Justicia, por la que se publica el Convenio con la Unión Española de Entidades Aseguradoras y Reaseguradoras (UNESPA), en materia de información de seguros implicada en investigaciones o decisiones judiciales.

Por Resolución de 14 de marzo de 2022 (*BOE* del 22), de la Secretaría de Estado de Justicia, se publica la Adenda de prórroga al Convenio con el CGPJ, en materia de colaboración y apoyo al funcionamiento de la ORGA. También hay que poner de relieve el Convenio de colaboración entre el Ministerio de Justicia y el Consejo General del Notariado en materia de acceso a la información notarial por parte de la Oficina de Recuperación y Gestión de activos, firmado el 27 de julio de 2016, con Adenda de prórroga de 6 de junio de 2019 y renovada la misma por Resolución de 10 de junio de 2022 (*BOE* del 16). Finalmente, hay que tener en cuenta la Resolución de 25 de junio de 2021 (*BOE* de 2 de julio), de la Secretaría de Estado de Justicia, por la que se publica el Convenio con el Ilustre Colegio de Registradores de la Propiedad, Mercantiles y Bienes Muebles de España, en materia de acceso a la información registral por parte de la Oficina de Recuperación y Gestión de Activos.

El art. 7 del RD 453/2020, de 10 de marzo (*BOE* del 12), por el que se desarrolla la estructura orgánica básica del Ministerio de Justicia, y se modifica el Reglamento del Servicio Jurídico del Estado, aprobado por el RD 997/2003, de 25 de julio, establece, como órgano superior y directivo, la Dirección General de Seguridad Jurídica y Fe Pública (dependiente de la Secretaría General para la Innovación y Calidad del Servicio Público de Justicia y de la Secretaría de Estado de Justicia). La Disp. Adic. 2.ª de dicho RD establece que las referencia a la Oficina de Recuperación y Gestión de

cina de Recuperación y Gestión de Activos es el órgano administrativo al que corresponden las funciones de localización, recuperación, conservación, administración y realización de efectos procedentes de actividades delictivas en los términos previstos en la legislación penal y procesal.

Cuando sea necesario para el desempeño de sus funciones y realización de sus fines, la Oficina de Recuperación y Gestión de Activos podrá recabar la colaboración de cualesquiera entidades públicas y privadas, que estarán obligadas a prestarla de conformidad con su normativa específica.

2. Los recursos que se encomienden a la Oficina de Recuperación y Gestión de Activos con anterioridad a que se dicte resolución judicial firme de decomiso se podrán gestionar a través de la cuenta de depósitos y consignaciones judiciales cuando se trate del dinero resultante del embargo o la realización anticipada de los efectos. Para los restantes bienes, en atención a las circunstancias, la Oficina podrá gestionarlos de cualquiera de las formas previstas en la legislación aplicable a las Administraciones Públicas. Los intereses del dinero y los rendimientos y frutos de los bienes se destinarán a satisfacer los costes de gestión, incluyendo los que correspondan a la Oficina; la cantidad restante se conservará a resultas de lo que se disponga mediante resolución judicial firme de decomiso.

Cuando recaiga resolución judicial firme de decomiso, los recursos obtenidos serán objeto de realización y la cantidad obtenida se aplicará en la forma prevista en el artículo 367 quinquies de la Ley de Enjuiciamiento Criminal. La cantidad restante, así como el producto obtenido por la gestión de los bienes durante el proceso, se transferirá al Tesoro como ingreso de derecho público, del que una vez deducidos los gastos de funcionamiento y gestión de la Oficina de Recuperación y Gestión de Activos, dotados en el Presupuesto del Ministerio de Justicia, se afecta hasta un 50 por 100 a la satisfacción de los fines señalados en el apartado siguiente. Estos ingresos generarán crédito en el presupuesto

---

Activos, suprimida, a su vez, por el art. 2.2 del RD 595/2018, de 22 de junio, por el que se establece la estructura orgánica básica de los Departamentos Ministeriales, se entenderán realizadas a la Dirección General de Seguridad Jurídica y Fe Pública. Como consecuencia, las referencias que se hacen en el ordenamiento jurídico a la persona titular de la Oficina de Recuperación y Gestión de Activos, se entenderán referidas a la persona titular de la Dirección General de Seguridad Jurídica y Fe Pública.

del Ministerio de Justicia, de acuerdo con lo establecido en la Ley General Presupuestaria.

Los costes de gestión y los gastos previstos en los párrafos anteriores podrán estimarse de la forma en que se determine reglamentariamente.

3. Son fines propios de los recursos obtenidos por la Oficina de Recuperación y Gestión de Activos como consecuencia de las resoluciones judiciales de decomiso los siguientes:

a) el apoyo a programas de atención a víctimas del delito, incluido el impulso y dotación de las Oficinas de Asistencia a las Víctimas,

b) el apoyo a los programas sociales orientados a la prevención del delito y el tratamiento del delincuente,

c) la intensificación y mejora de las actuaciones de prevención, investigación, persecución y represión de delitos,

d) la cooperación internacional en la lucha contra las formas graves de criminalidad,

e) y los que puedan determinarse reglamentariamente.

4. En la Ley de Presupuestos Generales del Estado de cada año se determinará el porcentaje objeto de afectación a los fines señalados en esta disposición. Los criterios para la distribución de los recursos afectados serán fijados anualmente mediante acuerdo del Consejo de Ministros.

7.ª *Procedimiento.*—Sin perjuicio de lo establecido para los procesos especiales, los delitos que alternativa o conjuntamente estén castigados con una pena leve y otra menos grave se sustanciarán por el procedimiento abreviado o, en su caso, por el procedimiento para el enjuiciamiento rápido de determinados delitos o por el proceso por aceptación de decreto.

8.ª *Procesos con víctimas menores de edad.*—Los procesos penales en los que esté involucrado como víctima una perso-

---

Disp. Adic. 7.ª: Añadida por el art. único.diecinueve de la Ley 41/2015, de 5 de octubre (*BOE* del 6), de modificación de la Ley de Enjuiciamiento Criminal para la agilización de la justicia penal y el fortalecimiento de las garantías procesales. La Disposición ha entrado en vigor a los dos meses de la publicación de la ley en el *BOE*, como Disp. Adic. 6.ª, luego corregida como 7.ª por la corrección de errores (*BOE* de 11 de noviembre de 2015) con la actual numeración.

Disp. Adic. 8.ª: Añadida por el art. 20.Diecinueve de la LO 1/2025, de 2 de enero (*BOE* del 3), de medidas en materia de eficiencia del Servicio Público de Justicia. Entra en vigor el 3 de abril de 2025 (Disp. Final 38.ª1 LOMESPJ). La Disp. Trans. 9.ª LOMESP, en su apartado primero indica que las reformas serán aplicables exclusivamente a los procedimientos incoados con posterioridad a su entrada en vigor.

na menor de edad, serán de tramitación preferente.

9.ª *Justicia restaurativa.—*
1. La justicia restaurativa se sujetará a los principios de voluntariedad, gratuidad, oficialidad y confidencialidad.

2. Las partes que se sometan a un procedimiento de justicia restaurativa, antes de prestar su consentimiento, serán informadas de sus derechos, de la naturaleza de este y de las consecuencias posibles de la decisión de someterse al mismo.

3. La justicia restaurativa es voluntaria. Ninguna parte podrá ser obligada a someterse a un procedimiento de justicia restaurativa, pudiendo, en cualquier momento, revocar el consentimiento y apartarse del mismo. La negativa de las partes a someterse a un procedimiento de justicia restaurativa, o el abandono del ya iniciado, no implicará consecuencia alguna en el proceso penal.

4. Se garantizará la confidencialidad de la información que se obtenga del procedimiento de justicia restaurativa. Las informaciones vertidas en el marco del procedimiento restaurativo no podrán utilizarse posteriormente, salvo que expresamente lo acuerden las partes afectadas. El juez o el Tribunal no tendrán conocimiento del desarrollo del procedimiento de justicia restaurativa hasta que este haya finalizado, en su caso, mediante la remisión del acta de reparación.

5. El juez o el Tribunal, valorando las circunstancias del hecho, de la persona investigada, acusada o condenada y de la víctima, podrá, de oficio o a instancia de parte, remitir a las partes a un procedimiento restaurativo, salvo en los casos excluidos por ley. El inicio del procedimiento restaurativo en fase de instrucción no eximirá de la práctica de las diligencias indispensables para la comprobación de delito. El sometimiento a justicia restaurativa en el proceso por delitos leves interrumpirá el plazo de prescripción de la correspondiente infracción penal.

6. La resolución que acuerde la remisión a los servicios de justicia restaurativa fijará un plazo máximo para su desarrollo, que no podrá exceder de tres meses prorrogables por un pla-

---

Disp. Adic. 9.ª: Añadida por el art. 20.Veinte de la LO 1/2025, de 2 de enero (*BOE* del 3), de medidas en materia de eficiencia del Servicio Público de Justicia. Entra en vigor el 3 de abril de 2025 (Disp. Final 38.ª1 LOMESPJ). La Disp. Trans. 9.ª LOMESP, en su apartado primero indica que las reformas serán aplicables exclusivamente a los procedimientos incoados con posterioridad a su entrada en vigor.

zo igual. Acordada la remisión, el órgano judicial facilitará el acceso al contenido del procedimiento por parte del equipo de justicia restaurativa.

7. De no consentir las partes en someterse a un procedimiento restaurativo, los servicios restaurativos pondrán inmediatamente esta circunstancia en conocimiento del órgano judicial, que continuará la tramitación del procedimiento penal.

8. Concluido el procedimiento restaurativo, los servicios emitirán un informe sobre el resultado positivo o negativo de la actividad realizada, acompañando, en caso positivo, el acta de reparación con los acuerdos a los que las partes hayan llegado, que estará firmado por las partes personalmente y por sus letrados, si los hubiera. El informe, del que se entregará copia a las partes del procedimiento restaurativo, no debe revelar el contenido de las comunicaciones mantenidas entre las partes ni expresar opinión, valoración o juicio sobre el comportamiento de las mismas durante el desarrollo del procedimiento de justicia restaurativa.

9. En caso de existir acuerdo, el órgano judicial, previa audiencia del Ministerio Fiscal, de las partes personadas y de la víctima del delito, por término de tres días, valorando los acuerdos a los que las partes hayan llegado, las circunstancias concurrentes y el estado del procedimiento, podrá:

a) Si se tratase de un delito leve, decretar el archivo, a la vista del cumplimiento de los acuerdos alcanzados, de conformidad con lo establecido en el artículo 963 de la Ley de Enjuiciamiento Criminal.

b) Si la causa se siguiera por un delito privado o un delito en el que el perdón extingue la responsabilidad criminal, acordar el sobreseimiento del procedimiento y su archivo, dejando sin efecto las medidas cautelares que se hubieren acordado en su caso.

c) Si la causa estuviera en el órgano de instrucción, acordará la conclusión de la misma y la remisión de la causa al órgano competente para la celebración del juicio de conformidad en los términos de los artículos 655 y 787 ter de la Ley de Enjuiciamiento Criminal.

d) Si la causa estuviese en el órgano de enjuiciamiento, se seguirá por los trámites del juicio de conformidad. La sentencia de conformidad incluirá los acuerdos alcanzados por las partes.

e) Resolver sobre la suspensión de la ejecución de la pena privativa de libertad, valorando el resultado del procedimiento restaurativo para el establecimiento de las condiciones, medidas u obligaciones de la suspensión; o, en su caso, sobre el contenido de los trabajos en beneficio de la comunidad.

DISPOSICIÓN FINAL

Quedan derogados todas las Leyes, Reales Decretos, Reglamentos, Órdenes y Fueros anteriores en cuanto contengan reglas de enjuiciamiento criminal para los Jueces y Tribunales del fuero común.

Se exceptúan de lo dispuesto en el párrafo anterior el Real Decreto de 20 de junio de 1852 y las demás disposiciones vigentes sobre el procedimiento por delitos de contrabando y defraudación.

Disp. Final: Vid. la LO 12/1995, de 12 de diciembre (*BOE* del 13), de represión del contrabando. Vid. también el RD 1.649/1998, de 24 de julio, por el que se desarrolla el Título II de la anterior Ley Orgánica de contrabando.

APÉNDICE

APÉNDICE

§ 1. LEY ORGÁNICA 5/1995, DE 22 DE MAYO, DEL TRIBUNAL DEL JURADO*

(*BOE* de 23 de mayo de 1995)

EXPOSICIÓN DE MOTIVOS

I

FUNDAMENTO CONSTITUCIONAL

El artículo 125 de la Constitución Española de 1978 establece que «los ciudadanos podrán participar en la Administración de Justicia mediante la institución del Jurado, en la forma y con respecto a aquellos procesos penales que la ley determine».

Nuestro texto constitucional cumple con ello lo que puede considerarse una constante en la historia del derecho constitucional español; cada período de libertad ha significado la consagración del jurado; así en la Constitución de Cádiz de 1812, y en las de 1837, 1869 y 1931, y por el contrario cada época de retroceso de las libertades públicas ha eliminado o restringido considerablemente ese instrumento de participación ciudadana, en paralelo y como complemento a las restricciones del conjunto de sus derechos y de los instrumentos de participación en los asuntos públicos.

Se retoma por tanto un instrumento de indiscutible raigambre liberal, y se hace desde el dato indiscutible de que, desde el primer esbozo de 1820 hasta su suspensión en el año de 1936, pocas instituciones jurídicas han padecido —y por tanto han sido enriquecidas— con una depuración crítica tan acentuada como el Tribunal del Jurado, lo que ha permitido extraer la masa ingente de datos

---

* El texto aquí reproducido incluye las modificaciones introducidas por la LO 8/1995, de 16 de noviembre (*BOE* del 17), por la que se modifica la LO 5/1995, de 22 de mayo, del Tribunal del Jurado; por la LO 10/1995, de 23 de noviembre (*BOE* del 24), del Código Penal; por la Ley 38/2002, de 24 de octubre (*BOE* del 28), de reforma parcial de la LECrim, sobre procedimiento para el enjuiciamiento rápido e inmediato de determinados delitos y faltas, y de modificación del procedimiento abreviado, y por la LO 1/2015, de 30 de marzo (*BOE* del 31), por la que se modifica la LO 10/1995, de 23 de noviembre, del Código Penal.

sueltos, experiencias y precedentes que han facilitado la captación íntegra de la Institución.

Por encima de concepciones pro o antijuradistas, nuestra Norma Fundamental enlaza el instrumento del jurado, de forma indiscutible, con dos derechos fundamentales: la participación directa de los ciudadanos en los asuntos públicos, del artículo 23.1 de la Constitución Española, y el derecho al Juez ordinario predeterminado por la ley del 24.2 de nuestro texto fundamental.

En efecto, nos encontramos, de una parte ante una modalidad del ejercicio del derecho subjetivo a participar en los asuntos públicos, perteneciente a la esfera del *status activae civitatis*, cuyo ejercicio no se lleva a cabo a través de representantes, sino que se ejercita directamente al acceder el ciudadano personalmente a la condición de jurado. De ahí que deba descartarse el carácter representativo de la institución y deba reconocerse exclusivamente su carácter participativo y directo.

Por ello, puede predicarse que el instituto que se regula difiere de otros modelos por la forma peculiar en que se articula el derecho-deber del ciudadano a participar de manera directa en un poder real del Estado; nos encontramos ante un derecho-deber, lo que tiene reflejo en

el texto legal al adoptar medidas coercitivas que aseguren el cumplimiento de la obligación y, consiguientemente, el establecimiento de aquellas otras encaminadas a mitigar, en lo posible, la excesiva onerosidad del cumplimiento del deber, a través de la retribución de la función y la indemnización de los gastos ocasionados por su ejercicio. La Ley parte de la concepción de que el Estado democrático se caracteriza por la participación del ciudadano en los asuntos públicos. Entre ellos no hay razón alguna para excepcionar los referidos a impartir justicia, sino que por el contrario se debe establecer un procedimiento que satisfaga ese derecho constitucional de la forma más plena posible.

No se trata, en definitiva, de confiar en la capacidad de los ciudadanos, como si fuera tolerable en un sistema democrático la alternativa negativa. Se trata sólo de tener por superadas cualesquiera razones explicativas no ya de su discutible fracaso histórico, sino de su autoritaria y antidemocrática suspensión.

Pero la institución del Jurado es al mismo tiempo y de forma complementaria, una manifestación del artículo 24 de la Constitución que declara que todos tienen derecho al Juez ordinario predeterminado por la Ley; cumple por tanto una función necesaria para el debido proceso, pero lo hace desde una óptica distinta a la que tenía atribuida en su recepción en el Estado liberal burgués; no hay reticencia alguna al Juez profesional; no se trata de instaurar una justicia alternativa en paralelo y menos aún en contradicción a la de los Jueces y Magistrados de carrera a que se refiere el artículo 122 de la Constitución, sino de establecer unas normas procedimentales que satisfagan al mismo tiempo y en paralelo todas las exigencias de los procesos penales con el derecho-deber de los ciudadanos a participar directamente en la función constitucional de juzgar.

El artículo 125 de la Constitución supone en definitiva un inequívoco emplazamiento constitucional que fuerza el largo paréntesis de limitadas vivencias y expectativas de participación del ciudadano en los asuntos públicos, y en el que la institución del Jurado reaparece con una renovada carga de sugerencias y matices capaces de dar sentido y proyección a la realidad social, hoy suficientemente contrastada, que demanda un cambio urgente en los modos de administrar justicia.

Su desarrollo no es, en consecuencia, tan sólo un imperativo constitucional, sino que es una urgente necesidad en cuanto que pieza decisiva de una reforma en profundidad del conjunto de la Administración de Justicia, que es sentida como necesidad inaplazable por buena parte de los ciudadanos.

Esta realidad ha sido también reconocida por el Consejo General del Poder Judicial. Así, en las memorias elaboradas en los años 1991 y 1992 y en la Relación Circunstanciada de las Necesidades de la Administración de Justicia para el año 1993, en el epígrafe referente a las modificaciones legislativas que estimaba convenientes para el adecuado ejercicio de la potestad jurisdiccional tendentes a conseguir una agilización de los procesos, al referirse al proceso penal, destaca que «la implantación del Jurado, prevista en el artículo 125 de la Constitución Española, requerirá una sustancial modificación de la institución mediante su incardinación en el sistema procesal, sin que ello suponga un elemento retardatario de la justicia penal».

Con la aprobación de esta Ley se da un paso cualitativo más, desde una perspectiva técnico-legal, encaminada a cerrar el modelo básico de la Justicia diseñado por la Constitución y la Ley Orgánica del Poder Judicial, facilitando la participación de los ciudadanos en la Administración de Justicia. El establecimiento del Tribunal del Jurado debe ser considerado como uno de los contenidos constitucionales aún pendientes de desarrollo. Con su regulación en esta Ley se da cumplimiento a un mandato constitucional tantas veces diferido y se establece una de las piezas básicas en el funcionamiento de la Administración de Justicia diseñado por el constituyente.

II

LOS CIUDADANOS JURADOS

Ya hemos advertido que la presente Ley parte de que el Jurado implica una manifestación del derecho de participación, y ello determina sin duda que las cuestiones verdaderamente esenciales a dilucidar sean la del ámbito de conocimiento del Tribunal del Jurado y, dentro de éste, la función que viene reconocida a los ciudadanos participantes.

Una elemental prudencia aconseja la graduación en el proceso de instauración de la Institución, tanto a la hora de seleccionar el número de asuntos, cuanto la naturaleza de éstos. Razones para su adecuada implantación aconsejan que todos los que han de intervenir en este tipo de procesos se familiaricen con sus peculiaridades tan distintas a la actual manera de celebrarse los juicios. La concreción del objeto del juicio, las alegaciones de las partes, el material probatorio a atender, el lenguaje a utilizar, el contenido mismo de las resoluciones deben variar sustancialmente.

La Ley tiene muy en cuenta que el juicio por Jurados constituye expresión plena de los principios básicos procesales de inmediación, prueba formada con fundamento en la libre convicción, exclusión de pruebas ilegales, publicidad y oralidad. Por ello se han seleccionado aquellos delitos en los que la acción típica carece de excesiva complejidad o en los que los elementos normativos integrantes son especialmente aptos para su valoración por ciudadanos no profesionalizados en la función judicial.

El ámbito competencial correspondiente al Tribunal del Jurado se fija en el artículo 1.° Sin embargo, el legislador en el futuro valorará sin duda, a la vista de la experiencia y de la consolidación social de la institución, la ampliación progresiva de los delitos que han de ser objeto de enjuiciamiento.

La conformación del colegio decisor dentro del Tribunal del Jurado requiere una respuesta legislativa cuyo acierto no pasa necesariamente por resolver la vieja cuestión lógica sobre la escindibilidad entre el hecho y el derecho.

Los autores de nuestra vieja Ley de Jurado, vinculando el origen histórico del Instituto al testimonio de los vecinos como fórmula de decidir el litigio, patrocinaron para el ciudadano jurado una intervención limitada a la proclamación del hecho probado.

Tal origen es discutible y, además, no siempre es posible decidir sobre la veracidad de una afirmación histórica, presupuesto típico del delito, sin pensar en valoraciones jurídicas. Pero, en todo caso, y ello es lo más relevante, el modelo ahora propuesto en la Ley alcanza una profundidad legitimadora entonces inatendida. Por eso, en la Ley, el Jurado no se limita a decidir si el hecho está o no probado, sino que valora aspectos como son los componentes normativos que dan lugar a la exención o no de la responsabilidad penal.

En la Ley, la opción adoptada respecto al proceso selectivo de los jurados es coherente con la consideración de que su participación constituye un derecho-deber. La ciudadanía, en las condiciones que habilitan para el pleno ejercicio de los derechos cívicos, constituye el índice de la capacidad presunta no necesitada de otras exclusiones o acreditaciones de capacidad probada, salvo aquellas que notoriamente impedirían el ejercicio de la función de enjuiciamiento.

La conveniencia de una participación lo más aceptada posible, lleva a reconocer un régimen de excusas generoso y remitido a la prudencia de la jurisdicción que ha de apreciarlas.

El sistema selectivo se caracteriza: a) por la sucesión de etapas que permitan garantizar la presencia de candidatos en número adecuado para evitar suspensiones en los señalamientos y el anticipado conocimiento por aquéllos de su eventual llamada a intervenir; b) por la transparencia y publicidad del proceso selectivo en que se insertan no sólo los mecanismos que permitan detectar las causas de exclusión, sino las garantías jurisdiccionales tanto para el candidato como, en momento ulterior, para las partes en el juicio; c) por el sorteo a partir de las listas censales como sistema, no sólo democrático en cuanto excluye criterios elitistas —ni aun a fuero de científicos—, sino coherente con el fundamento mismo de la participación.

Se ha considerado que, si se admitiese en esta Ley un criterio de exclusión, diverso del antes indicado, so pretexto de alcanzar un plus de capacidad sobre la presunta derivada de la inclusión en el censo, se estaría distorsionando el concepto mismo de pueblo.

Pero ello no debe impedir una cierta conciliación entre el derecho a participar en el sorteo con el derecho de las partes a procurar un cierto pluralismo en el colegio jurisdicente. En alguna medida a ello tiende el número de jurados a designar (nueve), pero lo hace aún más la posibilidad de que las partes puedan recusar sin necesidad de alegar causa atendiendo a subjetivas valoraciones acerca de los criterios de decisión del candidato. Aunque esta posibilidad haya de someterse a fuertes limitaciones de número que eviten los funestos resultados producidos en la experiencia histórica.

III

NECESARIAS REFORMAS PROCESALES COMO GARANTÍA DE LA VIABILIDAD DEL FUNCIONAMIENTO DEL JURADO

1

En la denominada fase intermedia

Algunos han proclamado que cualquier especialidad procedimental debe comenzar allí donde empieza la intervención del Jurado, esto es, en la fase de juicio oral. Se ha sostenido que si el Jurado se limita a intervenir en el juicio oral, no debe modificarse el modelo acusatorio formal o mixto de la Ley de Enjuiciamiento Criminal.

Tal opinión hace caso omiso de obligadas consideraciones:

a) El actual sistema de enjuiciamiento mediante jueces técnicos se sustenta sobre premisas normativas difícilmente trasladables al juicio oral ante el Tribunal del Jurado, que de mantenerse podría determinar el fracaso del enjuiciamiento por ciudadanos no profesionalizados. Las modificaciones necesarias deberán inexorablemente proyectarse sobre la fase preparatoria del juicio oral.

b) Nuestro Tribunal Constitucional ha venido estableciendo un cuerpo de doctrina que no sólo resulta enriquecedora, por enervar tradicionales defectos de nuestra ley procesal, sino que sería difícilmente tolerable ignorarla en la Ley.

Se quejaba Alonso Martínez de la costumbre, tan arraigada de nuestros Jueces y Tribunales, de dar escaso o ningún valor a las pruebas del plenario, buscando principal o casi exclusivamente la verdad en las diligencias sumariales practicadas a espaldas del acusado. La presente Ley concibe que el juicio oral ante el Tribunal del Jurado debe culminar la erradicación de esa malformación procesal mediante la práctica ante él de toda la prueba.

El consiguiente riesgo de prolongación excesiva del acto del juicio aconseja la introducción de mecanismos de simplificación. De ellos el más esencial es la precisa definición del objeto del enjuiciamiento que habrá de efectuarse en la fase precedente al mismo.

El vigente sistema de resolución sobre la apertura del juicio oral se manifiesta bajo dos modalidades procedimentales diferentes —según se trate de procedimiento ordinario o abreviado— aunque, en ambas, se limita a una decisión meramente negativa que resulta disfuncional para el enjuiciamiento por jurado. Por ello, el modelo debía optar por uno u otro procedimiento, siendo difícilmente explicable que, transcendiendo la fase intermedia o juicio de acusación a la de juicio, la unidad procedimental de ésta no exigiese igual unidad en aquélla.

De otra parte, el carácter meramente negativo de la decisión sobre la apertura del juicio oral resulta poco apto para la precisa definición del objeto del juicio, presupuesto imprescindible para asegurar un desarrollo de éste que garantice la ausencia de confusión de los hechos a probar, que evite las dilaciones inherentes a aquella falta de precisión objetiva y que, con la información adecuada e imparcialmente elaborada, permita prescindir de la no deseada «reproducción» del sumario o diligencias previas.

También ha proclamado nuestro Tribunal Constitucional la exigencia de promover, en la fase intermedia del procedimiento, el debate procesal en condiciones que respeten la contradicción e igualdad de acusación y defensa.

Con tales precedentes la Ley ha considerado oportuno:

a) Optar por una resolución sobre la apertura del juicio oral precisa y fundada. Desde luego, conforme venía advirtiendo una parte de la doctrina, difícilmente puede efectuarse un control jurisdiccional sobre la apertura del juicio oral sin la previa formalización de la acusación. De esta manera el control judicial previo sobre la razonabilidad de la acusación no se limita al reenvío. Por el contrario, el ámbito de decisión atribuido al órgano jurisdiccional se incrementa pudiendo adoptar la decisión de sobreseimiento por cualquiera de sus motivos.

b) Tal control culmina no sólo decidiendo una genérica viabilidad del juicio oral sino precisando qué hechos concretos, de los múltiples posibles alegados por acusación y defensa, deben constituir objeto de la actividad probatoria y determinantes para su resolución en el juicio.

Debe retenerse que el contenido de la anterior decisión se erige en una de las más relevantes condiciones del éxito o fracaso de la institución.

c) A su vez el contenido y función de tal resolución se relaciona, en mutua exigencia, con la exclusión del auto de procesamiento, que vendría exigido por la necesaria unidad de sistema en lo concerniente a la inculpación.

2

En la fase de instrucción

La opción que acoge la Ley sobre el sistema para adoptar la decisión que remite a juicio oral, se proyecta sobre la fase del procedimiento que le precede:

a) Por la garantía de imparcialidad del órgano jurisdiccional que se refuerza especialmente. Así deberá valorarse la suficiencia y aún el éxito de la investigación, pero atendiendo, a la vez, a pretensiones y resistencias contrapuestas o de signo contrario, formuladas las unas por la acusación, las otras por la defensa. Se valorará, asimismo, la probabilidad de veracidad de unas afirmaciones históricas y aun de la trascendencia

en cuanto a la calificación jurídica.

El modelo que se adopta exige, por elemental coherencia, permitir, tan pronto como conste la imputación de un hecho justiciable determinado a persona concreta, la reubicación del Juez de Instrucción que luego habrá de resolver sobre la apertura del juicio oral, en una reforzada posición de imparcialidad, con la función de controlar la imputación del delito mediante la previa valoración de su verosimilitud y con la facultad de investigar de forma complementaria sobre los hechos afirmados por las partes.

Lo que es ineludible es que una excesiva tendencia hacia pesquisas generales, inacabables en el tiempo, no contribuya al fracaso de la viabilidad del enjuiciamiento por Jurado.

De otra parte, mal puede admitirse el reproche de que el sistema que acoge la Ley dejase sin mecanismo de efectividad el principio de obligatoriedad de la acción penal. Dejando a un lado lo que hay de acusación indiscriminada sobre una posible actitud de inhibición del Ministerio Fiscal, tal reproche olvida que para iniciarse este procedimiento tiene que haber precedido denuncia o querella de alguien que, de no ser el Ministerio Fiscal, bien puede, dada la afortunada previsión constitucional de la acción popular, suplir la falta de instancia del acusador público. Y a tal fin tiende la convocatoria a la acción pública que el Juez discrepante puede hacer al modo previsto para la fase intermedia en nuestra Ley de Enjuiciamiento Criminal dentro del procedimiento ordinario.

Se olvida cuando se reprocha la habilitación del Juez Instructor en la determinación del hecho y persona a investigar, que otro tanto ocurre en el actual sistema de la Ley de Enjuiciamiento Criminal, en la que, en definitiva, sólo será objeto y sujeto pasivo en el juicio oral cuanto venga determinado previamente por la acusación. La Ley sigue en este punto idéntico principio al acogido por la vigente legislación procesal.

b) Por la exigencia de imputación judicial previa a toda acusación, ya que la decisión sobre la apertura del juicio oral exige como presupuesto que se haya formalizado tal exigencia.

Ya denunciaba el Tribunal Constitucional cómo durante casi un siglo el sistema procesal permitía, entre nosotros, que el Juez Instructor inquiriese sin comunicar lo que buscaba e interrogase a un sospechoso sin hacerle saber de qué y por qué sospechaba de él, sin hacer posible su autodefensa y sin proveerle de asistencia de letrado. La Constitución de 1978 y la refor-

ma de la Ley de Enjuiciamiento Criminal por Ley 53/1978 obligaron a un sesgo crucial. El Tribunal Constitucional reconoció la nueva categoría de imputado a toda persona a quien se atribuya, más o menos fundadamente, un acto punible.

La presentación de denuncia o querella o la existencia de una actuación procesal en curso de la que derive la atribución de un hecho delictivo a persona determinada, ha de ser objeto de una imprescindible valoración circunstanciada por el Juez para decidir sobre el seguimiento de causa penal. Tal decisión no podrá demorarse arbitrariamente, debiendo sancionarse, conforme a aquella doctrina, como nulas e ilícitas las investigaciones verificadas sin esa previa comunicación, cuando correspondiera.

La relación de la referida doctrina con la que promueve el debate en condiciones de igualdad y con la que exige que quien va a realizar funciones de enjuiciamiento no formule acusaciones, han determinado que la Ley se decante por una instrucción que, desde el momento en que el hecho justiciable y la persona sean determinadas y corresponda este procedimiento, obliga a:

a) que alguien ajeno al Juez formule una imputación, precisamente antes de iniciar la investigación, *b*) que la prosecución de ésta exija una valoración por un órgano jurisdiccional precedida de la oportunidad de debate entre las partes,

c) que durante la investigación que el Juez estime razonable seguir, éste mantenga una posición diferenciada de la de las partes, y

d) que sea este Juez, así preservado en una cierta imparcialidad, el que controle la procedencia de la apertura o no del juicio oral, de manera positiva y no sólo negativa, con precisión del objeto del juicio y decisión de la información necesaria a remitir al Tribunal del Jurado que, sin embargo, impida la disposición del material sumarial que podría limitar la efectiva incidencia de los principios de oralidad, inmediación y celeridad necesarios en dicho enjuiciamiento.

IV

EL JUICIO ORAL

1

Cuestiones previas

La preocupación por una adecuada preparación del juicio oral obstinadamente dirigida a impedir su fracaso, lleva en la Ley a intensificar el papel asignado al Magistrado en ese preámbulo de la celebración del juicio oral ya abierto.

La decisión, adoptada por el Instructor sobre la apertura del juicio oral, puede, sin duda, ser objeto de la discrepancia de las partes. La que concierne a la procedencia o no del juicio recibe un tratamiento en la Ley similar al de la Ley de Enjuiciamiento Criminal; apelación contra el sobreseimiento e irrecurribilidad de la apertura, sin perjuicio de que en este último supuesto las partes al personarse puedan plantear las cuestiones previas o excepciones a que se refiere el artículo 36 de la Ley.

Pero la discrepancia puede suscitarse en relación a aspectos particulares de la resolución referidos al objeto del juicio y en este supuesto la técnica del recurso resulta innecesariamente dilatoria, ya que el mismo objetivo puede lograrse mediante el planteamiento de la reclamación como cuestión previa al Magistrado que ha de presidir el Tribunal.

Esa facultad revisora se complementa en la Ley con la de dirección del debate que se traduce en la formulación, ajustada a la estructura del veredicto de su objeto.

La decisión sobre la admisión de la prueba, supeditada a su pertinencia, viene atribuida en la Ley al Magistrado que anteriormente ya ha configurado el objeto del juicio y con ello los hechos objetivos de prueba, y a él también le corresponde valorar la imposibilidad del aplazamiento que exija la práctica anticipada y, en definitiva, resolver sobre las eventuales alegaciones de ilicitud probatoria.

2

Constitución del Tribunal del Jurado

El Tribunal del Jurado no constituye, y ello es una de sus notas más definidoras, un órgano jurisdiccional permanente, lo que exigió siempre el señalamiento del período durante el cual el constituido iba a conocer. De esa manera las causas a conocer se determinaban en función de dos datos: el tiempo para el que se había conformado el Tribunal y el Partido Judicial de procedencia de las causas.

El primer criterio ha sido sustituido en la Ley por la conformación de un Jurado para cada causa acentuándose así la nota de temporalidad del órgano judicial. Varias razones aconsejan esta solución. La primera que, al menos, en el inicio de la reinstauración de la Institución, no se haga recaer sobre unos pocos Jurados la carga de examinar todas las causas a enjuiciar en un período, repartiéndose entre más ciudadanos esa labor. La segunda que, de la forma propuesta se contribuya, por efecto de una mayor rotación en el desempeño de la función, al logro de uno de los efectos más beneficiosos de la Institución, a saber: que la experiencia del ejercicio de la función de juzgar actúe como escuela de ciudadanía para el mayor número posible de ciudadanos.

Mantener una disposición que fija los períodos de sesiones ha perdido hoy su carácter necesario. Sin embargo, mantiene con ella no sólo el efecto simbólico, recordando esa transitoriedad de la función judicial en el ciudadano, sino también una pauta de organización de señalamientos. Conforme a ella podrá efectuarse el sorteo con tiempo suficiente para un determinado período en un solo acto. Al mismo tiempo, nada impedirá, al conformarse Jurados por cada causa que, la naturaleza y circunstancias de ésta, aconsejen un sorteo preconstituyente del Tribunal en fecha a señalar prudentemente por el Magistrado-Presidente.

No menor trascendencia tiene la segunda opción adoptada en la Ley en relación con el origen de los candidatos a jurado. La vecindad ha sido histórica-mente una de las notas esencia-les de los llamados a juzgar como jurados. De ahí que éstos hayan de ser, si no de la locali-dad o del partido judicial, al menos de la provincia en cuyo territorio el hecho ha tenido lu-gar.

La prudencia aconseja la apertura de tiempos hasta don-de sea posible que permitan la anticipada comunicación de cualquier causa que pueda im-plicar el defecto de número de jurados hábiles el día señalado para el juicio. A ello responde en la Ley con la ausencia de rí-gidas preclusiones y la anticipa-ción en la formación de listas de candidatos a jurado, así como, la previsión de la reiteración de sorteos antes de dicho día.

La Ley prevé la posible recu-sación por las partes presentes en el inicio de las sesiones. El fundamento de la recusación admitida, incluso sin alegación de causa por el recusante, no es otro que el de lograr, no ya la imparcialidad de los llamados a juzgar, sino que tal imparciali-dad se presente como real ante los que acuden a instar la Justi-cia. Pero tal ideal, que exigiría la inexistencia de límites en la recusación, ha de conciliarse con las exigencias de que la Ins-titución no se vea frustrada en su funcionamiento efectivo.

3

El debate

Aun cuando la Ley apenas se limita a una remisión a las nor-mas comunes, sería un error ol-vidar que precisamente en la di-rección del debate del juicio oral se encuentra una de las claves esenciales de éxito o fracaso de la Institución. Si hubiere de fra-casar, quizás fuere tan imputable a la falta de acierto del Juez téc-nico en la preparación del juicio a que le emplaza la Ley, como al ciudadano no profesional que carezca de la aptitud necesaria para el desempeño de la función que aquélla le asigna.

La brevedad de la remisión en este apartado viene permitida porque antes, como se expuso, la Ley se ha preocupado de resolver aspectos esenciales. De una parte, la minuciosa precisión del *thema probandi*, rígida e inteligible refe-rencia que debe guiar inexorable-mente lo que en el juicio oral pue-da ocurrir. Aquella determinación del objeto del juicio, precisamente articulada en la forma en que debe ser examinada la prueba para la emisión del veredicto, y en lenguaje inteligible al ciudadano no profesional, se presenta en la Ley como preferible a las expe-riencias de ilustración al Jurado mediante notas o relaciones.

De otra, la exclusión de la pre-sencia, incluso física, del sumario en el juicio oral evita indeseables confusiones de fuentes cognoscitivas atendibles, contribuyendo así a orientar sobre el alcance y la finalidad de la práctica probatoria a realizar en el debate.

La oralidad, inmediación y publicidad en la prueba que ha de derogar la presunción de inocencia lleva a la Ley a incidir en una de las cuestiones que más polémica ha suscitado cual es la del valor probatorio dado a las diligencias sumariales o previas al juicio y que se veta en el texto del mismo.

Un aspecto que merece especial consideración es la participación del Jurado en la actividad probatoria. De la misma manera que nuestra Ley de Enjuiciamiento Criminal ha optado por una transacción entre el principio de aportación de parte y el de investigación de oficio, autorizando al Tribunal a contribuir a la producción de medios de prueba en el juicio oral, se traslada esa posibilidad al Jurado que es precisamente quien tiene ahora la responsabilidad de la valoración probatoria sobre la veracidad de la imputación.

4

La disolución del Jurado

La disolución del Jurado, sin duda, constituye una de las más llamativas novedades respecto de nuestra experiencia histórica. La proclamación constitucional del derecho fundamental a la presunción de inocencia no podía dejar de proyectar su influencia en la Ley proyectada. Una influencia que es tributaria en buena parte del modelo en que aquella garantía constitucional surgió.

Como antecedente en el derecho comparado, cabe así citar la previsión de las reglas federales para el procedimiento criminal en los Estados Unidos de América que permiten instar la disolución del Jurado después de terminada la prueba de ambas partes, si dicha prueba fuera insuficiente para sostener la convicción por dicho delito o delitos.

Sin duda el alcance y efectos del derecho que garantiza el artículo 24.2 de nuestra Constitución es discutible y discutido. La Ley parte de dos premisas: *a)* la distinción en el contenido de la garantía de un aspecto objetivo concerniente a la existencia de una verdadera prueba y otro, subjetivo, referido al momento de valoración de aquélla; y *b)* la distribución de funciones entre el Magistrado y los Jurados, atribuyendo al primero el control de aquella dimensión objetiva como cuestión jurídica. Tal control se resuelve en la Ley en consideraciones sobre la licitud u observancia de garantías en la producción probatoria. Aunque también en la apreciación objetiva sobre la existencia de elementos incriminadores. No tanto de la suficiencia para justificar la condena. Esta forma parte también del contenido del derecho fundamental pero exige ya la labor de valoración del medio de prueba lo que corresponde al Jurado.

En definitiva, el criterio que separa la valoración de la existencia de prueba respecto del de la suficiencia de la misma, puede ser el imperante en la jurisprudencia del ámbito cultural del que es oriunda la garantía: no existirá prueba si, ni aún en la interpretación de la practicada más favorable a las tesis de la acusación, ésta habría de ser rechazada.

Limitada la atribución del Magistrado a un aspecto tan evidente, no resulta extemporánea al final del debate. Cierto que antes ya se habrá valorado por el Juez la existencia de indicios que justificaron la apertura del juicio oral, por lo que puede caerse en el error de creer que la mínima actividad probatoria, lícita y de cargo ha sido ya alcanzada. Una tesis tal desconocería que hasta el juicio oral no existe verdadera prueba, que la valoración de su existencia como tal corresponde al órgano del juicio y, lo importante, que en el jui-

cio, durante todo él, se pueda poner de manifiesto la ilegalidad o la absoluta falta de fuerza incriminadora de los medios de prueba de que se dispuso.

También aconseja tal medida la experiencia histórica que da noticia de uno de los reproches más generalizados respecto al funcionamiento del Jurado: la emisión de veredictos sorprendentes. Una vez más la Ley deposita un alto grado de confianza en la magistratura como garantía del buen funcionamiento de la Institución.

V

EL VEREDICTO

1

El objeto

Entendió Alonso Martínez que extender la competencia al *nomen iuris* del delito era manifestación de la confusión entre el hecho y el derecho y, aún más, suponía la invasión por el Jurado de facultades del legislador. Ni esto último parece fácilmente compatible, ni la escisión de lo histórico y lo normativo en el enjuiciamiento es fácil. Por otro lado, ha sido constante el reproche por la ausencia de motivación hacia sistemas organizativos del jurado que admiten la emisión de veredicto por sólo ciudadanos.

A una y otra objeción trata de dar prudente respuesta la Ley. De una parte, porque el hecho no se estima concebible desde de una reduccionista perspectiva naturalista, sino, precisa y exclusivamente, en cuanto jurídicamente relevante. Un hecho, en una concreta selección de su proteica accidentalidad, se declara probado sólo en tanto en cuanto jurídicamente constituye un delito.

Privar al Jurado de la toma en consideración de ese inescindible vínculo entre la configuración del dato histórico y su consecuencia normativa es, por un lado, inútil ya que el debate le habrá advertido de la consecuencia de su decisión sobre la verdad proclamada y no podrá omitir en su decisión la referencia de las consecuencias de su veredicto pretendidamente sólo fáctico.

Pero, además, con tal escisión se reproduciría una de las causas de mayor reproche al Tribunal del Jurado en nuestra experiencia. La difícil articulación de las cuestiones, con exclusión de los proscriptos aspectos de técnica jurídica, produjo constantes debates sobre la corrección de los veredictos y sentencias.

También era necesario optar entre el sistema de respuesta única o articulación secuencial.

Aquella fórmula se acomoda más a una concepción ajena al de plena vigencia y supremacía del principio de legalidad. Allí donde el Jurado puede, desde la irresponsabilidad, sustituir el genérico y apriorístico criterio del legislador por su concepción en el caso concreto, el apodíctico veredicto no está necesitado ni de articulación ni de motivación.

En nuestro sistema el Jurado debe sujetarse inexorablemente al mandato del legislador. Y tal adecuación sólo es susceptible de control en la medida en que el veredicto exterioriza el curso argumental que lo motivó.

Y a ello tiende la Ley:

a) Confirmando al Magistrado la articulación racional de los hechos a proclamar como probados en una secuencia lógica.

b) Reclamando como criterio la necesaria inequivocidad de la cuestión.

c) Permitiendo al Jurado una flexibilidad, que, sin abdicar de la obligada respuesta a la cuestión que le es formulada, pueda introducir las matizaciones o complementos que permita adecuar el veredicto a su conciencia en el examen del hecho. Lo que, además, conseguirá evitar previsibles veredictos sorprendentes de inculpabilidad a que llevaría la rigidez en la exigencia de respuesta que situase al Jurado en insoportables incomodidades para expresar su opinión. Con ello se elude el catálogo de preguntas a contestar con monosílabos, porque éste no puede recoger la total opinión del Jurado, pero se evita el sistema ya rechazado por una doctrina cualificada de conferir a éste la carga de la redacción del hecho probado.

d) Exigiendo del Jurado que su demostrada capacidad para decidirse por una u otra versión alcance el grado necesario para la exposición de sus motivos. Bien es cierto que la exposición de lo tenido por probado explicita la argumentación de la conclusión de culpabilidad o inculpabilidad. Pero hoy, la exigencia constitucional de motivación no se satisface con ello. También la motivación de esos argumentos es necesaria. Y desde luego posible si se considera que en modo alguno requiere especial artificio y cuenta en todo caso el Jurado con la posibilidad de instar el asesoramiento necesario.

e) Añadiendo a ese contenido el pronunciamiento sobre la valoración que el hecho merece en función de su tipificación legal. Para tal pronunciamiento, no estribará tanto la dificultad en una tarea de calificación técnica del hecho, como en optar en las diversas versiones de éste. Una vez más la prudencia y

buen hacer del Magistrado viene a constituir una garantía del éxito del modelo.

f) La conformación del objeto del veredicto no puede prescindir de la consideración del objeto del proceso como vinculado a las alegaciones de todas las partes, a los intereses de la defensa y de la acusación y, también, al derecho de éstas a participar en la definitiva redacción mediando la oportuna audiencia.

2

Instrucciones

En ellas radica otra de las condiciones del éxito o fracaso del enjuiciamiento por Jurado. Pero su justificación, que no es otra que suplir las deficiencias que puedan derivarse del desconocimiento técnico de la Ley, impide que puedan extenderse a aspectos en los que los Jurados deben y pueden actuar con espontaneidad.

Por ello se estima adecuado suprimir entre sus contenidos uno cuya inclusión determinó una gran polémica en nuestra pasada experiencia histórica: el resumen de la prueba practicada.

Sin embargo el asesoramiento técnico no puede prescindir de la advertencia de no atendibilidad de aquellas actividades probatorias que adolezcan de defectos legales que obligan a desecharlas. En la medida en que las instrucciones tienen consustancial trascendencia en la determinación del veredicto, parece oportuno que se sometan al control de las partes para que éstas resulten convencidas de la imparcialidad de aquéllas y, si no, dispongan de la oportunidad de combatir la infracción.

Necesidad de instrucción y espontaneidad del Jurado son objetivos que pueden estorbarse y que hacen necesaria su conciliación. Así, aun cuando el Jurado debe reunirse para deliberar sin interferencias mediatizadoras, no se ha querido prescindir de la permanente disponibilidad de acceso al asesoramiento que, libremente, quieran exigir.

Especial consideración merece la posibilidad que se permite en la Ley para que, aun sin mediar petición de los Jurados, pueda el Magistrado impartir aquellas instrucciones que tienden a evitar una innecesaria prolongación de la deliberación. Se trata de evitar que la inexperiencia de los deliberantes unida a su reticencia a instar la instrucción, produzca una injustificada dilación en la emisión del veredicto que afectaría al prestigio de la Institución.

3

Deliberación y votación

El secreto de la deliberación no ha de impedir la imprescindible responsabilidad de los jurados. Por ello la votación se impone nominal, lo que permite identificar la abstención prohibida en la Ley.

Sin duda la regla de decisión que exige la unanimidad en el sentido de la misma para tener por producido el veredicto se presenta como la más adecuada para compeler a los jurados a un debate más rico. Sin embargo, tal regla lleva implícito un elevadísimo riesgo de fracaso de no alcanzarse tal unanimidad. Una adecuada transacción entre los objetivos de una deliberación indirectamente orientada a la votación desde su inicio, por formación de fáciles mayorías simples, y la evitación de excesivas disoluciones del Jurado, que puedan venir motivadas por la simple e injustificable obstinación de uno o pocos jurados, ha aconsejado, al menos en el inicio del funcionamiento de la Institución, una regla de decisión menos exigente.

Para el adecuado funcionamiento de la Institución la Ley rechaza la posibilidad, históricamente admitida, de devolución del veredicto por discrepancia en el sentido del mismo.

Pero ello no debe impedir que la presencia en él de defectos, de los que darían lugar a su revocación por vía de recurso dada su oposición a la Ley, pueda subsanarse mediante la intervención del Magistrado, con la presencia de las partes, haciendo presente dichos defectos e indicando lo necesario al Jurado para dicha subsanación.

VI

SENTENCIA

La vinculación del Magistrado por el veredicto se refleja en la recepción que de éste ha de hacerse en la sentencia y en el sentido absolutorio o condenatorio del fallo. El Magistrado, vinculado también por el título jurídico de la condena, procederá a la calificación necesaria para determinar el grado de ejecución, participación del condenado y sobre la procedencia o no de las circunstancias modificativas de la responsabilidad y, en consecuencia, a la concreción de la pena aplicable.

Es de resaltar que la preocupación en la Ley por la motivación de la resolución lleva también a exigir al Magistrado que, con independencia de la motivación que los jurados hagan de la valoración de la prueba existente, aquél ha de motivar por

qué consideró que existía dicha prueba sobre la que autorizó el veredicto. De esta suerte pretende la Ley obstar las críticas suscitadas en torno a la fórmula de separación del colegio decisor, tanto en lo relativo a la inescindibilidad del hecho y del derecho, como en lo concerniente a la supuesta irresponsabilidad por falta de motivación en el veredicto y sentencia, que, se dice, deberían ser inherentes a dicho sistema.

VII

MODIFICACIONES DE CUERPOS LEGALES Y ESPECIALIDADES PROCESALES

I

Modificación de la Ley Orgánica del Poder Judicial

Los criterios contenidos en la Ley recogen sustancialmente los principios que el artículo 83.2 de la Ley Orgánica 6/1985, de 1 de julio, remitía a la futura Ley del Jurado, por lo que aprobada la completa regulación de esta Institución, resulta innecesaria tal previsión. Dado que la doctrina constitucional ha venido exigiendo un texto normativo unitario para el desarrollo del artículo 122.1 de la Constitución, se ha procedido a modificar el referido precepto de la Ley Orgánica del Poder Judicial, en la medida que la presente Ley afecta a las competencias y funciones de los órganos jurisdiccionales, estableciendo en el artículo 83.2 la obligada referencia a la Ley Orgánica del Tribunal del Jurado.

2

El Ministerio Fiscal en la fase de instrucción

Si bien debe corresponder al Juez la realización de los actos sumariales, las peculiaridades que deben presidir el procedimiento ante el Jurado y la oportunidad de que se consolide el principio acusatorio, hacen necesaria la potenciación de las atribuciones del Ministerio Fiscal. De esta forma, la incoación y su adaptación al nuevo procedimiento, así como la constitución del Ministerio Fiscal junto al Juez instructor y la inmediata puesta en conocimiento de la imputación, en los términos previstos en los artículos 24 y 25 de la Ley, tienen también su marco procesal mediante la incorporación de sendas previsiones en el artículo 309, para el procedimiento ordinario, y en los artículos 780 y 789.3 de la Ley de Enjuiciamiento Criminal, para el abreviado.

Resulta coherente, por otra parte, con la remisión del artículo 36 de la Ley a los artículos 668 a 677 de la Ley de Enjuiciamiento Criminal para la tramitación de incidentes por el planteamiento de cuestiones previas, adicionar al artículo 678 de la misma la exclusión de la posibilidad —en los procedimientos ante el Jurado— de reproducir en el juicio oral las cuestiones desestimadas. La misma coherencia se predica de la sustitución del recurso procedente contra el auto resolutorio de la declinatoria o de la admisión de las excepciones del artículo 666 de la Ley de Enjuiciamiento Criminal, que introduce el de apelación, en congruencia con la recurribilidad prevista contra las sentencias de la Audiencia Provincial.

3

Medidas cautelares

La introducción de un nuevo artículo 504 bis 2 en la Ley de Enjuiciamiento Criminal, respecto a la adopción de medidas cautelares de privación o restricción de la libertad, incorpora una necesaria audiencia del Ministerio Fiscal, las partes y el imputado asistido de letrado, inspirada en el principio acusatorio, y suprime la exigencia de ratificación del auto de prisión. De esta forma, la limitación de la iniciativa judicial se equilibra con la instauración de los beneficios del contradictorio, sin perjuicio del carácter reformable de las medidas adoptadas durante todo el curso de la causa.

4

*Recursos de apelación
y casación*

El nuevo Libro V de la Ley de Enjuiciamiento Criminal, denominado «De los recursos de apelación, casación y revisión», está encaminado a extender la apelación contra autos y sentencias derivados del procedimiento ante el Tribunal del Jurado, así como para determinadas resoluciones del penal ordinario en los supuestos del artículo 676 de la norma procesal. La nueva apelación aspira a colmar el derecho al «doble examen», o «doble instancia», en tanto su régimen cumple suficientemente con la exigencia de que tanto el fallo condenatorio como la pena impuesta sean sometidas a un tribunal superior, en función del carácter especial del procedimiento ante el Jurado, y sin perjuicio de la función propia que debe des-

empeñar, respecto de todos los delitos, el recurso de casación.

Para ello, la Ley adecua los motivos de impugnación previstos a ese carácter especialísimo del procedimiento y atribuye la competencia resolutiva a las Salas de lo Civil y Penal de los Tribunales Superiores de Justicia, lo cual, aparte de los necesarios ajustes en medios personales, responde a una ya antigua aspiración en la delimitación competencial para el conocimiento de la apelación.

CAPÍTULO PRIMERO

DISPOSICIONES GENERALES

Artículo 1.º *Competencia del Tribunal del Jurado.*—1. El Tribunal del Jurado, como institución para la participación de los ciudadanos en la Administración de Justicia, tendrá competencia para el enjuiciamiento de los delitos atribuidos a su conocimiento y fallo por esta u otra Ley respecto de los contenidos en las siguientes rúbricas:

a) Delitos contra las personas.

b) Delitos cometidos por los funcionarios públicos en el ejercicio de sus cargos.

c) Delitos contra el honor.

Art. 1.º1 y 2: Apartados redactados conforme a la LO 1/2015, de 30 de marzo (*BOE* del 31), por la que se modifica la LO 10/1995, de 23 de noviembre, del Código Penal.

d) Delitos contra la libertad y la seguridad.

2. Dentro del ámbito de enjuiciamiento previsto en el apartado anterior, el Tribunal del Jurado será competente para el conocimiento y fallo de las causas por los delitos tipificados en los siguientes preceptos del Código Penal:

a) Del homicidio (arts. 138 a 140).

b) De las amenazas (art. 169.1.º).

c) De la omisión del deber de socorro (arts. 195 y 196).

d) Del allanamiento de morada (arts. 202 y 204).

e) De la infidelidad en la custodia de documentos (arts. 413 a 415).

f) Del cohecho (arts. 419 a 426).

g) Del tráfico de influencias (arts. 428 a 430).

h) De la malversación de caudales públicos (arts. 432 a 434).

i) De los fraudes y exacciones ilegales (arts. 436 a 438).

j) De las negociaciones prohibidas a funcionarios (arts. 439 y 440).

k) De la infidelidad en la custodia de presos (art. 471).

3. El juicio del Jurado se celebrará solo en el ámbito de la Audiencia Provincial y, en su caso, de los Tribunales que correspondan por razón del aforamiento del acusado. En todo caso quedan excluidos de la competencia del Jurado los delitos cuyo enjuiciamiento venga atribuido a la Audiencia Nacional y aquellos cuya competencia haya sido asumida por la Fiscalía Europea.

Art. 2.º *Composición del Tribunal del Jurado.*—1. El Tribunal del Jurado se compone de nueve jurados y un Magistrado integrante de la Audiencia Provincial, que lo presidirá.

Si, por razón del aforamiento del acusado, el juicio del Jurado debe celebrarse en el ámbito del Tribunal Supremo o de un Tribunal Superior de Justicia, el Magistrado-Presidente del Tribunal del Jurado será un Magistrado de la Sala de lo Penal del Tribunal Supremo o de la Sala de lo Civil y Penal del Tribunal

---

Art. 1.º3: Modificado por la Disp. Final 3.ª de la LO 9/2021, de 1 de julio (*BOE* del 2), de aplicación del Reglamento (UE) 2017/1939 del Consejo, de 12 de octubre de 2017, por el que se establece una cooperación reforzada para la creación de la Fiscalía Europea.

Art. 2.º1: Vid. arts. 57.2.º y 73.3 LOPJ. El TS, por Acuerdo del Pleno no jurisdiccional (art. 264.1 LOPJ) de 27 de noviembre de 1998, ha interpretado, que «el enjuiciamiento de los Diputados, Senadores (art. 71.3 CE) y miembros de la Presidencia y demás miembros del Gobierno (art. 102.1 CE) se tramitará ante la Sala Segunda del Tribunal Supremo según las normas del procedimiento contenidas en la Ley de Enjuiciamiento Criminal» (vid. ATS de 9 de febrero de 1999).

Superior de Justicia, respectivamente.

2. Al juicio del Jurado asistirán, además, dos jurados suplentes, a los que les será aplicable lo previsto en los artículos 6 y 7.

Art. 3.º *Función de los jurados.*—1. Los jurados emitirán veredicto declarando probado o no probado el hecho justiciable que el Magistrado-Presidente haya determinado como tal, así como aquellos otros hechos que decidan incluir en su veredicto y no impliquen variación sustancial de aquél.

2. También proclamarán la culpabilidad o inculpabilidad de cada acusado por su participación en el hecho o hechos delictivos respecto de los cuales el Magistrado-Presidente hubiese admitido acusación.

3. Los jurados en el ejercicio de sus funciones actuarán con arreglo a los principios de independencia, responsabilidad y sumisión a la Ley, a los que se refiere el artículo 117 de la Constitución para los miembros del Poder Judicial.

4. Los jurados que en el ejercicio de su función se consideren inquietados o perturbados en su independencia, en los términos del artículo 14 de la Ley Orgánica del Poder Judicial, podrán dirigirse al Magistrado-Presidente para que les ampare en el desempeño de su cargo.

Art. 4.º *Función del Magistrado-Presidente.*—El Magistrado-Presidente, además de otras funciones que le atribuye la presente Ley, dictará sentencia en la que recogerá el veredicto del Jurado e impondrá, en su caso, la pena y medida de seguridad que corresponda.

También resolverá, en su caso, sobre la responsabilidad civil del penado o terceros respecto de los cuales se hubiera efectuado reclamación.

Art. 5.º *Determinación de la competencia del Tribunal del Jurado.*—1. La determinación

---

Art. 5.º: El TS, por Acuerdo del Pleno no jurisdiccional (art. 264.1 LOPJ) de 5 de febrero de 1999, ha interpretado, que «en los problemas de determinación de la competencia entre el Tribunal de Jurado y la Audiencia Provincial en aquellos casos en los que se imputan a una persona dos delitos contra las personas, uno consumado y otro intentado, con el riesgo de romper la continencia de la causa, el enjuiciamiento corresponderá a la Audiencia Provincial» (vid. STS 70/1999, de 18 de febrero).

El TS, por Acuerdo del Pleno no jurisdiccional (art. 264.1 LOPJ) de 29 de enero de 2008, ha interpretado, en relación con la competencia del Tribunal del Jurado en los supuestos de conexión procesal de los delitos, que: «Conforme al art. 240.2 apartado 2, de la LOPJ, en todos los recursos de casación promovidos contra sentencias dictadas

de la competencia del Tribunal del Jurado se hará atendiendo al presunto hecho delictivo, cualquiera que sea la participación o el grado de ejecución atribuido al acusa-

do. No obstante, en el supuesto del artículo 1.1.*a*) sólo será competente si el delito fuese consumado.

2. La competencia del Tribunal del Jurado se extenderá al

por las Audiencias Provinciales o los Tribunales Superiores de Justicia, en el procedimiento del Jurado, la Sala sólo examinará de oficio su propia competencia. Las alegaciones sobre la falta de competencia objetiva o la inadecuación de procedimiento, basadas en la vulneración del art. 5.º LOTJ, habrán de hacerse valer por los medios establecidos, con carácter general, en la Ley de Enjuiciamiento Criminal y en la LO 5/1995, reguladora del Tribunal del Jurado.»

Art. 5.º2: Aquí desaparece el quinto supuesto de conexidad del art. 17 LECrim. El TS, por Acuerdo del Pleno no jurisdiccional (art. 264.1 LOPJ) de 20 de enero de 2010, ha interpretado, en relación con la competencia del Tribunal del Jurado en los supuestos de conexidad delictiva, que:«Cuando se imputen varios delitos y alguno de ellos sea de los enumerados en el artículo 1.2 LOTJ:

»1. La regla general es el enjuiciamiento separado, siempre que no lo impida la continencia de la causa.

»*a*) Se entenderá que pueden juzgarse separadamente distintos delitos si es posible que respecto de alguno o algunos pueda recaer sentencia de fallo condenatorio o absolutorio y respecto de otro o de otros pueda recaer sentencia de sentido diferente.

»*b*) La analogía o relación entre varios hechos constitutivos de varios delitos, en ningún caso exige, por sí misma, el enjuiciamiento conjunto si uno o todos ellos son competencia del Tribunal del Jurado (art. 1.2 LOTJ).

»2. La aplicación del artículo 5.2.*a*) no exige que entre los diversos imputados exista acuerdo. Se incluyen los casos de daño recíproco.

»3. La aplicación del artículo 5.2.*c*) requiere que la relación funcional a la que se refiere se aprecie por el órgano jurisdiccional en atención a la descripción externa u objetiva de los hechos contenidos en la imputación.

»La competencia se extenderá al delito conexo siempre que se haya cometido teniendo como objetivo principal perpetrar un delito que sea de la competencia del Tribunal del Jurado, es decir, que ha de ser de la competencia del Jurado aquel cuya comisión se facilita o cuya impunidad se procura.

»Por el contrario, si el objetivo perseguido fuese cometer un delito que no es competencia del Tribunal del Jurado y que se comete para facilitar aquél o lograr su impunidad fuese alguno de los incluidos en el artículo 1.2, en estos casos la competencia será del Juzgado de lo Penal o de la Audiencia Provincial, salvo que, conforme al apartado 1 de este acuerdo, puedan enjuiciarse separadamente.

»4. El artículo 5.3, al mencionar un solo hecho que pueda constituir dos o más delitos, incluye los casos de unidad de acción que causaren varios resultados punibles.

»5. Se excluye el caso de la prevaricación, que nunca será competencia del Tribunal del Jurado.

»6. En consecuencia, cuando no se aprecie alguna de las finalidades previstas en el artículo 5.2.*c*) o el delito fin no sea de los enumerados en el artículo 1.2: no concurran las circunstancias de los apartados *a*) o *b*) del artículo 5.2; no se trate de un caso de concurso ideal o de unidad de acción que causare varios resultados punibles; o, en cualquier caso, siempre que uno de los delitos sea el de prevaricación, y no pueda

enjuiciamiento de los delitos conexos, siempre que la conexión tenga su origen en alguno de los siguientes supuestos: *a*) Que dos

---

procederse al enjuiciamiento separado sin romper la continencia de la causa, la competencia será del Juzgado de lo Penal de la Audiencia Provincial.»

Finalmente el TS, por Acuerdo de Pleno no jurisdiccional (art. 264.1 LOPJ) de 23 de febrero de 2010, refundiendo la cuestión relativa a la competencia por conexidad, establece que:

«Cuando se imputen varios delitos y alguno de ellos sea de los enumerados en el artículo 1.2 LOTJ:

»1.   La regla general es el enjuiciamiento separado, siempre que no lo impida la continencia de la causa.

»*a*)   Se entenderá que pueden juzgarse separadamente distintos delitos si es posible que respecto de alguno o algunos pueda recaer sentencia de fallo condenatorio o absolutorio y respecto de otro u otros pueda recaer otra sentencia de sentido diferente.

»*b*)   La analogía o relación entre varios hechos constitutivos de varios delitos, en ningún caso exige, por sí misma, el enjuiciamiento conjunto si uno o todos ellos son competencia del Tribunal del jurado (art. 1.2 LOTJ).

»2.   La aplicación del artículo 5.2.*a*) no exige que entre los diversos imputados exista acuerdo. Se incluyen los casos de daño recíproco.

»3.   La aplicación del artículo 5.2.*c*) requiere que la relación funcional a la que se refiere se aprecie por el órgano jurisdiccional en atención a la descripción externa u objetiva de los hechos contenidos en la imputación.

»La competencia se extenderá al delito conexo siempre que se haya cometido teniendo como objetivo principal perpetrar un delito que sea de la competencia del Tribunal del Jurado, es decir, que ha de ser de la competencia del Jurado aquel cuya comisión se facilita o cuya impunidad se procura.

»Por el contrario, si el objetivo perseguido fuese cometer un delito que no es competencia del Tribunal del Jurado y el que se comete para facilitar aquél o lograr su impunidad fuese alguno de los incluidos en el artículo 1.2, en estos casos la competencia será del Juzgado de lo Penal o de la Audiencia Provincial, salvo que, conforme al apartado 1 de este acuerdo, puedan enjuiciarse separadamente.

»Cuando existieren dudas acerca de cuál es el objetivo principal perseguido por el autor de los hechos objeto de las actuaciones y uno de ellos, al menos, constituya delito de los atribuidos al Tribunal del Jurado (art. 1.2 LOTJ), la competencia se determinará de acuerdo con la que corresponda al delito más gravemente penado de entre los imputados.

»4.   El artículo 5.3, al mencionar un solo hecho que pueda constituir dos o más delitos, incluye los casos de unidad de acción que causaren varios resultados punibles.

»5.   Se excluye el caso de la prevaricación, que nunca será competencia del Tribunal del Jurado.

»6.   En consecuencia, cuando no se aprecie alguna de las finalidades previstas en el artículo 5.2.*c*) o el delito fin no sea de los enumerados en el artículo 1.2 (cuando hubiere dudas sobre cuál es el delito fin se atenderá al criterio de la gravedad); no concurran las circunstancias de los apartados *a*) o *b*) del artículo 5.2; no se trate de un caso de concurso ideal o de unidad de acción; o, en cualquier caso, siempre que uno de los delitos sea el de prevaricación, y no pueda procederse al enjuiciamiento separado sin romper la continencia de la causa, la competencia será del Juzgado de lo Penal o de la Audiencia Provincial.»

Recientemente, el TS, por Acuerdo de Pleno no jurisdiccional (art. 264.1 LOPJ), de 9 de marzo de 2017, relativo a la «Incidencia en el procedimiento de La ley del Jurado de las nuevas reglas de conexión del art. 17 de la LECrim», ha acordado:

o más personas reunidas cometan simultáneamente los distin-

tos delitos; *b*) que dos o más
personas cometan más de un

«1.   De los delitos que se enumeran en el art. 1.2 de la ley reguladora, siempre y sólo conocerá el Tribunal del Jurado.

»Si se ha de conocer de varios delitos que todos sean competencia del Tribunal del Jurado, como regla general se seguirá un procedimiento para cada uno de ellos sin acumulación de causas. Será excepción la prevista en el nuevo art. 17 de la LECrim: serán investigados y enjuiciados en la misma causa cuando la investigación y la prueba en conjunto de los hechos resulten convenientes para su esclarecimiento y para la determinación de las responsabilidades procedentes salvo que suponga excesiva complejidad o dilación para el proceso.

»2.   También conocerá de las causas que pudieran seguirse por otros delitos cuya competencia no le esté en principio atribuida en los casos en que resulte ineludiblemente impuesta la acumulación pero que sean conexos.

»3.   La procedencia de tal acumulación derivará de la necesidad de evitar la ruptura de la continencia de la causa. Se entiende que no existe tal ruptura si es posible que respecto de alguno o algunos de los delitos pueda recaer sentencia de fallo condenatorio o absolutorio y respecto de otro u otros pueda recaer sentencia de sentido diferente.

»4.   Existirá conexión determinante de la acumulación de los supuestos del art. 5 de la LOTJ.

»5.   Que en el supuesto del art. 5.2.*a*), se entenderá que también concurre la conexión conforme al actual art. 17.6.º cuando se trate de delitos come-tidos por diversas personas cuando se ocasionen lesiones o daños recíprocos.

»Cuando se atribuyan a una sola persona varios hechos delictivos cometidos simultáneamente en unidad temporo-espacial y uno de ellos sea competencia del Tribunal del Jurado, se considerarán delitos conexos por analogía con lo dispuesto en el art. 5.2. de la LOTJ, por lo que, si deben enjuiciarse en un único procedimiento, el Tribunal del Jurado mantendrá su competencia sobre el conjunto.

»6.   En los casos de relación funcional entre dos delitos (para perpetrar, facilitar ejecución o procurar impunidad) si uno de ellos es competencia del Tribunal del Jurado y otro no, conforme al art. 5.2.*c*) de la Ley del Tribunal del Jurado, se estimará que existe conexión conociendo el Tribunal del Jurado de los delitos conexos.

»7.   No obstante en tales supuestos de conexión por relación funcional, la acumulación debe subordinarse a una estricta interpretación del requisito de evitación de la ruptura de la continencia, especialmente cuando el delito atribuido al Jurado es de escasa gravedad y el que no es principio de su competencia resulta notoriamente más grave o de los excluidos de su competencia precisamente por la naturaleza del delito.

»8.   Tampoco conocerá el Tribunal del Jurado del delito de prevaricación aunque resulte conexo a otro competencia de aquél.

»Pero si podrá conocer, de mediar tal conexión, del delito de homicidio no consumado.

»9.   Cuando un solo hecho pueda constituir dos o más delitos será competente el Tribunal del Jurado para su enjuiciamiento si alguno de ellos fuera de los atribuidos a su conocimiento.

»Así mismo, cuando diversas acciones y omisiones constituyan un delito continuado será competente el Tribunal del Jurado si éste fuere de los atribuidos a su conocimiento.

»10.   A los efectos del art. 17.2.3 de la LECrim se considerarán conexos los diversos delitos atribuidos a la misma persona en los que concurra, además de analogía

delito en distintos lugares o tiempos, si hubiere precedido concierto para ello; *c*) que alguno de los delitos se haya cometido para perpetrar otros, facilitar su ejecución o procurar su impunidad.

No obstante lo anterior, y sin perjuicio de lo previsto en el artículo 1 de la presente Ley, en ningún caso podrá enjuiciarse por conexión el delito de prevaricación, así como aquellos delitos conexos cuyo enjuiciamiento pueda efectuarse por separado sin que se rompa la continencia de la causa.

3. Cuando un solo hecho pueda constituir dos o más delitos será competente el Tribunal del Jurado para su enjuiciamiento si alguno de ellos fuera de los atribuidos a su conocimiento.

Asimismo, cuando diversas acciones y omisiones constituyan un delito continuado será competente el Tribunal del Jurado si éste fuere de los atribuidos a su conocimiento.

4. La competencia territorial del Tribunal del Jurado se ajustará a las normas generales.

CAPÍTULO II

LOS JURADOS

SECCIÓN 1.ª

Disposiciones generales

Art. 6.º *Derecho y deber de jurado.*—La función de jurado es un derecho ejercitable por aquellos ciudadanos en los que no concurra motivo que lo impida y su desempeño un deber para quienes no estén incursos en causa de incompatibilidad o prohibición ni puedan excusarse conforme a esta Ley.

Art. 7.º *Retribución y efectos laborales y funcionariales del desempeño de la función de jurado.*—1. El desempeño de las

---

entre ellos, una relación temporal y espacial determinante de la ineludible necesidad de su investigación y prueba en conjunto, aunque la competencia objetiva venga atribuida a órganos diferentes.

»En tales casos, si uno de los delitos debiera conocer el Tribunal del Jurado, se estará a lo establecido en el apartado 5 párrafo segundo de este acuerdo.»

Art. 5.º4: Vid. art. 14 de la Ley de Enjuiciamiento Criminal.

Art. 7.º: Vid. RD 385/1996, de 1 de marzo (*BOE* del 14; corrección de errores en *BOE* del 13 de abril), por el que se establece el régimen retributivo e indemnizatorio del desempeño de las funciones del jurado. También la Orden JUS/2.352/2002, de 5 de septiembre (*BOE* del 25), por la que se publica el Acuerdo del Consejo de Ministros revisando el importe de las retribuciones e indemnizaciones. Ahora habrá que estar a la Resolución de 21 de julio de 2006 (*BOE* del 26), de la Subsecretaría, por la que se dispone la publicación del Acuerdo del Consejo de Ministros de 14 de julio de 2006 por el que se revisan las cuantías de las retribuciones e indemnizaciones correspondientes al desempeño de la función de jurado.

funciones de jurado será retribuido e indemnizado en la forma y cuantía que reglamentariamente se determine.

2. El desempeño de la función de jurado tendrá, a los efectos del ordenamiento laboral y funcionarial, la consideración de cumplimiento de un deber inexcusable de carácter público y personal.

SECCIÓN 2.ª

Requisistos, incapacidades, incompatibilidades, prohibiciones y excusas

Art. 8.º *Requisitos para ser jurado.*—Son requisitos para ser jurado:

1. Ser español mayor de edad.

2. Encontrarse en el pleno ejercicio de sus derechos políticos.

3. Saber leer y escribir.

4. Ser vecino, al tiempo de la designación, de cualquiera de los municipios de la provincia en que el delito se hubiere cometido.

5. Contar con la aptitud suficiente para el desempeño de la función de jurado. Las personas con discapacidad no podrán ser excluidas por esta circunstancia de la función de jurado, debiéndoseles proporcionar por parte de la Administración de Justicia los apoyos precisos, así como efectuar los ajustes razonables, para que puedan desempeñar con normalidad este cometido.

Art. 9.º *Falta de capacidad para ser jurado.*—Están incapacitados para ser jurado:

1. Los condenados por delito doloso, que no hayan obtenido la rehabilitación.

2. Los procesados y aquellos acusados respecto de los cuales se hubiera acordado la apertura de juicio oral y quienes estuvieren sufriendo detención, prisión provisional o cumpliendo pena por delito.

3. Los suspendidos, en un procedimiento penal, en su em-

Art. 7.º2: Vid. art. 37.3.*d*) del Texto Refundido de la Ley del estatuto de los Trabajadores, aprobado por RD Legislativo 2/2015, de 23 de octubre (*BOE* del 24). Para los funcionarios públicos, vid. art. 30.2 de la Ley 30/1984, de 2 de agosto (*BOE* del 8), de medidas para la reforma de la Función Pública.
Art. 8.º: Vid. art. 14 de esta Ley.
Art. 8.º5: Apartado modificado por el art. único.1 de la LO 1/2017, de 13 de diciembre (*BOE* del 14), de modificación de la LO 5/1995, de 22 de mayo, del Tribunal del Jurado, para garantizar la participación de las personas con discapacidad sin exclusiones.
Art. 9.º: Vid. art. 14 de esta Ley.

pleo o cargo público, mientras dure dicha suspensión.

Art. 10. *Incompatibilidad para ser jurado.*—Serán incompatibles para el desempeño de la función de jurado:

1. El Rey y los demás miembros de la Familia Real Española incluidos en el Registro Civil que regula el Real Decreto 2.917/1981, de 27 de noviembre, así como sus cónyuges.

2. El Presidente del Gobierno, los Vicepresidentes, Ministros, Secretarios de Estado, Subsecretarios, Directores generales y cargos asimilados. El Director y los Delegados provinciales de la Oficina del Censo Electoral. El Gobernador y el Subgobernador del Banco de España.

3. Los Presidentes de las Comunidades Autónomas, los componentes de los Consejos de Gobierno, Viceconsejeros, Directores generales y cargos asimilados de aquéllas.

4. Los Diputados y Senadores de las Cortes Generales, los Diputados del Parlamento Europeo, los miembros de las Asambleas Legislativas de las Comunidades Autónomas y los miembros electos de las Corporaciones locales.

5. El Presidente y los Magistrados del Tribunal Constitucional. El Presidente y los miembros del Consejo General del Poder Judicial y el Fiscal general del Estado. El Presidente y los miembros del Tribunal de Cuentas y del Consejo de Estado, y de los órganos e instituciones de análoga naturaleza de las Comunidades Autónomas.

6. El Defensor del Pueblo y sus adjuntos, así como los cargos similares de las Comunidades Autónomas.

7. Los miembros en activo de la Carrera Judicial y Fiscal, de los Cuerpos de Secretarios Judiciales, Médicos Forenses, Oficiales, Auxiliares y Agentes y demás personal al servicio de la Administración de Justicia, así como los miembros en activo de las unidades orgánicas de Policía Judicial. Los miembros del Cuerpo Jurídico Militar de la Defensa y los Auxiliares de la Jurisdicción y Fiscalía Militar, en activo.

8. Los Delegados del Gobierno en las Comunidades Autónomas, en las Autonomías de Ceuta y Melilla, los Delegados insulares del Gobierno y los Gobernadores civiles.

9. Los letrados en activo al servicio de los órganos constitucionales y de las Administracio-

---

Art. 10: Vid. art. 14 de esta Ley.

nes Públicas o de cualesquiera Tribunales, y los abogados y procuradores en ejercicio. Los profesores univesitarios de disciplinas jurídicas o de medicina legal.

10. Los miembros en activo de las Fuerzas y Cuerpos de Seguridad.

11. Los funcionarios de Instituciones Penitenciarias.

12. Los Jefes de Misión Diplomática acreditados en el extranjero, los Jefes de las Oficinas Consulares y los Jefes de Representaciones Permanentes ante Organizaciones Internacionales.

Art. 11. *Prohibición para ser jurado.*—Nadie podrá formar parte como jurado del Tribunal que conozca de una causa en la que:

1. Sea acusador particular o privado, actor civil, acusado o tercero responsable civil.

2. Mantenga con quien sea parte alguna de las relaciones a que se refiere el artículo 219, en sus apartados 1 al 8, de la Ley Orgánica del Poder Judicial que determinan el deber de abstención de los Jueces y Magistrados.

3. Tenga con el Magistrado-Presidente del Tribunal, miembro del Ministerio Fiscal o Secretario Judicial que intervenga en la causa o con los abogados o procuradores el vínculo de parentesco o relación a que se refieren los apartados 1, 2, 3, 4, 7, 8 y 11 del artículo 219 de la Ley Orgánica del Poder Judicial.

4. Haya intervenido en la causa como testigo, perito, fiador o intérprete.

5. Tenga interés, directo o indirecto, en la causa.

Art. 12. *Excusa para actuar como jurado.*—Podrán excusarse para actuar como jurado:

1. Los mayores de sesenta y cinco años y las personas con discapacidad.

2. Los que hayan desempeñado efectivamente funciones de jurado dentro de los cuatro años precedentes al día de la nueva designación.

3. Los que sufran grave trastorno por razón de las cargas familiares.

4. Los que desempeñen trabajo de relevante interés general, cuya sustitución originaría importantes perjuicios al mismo.

5. Los que tengan su residencia en el extranjero.

Art. 12.1: Apartado modificado por el art. único.2 de la LO 1/2017, de 13 de diciembre (*BOE* del 14), de modificación de la LO 5/1995, de 22 de mayo, del Tribunal del Jurado, para garantizar la participación de las personas con discapacidad sin exclusiones.

6. Los militares profesionales en activo cuando concurran razones de servicio.

7. Los que aleguen y acrediten suficientemente cualquier otra causa que les dificulte de forma grave el desempeño de la función de jurado.

SECCIÓN 3.ª

Designación de los jurados

Art. 13. *Listas de candidatos a jurados.*—1. Las Delegaciones Provinciales de la Oficina del Censo Electoral efectuarán un sorteo por cada provincia, dentro de los quince últimos días del mes de septiembre de los años pares, a fin de establecer la lista bienal de candidatos a jurados.

A tal efecto, los Presidentes de las Audiencias Provinciales, con una antelación mínima de tres días a la fecha prevista para el sorteo, determinarán y comunicarán al Delegado de aquella Oficina el número de candidatos a jurados que estimen necesario obtener por sorteo dentro de la provincia. Dicho número se calculará multiplicando por 50 el número de causas que se prevea vaya a conocer el Tribunal del Jurado, en estimación hecha atendiendo a las enjuiciadas en años anteriores en la respectiva provincia, más su posible incremento.

2. Los candidatos a jurados a obtener por sorteo se extraerán de la lista del censo electoral vigente a la fecha del sorteo, ordenada por municipios, relacionada, dentro de éstos, alfabéticamente y numerada correlativamente dentro del conjunto de la provincia. Dicha lista se remitirá para su anticipada exposición durante siete días a los respectivos Ayuntamientos.

El sorteo, que se celebrará en sesión pública previamente anunciada en un local habilitado al efecto por la correspondiente Audiencia Provincial, se desarrollará en la forma que reglamentariamente se determine.

3. Dentro de los siete días siguientes a la celebración del sorteo, cualquier ciudadano podrá formular, ante la Audiencia Provincial, reclamación contra el acto de sorteo.

Art. 13: La Oficina del Censo Electoral, encuadrada en el Instituto Nacional de Estadística, se regula en los arts. 29 y 30 de la LO 5/1985, de 19 de junio (*BOE* del 20), del Régimen Electoral General.

El sorteo ha sido desarrollado por RD 1.398/1995, de 4 de agosto (*BOE* del 5), por el que se regula el sorteo para la formación de listas de candidatos a jurados. A su vez, ha sido reformado por RD 2.067/1996, de 13 de agosto (*BOE* del 14), fundamentalmente el art. 3.º, y por RD 1.271/2012, de 31 de agosto (*BOE* de 4 de septiembre), que modifica el apartado 2 del art. 1.º

La Audiencia, constituida por el Presidente y el Magistrado más antiguo y más moderno de los destinados en el Tribunal, y actuando como Secretario el del Tribunal o, en su caso, el de la Sección Primera, procederá a recabar informe del Delegado provincial de la Oficina del Censo Electoral y practicar las diligencias que estime pertinentes.

Antes del quince de octubre, resolverá por resolución motivada no susceptible de recurso, comunicando lo decidido a la Delegación Provincial de la Oficina del Censo Electoral para que, si así se resuelve, reitere el sorteo.

4. La Delegación Provincial de la Oficina del Censo Electoral enviará la lista de los candidatos a jurados a la respectiva Audiencia Provincial quien la remitirá a los Ayuntamientos y al *Boletín Oficial* de la provincia correspondiente, para su debida exposición o publicación, respectivamente, durante los quince últimos días del citado mes de octubre. Igualmente, en dicho plazo, se procederá por el Secretario de la Audiencia Provincial, mediante oficio remitido por correo, a notificar a cada candidato a jurado su inclusión en la referida lista, al tiempo que se le hará entrega de la pertinente documentación en la que se indicarán las causas de incapacidad, incompatibilidad y excusa, y el procedimiento para su alegación.

Art. 14. *Reclamaciones contra la inclusión en las listas.*—1. Durante los quince primeros días del mes de noviembre, los candidatos a jurados, si entendieren que concurre en ellos la falta de requisitos establecidos en el artículo 8, o una causa de incapacidad, incompatibilidad o excusa, podrán formular reclamación ante el Juez Decano de los de Primera Instancia e Instrucción del partido judicial al que corresponda el Municipio de su vecindad a efectos de su exclusión de la lista.

También podrá formular dicha reclamación cualquier ciudadano que entienda que alguno de los candidatos a jurados carece de los requisitos, de la capacidad o incurre en las causas de incompatibilidad a que se refieren los artículos 8, 9 y 10 de esta Ley.

2. Culminado el periodo de exposición, los Secretarios de los Ayuntamientos remitirán al Juez Decano de los del partido judicial relación de personas que, incluidas en la lista de candidatos a jurados, pudieran, en esa fecha, estar incursas en la falta de requisitos o causa de incapacidad o incompatibilidad a que se refieren los artículos 8, 9 y 10 de esta Ley.

Art. 15. *Resolución de las reclamaciones.*—El Juez Decano dará traslado de la reclamación o advertencia, en su caso, al interesado no reclamante, por tres días. Practicará las diligencias informativas que le propongan y las que estime imprescindibles y dictará resolución motivada sobre cada una de las reclamaciones o advertencias efectuadas antes del día 30 del mismo mes de noviembre.

Si alguna fuese estimada, mandará hacer las rectificaciones o exclusiones que corresponda, comunicando su resolución a la Delegación Provincial de la Oficina del Censo Electoral y notificándola al interesado. Contra dicha resolución no cabe recurso.

Art. 16. *Comunicación y rectificación de las listas definitivas.*—1. Ultimada la lista definitiva por cada provincia, la Delegación Provincial de la Oficina del Censo Electoral la enviará al Presidente de la Audiencia Provincial respectiva, quien remitirá copia al Presidente del Tribunal Superior de Justicia correspondiente y al Presidente de la Sala de lo Penal del Tribunal Supremo. Asimismo, remitirá copia a los Ayuntamientos de la respectiva provincia para su exposición durante los dos años de vigencia de la citada lista.

2. Los incluidos en la lista de candidatos a jurados podrán ser convocados a formar parte del Tribunal del Jurado durante dos años a contar del uno de enero siguiente. A tal efecto, tendrán la obligación de comunicar a la Audiencia Provincial cualquier cambio de domicilio o circunstancia que influya en los requisitos, en su capacidad o determine incompatibilidad para intervenir como jurado.

3. Asimismo, cualquier ciudadano podrá comunicar a la Audiencia Provincial las causas de incapacidad o incompatibilidad en que, durante el citado período, pueda incurrir el candidato a jurado. También el Alcalde del Ayuntamiento respectivo deberá comunicar esa incidencia, si de ella existiera constancia.

4. La Audiencia Provincial, con la composición prevista en el apartado 3 del artículo 13, practicará las diligencias informativas que estime oportunas y, tras oír, en su caso, al interesado no reclamante, resolverá motivadamente, sin que contra su resolución quepa recurso, notificándolo al interesado y efectuando, en su caso, la exclusión oportuna en la lista de candidatos a jurados.

Art. 17. *Alardes de causas y períodos de sesiones.*—Las

Audiencias Provinciales, y, en su caso, la Sala de lo Civil y Penal de los Tribunales Superiores de Justicia y la Sala Segunda del Tribunal Supremo, efectuarán, antes del cuadragésimo día anterior al período de sesiones correspondiente, un alarde de las causas señaladas para juicio oral, en las que hayan de intervenir jurados.

A ese efecto, los períodos de sesiones serán: 1) desde el 1 de enero al 20 de marzo; 2) desde el 21 de marzo al 10 de junio; 3) desde el 11 de junio al 30 de septiembre, y 4) del 1 de octubre al 31 de diciembre.

Art. 18. *Designación de candidatos a jurados para cada causa.*—Con anticipación de al menos treinta días al día señalado para la primera vista de juicio oral, habiendo citado a las partes, el Magistrado que, conforme a las normas de reparto, haya de presidir el Tribunal del Jurado, dispondrá que el Secretario, en audiencia pública, realice el sorteo, de entre los candidatos a jurados de la lista de la provincia correspondiente, de treinta y seis candidatos a jurados por cada causa

señalada en el período de sesiones siguiente. El sorteo no se suspenderá por la inasistencia de cualquiera de dichas representaciones.

Art. 19. *Citación de los candidatos a jurados designados para una causa.*—1. El Secretario del Tribunal ordenará lo necesario para la notificación a los candidatos a jurados de su designación y para la citación a fin de que comparezcan el día señalado para la vista del juicio oral en el lugar en que se haya de celebrar.

2. La cédula de citación contendrá un cuestionario, en el que se especificarán las eventuales faltas de requisitos, causas de incapacidad, incompatibilidad o prohibición que los candidatos a jurados designados vienen obligados a manifestar así como los supuestos de excusa que por aquéllos puedan alegarse.

3. A la cédula se acompañará la necesaria información para los designados acerca de la función constitucional que están llamados a cumplir, los derechos y deberes inherentes a ésta y la retribución que les corresponda.

Art. 19.1: Sobre citaciones, vid. arts. 166 y 175 ss. de la Ley de Enjuiciamiento Criminal.

Art. 20. *Devolución del cuestionario.*—Dentro de los cinco días siguientes a la recepción del cuestionario, los candidatos a jurados designados lo devolverán al Magistrado que haya de presidir el Tribunal del Jurado, por correo con franqueo oficial, debidamente cumplimentado, haciendo constar, en su caso, aquellas circunstancias personales asociadas a situaciones de discapacidad que pudieran presentar y que fueran relevantes para el ejercicio regular de esta función; asimismo acompañarán las justificaciones documentales que estimen oportunas y concretarán la solicitud de los medios de apoyo y ajustes razonables que necesiten para desempeñar su función.

Art. 21. *Recusación.*—El Ministerio Fiscal y las demás partes, a quienes se ha debido entregar previamente el cuestionario cumplimentado por los candidatos a jurados, podrán formular recusación, dentro de los cinco días siguientes al de dicha entrega, por concurrir falta de requisitos o cualquiera de las causas de incapacidad, incompatibilidad o prohibición previstas en esta Ley. También propondrán la prueba de que intenten valerse.

Cualquier causa de recusación de la que se tenga conocimiento en ese tiempo, que no sea formulada, no podrá alegarse posteriormente.

Art. 22. *Resolución de las excusas, advertencias y recusaciones.*—El Magistrado-Presidente señalará día para la vista de la excusa, advertencia o recusación presentada, citando a las partes y a quienes hayan expresado advertencia o excusa. Practicadas en el acto las diligencias propuestas, resolverá dentro de los tres días siguientes.

Art. 23. *Nuevo sorteo para completar la lista de candidatos a jurados designados para una causa.*—1. Si, como consecuencia de la resolución anterior, la lista de candidatos a jurados designados para una causa quedase reducida a menos de veinte, el Magistrado-Presidente dispondrá que el Secretario proceda al inmediato sorteo, en igual forma que el inicial, de los candidatos a jurados necesarios para completar dicho número, entre los de la lista bienal de la provincia correspondiente, previa convocatoria de las partes, citando a los designados para el día del juicio oral.

Art. 20: Modificado por el art. único.3 de la LO 1/2017, de 13 de diciembre (*BOE* del 14), de modificación de la LO 5/1995, de 22 de mayo, del Tribunal del Jurado, para garantizar la participación de las personas con discapacidad sin exclusiones.

2. A los candidatos a jurados así designados les será, asimismo, de aplicación lo dispuesto en los artículos 19 a 22 de esta Ley.

CAPÍTULO III

DEL PROCEDIMIENTO
PARA LAS CAUSAS
ANTE EL TRIBUNAL
DEL JURADO

SECCIÓN 1.ª

*Incoación e instrucción
complementaria*

Art. 24. *Incoación del procedimiento ante el Tribunal del Jurado.*—1. Cuando de los términos de la denuncia o de la relación circunstanciada del hecho en la querella, y tan pronto como de cualquier actuación procesal, resulte contra persona o personas determinadas la imputación de un delito, cuyo enjuiciamiento venga atribuido al Tribunal del Jurado, previa valoración de su verosimilitud, procederá el Juez de Instrucción a dictar resolución de incoación del procedimiento para el juicio ante el Tribunal del Jurado,

cuya tramitación se acomodará a las disposiciones de esta Ley, practicando, en todo caso, aquellas actuaciones inaplazables a que hubiere lugar.

2. La aplicación de la Ley de Enjuiciamiento Criminal será supletoria en lo que no se oponga a los preceptos de la presente Ley.

Art. 25. *Traslado de la imputación.*—1. Incoado el procedimiento por delito cuyo enjuiciamiento venga atribuido al Tribunal del Jurado, el Juez de Instrucción lo pondrá inmediatamente en conocimiento de los imputados. Con objeto de concretar la imputación, les convocará en el plazo de cinco días a una comparecencia así como al Ministerio Fiscal y demás partes personadas. Al tiempo de la citación, dará traslado a los imputados de la denuncia o querella admitida a trámite, si no se hubiese efectuado con anterioridad. El imputado estará necesariamente asistido de letrado de su elección o, caso de no designarlo, de letrado de oficio.

2. Si son conocidos los ofendidos o los perjudicados por el delito no personados, se

---

Art. 24.1: Para la denuncia, vid. arts. 259 ss. de la Ley de Enjuiciamiento Criminal. Para la querella, vid. arts. 270 ss. de la misma.
Art. 25.1: Vid. art. 25 de la Ley de Enjuiciamiento Criminal. Para la designación de Abogado de oficio, vid. arts. 118, párrs. 3.º y 4.º, y 520.4 de la misma.

les citará para ser oídos en la comparecencia prevista en el apartado anterior y, al tiempo de la citación, se les instruirá por medio de escrito, de los derechos a que hacen referencia los artículos 109 y 110 de la Ley de Enjuiciamiento Criminal, si tal diligencia no se efectuó con anterioridad. Especialmente se les indicará el derecho a formular alegaciones y solicitar lo que estimen oportuno si se personan en legal forma en dicho acto y a solicitar, en las condiciones establecidas en el artículo 119 de aquella Ley, el derecho de asistencia jurídica gratuita.

3.   En la citada comparecencia, el Juez de Instrucción comenzará por oír al Ministerio Fiscal y, sucesivamente, a los acusadores personados, quienes concretarán la imputación. Seguidamente, oirá al letrado del imputado, quien manifestará lo que estime oportuno en su defensa y podrá instar el sobreseimiento, si hubiere causa para ello, conforme a lo dispuesto en los artículos 637 ó 641 de la Ley de Enjuiciamiento Criminal. En sus intervenciones, las partes podrán solicitar las diligencias de investigación que estimen oportunas.

Art. 26. *Decisión sobre la continuación del procedimiento.*—1.   Oídas las partes, el Juez de Instrucción decidirá la continuación del procedimiento, o el sobreseimiento, si hubiera causa para ello, conforme a lo dispuesto en los artículos 637 ó 641 de la Ley de Enjuiciamiento Criminal.

2.   Si el Ministerio Fiscal y demás partes personadas instan el sobreseimiento, el Juez podrá adoptar las resoluciones a que se refieren los artículos 642 y 644 de la Ley de Enjuiciamiento Criminal.

El auto por el que acuerde el sobreseimiento será apelable ante la Audiencia Provincial.

Art. 27. *Diligencias de investigación.*—1.   Si el Juez de Instrucción acordase la continuación del procedimiento, resolverá sobre la pertinencia de las diligencias solicitadas por las partes, ordenando practicar o practicando por sí solamente las que considere imprescindibles para decidir sobre la procedencia de la apertura del juicio oral y no pudiesen practicarse directamente en la audiencia preliminar prevista en la presente Ley.

2.   También podrán las partes solicitar nuevas diligencias dentro de los cinco días siguien-

---

Art. 25.3: Sobre las diligencias de investigación, vid. arts. 29.4, 27.2, 31.2 y 32.3 de esta Ley.

tes al de la comparecencia o al de aquel en que se practicase la última de las ordenadas. Esta circunstancia será notificada a las partes al objeto de que puedan instar lo que a su derecho convenga.

3. Además podrá el Juez ordenar, como complemento de las solicitadas por las partes, las diligencias que estime necesarias, limitadas a la comprobación del hecho justiciable y respecto de las personas objeto de imputación por las partes acusadoras.

4. Si el Juez considerase improcedentes las solicitadas y no ordenase ninguna de oficio, conferirá nuevo traslado a las partes a fin de que insten, en el plazo de cinco días, lo que estimen oportuno respecto a la apertura del juicio oral, formulando escrito de conclusiones provisionales. Lo mismo mandará el Juez cuando estime innecesaria la práctica de más diligencias, aun cuando no haya finalizado la práctica de las ya ordenadas.

Art. 28. *Indicios de distinto delito.*—Si de las diligencias practicadas resultaren indicios racionales de delito distinto del que es objeto de procedimiento o la participación de personas distintas de las inicialmente imputadas, se actuará en la forma establecida en el artículo 25 de esta Ley o, en su caso, se incoará el procedimiento que corresponda si el delito no fuese de los atribuidos al Tribunal del Jurado.

Art. 29. *Escrito de solicitud de juicio oral y calificación.*—
1. El escrito solicitando la apertura del juicio oral tendrá el contenido a que se refiere el artículo 650 de la Ley de Enjuiciamiento Criminal.

2. De dicho escrito se dará traslado a la representación del acusado, quien formulará escrito en los términos del artículo 652 de la Ley de Enjuiciamiento Criminal.

3. En ambos casos, se podrá hacer uso de las alternativas previstas en el artículo 653 de la Ley de Enjuiciamiento Criminal.

4. En sus respectivos escritos, las partes podrán proponer diligencias complementarias para su práctica en la audiencia preliminar, sin que puedan ser reiteradas las que hayan sido ya practicadas con anterioridad.

5. Las partes, cuando entiendan que todos los hechos delictivos objeto de acusación no son de los que tienen atribui-

---

Art. 27.3: Vid. art. 650 de la Ley de Enjuiciamiento Criminal.

do su enjuiciamiento al Tribunal del Jurado, instarán en sus respectivos escritos de solicitud de juicio oral la pertinente adecuación del procedimiento.

Si estiman que la falta de competencia ocurre sólo respecto de alguno de los delitos objeto de la acusación, la solicitud se limitará a la correspondiente deducción de testimonio suficiente, en relación con el que deba excluirse del procedimiento seguido para ante el Tribunal del Jurado, y a la remisión al órgano jurisdiccional competente para el seguimiento de la causa que corresponda.

SECCIÓN 2.ª

Audiencia preliminar

Art. 30. *Convocatoria de la audiencia preliminar.*—1. Una vez presentado el escrito de calificación de la defensa, el Juez señalará el día más próximo posible para audiencia preliminar de las partes sobre la procedencia de la apertura del juicio oral, salvo que estén pendientes de practicarse las diligencias de investigación solicitadas por la defensa del imputado y declaradas pertinentes por el Juez. Una vez practicadas éstas, el Juez

procederá a efectuar el referido señalamiento. Al tiempo resolverá sobre la admisión y práctica de las diligencias interesadas por las partes para el acto de dicha audiencia preliminar.

Si el Juez no acordare la convocatoria de la audiencia preliminar, las partes podrán acudir en queja ante la Audiencia Provincial.

2. La audiencia preliminar podrá ser renunciada por la defensa de los acusados, aquietándose con la apertura del juicio oral, en cuyo caso, el Juez decretará ésta, sin más, en los términos del artículo 33 de la presente Ley. Para que dicha renuncia surta efecto ha de ser solicitada por la defensa de todos los acusados.

Art. 31. *Celebración de la audiencia preliminar.*—1. En el día y hora señalados se celebrará la audiencia preliminar comenzando por la práctica de las diligencias propuestas por las partes.

2. Las partes podrán proponer en este momento diligencias para practicarse en el acto. El Juez denegará toda diligencia propuesta que no sea imprescindible para la adecuada decisión sobre la procedencia de la apertura del juicio oral.

3. Terminada la práctica de las diligencias admitidas, se oirá

Art. 31.3: Vid. art. 1.º de esta Ley.

a las partes sobre la procedencia de la apertura del juicio oral y, en su caso, sobre la competencia del Tribunal del Jurado para el enjuiciamiento. Las acusaciones pueden modificar los términos de su petición de apertura de juicio oral, sin que sea admisible la introducción de nuevos elementos que alteren el hecho justiciable o la persona acusada.

Art. 32. *Auto de sobreseimiento o de apertura de juicio oral.*—1.   Concluida la audiencia preliminar, en el mismo acto o dentro de los tres días siguientes, el Juez dictará auto por el que decidirá la apertura o no del juicio oral. Si decide la no apertura del juicio oral acordará el sobreseimiento. Podrá asimismo decretar la apertura del juicio oral y el sobreseimiento parcial en los términos del artículo 640 de la Ley de Enjuiciamiento Criminal si concurre en alguno de los acusados lo previsto en el artículo 637.3.º de la Ley de Enjuiciamiento Criminal.

2.   La resolución por la que acuerda el sobreseimiento es apelable ante la Audiencia Provincial. La que acuerda la apertura del juicio oral no es recurrible, sin perjuicio de lo previsto

en el artículo 36 de la presente Ley.

3.   También podrá el Juez ordenar la práctica de alguna diligencia complementaria, antes de resolver, si la estimase imprescindible de resultas de lo actuado en la audiencia preliminar.

4.   En su caso, podrá el Juez ordenar la acomodación al procedimiento que corresponda cuando no fuese aplicable al regulado en esta Ley. Si considera que el que corresponde es el regulado en el Título II del Libro IV de la Ley de Enjuiciamiento Criminal, acordará la apertura del juicio oral, si la estima procedente, y remitirá la causa a la Audiencia Provincial o al Juez de lo Penal competente para que prosigan el conocimiento de la causa en los términos de los artículos 785 y siguientes de dicha Ley.

Art. 33. *Contenido del auto de apertura del juicio oral.*—El auto que decrete la apertura del juicio oral determinará:

a)   El hecho o hechos justiciables de entre los que han sido objeto de acusación y respecto de los cuales estime procedente el enjuiciamiento.

b)   La persona o personas que podrán ser juzgadas como

Art. 32.4: Redactado conforme a la Ley 38/2002, de 24 de octubre (*BOE* del 28).

acusados o terceros responsables civilmente.

c) La fundamentación de la procedencia de la apertura del juicio con indicación de las disposiciones legales aplicables.

d) El órgano competente para el enjuiciamiento.

Art. 34. *Testimonios.*— 1. En la misma resolución, el Juez acordará que se deduzca testimonio de:

a) Los escritos de calificación de las partes.

b) La documentación de las diligencias no reproducibles y que hayan de ser ratificadas en el juicio oral.

c) El auto de apertura del juicio oral.

2. El testimonio, efectos e instrumentos del delito ocupados y demás piezas de convicción, serán inmediatamente remitidos al Tribunal competente para el enjuiciamiento.

3. Las partes podrán pedir, en cualquier momento, los testimonios que les interesen para su ulterior utilización en el juicio oral.

Art. 35. *Emplazamiento de las partes y designación del Magistrado-Presidente.*—1. El Juez mandará emplazar a las partes para que se personen dentro del término de quince días ante el Tribunal competente para el enjuiciamiento.

2. Recibidas las actuaciones en la Audiencia Provincial, se designará al Magistrado que por turno corresponda.

SECCIÓN 3.ª

Cuestiones previas al juicio ante el Tribunal del Jurado

Art. 36. *Planteamiento de cuestiones previas.*—1. Al tiempo de personarse las partes podrán:

a) Plantear alguna de las cuestiones o excepciones previstas en el artículo 666 de la Ley de Enjuiciamiento Criminal o alegar lo que estimen oportuno sobre la competencia o inadecuación del procedimiento.

b) Alegar la vulneración de algún derecho fundamental.

c) Interesar la ampliación del juicio a algún hecho respecto del cual hubiese inadmitido la apertura el Juez de Instrucción.

d) Pedir la exclusión de algún hecho sobre el que se hubiera abierto el juicio oral, si se de-

---

Art. 34.2: Vid. art. 46.4 de esta Ley.
Art. 34.3: Vid. art. 46.5 de esta Ley.
Art. 35.1: Habrá de ser sólo la Audiencia Provincial, o el TS o el TSJ donde se esté instruyendo la causa.

nuncia que no estaba incluido en los escritos de acusación.

e) Impugnar los medios de prueba propuestos por las demás partes y proponer nuevos medios de prueba.

En este caso, se dará traslado a las demás partes para que en el término de tres días puedan instar por escrito su inadmisión.

2. Si se plantease alguno de estos incidentes se le dará la tramitación establecida en los artículos 668 a 677 de la Ley de Enjuiciamiento Criminal.

Art. 37. *Auto de hechos justiciables, procedencia de prueba y señalamiento de día para la vista del juicio oral.*—Personadas las partes y resueltas, en su caso, las cuestiones propuestas, si ello no impidiese el juicio oral, el Magistrado que vaya a presidir el Tribunal del Jurado dictará auto cuyo contenido se ajustará a las siguientes reglas:

a) Precisará, en párrafos separados, el hecho o hechos justiciables. En cada párrafo no se podrán incluir términos susceptibles de ser tenidos por probados unos y por no probados otros. Excluirá, asimismo, toda mención que no resulte absolutamente imprescindible para la calificación.

En dicha relación se incluirán tanto los hechos alegados por las acusaciones como por la defensa. Pero, si la afirmación de uno supone la negación del otro, sólo se incluirá una proposición.

b) Seguidamente, con igual criterio, se expondrán en párrafos separados los hechos que configuren el grado de ejecución del delito y el de participación del acusado, así como la posible estimación de la exención, agravación o atenuación de la responsabilidad criminal.

c) A continuación, determinará el delito o delitos que dichos hechos constituyan.

d) Asimismo, resolverá sobre la procedencia de los medios de prueba propuestos por las partes y sobre la anticipación de su práctica.

Contra la resolución que declare la procedencia de algún medio de prueba no se admitirá recurso. Si se denegare la práctica de algún medio de prueba podrán las partes formular su oposición a efectos de ulterior recurso.

e) También señalará día para la vista del juicio oral adoptando las medidas a que se refieren los artículos 660 a 664 de la Ley de Enjuiciamiento Criminal.

SECCIÓN 4.ª

Constitución del Tribunal del Jurado

Art. 38. *Concurrencia de los integrantes del Tribunal del Ju-*

rado y recusación de candidatos a jurados.—1. El día y hora señalado para el juicio se constituirá el Magistrado que haya de presidir el Tribunal del Jurado con la asistencia del Secretario y la presencia de las partes. Si concurriesen al menos veinte de los candidatos a jurados convocados, el Magistrado-Presidente abrirá la sesión. Si no concurriese dicho número, se procederá en la forma indicada en el artículo siguiente.

2. El Magistrado-Presidente interrogará nuevamente a los candidatos a jurados por si en ellos concurriera falta de requisitos, alguna causa de incapacidad, incompatibilidad, prohibición o excusa prevista en esta Ley. También podrán las partes por sí o a través del Magistrado-Presidente interrogar a los candidatos a jurados respecto a las materias relacionadas en el párrafo anterior.

3. También las partes podrán recusar a aquellos en quienes afirmen concurre causa de incapacidad, incompatibilidad o prohibición.

Las recusaciones se oirán y resolverán en el propio acto por el Magistrado-Presidente, ante la presencia de las partes y oído el candidato a jurado afectado.

4. El Magistrado-Presidente decidirá sobre la recusación, sin que quepa recurso, pero sí protesta a los efectos del recurso que pueda ser interpuesto contra la sentencia.

Art. 39. *Forma de completar el número mínimo de candidatos a jurados y posibles sanciones.*—1. Si, como consecuencia de la incomparecencia de algunos de los candidatos a jurados convocados, o de las exclusiones que se deriven de lo dispuesto en el artículo anterior, no resultasen al menos veinte candidatos a jurados, se procederá a un nuevo señalamiento dentro de los quince días siguientes. Se citará al efecto a los comparecidos y a los ausentes y a un número no superior a ocho que serán designados por sorteo en el acto de entre los de la lista bienal. Si las partes alegasen en ese momento alguna causa de incapacidad, incompatibilidad o prohibición de los así designados que fuese aceptada por el Magistrado-Presidente sin protesta de las demás partes no recusantes, se completará con un nuevo sorteo hasta obtener la cifra de los ocho complementarios.

2. El Magistrado-Presidente impondrá la multa de 25.000 pesetas al candidato a jurado

convocado que no hubiera comparecido a la primera citación ni justificado su ausencia. Si no compareciera a la segunda citación, la multa será de 100.000 a 250.000 pesetas.

Al tiempo de la segunda citación, el Magistrado-Presidente acordará que se les advierta de la sanción que les puede corresponder si no comparecen.

En la determinación de la cuantía de la segunda multa se tendrá en cuenta la situación económica del candidato a jurado que no ha comparecido.

3. Si en la segunda convocatoria tampoco se obtuviera el número mínimo de candidatos a jurados concurrentes, se procederá de igual manera que en la primera a sucesivas convocatorias y sorteos complementarios, hasta obtener la concurrencia necesaria.

4. En todo caso, se adoptarán las medidas necesarias respecto de los medios de prueba propuestos para hacer posible su práctica una vez constituido el Tribunal del Jurado.

Art. 40. *Selección de los jurados y constitución del Tribunal.*—1. Si concurriese el número suficiente de candidatos a jurados, se procederá a un sorteo sucesivo para seleccionar a los nueve jurados que formarán parte del Tribunal, y otros dos más como suplentes.

2. Introducidos los nombres de los candidatos a jurados en una urna, serán extraídos, uno a uno, por el Secretario quien leerá su nombre en alta voz.

3. Las partes, después de formular al nombrado las preguntas que estimen oportunas y el Magistrado-Presidente declare pertinentes, podrán recusar sin alegación de motivo determinado hasta cuatro de aquéllos por parte de las acusaciones y otros cuatro por parte de las defensas.

Si hubiere varios acusadores y acusados, deberán actuar de mutuo acuerdo para indicar los candidatos a jurados que recusan sin alegación de causa. De no mediar acuerdo, se decidirá por sorteo el orden en que las partes acusadoras o acusadas pueden formular la recusación, hasta que se agote el cupo de recusables.

El actor civil y los terceros responsables civiles no pueden formular recusación sin causa.

4. A continuación se procederá de igual manera para la designación de los suplentes. Cuando sólo resten dos para ser designados suplentes, no se admitirá recusación sin causa.

5. Culminado el sorteo, del que el Secretario extenderá acta, se constituirá el Tribunal.

Art. 41. *Juramento o promesa de los designados.*—1. Una vez que el Tribunal se haya constituido, se procederá a recibir juramento o promesa a los seleccionados para actuar como jurados. Puestos en pie el Magistrado-Presidente dirá:

«¿Juran o prometen desempeñar bien y fielmente la función del jurado, con imparcialidad, sin odio ni afecto, examinando la acusación, apreciando las pruebas y resolviendo si son culpables o no culpables de los delitos objeto del procedimiento los acusados..., así como guardar secreto de las deliberaciones?»

2. Los jurados se irán aproximando, de uno en uno, a la presencia del Magistrado-Presidente y, colocados frente a él, dirán: «sí juro» o «sí prometo», y tomarán asiento en el lugar destinado al efecto.

3. El Magistrado-Presidente, cuando todos hayan jurado o prometido, mandará comenzar la audiencia pública.

4. Nadie podrá ejercer las funciones de jurado sin prestar el juramento o promesa indicados. Quien se negase a prestarlo será conminado con el pago de una multa de 50.000 pesetas que el Magistrado-Presidente impondrá en el acto. Si el llamado persiste en su negativa se deduciría el oportuno tanto de culpa y en su lugar será llamado el suplente.

SECCIÓN 5.ª

El juicio oral

Art. 42. *Aplicación de la Ley de Enjuiciamiento Criminal.*—1. Tras el juramento o promesa, se dará comienzo a la celebración del juicio oral siguiendo lo dispuesto en los artículos 680 y siguientes de la Ley de Enjuiciamiento Criminal.

2. El acusado o acusados se encontrarán situados de forma que sea posible su inmediata comunicación con los defensores.

Art. 43. *Celebración a puerta cerrada.*—Para la decisión de celebración a puerta cerrada, el Magistrado-Presidente, oídas las partes, decidirá lo que estime pertinente, previa consulta al Jurado.

Art. 44. *Asistencia del acusado y del abogado defensor.*—La celebración del juicio oral requiere la asistencia del acusado y del abogado defensor. Este último estará a disposición del

---

Art. 43: Vid. arts. 232 LOPJ y 680 de la Ley de Enjuiciamiento Criminal.

Tribunal del Jurado hasta que se emita el veredicto, teniendo el juicio oral ante este Tribunal prioridad frente a cualquier otro señalamiento o actuación procesal sea cual sea el orden jurisdiccional ante el que tenga lugar.

No obstante, si hubiere varios acusados y alguno de ellos deja de comparecer, podrá el Magistrado-Presidente acordar, oídas las partes, la continuación del juicio para los restantes.

La ausencia injustificada del tercero responsable civil citado en debida forma no será por sí misma causa de suspensión del juicio, ni de su enjuiciamiento.

Art. 45. *Alegaciones previas de las partes al Jurado.*—El juicio comenzará mediante la lectura por el Secretario de los escritos de calificación. Seguidamente el Magistrado-Presidente abrirá un turno de intervención de las partes para que expongan al Jurado las alegaciones que estimen convenientes a fin de explicar el contenido de sus respectivas calificaciones y la finalidad de la prueba que han propuesto. En tal ocasión podrán proponer al Magistrado-Presidente nuevas pruebas para practicarse en el acto, resolviendo éste tras oír a las demás partes que deseen oponerse a su admisión.

Art. 46. *Especialidades probatorias.*—1. Los jurados, por medio del Magistrado-Presidente y previa declaración de pertinencia, podrán dirigir, mediante escrito, a testigos, peritos y acusados las preguntas que estimen conducentes a fijar y aclarar los hechos sobre los que verse la prueba.

2. Los jurados verán por sí los libros, documentos, papeles y demás piezas de convicción a que se refiere el artículo 726 de la Ley de Enjuiciamiento Criminal.

3. Para la prueba de inspección ocular, se constituirá el Tribunal en su integridad, con los jurados, en el lugar del suceso.

4. Las diligencias remitidas por el Juez Instructor podrán ser exhibidas a los jurados en la práctica de la prueba.

5. El Ministerio Fiscal, los letrados de la acusación y los de la defensa podrán interrogar al acusado, testigos y peritos sobre las contradicciones que estimen que existen entre lo que manifiesten en el juicio oral y lo dicho en la fase de instrucción. Sin embargo, no po-

---

Art. 45: Vid. art. 29 de esta Ley.
Art. 46.3: Vid. arts. 326 ss. y 727 de la Ley de Enjuiciamiento Criminal.
Art. 46.4: Vid. art. 34.2 de esta Ley.
Art. 46.5: Vid. art. 34.3 de esta Ley.

drá darse lectura a dichas previas declaraciones, aunque se unirá al acta el testimonio que quien interroga debe presentar en el acto.

Las declaraciones efectuadas en la fase de instrucción, salvo las resultantes de prueba anticipada, no tendrán valor probatorio de los hechos en ellas afirmados.

Art. 47. *Suspensión del procedimiento.*—Cuando, conforme a la Ley de Enjuiciamiento Criminal, haya de suspenderse la celebración del juicio oral, el Magistrado-Presidente podrá decidir la disolución del Jurado, que acordará, en todo caso, siempre que dicha suspensión se haya de prolongar durante cinco o más días.

Art. 48. *Modificación de las conclusiones provisionales y conclusiones definitivas.*—1. Concluida la práctica de la prueba, las partes podrán modificar sus conclusiones provisionales.

2. El Magistrado-Presidente requerirá a las partes en los términos previstos en el apartado 3 del artículo 788 de la Ley de Enjuiciamiento Criminal estándose, en su caso, a lo dispuesto en el apartado 4 del citado precepto.

3. Aun cuando en sus conclusiones definitivas las partes calificasen los hechos como constitutivos de un delito de los no atribuidos al enjuiciamiento del Tribunal del Jurado, éste continuará conociendo.

Art. 49. *Disolución anticipada del Jurado.*—Una vez concluidos los informes de la acusación, la defensa puede solicitar del Magistrado-Presidente, o éste decidir de oficio, la disolución del Jurado si estima que del juicio no resulta la existencia de prueba de cargo que pueda fundar una condena del acusado.

Si la inexistencia de prueba de cargo sólo afecta a algunos hechos o acusados, el Magistrado-Presidente podrá decidir que no ha lugar a emitir veredicto en relación con los mismos.

En tales supuestos se dictará, dentro de tercero día, sentencia absolutoria motivada.

Art. 50. *Disolución del Jurado por conformidad de las partes.*—1. Igualmente, procederá la disolución del Jurado si las partes interesaren que se dicte

---

Art. 47: Vid. arts. 745 y 746 de la Ley de Enjuiciamiento Criminal.
Art. 48.2: Redactado conforme a la Ley 38/2002, de 24 de octubre (*BOE* del 28).
Art. 50: Sobre conformidad, vid. arts. 652, 655, 694, 695, 700, 784.3, 787 y 801 de la Ley de Enjuiciamiento Criminal.

sentencia de conformidad con el escrito de calificación que solicite pena de mayor gravedad, o con el que presentaren en el acto, suscrito por todas, sin inclusión de otros hechos que los objeto de juicio, ni calificación más grave que la incluida en las conclusiones provisionales. La pena conformada no podrá exceder de seis años de privación de libertad, sola o conjuntamente con las de multa y privación de derechos.

2. El Magistrado-Presidente dictará la sentencia que corresponda, atendidos los hechos admitidos por las partes, pero, si entendiese que existen motivos bastantes para estimar que el hecho justiciable no ha sido perpetrado o que no lo fue por el acusado, no disolverá el Jurado y mandará seguir el juicio.

3. Asimismo, si el Magistrado-Presidente entendiera que los hechos aceptados por las partes pudieran no ser constitutivos de delito, o que pueda resultar la concurrencia de una causa de exención o de preceptiva atenuación, no disolverá el Jurado, y, previa audiencia de las partes, someterá a aquél por escrito el objeto del veredicto.

Art. 51. *Disolución del Jurado por desistimiento en la petición de condena.*—Cuando el Ministerio Fiscal y demás partes acusadoras, en sus conclu-

siones definitivas, o en cualquier momento anterior del juicio, manifestasen que desisten de la petición de condena del acusado, el Magistrado-Presidente disolverá el Jurado y dictará sentencia absolutoria.

CAPÍTULO IV

DEL VEREDICTO

SECCIÓN 1.ª

Determinación del objeto del veredicto

Art. 52. *Objeto del veredicto.*—1. Concluido el juicio oral, después de producidos los informes y oídos los acusados, el Magistrado-Presidente procederá a someter al Jurado por escrito el objeto del veredicto conforme a las siguientes reglas:

a) Narrará en párrafos separados y numerados los hechos alegados por las partes y que el Jurado deberá declarar probados o no, diferenciando entre los que fueren contrarios al acusado y los que resultaren favorables. No podrá incluir en un mismo párrafo hechos favorables y desfavorables o hechos de los que unos sean susceptibles de tenerse por probados y otros no.

Comenzará por exponer los que constituyen el hecho principal de la acusación y después narrará los alegados por las defensas. Pero si la consideración simultánea de aquéllos y éstos como probados no es posible sin contradicción, sólo incluirá una proposición.

Cuando la declaración de probado de un hecho se infiera de igual declaración de otro, éste habrá de ser propuesto con la debida prioridad y separación.

b) Expondrá después, siguiendo igual criterio de separación y numeración de párrafos, los hechos alegados que puedan determinar la estimación de una causa de exención de responsabilidad.

c) A continuación incluirá, en párrafos sucesivos, numerados y separados, la narración del hecho que determine el grado de ejecución, participación y modificación de la responsabilidad.

d) Finalmente precisará el hecho delictivo por el cual el acusado habrá de ser declarado culpable o no culpable.

e) Si fueren enjuiciados diversos delitos, efectuará la redacción anterior separada y sucesivamente por cada delito.

f) Igual hará si fueren varios los acusados.

g) El Magistrado-Presidente, a la vista del resultado de la prueba, podrá añadir hechos o calificaciones jurídicas favorables al acusado siempre que no impliquen una variación sustancial del hecho justiciable, ni ocasionen indefensión.

Si el Magistrado-Presidente entendiese que de la prueba deriva un hecho que implique tal variación sustancial, ordenará deducir el correspondiente tanto de culpa.

2. Asimismo, el Magistrado-Presidente recabará, en su caso, el criterio del Jurado sobre la aplicación de los beneficios de remisión condicional de la pena y la petición o no de indulto en la propia sentencia.

Art. 53. *Audiencia a las partes.*—1. Antes de entregar a los jurados el escrito con el objeto del veredicto, el Magistrado-Presidente oirá a las partes, que podrán solicitar las inclusiones o exclusiones que estimen pertinentes, decidiendo aquél de plano lo que corresponda.

2. Las partes cuyas peticiones fueran rechazadas podrán formular protesta a los efectos del recurso que haya lugar contra la sentencia.

3. El Secretario del Tribunal del Jurado incorporará el escrito con el objeto del veredicto al acta del juicio, entregando copia de ésta a las partes y a cada uno de los jurados, y hará constar en aquélla las peticiones de las partes que fueren denegadas.

Art. 54. *Instrucciones a los jurados.*—1. Inmediatamente, el Magistrado-Presidente en audiencia pública, con asistencia del Secretario, y en presencia de las partes, procederá a hacerles entrega a los jurados del escrito con el objeto del veredicto. Al mismo tiempo, les instruirá sobre el contenido de la función que tienen conferida, reglas que rigen su deliberación y votación y la forma en que deben reflejar su veredicto.

2. También les expondrá detenidamente, en forma que puedan entender, la naturaleza de los hechos sobre los que haya versado la discusión, determinando las circunstancias constitutivas del delito imputado a los acusados y las que se refieran a supuestos de exención o modificación de la responsabilidad. Todo ello con referencia a los hechos recogidos en el escrito que se les entrega.

3. Cuidará el Magistrado-Presidente de no hacer alusión alguna a su opinión sobre el resultado probatorio, pero sí sobre la necesidad de que no atiendan a aquellos medios probatorios cuya ilicitud o nulidad hubiese sido declarada por él. Asimismo informará que, si tras la deliberación no les hubiese sido posible resolver las dudas que tuvieran sobre la prueba, deberán decidir en el sentido más favorable al acusado.

SECCIÓN 2.ª

Deliberación y veredicto

Art. 55. *Deliberación del Jurado.*—1. Seguidamente el Jurado se retirará a la sala destinada para su deliberación.

2. Presididos inicialmente por aquel cuyo nombre fuese el primero en salir en el sorteo, procederán a elegir al portavoz.

3. La deliberación será secreta, sin que ninguno de los jurados pueda revelar lo en ella manifestado.

Art. 56. *Incomunicación del Jurado.*—1. La deliberación tendrá lugar a puerta cerrada, sin que les sea permitida comunicación con persona alguna hasta que hayan emitido el veredicto, adoptándose por el Magistrado-Presidente las medidas oportunas al efecto.

2. Si la deliberación durase tanto tiempo que fuese necesario el descanso, el Magistrado-Presidente, de oficio o a petición del Jurado, lo autorizará, manteniendo la incomunicación.

Art. 57. *Ampliación de instrucciones.*—1. Si alguno de los jurados tuviere duda sobre cualquiera de los aspectos del objeto del veredicto, podrá pedir, por escrito y a través del Secretario, la presencia del Magistrado-Presidente para que amplíe las instrucciones. La comparecencia de éste se hará en audiencia pública, asistido del Secretario y en presencia del Ministerio Fiscal y demás partes.

2. Transcurridos dos días desde el inicio de la deliberación sin que los jurados hicieren entrega del acta de la votación, el Magistrado-Presidente podrá convocarles a la comparecencia prevista en el apartado anterior. Si en dicha comparecencia ninguno de los jurados expresara duda sobre cualquiera de los aspectos del objeto del veredicto, el Magistrado-Presidente emitirá las instrucciones previstas en el apartado 1 del artículo 64 de esta Ley con los efectos atribuidos en la misma a la devolución del acta.

Art. 58. *Votación nominal.*—1. La votación será nominal, en alta voz y por orden alfabético, votando en último lugar el portavoz.

2. Ninguno de los jurados podrá abstenerse de votar. Si alguno insistiere en abstenerse, después de requerido por el portavoz, se hará constar en acta y, en su momento, será sancionado por el Magistrado-Presidente con 75.000 pesetas de multa. Si, hecha la constancia y reiterado el requerimiento, persistiera la negativa de voto, se dejará nueva constancia en acta de la que se deducirá el testimonio correspondiente para exacción de la derivada responsabilidad penal.

3. En todo caso, la abstención se entenderá voto a favor de no considerar probado el hecho perjudicial para la defensa y de la no culpabilidad del acusado.

Art. 59. *Votación sobre los hechos.*—1. El portavoz someterá a votación cada uno de los párrafos en que se describen los hechos, tal y como fueron

---

Art. 59.1: El TS, por Acuerdo del Pleno no jurisdiccional (art. 264.1 LOPJ) de 13 de marzo de 2013, ha establecido un «criterio de interpretación del art. 59.1 de la Ley Orgánica del Tribunal del Jurado; asuntos en que no se alcanza una mayoría de cinco jurados favorables a la absolución ni de siete favorables a la condena», conforme al cual en las «mayorías necesarias para alcanzar un veredicto en el proceso del jurado:

»*a*)   Para declarar probado un hecho desfavorable será necesario el voto de, al menos, siete jurados.

»*b*)   Para declarar no probado el hecho desfavorable son necesarios al menos, cinco votos.

»*c*)   Si no se alcanza alguna de esas mayorías, no habrá veredicto válido y habrá que operar en la forma prevista en los arts. 63 y 65 LOTJ (supuestos de seis o cinco votos a favor de declarar probado el hecho desfavorable).

»*d*)   Para declarar probado el hecho favorable es necesario el voto de cinco jurados. El hecho favorable se considerará no probado por el voto de cinco jurados.»

propuestos por el Magistrado-Presidente. Los jurados votarán si estiman probados o no dichos hechos. Para ser declarados tales, se requiere siete votos, al menos, cuando fuesen contrarios al acusado, y cinco votos, cuando fuesen favorables.

2. Si no se obtuviese dicha mayoría, podrá someterse a votación el correspondiente hecho con las precisiones que se estimen pertinentes por quien proponga la alternativa y, nuevamente redactado así el párrafo, será sometido a votación hasta obtener la indicada mayoría.

La modificación no podrá suponer dejar de someter a votación la parte del hecho propuesta por el Magistrado-Presidente. Pero podrá incluirse un párrafo nuevo, o no propuesto, siempre que no suponga una alteración sustancial ni determine una agravación de la responsabilidad imputada por la acusación.

Art. 60. *Votación sobre culpabilidad o inculpabilidad, remisión condicional de la pena y petición de indulto.*—1. Si se hubiese obtenido la mayoría necesaria en la votación sobre los hechos, se someterá a votación la culpabilidad o inculpabilidad de cada acusa-do por cada hecho delictivo imputado.

2. Serán necesarios siete votos para establecer la culpabilidad y cinco votos para establecer la inculpabilidad.

3. El criterio del Jurado sobre la aplicación al declarado culpable de los beneficios de remisión condicional de la pena, así como sobre la petición de indulto en la sentencia, requerirán el voto favorable de cinco jurados.

Art. 61. *Acta de la votación.*—1. Concluida la votación, se extenderá un acta con los siguientes apartados:

a) Un primer apartado, iniciado de la siguiente forma: «Los jurados han deliberado sobre los hechos sometidos a su resolución y han encontrado probados, y así lo declaran por (unanimidad o mayoría), los siguientes...»

Si lo votado fuera el texto propuesto por el Magistrado-Presidente, podrán limitarse a indicar su número.

Si el texto votado incluyese alguna modificación, escribirán el texto tal como fue votado.

b) Un segundo apartado, iniciado de la siguiente forma: «Asimismo, han encontrado no probados, y así lo declaran por (unanimidad o mayoría), los hechos descritos en los números siguientes del escrito sometido a nuestra decisión...» Seguidamente indicarán los números de los párrafos de dicho escrito, pudiendo reproducir su texto.

c) Un tercer apartado, iniciado de la siguiente forma: «Por lo anterior, los jurados por (unanimidad o mayoría) encontramos al acusado... culpable/no culpable del hecho delictivo de...»

En este apartado harán un pronunciamiento separado por cada delito y acusado. De la misma forma se pronunciarán, en su caso, sobre el criterio del Jurado en cuanto a la aplicación al declarado culpable de los beneficios de remisión condicional de la pena que se impusiere, para el caso de que concurran los presupuestos legales al efecto, y sobre la petición o no de indulto en la sentencia.

d) Un cuarto apartado, iniciado de la siguiente forma: «Los jurados han atendido como elementos de convicción para hacer las precedentes declaraciones a los siguientes: ...» Este apartado contendrá una sucinta explicación de las razones por las que han declarado o rechazado declarar determinados hechos como probados.

e) Un quinto apartado en el que harán constar los incidentes acaecidos durante la deliberación, evitando toda identificación que rompa el secreto de la misma, salvo la correspondiente a la negativa a votar.

2. El acta será redactada por el portavoz, a no ser que disienta del parecer mayoritario, en cuyo caso los jurados designarán al redactor.

Si lo solicitara el portavoz, el Magistrado-Presidente podrá autorizar que el Secretario o un oficial le auxilie, estrictamente en la confección o escrituración del acta. En los mismos términos podrá solicitarlo quien haya sido designado redactor en sustitución de aquél.

3. El acta será firmada por todos los jurados, haciéndolo el portavoz por el que no pueda hacerlo por sí. Si alguno de los jurados se negara a firmar, se hará constar en el acta tal circunstancia.

Art. 62. *Lectura del veredicto.*—Extendida el acta, lo harán saber al Magistrado-Presidente entregándole una copia. Éste, salvo que proceda la devolución, conforme a lo dispuesto en el artículo siguiente, convocará a las partes por un medio que permita su inmediata recepción para que, seguidamente, se lea el veredicto en audiencia pública por el portavoz del Jurado.

Art. 63. *Devolución del acta al Jurado.*—1. El Magistrado-Presidente devolverá el acta al Jurado si, a la vista de la copia de la misma, apreciase alguna de las siguientes circunstancias:

a) Que no se ha pronunciado sobre la totalidad de los hechos.

b) Que no se ha pronunciado sobre la culpabilidad o inculpabilidad de todos los acusados y respecto de la totalidad de los hechos delictivos imputados.

c) Que no se ha obtenido en alguna de las votaciones sobre dichos puntos la mayoría necesaria.

d) Que los diversos pronunciamientos son contradictorios, bien los relativos a los hechos declarados probados entre sí, bien el pronunciamiento de culpabilidad respecto de dicha declaración de hechos probados.

e) Que se ha incurrido en algún defecto relevante en el procedimiento de deliberación y votación.

2. Si el acta incluyese la declaración de probado de un hecho que, no siendo de los propuestos por el Magistrado, implique una alteración sustancial de éstos o determine una responsabilidad más grave que la imputada, se tendrá por no puesta.

3. Antes de devolver el acta se procederá en la forma establecida en el artículo 53 de la presente Ley.

Art. 64. *Justificación de la devolución del acta.*—1. Al tiempo de devolver el acta, constituido el Tribunal, asistido del Secretario y en presencia de las partes, el Magistrado-Presidente explicará detenidamente las causas que justifican la devolución y precisará la forma en que se deben subsanar los defectos de procedimiento o los puntos sobre los que deberán emitir nuevos pronunciamientos.

2. De dicha incidencia extenderá el Secretario la oportuna acta.

Art. 65. *Disolución del Jurado y nuevo juicio oral.*—1. Si

Art. 63.3: El TS, por Acuerdo del Pleno no jurisdiccional (art. 264.1 LOPJ) de 27 de mayo de 2015, relativo a la «Necesidad o no de hacer una previa reclamación/subsanación de errores en relación al objeto del veredicto, cuando el Magistrado Presidente no abre tal trámite por estimar correcto las respuestas del Jurado [art. 846 bis *c*), apartado *a)*]» ha establecido que:

«El Magistrado Presidente del Tribunal del Jurado, si alberga alguna duda sobre la concurrencia de motivos para devolver el acta del veredicto, debe proceder a la apertura del trámite de audiencia, tomando seguidamente la decisión adecuada sobre la procedencia o no de devolución.

»Si no se abre dicho trámite, no es exigible a las partes la reclamación de subsanación o protesta como requisitos previos para la interposición del recurso de apelación, cuando éste se base en defectos del veredicto o en el procedimiento de deliberación y votación» (desarrollado: STS 331/2015, de 3 de junio).

después de una tercera devolución permaneciesen sin subsanar los defectos denunciados o no se hubiesen obtenido las necesarias mayorías, el Jurado será disuelto y se convocará juicio oral con un nuevo Jurado.

2. Si celebrado el nuevo juicio no se obtuviere un veredicto por parte del segundo Jurado, por cualquiera de las causas previstas en el apartado anterior, el Magistrado-Presidente procederá a disolver el Jurado y dictará sentencia absolutoria.

Art. 66. *Cese del Jurado en sus funciones.*—1. Leído el veredicto, el Jurado cesará en sus funciones.

2. Hasta ese momento los suplentes habrán permanecido a disposición del Tribunal en el lugar que se les indique.

CAPÍTULO V

DE LA SENTENCIA

Art. 67. *Veredicto de inculpabilidad.*—Si el veredicto fuese de inculpabilidad, el Magistrado-Presidente dictará en el acto sentencia absolutoria del acusado a que se refiera, ordenando, en su caso, la inmediata puesta en libertad.

Art. 68. *Veredicto de culpabilidad.*—Cuando el veredicto fuese de culpabilidad, el Magistrado-Presidente concederá la palabra al Fiscal y demás partes para que, por su orden, informen sobre la pena o medidas que debe imponerse a cada uno de los declarados culpables y sobre la responsabilidad civil. El informe se referirá, además, a la concurrencia de los presupuestos legales de la aplicación de los beneficios de remisión condicional, si el Jurado hubiere emitido un criterio favorable a ésta.

Art. 69. *Acta de las sesiones.*—1. El Secretario extenderá acta de cada sesión haciendo constar de forma sucinta lo más relevante de lo acaecido y de forma literal las protestas que se formulen por las partes y las resoluciones del Magistrado-Presidente respecto de los incidentes que fuesen suscitados.

2. El acta se leerá al final de cada sesión, y se firmará por el Magistrado-Presidente, los jurados y los abogados de las partes.

Art. 70. *Contenido de la sentencia.*—1. El Magistrado-Presidente procederá a dictar sentencia en la forma ordenada en el artículo 248.3 de la Ley Orgánica del Poder Judicial, incluyendo, como hechos probados y delito objeto de condena o absolución, el contenido correspondiente del veredicto.

2. Asimismo, si el veredicto fuese de culpabilidad, la sentencia concretará la existencia de prueba de cargo exigida por la garantía constitucional de presunción de inocencia.

3. La sentencia, a la que se unirá el acta del Jurado, se publicará y se archivará en legal forma, extendiendo en la causa certificación de la misma.

DISPOSICIONES ADICIONALES

1.ª *Supresión del antejuicio.*—Quedan derogados el artículo 410 de la Ley Orgánica 6/1985, de 1 de julio, del Poder Judicial, y el Títu-lo II del Libro IV de la Ley de Enjuiciamiento Criminal.

2.ª *Infracciones penales.*— 1. Los jurados que abandonen sus funciones sin causa legítima, o incumplan las obligaciones que les imponen los artículos 41.4 y 58.2 de esta Ley incurrirán en la pena de multa de 100.000 a 500.000 pesetas.

2. Los jurados que incumplan las obligaciones impuestas en el apartado 3 del artículo 55 incurrirán en la pena de arresto mayor y multa de 100.000 a 500.000 pesetas.

3.ª *Provisión de los medios de apoyo.*—Las Administraciones Públicas competentes proveerán los medios de apoyo necesarios en los Tribunales de Justicia para que las personas con discapacidad puedan ejercer su derecho a ser jurado.

DISPOSICIONES TRANSITORIAS

1.ª *Causas penales en tramitación.*—Los procesos penales incoados o que se incoen por hechos acaecidos con anterioridad a la entrada en vigor de esta Ley se tramitarán ante el órgano jurisdiccional competente conforme a las normas vigentes en el momento de acontecer aquéllos.

2.ª *Régimen de recursos.*— El régimen de recursos previsto en esta Ley será de aplicación únicamente a las resoluciones judiciales que se dicten en los

---

Disp. Adic. 3.ª: Añadida por el art. único.4 de la LO 1/2017, de 13 de diciembre (*BOE* del 14), de modificación de la LO 5/1995, de 22 de mayo, del Tribunal del Jurado, para garantizar la participación de las personas con discapacidad sin exclusiones.

procedimientos incoados con posterioridad a su entrada en vigor.

3.ª   *Primera lista de candidatos a jurados.*—La primera lista de candidatos a jurados, que extenderá su eficacia hasta el 31 de diciembre de 1996, se obtendrá aplicando las previsiones contenidas en los artículos 13, 14, 15 y 16 de la presente Ley, si bien las referencias que en ellos se hace a los meses de septiembre, octubre y noviembre se entenderán hechas, respectivamente, a los tres meses correlativos siguientes a la entrada en vigor de la presente disposición transitoria.

DISPOSICIONES FINALES

1.ª   *Modificación de la Ley Orgánica del Poder Judicial.*—1.   La letra *c*) del apartado 3 del artículo 73 de la Ley Orgánica 6/1985, de 1 de julio, del Poder Judicial, cuyo actual contenido pasa a ser la letra *d*) del mismo apartado, queda redactada en los siguientes términos:

«*c*)   El conocimiento de los recursos de apelación en los casos previstos por las leyes.»

2.   El apartado 2 del artículo 83 de la Ley Orgánica 6/1985, de 1 de julio, del Poder Judicial, queda redactado en los siguientes términos:

«2.   La composición y competencia del Jurado es la regulada en la Ley Orgánica del Tribunal del Jurado.»

2.ª   *Modificación de la Ley de Enjuiciamiento Criminal.*— Los artículos y rúbricas que a continuación se relacionan de la Ley de Enjuiciamiento Criminal quedan modificados en los términos siguientes:

1.   Se añade un segundo párrafo al apartado tercero del artículo 14 con la siguiente redacción:

....

2.   Se añade un segundo párrafo al apartado cuarto del artículo 14 con la siguiente redacción:

....

3.   Se añade un tercer párrafo al artículo 306 con la siguiente redacción:

....

4.   Se incorpora un nuevo artículo 309 bis con la siguiente redacción:

....

5.   Se incorpora un nuevo artículo 504 bis 2 con la siguiente redacción:

....

6.   El artículo 516 queda sin contenido.

....

7.   El artículo 539 queda redactado de la forma siguiente:

8. El tercer párrafo del artículo 676 queda redactado en la siguiente forma:

9. Se añade un segundo párrafo al artículo 678 con la siguiente redacción:

10. En el artículo 780 se incorpora un nuevo párrafo tercero con la siguiente redacción:

El actual tercer párrafo de dicho artículo pasa a ser párrafo cuarto del mismo.

11. Se añade un último párrafo al artículo 781 con la siguiente redacción:

12. En el apartado 3 del artículo 789 se introducen dos nuevos párrafos con la siguiente redacción:

13. El Libro V pasa a tener la siguiente denominación:

14. Se incorpora al Libro V un nuevo Título I, denominado «Del recurso de apelación contra las sentencias y determinados autos» e integrado por los siguientes artículos:

15. Los actuales Títulos I y II del Libro V pasan a ser Títulos II y III, respectivamente, del mismo Libro.

16. El artículo 847 queda redactado de la siguiente forma:

17. El primer párrafo del artículo 848 queda redactado de la siguiente forma:

3.ª *Carácter de la Ley.*—La presente Ley tiene naturaleza de orgánica a excepción del capítulo III, la disposición transitoria segunda y los apartados 1, 2, 3, 4, 8, 9, 10, 11, 12, 13, 14, 15, 16 y 17 de la disposición final segunda que tienen el carácter de ley ordinaria.

4.ª *Futuras reformas procesales.*—En el plazo de un año, desde la aprobación de la presente Ley, el Gobierno enviará a las Cortes Generales, un proyecto de Ley de modificación de la Ley de Enjuiciamiento Criminal, generalizando los criterios procesales instaurados en esta Ley y en el que se establezca un procedimiento fundado en los principios acusatorio y de contradicción entre las partes, previstos en la Constitución, simplificando asimismo el proceso de investigación para evitar su prolongación excesiva.

Asimismo, en dicho plazo, se adoptarán las reformas legales necesarias que adapten a tal procedimiento el Estatuto y funciones del Ministerio Fiscal, y se habilitarán por las Cortes Generales y el Gobierno los medios materiales, técnicos y humanos necesarios.

5.ª *Entrada en vigor.*—La presente Ley Orgánica entrará en vigor a los seis meses de su publicación en el *Boletín Oficial del Estado*, con excepción de lo prevenido en su capítulo II y en su disposición transitoria tercera, que entrará en vigor a los dos meses de dicha publicación.

§ 2. LEY ORGÁNICA 6/1984, DE 24 DE MAYO, REGULADORA DEL PROCEDIMIENTO DE *HABEAS CORPUS*

(*BOE* de 26 de mayo de 1984)

EXPOSICIÓN DE MOTIVOS

El constitucionalismo moderno tiene un objetivo fundamental, que constituye, al mismo tiempo, su raíz última: el reconocimiento y la protección de la vida y la libertad de los ciudadanos. Las constituciones que son verdaderamente tales se caracterizan, precisamente, porque establecen un sistema jurídico y político que garantiza la libertad de los ciudadanos y porque suponen, por consiguiente, algo más que una mera racionalización de los centros de poder.

Nuestra Constitución ha configurado, siguiendo esa línea, un ordenamiento cuya pretensión máxima es la garantía de la libertad de los ciudadanos, y ello hasta el punto de que la libertad queda instituida, por obra de la propia Constitución, como un valor superior del ordenamiento. De ahí que el texto constitucional regule con meticulosidad los derechos fundamentales, articulando unas técnicas jurídicas que posibilitan la eficaz salvaguarda de dichos derechos, tanto frente a los particulares como, muy especialmente, frente a los poderes públicos.

Una de estas técnicas de protección de los derechos fundamentales —del más fundamental de todos ellos: el derecho a la libertad personal— es la institución del *Habeas Corpus*. Se trata, como es sabido, de un instituto propio del Derecho anglosajón, donde cuenta con una antiquísima tradición y se ha evidenciado como un sistema particularmente idóneo para resguardar la libertad personal frente a la eventual arbitrariedad de los agentes del poder público. Su origen anglosajón no puede ocultar, sin embargo, su raigambre en el Derecho histórico español, donde cuenta con antecedentes lejanos como el denominado «recurso de manifestación de personas» del Reino de Aragón y las referencias que sobre presuntos supuestos de detenciones ilegales se contienen en el Fuero de Vizcaya y otros ordenamientos forales, así como con antecedentes más próximos en las Constituciones de 1869 y 1876, que regulaban este procedimiento, aun cuando no le otorgaban denominación específica alguna.

El *Habeas Corpus* ha demostrado históricamente su funcionalidad para proteger la libertad de los ciudadanos. De ahí que la Constitución, en el número 4 del artículo 17, recoja esta institución y obligue al legislador a regularla, completando, de esta forma, el complejo y acabado sistema de protección de la libertad personal diseñado por nuestra norma fundamental. La regulación del *Habeas Corpus* es, por consiguiente, un mandato constitucional y un compromiso de los poderes públicos ante los ciudadanos.

La pretensión del *Habeas Corpus* es establecer remedios eficaces y rápidos para los eventuales supuestos de detenciones de la persona no justificados legalmente, o que transcurran en condiciones ilegales. Por consiguiente, el *Habeas Corpus* se configura como una comparecencia del detenido ante el Juez, comparecencia de la que proviene etimológicamente la expresión que da nombre al procedimiento, y que permite al ciudadano, privado de libertad, exponer sus alegaciones contra las causas de la detención o las condiciones de la misma, al objeto de que el Juez resuelva, en definitiva, sobre la conformidad a Derecho de la detención.

La eficaz regulación del *Habeas Corpus*, exige, por tanto, la articulación de un procedimiento lo suficientemente rápido como para conseguir la inmediata verificación judicial de la legalidad y las condiciones de la detención, y lo suficientemente sencillo como para que sea accesible a todos los ciudadanos y permita, sin complicaciones innecesarias, el acceso a la autoridad judicial.

Éstos son los objetivos de la presente Ley Orgánica, que se inspira para ello en cuatro principios complementarios. El primero de estos principios es la agilidad, absolutamente necesaria para conseguir que la violación ilegal de la libertad de la persona sea reparada con la máxima celeridad, y que se consigue instituyendo un procedimiento judicial sumario y extraordinariamente rápido, hasta el punto de que tiene que finalizar en veinticuatro horas. Ello supone una evidente garantía de que las detenciones ilegales, o mantenidas en condiciones ilegales, finalizarán a la mayor brevedad.

En segundo lugar, la sencillez y la carencia de formalismos, que se manifiestan en la posibilidad de la comparecencia verbal y en la no necesidad del Abogado y Procurador, evitarán dilaciones indebidas y permitirán el acceso de todos los ciudadanos, con independencia de su nivel de conocimiento de sus derechos y de sus medios económicos, al recurso de *Habeas Corpus*.

En tercer lugar, el procedimiento establecido por esta Ley se caracteriza por la generalidad que implica, por un lado, que ningún particular o agente de la autoridad puede sustraerse al control judicial de la legalidad de la detención de las personas, sin que quepa en este sentido excepción de ningún género, ni siquiera en lo referente a la Autoridad Militar, y que supone, por otro lado, la legitimación de una pluralidad de personas para instar el procedimiento, siendo de destacar a este respecto la legitimación conferida al Ministerio Fiscal y al Defensor del Pueblo como garantes, respectivamente, de la legalidad y de la defensa de los derechos de los ciudadanos.

En fin, la Ley está presidida por una pretensión de universalidad, de manera que el procedimiento de *Habeas Corpus* que regula alcanza no sólo a los supuestos de detención ilegal —ya porque la detención se produzca contra lo legalmente establecido, ya porque tenga lugar sin cobertura jurídica—, sino también a las detenciones que, ajustándose originariamente a la legalidad, se mantienen o prolongan ilegalmente o tienen lugar en condiciones ilegales.

Parece fuera de toda duda que la regulación de un procedimiento con las características indicadas tiene una enorme importancia en orden a la protección de la libertad de las personas, así como que permite añadir un eslabón más, y un eslabón importante, en la cadena de garantías de la libertad personal que la Constitución impone a nuestro ordenamiento. España se incorpora, con ello, al reducido número de países que establecen un sistema acelerado de control de las detenciones o de las condiciones de las mismas.

Artículo 1.º Mediante el procedimiento del *Habeas Corpus*, regulado en la presente Ley, se podrá obtener la inmediata puesta a disposición de la Autoridad judicial competente, de cualquier persona detenida ilegalmente.

A los efectos de esta Ley se consideran personas ilegalmente detenidas:

a) Las que lo fueren por una autoridad, agente de la misma, funcionario público o particular, sin que concurran los supuestos legales, o sin haberse cumplido las formalidades prevenidas y requisitos exigidos por las Leyes.

b) Las que estén ilícitamente internadas en cualquier establecimiento o lugar.

c) Las que lo estuvieran por plazo superior al señalado en las Leyes si, transcurrido el mismo, no fuesen puestas en libertad o entregadas al Juez más próximo al lugar de la detención.

d) Las privadas de libertad a quienes no les sean respetados los derechos que la Constitución y las Leyes Procesales garantizan a toda persona detenida.

Art. 2.º Es competente para conocer la solicitud de *Habeas Corpus* el Juez de Instrucción del lugar en que se encuentre la persona privada de libertad; si no constare, el del lugar en que se produzca la detención, y, en defecto de los anteriores, el del lugar donde se hayan tenido las últimas noticias sobre el paradero del detenido.

Si la detención obedece a la aplicación de la Ley Orgánica que desarrolla los supuestos previstos en el artículo 55.2 de la Constitución, el procedimiento deberá seguirse ante el Juez Central de Instrucción correspondiente.

En el ámbito de la Jurisdicción Militar será competente para conocer la solicitud de *Habeas Corpus* el Juez Togado Militar de Instrucción constituido en la cabecera de la circunscripción jurisdiccional en la que se efectuó la detención.

Art. 3.º Podrán instar el procedimiento de *Habeas Corpus* que esta ley establece:

a) El privado de libertad, su cónyuge o persona unida por análoga relación de afectividad, descendientes, ascendientes, hermanos y, en su caso, respecto a los menores, sus representantes legales, y respecto a las personas con discapacidad con medidas de apoyo judiciales, la persona que preste su apoyo con facultad de representación específica para este acto concreto.

b) El Ministerio Fiscal.

c) El Defensor del Pueblo.

d) El abogado defensor del privado de libertad.

Asimismo, lo podrá iniciar, de oficio, el Juez competente a que se refiere el artículo anterior.

Art. 4.º El procedimiento se iniciará, salvo cuando se incoe de oficio, por medio de escrito o comparecencia, no siendo preceptiva la intervención de Abogado ni de Procurador.

En dicho escrito o comparecencia deberán constar:

a) El nombre y circunstancias personales del solicitante y

Art. 3.º: Modificado por la Disp. Final 2.ª de la LO 5/2024, de 11 de noviembre, del Derecho de Defensa.

de la persona para la que se solicita el amparo judicial regulado en esta Ley.

b) El lugar en que se halle el privado de libertad, autoridad, o persona, bajo cuya custodia se encuentre, si fueren conocidos, y todas aquellas otras circunstancias que pudieran resultar relevantes.

c) El motivo concreto por el que se solicita el *Habeas Corpus.*

Art. 5.º La autoridad gubernativa, agente de la misma o funcionario público, estarán obligados a poner inmediatamente en conocimiento del Juez competente la solicitud de *Habeas Corpus*, formulada por la persona privada de libertad que se encuentre bajo su custodia.

Si incumplieren esta obligación, serán apercibidos por el Juez, sin perjuicio de las responsabilidades penales y disciplinarias en que pudieran incurrir.

Art. 6.º Promovida la solicitud de *Habeas Corpus* el Juez examinará la concurrencia de los requisitos para su tramitación y dará traslado de la misma al Ministerio Fiscal. Seguidamente, mediante auto, acordará la incoación del procedimiento, o, en su caso, denegará la solicitud por ser ésta improcedente. Dicho auto se notificará, en todo caso, al Ministerio Fiscal. Contra la re-

solución que en uno u otro caso se adopte, no cabrá recurso alguno.

Art. 7.º En el auto de incoación, el Juez ordenará a la autoridad a cuya disposición se halle la persona privada de libertad o a aquel en cuyo poder se encuentre, que la ponga de manifiesto ante él, sin pretexto ni demora alguna o se constituirá en el lugar donde aquélla se encuentre.

Antes de dictar resolución, oirá el Juez a la persona privada de libertad o, en su caso, a su representante legal y Abogado, si lo hubiera designado, así como al Ministerio Fiscal; acto seguido oirá en justificación de su proceder a la autoridad, agentes, funcionario público o representante de la institución o persona que hubiere ordenado o practicado la detención o internamiento y, en todo caso, a aquella bajo cuya custodia se encontrase la persona privada de libertad; a todos ellos dará a conocer el Juez las declaraciones del privado de libertad.

El Juez admitirá, si las estima pertinentes, las pruebas que aporten las personas a que se refiere el párrafo anterior y las que propongan que puedan practicarse en el acto.

En el plazo de veinticuatro horas, contadas desde que sea dictado el auto de incoación, los

Jueces practicarán todas las actuaciones a que se refiere este artículo y dictarán la resolución que proceda.

Art. 8.º Practicadas las actuaciones a que se refiere el artículo anterior, el Juez, mediante auto motivado, adoptará seguidamente alguna de estas resoluciones:

1. Si estima que no se da ninguna de las circunstancias a que se refiere el artículo primero de esta Ley, acordará el archivo de las actuaciones, declarando ser conforme a Derecho la privación de libertad y las circunstancias en que se está realizando.

2. Si estima que concurren alguna de las circunstancias del artículo primero de esta Ley, se acordará en el acto alguna de las siguientes medidas:

a) La puesta en libertad del privado de ésta, si lo fue ilegalmente.

b) Que continúe la situación de privación de libertad de acuerdo con las disposiciones legales aplicables al caso, pero, si lo considerase necesario, en establecimiento distinto, o bajo la custodia de personas distintas de las que hasta entonces la detentaban.

c) Que la persona privada de libertad sea puesta inmediatamente a disposición judicial, si ya hubiere transcurrido el plazo legal establecido para su detención.

Art. 9.º El Juez deducirá testimonio de los particulares pertinentes para la persecución y castigo de los delitos que hayan podido cometerse por quienes hubieran ordenado la detención, o tenido bajo su custodia a la persona privada de libertad.

En los casos de delito de denuncia falsa o simulación de delito se deducirá, asimismo, testimonio de los particulares pertinentes, al efecto de determinar las responsabilidades penales correspondientes.

En todo caso, si se apreciase temeridad o mala fe, será condenado el solicitante al pago de las costas del procedimiento, en caso contrario, estas se declararán de oficio.

DISPOSICIÓN FINAL

La presente Ley entrará en vigor al día siguiente de su publicación en el *Boletín Oficial del Estado*.

§ 3. LEY 4/2015, DE 27 DE ABRIL, DEL ESTATUTO DE LA VÍCTIMA DEL DELITO*

(*BOE* de 28 de abril de 2015)

PREÁMBULO

I

La finalidad de elaborar una ley constitutiva del estatuto jurídico de la víctima del delito es ofrecer desde los poderes públicos una respuesta lo más amplia posible, no sólo jurídica sino también social, a las víctimas, no sólo reparadora del daño en el marco de un proceso penal, sino también minimizadora de otros efectos traumáticos en lo moral que su condición puede generar, todo ello con independencia de su situación procesal.

Por ello, el presente Estatuto, en línea con la normativa europea en la materia y con las demandas que plantea nuestra sociedad, pretende, partiendo del reconocimiento de la dignidad de las víctimas, la defensa de sus bienes materiales y morales y, con ello, los del conjunto de la sociedad.

Con este Estatuto, España aglutinará en un solo texto legislativo el catálogo de derechos de la víctima, de un lado transponiendo las Directivas de la Unión Europea en la materia y, de otro, recogiendo la particular demanda de la sociedad española.

II

Los antecedentes y fundamentos remotos del presente Estatuto de la víctima del delito se encuentran en la Decisión Marco 2001/220/JAI del Consejo, de 15 de marzo de 2001, relativa al estatuto de la víctima en el proceso penal, que reconoce un conjunto de derechos de las víctimas en el ámbito del proceso penal, incluido el derecho de protección e indemnización, y que fue el primer proyecto profundo del legislador europeo para lograr un reconocimiento homogéneo de la vícti-

---

* Junto con la Ley, habrá que tener en cuenta el RD 1.109/2015, de 11 de diciembre (*BOE* del 30; corrección de errores en *BOE* de 16 de enero de 2016), por el que se desarrolla la Ley 4/2015, de 27 de abril, del Estatuto de la víctima del delito, y se regulan las Oficinas de Asistencia a las Víctimas del Delito.

ma en el ámbito de la Unión Europea, germen de la normativa especial posterior.

El grado de cumplimiento de dicha Decisión Marco fue objeto del Informe de la Comisión Europea de abril de 2009, que puso de relieve que ningún Estado miembro había aprobado un texto legal único que recogiera, sistemáticamente, los derechos de la víctima y destacó la necesidad de un desarrollo general y efectivo de algunos aspectos del mencionado Estatuto.

Respecto de España, este Informe destaca la existencia de un marco normativo garante de los derechos de la víctima, aunque gran parte de esos derechos son exclusivamente procesales o se centran en algunos tipos muy concretos de víctimas de acuerdo con su normativa particular, esto es, la Ley 35/1995, de 11 de diciembre, de ayudas y asistencia a las víctimas de delitos violentos y contra la libertad sexual (desarrollada por el Real Decreto 738/1997, de 23 de mayo), la Ley Orgánica 1/1996, de 15 de enero, de Protección Jurídica del Menor, la Ley Orgánica 1/2004, de 28 de diciembre, de Medidas de Protección Integral contra la Violencia de Género, así como la Ley 29/2011, de 22 de septiembre, de Reconocimiento y Protección Integral a las Víctimas del Terrorismo.

La Comunicación de la Comisión al Parlamento Europeo, al Consejo, al Comité Económico y Social Europeo y al Comité de las Regiones de 18 de mayo de 2011, denominada «Refuerzo de los derechos de las víctimas en la Unión Europea», reitera el examen de los aspectos de la protección existente hasta la fecha que conviene reforzar y la necesidad de un marco europeo de protección, como el diseñado con la Directiva 2011/99/UE del Parlamento Europeo y del Consejo, de 13 de diciembre de 2011, sobre la orden europea de protección.

En este contexto, se ha producido la aprobación de la Directiva 2012/29/UE del Parlamento Europeo y del Consejo, de 25 de octubre de 2012, por la que se establecen normas mínimas sobre los derechos, el apoyo y la protección de las víctimas de delitos, y por la que se sustituye la Decisión Marco 2001/220/JAI del Consejo. Procede, por tanto, transponer al Derecho interno, no sólo las cuestiones que traslucía el informe de la Comisión de 2009 respecto al grado de transposición de la Decisión Marco 2001/220/JAI, sino también las cuestiones pendientes de transponer con arreglo a las Directivas especiales y los nuevos derechos y exigencias que recoge la nueva Directiva de 2012.

Así pues, el presente texto legislativo no sólo responde a la exigencia de mínimos que fija el legislador europeo con el texto finalmente aprobado en la citada Directiva 2012/29/UE, sino que trata de ser más ambicioso, trasladando al mismo las demandas y necesidades de la sociedad española, en aras a completar el diseño del Estado de Derecho, centrado casi siempre en las garantías procesales y los derechos del imputado, acusado, procesado o condenado.

Efectivamente, con ese foco de atención se ha podido advertir, y así lo traslada nuestra sociedad con sus demandas, una cierta postración de los derechos y especiales necesidades de las víctimas del delito que, en atención al valor superior de justicia que informa nuestro orden constitucional, es necesario abordar, siendo oportuno hacerlo precisamente con motivo de dicha transposición.

El horizonte temporal marcado por dicha Directiva para proceder a su incorporación al Derecho interno se extiende hasta el 16 de noviembre de 2015, pero comoquiera que esta norma europea, de carácter general, está precedida de otras especiales que requieren una transposición en fechas más cercanas, se ha optado por abordar esta tarea en el presente texto y añadir al catálogo general de derechos de las víctimas otras normas de aplicación particular para algunas categorías de éstas.

Asimismo, se considera oportuno, dado que uno de los efectos de la presente Ley es la de ofrecer un concepto unitario de víctima de delito, más allá de su consideración procesal, incluir en el concepto de víctima indirecta algunos supuestos que no vienen impuestos por la norma europea, pero sí por otras normas internacionales, como la Convención de Naciones Unidas para la protección de todas las personas contra las desapariciones forzadas.

III

El presente Estatuto de la Víctima del Delito tiene la vocación de ser el catálogo general de los derechos, procesales y extraprocesales, de todas las víctimas de delitos, no obstante las remisiones a normativa especial en materia de víctimas con especiales necesidades o con especial vulnerabilidad. Es por ello una obligación que, cuando se trate de menores, el interés superior del menor actúe a modo de guía para cualquier medida y decisión que se tome en relación a un menor víctima de un delito durante el proceso penal. En este sentido, la adopción de las medidas de protección del Título III, y especialmente la no adopción de las mismas, deben estar fundamentadas en el interés superior del menor.

Se parte de un concepto amplio de víctima, por cualquier delito y cualquiera que sea la naturaleza del perjuicio físico, moral o material que se le haya irrogado. Comprende a la víctima directa, pero también a víctimas indirectas, como familiares o asimilados.

Por otro lado, la protección y el apoyo a la víctima no es sólo procesal, ni depende de su posición en un proceso, sino que cobra una dimensión extraprocesal. Se funda en un concepto amplio de reconocimiento, protección y apoyo, en aras a la salvaguarda integral de la víctima. Para ello, es fundamental ofrecer a la víctima las máximas facilidades para el ejercicio y tutela de sus derechos, con la minoración de trámites innecesarios que supongan la segunda victimización, otorgarle una información y orientación eficaz de los derechos y servicios que le corresponden, la derivación por la autoridad competente, un trato humano y la posibilidad de hacerse acompañar por la persona que designe en todos sus trámites, no obstante la representación procesal que proceda, entre otras medidas.

Las actuaciones han de estar siempre orientadas a la persona, lo que exige una evaluación y un trato individualizado de toda víctima, sin perjuicio del trato especializado que exigen ciertos tipos de víctimas.

Como ya se ha indicado, el reconocimiento, protección y apoyo a la víctima no se limita a los aspectos materiales y a la reparación económica, sino que también se extiende a su dimensión moral.

Por otra parte, el reconocimiento, protección y apoyo a la víctima se otorga atendiendo, a su vez, a las especialidades de las víctimas que no residen habitualmente en nuestro país.

La efectividad de estos derechos hace necesaria la máxima colaboración institucional e implica no sólo a las distintas Administraciones Públicas, al Poder Judicial y a colectivos de profesionales y víctimas, sino también a las personas concretas que, desde su puesto de trabajo, tienen contacto y se relacionan con las víctimas y, en último término, al conjunto de la sociedad. Por ello, es tan necesario dotar a las instituciones de protocolos de actuación y de procedimientos de coordinación y colaboración, como también el fomento de oficinas especializadas, de la formación técnica, inicial y continuada del personal, y de la sensibilización que el trato a la víctima comporta, sin olvidar la participación de asociaciones y colectivos.

No obstante la vocación unificadora del Estatuto y las remisiones a la normativa especial de ciertos colectivos de víctimas, que verían ampliada su asistencia y protección con el catálogo general de derechos de la víctima, ante la ausencia de una regulación específica para ciertos colectivos de víctimas con especial vulnerabilidad, se pretende otorgarles una protección especial en este texto mediante la transposición de otras dos Directivas recientes: la Directiva 2011/92/UE del Parlamento Europeo y del Consejo, de 13 de diciembre de 2011, relativa a la lucha contra los abusos sexuales y la explotación sexual de los menores y la pornografía infantil, así como la Directiva 2011/36/UE del Parlamento Europeo y del Consejo, de 5 abril de 2011, relativa a la prevención y lucha contra la trata de seres humanos y a la protección de las víctimas y por la que se sustituye la Decisión Marco 2002/629/JAI del Consejo.

IV

En cuanto al contenido y estructura de la Ley, se inicia mediante un Título preliminar, dedicado a las disposiciones generales, que viene a establecer un concepto de víctima omnicomprensivo, por cuanto se extiende a toda persona que sufra un perjuicio físico, moral o económico como consecuencia de un delito.

También se reconoce la condición de víctima indirecta al cónyuge o persona vinculada a la víctima por una análoga relación de afectividad, sus hijos y progenitores, parientes directos y personas a cargo de la víctima directa por muerte o desaparición ocasionada por el delito, así como a los titulares de la patria potestad o tutela en relación a la desaparición forzada de las personas a su cargo, cuando ello determine un peligro relevante de victimización secundaria.

Los derechos que recoge la Ley serán de aplicación a todas las víctimas de delitos ocurridos en España o que puedan ser perseguidos en España, con independencia de la nacionalidad de la víctima o de si disfrutan o no de residencia legal.

Así, el Título preliminar recoge un catálogo general de derechos comunes a todas las víctimas, que se va desarrollando posteriormente a lo largo del articulado y que se refiere tanto a los servicios de apoyo como a los de justicia reparadora que se establezcan legalmente, y a las actuaciones a lo largo del proceso penal en todas sus fases —incluidas las primeras diligencias y la ejecución—, con independencia del resultado del proceso penal. En ese catálogo general, se recogen, entre otros, el derecho a la información, a la protección y al apoyo en todo caso, el derecho a participar activamente en el proceso penal, el derecho al reconocimiento como tal víctima y el derecho a un trato respetuoso, profesional, individualizado y no discriminatorio.

V

El Título I reconoce una serie de derechos extraprocesales, también comunes a todas las víctimas, con independencia de que sean parte en un proceso penal o hayan decidido o no ejercer algún tipo de acción, e incluso con anterioridad a la iniciación del proceso penal.

Resulta novedoso que toda víctima, en aras a facilitar que se encuentre arropada desde el punto de vista personal, pueda hacerse acompañar por la persona que designe, sin perjuicio de la intervención de abogado cuando proceda, en sus diligencias y trato con las autoridades.

En este Título se regula el derecho a obtener información de toda autoridad o funcionario al que se acuda, con lenguaje sencillo y accesible, desde el primer contacto. Esa información, que deberá ser detallada y sucesivamente actualizada, debe orientar e informar sobre los derechos que asisten a la víctima en cuestiones tales como: medidas de apoyo disponibles; modo de ejercicio de su derecho a denunciar; modo y condiciones de protección, del asesoramiento jurídico y de la defensa jurídica; indemnizaciones, interpretación y traducción; medidas de efectividad de sus intereses si residen en distinto país de la Unión Europea; procedimiento de denuncia por inactividad de la autoridad competente; datos de contacto para comunicaciones; servicios disponibles de justicia reparadora; y el modo de reembolso de gastos judiciales.

Se regula específicamente el derecho de la víctima como denunciante y, en particular, su derecho a obtener una copia de la denuncia, debidamente certificada, asistencia lingüística gratuita a la víctima que desee interponer denuncia y traducción gratuita de la copia de la denuncia presentada.

Asimismo, con independencia de personarse en el proceso penal, se reconoce el derecho de la víctima a recibir información sobre ciertos hitos de la causa penal.

Se desarrolla, de acuerdo con la normativa europea, el derecho a la traducción e interpretación, tanto en las entrevistas, incluidas las policiales, como en la participación activa en vistas, e incluye el derecho a la traducción escrita y gratuita de la información esencial, en particular la decisión de poner término a la causa y la designación de lugar y hora del juicio.

Se regula el acceso a los servicios de apoyo, que comprende la acogida inicial, orientación e información y medidas concretas de protección, sin perjuicio de apoyos específicos para cada víctima, según aconseje su evaluación individual y para ciertas categorías de víctimas de especial vulnerabilidad.

Igualmente se busca visibilizar como víctimas a los menores que se encuentran en un entorno de violencia de género o violencia doméstica, para garantizarles el acceso a los servicios de asistencia y apoyo, así como la adopción de medidas de protección, con el objetivo de facilitar su recuperación integral.

VI

El Título II sistematiza los derechos de la víctima en cuanto a su participación en el proceso penal, como algo independiente de las medidas de protección de la víctima en el proceso, que son objeto del Título III.

Se reconoce a la víctima el derecho a participar en el proceso, de acuerdo con lo dispuesto en la Ley de Enjuiciamiento Criminal, y se refuerza la efectividad material del mismo a través de diversas medidas: por un lado, la notificación de las resoluciones de sobreseimiento y archivo y el reconocimiento del derecho a impugnarlas dentro de un plazo de tiempo suficiente a partir de la comunicación, con independencia de que se haya constituido anteriormente o no como parte en el proceso; por otro lado, el reconocimiento del derecho a obtener el pago de las costas que se le hubieran causado, con preferencia al derecho del Estado a ser indemnizado por los gastos hechos en la causa, cuando el delito hubiera sido finalmente perseguido únicamente a su instancia o el sobreseimiento de la misma hubiera sido revocado por la estimación del recurso interpuesto por ella.

El Estado, como es propio de cualquier modelo liberal, conserva el monopolio absoluto sobre la ejecución de las penas, lo que no es incompatible con que se faciliten a la víctima ciertos cauces de participación que le permitan impugnar ante los Tribunales determinadas resoluciones que afecten al régimen de cumplimiento de condena de delitos de carácter especialmente grave, facilitar información que pueda ser relevante para que los Jueces y Tribunales resuelvan sobre la ejecución de la pena, responsabilidades civiles o comiso ya acordados, y solicitar la adopción de medidas de control con relación a liberados condicionales que hubieran sido condenados por hechos de los que pueda derivarse razonablemente una situación de peligro para la víctima.

La regulación de la intervención de la víctima en la fase de ejecución de la pena, cuando se trata del cumplimiento de condenas por delitos especialmente graves, garantiza la confianza y colaboración de las víctimas con la justicia penal, así como la observancia del principio de legalidad, dado que la decisión corresponde siempre a la autoridad judicial, por lo que no se ve afectada la reinserción del penado.

Asimismo, se facilita a la víctima el ejercicio de sus derechos, permitiendo la presentación de solicitudes de justicia gratuita ante la autoridad o funcionario encargado de informarle de sus derechos, evitándose de este modo el peregrinaje por diversas oficinas; y se regula el procedimiento aplicable en los casos de presentación en España de denuncia por hechos delictivos cometidos en otros países de la Unión Europea, así como la comunicación a la víctima de su remisión, en su caso, a las autoridades competentes.

El Estatuto reconoce también el derecho de la víctima a obtener la devolución inmediata de los efectos de su propiedad, salvo en los supuestos excepcionales en los que el efecto en cuestión, temporalmente o de forma definitiva, tuviera que permanecer bajo la custodia de las autoridades para garantizar el correcto desarrollo del proceso.

Finalmente, se incluye una referencia a la posible actuación de los servicios de justicia restaurativa. En este punto, el Estatuto supera las referencias tradicionales a la mediación entre víctima e infractor y subraya la desigualdad moral que existe entre ambos. Por ello, la actuación de estos servicios se concibe orientada a la reparación material y moral de la víctima, y tiene como presupuesto el consentimiento libre e informado de la víctima y el previo reconocimiento de los hechos esenciales por parte del autor. En todo caso, la posible actuación de los servicios de justicia restaurativa quedará excluida cuando ello pueda conllevar algún riesgo para la seguridad de la víctima o pueda ser causa de cualquier otro perjuicio.

VII

En el Título III se abordan cuestiones relativas a la protección y reconocimiento de las víctimas, así como las medidas de protección específicas para cierto tipo de víctimas.

Las medidas de protección buscan la efectividad frente a represalias, intimidación, victimización secundaria, daños psíquicos o agresiones a la dignidad durante los interrogatorios y declaraciones como testigo, e incluyen desde las medidas de protección física hasta otras, como el uso de salas separadas en los Tribunales, para evitar contacto de la víctima con el infractor y cualesquiera otras, bajo discrecionalidad judicial, que exijan las circunstancias.

Para evitar la victimización secundaria en particular, se trata de obtener la declaración de la víctima sin demora tras la denuncia, reducir el número de declaraciones y reconocimientos médicos al mínimo necesario, y garantizar a la víctima su derecho a hacerse acompañar, no ya sólo del representante procesal, sino de otra persona de su elección, salvo resolución motivada.

La adopción de medidas y el acceso a ciertos servicios vienen precedidos de una evaluación individualizada de la víctima, para determinar sus necesidades de protección específica y de eventuales medidas especiales. Dichas medidas han de actualizarse con arreglo al transcurso del proceso y a las circunstancias sobrevenidas.

Las medidas de protección específica se adoptan atendiendo al carácter de la persona, al delito y sus circunstancias, a la entidad del daño y su gravedad o a la vulnerabilidad de la víctima. Así, junto a las remisiones a la vigente normativa especial en la materia, se incluyen aquellas medidas concretas de protección para colectivos que carecen de legislación especial y, particularmente, las de menores de edad víctimas de abuso, explotación o pornografía infantil, víctimas de trata de seres humanos, personas con discapacidad y otros colectivos, como los delitos con pluralidad de afectados y los de efecto catastrófico.

VIII

El Título IV, finalmente, recoge una serie de disposiciones comunes, como son las relativas a la organización y funcionamiento de las Oficinas de Asistencia a las Víctimas de delito, el fomento de la formación de operadores jurídicos y del personal al servicio de la Administración de Justicia en el trato a las víctimas, la sensibilización y concienciación mediante campañas de información, la investigación y educación en materia de apoyo, protección y solidaridad con las víctimas, la cooperación con la sociedad civil y en el ámbito internacional, así como el fomento de la autorregulación por los medios de comunicación del tratamiento de informaciones que afecten a la dignidad de las víctimas.

En este Título cabe destacar, asimismo, que se introducen distintas previsiones para reforzar la coordinación entre los distintos servicios que realizan funciones en materia de asistencia a las víctimas, así como la colaboración con redes públicas y privadas, en la línea de alcanzar una mayor eficacia en los servicios que se prestan a los ciudadanos, siguiendo así las directrices de la Comisión para la Reforma de las Administraciones Públicas (CORA).

Se regula por último la obligación de reembolso en el caso de las víctimas fraudulentas, condenadas por simulación de delito o denuncia falsa, que hayan ocasionado gastos a la Administración por su reconocimiento, información, protección y apoyo, así como por los servicios prestados, sin perjuicio de las demás responsabilidades, civiles o penales, que en su caso procedan.

IX

La Ley incorpora dos disposiciones adicionales. La Disp. Adic. 1.ª, que prevé la creación y ulterior desarrollo reglamentario de un mecanismo de evaluación periódica global del sistema de apoyo y protección a las víctimas, con participación de los agentes y colectivos implicados, que sirva de base a futuras iniciativas y a la mejora paulatina del mismo; y la Disp. Adic. 2.ª relativa a los medios.

En cuanto a las disposiciones finales, destaca la disposición final primera, que modifica la vigente Ley de Enjuiciamiento Criminal. Estos ajustes en la norma procesal penal resultan necesarios para complementar la regulación sustantiva de derechos que se recoge en la presente Ley, que transpone la Directiva 2012/29/UE.

El resto de disposiciones finales se refieren a la introducción de una reforma muy puntual en el Código Penal, al título competencial, al desarrollo reglamentario, a la adaptación de los Estatutos Generales de la Abogacía y Procuraduría y a la entrada en vigor.

TÍTULO PRELIMINAR

Disposiciones generales

Artículo 1.º *Ámbito.*—Las disposiciones de esta Ley serán aplicables, sin perjuicio de lo dispuesto en el artículo 17, a las víctimas de delitos cometidos en España o que puedan ser perseguidos en España, con independencia de su nacionalidad, de si son mayores o menores de edad o de si disfrutan o no de residencia legal.

Art. 2.º *Ámbito subjetivo. Concepto general de víctima.*— Las disposiciones de esta Ley serán aplicables:

a) Como víctima directa, a toda persona física que haya sufrido un daño o perjuicio sobre su propia persona o patrimonio, en especial lesiones físicas o psíquicas, daños emocionales o perjuicios económicos directamente causados por la comisión de un delito.

b) Como víctima indirecta, en los casos de muerte o desaparición de una persona que haya sido causada directamente por un delito, salvo que se tratare de los responsables de los hechos:

1.º A su cónyuge no separado legalmente o de hecho y a los hijos de la víctima o del cónyuge no separado legalmente o de hecho que en el momento de la muerte o desaparición de la víctima convivieran con ellos; a la persona que hasta el momento de la muerte o desaparición hubiera estado unida a ella por una análoga relación de afectividad y a los hijos de ésta que en el momento de la muerte o desaparición de la víctima convivieran con ella; a sus progenitores y parientes en línea recta o colateral dentro del tercer grado que se encontraren bajo su guarda y a las personas sujetas a su tutela o curatela o que se encontraren bajo su acogimiento familiar.

2.º En caso de no existir los anteriores, a los demás parientes en línea recta y a sus hermanos, con preferencia, entre ellos, del que ostentara la representación legal de la víctima.

Las disposiciones de esta Ley no serán aplicables a terceros que hubieran sufrido perjuicios derivados del delito.

Art. 3.º *Derechos de las víctimas.*—1. Toda víctima tiene derecho a la protección, información, apoyo, asistencia, atención y reparación, así como

---

Art. 3.º1: Apartado modificado por la Disp. Final 12.ª1 de la LO 10/2022, de 6 de septiembre (*BOE* del 7), de garantía integral de la libertad sexual.

a la participación activa en el proceso penal y a recibir un trato respetuoso, profesional, individualizado y no discriminatorio desde su primer contacto con las autoridades o funcionarios, durante la actuación de los servicios de asistencia y apoyo a las víctimas y, en su caso, de justicia restaurativa, a lo largo de todo el proceso penal y por un período de tiempo adecuado después de su conclusión, con independencia de que se conozca o no la identidad del infractor y del resultado del proceso.

En todo caso estará vedada la mediación y la conciliación en supuestos de violencia sexual y de violencia de género.

2. El ejercicio de estos derechos se regirá por lo dispuesto en la presente Ley y en las disposiciones reglamentarias que la desarrollen, así como por lo dispuesto en la legislación especial y en las normas procesales que resulten de aplicación.

TÍTULO PRIMERO

Derechos básicos

Art. 4.º *Derecho a entender y ser entendida.*—Toda víctima tiene el derecho a entender y ser entendida en cualquier actuación que deba llevarse a cabo desde la interposición de una denuncia y durante el proceso penal, incluida la información previa a la interposición de una denuncia.

A tal fin:

a) Todas las comunicaciones con las víctimas, orales o escritas, se harán en un lenguaje claro, sencillo y accesible, de un modo que tenga en cuenta sus características personales y, especialmente, las necesidades de las personas con discapacidad sensorial, intelectual o mental o su minoría de edad. Si la víctima fuera menor o tuviera la capacidad judicialmente modificada, las comunicaciones se harán a su representante o a la persona que le asista.

b) Se facilitará a la víctima, desde su primer contacto con las autoridades o con las Oficinas de Asistencia a las Víctimas, la asistencia o apoyos necesarios para que pueda hacerse entender ante ellas, lo que incluirá la interpretación en las lenguas de signos reconocidas legalmente y los medios de apoyo a la comunicación oral de personas sordas, con discapacidad auditiva y sordociegas.

c) La víctima podrá estar acompañada de una persona de su elección desde el primer contacto con las autoridades y funcionarios.

Art. 5.º *Derecho a la información desde el primer contacto con las autoridades competentes.*—1. Toda víctima tiene derecho, desde el primer contacto con las autoridades y funcionarios, incluyendo el momento previo a la presentación de la denuncia, a recibir, de manera inmediata, información adaptada a sus circunstancias y condiciones personales y a la naturaleza del delito cometido y de los daños y perjuicios sufridos, sobre los siguientes extremos:

a) Medidas de asistencia y apoyo disponibles, sean médicas, psicológicas o materiales, y procedimiento para obtenerlas. Dentro de estas últimas se incluirá, cuando resulte oportuno, información sobre las posibilidades de obtener un alojamiento alternativo.

b) Derecho a denunciar y, en su caso, el procedimiento para interponer la denuncia y derecho a facilitar elementos de prueba a las autoridades encargadas de la investigación.

c) Procedimiento para obtener asesoramiento y defensa jurídica y, en su caso, condiciones en las que pueda obtenerse gratuitamente.

d) Posibilidad de solicitar medidas de protección y, en su caso, procedimiento para hacerlo.

e) Indemnizaciones a las que pueda tener derecho y, en su caso, procedimiento para reclamarlas.

f) Servicios de interpretación y traducción disponibles.

g) Ayudas y servicios auxiliares para la comunicación disponibles.

h) Procedimiento por medio del cual la víctima pueda ejercer sus derechos en el caso de que resida fuera de España.

i) Recursos que puede interponer contra las resoluciones que considere contrarias a sus derechos.

j) Datos de contacto de la autoridad encargada de la tramitación del procedimiento y cauces para comunicarse con ella.

k) Servicios de justicia restaurativa disponibles, en los casos en que sea legalmente posible.

l) Supuestos en los que pueda obtener el reembolso de los gastos judiciales y, en su caso, procedimiento para reclamarlo.

m) A ser notificada de las resoluciones a las que se refiere el artículo 7. A estos efectos, la víctima podrá designar una dirección de correo electrónico o,

---

Art. 5.º1, párr. 1.º y letra m): Modificados por la Disp. Final 12.ª2 de la LO 10/2022, de 6 de septiembre (*BOE* del 7), de garantía integral de la libertad sexual.

en su defecto, una dirección postal o domicilio, al que serán remitidas las comunicaciones y notificaciones por la autoridad.

2. Esta información será actualizada en cada fase del procedimiento, para garantizar a la víctima la posibilidad de ejercer sus derechos.

Art. 6.º *Derechos de la víctima como denunciante.*—Toda víctima tiene, en el momento de presentar su denuncia, los siguientes derechos:

a) A obtener una copia de la denuncia, debidamente certificada.

b) A la asistencia lingüística gratuita y a la traducción escrita de la copia de la denuncia presentada, cuando no entienda o no hable ninguna de las lenguas que tengan carácter oficial en el lugar en el que se presenta la denuncia.

Art. 7.º *Derecho a recibir información sobre la causa penal.*—1. Toda víctima será informada de manera inmediata de la fecha, hora y lugar del juicio, así como del contenido de la acusación dirigida contra el infractor, y se le notificarán las siguientes resoluciones:

a) La resolución por la que se acuerde no iniciar el procedimiento penal.

b) La sentencia que ponga fin al procedimiento.

c) Las resoluciones que acuerden la prisión o la posterior puesta en libertad del infractor, así como la posible fuga del mismo.

d) Las resoluciones que acuerden la adopción de medidas cautelares personales o que modifiquen las ya acordadas, cuando hubieran tenido por objeto garantizar la seguridad de la víctima.

e) Las resoluciones o decisiones de cualquier autoridad judicial o penitenciaria que afecten a sujetos condenados por delitos cometidos con violencia o intimidación y que supongan un riesgo para la seguridad de la víctima. En estos casos y a estos efectos, la Administración penitenciaria comunicará inmediatamente a la autoridad judicial la resolución adoptada para su notificación a la víctima afectada.

f) Las resoluciones a que se refiere el artículo 13.

Estas comunicaciones incluirán, al menos, la parte dispositiva de la resolución y un breve resumen del fundamento de la misma, y serán remitidas a su dirección de correo electrónico. Excepcionalmente, si la víctima no dispusiera de una dirección

---

Art. 7.º1: Apartado modificado por la Disp. Final 12.ª3 de la LO 10/2022, de 6 de septiembre (*BOE* del 7), de garantía integral de la libertad sexual.

de correo electrónico, se remitirán por correo ordinario a la dirección que hubiera facilitado. En el caso de ciudadanos residentes fuera de la Unión Europea, si no se dispusiera de una dirección de correo electrónico o postal en la que realizar la comunicación, se remitirá a la oficina diplomática o consular española en el país de residencia para que la publique.

Si la víctima se hubiera personado formalmente en el procedimiento, las resoluciones serán notificadas a su procurador y serán comunicadas a la víctima en la dirección de correo electrónico que haya facilitado, sin perjuicio de lo dispuesto en el apartado siguiente.

2. Las víctimas podrán manifestar en cualquier momento su deseo de no ser informadas de las resoluciones a las que se refiere este artículo, quedando sin efecto la solicitud realizada.

3. Cuando se trate de víctimas de delitos de violencia de género, les serán notificadas las resoluciones a las que se refieren las letras c) y d) del apartado 1, sin necesidad de que la víctima lo solicite, salvo en aquellos casos en los que manifieste su deseo de no recibir dichas notificaciones.

4. Asimismo, se le facilitará, cuando lo solicite, información relativa a la situación en que se encuentra el procedimiento, salvo que ello pudiera perjudicar el correcto desarrollo de la causa.

Art. 8.º *Período de reflexión en garantía de los derechos de la víctima.*—1. Los Abogados y Procuradores no podrán dirigirse a las víctimas directas o indirectas de catástrofes, calamidades públicas u otros sucesos que hubieran producido un número elevado de víctimas que cumplan los requisitos que se determinen reglamentariamente y que puedan constituir delito, para ofrecerles sus servicios profesionales hasta transcurridos cuarenta y cinco días desde el hecho.

Esta prohibición quedará sin efecto en el caso de que la prestación de estos servicios profesionales haya sido solicitada expresamente por la víctima.

2. El incumplimiento de esta prohibición dará lugar a responsabilidad disciplinaria por infracción muy grave, sin perjuicio de las demás responsabilidades que procedan.

Art. 9.º *Derecho a la traducción e interpretación.*—1. Toda víctima que no hable o no entienda el castellano o la lengua oficial que se utilice en la actuación de que se trate tendrá derecho:

a) A ser asistida gratuitamente por un intérprete que hable una lengua que comprenda cuando se le reciba declaración en la fase de investigación por el Juez, el Fiscal o funcionarios de policía, o cuando intervenga como testigo en el juicio o en cualquier otra vista oral.

Este derecho será también aplicable a las personas con limitaciones auditivas o de expresión oral.

b) A la traducción gratuita de las resoluciones a las que se refieren el apartado 1 del artículo 7 y el artículo 12. La traducción incluirá un breve resumen del fundamento de la resolución adoptada, cuando la víctima así lo haya solicitado.

c) A la traducción gratuita de aquella información que resulte esencial para el ejercicio de los derechos a que se refiere el Título II. Las víctimas podrán presentar una solicitud motivada para que se considere esencial un documento.

d) A ser informada, en una lengua que comprenda, de la fecha, hora y lugar de celebración del juicio.

2. La asistencia de intérprete se podrá prestar por medio de videoconferencia o cualquier medio de telecomunicación, salvo que el Juez o Tribunal, de oficio o a instancia de parte, acuerde la presencia física del intérprete para salvaguardar los derechos de la víctima.

3. Excepcionalmente, la traducción escrita de documentos podrá ser sustituida por un resumen oral de su contenido en una lengua que comprenda, cuando de este modo también se garantice suficientemente la equidad del proceso.

4. Cuando se trate de actuaciones policiales, la decisión de no facilitar interpretación o traducción a la víctima podrá ser recurrida ante el Juez de instrucción. Este recurso se entenderá interpuesto cuando la persona afectada por la decisión hubiera expresado su disconformidad en el momento de la denegación.

5. La decisión judicial de no facilitar interpretación o traducción a la víctima podrá ser recurrida en apelación.

Art. 10. *Derecho de acceso a los servicios de asistencia y apoyo.*—Toda víctima tiene derecho a acceder, de forma gratuita y confidencial, en los términos que reglamentariamente se determine, a los servicios de asistencia y apoyo facilitados por las Administraciones Públicas, así como a los que presten las Oficinas de Asistencia a las Víctimas. Este derecho podrá extenderse a los familiares de la víctima, en los términos que asimismo se establezcan reglamentariamente, cuando se trate de delitos que hayan causado perjuicios de especial gravedad.

Las autoridades o funcionarios que entren en contacto con las víctimas deberán derivarlas a las Oficinas de Asistencia a las Víctimas cuando resulte necesario en atención a la gravedad del delito o en aquellos casos en los que la víctima lo solicite.

Los hijos menores y los menores sujetos a tutela, guarda y custodia de las víctimas de violencia de género, de violencia sexual, o de personas víctimas de violencia doméstica tendrán derecho a las medidas de asistencia y protección previstas en los Títulos I y III de esta Ley.

TÍTULO II

Participación de la víctima en el proceso penal

Art. 11. *Participación activa en el proceso penal.*—Toda víctima tiene derecho:

a) A ejercer la acción penal y la acción civil conforme a lo dispuesto en la Ley de Enjuiciamiento Criminal, sin perjuicio de las excepciones que puedan existir.

b) A comparecer ante las autoridades encargadas de la investigación para aportarles las fuentes de prueba y la información que estime relevante para el esclarecimiento de los hechos.

Art. 12. *Comunicación y revisión del sobreseimiento de la investigación a instancia de la víctima.*—1. La resolución de sobreseimiento será comunicada, de conformidad con lo dispuesto en la Ley de Enjuiciamiento Criminal, a las víctimas directas del delito que hubieran denunciado los hechos, así como al resto de víctimas directas de cuya identidad y domicilio se tuviera conocimiento.

En los casos de muerte o desaparición de una persona que haya sido causada directamente por un delito, se comunicará, conforme a lo dispuesto en la Ley de Enjuiciamiento Criminal, a las personas a que se refiere el apartado *b*) del artículo 2. En estos supuestos, el Juez o Tribunal podrá acordar, motivadamente, prescindir de la comunicación a todos los familiares cuando ya se haya dirigido con éxito a varios de ellos o cuando hayan resultado infruc-

---

Art. 10, párr. 3.º: Modificados por la Disp. Final 12.ª4 de la LO 10/2022, de 6 de septiembre (*BOE* del 7), de garantía integral de la libertad sexual.

tuosas cuantas gestiones se hubieren practicado para su localización.

2. La víctima podrá recurrir la resolución de sobreseimiento conforme a lo dispuesto en la Ley de Enjuiciamiento Criminal, sin que sea necesario para ello que se haya personado anteriormente en el proceso.

Art. 13. *Participación de la víctima en la ejecución.*—1. Las víctimas que hubieran solicitado, conforme a la letra *m*) del artículo 5.1, que les sean notificadas las resoluciones siguientes, podrán recurrirlas de acuerdo con lo establecido en la Ley de Enjuiciamiento Criminal, aunque no se hubieran mostrado parte en la causa:

a) El auto por el que el Juez de Vigilancia Penitenciaria autoriza, conforme a lo previsto en el párrafo tercero del artículo 36.2 del Código Penal, la posible clasificación del penado en tercer grado antes de que se extinga la mitad de la condena, cuando la víctima lo fuera de alguno de los siguientes delitos:

1.º Delitos de homicidio.

2.º Delitos de aborto del artículo 144 del Código Penal.

3.º Delitos de lesiones.

4.º Delitos contra la libertad.

5.º Delitos de tortura y contra la integridad moral.

6.º Delitos contra la libertad e indemnidad sexual.

7.º Delitos de robo cometidos con violencia o intimidación.

8.º Delitos de terrorismo.

9.º Delitos de trata de seres humanos.

b) El auto por el que el Juez de Vigilancia Penitenciaria acuerde, conforme a lo previsto en el artículo 78.3 del Código Penal, que los beneficios penitenciarios, los permisos de salida, la clasificación en tercer grado y el cómputo de tiempo para la libertad condicional se refieran al límite de cumplimiento de condena, y no a la suma de las penas impuestas, cuando la víctima lo fuera de alguno de los delitos a que se refiere la letra *a*) de este apartado o de un delito cometido en el seno de un grupo u organización criminal.

c) El auto por el que se conceda al penado la libertad condicional, cuando se trate de alguno de los delitos a que se refiere el párrafo segundo del artículo 36.2 del Código Penal o de alguno de los delitos a que se refiere la letra *a*) de este apartado, siempre que se hubiera impuesto una pena de más de cinco años de prisión.

La víctima deberá anunciar al Secretario judicial competente su voluntad de recurrir dentro del plazo máximo de cinco días contados a partir del momento en que se hubiera notificado conforme a lo dispuesto en los párrafos segundo y tercero del artículo 7.1, e interponer el recurso dentro del plazo de quince días desde dicha notificación.

Para el anuncio de la presentación del recurso no será necesaria la asistencia de abogado.

2. Las víctimas estarán también legitimadas para:

a) Interesar que se impongan al liberado condicional las medidas o reglas de conducta previstas por la Ley que consideren necesarias para garantizar su seguridad, cuando aquél hubiera sido condenado por hechos de los que pueda derivarse razonablemente una situación de peligro para la víctima;

b) Facilitar al Juez o Tribunal cualquier información que resulte relevante para resolver sobre la ejecución de la pena impuesta, las responsabilidades civiles derivadas del delito o el comiso que hubiera sido acordado.

3. Antes de que el Juez de Vigilancia Penitenciaria tenga que dictar alguna de las resoluciones indicadas en el apartado 1 de este artículo, dará traslado a la víctima para que en el plazo de cinco días formule sus alegaciones, siempre que ésta hubiese efectuado la solicitud a que se refiere la letra *m*) del apartado 1 del artículo 5 de esta Ley.

Art. 14. *Reembolso de gastos.*—La víctima que haya participado en el proceso tendrá derecho a obtener el reembolso de los gastos necesarios para el ejercicio de sus derechos y las costas procesales que se le hubieren causado con preferencia respecto del pago de los gastos que se hubieran causado al Estado, cuando se imponga en la sentencia de condena su pago y se hubiera condenado al acusado, a instancia de la víctima, por delitos por los que el Ministerio Fiscal no hubiera formulado acusación o tras haberse revocado la resolución de archivo por recurso interpuesto por la víctima.

Art. 15. *Servicios de justicia restaurativa.*—1. Las víctimas podrán acceder a servicios de justicia restaurativa, en los términos que reglamentariamente se determinen, con la finalidad de obtener una adecuada reparación material y moral de los perjuicios derivados del delito,

---

Art. 15: En materia de Justicia Restaurativa habrá que tener en cuenta, en la Comunidad Foral de Navarra, la Ley Foral 4/2023, de 9 de marzo (*BOE* de 4 de abril), de justicia restaurativa, mediación y prácticas restaurativas comunitarias.

cuando se cumplan los siguientes requisitos:

a) el infractor haya reconocido los hechos esenciales de los que deriva su responsabilidad;

b) la víctima haya prestado su consentimiento, después de haber recibido información exhaustiva e imparcial sobre su contenido, sus posibles resultados y los procedimientos existentes para hacer efectivo su cumplimiento;

c) el infractor haya prestado su consentimiento;

d) el procedimiento de mediación no entrañe un riesgo para la seguridad de la víctima, ni exista el peligro de que su desarrollo pueda causar nuevos perjuicios materiales o morales para la víctima; y

e) no esté prohibida por la Ley para el delito cometido.

2. Los debates desarrollados dentro del procedimiento de mediación serán confidenciales y no podrán ser difundidos sin el consentimiento de ambas partes. Los mediadores y otros profesionales que participen en el procedimiento de mediación, estarán sujetos a secreto profesional con relación a los hechos y manifestaciones de que hubieran tenido conocimiento en el ejercicio de su función.

3. La víctima y el infractor podrán revocar su consentimiento para participar en el procedimiento de mediación en cualquier momento.

Art. 16. *Justicia gratuita.*—Las víctimas podrán presentar sus solicitudes de reconocimiento del derecho a la asistencia jurídica gratuita ante el funcionario o autoridad que les facilite la información a la que se refiere la letra *c)* del artículo 5.1, que la trasladará, junto con la documentación aportada, al Colegio de Abogados correspondiente.

La solicitud también podrá ser presentada ante las Oficinas de Asistencia a las Víctimas de la Administración de Justicia, que la remitirán al Colegio de Abogados que corresponda.

Art. 17. *Víctimas de delitos cometidos en otros Estados miembros de la Unión Europea.*—Las víctimas residentes en España podrán presentar ante las autoridades españolas denuncias correspondientes a hechos delictivos que hubieran sido cometidos en el territorio de otros países de la Unión Europea.

En el caso de que las autoridades españolas resuelvan no dar curso a la investigación por falta de jurisdicción, remitirán inmediatamente la denuncia presentada a las autoridades competentes del Estado en cuyo territorio se hubieran cometido los hechos y se lo comunicarán al denunciante por el procedimiento que hubiera designado conforme a lo previsto en la letra *m*) del artículo 5.1 de la presente Ley.

Art. 18. *Devolución de bienes.*—Las víctimas tendrán derecho a obtener, de conformidad con lo dispuesto en la Ley de Enjuiciamiento Criminal, la devolución sin demora de los bienes restituibles de su propiedad que hubieran sido incautados en el proceso.

La devolución podrá ser denegada cuando la conservación de los efectos por la autoridad resulte imprescindible para el correcto desarrollo del proceso penal y no sea suficiente con la imposición al propietario de una obligación de conservación de los efectos a disposición del Juez o Tribunal.

Asimismo, la devolución de dichos efectos podrá denegarse, conforme a lo previsto en la legislación que sea de aplicación, cuando su conservación sea necesaria en un procedimiento de investigación técnica de un accidente.

TÍTULO III

Protección de las víctimas

Art. 19. *Derecho de las víctimas a la protección.*—Las autoridades y funcionarios encargados de la investigación, persecución y enjuiciamiento de los delitos adoptarán las medidas necesarias, de acuerdo con lo establecido en la Ley de Enjuiciamiento Criminal, para garantizar la vida de la víctima y de sus familiares, su integridad física y psíquica, libertad, seguridad, libertad e indemnidad sexuales, así como para proteger adecuadamente su intimidad y su dignidad, particularmente cuando se les reciba declaración o deban testificar en juicio, y para evitar el riesgo de su victimización secundaria o reiterada.

En el caso de las víctimas menores de edad, la Fiscalía velará especialmente por el cumplimiento de este derecho de protección, adoptando las medidas adecuadas a su interés superior cuando resulte necesario para impedir o reducir los perjuicios que para ellos puedan derivar del desarrollo del proceso.

Art. 20. *Derecho a que se evite el contacto entre víctima e infractor.*—Las dependencias en las que se desarrollen los actos del procedimiento penal, incluida la fase de investigación, estarán dispuestas de modo que se evite el contacto directo entre las víctimas y sus familiares, de una parte, y el sospechoso de la infracción o acusado, de otra, con arreglo a la Ley de Enjuiciamiento Criminal y sin perjuicio de lo dispuesto en los artículos siguientes.

Art. 21. *Protección de la víctima durante la investigación penal.*—Las autoridades y funcionarios encargados de la investigación penal velarán por que, en la medida que ello no perjudique la eficacia del proceso:

a)   Se reciba declaración a las víctimas, cuando resulte necesario, sin dilaciones injustificadas.

b)   Se reciba declaración a las víctimas el menor número de veces posible, y únicamente cuando resulte estrictamente necesario para los fines de la investigación penal.

c)   Las víctimas puedan estar acompañadas, además de por su representante procesal y en su caso el representante legal, por una persona de su elección, durante la práctica de aquellas diligencias en las que deban intervenir, salvo que motivadamente se resuelva lo contrario por el funcionario o autoridad encargado de la práctica de la diligencia para garantizar el correcto desarrollo de la misma.

d)   Los reconocimientos médicos de las víctimas solamente se lleven a cabo cuando resulten imprescindibles para los fines del proceso penal, y se reduzca al mínimo el número de los mismos.

Art. 22. *Derecho a la protección de la intimidad.*—Los Jueces, Tribunales, Fiscales y las demás autoridades y funcionarios encargados de la investigación penal, así como todos aquellos que de cualquier modo intervengan o participen en el proceso, adoptarán, de acuerdo con lo dispuesto en la Ley, las medidas necesarias para proteger la intimidad de todas las víctimas y de sus familiares y, en particular, para impedir la difusión de cualquier información que pueda facilitar la identificación de las víctimas menores de edad o de víctimas con discapacidad necesitadas de especial protección.

Art. 23. *Evaluación individual de las víctimas a fin de determinar sus necesidades especiales de protección.*—1.   La determinación de qué medidas de protección, reguladas en los artículos siguientes, deben ser adoptadas para evitar a la víctima perjuicios relevantes que, de otro modo, pudieran derivar del proceso, se realizará tras una valoración de sus circunstancias particulares.

2. Esta valoración tendrá especialmente en consideración:

a) Las características y circunstancias personales de la víctima y en particular:

1.º Si se trata de una persona con discapacidad o si existe una relación de dependencia entre la víctima y el supuesto autor del delito.

2.º Si se trata de víctimas menores de edad o de víctimas necesitadas de especial protección o en las que concurran factores de especial vulnerabilidad.

b) La naturaleza del delito y la gravedad de los perjuicios causados a la víctima, así como el riesgo de reiteración del delito. A estos efectos, se valorarán especialmente las necesidades de protección de las víctimas de los siguientes delitos:

1.º Delitos de terrorismo.

2.º Delitos cometidos por una organización criminal.

3.º Delitos cometidos sobre el cónyuge o sobre persona que esté o haya estado ligada al autor por una análoga relación de afectividad, aun sin convivencia, o sobre los descendientes, ascendientes o hermanos por naturaleza, adopción o afinidad, propios o del cónyuge o conviviente.

4.º Delitos contra la libertad o indemnidad sexual.

5.º Delitos de trata de seres humanos.

6.º Delitos de desaparición forzada.

7.º Delitos cometidos por motivos racistas, antisemitas u otros referentes a la ideología, religión o creencias, situación familiar, la pertenencia de sus miembros a una etnia, raza o nación, su origen nacional, su sexo, orientación o identidad sexual, enfermedad o discapacidad.

c) Las circunstancias del delito, en particular si se trata de delitos violentos.

3. A lo largo del proceso penal, la adopción de medidas de protección para víctimas menores de edad tendrá en cuenta su situación personal, necesidades inmediatas, edad, género, discapacidad y nivel de madurez, y respetará plenamente su integridad física, mental y moral.

4. En el caso de víctimas de algún delito contra la libertad sexual se aplicarán en todo caso las medidas expresadas en los párrafos *a)*, *b)*, *c)* y *d)* del artículo 25.1.

Art. 24. *Competencia y procedimiento de evaluación.*—1. La

Art. 23.2.a) y 4: Modificados por la Disp. Final 12.ª5 de la LO 10/2022, de 6 de septiembre (*BOE* del 7), de garantía integral de la libertad sexual.

valoración de las necesidades de la víctima y la determinación de las medidas de protección corresponden:

a)   Durante la fase de investigación del delito, al Juez de Instrucción o al de Violencia sobre la Mujer, sin perjuicio de la evaluación y resolución provisionales que deberán realizar y adoptar el Fiscal, en sus diligencias de investigación o en los procedimientos sometidos a la Ley Orgánica de Responsabilidad Penal de los Menores, o los funcionarios de policía que actúen en la fase inicial de las investigaciones.

b)   Durante la fase de enjuiciamiento, al Juez o Tribunal a los que correspondiera el conocimiento de la causa.

La resolución que se adopte deberá ser motivada y reflejará cuáles son las circunstancias que han sido valoradas para su adopción.

Se determinará reglamentariamente la tramitación, la constancia documental y la gestión de la valoración y sus modificaciones.

2.   La valoración de las necesidades de protección de la víctima incluirá siempre la de aquellas que hayan sido manifestadas por ella con esa finalidad, así como la voluntad que hubiera expresado.

La víctima podrá renunciar a las medidas de protección que hubieran sido acordadas de conformidad con los artículos 25 y 26.

3.   En el caso de las víctimas que sean menores de edad o personas con discapacidad necesitadas de especial protección, su evaluación tomará en consideración sus opiniones e intereses.

4.   Los servicios de asistencia a la víctima solamente podrán facilitar a terceros la información que hubieran recibido de la víctima con el consentimiento previo e informado de la misma. Fuera de esos casos, la información solamente podrá ser trasladada, en su caso, y con carácter reservado, a la autoridad que adopta la medida de protección.

5.   Cualquier modificación relevante de las circunstancias en que se hubiera basado la evaluación individual de las necesidades de protección de la víctima, determinará una actualización de la misma y, en su caso, la modificación de las medidas de protección que hubieran sido acordadas.

Art. 25.   *Medidas de protección.*—1.   Durante la fase de investigación podrán ser adoptadas las siguientes medidas para la protección de las víctimas:

a)   Que se les reciba declaración en dependencias especialmente concebidas o adaptadas a tal fin.

b)   Que se les reciba declaración por profesionales que hayan recibido una formación especial para reducir o limitar perjuicios a la víctima, así como en perspectiva de género, o con su ayuda.

c)   Que todas las tomas de declaración a una misma víctima le sean realizadas por la misma persona, salvo que ello pueda perjudicar de forma relevante el desarrollo del proceso o deba tomarse la declaración directamente por un Juez o un Fiscal.

d)   Que la toma de declaración, cuando se trate de alguna de las víctimas a las que se refieren los números 3.º y 4.º de la letra *b)* del apartado 2 del artículo 23 y las víctimas de trata con fines de explotación sexual, se lleve a cabo por una persona que, además de cumplir los requisitos previstos en la letra *b)*, de este apartado, sea del mismo sexo que la víctima, cuando ésta así lo solicite, salvo que ello pueda perjudicar de forma relevante el desarrollo del proceso o deba tomarse la declaración directamente por un juez o fiscal.

2.   Durante la fase de enjuiciamiento podrán ser adoptadas, conforme a lo dispuesto en la Ley de Enjuiciamiento Criminal, las siguientes medidas para la protección de las víctimas:

a)   Medidas que eviten el contacto visual entre la víctima y el supuesto autor de los hechos, incluso durante la práctica de la prueba, para lo cual podrá hacerse uso de tecnologías de la comunicación.

b)   Medidas para garantizar que la víctima pueda ser oída sin estar presente en la sala de vistas, mediante la utilización de tecnologías de la comunicación adecuadas.

c)   Medidas para evitar que se formulen preguntas relativas a la vida privada de la víctima que no tengan relevancia con el hecho delictivo enjuiciado, salvo que el Juez o Tribunal consideren excepcionalmente que deben ser contestadas para valorar adecuadamente los hechos o la credibilidad de la declaración de la víctima.

d)   Celebración de la vista oral sin presencia de público. En estos casos, el Juez o el Presidente del Tribunal podrán autorizar, sin embargo, la presencia de personas que acrediten un especial interés en la causa.

Las medidas a las que se refieren las letras *a)* y *c)* también

---

Art. 25.1.b) y d): Modificadas por la Disp. Final 12.ª6 de la LO 10/2022, de 6 de septiembre (*BOE* del 7), de garantía integral de la libertad sexual.

podrán ser adoptadas durante la fase de investigación.

3. Asimismo, también podrá acordarse, para la protección de las víctimas, la adopción de alguna o algunas de las medidas de protección a que se refiere el artículo 2 de la Ley Orgánica 19/1994, de 23 de diciembre, de protección a testigos y peritos en causas criminales.

Art. 26. *Medidas de protección para menores, personas con discapacidad necesitadas de especial protección y víctimas de violencias sexuales.*—1. En el caso de las víctimas menores de edad, víctimas con discapacidad necesitadas de especial protección y víctimas de violencias sexuales, además de las medidas previstas en el artículo anterior se adoptarán, de acuerdo con lo dispuesto en la Ley de Enjuiciamiento Criminal, las medidas que resulten necesarias para evitar o limitar, en la medida de lo posible, que el desarrollo de la investigación o la celebración del juicio se conviertan en una nueva fuente de perjuicios para la víctima del delito. En particular, serán aplicables las siguientes:

a) Las declaraciones recibidas durante la fase de investigación serán grabadas por medios audiovisuales y podrán ser reproducidas en el juicio en los casos y condiciones determinadas por la Ley de Enjuiciamiento Criminal.

b) La declaración podrá recibirse por medio de personas expertas.

2. El Fiscal recabará del Juez o Tribunal la designación de un defensor judicial de la víctima, para que la represente en la investigación y en el proceso penal, en los siguientes casos:

a) Cuando valore que los representantes legales de la víctima menor de edad o con capacidad judicialmente modificada tienen con ella un conflicto de intereses, derivado o no del hecho investigado, que no permite confiar en una gestión adecuada de sus intereses en la investigación o en el proceso penal.

b) Cuando el conflicto de intereses a que se refiere la letra *a)* de este apartado exista con uno de los progenitores y el otro no se encuentre en condiciones de ejercer adecuadamente sus funciones de representación y asistencia de la víctima menor o con capacidad judicialmente modificada.

c) Cuando la víctima menor de edad o con capacidad judicialmente modificada no esté acompañada o se encuen-

---

Art. 26.1: Modificados por la Disp. Final 12.ª7 de la LO 10/2022, de 6 de septiembre (*BOE* del 7), de garantía integral de la libertad sexual.

tre separada de quienes ejerzan la patria potestad o cargos tutelares.

3. Cuando existan dudas sobre la edad de la víctima y no pueda ser determinada con certeza, se presumirá que se trata de una persona menor de edad, a los efectos de lo dispuesto en esta Ley.

TÍTULO IV

Disposiciones comunes

CAPÍTULO PRIMERO

OFICINAS DE ASISTENCIA A LAS VÍCTIMAS

Art. 27. *Organización de las Oficinas de Asistencia a las Víctimas.*—1. El Gobierno y las Comunidades Autónomas que hayan asumido competencias en materia de Justicia organizarán, en el ámbito que les es propio, Oficinas de Asistencia a las Víctimas.

2. El Ministerio de Justicia o las Comunidades Autónomas podrán celebrar convenios de colaboración con entidades públicas y privadas, sin ánimo de lucro, para prestar los servicios de asistencia y apoyo a que se refiere este Título.

Art. 28. *Funciones de las Oficinas de Asistencia a las Víctimas.*—1. Las Oficinas de Asistencia a las Víctimas prestarán una asistencia que incluirá como mínimo:

a) Información general sobre sus derechos y, en particular, sobre la posibilidad de acceder a un sistema público de indemnización.

b) Información sobre los servicios especializados disponibles que puedan prestar asistencia a la víctima, a la vista de sus circunstancias personales y la

---

Art. 27: V. RD 1.109/2015, de 11 de diciembre (*BOE* del 30; corrección de errores en *BOE* de 16 de enero de 2016), por el que se desarrolla la Ley 4/2015, de 27 de abril, del Estatuto de la víctima del delito, y se regulan las Oficinas de Asistencia a las Víctimas del Delito. También habrá que tener en cuenta la Orden PJC/1/2024, de 2 de enero (*BOE* del 3), por la que se crean las unidades administrativas de la Oficina de Asistencia a las Víctimas del Delito de la Audiencia Nacional, la Oficina de Información y Asistencia a las Víctimas del Terrorismo de la Audiencia Nacional y de las Oficinas de Asistencia a las Víctimas del Delito de Mallorca, Ibiza, Menorca, Ávila, Burgos, León, Ponferrada, Palencia, Salamanca, Segovia, Soria, Valladolid, Zamora, Albacete, Ciudad Real, Cuenca, Guadalajara, Toledo, Cáceres, Plasencia, Badajoz, Mérida, Murcia, Cartagena, Ceuta y Melilla.

naturaleza del delito de que pueda haber sido objeto.

c)   Apoyo emocional a la víctima.

d)   Asesoramiento sobre los derechos económicos relacionados con el proceso, en particular, el procedimiento para reclamar la indemnización de los daños y perjuicios sufridos y el derecho a acceder a la justicia gratuita.

e)   Asesoramiento sobre el riesgo y la forma de prevenir la victimización secundaria o reiterada, o la intimidación o represalias.

f)   Coordinación de los diferentes órganos, instituciones y entidades competentes para la prestación de servicios de apoyo a la víctima.

g)   Coordinación con Jueces, Tribunales y Ministerio Fiscal para la prestación de los servicios de apoyo a las víctimas.

2.   Las Oficinas de Asistencia a las Víctimas realizarán una valoración de sus circunstancias particulares, especialmente en lo relativo a las circunstancias a las que se refiere el apartado 2 del artículo 23, con la finalidad de determinar qué medidas de asistencia y apoyo deben ser prestadas a la víctima, entre las que se podrán incluir:

a)   La prestación de apoyo o asistencia psicológica.

b)   El acompañamiento a juicio.

c)   La información sobre los recursos psicosociales y asistenciales disponibles y, si la víctima lo solicita, derivación a los mismos.

d)   Las medidas especiales de apoyo que puedan resultar necesarias cuando se trate de una víctima con necesidades especiales de protección.

e)   La derivación a servicios de apoyo especializados.

3.   El acceso a los servicios de apoyo a las víctimas no se condicionará a la presentación previa de una denuncia.

4.   Los familiares de la víctima podrán acceder a los servicios de apoyo a las víctimas conforme a lo que se disponga reglamentariamente, cuando se trate de delitos que hayan causado perjuicios de especial gravedad.

5.   Las víctimas con discapacidad o con necesidades especiales de protección, así como en su caso sus familias, recibirán, directamente o mediante su derivación hacia servicios especializados, la asistencia y apoyo que resulten necesarios.

Art. 29.   *Funciones de apoyo a actuaciones de justicia restaurativa y de solución extraprocesal.*—Las Oficinas de Asistencia a las Víctimas prestarán, en los términos que reglamentariamente se determine, apoyo a los servicios de justicia restaurativa y demás procedimientos de solución extraprocesal que legalmente se establezcan.

CAPÍTULO II

FORMACIÓN

Art. 30. *Formación en los principios de protección de las víctimas.*—1. El Ministerio de Justicia, el Consejo General del Poder Judicial, la Fiscalía General del Estado y las Comunidades Autónomas, en el ámbito de sus respectivas competencias, asegurarán una formación general y específica, relativa a la protección de las víctimas en el proceso penal, en los cursos de formación de Jueces y Magistrados, Fiscales, Secretarios judiciales, Fuerzas y Cuerpos de Seguridad, médicos forenses, personal al servicio de la Administración de Justicia, personal de las Oficinas de Asistencia a las Víctimas y, en su caso, funcionarios de la Administración General del Estado o de las Comunidades Autónomas que desempeñen funciones en esta materia.

En estos cursos de formación se prestará particular atención a las víctimas necesitadas de especial protección, a aquellas en las que concurran factores de especial vulnerabilidad y a las víctimas menores o con discapacidad.

2. Los Colegios de Abogados y de Procuradores impulsarán la formación y sensibilización de sus colegiados en los principios de protección de las víctimas contenidos en esta Ley.

Art. 31. *Protocolos de actuación.*—El Gobierno y las Comunidades Autónomas en el marco de sus competencias, con el fin de hacer más efectiva la protección de las víctimas y de sus derechos reconocidos por esta Ley, aprobarán los Protocolos que resulten necesarios para la protección de las víctimas.

Asimismo, los Colegios profesionales que integren a aquellos que, en su actividad profesional, se relacionan y prestan servicios a las víctimas de delitos, promoverán igualmente la elaboración de Protocolos de actuación que orienten su actividad hacia la protección de las víctimas.

CAPÍTULO III

COOPERACIÓN Y BUENAS PRÁCTICAS

Art. 32. *Cooperación con profesionales y evaluación de la atención a las víctimas.*—Los poderes públicos fomentarán la cooperación con los colectivos profesionales especializados en el trato, atención y protección a las víctimas.

Se fomentará la participación de estos colectivos en los sistemas de evaluación del funcionamiento de las normas, medidas y demás instrumentos que se adopten para la protección y asistencia a las víctimas.

Art. 33. *Cooperación internacional.*—Los poderes públicos promoverán la cooperación con otros Estados y especialmente con los Estados miembros de la Unión Europea en materia de derechos de las víctimas de delito, en particular mediante el intercambio de experiencias, fomento de información, remisión de información para facilitar la asistencia a las víctimas concretas por las autoridades de su lugar de residencia, concienciación, investigación y educación, cooperación con la sociedad civil, asistencia a redes sobre derecho de las víctimas y otras actividades relacionadas.

Art. 34. *Sensibilización.*—Los poderes públicos fomentarán campañas de sensibilización social en favor de las víctimas, así como la autorregulación de los medios de comunicación social de titularidad pública y privada en orden a preservar la intimidad, la imagen, la dignidad y los demás derechos de las víctimas. Estos derechos deberán ser respetados por los medios de comunicación social.

CAPÍTULO IV

OBLIGACIÓN DE REEMBOLSO

Art. 35. *Obligación de reembolso.*—1. La persona que se hubiera beneficiado de subvenciones o ayudas percibidas por su condición de víctima y que hubiera sido objeto de alguna de las medidas de protección reguladas en esta Ley, vendrá obligada a reembolsar las cantidades recibidas en dicho concepto y al abono de los gastos causados a la Administración por sus actuaciones de reconocimiento, información, protección y apoyo, así como por los servicios prestados con un incremento del interés legal del dinero aumentado en un 50 por 100, si fuera condenada por denuncia falsa o simulación de delito.

2. El procedimiento de liquidación de la anterior obligación de reembolso y la determinación de las cuantías que puedan corresponder a cada concepto se determinarán reglamentariamente.

3. Esta disposición se aplicará sin perjuicio de lo previsto en la Ley de Asistencia Jurídica Gratuita.

Art. 34: Modificados por la Disp. Final 12.ª8 de la LO 10/2022, de 6 de septiembre (*BOE* del 7), de garantía integral de la libertad sexual.

DISPOSICIONES ADICIONALES

1.ª *Evaluación periódica del sistema de atención a las víctimas del delito en España.*—El funcionamiento de las instituciones, mecanismos y garantías de asistencia a las víctimas del delito será objeto de una evaluación anual, que se llevará a cabo por el Ministerio de Justicia conforme al procedimiento que se determine reglamentariamente.

Estas evaluaciones, cuyos resultados serán publicados en la página web, orientarán la mejora del sistema de protección y la adopción de nuevas medidas para garantizar su eficacia.

El Gobierno remitirá a las Cortes Generales un informe anual con la evaluación y las propuestas de mejora del sistema de protección de las víctimas y de las medidas que garanticen su eficacia.

2.ª *Medios.*—Las medidas incluidas en esta Ley no podrán suponer incremento de dotaciones de personal, ni de retribuciones ni de otros gastos de personal.

DISPOSICIÓN TRANSITORIA

Única. *Aplicación temporal.*—Las disposiciones contenidas en esta Ley serán aplicables a las víctimas de delitos a partir de la fecha de su entrada en vigor, sin que ello suponga una retroacción de los trámites que ya se hubieran cumplido.

DISPOSICIÓN DEROGATORIA

Única. *Derogación normativa.*—Quedan derogadas todas las normas de rango igual o inferior en cuanto contradigan lo dispuesto en la presente Ley.

DISPOSICIONES FINALES

1.ª *Modificación de la Ley de Enjuiciamiento Criminal a efectos de la transposición de algunas de las disposiciones* contenidas en la Directiva 2012/29/UE del Parlamento Europeo y del Consejo, de 25 de octubre de 2012, por la que se *establecen normas mínimas sobre los derechos, el apoyo y la protección de las víctimas de delitos.*—La Ley de Enjuiciamiento Criminal queda modificada como sigue:

....

2.ª *Modificación de la Ley Orgánica 10/1995, de 23 de noviembre, del Código Penal.*—Se modifica el apartado 2 del artículo 126 de la Ley Orgánica 10/1995, de 23 de noviembre, del Código Penal, que queda redactado como sigue:

«2. Cuando el delito hubiere sido de los que sólo pueden perseguirse a instancia de parte, se satisfarán las costas del acusador privado con preferencia a la indemnización del Estado. Tendrá la misma preferencia el pago de las costas procesales causadas a la víctima en los supuestos a que se refiere el artículo 14 de la Ley del Estatuto de la Víctima del Delito.»

3.ª *Título competencial.*—Esta Ley se dicta al amparo de la competencia exclusiva en materia de legislación penal y procesal atribuida al Estado por el artículo 149.1.6.ª de la Constitución Española. Se exceptúa de lo anterior el Título IV, que se dicta al amparo de la competencia exclusiva en materia de Administra-

ción de Justicia atribuida al Estado por el artículo 149.1.5.ª de la Constitución Española, así como lo dispuesto en el Título I, que se dicta al amparo de la competencia exclusiva en materia de regulación de las condiciones básicas que garanticen la igualdad de todos los españoles en el ejercicio de los derechos y en el cumplimiento de los deberes constitucionales, atribuida al Estado por el artículo 149.1.1.ª de la Constitución Española.

4.ª *Habilitación al Gobierno para el desarrollo reglamentario.*—Se habilita al Gobierno para que apruebe las disposiciones reglamentarias precisas para el desarrollo de lo dispuesto en la presente Ley.

5.ª *Adaptación de los Estatutos Generales de la Abogacía y de la Procuraduría.*—Los Colegios y Consejos Generales de Abogados y Procuradores adoptarán las medidas necesarias para adaptar sus respectivos Estatutos a lo establecido en el apartado 2 del artículo 8 de la presente Ley, en un plazo máximo de un año desde su entrada en vigor.

6.ª *Entrada en vigor.*—La presente Ley entrará en vigor a los seis meses de su publicación en el *Boletín Oficial del Estado*.

ÍNDICE ANALÍTICO

A

ABONO
—Del tiempo de condena como consecuencia de sentencia de revisión: 960.1.
ABSOLUCIÓN
—En sentencia recurrida en casación. Soltura de preso: 861 bis a).IV.
—Extensión: 142.4.ª y 5.ª
—Ha de ser libre: 144.
—No cabe imponer las costas a los absueltos: 240.2.º
—Puesta en libertad del procesado: 983.
ABSTENCIÓN
—De los representantes del Ministerio Fiscal por concurrir causa de recusación: 96.
—Vid. *Inhibición.*
ACCIÓN CIVIL
—Concepto legal. Objeto: 100.
—Del fiador de libertad provisional: 543.
—Eficacia de la renuncia: 107.
—Ejercicio conjunto con la penal: 108, 111 y 113; Presunción: 112.I.
—Ejercicio sin la penal en delitos perseguibles sólo a instancias de parte; extinción de aquélla: 112.II.
—Ejercicio tras la extinción de la penal: 115 y 116.II.
—Extinción por renuncia: 106.II y 108.
—No es preciso su ejercicio previo para la penal: 114.II.
—No se extingue por haberse extinguido la penal. Excepción: 116.I.
—Ofendido. Derecho a mostrarse parte. Instrucción: 109; vid. *Perjudicado.*
—Renuncia: 106.II, 108 y 112.
—Reserva: 112 y 843.
ACCIÓN PENAL
—Carácter público: Acción popular: 101.I y 270.
—Concepto legal: 100.
—Ejercicio por el Ministerio Fiscal: 105 y 271.
—Ejercicio por querella: 270.
—Ejercicio conjunto con la civil: 108, 111 y 113; Presunción: 112.
—Extinción: 106 y 115.
—Legitimación para su ejercicio: 101. II, 104 y 270; Prohibición general de ejercicio: 102; Prohibición por razón de parentesco: 103.

—No es preciso el ejercicio previo de la acción civil: 114.II.
—No se extingue por la extinción de la civil: 117.
—Renuncia: 106.II y 107.
ACCIÓN POPULAR
—Consagración legislativa: 101 y 270.
ACLARACIÓN Y ADICIÓN DE SENTENCIAS
—A instancia de parte: 161.II.
—Concepto: 161.I.
—De oficio: 161.II.
—Momento: 161.I.
ACTA
—Consignación de preguntas a testigos que se haya prohibido contestar: 709.
—De apertura de objetos remitidos por el juez instructor: 626.
—De denuncia verbal: 267.
—Del juicio de faltas: 972.
—Del juicio oral: 743 y 746.II; En procedimiento abreviado: 788.6.
—Del juicio por delitos de injuria o calumnia: 815.
—De registro domiciliario: 569.
ACTO DE CONCILIACIÓN
—Previo a la admisión de querella en los delitos perseguibles sólo a instancia de parte: 278.
—Previo a la admisión de querella en los delitos de calumnia e injuria contra particulares: 804.
ACTOR CIVIL
—Asistencia al interrogatorio del procesado: 385.
—Condena en costas por obrar con mala fe o temeridad: 240.3.º
—Constancia en encabezamiento de la sentencia: 142.1.ª
—Depósito para recurrir en casación: 875.III.
—Intervención en el sumario: 320.
—Legitimación para interponer recurso de casación: 854.II.
—Notificación del auto de conclusión del sumario: 623.
—Omisión de su citación a juicio oral. Motivo de casación: 850.2.º
—Resolución por auto de incidentes o puntos esenciales que le afecten: 141.II.
—Traslado de la causa para calificación: 651.II y 797.

ATESTADO
—Consideración de denuncia: 297.I.
—En los nombramientos de peritos: 460 y 461.
—Entrega al juez competente: 789.I.
—Firma: 293.
—Formación: 292.
—Remisión de copia al Ministerio Fiscal: 772.2.
—Sustitución por relación verbal: 294.

AUDIENCIA NACIONAL
—Competencia: 14.4.º

AUDIENCIA PROVINCIAL
—Auto de inhibición: 25.III.
—Competencia objetiva: 14.4.º
—Libro-registro de procesados en rebeldía: 256.
—Nombramiento de instructor especial: 304.II.
—Número de magistrados para dictar resoluciones: 145.
—Promoción de cuestiones de competencia: 19.3.º y 25.I.
—Resolución de cuestiones de competencias: 20.2.º

AUDIENCIA PÚBLICA
—De la vista de recurso de casación: 894.
—De las sesiones del juicio oral: 680.
—Lectura de la sentencia por el ponente: 147.5.º
—Vid. *Publicidad.*

AUSENCIA
—Del acusado: 746, 747, 755, 784.3, 786.1 y 814.
—Vid. *Proceso contra reos ausentes.*

AUTO DE PROCESAMIENTO
—En procesos por delitos de injuria y calumnia: 807, 810 y 812.
—Habilitación de defensor y representante al menor: 384.IV.
—Momento *a quo* para ejercitar el derecho de defensa: 118.1.
—Orden de procesar. De la Audiencia al instructor: 384.VI.
—Procedencia: 384.I.
—Recursos contra él: 384.V y VII.
—Recursos contra su denegación: 384.VI.
—Reproducción de la solicitud de procesamiento ante la Audiencia: 384.VI.

AUTOPSIA
—Acuerdo de que no se practique en procedimiento abreviado: 778.4.

—Práctica: 353.
—Procedencia e informes: 343.

AUTORIDADES Y FUNCIONARIOS
—Comunicación judicial con los que no intervengan en el proceso: 187.
—Consignación y apreciación de circunstancias adversas y favorables al inculpado: 2.º
—Deber de instrucción al inculpado: 2.º
—Encargados de la seguridad pública. Son Policía Judicial: 283.1.º
—Obligación de no dilatar privaciones de libertad: 528.III.

AUTORIZACIÓN ADMINISTRATIVA PARA PROCESAR
—A Diputados y Senadores: 750, 754 y 755.
—Artículo de previo pronunciamiento: 666.5.ª
—Denegación. Nulidad de lo actuado. Sobreseimiento: 677.II.
—Desestimación. Reproducción en el juicio oral: 678.
—Procedencia. Suspensión de la causa: 677.I.

AUTORIZACIÓN JUDICIAL
—Para proceder por injuria o calumnia vertida en juicio: 279 y 805.

AUTOS
—Consulta del auto reputando falta el hecho: 624.
—Firma: 156.II; Plazo: 204.I y 205.
—Forma: 141.VII.
—Formación de Sala. Número de Magistrados: 145.I y II.
—Libros de autos: 162.
—Mayoría para su aprobación: 153; Falta. Discordia: 163.
—Plazo para dictarlos: 204.I y 205.
—Procedencia de recurso de casación: 848.
—Publicación de los de inadmisión de recurso de casación: 888.
—Recurso contra los dictados en los Juzgados de Instrucción: 217, 218 y 787.
—Recursos contra los dictados en Tribunales: 236 y 237.
—Redacción: 147.4.º
—Resolución sobre costas en los que pongan fin a un proceso o a un incidente: 239.

—Resolutorios de incidentes. Notificación: 160.II.

—Supuestos en general: 141.II; Acordando o denegando pedir la extradición: 830; Admitiendo o rechazando las pruebas propuestas para el juicio oral: 659.I y 785; Calificando la suficiencia de las fianzas: 596; Considerando falta el hecho: 624 y 779.1; De admisión o denegación de prueba: 141.II; En incidente de recusación: 66; De admisión o denegación de recusación: 59; De ampliación de la fianza o embargo: 611; De apertura de juicio oral: 633 y 783; De confirmación o revocación del de conclusión del sumario: 630; De conclusión del sumario: 622 y 623; De decisión de la recusación: 69, 90, 91 y 141.II; De detención y apertura de correspondencia: 583; De entrada y registro domiciliario: 550 y 558; De fianza de libertad provisional: 529 y 539; De incomunicación: 408; De inhibición de órganos unipersonales: 25.III; De inhibición en favor de jurisdicción especial: 12.IV; De Juzgados de Instrucción en declinatoria: 32, De prisión: 141.II; De reducción de la fianza o embargo: 612; De resolución del incidente de recusación de peritos: 662.VI; De sobreseimiento: 632, 636 y 782.1, 4 y 6; De soltura del preso: 141.II; De suspensión del juicio oral: 748; De Tribunales en cuestión de competencia por inhibitoria: 35, 37, 40 y 43; Decisión de incidentes: 141. II; Decisión de competencias: 141. II; Declarando desierto el recurso de casación: 878; Declarando el secreto de las sesiones del juicio oral: 680. III; Declarando hecha la calificación: 658; Declarando desierto el recurso de queja por denegación de testimonio

para recurrir en casación: 866; Decretando fianza y embargo para cubrir responsabilidad civil: 589; Denegando la admisión del recurso de casación: 888.IV; Denegando la apertura del juicio oral en procedimiento abreviado: 783; Denegando la práctica de diligencias sumariales: 311.II y 312; Denegando la preparación del recurso de casación: 858; Denegando la reposición: 141.II; Elevando la detención a prisión: 501; En incidente de ocupación o restitución de bienes: 621; En incidente de responsabilidad civil de terceros: 621 y 785.8.ª*b*); En resolución del recurso de apelación: 232; En resolución del recurso de queja: 235.II; Fijando el máximo de cumplimiento de penas impuestas en procesos distintos seguidos por delitos conexos: 988.III; Para ordenar la comparecencia de testigo sumarial residente fuera del término o partido judicial: 422.I; Ratificando el de prisión: 517; no es preciso en procedimiento abreviado: 763; Resolviendo artículos de previo pronunciamiento: 674.I y 793; Señalando el comienzo de las sesiones del juicio oral: 659.V; Notificación: 664.

AUXILIARES
—Correcciones disciplinarias por dilaciones: 198.II y 199.
—Mandamiento judicial para comunicación con ellos: 186.
—Recusación: 84 a 92.
—Vid. *Oficiales*.

AUXILIO JUDICIAL
—En procedimiento abreviado: 762.
—Entre Jueces y Tribunales: 183 ss.
—Internacional: 193 y 194.
—Práctica de diligencias: 322.
—Vid. *Carta-orden, Exhorto, Mandamiento y Suplicatorio*.

B

BOLETÍN OFICIAL DEL ESTADO
—Inserción de cédula de citación de testigos: 432.II.

—Inserción de cédula de citación, emplazamiento o notificación si no fuere habido: 178.II.

—Publicación de edictos llamando a interesados en el ejercicio de la acción penal: 643.
—Publicación de requisitorias: 512.

BOLETÍN OFICIAL DE LA PROVINCIA
—Inserción de cédula de citación a testigos: 432.II.
—Inserción de cédula de citación, emplazamiento o notificación en el de última residencia, si no fuere habido: 178.II.

BUQUE
—De guerra extranjero. Autorización para diligencia de entrada y registro: 561.II.
—Del Estado español. Lugar público a efecto de entrada y registro: 547.4.º
—Mercante español. Consideración de domicilio a efecto de entrada y registro: 554.3.º
—Mercante extranjero. Autorización para diligencia de entrada y registro: 561.I.

C

CAJA GENERAL DE DEPÓSITOS
—Depósito de bienes embargados para asegurar la responsabilidad civil: 600.
—Depósitos para recurrir en casación: 875.

CALIFICACIÓN PROVISIONAL
—Anticipación probatoria: 657.III.
—Auto de admisión de pruebas: 659.I y II; Recursos: 659.III y IV.
—Auto declarando realizada la calificación: 658.
—Comunicación al actor civil: 651.II.
—Comunicación al acusador particular: 651.I.
—Comunicación al Ministerio Fiscal: 649.
—Comunicación al procesado: 652.
—Conformidad del procesado: 655.
—Contenido del escrito de calificación: 650; En procedimiento abreviado: 781.1.
—Examen de las piezas de convicción: 654.
—Examen por el Ponente de las pruebas propuestas: 658.
—Lectura en el juicio oral: 701.III.
—Manifiesto error. Tesis del Tribunal: 733.
—Modificación de las conclusiones: 732.
—Preclusión para mostrarse parte el ofendido: 110.
—Proposición de prueba: 656 y 657.I y II.
—Redacción en forma alternativa: 653.
—Tras desestimación de artículos de previo pronunciamiento: 679.

CAPACIDAD MENTAL
—Apreciación en el sumario de la del procesado: 381 y 382.
—Demencia sobrevenida a comisión del delito: 383.
—En ejecución de sentencias: 991 a 994.

CAPITÁN
—De buques extranjeros. Autorización para entrada y registro: 561.

CAREO
—Dación de fe: 453.
—Práctica: 452, 454 y 713.
—Práctica en el juicio oral sin haberse propuesto: 729.1.º
—Prohibición con testigos menores de edad: 455 y 713.
—Supuesto: 451 y 455.

CARTA-ORDEN
—Cumplimentación: 191.I.
—Demora en su cumplimento. Apremio: 192.II.
—Devolución cumplimentada: 191.II.
—Entrega al interesado para su cumplimiento: 188.II; Presentación: 189.
—Expedición del oficio: 188.1; Acuse de recibo: 190.
—Expedición para actos de comunicación en distinto territorio: 177.I.
—Plazo de entrega o remisión: 208.
—Para citaciones a peritos o testigos: 660.
—Supuesto: 184.II.

CASACIÓN
—Vid. *Recurso de casación.*

CÉDULA
—Vid. *Citaciones, Emplazamientos* y *Notificaciones.*

CELADORES Y AGENTES MUNICIPALES
—Son Policía Judicial: 283.5.º

CERTIFICACIÓN
—De antecedentes penales: vid. *Antecedentes penales*.
—De bautismo. Para acreditar la edad del procesado: 375.
—De la segunda sentencia de casación para su ejecución: 986.
—De nacimiento. No se demora por su falta el procedimiento abreviado: 762.7.ª; Para acreditar la edad del procesado: 375; Se puede prescindir de ella en procedimiento abreviado: 762.7.ª

CIRCUNSTANCIAS
—Agravantes, atenuantes o eximentes. Contenido de los escritos de calificación: 650.4.º; Contenido en los considerando de las sentencias: 142.4.ª3.º

CITACIÓN PREVENTIVA
—Incomparecencia del citado: 487.
—Por la Policía Judicial en procedimiento abreviado: 770.6.ª
—Procedencia: 486 y 588.
—Ante el Ministerio Fiscal en procedimiento abreviado: 773.2.

CITACIONES
—Cédula. Contenido específico: 175.II.
—Corrección disciplinaria al funcionario que la practique por morosidad: 181.
—De peritos. Nombramiento: 460, 660 y 661.I.
—De presuntos culpables a juicio de faltas: 962.
—De procesados y fiadores a juicio oral: 664.
—De procuradores: 182.
—De testigos: 426, 430.I, 660 y 661.I.
—Del interesado a la diligencia de apertura de correspondencia: 584.
—Domicilio desconocido del citado: 178.
—En territorio distinto del órgano jurisdiccional: 177.I.
—En el extranjero: 177.II.
—Habilitación judicial de agentes de policía para práctica de citaciones a testigos: 431.
—Incomparecencia del citado: 176.
—Obligación de concurrir: 175.II y 176.
—Motivo de casación: 850.2.º
—Nulidad: 180.1.

—Para la vista en recusación: 67.
—Por correo con acuse de recibo: 166.I.
—Práctica en general: 175.I y 179.
—Subsanación de la nulidad: 180.II.
—Tiempo: 207 a 209.
—Unión de la cédula a los autos: 179.
—Verbales a peritos: 461.
—Verbales a testigos: 430.II.

CLÉRIGOS
—Vid. *Religiosos*.

COLECCIÓN LEGISLATIVA
—Publicación de autos de inadmisión de recursos de casación: 888.
—Publicación de sentencias de casación: 905.

COLEGIO DE ABOGADOS
—Comunicación de designación de abogado por detenido o preso: 520.4.
—Nombramiento de abogado al detenido o preso por no aceptar el designado: 520.4.

COMPAÑÍA ASEGURADORA
—Afianzamiento en procedimiento urgencia: 764.3.II.
—Vid. *Responsable civil*.

COMPETENCIA FUNCIONAL Y OBJETIVA
—Para conocimiento y fallo. Regla general: 14.3.º y 4.º; Supuestos particulares: Para conocer de delitos conexos: 16; Para decretar la prisión provisional: 502; Para el juicio de faltas: 14.1.º y 963; Para el recurso de apelación: 220. II; Para el recurso de apelación en juicio de faltas: 976; Para el recurso de casación: 859 y 873 ss.; Para el recurso de queja: 220.III; Para el recurso de queja por denegación de testimonio para recurrir en casación: 862; Para el recurso de reforma: 220.I, Para el recurso de revisión: 957; Para el supuesto de concurrencia de inculpados aforados: 11; Para la extradición: 828; Para la prevención de procedimientos contra aforados: 12.I; Para las cuestiones de competencia: 20 y 46; Para las recusaciones: 63, 68, 69.I y 86; Para delitos menos graves: 14.3.º; Para los incidentes: 9.º
—Para la ejecución. En general: 9.º; De sentencias en juicio de faltas: 984; De sentencias en procedimiento abrevia-

E

F

G

H

HECHOS PROBADOS
—Consignación como tales de conceptos jurídicos predeterminantes. Motivo de casación: 851.1.°
—Consignación en las sentencias: 142.2.ª
—Contradicción entre ellos. Motivo de casación: 851.1.°
—Falta de relación expresa. Motivo de casación: 851.2.°
—Falta de expresión clara y terminante. Motivo de casación: 851.1.°

HEREDEROS
—Del perjudicado. Exención de fianza para interponer querella: 281.1.°
—Del querellante. Entrada en el proceso: 276.

—Legitimación para interponer recursos de casación: 854.1.
—Percepción de indemnizaciones por absolución de su causante en recurso de revisión: 960.II.
—Vid. *Parientes.*

HOMBRES BUENOS
—Formación del sumario con su intervención en casos urgentes y extraordinarios: 321.II.

HOMICIDIO
—Exención de fianza de parientes para interponer querella: 281.2.°
—Recurso de revisión: 954.2.°

HONORARIOS
—Vid. *Abogado* y *Peritos.*

I

IDENTIFICACIÓN
—De cadáveres. Supuestos y modos: 340 a 343 y 353; vid. *Autopsia* y *Cuerpo del delito.*
—Del acusado en escrito de acusación del proceso abreviado: 781.1.
—Del agente encubierto: 282 bis.1.I y II.

IDENTIFICACIÓN DEL DELINCUENTE Y CIRCUNSTANCIAS PERSONALES
—Antecedentes penales: 379.
—Constancia de señas personales: 374.
—Demencia sobrevenida a la comisión del delito: 383.
—Edad. Justificación y averiguación: 375 y 376.
—Indicios de enajenación mental: 381.
—Información sobre moralidad y conducta: 377 y 378; En procedimiento abreviado: 762.1.ª
—Informe sobre capacidad mental: 382.
—Práctica del reconocimiento. Rueda: 369; Identificación por varias personas: 370.
—Precauciones para evitar desfiguramiento: 371 y 372.
—Primeras diligencias: 13.
—Reconocimiento a presencia judicial: 368.

IMPÚBERES
—No están obligados a denunciar: 260.

IMPUTADO
—Vid. *Acusado, Encartado, Inculpado* y *Procesado.*

INCAPACITACIÓN
—Del detenido o preso. Notificaciones de su situación: 520.3.
—Del querellante. Se tiene por abandonada la querella si no comparecen sus representantes: 276.
—Dispensa del deber de declarar como testigo: 417.3.° y 707.

INCIDENTES
—Competencia: 9.°
—Cuestiones de competencia: 19 ss.
—Recusación de peritos: 662 y 723.
—Recusación de personal de los órganos jurisdiccionales: 57 ss.
—Se resuelven por auto: 141.II.
—Suspensión del juicio oral para resolverlos: 746.1.° y 747.
—Vid. *Pieza separada.*

INCOMUNICACIÓN DE DETENIDOS O PRESOS
—Asistencia a diligencias periciales: 506. II.
—Auto de incomunicación. Notificación: 408.
—Consecuencias de la misma: 527.
—De procesados: 407.
—Duración: 506.I y 507.

—Se le remite testimonio de la parte dispositiva de la sentencia firme de condena: 253.
—Visita a detenidos y presos: 526.
—Vid. *Delegación de diligencias* y *Jueces en Juzgados de Instrucción.*

INTERÉS
—Colectivo. Prolongación del plazo de prisión provisional si el delito les afecta: 504.III.
—Directo o indirecto. Causa de recusación del personal de los órganos jurisdiccionales: 54.9.º; Causa de recusación de peritos: 468.2.º

INTERPRETACIÓN DE LENGUAS, OFICINA DE
—Traducción de interrogatorios a testigos y respuestas: 441.II y III.

—Traducción de preguntas y respuestas de procesados: 398.

INTÉRPRETE
—Al detenido o preso extranjero: 520.2.c).
—Al procesado que no sepa castellano o fuera sordomudo: 398.
—Al testigo que no sepa castellano o fuera sordomudo: 440 y 442.
—En el juicio oral para testigos: 711.
—En procedimiento abreviado: 762.8.ª
—Nombramiento: 441.1 y 442.II.

INTERVENTOR
—En la administración de inmuebles embargados: 605.
—Relación con el administrador: 608 y 609.

J

JEFATURA CENTRAL DE TRÁFICO
—Mandamiento para que no conceda permisos de conducción y deje sin efecto el vigente: 798.2.ª
—Su personal constituye Policía Judicial: 283.9.ª

JEFE DE TALLER DE TIPOGRAFÍA
—Declaración en procesos por delitos cometidos por medios mecánicos de publicación: 817 y 818.

JORNAL
—Vid. *Sueldo.*

JUECES DE PAZ
—Competencia: 14.1.º
—Diligencias a prevención: 308.
—Diligencias por delegación: 310, 477 y 563.

JUECES EN JUZGADOS DE INSTRUCCIÓN
—Autorización de entregas vigiladas: 263 bis.1.I.
—Calificación a los miembros de la Policía Judicial: 298.
—Comisión de diligencias en ejecución de sentencias: 987 y 997.
—Competencia: 14.1.º y 2.º
—Competencia para instrucción de sumarios: 14.2.º y 303.
—Comunicación al Presidente de la Audiencia de la formación de sumarios: 308; Partes semanales: 324.I.

—Correcciones disciplinarias: 258.
—Cuestiones de competencia en procedimiento abreviado: 759.
—Declaración de testigos ante él. Corrección disciplinaria: 435.
—Delegación de diligencias y actos: 147.2.º, 310, 477 y 563.
—Delegación para asistir a la diligencia de autopsia: 353.
—Delitos de especial gravedad. Traslado al lugar de los hechos: 318.
—Estado y adelantos de sumarios a los fiscales: 324.III.
—Firma en la diligencia de inspección ocular: 332.
—Formación de sumarios: 306 ss.; Ante el Secretario: 321.
—Instrucción y fallo de la pieza separada de recusación de personal auxiliar: 86.
—Libro-registro de penados: 254.
—Libro-registro de procesados en rebeldía: 255.
—Medidas de precaución en casos urgentes en delitos cometidos por aforados: 303.V.
—Posibilidad de ser recusados: 52.
—Práctica de prueba por comisión: 147.2.º
—Prohibición de ejercicio de la acción penal y excepciones: 102.3.º
—Promoción de cuestiones de competencia: 19.2.º y 25.I.

L

M

—Tratamiento a pacientes. Discrepancias: 351 y 352.

MEDIDAS CAUTELARES
—Momento *a quo* para ejercitar el derecho de defensa: 118.I.
—Vid. *Citación preventiva, Detención, Libertad provisional* y *Prisión provisional.*

MENOR EDAD
—De dieciséis años. Inhibición: 779.1.3.ª
—Del detenido o preso. Notificación de su situación: 520.3.
—Del procesado. Declaraciones: 409.
—Ejercicio de la acción penal: 102.1.º
—Prohibición de careos: 455 y 713.
—Testigo (medidas): 448 y 707.

MILITARES
—Declaración testifical sumarial: 429.

MINISTERIO DE ASUNTOS EXTERIORES
—Comisiones rogatorias y exhortos: 177. II, 193 y 194.

MINISTERIO DE JUSTICIA
—Comunicación de la denegación de practicar entrada y registro en edificios de representaciones diplomáticas: 560.
—Comunicación de la resistencia de Embajadores o representantes diplomáticos a recibir al Juez o declarar como testigos: 414.II.
—Orden al Ministerio Fiscal para interponer recurso de revisión: 956.
—Para promover recurso de revisión: 955.
—Queja en caso de no abstención del Ministerio Fiscal: 99.III.
—Recepción de estados trimestrales de estadística judicial: 250 y 251.
—Remisión de exposiciones por su conducto: 196.
—Remisión de interrogatorio para su contestación por vía diplomática por Embajadores y representantes diplomáticos: 415.III.
—Servicio de estadística judicial: 257.
—Suplicatorio de petición de extradición: 831 y 833.

MINISTERIO FISCAL
—Abstención cuando concurra causa de recusación: 96; Queja al superior por falta de excusa: 99.
—Archivo de las actuaciones: 773.2.

—Asistencia obligatoria a las vistas en apelación: 894.
—Asistencia obligatoria a las vistas en apelación: 230.II.
—Audiencia en cuestiones de competencia en procedimiento abreviado: 782.
—Audiencia en inhibitoria propuesta ante Tribunales: 34 y 37.
—Audiencia en recurso de revisión: 959.
—Audiencia para fijar el límite de cumplimiento de las penas impuestas en distintos procesos seguidos por delitos conexos: 988.III.
—Audiencia para rechazar pruebas propuestas por el acusador particular: 659.II.
—Autorización de entregas vigiladas: 263 bis.1.I.
—Cese en las diligencias: 773.2.
—Citación para recibir declaración a cualquier persona: 773.2.
—Comunicación de resistencia de testigos: 414.I.
—Comunicación del archivo al perjudicado u ofendido: 773.2.
—Constitución en proceso abreviado: 773.1.
—Consulta a la Superioridad en procedimiento ante Juzgado de Instrucción: 780.2.
—Contenido de la calificación: 650 y 781.1.
—Dación de cuenta de detenidos o presos menores o incapacitados: 520.3.
—Debe velar por el cumplimiento de los plazos de sustanciación de la apelación: 230.III.
—Declaraciones de procesados a su instancia: 385.
—Dictamen en recurso de queja: 234.
—Ejercicio de la acción penal: 105; Mediante querella: 271.
—Enfermedad. Suspensión del juicio oral: 746.4.º, 747 y 749.I.
—Entrega de escrito de queja y auto denegatorio de testimonio para recurrir en casación: 867.II.
—Examen de los títulos de las fincas ofrecidas en la fianza hipotecaria: 594.
—Exceptuado de imposición de costas de casación: 901.III.

N

O

P

—Vid. *Artículos de previo pronunciamiento.*

PROCURADOR
—Corrección disciplinaria por revelación del secreto del sumario: 301.II.
—Del querellante. Pase de los autos para instrucción en fase intermedia: 627.
—Designación de oficio: 118.III y IV, 652.II, 767, 768 y 784.1; A los perjudicados: 119; Al procesado rebelde en casación: 845; En casación para defensa del procesado: 881; En recurso de queja por denegación de testimonio para recurrir en casación: 868; Para interponer recurso de casación: 860, 870.V y 876.
—Exención del deber de denunciar: 263.
—Firma en escrito de interposición de recurso de casación: 874.
—Firma en escrito de preparación de recurso de casación: 856.
—Firma en escrito de queja por denegación de testimonio para recurrir en casación: 867.I.
—Firma en escritos de calificaciones: 651.
—Firma preceptiva en escritos de recusación de Jueces y Magistrados: 57; Excepción: 58.
—Habilitación judicial al procesado menor: 384.IV.
—No preceptiva su representación para presentar escrito de recusación de peritos: 469.II.
—Notificación de autos y sentencias: 160.
—Para ejercitar el derecho de defensa: 118.III.
—Obligación de satisfacer los honorarios de abogados: 121.III.
—Percepción de sus derechos: 121.I; Integran las costas: 241.2.º; Percepción: 242.
—Poder bastante. Para interponer recurso de casación: 874; Para presentación de querella: 277.I.
—Ratificación para desistir en casación: 861 bis c).
—Recepción de notificaciones, citaciones o emplazamientos: 182.
—Representación en procedimiento abreviado: 768 y 784.1.
—Único en litisconsorcio activo: 113.

PROHIBICIÓN DE ACUDIR A LUGARES
—Medida cautelar en delitos contra las personas: 544 bis.
PROHIBICIÓN DE APROXIMARSE O COMUNICARSE CON PERSONAS
—Medida cautelar en delitos contra las personas: 544 bis.
PROHIBICIÓN DE RESIDENCIA
—Medida cautelar en delitos contra las personas: 544 bis.
PROMESA
—De constituir depósito de recurso de casación. Consignación en escrito de preparación: 857.I.
PROTESTA EN PREPARACIÓN DE RECURSO DE CASACIÓN
—Constancia en escrito de interposición: 847.3.º
—Por desestimación de preguntas a testigos que declaran fuera de la sede: 721.
—Por no permitir contestación de preguntas al testigo: 709.II y III.
—Por rechazar o denegar la práctica de diligencia de prueba: 659.IV.
—No se admite la de presentación de poder del procurador para interponer recurso de casación: 874.
—Reclamando la subsanación de la falta para recurrir en casación. Inadmisibilidad: 884.5.º
PROVIDENCIAS
—Admitiendo recurso de casación: 893.
—Concepto: 141.I.
—Designando ponente y ordenando al secretario formar nota y entregar copias del recurso de casación a las partes: 881.I.
—Firma: 156.II; Plazo: 204.II y 205.
—Forma: 141.VI.
—Formación de Sala. Número de magistrados: 145.III.
—Mayorías para dictarlas: 153; Falta. Discordia: 163.
—Para permitir libros y efectos y recado de escribir al preso incomunicado: 510.
—Plazo para dictarlas: 204.II y 205.
—Prorrogando el plazo para expedir testimonio en apelación: 225.III.
PRUEBA
—Acordada de oficio. Práctica en el juicio oral: 729.

PUERTA CERRADA
—Celebración de las sesiones del juicio oral: 680 a 682.

—Votación de sentencias: 150.
—Vid. *Secreto.*

Q

QUERELLA
—Admisión. Puesta en conocimiento del inculpado: 118.II.
—Abandono en caso de muerte o incapacidad del querellante: 276.
—Apartamiento de la querella: 274.II.
—Calumniosa. Declaración en sentencia: 142.4.º y 5.º
—De extranjeros: 270.II.
—Desestimación. Recurso: 313.
—Ejercicio de la acción penal por el Ministerio Fiscal: 271.
—Ejercicio de la acción popular por ciudadanos españoles: 270.I.
—En juicio de faltas: 969.
—En procesos por delitos perseguibles sólo a instancia de parte. Abandono:

275; Acto de conciliación: 278; Licencia del Juez o Tribunal en calumnia o injuria causadas en juicio: 279.
—Fianza del querellante: 280; Exención: 281.
—Forma: 277.
—Interposición en delitos flagrantes o casos de urgencia: 273.
—Interposición ante órgano jurisdiccional competente: 272.
—No precisa formularla el perjudicado para mostrarse parte en procedimiento abreviado: 771.1.
—No tiene por qué formularla el denunciante: 264.I.

QUERELLANTE
—Vid. *Acusador.*

R

RATIFICACIÓN
—Del auto de prisión: 517; No es precisa en procedimiento abreviado: 763.
—Del procesado en la conformidad con la pena más grave: 655.II.
—Para desistir el recurrente en casación: 861 bis c).

REBELDÍA
—Del acusado en procedimiento abreviado: 784.4.
—Del imputado en procedimiento abreviado: 765.2.
—Del procesado. Declaración: 834 y 839; Apertura de correspondencia: 585; Entrega de la correspondencia: 587.II.
—Del procesado o condenado. Detención del rebelde: 402.1.º y 490.7.º
—Vid. *Proceso contra reos ausentes.*

RECIPROCIDAD
—En actos de comunicación a realizar en el extranjero: 177.
—Exhortos a Tribunales extranjeros: 193.II.

—Exhortos de Tribunales extranjeros: 194.
—Para exención de fianza a querellante extranjero: 281.II.
—Para la petición de extradición: 827.3.º

RECLAMACIÓN
—Vid. *Protesta.*

RECOGIDA DE ARMAS, INSTRUMENTOS, EFECTOS O PRUEBAS
—Con ocasión de la diligencia de registro: 574.
—Cuerpo del delito: 334.
—Entrega al Juez: 286.
—Entrega vigilada: 263 bis.
—Función de la Policía Judicial: 282.
—Secuestro por la Policía Judicial en procedimiento abreviado: 770.3.
—Por el instructor: 326.

RECONOCIMIENTO PERICIAL
—Antes de la devolución de las piezas de convicción por rebeldía: 844.II.
—En el juicio oral: 725.
—Junto con diligencia de registro: 577.

S

T